U0452142

制度经济学

财产、竞争、政策
第二版(修订版)

〔澳〕柯武刚　〔德〕史漫飞　〔美〕贝彼得　著

柏克　韩朝华　译

商务印书馆
2018年·北京

INSTITUTIONAL ECONOMICS:
PROPERTY,COMPETITION,POLICIES (SECOND EDITION)
by
Wolfgang Kasper,Manfred E. Streit,and Peter J. Boettke

Copyright © Wolfgang Kasper,Manfred E. Streit,and Peter J. Boettke 2012

This edition arranged with EDWARD ELGAR PUBLISHING LIMITED(EE)
through Big Apple Agency,Inc. Labuan,Malaysia.
Simplified Chinese edition copyright © 2018 The Commercial Press,Ltd.
All rights reserved.

本书根据 Edward Elgar 出版社 2012 年版译出

中文第二版前言

自从《制度经济学》第二版的英文原版于2012年出版以来,我们一直为我们的共同作者和朋友史漫飞的离世而痛惜,他曾为本书的第一版做出了重大贡献。

2012年以来,中国经济延续了其前所未有而又令人羡慕的增长。实际人均收入现在已经相当于其他所有东亚国家的平均值。这个地域相当广阔,包括从印度尼西亚到韩国。中国经济的卓越发展造就了打破历史的急剧变化:早在2000年前,中国的普通百姓像普通的西欧人一样穷,但此后实际人均收入开始分化。中国的生产率和收入水平只比我们今天在贫困的非洲国家所看到的水平略高一点(见图0.1)。与之相反,西欧文艺复兴时期的知识革命与宗教改革为重大的制度变革奠定了基础,由此引发了18世纪和19世纪的工业革命和政治革命。①

在20世纪的前半期,中国的人口遭受了难以想象的减少,经济因内部的政治动乱和野蛮的日本入侵而衰退。在解放后,重工业和农业的发展有助于经济恢复,平均生产力和收入水平也大致上升到了目前孟加拉国的水平。但是,仅在1975年之后收入的增长才突然加速。在经济生活的管理规则方面出现的变革将人们从中央计划和集体财产的约束限制中解放出来,并使中国经济向西方世界的技术和组织知识以

---

① 参见莫基尔:《增长的文化:现代经济的起源》(J. Mokyr, *A Culture of Growth*: *The Origins of the Modern Economy*, Princeton, NJ: Princeton University Press,2016)。

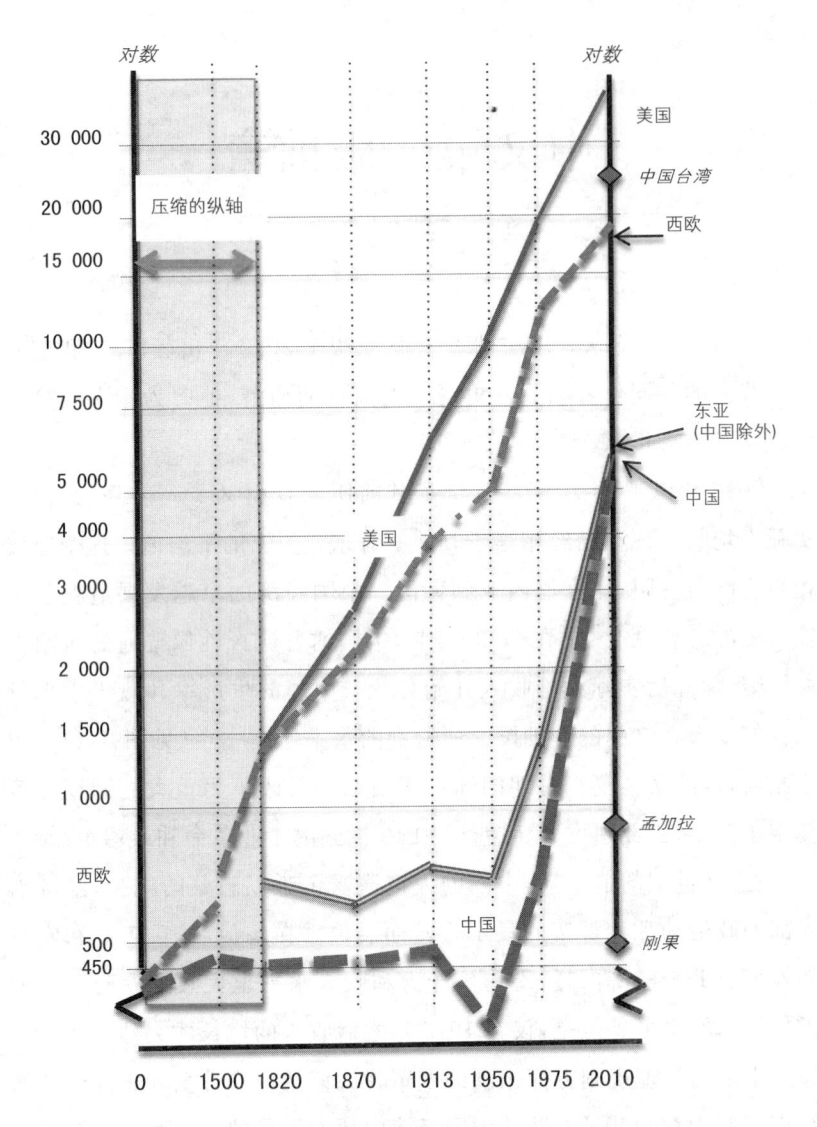

图 0.1 中国的长期经济增长,国际比较
——以 1998 年不变美元计的实际人均收入(PPP)

资料来源:Maddison (2001), and Maddison databank:〈http://www.ggdc.net/maddison/maddison-project/data.htm〉。

及外国直接投资敞开了大门(见第13章,13.2节)。这些制度性变革也激发了刻苦学习、创业和巨大的工作干劲。没有这些,中国就不会出现这样的发展。

至于当前,赶超式增长比较容易的部分——即硬件与操纵硬件的技术知识的结合——尚未完全与互补的现代化以及经济发展软件(即各种观念和制度)的调适完全相匹配。正如在其他地方所发生的那样,这很可能导致"地下的"或"地质构造的"张力,从而使经济陷入"中等收入陷阱"(见第507—508页)。这并非不可避免的,例如在中国台湾,那里的生产力和收入水平现在已经超过了日本。然而,人口老化和政治环境却可以使克服这一陷阱的制度改革面临令人生畏的挑战。

中国的经济进步一直伴随着绝对贫困的急剧减少(见图0.2)。当然,要是下一代打算享有发达国家的地位,还有许多事要做。经济进步总是与年轻人的学习时间更长、因而没有收入或低收入的情况相伴而行,同时人们也活得更长(中国现在的平均寿命是76岁)。因此他们必须积累财富用于更长的退休生活。这些正常趋势的一个不可避免的反映,当然是用基尼系数来衡量的收入分配变得不大平等了(见图0.2)。这自然而然成为批评人士常常提及的政策退化的后果。

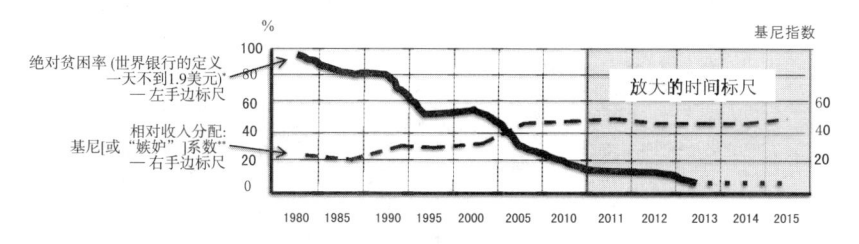

图0.2 贫困的减退,不平衡的收入分配

* 资料来源:中国国家统计局(2015),中国农村地区的贫困监察报告(Poverty Monitoring Report of Rural China)。

** World Bank Group, Poverty & Equity, China, updated with Statistics (2017).

这些趋势——硬件与软件之间、变化的收入与财富分配之间的各种冲突，人口老化——使获得对经济生活中各种制度作用的良好理解，对于观察人士和政策制订者，具有了加倍的重要性。本书分析了在西方已经持续创造了经济进步纪录的基本经济制度。我们希望这本书能对中国下一步重要的经济增长阶段中不断发展的现代化做出一份贡献。

我们要感谢商务印书馆的员工。这家出版社在过去120年中的成就无与伦比。最后也是非常重要的一点，我们希望将对柏克女士的感谢记录在案。在她还是商务印书馆的员工时，她为本书第一版做了编辑工作，现在又为这个第二版做了翻译。

柯武刚，荣誉退休的经济学教授
贝彼得，经济学教授
分别于澳大利亚悉尼市和美国弗吉尼亚州费尔法克斯郡，2017年10月

第二版(修订版)序言

《制度经济学》的第一版出版于将近 15 年前。该书曾得到著名经济学家同行们令人满意的评论,而且后来,我们也逐渐从学术界的教师和学生中得到了有益的反馈。令我们尤为高兴的是本书中文版所获得的反响及其销量,同时,华人职业经济学家的圈子在不断扩大,而本书对他们的思考有着令人惊奇的影响。①

在过去几十年中,制度经济学以及一种演化性的个人主义经济生活观,已经对教学、研究和政策建议产生了非常广泛的影响(Boettke, 2012)。我们将在"后记"中清楚地说明,建立在对信息和动机不现实的假设之上的、过分简单化的新古典经济模型,已经败退了——只是为了对付自 2007 年以来的全球金融危机,才突然又出现了古凯恩斯主义和干预主义的回潮。

正如本书所述,人们对于制度经济学方法的日益接受,有助于理解对促进开放、自由与繁荣的新需求,也使经济结构能够适应新老工业经济体中的变化,诸如:

- 在眼下这个时候,诸成熟经济体中绝大多数民众最担心的是 anome,用来表示"因失调而丧失信心"的一个希腊词语,但它在欧洲债务危机中被赋予了一层新的流行含意——重新思考一

---

① 柯武刚、史漫飞著《制度经济学——社会秩序与公共政策》(*Institutional Economics: Social Order and Public Policy*),2000 年,北京,商务印书馆。

下什么创造着社会秩序和信任是明智的。认真对待制度经济学也会帮助一代愤愤不平的年轻人获得一种世界观，那在过去和现在都一直为可期待的未来提供了希望。

- 在成熟的西方社会中，因人口老化和政府经营的社会保障制度与基础设施而起的经济问题和心理问题日益增多。这使得重新评价规则系统以及支撑西方崛起的传统文化基础具有了紧迫性。竞争、资本主义和法治中的自我负责已经在过去的三个世纪中产生了前所未有的自由、公正与繁荣，然而现在，我们技术－资本主义文明的基础却再次受到来自内部和外部的攻击。对于环境问题的担忧和对变革的恐惧，已经给新的集体主义带来更多的拥趸和听众。在我们看来，重新思考如大卫·休谟和亚当·斯密的真知灼见是适当的。这些卓越见解使200年前的一代人受益，他们当时面临着知识革命初期和工业革命到来时的诸多问题。只有一种灵活的竞争性经济才能调和环境保护、新工业国家兴起和全球结构调整与持续而广泛繁荣之间的关系。

- 自从2007年出现了全球债务危机和金融危机以来，自上而下的干预方法已经在公共政策中变得时髦起来。我们经过时间检验的规则系统是应该得到再次肯定，还是应该做出调整呢？人口变化、新兴工业地区的出现，以及技术进步的不断推进，是不是有必要对物质进步的制度基础做出更新回应呢？印制更多的钞票、政治领导人为了控制国际贸易和资本流动的紧急会谈，以及国际官僚体制日益增长的影响，都不大可能提出可持续的解决办法。相反，制度经济学却提供了在国内和国际上都能恢复秩序的卓越见解。早先的经验和个人行动的逻辑已经表明，如果微观经济激励和形成这些激励的规则被忽视，宏观经济管理就会失败。

- 长期以来,现代性和繁荣曾几乎只为西方国家所独有(日本是个突出的例外)。然而,近几十年来,全球化已经将对繁荣的渴望和现代个人主义推广到了越来越多的共同体和国家之中。市场经济的规则系统——财产权、价格、激励机制——现在已经植根于多样的文化观和世界观之上。我们已经了解到,并非所有的文化传统都适于作为一种基础来支撑各种创造繁荣的市场制度。形象地说,真正需要的是,把"尼龙搭扣的文化表面"正确地粘贴到"尼龙搭扣的市场经济表面"上去。在世界上的某些地方,文化的变化有利于这样做。因此,长期的文化传统如儒家的影响和印度的集市经济,已经非常迅速地进行了调整,建设性地与现代市场经济的制度结合到一起(见第12章和第14章)。在另外一些地方,比如伊斯兰地区,必要的文化变革还很难看到。现在出现了多种多样的现代性,其中市场、技术活力和有用的学习正在或多或少的程度上与多种文明的文化基础结合到一起。制度经济学的概念能使人们理解这些划时代的变化,也能培育形成支持性的政策。

- 在1989年之后,东欧、亚洲和其他地方的各代新人拒绝了中央集权的命令和控制,他们想要自由,并且寻找着生活在繁荣昌盛、和平与公正的社会的途径,已被认为没有价值的新古典经济学的老模型却不能给他们提供有用的答案。他们已欣然接受制度经济学,因为它的内容很有价值,且有能力分析各种不同制度体系的实质后果。

- 眼下,从整体上来讲,这个世界对自由的评价一直在下降(据"自由之家"2011年报告),且在很多国家中,更趋密集的政府管制限制着个人的经济自由。在这个时候,看看制度经济学对这种趋势的可能后果有什么评价是值当的。

• • •

带着这样一些考虑,我们开始修订《制度经济学》的第一版,并着手准备这个第二版。

在这一版中,我们插入了对依照已故彼得·鲍尔爵士[*]所述出现的经济发展更为明确的讨论,并且吸收了如汤姆·索尼尔和埃里克·琼斯这样一些朋友的洞见。第一版中对后苏联时期东欧的不同改革策略的详细讨论已经被对"苏联改革的疲劳"——或者不如说无改革——的较为长期的分析所取代。我们也更明确地谈到了各国政府是否能够和应该稳定商业周期,并通过不断增加债务,几乎不顾价格运动、生产率变化趋势和利润对个人决策产生的影响来扩大总需求的问题。

我们在每一章的篇头都放置了一些语录。这不仅是要让它们起到"开胃品"的作用,引起读者对有关话题的兴趣,也是为了指出,在我们之前已经有许多人想到了同样的问题。大量学术界人士、其他观察者、政治和企业的实践者,他们即使没有全面细致地研究制度理论,也都已经认识到制度安排的重要性。

• • •

岁月悠悠。两位原作者都成了荣誉退休教授,进入幸福晚年。这表明,我们不得不拉来第三位作者,贝彼得(Peter J. Boettke)来合作。他年轻,与我们志趣相投,且在教学中使用了第一版作教材。多出的这双手特别受欢迎,因为史漫飞的身体欠佳,无法对这个新版本做出太多贡献。一个较大团队来工作的一大好处就是,本书现在不仅能吸取欧洲和亚太地区的经验,而且可以更多取用美国方面的经验和资料。由

---

[*] Lord Peter Bauer,1915–2002,生于布达佩斯,但大部分职业生涯在伦敦政治经济学院度过,是一位发展经济学家。——柏克注

于我们三个作者分别居住在澳大利亚、欧洲和美国,我们不得不跨三个时区进行沟通。互联网、我们共同的基本经济哲学观点以及相互的激励,不仅使我们的工作易于进行,而且使这项工作变为一种令人振奋的充实的经历。我们相信,我们的读者会感受到这一点。

我们要感谢纽约欧文顿哈德逊的经济教育基金会、加拿大温哥华的弗雷泽研究所、澳大利亚悉尼的独立研究中心、澳大利亚墨尔本的公共事务研究所和伦敦奥林出版集团所属的韦登菲尔德与尼科尔森出版社(包括从保罗·约翰逊所著《现代的诞生》一书中所做的摘录),允许我们复制资料。

特别感谢斯德哥尔摩理性研究所的尼尔斯·卡尔森教授,是他帮助我们描述了瑞典的制度改革。我们也向乔治·梅森大学的马修·贝特克、戴维·柯里、戴维·赫伯特、彼得·利普西、卡罗琳·雷迪格和莉娅·帕拉加什维利致谢,他们带着批判眼光阅读了各章的草稿。最后,但同样重要的是,我们感谢爱德华·埃尔加个人对撰写本书给予的鼓励,也感谢他的编辑团队在加速将本书推向市场方面给予的充分支持。

就这样,成就了这本《制度经济学》的"三个大陆版"——一如我们团队内部的工作标题所示。我们向读者推荐本书,无论他们可能在这个世界的什么地方。

柯武刚,澳大利亚

史漫飞,德国

贝彼得,美国

第一版序言

本书向学生和其他对经济学有基本了解的人介绍正在迅速发展的制度经济学。这一学科的中心原则是,现代经济是一个复杂的演化系统,在满足人类丰富而多变的目的上,它的效能依赖于各种强制执行的规则。规则限制着人们可能采取的投机行为(我们称这些规则为"制度")。制度保护个人的自由领域,帮助人们避免或缓和冲突,增进劳动和知识的分工,并因此而促进着繁荣。规范人际交往的规则对经济增长来讲真是至关重要,以致连人类的生存和繁荣(人口的数量必定还要继续增长一个时期)也完全要依赖于正确的制度和支撑这些制度的基本人类价值。[①]

制度经济学与当代新古典经济学有很大的不同。新古典经济学的基础是一些有关理性和信息的苛刻假设,它隐含地假设制度是既定的。制度经济学与法学、政治学、社会学、人类学、历史学、组织科学、管理学和道德哲学都有重要的联系。由于制度经济学在思维方式上广受各门社会科学的影响,所以本书不仅可供对经济增长、创新、发展、比较经济体制和政治经济学感兴趣的经济学者阅读,它也适宜上述这些专业的

[①] 我们在本书里将始终使用"制度经济学"(institutional economics)这个词。在1960年代和1970年代,当越来越多的作者重新发现了制度在经济分析中的重要性之后,人们用"新制度经济学"这个词将这些当代的研究与更早的那种较注重对制度作描述性分析的研究区分开来。后一类研究是由德国"历史学派"和美国制度主义理论家在19世纪末和20世纪初倡导的。

学生阅读。

在过去的30年里，制度重要这一认识获得了迅速的普及。人们可以将这一转变同哥白尼的革命相比：经济学的着重点正在从特定过程和结果转向普适的、抽象的规则。这一研究方法的开创者是这样一些作者，弗里德里希·冯·哈耶克及其他奥地利学派的学者；罗纳德·科斯，他使经济学家注意到了交易成本的各种后果；詹姆斯·布坎南及其他"公共选择"学派的理论家；经济史学家，如道格拉斯·诺斯，他通过分析以往的经济发展发现了制度的重要性；还有像威廉·维克里那样的经济学家，他揭示了人具有有限而非对称信息的后果。这些作者分别在1974年（哈耶克）、1986年（布坎南）、1991年（科斯）、1994年（维克里）获得了诺贝尔经济学奖。这一事实说明，制度经济学的研究正处于上升阶段。向重点关注制度的转变还受到了复杂系统理论的推动，如混沌理论和模糊逻辑学。这些理论揭示，各种活动往往能产生不可预见的副效应，所以就事论事的政策过程干预常常会产生不良后果，而不利于人们对连贯的普遍规则形成信赖。

尽管越来越多的学者在努力把握经济生活复杂性中的许多后果，但在许多国家里，他们的认识仍然没有渗入公众的观念，因此也没有在许多大学课程中产生重要影响。诚然，在像生态学那样的另外一些领域中，复杂性的后果现在已获得了广泛理解。现在，许多国家的公众都理解，生态系统是复杂的和不断演化的——它在许多方面超出了人类的理解能力——因而对生态系统的干预可能产生难以预料的、危险的副作用。但是，当涉及对同样复杂的经济系统实施政策干预时，却无人提出类似的警告。事实上，经济学老师通常假定其他因素不变，而把副作用排除掉了。

制度经济学在近期的兴起也在很大程度上归因于偶然事件。在具有选举制民主政体的成熟西方福利国家中，激增的政府干预和日益政治化的经济生活导致了许多无法预料的后果。在这些后果的影响下，资本主义制度下的传统经济秩序已逐步地、往往是难以察觉地趋于衰微。这导致了较低的经济增长速度，助长了对公共政策的广泛讥讽和厌倦，现在也引起了对像中国和印度那样的新竞争者的恐惧。自1970年代后期以来，这些经历或多或少地引发了持续的经济改革尝试（例如私有化和放松管制）。日益精简的法律－制度安排被视为对更好的经济成果和社会成果至关重要，而且许多政策制定者也已经接受了必须改善制度的看法。绝大多数工业国家和日益增多的欠发达经济体中的观察者们也已意识到，传统的经济增长理论没有涉及经济发展问题中重要的、真正具有本质性的方面，特别是没有涉及实现自由、经济繁荣和安全的制度发展。甚至国际组织在近几十年也已开始研究制度改革的作用，并提倡制度改革具有比先前的"华盛顿共识"有更加差异化的复杂的形式。

全球化肯定吸引人们关注制度的作用。激烈的国际竞争，在很大程度上，是因不同制度系统之间的竞争而起。在吸引推动经济增长的资本和企业方面，有些规则系统已得到证明，成功降低了做生意的交易成本。有些屈居下风的国家，如中国，则开始努力仿效成功国家的制度。

可以说，将制度和制度变迁研究重新纳入经济学的最强动力来自采用中央计划的社会主义经济体在1980年代后期引人注意的解体。前社会主义社会的转型已经使东西方的众多经济学家关注各种制度在鼓励首创精神、进取心和交易上的重要性。

谁要想了解世界上政治改革者的论点，他就必须首先将制度明确地整合到自己的经济理论中。如果有人默许将清楚的制度分析从他的研究中排除，那就根本不可能令人满意地解释为什么将许多像福利供给那样的政府经济活动（重新）私有化在总体上是有益的，以及为什么解除管制会有好处。

我们俩像许多经济学家那样,将搜寻和检验有用知识视为现代经济增长的关键驱动力。因此,那些有助于我们节约知识搜寻成本的社会性手段都是经济学的主要兴趣所在。

在我们开始从这样的立场出发去教授经济学时,我们无法找到一本完全令人满意的入门教材。当然,有关的文献并不少,但绝大多数教科书仍带有"完备信息"假设的先天缺陷。本书就是填补这一空白的一次努力。

* * *

本书从"制度何以重要"的入门性讨论开始。我们说明,世界人口和生活水准在本世纪出现超常和持续的上升,也说明不同国家在经济增长率上的显著差异,在很大程度上与特定的制度、价值观和社会秩序有关。在第2章里,我们定义了关键的概念,如"制度"、"经济秩序"、"协调成本"以及"公共政策"。然后,我们讨论有关人类行为的基本假设并肯定,以他人代理人的身份行动的人有时会投机行事并违背委托人的利益(第3章)。虽然个人都倾向于追求自己的目标,但他们仍然与其所属共同体中的其他人一起信奉着某些特定的基本价值观,如自由、安全、公正和物质丰裕。这些基本价值观支撑着社会的凝聚力。第4章里讨论这些问题。然后,我们探讨制度的本质和作用,以及特定制度安排帮助实现的秩序(第5章和第6章)。

第2章至第6章旨在为理解制度经济学打下理论基础,而其余各章则探讨制度经济学比较适于应用的方面。在第7章里,我们分析了资本主义制度的基础,特别是私人产权和契约自由。接下来的那一章集中讨论竞争。竞争是一种动态过程,具有企业家精神的买方和卖方在竞争中发现、发展并检验各种有用的知识。我们将区分经济性竞争和政治性竞争。前者是卖方与买方间的竞争,它对市场交易中的对方是有利的，而后者则旨在谋求政治权势。随后，我们要考察支撑商务企业类经济组织的制度安排（第 9 章）。在第 10 章中，我们考察政府的职能，以及当人们通过集体政治行动提出经济问题时所产生的难题。我们还将探讨防止政客和官僚违背公民利益行事所必需的各种预防措施。

以上各章所学习的内容都要被用于讨论国际性经济交易和如何约束各国政府，使其不去压制竞争性挑战，还要用于讨论制度系统是如何演变的（第 11 章和第 12 章）。在最后的两章里，我们将运用制度经济学的方法探讨一些当代经济学中最热门的问题：社会主义体制如何才能转型？那些存在大量政府管制的、成熟的福利国家该如何改革以适应来自新兴工业国家的竞争挑战？为什么繁荣在全世界的持续扩散最终将取决于培育恰当的制度？

读者需要对从基本前提到本书主要论题的展开有一点耐心。缺乏耐心的读者如果希望尽快了解，为什么产权和自由市场对繁荣和创新至关重要、对于企业和政府组织什么是必不可少的、以及制度经济学如何被用于紧迫的政治争论，他们可以直接跳到第 7 章至第 14 章。但我们还是主张缺乏耐心的读者细心地读一遍前面各章中的"关键概念"。我们已经把这些概念集中放入"方框"中。

* * *

本书是两个朋友间的一次合作。在 1960 年代中期的一个研究班里，我们两人作为"学徒"开始了自己的学术生涯。那时，我们都是德国萨尔布吕克大学赫伯特·吉尔斯教授的博士生和助手，也是德国经济顾问委员会的职员。在过去的 25 年中，我们的职业使我俩天各一方并经历了极其不同的生活：我们分别体验了欧洲的生活和亚洲－澳大利亚的生活。但是，我们的多数结论以及我们重构自己所学的基本哲学和经济学的方式却沿着相似的轨迹演变过来。因此，尽管事实上在分头酝酿不同章节时我们所想象的学生可能极其不同,但我们为撰写这本教材而进行的对话却毫无困难。我们乐于承认,写这本书真是其乐无穷!

读者将会懂得,在讨论公共政策时,就可取事物和不可取事物作价值判断常常是有益的。也正因为如此,我们应坦言相告,我们是持有某些特定价值偏好的,而我们的某些读者却可能不认同、甚至显然不赞成这些价值偏好。我们自己高度推崇个人自由并视个人为所有公共政策的最终参照点。我们决不将目的与个人割裂开,使目的只归属于某些抽象的共同体,如"国家"或者像自然那样的非人类现象。而且,在不断增进繁荣与小富即安之间,我们偏好前者。我们坚持认为,公正和平等应当是指在同等环境中平等待人的正式规则——而不是指无视个人努力的或是幸运的同等后果。

在我们看来,当人们看到东德的经济和社会转型时(本书的大部分最初就是在东德构思和起草的),他们只会接受这样一种立场。当你往返于多个国家和社会之间时,另外的立场和模糊的制度安排所导致的物质后果和道德后果会显得触目惊心。当一个人对有着不同经济制度的发展中国家里大众的生活质量进行比较时,或是当他观察福利国家的风气和那些主要基于自立、责任心和首创精神的国家的风气时,这一点也会变得显而易见。当然,这些结论反映着我们个人的偏好和价值判断。

将我们自己的价值判断放在一边,我们还是应该在开始前就说明,制度反映着特定的价值观,而且是追求这些价值观的手段。因此,必须将价值观作为制度经济学的组成部分来加以鉴定和研究。这样,对于那些可按其后果进行批评性评估的价值,我们就能做出科学的陈述,而不是得出一些个人可能同意也可能不同意的价值判断。

⋯⋯

由于制度经济学的绝大部分依赖于复杂的语言推理并涉及多个学科,读者可能会感到本书不如主流经济学理论中的标准教课书那么好懂。后者总的来说是以简单的数学为基础的。为使本书更易于阅读以免读者不得要领,我们采用了若干讲授策略:

- 在每章的开头,有一段简短的"导读",用它作为某种"开胃品"将读者的注意力引向主要论题及其相关方面。
- 在每章的结尾,我们提出一些能引起争论的问题以引导读者去回顾全章的内容。这些问题旨在帮助读者检验他们是否已理解了我们论点中最重要的要素。
- 我们将关键概念置入方框使其显得醒目。这么做的目的不是要提供百科全书式的定义,而是要确保读者对前面段落所提出的、构成制度经济学主要工具的关键思想给予应有的注意。

⋯⋯

这样的书是以许多学者的著作为基础的。对所有这些学者,我们不可能都用援引其著作的方式来表示感谢。事实上,我们从领先于我们的知识巨人们那里获益良多。我们尝试撰写这部教材的唯一理由是,即使是一个矮子,当他站在巨人的肩膀上时也能看得远一些。在写作此书的过程中,我们对一批学者的著作没有充分引述,因而对他们的负疚之情尤为沉重:那是许多属于德国经济学传统的分析家,过去的和现在的,他们对制度的关注要多于主流的盎格鲁-撒克逊经济学家。过去那些大师们的著作当然都已被翻译成英文,因而能够被援引。但德国经济学为现代制度经济学提供了一种复杂的、与众不同的思路。德国学者的发现和敏感性至今尚未在世界学术界得到充分肯定。我们利用了我们能阅读德文的相对优势和绝对优势。但我们不能设想我们的一般读者也有条件接触德文原始资料,所以我们决定,在我们的书中不大量援引德文文献,因为国际范围内的读者不易接触到那些资料。①

我们要对纽约的经济教育基金致以特殊的谢忱。因为该组织允许我们重印伦纳德·里德关于劳动分工和知识的经典论文——《铅笔传奇》。这篇论文被复制在"附录"中。

在撰写本书初稿的部分时间里,柯武刚得益于其受聘的单位,新南威尔士大学。该大学使他摆脱了教学工作和行政事务,并允其外出旅行。他还两次在德国耶拿享受了新的马克斯-普朗克经济体制研究所的盛情,这部书的大部分内容是在那里构思和展开的。我们两人对该研究所中所有对这项工作抱有积极兴趣的学者表示感谢。尤其是丹尼尔·基威特、斯特凡·福格特、奥利弗·福卡特、安特济·曼格尔斯和米夏埃尔·沃尔格穆特。后两位在对我们的初稿进行详细评论时付出了大量的时间和知识。悉尼的安娜·卡斯帕、伦敦的马赛厄斯·德雷曼和新西兰林肯大学的约翰·W.伍德也提供了有益的评论和批评。我们还要感谢加利福尼亚肯尼迪商学院的弗雷德·福尔德瓦里教授,他对我们的初稿提出了批评意见。在一个较特殊的层面上,本书极大地受益于耶拿的尤塔·兰格夫人和堪培拉的佛奇·佩珀夫人,尤其是

---

① 对于有可能阅读德文的读者,我们将首先向他们推荐 Ordo 杂志。这份杂志曾经在几十年中成为德文 Ordo 自由主义作品的市场。

除了史漫飞(1991 和 1995,见参考文献)之外,如果我们的书是为讲德语的读者而写的话,下列著作也将被反复引证:

W. Eucken(1952/1990), *Grundsätze der Wirtschaftspolitik*, Tübingen; Mohr-Siebeck; F. Böhm(1980), *Freiheit und Ordnung in der Marktwirtschaft*, ed. E.-J. Mestmäcker, Baden-Baden; Nomos; E. Streißler and C. Watrin(eds)(1980), *Zur Theorie marktwirtschaftlicher Ordnungen*, Tübingen; Mohr-Siebeck; W. Stützel, Ch. Watrin, H. Willgerodt and K. Hohmann (eds)(1981); *Grundtexte der Sozialen Marktwirtschaft*, Stuttgart and New York; Fischer; V. Vanberg(1982), *Markt und Organisation*, Tübingen; Mohr-Siebeck; A. Schüller(ed.)(1983), *Property Rights und ökonomische Theorie*, München; Vahlen; D. Cassel, B. J. Ramb and H. J. Thieme(eds)(1988), *Ordnungspolitik*, München; Vahlen; G. Radnitzky and H. Bouillon(eds) (1991), *Ordnungstheorie und Ordnungspolitik*, Berlin, Heidelberg, New York; Springer; Ernst-Joachim Mestmäcker(1993), *Recht in der offenen Gesellschaft*, Baden-Baden; Nomos.

后者。她们以干练和巨大的奉献精神帮助我们打印了手稿。

贯穿于本书的主题是，人类的知识是有局限的。这一点当然也适用于我们自己的知识。因此，对书中所有尚存的疏忽、差错和误解，我们承担作者通常应有的责任。

我们希望读者会喜欢本书，并采用一种新的方式，从经济制度和社会制度的视角来看待生活。

柯武刚（Wolfgang Kasper）和史漫飞（Manfred E. Streit）
1998年2月于堪培拉和耶拿

关于词义：

"自由"和"自由主义"完全只按其本义来使用，即指信息、思想、交易等方面的自由，而不具有北美那种"再分配干预主义"（redistributive–interventionist）的意义。

目　　录

第1章　引论:制度何以重要? ……………………………………… 1
　1.1　制度何以重要? ……………………………………………… 3
　1.2　经济增长的纪录 ……………………………………………… 11
　1.3　解释经济增长 ………………………………………………… 20

第一部分　基本原理

第2章　定义:经济学、制度、秩序与政策 …………………………… 35
　2.1　基本定义 ……………………………………………………… 36
　2.2　当代制度经济学的先驱 ……………………………………… 44

第3章　人类行为 ……………………………………………………… 54
　3.1　知识问题 ……………………………………………………… 56
　3.2　行为类型、认知和有限理性:诠释现实 …………………… 67
　3.3　动机:爱、诚服、命令或自利 ………………………………… 77
　3.4　委托-代理问题 ……………………………………………… 84

第4章　基本价值 ……………………………………………………… 89
　4.1　共有的基本价值 ……………………………………………… 90
　4.2　自由、公正与平等 …………………………………………… 99
　4.3　安全、稳定、和平与繁荣 …………………………………… 104
　4.4　环境保护 ……………………………………………………… 114

第5章　制度:单项规则 ……………………………………………… 120

5.1	概论：规则和强制执行	121
5.2	内在制度	130
5.3	外在制度和政府的保护职能	142
5.4	制度的功能	155
5.5	有效制度的本质特征	161
5.6	交往成本和协调成本	166
第6章	制度系统和社会秩序	172
6.1	社会系统和规则层级	174
6.2	两种社会秩序	183
6.3	秩序观影响公共政策	200
6.4	规则系统是文化的核心组成部分	210
6.5	社会秩序与人类价值：法治	217

第二部分 应用

第7章	资本主义的制度基础	223
7.1	资本主义：产权和私人自主	225
7.2	产权的本质特征	232
7.3	运用产权：自由契约和交易成本	251
7.4	关系性契约、自我执行与司法系统	265
7.5	资本主义的影响	270
7.6	保障货币功效和防止金融危机的制度	282
第8章	竞争动力学	294
8.1	竞争：争胜和选择	295
8.2	从供应者角度看竞争	315
8.3	对经济竞争的各种限制	329
8.4	竞争系统	337

第9章 经济组织 342
9.1 经济组织:定义和目标 344
9.2 组织成本、关系性契约和要挟风险 354
9.3 所有权与控制权:企业中的委托-代理问题 360

第10章 集体行动:公共政策 375
10.1 与私人选择相对的公共选择 378
10.2 政府的职能 390
10.3 公共政策的自由主义模式:秩序政策 419
10.4 社会民主实验的失败 427
10.5 政治行动和寻租 437
10.6 控制政治代理人:权威、规则和开放 442
10.7 政治宪章和经济宪章 452

第11章 国际维度 460
11.1 越来越重要的国际维度 462
11.2 国际交易的制度框架 473
11.3 政策争论:国际经济秩序 490
11.4 国际货币安排 499
11.5 国际迁徙与文化一体化 508
11.6 巩固开放的经济秩序 509

第12章 制度的演化 512
12.1 历史回顾:对制度变迁的长期概观 514
12.2 内在制度:在文化价值和元规则内的演化 524
12.3 变革外在制度:政治企业家的活动 530
12.4 外来的挑战:制度竞争 536
12.5 竞争性的联邦制 544
12.6 自由宪章是制度演化的框架 548

目录

第13章 体制转型 …………………………………… 550
  13.1 回顾苏维埃的实验 …………………………… 551
  13.2 中国的演化 …………………………………… 569
第14章 经济自由与发展 …………………………… 578
  14.1 一些增长比较 ………………………………… 580
  14.2 经济自由与结果 ……………………………… 582
  14.3 经济自由与发展 ……………………………… 586
  14.4 东亚：制度与现代化 ………………………… 597
  14.5 改革的扩散 …………………………………… 604
  14.6 成熟经济体中的宏观（制度）改革 ………… 608
  14.7 西方文明与"政治第一" …………………… 620

后记 制度经济学与新古典经济学 ………………… 629
附录 铅笔传奇 ………………… 伦纳德·E.里德 642
参考文献 ……………………………………………… 649
名词索引 ……………………………………………… 671
跋 ……………………………………………………… 699

图 目 录

图1.1 世界经济增长 ················ 17
图5.1 囚徒困境 ················ 123
图5.2 拥有和使用财产的各种成本 ················ 169
图6.1 系统的类型 ················ 175
图6.2 外在制度的层级结构 ················ 177
图6.3 行动秩序和规则秩序 ················ 187
图6.4 观念和态度 ················ 202
图6.5 澳大利亚联邦议会通过的立法 ················ 205
图7.1 财产的形态 ················ 237
图7.2 财产安排的变化:精选示例 ················ 242
图8.1 市场:相会之处 ················ 297
图8.2 供应者的竞争手段 ················ 317
图8.3 某供应者的竞争地位:一个动态过程的一次性定格 ······ 319
图10.1 再分配干预的手段 ················ 409
图10.2 立宪主义:相互支持的制度系统网 ················ 452
图12.1 制度性竞争:经济过程与政治过程之间的基本互动关系
················ 537
图14.1 选定国家中的经济自由度 ················ 584
图14.2 经济自由与生活水准 ················ 585

表 目 录

表 1.1　现代经济增长 ………………………………………… 13
表 6.1　两种社会秩序中的典型行为特征集 ………………… 198
表 9.1　组织行为:科学管理和参与式管理 ………………… 369
表 10.1　私人选择与公共选择 ……………………………… 379
表 13.1　转型的基本要素一览表 …………………………… 563
表 13.2　选定欧洲国家中的经济自由度排名,2009 年……… 565

第 1 章　引论：制度何以重要？

人们如果长期不与其同伴交往，就无法存活。而没有一定程度的可预见性，他们就不能一起工作。当人们受可强制执行的规则（我们将称其为制度）约束时，个人的行动就比较可预见。实际上，一个共同体的成员能在多好的程度上满足其经济愿望，改善其经济状况，在这方面，制度的类型和性质造成了巨大的差异。换言之，制度对于生活水准能多快提升起着重大决定作用。

从经验维度开始，人们可以看到世界上史无前例的增长纪录以及制度在其中所起的作用。在20世纪的后半期里，世界的实际人均收入比以往增长得更快，而体验到生活水准上升的人也比过去更多。令人遗憾的是，生活水准上升的经历远非四海皆然。尽管有些社会努力实现了高速增长，但另一些社会还徘徊在数百年不变的低速上。人们会要求对这些差异做出解释。例如，在东亚的高速增长与非洲和前社会主义集团的低速增长之间：为什么快速发展经济体中的人们在调度资源上较为成功？为什么他们在抓住经济机遇方面更富于进取心？经济学家会首先提出的问题之一是：为什么有的国家富裕了，而其他国家仍旧贫穷？

对经济增长理论的简短考察将表明，经济增长是一种复杂现象。标准的新古典理论只能识别那些最直接的增长条件，如资本积累和劳动力增长。而要真正理解人们为什么要储蓄、投资、学习和寻求有用的知识，我们就必须着眼于经济成败背后的各种制度体系和价值体

> 系。我们还将看到,尽管有的制度设置了增长的障碍,另一些"游戏规则"却能激励人们去克服既有的增长障碍。

  人在市场关系中的行为,反映着这种关系所能实现的交换、易货和多重多样性的本性……而这些关系都是经济学家研究的恰当主题。

詹姆斯·布坎南,《经济学家应该做什么?》(1964 年)

  〔在将一笔很大数额的钱存入在外国的一家银行之后〕,我突然发现,我将我〔的资金〕交给了银行中一个素不相识的人。我对这家银行一无所知,而且它还处于一个我举目无亲的城市之中……而换回的仅仅是一张带有潦草字迹的薄纸,上面写着我看不懂的语言。我明白,我为自己所启动的是一个商务诚实方面的巨大信托网。它使我忐忑不安地意识到,那么多被我们在商务交易中视为理所当然的事竟然是悬垂在一副如此纤弱如蛛丝般的网上。

简·雅各布斯,《生存的系统》(1992 年)

  如果产权使人们值得从事社会生产活动,就会出现经济增长……政府应负责保护和强制执行产权,因为他们承担这项职能的成本比私人自愿集团的成本要低。然而,对政府的需要有可能会诱发保护一些妨碍增长而不是促进增长的产权。因此,我们没有办法保证生产性的(productive)制度安排一定会出现。

道格拉斯·C.诺斯和罗伯特·P.托马斯,
《西方世界的兴起》(1973 年)

  如果以若干年代为衡量尺度,则经济总是处于激烈的变动之中。在过去的几百年里,每一代人都发现了更有效地完成工作的方法,而累积下来的效益已极其巨大。今天,普通人享有的生活比几个世纪前贵族的生活要好得多。拥有一个国王的土地是不错,但染上国王的虱子好不好?

比尔·盖茨,《未来之路》(1993年)

1.1 制度何以重要?

读者可能希望从一开始就了解到"制度经济学"及其两个构成要素"经济学"和"制度"是什么意思。

经济学是一个研究领域,它研究的是这样一个基本事实:人们必须生活在稀缺中,个人往往有无限的愿望,而满足这些愿望的手段却是有限的。稀缺性与物质财富本身没有关系。即便是比尔·盖茨在做决策时,也要每天对付稀缺性。有稀缺性就必须有选择,而要选择就必须承担经济意义上的成本——舍弃选择中成本最高的选项。换言之,所有决定都涉及取舍,而各种情况下的决策者都需要有多种因素来帮助交涉那些取舍。在人们努力交涉生活中复杂的取舍时,这些因素可以政治、社会和经济背景中的多种形式出现。在市场经济中,我们说的是在使用私有产权、信息价格和进行创新时能带来利润和损失的各种刺激因素,而创新是由预期利润的诱惑(还有失败的惩罚性反馈)激励出来。在民主政治中,这个领域的"货币"是选票,而交易大多通过公共政策进行。在社会中,这个领域的"货币"是信任和名誉,而交易常常与共同体的状况、朋友关系和联系网络有关,这些能使我们协商取舍,更好地生活在一起(Heyne et al.,2012)。

当经济学家谈到资源时,他们指的不仅是自然资源(土地、水、气候、矿产),还指生产我们想要的物品和服务所必需的所有稀缺原料。劳动和资本都是重要资源;资本货物是有形的东西,人们可以称之为

"经济的硬件"。工具、机器设备、建筑物和基础设施使劳动更具生产性，但常常要求有技能，或人力资本，进行适当操作。此外，大量技术知识和组织知识要么包含在资本货物之中，要么是管理资本货物所必需的。了解资金股本和技能基础结构性构成的灵活程度也是重要的：当需要和其他资源发生变化时，僵化的结构不如灵活的结构能适应。经济学家有时候把知识和结构的灵活性视为"第三种生产要素"，即不同于劳动和资本的要素（或资源）。

各种资源在生产过程中被合成，这可以比作在厨房中做的事情：将各种原料混合在一起，然后由某个人——人们希望是拥有必需知识的人——用能源来加工。知识就成了烹饪成品的关键。

但不论是饭食还是其他物品和服务，都不可能自动产生。这要求有企业家。他们是有精力有眼光的人，能创建生产过程、利用可获得资源，也能发现其他资源。企业家常常想出混合原料的新招术，然后付诸实施。他们也常常努力刺激人们的需要（如打广告），尝试生产的新方法和新产品（创新）。

生产所有那些多得不计其数的人们在不同时间不同地点想要的物品和服务是一件难以想象的复杂任务。即便一个简单的百货小店也会储备5000种不同颜色不同规格的商品。而要使一架飞机投入运营服务，就得有成千上万人去设计、生产出数万个零部件，并把这些零部件运送到需要的地方去。就连生产一支简单的铅笔，也要求无数人的合作，而他们可能素未谋面也互不相识。（见"附录"：《铅笔传奇》）

所有这些活动都复杂且成本高昂，创业的人们并非单纯因其企业家的天性而投身其中。他们必须受到激励。千百万知识不完备的人常要为发现相关事实而奋斗，而协调千百万这样的人们去做其他千百万人所需之事，其复杂程度令人难以想象——而且，对所有这样的活动还必须不断进行调整，以适应变化的环境（同上）。

这就是制度来发挥作用的地方：如人们所熟知的，制度——习俗、法律，诸如此类——是强制执行的行为规则，同时带有对违反游戏规则的惩罚（称为制裁）。制度可以使人们的行为更有可预见性，对于解决协调难题帮助巨大。当有创业精神的人们尝试新的要素组合、新产品或是现有产品的生产新途径时，制度尤有帮助。

研究不同类型的制度对人们经济行为的影响——他们生产什么，他们想消费什么，这就是本书的任务。

• • •

人是社会性生物。要在任一时间长度内生存和成长壮大，人们就必须与他们的同伴合作。如果在一些问题上形不成某些共识，一个人就不可能与另一个人相互交往。这些问题包括，其他人会如何做出反应、在其他人做出任性反应和违约反应时要受哪些制裁。个人和企业只有在确信他们的预期能够兑现的情况下，才可能购买、销售、雇用劳力、投资和进行创新。

个人间和厂商间的交易大都基于重复性运作。我们希望这些交易是可预见的，因为这能减少摩擦和不确定性。请想象一下，当你在超级市场结账时，你账单上的金额是你不久前来购买同样货物时所付金额的十倍！或者，你存入自己积蓄的银行突然拒绝承兑你的支票！人类的相互交往，包括经济生活中的相互交往，都依赖于某种相互信赖。信赖以秩序为基础，而秩序则要依靠各种禁止不可预见行为和投机行为的规则来维护。

在我们的日常生活中，我们要与许多几乎不了解的人和组织打交道，但我们却对他们的可预见行为寄予了很大的信任。在一家银行里，我们对其储备和管理一无所知，却将辛苦挣来的钱交给银行出纳员，而五分钟之后，我们可能便将他的面容忘得一干二净。在一家医院里，我们过去从未看见里面什么样，却会答应由该医院中未曾谋面的医生给我们做手术。我们会为买车支付预付款,而这些轿车却要在外国工厂中由根本不会与我们见面的工人们来制造。然而,在这些场合,我们都相信,我们肯定能得到值当的服务,承诺都会得到履行。为什么?因为他们都受制于制度——对其不交货或蒙骗我们的投机动机施加的限制。我们可以设想,自私地违背与我们签订的合同将招致这样或那样的制裁。

可见,现代经济生活相当玄乎地依托于大量成文的和不成文的规则。如果这些规则得不到普遍的遵守——就像一次战败或内乱后社会陷于崩溃时的情形——那么我们的良好生活所赖以维系的大量人际交往活动就再也不可能展开;于是,我们的生活水准和生活质量将骤然下降。因此,在正常情况下防止这类情形出现的制度就构成了我们物质繁荣和安全感的真正基础。

关键概念

经济学研究的是,面对稀缺,人们如何通过发现和检验有用的知识,满足自己的多样需要。稀缺性是由这一事实产生的:人们的愿望往往增加得快,而增加为满足自己的愿望所需的知识和其他资源则比较慢。因此,稀缺性是人们生存条件中普遍而盛行的特点。

制度是人们相互交往的多种规则。制度制约着个人行为,而这些行为有可能是投机性的或反复无常的。制度使其他人的行动比较可预见,因此有利于劳动和知识的分工,也有利于财富创造。要想制度有效,总要有对违犯制度的某种制裁。在本书中,"制度"和"规则"两词将可以互换使用。

经济学和公共政策中的制度缺位

总的来说,20世纪新古典经济学的主流假设制度是外源性地给定的，各类经济参与者已很好地适应了制度。说到最好，新古典经济学也只是将制度作为经济模型中的一个复杂问题来处理，而说到最坏，经济学家则是力求发展出一种没有制度的理论。新古典经济学的标准假设是，人们在无摩擦、无成本地从事商务交易活动。为了维护这种立场，人们论证说，建立理论都必须以抽象为基础；观察者要从各种现象中抽象掉那些对其希望分析的事物并不重要的现象。因此，均衡理论的先入之见导致分析聚焦于某种无摩擦的终极状态，在那种状态中，种种经济力量已经搞定了它们的所有工作。

然而，这样的辩解是完全不恰当的。制度减少了协调人类活动的成本，因而它对于理解人际交往具有重要价值。日常生活中的摩擦要求各种经济力量发挥作用，去缓解矛盾，并协调各种经济活动。经济生活涉及交易和制度，而交易就发生在制度之中。人类存在的摩擦引发了制度，制度又反过来产生可预见的行为模式，降低协调成本。我们可以用两种方法来证明这一点，一种方法是举出有说服力的日常事例，另一种方法是说明，让制度消失的假设已经造成了经济学知识中的重大缺陷，并且误导了公共政策。

就日常生活层面来看，制度在幼儿园里已经十分重要：可以看到，当孩子们分得了玩具并明确这些玩具是其个人财产时，他们会爱护玩具，并能在受到鼓励时慷慨地将自己的财产借给其他小朋友。但另一方面，当所有玩具属于全体儿童而不是特定个人时，他们就倾向于忽略他们的"资产"，并为拥有某一件玩具而打架争抢（Alchian, in Henderson, 2008, p.424）。能证明制度如何有助于人们实现其目标的另一个例子是货币。当人们必须通过易货而不是自行生产来获取其想要消费的物品和服务时，他在自己是否能够获得这些物品和服务上面临着极大的不确定性。他们能为自己种的蔬菜找到一个购买者吗？谁想要用蔬菜种植者所想要的计算机程序来交换这些蔬菜？更要紧的是，他们也许根本就无法知道什么是他们能够购买或想要购买的。但另一方面,如果有一种资产,能被普遍接受为交易媒介(货币的功能之一),它的供给和使用又受制于一套制度,那么与易货贸易相比,人们对自己能获得所需之物的信心就会大大增强,他们的搜寻成本和交易成本也会低得多。所以,货币有助于节约协调成本。

为了"简化"的缘故而假设制度消失,已经对实际的经济政策产生了严重后果。近年来,标准的新古典主流经济学在解释和预测实际世界的现象上一再遭到失败,因为它将制度和制度存在的理由排除在其模型之外。在诸如解释经济增长过程方面,标准经济学的贫乏已变得一清二楚。给发展中国家的政策建议经常是驴唇不对马嘴,因为许多经济顾问都惯于假设制度是无关紧要的。在实践中,许多引进的概念遭到失败。因为发展中国家的制度与发达国家的制度大相径庭,而要使特定的政策概念起作用,当地的文化制度要么必须适应新的游戏规则,要么就必须对引进的概念做出调整(例见 Boettke et al.,2008;Boettke,2012)。

在苏联式的中央计划经济从内部瓦解之后,这一点也变得清楚了:为重振苏联集团中的经济生活和社会生活,核心任务是要创建适当的制度,包括人们的非正式风俗习惯。对于创建和培育私有产权、契约法和一般的法律规则这类根本制度提出了挑战。因此,不能将现代生产和商业赖以繁荣的制度框架习以为常地视为自然天赐。而西方经济学家正是在以制度为天赐的思维传统中培养出来的,他们没有准备好来诊断为什么在某些地方和某种文明中无法实现持续增长,以及应怎样来矫正这种状况(Olson,1996)。

还有另一种方式可以阐明相同的基本观点。这就是要注意到,在现代经济生产和分配国民产品的总成本里,协调成本所占份额居高不下,而且不断上升。服务部门的很大一部分——这一部门在富裕国家的经济总产出中占了三分之二以上——与推动交易活动和组织人际交往有关。现代经济的"协调部门"对于促进劳动和知识分工的日益增长是必要的,生活的高水准就是以这种分工为基础的。如果像新古典经济学家那样,假设不存在交易成本,从而也不需要节约这些成本的规则,那么,先进国家中过半数的经济努力,即服务部门中那些大型的和快速增长的处理交易和协调功能的部分,如法律和金融服务、咨询和设计,都会被弃置一边。由于低估了协调问题,新古典经济学使自己的分析偏重于物质的生产和分配。因此,新古典方法对于大部分涉及组织和协调供求双方决策的现代商务活动已变得很不适宜。

正统主流经济学的一个相似的盲点也无法诊断下述现象:为什么存在大量政府管制的福利国家经历着增长缓慢、高失业、日益增长的不信任和广泛的选民不恭。在受利益集团支配的民主国家中,对基本制度——诸如可靠的产权、自我负责和法治——的逐渐侵蚀和腐化已经常常无人理睬。改革之路尚未发现,因为制度改革并不是多数经济学家分析的内容。

经济史学家们在很早以前就发现,制度变迁是其研究领域中重要的和激动人心的部分(Gibbon, 1996/1776-88)。诺贝尔奖得主,经济史学家道格拉斯·诺斯在1990年代很好地阐述了这一点。他当时写道:"新古典范式缺少制度……眼下在经济学家中很时髦的增长模型假设激励结构是基础,但他们并没有正视有关这种结构的争论。我们理解中的这些疏漏已因中东欧的事件而引起了经济学家的强烈关注。中东欧所面临的挑战是重组经济……以便创建一个适宜经济增长的环境。没有对制度的自觉关心能进行这样的重组吗?勾勒出这种市场的制度特征是回答这些问题的第一步"(North, 1994, p. 257;另见 North in Drobak and Nye, 1997, pp. 3-12)。

还有一点也已变得很清楚,即标准经济理论对企业经济学的价值非常有限。许多实践中的企业人士自然而然地发现,经济学理论是贫乏的、抽象的,对他们的追求也没什么意义。而且,经济学模型也没有为协调中的成本和意外留下余地,自动就取消了法学和法学家的研究领域。结果,世界上的许多法律教学人员已经在教学大纲中放弃了经济学,给这个学科造成了伤害。在主流经济模型中,缺乏对由于协调而产生的种种成本和问题的研究。为什么制度经济学最近的复兴部分地来源于企业史、经济社会学、"新组织学"和"法与经济学"研究成果,原因正在于此。为了能提出较现实的分析和建议,这些学科已明确将制度纳入了他们的各种模型。

制度经济学的复兴

因为对标准经济学及其抽象、枯燥的模型日益不满,许多学者现在(再次)采纳了制度经济学的核心判断,即制度在稳定预期、从而帮助协调个人决策者方面发挥着关键作用。这种分析涉及规则的基础、演化、内容、连贯性和强制执行,它能使我们深入地了解许多关键的经济现象,如经济增长或市场如何作用等。现在,人们正日益认识到,制度构成重要的社会资本:可以说,它们是导引人际交往和社会发展的"软件"。实际上,我们正在发现,软件通常要比硬件(有形事物,如物质资本)更重要。

这些真知灼见造成的一个后果是对制度经济学的兴趣自1970年代以来不断增长。现在只关注用既定资源配置的条件去满足既定需要的经济学家越来越少(尽管许多大学课程仍然建立在这种不现实的假设上)。我们将在第2章看到,制度经济学并不把资源和人的需要看作是既定的,而是着重于新需求和新资源的发现和利用。

1.2 经济增长的纪录

长期纪录

鉴于制度是经济增长的关键,我们将利用本章的剩余部分来说明,不理解制度就不可能令人满意地解释过去两代人所经历的超常经济增长。

在这个讨论的全过程中,牢记这一点是重要的,即增长率只是多种人类福祉指标的一个不完善的代表。这些指标包括:寿命、受教育机会、环境质量和个人的多种自由。由詹姆斯·格沃特尼和罗伯特·劳森主持的《世界经济自由》写作计划已经证明——尽管我们不能"吃增长率"——但保障经济自由的制度与人均收入和生活中诸如健康、长寿、生活满意度等"好事情"高度正相关(Gwartney and Lawson, *passim*)。我们的任务就是分析性地解释这些相关性背后的那些机制。

解释长期经济发展的简单力学,第一步就是要意识到,提高一个共同体实际收入的唯一途径,是提高其人民的实际生产率。而提高实际生产率是改善物质资本(更好的机器)、人力资本(上佳的学习能力)和游戏规则的一个后果。其中的游戏规则是人类主体彼此交往并与自然互动的基础。变得富裕的国家是那些实际生产率发生了增长的地方,而那些衰败落后无法富裕的国家则是因为无论它们得到了多少外国援助,实际生产率都没有得到改善。

在漫长的过去,人类经济经历的特征是生产率和生活水平的进步极其缓慢或无进展。通常,人口增长与技术进步和经济发展恰好同步,所以平均生活水准在几个世纪中几乎保持不变。在约12000年前宣告农业和畜牧业诞生的新石器革命与发生工业革命的17世纪之间,反映普通居民基本物质生活状况的指标——如寿命、基本健康状况、儿童死亡率、饥荒和重大疫情的发生率——都没有很大的变化(Kahn,1979,pp.7-25;Rostow,1978)。欧洲农民生活中严寒、肮脏、饥饿、疾病和夭亡的实际状况与其罗马时代的祖先们几乎相同。20世纪前半期中国普通农民也不比他们2000多年前汉代的祖先生活得好多少。历史学家们常常只注意统治者和少数富人,却很少向我们提及普通男人和女人的生活状况。①

我们必须用人类的长期经济经历提醒自己,才能领会较近时期的增长革命,才能看到促进增长的各项制度对于持续繁荣的兴起和扩散至关重要。先是在英国,接着在西北欧和北美,出现了普通居民生活水准的持续上升。这一过程始于18世纪,并在19世纪汇聚成流:那时,三个国家——英国、美国和德国——生产了三分之二的世界工业产出。在19世纪里,一个接一个国家开始起飞,进入了工业化和持续的经济增长。在接近19世纪末和20世纪的前半期里,尽管有20世纪前半期两次世界大战的破坏,但在现属于经合组织的国家里,即在那些本质上建立了资本主义市场经济的老工业国家里,人均收入仍史无前例地以年均1.4%的速度增长(表1.1)。在20世纪转入21世纪之际,增长经历在东亚的大多数国家已经是常见的,而且扩散到了拉丁美洲、南亚,甚至是非洲和中东的一些地区。主要的经济体,如中国、印度和巴西,看来现在正急起直追,要赶上西方,为老工业国家提供了新的竞争和新的市场。然而,要赶上世界经济中最具生产性的地方,仍然路途遥远,因为,据国际货币基金组织的报告,最具生产性的五分之一世界人口仍

---

① 一个值得注意的例外是布劳代尔(Braudel,1981-1984)对工业革命发生之前欧洲平均生活状况所作的生动而深刻的描述。

生产着五分之四的世界总产出。

表1.1 现代经济增长:对通货膨胀作调整后的人均收入(年增%)

时期	老工业国家(经合组织)	欠发达国家
19世纪初期以前	实质停滞(有的国家起飞)	实质停滞
1820—1870	+0.6	实质停滞
1870—1913	+1.4	实质停滞
1913—1950	+1.3	(有的国家起飞)
1950—1973	+3.5	+2.7(高度离散)
1973—现在	+2.2	+2.9(高度离散)

来源:Maddison,2001,2007,own updates。

在第二次世界大战结束时,许多观察家将19世纪和20世纪初期的增长纪录说成是一种逝去的现象,并预言将有一个长期的停滞。但他们错了。在1950年至1973年石油危机爆发这一期间内,不仅经合组织国家的平均人均收入以史无前例的年均3.5%的速度增长,而且这种经济增长现象还开始扩散到世界的其他地区。在1950年之前,在西方之外只有少数几个工业中心(如日本或上海)。现在,大量新地点都采用了现代生产方法;在新老工业地区流动的贸易和投资得到了加强(全球化)。

在1950年至1973年期间,发展中国家里那些参差不齐、扑朔迷离的年度增长率平均起来达到了2.75%;而其中的一个子集团,东亚"新兴工业经济体"的增长则还要快得多。它们吸引了来自富裕国家的生产者,也为自己的出口产品争得了世界市场。在这个过程中,它们缩小了与西方在技术、生产率和收入标准上的差距(World Bank,1993;Kasper,1994)。在1973年的石油危机之后,全球经济增长速度有所下降——在经合组织的老工业国家里降至年均增长2.5%,但在其他地方,增长却在加速,最引人注目的是中国。在东亚-太平洋经济体中,各国政府和社会都对物质进步给予高度重视,那里平均的实际人均收入已经从第一次世界大战结束时很低的水平,上升到2010年的惊人水平。在不到两代人的时期里,东亚各国平均的实际人均收入已经翻了12—15番,尽管有人仍然怀疑官方收入统计的可靠性。这样一段生机勃勃的增长经历,影响了将近20亿人口,在人类历史上是史无前例的!

如果有人对长期生活水准做个比较,就像经济史学家长期以来一直在做的那样(Rostow,1978;Maddison,1995,2001,2007),他就会得出这样的结论:印度现在的生活水准已经超过了英国在拿破仑战争后的生活水准;中国在2010年的平均生活水准与美国在第一次世界大战后的收入水平相当;而在生机勃勃的东亚市场经济体中(如中国香港、新加坡,还有中国台湾),普通居民现在的生活水平堪比,甚至高于,普通西欧人的水平。

人口增长转型

生活水准的上升伴随着世界人口的空前增长。在世界工业首次出现于英国时(大致在1750年),世界总人口估计在7.9亿。而在19世纪里,地球上的人口总数估计增长了68%,在20世纪里,世界总人口又增长了至少370%(Rostow,1978,pp.1-44)。到2011年年末,地球上已有70亿人口。

在历史上,人的预期寿命曾经很短。例如,在1740年的法国,妇女的平均预期寿命只有25岁左右。而现在,法国妇女的平均寿命是81岁。这在很大程度上得益于经济增长。经济增长结束了无休止的饥饿威胁(仅仅在18世纪,法国就遇到过16次全面饥荒),增强了医疗设施(在18世纪的伦敦,10%的死亡是由于天花,这种疾病因普遍接种牛痘而被彻底肃清)。在革命前的巴黎,约有四分之一的儿童被其母亲遗弃,生孩子对于母亲和孩子都令人难以置信地危险。普通人的饮食单调而不平衡。但当生活水平上升时,收入也经常被用于改善医疗、饥荒赈济和增加营养,结果夭折的人减少了(Clark,2007)。在经济发展启动之后,死亡率在一个又一个国家里明显地迅速下降。由于出生率的下降有一个滞后期而且也较慢,人口死亡率的显著下降便导致了暂时性的人口爆炸。这一现象被称为"人口增长转型"(demographic transition)。

同样,亚太地区的生活水准自1960年起迅速上升,同时也伴随着死亡率的迅速下降。因此,按该地区17.5亿人口平均,婴儿死亡率从1970年的77‰下降为1995年的40‰(World Bank,1997,p.225)。这是很典型的现象。人的预期寿命无例外地随生活水准的上升而延长。经济增长延长了人的寿命。这一事实既可以由美国的数据来说明,也可以用许多其他现在富裕国家的经历来说明,两者是平行的。

	1913年	2010年
人均收入水平(以不变美元计)	100	597
平均寿命(岁)	59	78.3

……还有来自中国的更近数据:

	1970年	2010年
人均收入水平(以不变美元计)	100	850
平均寿命(岁)	59	73

资料来源:Maddison(2007),World Bank,UN。

人口增长率的急速上升将因持续的经济增长、更好的教育和不断增加的物质欲望而重新趋于减慢(Freeman and Berelson,1974,pp.36-37;Kahn,1979)。实际上,向较低的人口增速转变带来了"人口红利":工作年龄的人口在总人口中的比例上升(抚养人口较少,儿童和退休人口都少),因此经济增长很可能加速。

20世纪全球经济中最值得注意的方面是,在地球上迅速增长的人口中,绝大多数都比其祖先吃得好、穿得好、住得好、受到较好的教育,享受更好的娱乐(Ridley,2010)。人们长期经受持续的苦难或物质生活状况不断恶化的地区越来越少。然而,不幸的是,这仍然是南亚、非洲和一些前中央计划经济体中的情况。

20世纪里从停滞到增长的全球性持续转变并没有在地球上创造出乌托邦。但是,绝大多数地方和绝大多数时期都已证明,较高的收入水平与人们所渴望的其他基本价值,如自由、公正和安全,是可以相互兼容的(见第4章)。

> **关键概念**
>
> 经济增长表现为人均实际享有(即排除通货膨胀的影响后)的产品和服务的价值流持续上升。在对国际购买力差异做出调整后,我们就得到了按购买力平价计的人均收入(人均GDP[PPP])。
>
> 有些经济学家强调,应允许将诸如环境宜人或自然资源存量的假设损耗之类的其他因素纳入增长指标之中。GDP指标表示的是某一既定时期内生产、收入和支出的流,而不是某一时间点上的资产存量。因此,环境资产存量的估值不包括在内。此外,测度上的困难极其棘手,因而人均收入(或者人均国内生产总值)仍然是应用最广泛的增长指标。
>
> 人口增长转型一词系指在经济实现起飞并进入持续增长后出现的一种暂时性的人口加速增长。它源于死亡率显著而急剧的下降和出生率下降的滞后这两种现象的并存。

一些国家的经验

至此所概述的全球经济增长经验并非四海一律。从总体上来看,在20世纪初居于领先地位的国家——美国、英国、澳大利亚——至今仍然名列最富裕国家:实际上,那些在1820年就是最富饶和最具生产

第 1 章 引论:制度何以重要? 17

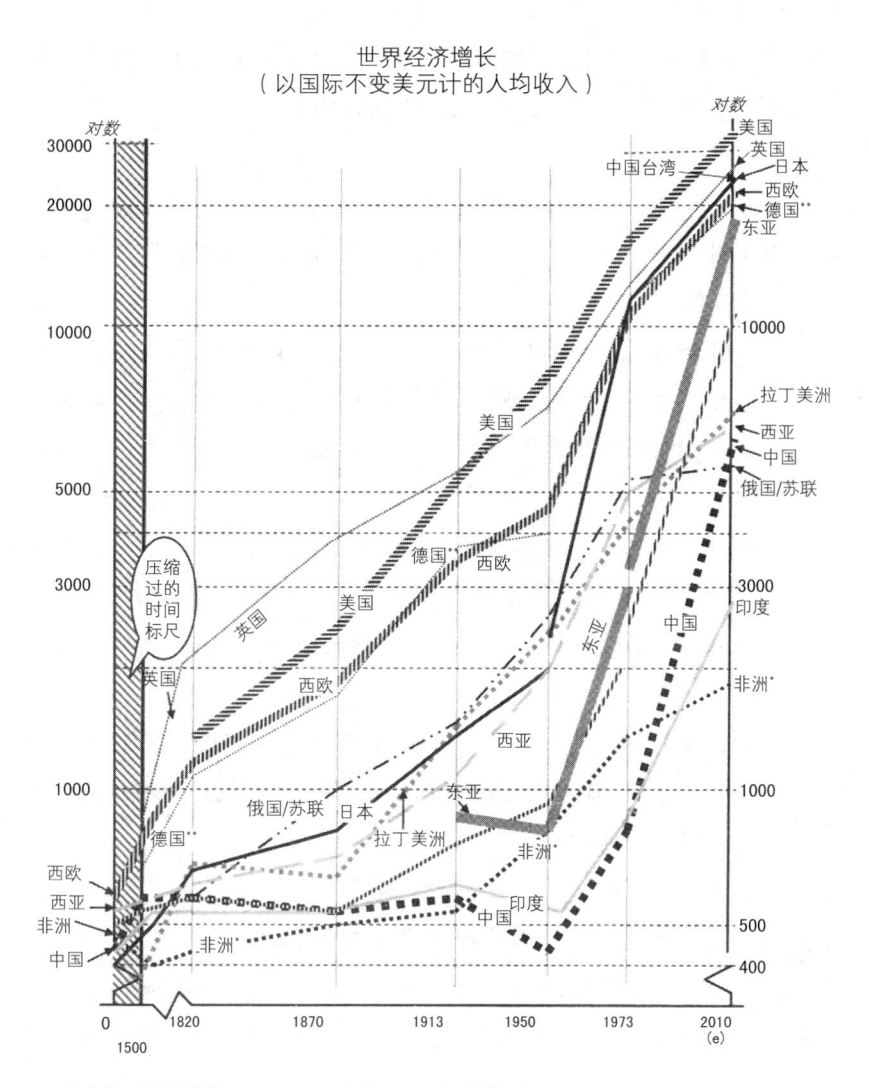

世界经济增长
(以国际不变美元计的人均收入)

* 撒哈拉以南的非洲。 ** 1950 年和 1973 年:西德

说明:这里使用的是对数尺,直线表示稳定的增长,梯度变化曲线表示加速增长。梯度变化曲线越陡,增长越快。

资料来源:Maddison(2007)。作者做了更新。

图 1.1 世界经济增长

性的社会,在整个19世纪里,其生活水准的上升也都是最快的。而那些在两百年前就是最贫穷的国家,现在许多仍处于收入金字塔的最底层。

在图1.1中,我们描述了许多主要地区和少数选定国家的实际生活水准上升的情况(经通货膨胀调整和国际价格差异调整后的人均收入)。[1]可以看到:

- 2000年前,甚至500年前,全世界有着高度的平等:大家都一样穷。就连相对富裕的欧洲人和中东人,也生活在目前孟加拉人的平均收入水平之下,而且可能像今天最穷非洲国家中的居民一样贫困。

- 自欧洲文艺复兴时期以来(大约公元1500年),生活在西方欧洲文明中的人们,首先是荷兰(图中未显示)和英国,经历了物质生活状况的大规模持续改善。也如常见的情况一样,当增长起飞时,不平等也增加了。

- 西方文明的海外分支,最引人注目的是美国和澳大利亚(图1.1中未显示)实现了更高的生活水准,而那些早期开始增长的拉丁美洲国家在19世纪却落后了。

- 在20世纪前半期,西方领先国家保持了增长,而西欧人,最明显的是德国人,在"1914—1945年的漫长战争期间"遭受了衰退。苏联缩小了差距,但仍然落后很远。

- 1950年之后,日本率先出现了显著变化(当时日本已经是亚洲

---

[1] 本图以安格斯·麦迪逊(2001,2007)核对的数据为基础。他是一位对长期经济史很有经验的观察者。图中的数据是经通货膨胀调整后的国民收入,并按购买力平价换算成了美元值(购买力平价反映人们在其自己国家里实际上能够购买的商品量和服务量)。毫无疑问,这样一种长期的国际比较要以许多假设为基础,所以这些数据只能作为一个总的参考。但看来,要证明不同社会在谋求物质改善的长期努力上进展如何,这些数据是最适用的。

增长的领先者),接着中国周边的东亚经济体变成了经济增长的"小老虎"(见图 1.1 中的韩国和中国台湾),其中最具生产性和雄心壮志的那些经济体现在已经赶上了西方。最近,中国也加入了这个增长联盟。

- 全球经济增长的经历甚至也出现在一些一直落后的地区,如南亚、西亚,甚至非洲。
- 1980 年后,苏联经历了实际生活水准的绝对下降,虽然,近来其许多部分已经重启经济增长。

这些基本的经济事实需要一个解释。为什么持续的经济增长开始于西方,特别是盎格鲁－撒克逊国家?为什么,例如中国和印度的生活水准,在 1500 年之后的大约四个世纪中停滞不前,而且在 20 世纪前半期出现了绝对下降?为什么"信奉儒家学说的东方"从 1960 年代以来开始赶上来了?为什么其他国家还落在后面?增长的条件现在是不是对世界上的所有国家都变得更好了呢?

在某些情况中,结果和答案是显而易见的。例如,据世界银行的估计,俄罗斯的人均收入,在 1985 年和 1995 年之间,在新的增长脉动出现之前,下降了 40%(World Bank,1997,p. 215)。这已造成了广泛的社会后果,例如,对寿命和健康的影响。这里仅举一例,白喉症的发病率在 1980 年代的俄罗斯是微不足道的,但在 1990 年代初期上升到了 50000 例。问题的答案显然存在于这一事实之中:虽然有缺陷的制度体系已被丢弃,但新的、更好的制度却没有足够迅速地创建和实行起来(更多有关转型问题的论述,请见第 13 章)。

不一致且变化无常的经济增长记录表明,经济增长绝不是自生的,经济增长的条件需要培育。

通过推理即可发现,经济停滞和衰退是与封闭经济、国内和国际冲突、经济体制的破坏性变革,以及对私人创造性和私有制的严重限制

(缺乏自由)联系在一起的;而快速持续的增长则是与可靠的产权、竞争、开放和经济自由联系在一起的(见第 14 章;Gwartney and Lawson, *passim*; Lawson, 2008)。对这一假说的确值得深入探讨和解释。

在更一般的意义上,产生了这样一个问题:经济增长的"原因"是什么?这是引起人们长期关注的经济问题,人们对它的关注远超过所有其他问题。

1.3 解释经济增长

调动生产要素

当经济学家努力解释生产率和收入方面引人注目的持续增长纪录时,他们发现了越来越多解释这一复杂现象的因素。

在 1940 年代和 1950 年代,经济学家强调的是调动资本(K)对于长期增长的重要性。他们假设,增长依赖于资本积累(储蓄和净投资)。

> 增长的核心要素:K

在现代经济中,资本积累通常需要不同的人分别采取两种不同的行动:(1)推迟当前收入的消费,即"储蓄牺牲";(2)由已配备生产设备、建筑和其他实物资本的企业借用这些储蓄存款(投资)。资本积累过程常被认为具有潜在的不稳定性(哈罗德-多马理论)。

1940 年代和 1950 年代的许多经济学家,如英国的明星经济学家约翰·梅纳德·凯恩斯,都把经济增长视为一种暂时现象。因为他们假设,资本数量的不断增长将导致资本边际生产率的递减。在这一方面,他们迎合了卡尔·马克思(1818—1883 年)在 19 世纪所做的预言。马克思曾预言,资本主义体制终将垮台,因为投资者将迟早会再也找不到有利可图地使用资本的办法,所以,资本回报率将下降。如我们现在所知,他完全错了。

在 1950 年代,经济学界开始不满于在解释经济增长过程上狭隘地聚焦于资本。这种状况出现于发达国家重新恢复了勃勃生机的时候。经济学家们提出了国民生产函数的概念。这个概念反映着如资本、劳动(L)、技术(TEC)一类投入与预期产出量之间的关系。19 世纪的一些理论曾断言,人口增长是影响经济增长的关键因素。现在这种理论又复活了,并被与劳动力的增长联系起来。

一般认为,劳动供给的迅速增长对于经济增长具有积极的影响。所有生产要素的投入都被认为具有正的、但却是递减的规模效益(Solow,1988,总结了他自己及其他人此前关于这类理论的著述)。

> 增长的核心要素:K、L、TEC

这种"新古典增长理论"有其优越性。它能有效地证明,增长过程不必如马克思所言,必然是不稳定的,也并非注定要陷入增长率的下降。通过引入技术知识的增长概念,经济学家也改变了对增长的认识,从只注重物品(硬件),转到注重想法(软件)(Schumpeter,1908/1961;Scherer,1984;Romer,1990;2008,pp. 129 - 130;Jones and Romer,2010)。从技术角度讲,经济学家不再从一个既定生产函数的角度来思考,而是认识到更优良的技术会提升生产函数的水平。这意味着,更好的技术能使既有资本和劳动被转换成更多的产出。这一理论还考虑到这样一个明显的事实,即要素价格会变化——例如,当资本剩余增加时,资本利率会下降。这会引发要素替代:较便宜的资本将得到更多地使用,以节省昂贵的劳力。当然,劳力 - 资本替代要求有不断变化的技术和自由的市场。实际上,从 1960 年代起,技术创新就成为探索经济增长原因的研究者们集中关注的问题之一。

增长的硬件和软件

这种探索在 1960 年代里得到了进一步的推动。那时,经济学家们开始强调更好的教育和技能培训(SK)的重要影响,即各种能提高所谓"人力资本"的东西,如知识、技能和习惯(Bauer, 1957; Becker, 1964)。

> 增长的核心要素:K、L、TEC、SK

这一研究思路突出了一种深刻的认识:要保证不断增多的存量资本在应用中具有不断上升的资本生产率,就必须具备较好的技术知识和较好的技能。"发展软件"(技能、技术知识和组织知识)能确保"发展硬件"(资本、劳力)变得更有效率,这一点很快就变得确凿无疑。近来,保罗·罗默突出强调了"元观念"(*meta ideas*)的重要性,那是一些促进生产和有用知识应用的概念(Romer, 1990; 2008)。这类元观念的例子有下列机构所提出的那些思想,如德国的和后来美国的一些研究性大学、工业研究实验室、在澳大利亚和美国创办的农业推广服务机构,以及从 1940 年代和 1950 年代以来,在多个盎格鲁-撒克逊国家中创办的自由市场思想库。

在 1960 年代里且自那时以来,另一些观察者强调起自然资源对增长的贡献,并指出,某些自然资源(NR)可能最终将被耗尽(Club of Rome,见 Meadows et al., 1972)。他们迎合了罗伯特·马尔萨斯的理论。马尔萨斯曾在 18 世纪末(错误地)预言,由于自然资源有限,人类将注定陷于永久的穷困。在千年转换之际,对气候变化的担忧导致了这一断言的更新:经济增长是有限的,因而自由使用自然资源,特别是石化燃料能源,应该从政治上加以控制。然而,了解知识和技术的经济学家们却持有一种乐观的看法,即某些资源的日益稀缺会使它们的价格上升,这会再次调动出有关如何更多获取这类资源或如何节约可用资源方面的新知识。这将为增长开辟出新的途径(Hahn and Matthews,1969;Beckerman,1974;Matthews,1986;Simon,1995;Kasper,2005a,2007;Klaus,2008;Ridley,2010)。

最近,文化悲观主义者抓住了自然资源稀缺方面的一些问题,对经济增长的合理性和全人类都能获得高水平物质舒适度和高预期寿命的可能性提出了质疑。他们坚持认为,财富扩散的一个后果就是不想要的"副产品"增加,最明显的是源于能源消费的高废气排放,而能源消费对于提高生产率、增加闲暇和人类福祉是重要的(IPCC,passim)。虽然这个争论的大部分内容超出了本书的范围,我们还是要问,无论气候变化是自然发生的还是人为的,更好的制度是否能有助于缓解令人担忧的气候变化?如果不能,这会对久经考验的制度的质量产生怎样的影响?

返回到对经济增长史的解释。经济分析人员曾说过,关于"软件要素"的数据很难获得。但在许多有关经济增长的计量分析(以新古典生产函数和竞争市场假设为基础)中还是证明,这些要素的确极为重要。一半或一半以上可测度的生活水准提高常常可以被合理地归结为第三种要素(即除劳力和资本以外的各类投入)的作用(Denison,1967)。尤其是,人们发现,低增长和高增长经济体之间的差异往往能用这类"第三种要素"来解释(Denison,1967;Abramovitz,1979;Barro and Sala-I-Martin,1995,pp.414-461)。

然而,尽管在什么对长期增长绩效至关重要这一点上,这种分析提供了有用的量化认识,但它并没有真正解释为什么有些社会比其他社会积累了更多的物质资本和人力资本。所有上述分析都只提供了对增长的近似解释。我们仍然不可能说清楚,为什么人们会储蓄、投资、开发自然资源、学习技能,或为什么不会这么做(Hahn and Matthews, 1969;Giersch(ed.), 1980;Harberger, 1984)。

另一些分析新老工业国中经济增长的经济学家们着重关注1930年代所做的观察,即经济活动的结构性构造随收入水平上升而出现的系统变化。尤其是,在一定收入水平阶段上,制造业是"增长的引擎",它的增长要快于整个经济的增长(Syrquin, 1988;Rostow, 1978)。超过一定收入水平之后,服务业大都会加快增长,如异军突起。因此,人们能观察到,在不同的收入水平上,会有不同的产业欣欣向荣:当收入(及工资)水平很低的时候,具有增长优势的是劳力密集型产业;而当收入水平上升时,资本密集度和技术密集度较高的产业则具有增长优势。国民产品的结构突出了一个事实,在总的宏观经济增长现象背后,实际上存在着各种有机演化的微观经济结构,这种结构在不停的转变中。价格高度灵活和要素高度流动的经济体一般比僵化的经济体增长得更快(Chenery and Syrquin, 1975;Chenery, et al., 1986;Kasper, 1982, pp.71-96;Howitt, 2006)。经济被视为一个活的有机体,其构成就像树或人的身体构成一样,在生长过程中会出现系统变化。因此,结构变革(ΔSTR)是增长过程的重要组成部分。人为的结构僵化(如政府补贴衰退的产业,以阻止其自然萎缩)是全面经济增长的一个障碍。

> 增长的核心现象:K、L、TEC、SK、NR、ΔSTR

因此人们又发现,在欠发达国家和发达的民主经济里,政治选择常常对固化经济结构有很大的影响。在欠发达国家里,已形成的既得利益集团可能握有统治权。而在发达的民主经济中,院外集团和谋求私利的权势集团可能与政客和官僚勾结串通,抵制适应新条件的结构调整。

企业、知识和制度

这一微观经济学的关注与一个复兴的、更复杂的有关知识关键作用的关注完全融为一体:新的、有用知识是如何被最有效地发现、检验和应用的?是什么激励着这一过程的主体——企业家〔E〕——去调动生产要素、去冒险对知识作创新性运用以及去尝试结构变革?

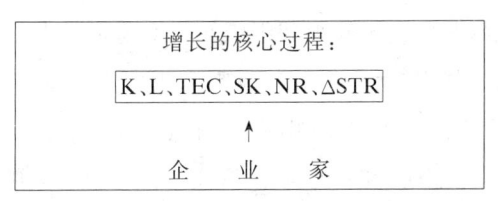

```
      增长的核心过程:
    K、L、TEC、SK、NR、ΔSTR
              ↑
          企  业  家
```

在 1970 年代里,经济理论家们吸收了诸如约瑟夫·熊彼特(1883—1950 年)和经济学中的奥地利学派(Ludwig von Mises, 1881 – 1973; Friedrich August Hayek, 1899 – 1992)那些学者在该世纪前半期所做的工作。他们曾研究过企业家在经济进步中的作用和竞争的重要性。竞争被他们视为一种发现人类有用知识的过程(Hayek, 1937, 1945, 1978b; Kirzner, 1960, 1963, 1973, 1985, 1997; Kilby (ed.), 1971; Machlup, 1981 – 84; Blandy et al., 1985)。他们认为,知识、技术和经济的演化是由敢于冒险的知识发现者推动的——但条件是他们有实际的激励去保持敏感和从事创新,并且面临着不间断的竞争挑战。

只有在具备专门知识的人们相互合作时,知识才能得到利用和成倍增长。因此,更好的劳动分工——它实际上是对知识的分解和协调——就成为经济进步的真正源泉。这一见解并不新颖。苏格兰的经济-哲学家亚当·斯密在 200 年前就写道:"在一个管理有方的社会里,*造

---

* 这里的英文原文为"… in a well-governed society,…"。1972 年的《国富论》中译本将这句译作"在一个政治修明的社会里,……",似与原意距离过大,故略加改动,译为"在一个管理有方的社会里……"。——韩朝华注

成普通最下层人民的那种普遍富裕情况的,是各行各业的产量由于分工而大增"(斯密,〔中译本〕1972年,上卷,第11页)。

从1970年代中期起,旨在解释经济增长的研究还受到了对长期经济史研究的巨大推动(North and Thomas, 1973, 1977; North, 1992; Jones, 1981/2003; 1988; Rosenberg and Birdzell, 1986; Hodgson, 1988; Bernholz et al., 1998; Mokyr, 2004; Clark, 2007)。这些研究显示了在工业革命中技术知识和组织知识实现了巨大进步的原因。这些进步并非突如其来,而完全要依赖有利于资本积累和市场交易制度的逐步演变(公民的个人自由、财产权利、法律对契约的有效保护、有限政府)。这些研究证明,在一个毫无信任的地方,资本主义企业家不可能造就持续的经济增长。企业家才能的充分发挥完全要依赖经济自由、公民自由和政治自由,还要依赖有利的制度框架,而这一框架要由相互信任和对企业家个人才能的积极看法来支撑(Nelson and Winter, 1982; Scully, 1991, 1992; Porter and Scully, 1995; Mokyr, 2004; McCloskey, 2010)。

有一种与此相关的研究思路探讨这样一个问题:为什么在非欧洲文化中,许多极具技术潜力的有益理念没有导致工业革命?特别是,中国的卓越技术,尤其是宋代(960—1278年)的技术,为什么从未转变为一次工业革命?这一点曾是经济史上长期的一个谜。这些分析指出:在中国和其他亚洲大国中,缺乏一定的社会、政治和法律前提——总之,缺乏制度。在那些巨大的封闭经济体中,统治者们在其疆域内无须为吸引和留住有知识的、具备企业家才能的人而竞争(像中世纪之后欧洲的许多竞争性政区那样;Jones, 1981/2003;1994)。对于中国人何以未能启动一场持续的工业革命这一问题,还有另外一些解释。一批经济史学家在考察了这些解释之后得出了下述结论:"迄今为止,〔中国〕社会〔的单个成员们〕不能将交易成本减少到足以使经济进入一个持续的强劲增长过程……〔政府〕很少提供基础设施和服务。值得注意的是,不存在独立的司法系统,旅途中的贵重物品得不到保护,没有警察保卫生长中的庄稼……有正式的法庭,但它们在根据实物证据审理这类侵犯行为时缺乏系统的程序。契约不能强制执行……商务交易倾向于面对面地进行或局限于一些群体以内。在这些群体内,商人或手工艺人们已经因非商务原因而结合在了一起。"(Jones et al., 1994, p.33)换言之,在亚洲,制度发展的不足使技术进步成果的积累和潜在的巨大市场不起作用。道格拉斯·诺斯以相同的倾向得出结论:"对经济增长的历史研究就是对制度创新的研究。这种制度创新能减少交换活动的交易(及生产)成本,从而实现日益复杂的交换活动"(North, in James and Thomas, 1994, p.258)。不涉及制度就不可能解释经济增长率上的持续差异(Olson, 1982;1996;Roll and Talbot, 2001;de Soto, 2001)。

近来,演化性复杂系统理论再次确认,制度——在前面所引亚当·斯密的论述中,当斯密说到"管理有方的社会"时已经涉及了它——对于协调复杂的动态经济生活是非常重要的(见 6.1 节)。这之所以重要,是因为经济生活和商务活动中充满了各种不确定性。因此,人们可信赖的、相当规律的行为模式对于促进商业决策是重要的。如果这些行为模式受到政策频繁而难以理解的干预,出现预料不到的副作用,就不可能计划结果,一些可能有用的想法也就不会被探究。协调现代复杂而不断变化的商业生活,要在很大程度上依赖于一般的、抽象的和具有适应性的人际交往和协调规则——简言之,要依赖制度和基本价值观,这就是其原因所在(Parker and Stacey, 1994)。

这些各种各样的研究思路都为新奥地利学派,以及 Ordo 自由主义学派中的大陆欧洲研究者们和公共选择理论家们的学说增添了经验内容。这些学者强调,在发现有用的知识,调配资本、劳力、技术和原材料,并由此创造出不断增长的产出这些活动上,企业家精神是必需的;而对于企业家精神讲,制度具有极端的重要性(Hayek,1960,1967a,1967b,1973-1979a;Eucken,1992/1940;Buchanan,1991;Casson,1993;Berggren et al.,2002)。因而,增长是从统计指标上反映企业家、消费者、储户、生产者和商人在获取人们给予更高评价的事物上所采取的各种行动。

经验研究还指向了一个更进一步的相关方面,即各种偏好的重要性,包括对物质改善的偏好,也包括对自由、和平、公正、安全等被广泛认可的基本价值的偏好。恰当的制度是增长的必要条件,但不是充分条件。企业家和普通人还必须具有对诚实合作和物质进步的偏好(例如,选择工作而不是闲暇)。企业家和对财富的追求也必须被社会看好并受到尊重(McCloskey,2010)。从长期来看,在人们的基本价值观和制度之间存在着一种复杂的相互关系:如果制度能实现财富创造,人们就更有可能形成体验这种经验的意愿,而如果他们经历了增长,他们就会看重增进信任的制度。

美国经济学家戴尔德丽·麦克洛斯基近来特别论证,标准的经济学模型不适于解释经济增长,因为在具体时间和地点所做的有关企业家阶层和中产阶级的调查中,普通人的说法已经改变,反映出人们的价值观念发生了转移,而标准的经济学模型并不承认这种转移所起的重要作用。总之,当日常的商务活动受到尊重时(这在以前是没有的),创业活动就增加了。科技创新与商业精明相结合,再有了私有产权的制度环境,自由定价和追求利润就获得了文化上的合法性。正是这种商业文化中由科学启蒙形成的易燃组合,产生了生产率方面的大爆炸,使人类能享受到现代经济持续增长的种种好处。

因此,增长是由在不断深化的劳动分工(专业化)中运用知识的企业家推动的。而这也只有用恰当的"游戏规则"管理人际交往时才有可能出现。必须用恰当的制度安排提供一个框架,让自由而负责任的个人在市场中和组织里进行可预见的合作。例如,由文化习俗、共同的伦理体系、正式的法律规章和管制条例提供的一个协调框架(详细内容请见第 5 章和第 6 章)。其结果就是,在理解增长过程时,将宏观经济学分析与关于结构变革的微观经济学、与关于动机和制度约束的微观经济基础联系起来,也将经济增长与偏好和价值体系那样的社会学因素联系起来。

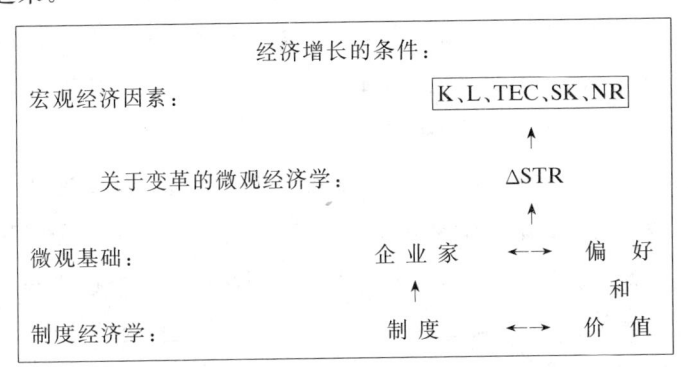

```
         经济增长的条件:
宏观经济因素:            K、L、TEC、SK、NR
                              ↑
关于变革的微观经济学:        ΔSTR
                              ↑
微观基础:              企业家 ←→ 偏好
                         ↑         和
制度经济学:             制度 ←→ 价值
```

自从本书的第一版将"制度对长期经济增长过程极为重要"这一假说做了详细阐述以来,这一观点已经逐渐扩散开来(Kasper and Streit,1998)。因此,查尔斯·I.琼斯和保罗·M.罗默在 2010 年的一篇综述性文章(以对新古典增长理论的概括为基础)中写道:"有一种广泛的共识,制度上的差异肯定是增长率方面巨大差异的根本来源"(Jones and Romer,2010,p.238)。他们承认:"制度的质量是左右经济演化的一个关键因素,并且要比新古典模型所主张的更加复杂和要紧得多"(同上,p.228)。世界银行过去有关经济增长理论和政策处方的许多著述曾长时间忽略制度,但现在就连它也对"制度对经济增长至关重要"的观点变得较为开放(例见 Acemoğlu and Robinson,2012。该文是根据他们先前给世界银行的报告写成的,见 Acemoğlu and Robinson,2008)。尽管制度因素的至关重要性现在已得到了广泛认可,但在精确定义上却仍然有些分歧。本书要对此进行讨论（见后记）。

有些作者已经超出了对增长理论的制度关注点，而强调文化价值观。为此，戴尔德丽·麦克洛斯基——如前所述，在其著作《中产阶级的尊严》(McCloskey, 2010)一书中——讨论了对增长的不同解释，并对单纯的制度解说提出了质疑。与此不同，她注重的是观念，即向中产阶级价值体系的态度转变。但是，她的分析也赞成"支撑私有财产和自由市场的制度具有关键作用"的观点。经济史学家乔尔·莫克依尔和其他一些人也证明，工业革命在很大程度上得益于科学启蒙和商业文化兴起的易燃组合，即本书中所讨论的那类特有的制度和价值观(Mokyr, 2004; Taverne, 2005)。

从许多方面来看，在解释经济增长上专注于制度方面，使人们重新发现了像苏格兰社会哲学家大卫·休谟和亚当·斯密一类早期思想家们所述的论点。他们教导我们，至少有三项制度对人类进步和文明社会是根本性的：产权保障、通过自愿的契约性协议自由转让产权、信守诺言(Hume, 1965/1786; Hodgson, 1988, 1998)。隐含于这种经济增长解说中的各种理念曾一直是美国大众思维的一部分，虽然不一定属于正式的主流经济学。因此美国作家亨利·格兰迪·韦弗（1889—1949），登上 1938 年美国《时代周刊》杂志封面的"年度人物"，他用经济自由和有限政府来解释经济进步(Weaver, 1974/1947)。在纽约，长期活跃的经济教育基金会也坚守同样的使命。毫无疑问，弄清楚一个社会的主流价值在从集体主义到个人主义的量纲上处于什么位置是很重要的。另一项基本的社会品质是，用我们在这里和第 4 章讨论的基本价值观来衡量，人们，或至少是精英们，在何种程度上信奉逆来顺受（宿命论），或者信奉改善这个世界的状况是人类的使命(Kasper, 2011b)。

因此，我们可以断言，当代经济增长理论正在转向与自由哲学家们的传统联系。早在抽象化和数学化把持解释增长的核心经济议题之前,他们就已经强调,自由是经济进步的发条。

我们以下述概括结束这篇引言:制度支撑着复杂的、跨越国家和大陆的人际交往关系网;因为,人类的相互交往总是建立在极其纤弱的信任链之上——如在本章开头所引用的一段语录中简·雅各布斯非常贴切地比喻的那样,它的确是一副"如蛛丝般的网"。

关键概念

　　实物资本由有形资产构成。它们有可能提高像劳力一类生产要素生产商品和服务的能力。在现代经济中,资本积累过程需要**储蓄行为**(不消费已产生的收入)和**投资行为**(借钱用作资本资产)。

　　人力资本一词有时只与体现在个人身上的那些资产(技能、知识、诀窍)有关;但另外一些学者则持有一种广义的人力资本概念,包括了共同的、非有形化的知识,诸如共同的价值观、共同的习俗、规则和法律,即我们在本书中用"制度"一词涵盖的事物(请见第2章)。因此,人力资本远远超出了一般所说的知识或知识分子所了解的知识,它包含着各种不可言传的非正式知识、才能和基本价值观,以及各种全社会共有的规则系统。

　　企业家是对机会高度敏感并准备好利用机会的人。经济企业家总在寻找新的有用知识,并准备在有望获取物质收益时,冒险使用未经验证的生产要素组合。

第一部分

基本原理

第2章　定义：经济学、制度、秩序与政策

> 在这一章里，读者将学习什么是制度，制度如何产生，以及制度如何促进秩序（一种鼓励信任的、可预见的行为模式）的形成。读者还将看到，制度和秩序是如何帮助人们解决经济问题的，即如何克服稀缺性并发现新需求和新资源。我们将看到，当一个共同体的成员们希望合作时，制度会帮助他们，因为制度使人们相互依赖，使合作变得更方便、更便宜、更少风险，尤其是在开发和利用新知识上。
>
> 我们还会了解到，尽管在制度及其经济后果方面的基本理念并不新颖，但它们现在已引起越来越大的兴趣。产权、契约自由、稳定的货币和其他一些鼓励信任的确定性，都以良好的制度为基础。古典道德哲学家和经济学家已经分析过这些领域，大卫·休谟、亚当·斯密、奥地利学派和"公共选择经济学"的著作，全都可以被视为现代制度经济学的先驱。我们将简要地回顾它们的贡献。

在建立一幅经济世界的科学图像上，定义扮演着一个重要的角色。

瓦尔特·欧肯（1992/1940）

法律是无情的理性。

亚里士多德（公元前384—前322年）

存在着……各种特定的、高超的个人思想规范，即各种制度，

它们在一定程度上……有助……于协调个人计划。

路德维希·拉赫曼(1977/1943年)

2.1 基本定义

本书介绍经济学,特别是制度在经济生活中的作用。经济学的目的是解释人们如何利用稀缺资源来满足其多种需要,以及人们如何去发现新的需要和新的资源。在我们开始讨论这些问题之前,有必要先说明我们如何定义一些最重要的词汇。请注意,其他人以及其他学派的研究者,赋予这些词汇的涵义并不总是与我们的定义相同。

制度

制度在这里被定义为由人们制定的规则。这些规则约束人际交往中人们的(可能是任意的和投机的)行为。制度经济学反映了拓宽经济学研究和教学的一种动向,使之不仅要分析约束范围内的选择,而且要在各种限制选择的约束之间做出选择。制度是各种正式和非正式的"游戏规则"。在我们的定义中,制度为一个共同体所共有,并总是通过对违反规则者施加已获不同程度认可的制裁而得以强制实施。没有制裁的制度是无用的。带有各种有效制裁的规则创立起一定程度的秩序,引导人们走上可合理预期之路。规则起着一种规范的作用。只有使用制裁,制度才能使个人行为更可预见。如果各种相关的规则是彼此协调的,它们就会促进人与人之间的可靠合作,这样,人们就能很好地利用劳动分工的优越性和人类的创造性。例如,交通规则就是一套制度。这些规则约束驾驶员个人,却使人们在总体上享受到了更快捷、更安全的交通。同样,确立各种保护产权的制度使人们能与他人进行买卖活动并建立信用关系。[①]我们在第1章结束时提到过,在一个充满生机的经济社会中存在着信任之网。这个网不一定存在于任何单一个人心里,但必然存在于治理个人之间社会交往的那些制度之中。我们信任陌生人,不是因为我们认识他们(从定义上说,我们不认识),而是因为我们是在我们所信赖的制度环境中与陌生人交往。

总的假说是,制度对人们能在多大程度上实现其经济上和其他方面的目标有着巨大影响。人们通常偏好能增进其选择自由和经济福祉的制度。但是制度并不总是有助于这样的目标。某些类型的规则可以对一般物质福利、自由和其他人类价值产生不利影响。实际上,规则体系的衰败会导致经济和社会的衰落。因此,人们有必要分析制度对于自由选择和繁荣的涵义和影响。

秩序与经济生活

在第1章中,我们是按照经济生活与个人利用和强制执行多种协调规则之间的双向关系来定义制度经济学的。正如我们在那里提到的,制度的关键功能是增进秩序:秩序是一套关于行为和事件的模式,具有系统性、非随机性,从而可以被理解。在社会动荡的地方,与他人的相互交往代价高昂,信任丧失,合作瓦解。而作为经济福祉主要源泉的劳动和知识的分工则变得困难,近乎不可能。诚如众所周知,托马斯·霍布斯曾写道,在这样一个世界中,社会无法从合作中获益,生活

[①] 文献中,"制度"一词有着众多和矛盾的定义。不同学派和时代的社会科学家们赋予这个词以如此之多可供选择的含义,以致除了将它笼统地与行为规则性联系在一起外,已不可能给出一个普适的定义来。但是,我们在本书中贯彻始终的定义——指各种带有制裁措施、能对人们的行为产生规范影响的规则——看来可作为公认的定义出现于当代制度经济学家当中(请参阅例如North,1990,pp.3-6;Drobak and Nye (eds),1997,pp. xv-xx)。

普通英语的习惯用法经常将这里所定义的制度与"组织"混为一谈。组织是对资源的系统安排,其目的在于实现一个共同目标或一组目标(见第9章)。因此,公司、银行、政府机构是有目的的组织,而基督教的"十诫"和交通规则却是制度。

实际上是恶劣的、野蛮的和匮乏的。自然张牙舞爪,而我们人类却没有装备起来,在与他人的彼此隔绝中挣扎活命。我们能够生存并茁壮成长,只是因为我们具有与他人合作的能力,并有建立社会网络的能力。因此,我们在这里将着重于制度如何在经济交往中促进秩序,即如何在众多个人努力设法克服资源稀缺性时,造就行为模式。秩序鼓励信赖和信心,减少合作的成本。当秩序占据主导地位时,人们就能够形成预见,个人就能更好地做出他们自己的计划,与他人合作,也能对自己冒险从事创新性试验感到自信。制度也能让人们更易于找到能与之合作的专家,猜测这种合作可能有的代价,估计合作可能带来的收益。结果是发现和应用更多有益的知识。

如先前所指出的,经济学是研究稀缺性的。这意味着偏好一种行为的决策必然包含放弃其他可选行为。我们称一种资源的最有价值利用为"机会成本"。本章的每位读者都放弃了他们时间的其他用途,付出不同的成本来阅读本章。这样的决策总是主观的,因为个人决策者对不同的可选行为有不同的价值评估。例如,一位读者的机会成本是去听一堂课,而另一位读者的机会成本是与某个朋友调情逗乐或是在海滩上打发时间(Buchanan,1969,Foreword)。即使因一项选择而放弃的其他机会在技术上是相同的——例如,因为正在读这本书,我们就不能去听一场摇滚音乐会——但对我们不同的人,牺牲的价值仍将因人而异。你感觉到的机会成本可以比我们感到的要高许多。这一点非常重要:经济决策应尽可能地由个人做出,而不是由集体来做。因为个人了解其主观机会,而集体决策者对于人们面对的多样性和主观机会价值缺乏信息。

当有着不同欲望和能力的人们做出选择,并评估其机会成本时,他们都特别看重秩序和信赖。信息因秩序而易于传递给他人,而一个复杂的劳动分工也因秩序而变得可能。因此,对多种多样并处于多变环境中的人来讲,支撑秩序的制度内容与使人们满意的经济成果关系极大。

> **关键概念**
>
> 　　由于经济学与面临稀缺时的选择有关,机会成本概念就具有了关键的作用。它突显了这样一个事实:即任何选择都是以不得不放弃的下一个最优选项为"耗费代价"。若干其他事物——其他必须被放弃的替代选择。在实践中,对那些被放弃的机会,不同的人会有不同的预期和评价,这取决于他们的主观判断(主观的机会成本)。因此,我们一个人的机会成本可以常常与你们另一个人的机会成本截然不同。
>
> 　　再重复一遍:制度是人类相互交往的规则。它约束着可能是投机的和反复无常的个人行为,使人们的行为更可预见并由此促进着劳动和知识的分工与财富创造。制度,要有效能,总是隐含着某种对违规的制裁。"制度"和"规则"这两个词在本书中可互换使用。
>
> 　　如果重复的人际交往遵循着某种可识别的模式,就说明**秩序**处于主导地位。如果具备了多套制度,它们充分地结合在一起引导着人的行动,从而使人的行为是非任意性的并基本上可以预见,就会产生出上述模式。
>
> 　　制度经济学涵盖了经济学与制度之间的双向关系,它既关心制度对经济的影响,也关心制度如何对一个动态世界做出反应。①

---

① 一个世纪之前,"制度经济学"一词的使用要多谢如索尔斯坦·凡勃伦那样的作者。而这一学科也一度在美国的大学中成为经济分析的主体(Hodgson, 1998)。另一些人把制度经济学看作是马克思主义经济学的一个分支。但是,尽管所有这些前人都提出了"制度对经济表现很要紧"的重要观点,我们在这里使用这个词的方式却着重于那些支撑保障个人财产权的制度的质量,以及在法治的框架中个人财产权的自由使用。

制度的起源

制度是如何产生的？一种可能性是，规则及整个规则系统都是靠人类的长期经验形成的。人们或许偶然碰到了一些安排，使他们更好地满足了其愿望。例如，人们在与他人会面时送上问候的习惯已被证明是有益的。让大家都待在道路的同一侧，有利于车流顺利通行。有益的规则往往能够持久，并成为一种传统。如果有足够多的人采用有益的规则，形成了一定数量（临界点）以上的大众，这些规则就会最终得到共同体中每一个人的遵守。规则将被自发地执行和模仿，并在整个共同体内尽人皆知。在改善人们交往行为的规则得到加强时，不能满足人类愿望的安排将被拒绝和抛弃。因此，在我们日常生活中占有重要地位的规则多数是在社会中通过一种逐渐反馈和调整的演化过程而发展起来的。并且，多数制度的正规内容都将按部就班地循着一条稳定的路径演变。我们称这样的规则为"内在制度"（internal institutions），因为它们产生于共同体内部，并在内部强制实施，即它们是受到直接影响的人们的自发反应。在分析内在制度是如何产生时，制度经济学会吸取道德哲学、人类学、心理学和社会学的卓越见解。

其他类型的制度则因某些有权威的人设计而产生。它们被明确规定在法律和规章之中，并要由一个如政府那样、高踞于社会之上的权威机构来正式执行。这样的规则是由一批代理人设计出来并强加给社会的。这些代理人可能通过强力、继承或是某种政治过程获得了这样的角色。虽然人们往往大多会自愿服从，但这样的规则最终要靠强制性法律手段来执行，如通过警察和司法系统执行。我们称这些制度为"外在制度"（external institutions）。

一旦制度被统治者、议会或官僚从外面强加于社会之后，就产生了一个基本问题：本应按公民利益行事的政治代理人往往会超越其权限，为他们自己的利益而使用规则和执行规则。由于这个原因和其他一些原因，政治过程本身也必须服从一定的规则。外在制度的有效性在很大程度上取决于它们是否与内在演变出来的制度互补；例如，司法系统是否支持一个社会的道德、文化习俗、惯例和待人接物的方式。外在制度会引起代理成本和服从成本，而且通常比对应的内在制度成本高得多。在分析外在制度时必须运用政治学和法学。

关键概念

内在制度是从人类经验中演化出来的，并吸收了过去曾最有益于人类的各种解决办法。其例子既有习惯、伦理规范、良好的待人接物方式和商业习俗，也有西方社会中的自然法则。违反内在制度通常会受到共同体中其他成员的非正式制裁，例如，行为不端的人会发现自己失去了人们的尊重，或是不再受到邀请。但是，有时候正式制裁程序也会用于执行内在制度（见5.2节）。

外在制度是被自上而下地强加和执行的。它们由一批代理人设计和确立。这些代理人通过某种政治机制获得授权。立法就是一个例子。外在制度配有明确规定的制裁。这些制裁措施以各种正式的方式强加于社会（如通过遵循法定诉讼程序的法院实施）并可以用合法的武力（如警察）强制实施。外部执法通常会遭遇信息问题，而且成本往往巨大。

所以，内在制度和外在制度的区分依规则的起源和执行机制而定。

规范性内容和公共政策

在制度经济学中，分析价值和基本价值观的影响常常是适当的。制度对于人们如何树立其个人目标，以及如何能实现他们自己的愿望是决定性的。制度还影响着人们所持有的价值观和人们所追求的目标。因此,制度反映着一个人对与共同体内其他人之间关系的主观理解。对制度的认可和执行完全依赖于社会所主张的文化观念。一个共同体内共有的基本价值支持着社会的凝聚力并激励人们在制度框架内行动。因此,制度经济学必须清晰地分析人类的价值观——更确切地说,是分析人们所珍视的有益事物——并参与道德讨论(Palmer,2011)。在这方面,它要借助于现代经济学的起源——道德哲学。

基本价值观深深扎根于各文明的传统之中,而且不易改变。它们构成一个共同体特性的一部分,甚至可能与坚定持有的宗教信仰联系在一起。当经济发展在一个迄今静止的社会中起飞时,这有可能对经济和文化变革带来巨大阻碍。因而,市场经济中的种种制度(见第7章和第8章)就必须被嫁接到那个特定社会的基本价值上去。有的文明带有的价值观和社会态度易于与市场经济的"规则手册"相匹配,或者至少乐于做出调整,从而私有财产权、竞争和法规就易于被采纳。而另外一些文明,具有拒绝接受物质福利享受、拒绝奖励个人努力、拒绝法律面前人人平等的价值体系。有些较小的群体,如土著部落,常常会丧失其本体特性。而较大的群体则会体验到文化危机,并在接纳现代经济增长上遇到巨大困难(Bauer,2000;Bauer and Sen,2004;Boettke et al.,2008;Kasper,2011b)。针对价值观和基本态度方面的制度性基础设施所做出的这些调适,使得构建市场经济的那些制度注定将因社会而异,从而产生出"多重的现代性"来(见第14章)。

各种制度都是渗透着基本共有价值观的规则。它们界定了一个共同体,这个共同体可以是一个家庭、一个居民区、一个国家或一个国际专业协会。制度构成了造就和界定一个社会的"社会黏结剂"("social cement",借用自美国社会学家约翰·埃尔斯特在一本名著的标题中所用的词汇;Elster,1989)。个人当然可以从属于多个不同的、重叠的共同体,服从不同的制度组合;有些制度是他们与同一地理区域内的邻居所共有的,而另一些制度则是与身居远方的人所共有的。同理,制度有其跨共同体的方面。经济制度的体系也可以或多或少向其他人开放。在这里,开放意味着商品和劳务的交换,人员、资本、观念的流动,可以在不同的共同体之间进行。在这方面,制度经济学与社会学、国际法及政治学共有同样的基础。

我们还必须区分制度经济学的理论和政策。制度理论描述、解释和预测规则的出现及其效应,它也研究改变特定规则会如何促进或阻碍某些后果或某类后果。在这方面,制度经济学属于实证科学的范畴并对经济政策做出贡献。[①]我们还可以根据制度理论的作用情况,超越这一层面,获得以政策为导向的知识。这类知识有助于根据特定目标在现实世界中形成各种制度(经济改革,见第13章和第14章)。经济学家,作为科学家,可以就如何才能在多套备选制度的基础上更有效率地追求既定目标提出政策建议。公共政策是在追求某些目标上对政治手段的系统应用,它通常是在既定的制度约束中展开的,但政策行动也可以改变制度。制度变革既可以通过明确的直接方式来实现,也可以表现为政策行动的一种副效应。因此,制度经济学家普遍关注公共政策与制度之间的互动关系。

除此之外,经济学家,也像其他公民一样,当然可以根据自己的好恶发言。在那种情况下,他们应该展示他们的个人价值和偏好,因为他们采用的是规范性立场。

关键概念

(基本)价值被定义为在人的选择和公共行动中一再显露出来的

[①] 实证经济学也延伸到了对与制度有关的不同人类价值观的分析。在这种分析中,经济学家不是做出他们自己的价值判断,而是就某些价值的后果提供学术性的阐述。

强烈偏好。它们被绝大多数人,在绝大多数时间里,置于很高的序位上,并在讨论好与坏的标准时常常被当作"止步点"。其他偏好都从属于基本价值。这类价值的例子是自由、公正、安全和经济福利。

公共政策意味着通过政治的和集体的手段系统地追求某些目标。公共政策不仅由政府代理人(议会、政治家、行政官员)来组织安排,还由有组织集团的代表来推动。工会、行业协会、消费者和福利方面的院外集团、官僚和某些个人(行业领袖、学者、媒体代表)都可以影响集体行动,即涉及两个以上伙伴之间协议的行动(不用说,常常也涉及一个共同体内千百万的人)。

2.2 当代制度经济学的先驱

苏格兰启蒙思想家

这个对制度经济学关键概念的简短概述,至少应适当提及当代制度经济学的先驱和思想史才能圆满。如已经指出的那样,近几代人里,绝大部分主流经济学没有明确分析过制度。制度的重要性在很大程度上由于新古典经济学家们共同做出的一些假设而被忽略了,尤其是那些便于分析但有些古怪的关于"完备知识"(perfect knowledge)假设,以及带有均衡终极状态的先入之见,都明确将制度当作多余的。

与当代经济理论家不同,18世纪和19世纪初的古典社会科学家们都懂得制度的极端重要性。18世纪苏格兰的道德哲学家和经济学家特别明白制度。亚当·斯密著名的"无形之手"机制描述了追求自利的个人在市场中如何受竞争的调控,它只能被领会为一种发挥指挥作用的制度系统。亚当·斯密的苏格兰同代人亚当·弗格森强调了制度与时俱进的演化,而他的朋友大卫·休谟则揭示出资本主义市场经济赖以立足的制度基础,以及这些制度基础是如何被置入一个国家的智识、文化和政治生活之中的。弗格森关注的是"人们行动"的制度而不是"人们设计"的制度,休谟则认为产权、契约和一致同意方面的制度为文明社会提供了基础,两者对于当代制度经济学都极为重要。

在苏格兰启蒙运动的道德哲学家那里有一种具有根本性的观念,在当代制度经济学家中得到却不大受到重视,即建立一种坚实的政治性经济体。这个思想近来因贝彼得和利森而得以复活(Boettke and Leeson,2004;Boettke,2012)。斯密及其同代人寻求建立这样一种政治性经济体,在其中,即使坏人掌了权,也只能造成最小的损害。监督和制衡的制度系统应强劲得足以将野心和贪婪置于监控之中。与追求授权于善人和智者来统治的法国启蒙运动思想家们不同,苏格兰的启蒙运动主张,对政府制度的设计,如休谟所说的,应抱着"所有人都是无赖"的假设去设计。

从这种观点来看,人类的本性既非慈悲为怀,亦非无所不知,相反倒是有时候好,但常常坏,有时候聪明,更多时候愚蠢。问题是,什么样的制度安排能够利用人的各种基本本能,将这些本能引导到生产性的方向,通过劳动分工从社会合作中获得益处呢?苏格兰道德哲学家在18世纪的伟大发现,以及后来在18、19世纪由古典政治经济学家做出的发展就是,私有产权和自由市场提供了这样一种制度安排(Boettke and Leeson,2004;Leeson and Subrick,2006)。

奥地利学派

后来,制度经济学受到了来自奥地利学派的有力推动——从卡尔·门格尔和路德维希·冯·米塞斯到"新奥地利学派",如路德维希·拉赫曼、弗里德里希·冯·哈耶克、默里·罗思巴德、伊斯雷尔·柯兹纳等。甚至"芝加哥经济学家",如乔治·施蒂格勒和米尔顿·弗里德曼也发起了有关制度的讨论(有关这些作者,请参阅本书后面的文献目录)。奥地利学派的贡献在于,将制度分析置于这样的背景之中,即人类的有限知识;方法论上的个人主义(只有个人能够行动〔从来不是抽象的集体,如国家、种族或社会阶级①〕的见解);不断变化的环境和调整适应那些变化的动态过程;以及主观主义(个人是在主观地认识世界,因此,个人在理解世界的能力和价值判断上是各不相同的)。②继之而来的是,个人之间的差异必须受到尊重,而且不能轻易地被汇总为集体目标。③奥地利学派的贡献在分析上和哲学上对正统主流经济学都提出了重大挑战,并暗示,对我们称之为理性和均衡的事物要谨慎对待(Huerta de Soto,1998;Kasper,2010)。路德维希·冯·米塞斯提出了一种对社会主义制度的早期批评,它至今仍未被充分地吸收进政治思想和经济思想的主流(Butler,2010,pp.88-92)。他的思路在哈耶克、柯兹纳、布坎南和罗斯巴德那里得到了进一步的展开。本书从头到尾都将显现出他们对经济制度和经济秩序研究的启发性影响。

制度经济学的基础还包括视经济为一个复杂的演化系统这样一种

---

① 奥地利经济学的奠基人卡尔·门格尔(1840—1921)的以下论述切中要害。他当时(1883年)写道:"'国民经济'的各种现象决不是一个国家本身生活的直接表现,也不是一个'经济国家'的直接结果。相反,它们是……无数个人经济努力的结果。〔对这类现象〕必须……从这样的角度来做理论解释"(引自 Boettke,1994,p.11)。

② 要了解对经济学奥地利学派贡献的综述,见贝彼得编辑的《爱尔加奥地利经济学指南》(*Elgar Companion to Austrian Economics*)(1998)。要阅读对当代学者按奥地利传统工作所写著作的导论,见贝彼得编辑的《当代奥地利经济学手册》(*The Handbook of Contemporary Austrian Economics*)(2010)。

③ 请读者警惕常能听到的集体主义陈述,诸如"国家希望……";"国际社会应当注意这个问题";"政府应当决定……";"国家需要一亿人口";"世界共同体必须解决饥饿问题";"世界史将说明……";或者议论一些未指明的集体,诸如"到2020年应当根除贫困"。对每一个这样的问题,作以下这样的思考是很有教益的:谁是具体的、既定的个人决策者?他们的主观动机可能是什么?为什么他们被隐藏或主动隐藏于无形的集体背后?

思维方式。这种分析方法与视均衡为可持久状态或正常理想条件的概念格格不入。与这类非历史性概念不同,复杂系统的方法视经济生活为一种处于渐进演化中的过程,在人们选择适合其多种目标的事物时,经济中的有些因素会显现出来,而另一些因素则归于消失(Shackle, 1972; Witt, 1994; Metcalfe, 1989)。

关键概念

苏格兰启蒙思想家(Scottish Enlightenment)一词指主要在18世纪写作的道德哲学家和经济学家(如大卫·休谟和亚当·斯密)。他们揭示出,一个运行中的资本主义经济所需要的基本制度,即法治、私人产权及契约自由。他们严厉谴责了重商主义(有选择的贸易保护主义和优待特殊集团、依赖公共企业、统治者与商人既得利益间的强大联盟)的有害后果。他们提倡小政府和公民的个人自立。

新古典经济学已成为20世纪经济分析的主导范式。它聚焦于经济均衡的条件并通常以下列简化假设为基础:
- 经济主体拥有"完备知识";
- 人们在其预算限制的约束下理性地追求其目标并使其某一目标变量最大化;
- 描述具有代表性的家庭、生产者-投资者和政府是可能的;
- 商务交易活动,如市场中的交易,是无摩擦和无成本的;
- 社会成员的个人偏好能通过某种方式表现为社会福利函数。

与演化经济学(见下面)截然相反,新古典经济分析一般都始于一个均衡——可以理解为一种人们的计划和预期相互和谐兼容的状态。这种均衡受到某个孤立事件的干扰,然后该分析再显示系统向新的均衡转移(比较静态分析,假设所有其他事情不变:经济学教科书中的著名短语:"ceteris paribus")。这种分析经常假设,政策制定者能够设计出一系列合理的、实现其目标的行动。这些假设促进了数学方法的公式化和计量经济学分析。而这些发展又进一步要求经济政策应当依据预设的目标和手段来实施,灵活地拉动"经济杠杆"。

奥地利经济学是分析经济现象的一种传统,它在 19 世纪末开始于维也纳,但它目前在经济生活和政策制定上正获得越来越大的影响,特别是在发展中国家。它的基础在于,懂得知识是不完备的,人们是在动态的市场过程中相互交往,时间和演化极其重要。它的基石如下:

(1) **方法论上的个人主义**:个人总是努力获取昂贵但有用的信息,并从事有目的的行动,而经济现象则可以由这种个人行动来解释;

(2) **主观主义**:人们总是尽量运用其对现实的独特感知,及他们特有的价值观、抱负、知识、对成本和效益的评估;人们总是根据自己特有的私利理性地行动。经济现象必须由这样的人所做的各种决策来解释;

(3) 强调复杂的、无止境的**试错过程**,这种过程发生于历史性时间里(in historic time),出现在具有不确定性的环境中(而不是基于静态的后果和均衡);因此,经济行动大都具有很多出人意料和难以预测的副效应。

奥地利经济学家集中关注人们如何协调他们的个人追求,什么制度演化使人们在缺乏知识的条件下仍能设法达到其个人目标。与新古典经济学的"工具主义方法"不同,奥地利经济学家告诫人们在政策干预上要谨慎从事,并主张将政策重点置于培育和建立引导市场过程的统一规则上。

关于这方面的介绍,见《经济学简明百科》中的《奥地利经济学》一文("Austrian economics" in *The Concise Encyclopaedia of Economics*,

> Boettke in Henderson (ed.), 2008, pp. 23 – 27; Boettke, (ed.) 1994, pp. 1 – 6; and Kirzner (1997))。

Ordo 自由主义、公共选择理论和其他渊源

集中关注制度的另一个经济学和法学传统是弗莱堡学派(Freiburg School),有时也称德国 *Ordo* 自由主义学派。它在几十年里一直受到瓦尔特·欧肯和弗兰茨·贝姆的推动。他们揭示了魏玛共和国时期(1919—1933 年)和纳粹德国时期竞争的基本规则败坏所导致的有害结果。他们修改了由苏格兰哲学家所描述的基本制度,使之适应具有多党民主、寻求私利的官僚和有组织利益集团的现代工业大众社会(见 10.3 节)。

对当代制度经济学的推动,可以说,始于罗纳德·科斯的开拓性工作。后来,他的思想被"公共选择经济学"吸收,反映在如詹姆斯·布坎南、戈登·塔洛克、哈罗德·德姆塞兹、埃莉诺和文森特·奥斯特罗姆夫妇和曼库尔·奥尔森等学者的著作中。像道格拉斯·诺斯和埃里克·琼斯那样的长期经济史学家,为制度经济学增添了大量经验内容,贡献了许多卓越见解。我们在第 1 章中已经引用了他们的观点。他们表明了共同体和政区间的竞争如何引导着比较有益于公民和企业的规则不断演化。这些规则包括受约束的有限政府、财产权利、法定诉讼程序、法治等。经济史学家和企业史学家在使经济学从比较静态分析再转向演化分析上发挥了重大作用。"新组织理论"(new organization science)分析制度对特定组织的形态和效能所具有的影响,从而扩大了制度经济学的分析(请参阅文献目录中这样一些作者:Armen Alchian, Harold Demsetz, Oliver Williamson, Yoram Barzel, Louis de Alessi)。

自 1970 年代以来,制度经济学发展成了一个活跃而广阔的研究领

域。它着重于制度在推动经济行为方面的核心作用。在许多方面,全世界数量不断增多的自由市场思想库已经成为自由导向的制度性世界观的传播者(例见 Palmer,2011)。最早付出努力,向经济学家提出挑战,以求发展现代制度经济学的人是德国社会学家汉斯·阿尔伯特。阿尔伯特认为,在 1950 年代、1960 年代和 1970 年代给现代经济学带来麻烦的根本问题是,有人对人们的行为做了不现实的假设,这样就可以将他们的行为很容易地结合到抽象的模型中去。阿尔伯特警告说,经济学的理论家们只有正视这个根本性的错误,经济学才能解释真实的世界。阿尔伯特反对把经济决策做成一种封闭选择模型的做法,他告诫说,由于限制条件是已知的、既定的,也由于所有决策者必须处于一般均衡,这种模型中只有一种最佳结果。如果有人接受了这些不现实的假设,经济学就永远不会真正懂得经济生活中制度的作用(Albert,1979,1985)。*

随后,制度经济学划分为两大阵营:一个是由来自传统的新古典经济学和组织学的分析者组成的集团;他们已经承认制度(和交易成本)的重要性,并试图将这些现象嫁接到传统的主流经济学中去(例如,Eggertsson,1990;Furubotn and Richter,1991)。另一个集团,我们所属的集团,已经发现,制度经济学的基本假设与新古典福利经济学中像"完备知识"和客观理性那样的构成性假设不可兼容。我们已很艰苦地清除了我们旧有的"知识资本",以便重新从关于人类基本价值、认知和行为的基本假设出发建立制度经济学。

本书尽管并不完善,但旨在尝试使这一新的智识探索结果适于教学,并显示其对公共政策所具有的深远后果。

---

* 这里有关阿尔伯特的看法,原文中用了"model Platoism"来表示。经询问作者柯武刚教授,他对这段话做了改写。——柏克注

关键概念

Ordo 自由主义(也称弗莱堡学派)是指一个特殊的德国传统。它始于 1920 年代和 1930 年代。它将魏玛共和国的经济(及政治)失败归结为由利益集团操纵的政治寻租和政府对封杀市场竞争的容忍。*Ordo* 自由主义者们建议发展由苏格兰启蒙思想家所确认的关键制度(私有产权、缔约自由、法治),并建议由政府采取积极行动,保护竞争,抵制有组织集团、政党利益和官僚利己主义的机会主义影响,对上述关键制度做出补充。他们还提出,政策应有助于造就稳定预期,并不再使用调控政策(有关介绍请参阅 Kasper and Streit,1993)。

演化经济学(evolutionary economics)是指一个思想流派,它所集中关注的是在竞争中实现变化和进步、重组和创新的市场过程,而不是新古典经济学所主要关注的静态均衡。它以一种历史的眼光来分析经济现象。它懂得,时钟不可能倒转,某些事件不可逆。因此有必要考察历史路径,例如在技术变革方面。演化经济学家拒绝普遍存在于新古典分析中的非现实观念,即经济主体可以在各时期的开端做出全新的决策。演化经济学也研究开放系统,这种系统允许人们通过变异、选择和模仿人们给予高度评价的事物来进行个人实验。因此,演化经济学集中关注变革、多样性、学习和创造力,以及技术、社会、组织、经济、制度变迁之间复杂的相互作用。演化经济学对创造性和企业家精神给予了极大的注意。竞争被视为一种甄别机制,它能从成本过高的事物中识别出被人们视为于己有益的事物。

演化经济学与比较静态分析不同,它假设竞争过程是:

(1)实证性的——"非均衡"是常态;

(2)规范性的——人在非均衡过程中生机盎然("均衡就是死亡!")。

演化方法要分析事件的路径依赖顺序。在这个顺序中，以前时期中的决策对后面所能发生的事件具有重大（但不是绝对）的影响。

对这一点，若举例阐释的话就是：标准的新古典假设是这样的，一个学音乐的学生在第一学期里选择学钢琴，在第二学期她又重新开始并决定学长号，而到第三学期可能学小提琴。相反，演化经济学中的**路径依赖性**假设则是，学音乐的学生们通常要以其第一学期的知识为基础。与隐含完美结果的比较静态性新古典经济学相反，演化性政策立场是要找出实用的、持续的改良。关于介绍，请看 Witt(1994)；Witt(1991)；Metcalfe(1989)；以及 Nelson(1995)。

公共选择理论是一个源于美国的传统，它将经济学原则用于分析政治决策。它的基础在于这样一种观察：政治家和行政官员——像所有其他人一样——追求他们自己的目标，而不一定是选民的目标。也就是说，公共选择经济学家是靠这样一种假设来分析的：追求私利的无赖变成民选官员或官僚后，他们并不会因此而变成济困扶危的骑士。因此，公共选择分析突显了寻租行为，即通过政治干预而不是无障碍的市场竞争来重新分配产权。他们懂得，政府主体和工业家们经常通过对再分配的政治干预来谋求其特殊利益。公共选择理论揭示了政治性集体行动在成果上的局限。它可被称为"政治生活和集体决策的经济学"。（关于介绍，请看亨德森编辑的书中下列短文(Henderson,2008)："Public choice"(pp.427-430)，参看"Rent-seeking"(pp.445-446)；Buchanan(1991, pp.29-46)；Buchanan and Tullock(1962)；若要看书，见 Mitchell and Simmons(1994, esp. pp.195-222)。）

旧制度经济学包括了主要在20世纪前几十年里写作的美国和欧洲经济学家的贡献。这些学者分析制度并抵制古典经济学理论。在德国，"历史学派"——如古斯塔夫·施穆勒那样的理论家——在描述

> 经济现实时,将人类相互交往的规则融入他们对经济和社会演化的描述。在美国,索尔斯坦·凡勃伦、约翰·康芒斯和韦斯利·米切尔研究了制度的经济作用(详细情况请参阅文章"Institutionalism, 'Old' and 'New'" in Hodgson *et al*. (1994, pp. 397 – 402)及 Hodgson, 1998)。新制度经济学,如本书所定义的,与美国的旧制度主义者及其欧洲的"历史学派"伙伴没有什么共同之处。

第3章 人类行为

在这一章里,我们讨论几个基本的、但影响深远的人性假设。我们将看到,克服稀缺性的关键问题是无知(知识问题)。这与经济学家们经常做出的"完备知识"假设是不一致的,而经济学家们仍然常常做这样的假设。

星星点点的有用知识散布在整个共同体的人群之中。人们通过运用自己的知识和他们所能发现的他人知识来达到其自设目标。虽然在获取和评价新信息并将它并入知识上,人只具备有限的能力、资源和时间,但通过这一过程,人们还是能发现更多有益的知识。这是一个代价高昂的过程。所以,人们一般都在其有限信息的范围内做出决策并通过试错来学习。我们还将看到,有些规则帮助经济主体减少知识搜寻成本并增强与他人合作的信心,例如,市场交换中的合作就是这样。

我们还将努力揭示,什么推动着人们按他人利益行事。在家庭里、朋友间和小群体中,人们往往因爱、团结或利他主义而行动。然而,在小群体内有效作用的因素不可能被移植进现代大众社会或整个国家的集体行为。在现代大众社会层面,我们为陌生人做事,通常要么是受强制,要么是看到对我们自己有利,例如,陌生人提出支付一笔钱来交换我们的付出。

我们在本章结束时,要指出一个普遍存在的问题,即如何激励代理人。代理人代表他人利益行事,并且对有关情况的了解往往比委托

> 人充分得多。换言之,我们将考察广泛存在于人际交往中的委托－代理问题。

　　人确因与他人共存而改变。他的才能不可能在其自己独处的情况下、光靠其自己而发展起来。

塞缪尔·T.柯勒律治,英国的诗人－哲学家(1818年)

　　不拥有知识就无从判断知识的价值。但是,当我们打破无知的禁锢以接纳知识时,我们已来不及决定该为之付出多少了。

乔治·沙克尔(1972年)

　　即使是在亚当·斯密的《国富论》出版200年以后,人们仍然没有充分地认识到,使远距离的劳动分工成为可能乃是市场的一大成就。它造成了持续地适应无数特殊因素或事件的经济效应。而这些特殊因素和事件在总体上是未知的,也不可能被任何人了解。

弗里德里希·哈耶克(1978年)

　　在我们详细讨论制度之前,最好了解一下人类行为的若干基本特性。培育制度的必要性源于人性的某些固有特质,如在吸纳、评价信息和保留知识上的有限能力。"信息"在这里指一项可以言传、人人都能习得的知识。星星点点的信息经过人的评价后被揉进一个知识体系。这个体系使各种思想系统地联系起来,而且仍能接纳各种修订和新的真知灼见。"信息"这个词经常与提供信息的行动和信息流联系起来,而"知识"则是指个人头脑中的知识存量。知道很多信息的人未必都能以交互式的、实用的和创造性的方式利用信息(信息癖),而有见识的人则常常能以新的和创造性的方式利用其所学。当我们在抱怨"信息超载"时,我们说的是这样一个问题,即有过多的信息冲我们而来,超出了我们将其纳入一个知识体系以使其有意义的能力。研究知识和人们如何形成新见解的学科被称为认识论(源于希腊词 *episteme*:知识、见解、领悟)。

我们还要讨论,在一个协调个人行为并不免费的世界里,人们是如何分享和利用知识的。

3.1 知识问题

认识论

我们在 1.2 节中看到,缺乏知识限制经济增长,尽管竞争性的购买者和销售者有助于利用现存知识,也能开发更多的知识。尽管有这种许多人为获得相互有利的结果而进行的合作,但有限知识这一问题依然是人类存在的核心原则问题。稀缺性的根本原因是:由于我们并不了解所有的事情,我们无法用可获得的物质资源满足人类的每一种需要。我们不是生活在乌托邦中,因此,必须研究经济学。人类的无知及其应付无知的过程(虽然很不完善)因此成为经济学(如何对付稀缺性的科学)的中心问题。"知识问题"(knowledge problem)的概念由弗里德里希·奥古斯特·冯·哈耶克引入经济学。他谈到了"构造性无知"(constitutional ignorance),称其为人类存在的一个基本方面(Hayek,1937,1945,esp. p.530;另外请参阅 Henderson(ed.),2008,pp.540-543)。在其 1974 年的诺贝尔奖演讲中,哈耶克再一次提起这一问题(这篇演讲的标题是《知识的矫饰》(Pretense of Knowledge))。它显示,许多经济学界人士妄称了解实际上不可知的事物,因此他们是在冒着风险提供不恰当的建议(Hayek, reprinted in Nishiyama and Leube(eds.),1984,pp.266-280)。知识问题是奥地利学派批判正统主流经济学的中心论题(见后记)。

必须承认，在建立一种关于复杂现实的理论时，需要做出一些简化假设——恰如一幅地图，标示出关于现实的简化图形，并省略许多杂乱无章的细节。但是，我们也必须避免过度简化，那会抑制我们的理解能力。正如我们没有也不需要在汽车的杂物箱中放一幅和当地景观1∶1的地图一样，我们也不需要一张画有东西南北箭头指示的餐巾纸。在形成理论的过程中，我们总是力图在一个适度的层面上进行抽象。在这类理论探讨中，不允许抽掉构造性准则（constitutional criteria），因为这种准则对于一个人所要阐释的事物而言是必需的。如果有人想阐述稀缺性和其他经济现象，知识不足就是这样一种构造性条件。为了简化的缘故而假定这一条件不存在，只会得出无意义的模型。举例来说，在建立弹道理论时，可以允许在开始时省略气压和湿度，这样可以导出一个简化的模型，然后可以通过放弃这些限制性假设而使模型更具现实性。但如果在一开始就假设不存在像重力那样的构造性要素，就无法避免无意义的结论。同样，在开始建立人类医学理论时，假设人没有血液循环和神经系统，或是一种经济理论假设人具有"完备知识"，都是无意义的。

在现实中，人类在与他人的交往上苦于其在知识上的两种不足：

- 首先，人们对未来只有不确定的知识（未来的不确定性），但他们必须猜测未来，以便行动。人们喜欢获得能减少不确定性和鼓舞信心的帮助。

- 其次，人们在了解资源和潜在交易伙伴方面，包括对资源类型和其潜在交易伙伴的重要细节，具有"横向不确定性"（sideways uncertainty）。特别是，当人们需要让别人为他们做事时，就会出现这类"横向不确定性"。他们常常不清楚那些代理人究竟会忠诚可靠、尽其所能，还是玩忽职守。

在传统的教科书中，常常做出这样一个假设，有一种"经济人"，他对于可用的手段和自己的目标具有完备的知识。这使经济人（或所有人）能够在现在和未来做出使其自身效用最大化的理性选择。这是一种苛刻的目标-手段理性主义方法。以这种方法为基础的分析使经济学变成一种单纯的运算操作。但是，这种模型操作并不能使商务活动的实践者们信服。因为商界人士非常清楚，无人具备有关可用手段的全部必要知识，而人们也经常对自己的目标感到毫无把握。通常情况下，寻觅更好的信息是他们工作中的一个基本组成部分。商务活动的实践者每天都要在这样的前提下开展日常工作，即个人吸纳信息（领会信息、传递信息和应用信息）的能力是有限的。用专业术语来表述就是，人类苦于有限的认知能力。而这就是经济和商务生活中的构造性因素。

人们会在自己的头脑中携带一些他们所需要的知识，但多数时候他们只能运用在与别人合作中所了解到的知识。在现代世界中，人们自己的知识在帮助他们满足其愿望上并不很有用。一个人甚至不能生产出像一支铅笔那样简单的物品。其实，地球上没有任何单一的个人曾经自行从头至尾生产出一支铅笔来。它需要玻利维亚的石墨矿工、加拿大的伐木工人、中国台湾的胶水制造者、德国的工具制造者、纽约的商人以及千百万不知名的人参与合作和做出贡献（见附录）。这些人所拥有的知识大多数是专属于其生活和工作地点的，而且大多是高度专业化的知识。在所有的其他事务上，他们就不得不依赖过去世代人所创建的东西，比如，复杂的工具，还有组织工作和交易的那些方法。要想让一件像铅笔那样的普通物品到达我们手中（而这一切仅需几分钱的价格！），就必须有大量专家之间的联结，而他们将永不见面甚至互不相识。这看起来像是个奇迹吧？如果生产一支铅笔就已是一件复杂得让人晕头转向的任务，请想一想，一辆标准的轿车，它带有约 5000 个在不同国家和许多不同工厂制造出来的零部件，或者一架现代的喷气式飞机,它带有约 75 万个高度专业化的零配件。

所以,要获得绝大多数我们需要用来满足自己愿望的事物,我们都必须依赖与他人的合作。他们往往是难以计数的陌生人,而我们对他们所拥有的知识很可能一窍不通。为了满足我们的需要,我们依赖着专业化生产者之间的劳动分工。这意味着我们在很大的程度上依赖着专门知识的分工(Boulding,1968/1962)。这种专业化极其复杂,任何一个人的头脑都不可能完全弄清楚。那么,重要的问题就是:遍布世界各地的、各种各样的人怎么就能协调行动,创造出所期望的最终结果,即千百万不同的商品和服务呢?

知识与协调

当个人相互交往以利用伙伴们的专业化知识来满足自己的愿望(或为此而发现他们的愿望是否最终可行)时,他们对别人将如何对自己的倡议做出反应是没有把握的。他们在开始时甚至都不知道要与谁打交道和如何打交道。在满足他们自己的愿望和他人的愿望上,哪些物质条件是必须的呢?同时,他们对于谁将带着什么需求来与自己打交道以及如何来与自己打交道也是没有把握的,他们也不清楚自己可以如何对别人的新需求做出反应。换言之,他们面临着战略不确定性。

在这种背景中,我们必须区分两种不同的知识,或者说,无知:

(1) 经济主体可能大致知道他们所需寻找信息的特性和内容,但缺乏某些补充性知识。例如,假定我告诉了你我住在哪个郊区,但没告诉你我住哪栋房子。为了找到我,或多或少都需要一些有效的寻找方法,如查地图、使用 GPS 导航仪、开车转悠、问别人。制度安排有助于寻找,如房子有连续编号的规则。在这些场合,恰当的说法是"信息搜寻"。

(2) 当我们对自己尚不了解的事一无所知时就存在着一种完全不

同的无知。发现这样的知识时,发现者会大吃一惊。回顾起来,新思想是显而易见的,但我们经常会惊讶,在发现它之前我们竟对其一无所知。既然人们不知道要去找什么,他们就不可能以一种合理的方式来寻找,如努力使发现(人们不可能知道的)某事物的成本最小化。这方面的一个例子是在哥伦布意外地发现新大陆之前,他(大概)并不知道美洲的存在。人们常常相信他们具有完备的知识,而后有那么一天,他们又必须去了解完全不知道的相关知识。在这类场合,恰当的说法是"发现"(Kirzner,1997;Popper,1959)。

事实上,我们头脑中所携带的知识是演化选择的结果。这一点使知识的搜寻和协调问题变得更加复杂。人们(除了新出生的婴儿)拥有他们已获得的知识,也会通过以后的经历来验证这些知识。如果旧知识毫无益处,或因环境改变而适得其反,它就会被忘却或修正。世界处于永恒的变动之中:人的趣味会变;会有更多不同的人出生;一些资源将变得稀缺,而另一些新资源会被发现;新的生产技术会被恰当利用,等等。在这一过程中,世界将如何变化?其他人将如何应对新的环境?人人都必须应付这些方面的不确定性。由于世界和其他人都在不断变化,现存的知识常常会失去其有用性。因此,大多数相关知识都是边干边学的产物,是由无数不同的人在分散化的试错选择过程中获得的。因此,重要的是,对于新的发展和新的机会保持一种开放的心态。即便是已得到千万次验证的事实,也不该被当作永恒不变的真理。千万年来,在第一批黑天鹅被从澳大利亚带回欧洲之前,欧洲人只知道天鹅是白色的(Taleb,2010)!无论是出于思维惰性,还是出于宿命论的理由,都理应拒斥一种封闭的心态和各种神圣不可侵犯的教条。

认识论的一个核心原则(也是西方文明的核心原则)是,知识不是静态的。知识永远针对某一特定时间。人们的绝大部分知识来自通功易事（catallaxis*）过程，即与他人的相互交往，以及交换思想和资产。这个概念可能是由英国经济学家理查德·惠特利（1787—1863）首次提出来的，而在近代又因路德维希·冯·米塞斯而重新复活。这些学者都借助了英国社会哲学家约翰·洛克（1632—1704 年）和大卫·休谟（1711—1776 年）的先驱性著作。洛克和休谟分析了人类的认知活动，即人类的感觉如何接收印象（感觉），如何通过建立内在联系的思想过程来领会印象（反映）。[1]他们研究了一个人的想法如何通过领会大脑中的印象而产生出来并构成其知识体系。当人们相互交往和合作时，他们不断发现新的感觉，并在保守天性（a conservative instinct）和尝试天性（an experimental instinct）之间来回转换。保守天性要保留其与他人共有的熟悉知识，而尝试天性则要探寻新思想并推翻熟悉的、与他人共有的知识。所以，某种产品或服务的生产者很愿意复制其过去生产过的东西，这不用劳心费力。但是这种保守意愿会面临挑战，因为需要考虑顾客对缺陷的反馈，从而有必要重新设计产品。赢得竞争的愿望驱使生产者们一再地产生出尝试冲动并修改其既有的知识。他们不断地学习。在个人选择和保留什么知识上，个人的偏好和实际生活环境扮演着关键的角色，因而不同的个人将拥有不同的知识。假设每个人都有同样的知识是一个根本性的错误。

---

* "catallaxis"是一个希腊词，它指人们在交易和交往中彼此增加各自知识和财富，获得更多的好处。现有的中文经济学术语中无恰当对应概念。"通功易事"一词借自《孟子·藤文公章句下》〔"子不通功易事，以羡补不足，则农有余粟，女有余布；子如通之，则梓匠轮舆皆得食於子。"（杨伯峻译注：《孟子译注》，中华书局，1960 年版，第 146 页）〕，或可达意。在这个词的翻译上，中国社会科学院经济研究所专攻中国古代经济思想史的朱家桢先生给了我很大的启发。——韩朝华注

[1] 特别是约翰·洛克，远远地领先于他的时代。最近的心理学研究已经证实，感觉是如何引导着大脑中的短期连结（short-term connections）并受制于短期记忆（short-term memory）的。当一个原有的感觉再次被重复的感觉和反应所证实时，激素的大量分泌将一个短期印象转变为我们大脑中的"固线"连接，从而成为我们在很长时期中记住的联系。

> **关键概念**
>
> 认识论是一门探查人类如何获得知识和传递知识的学科。它是哲学的主要分支之一，它关注人类知识的性质、起源、范围和界限。其名称来源于希腊词 *episteme*（知识）和 *logos*（理论）：关于知识的理论。
>
> 在总体情况已知但细节尚待查明的情况下，我们就说信息搜寻。例如，软件开发人员要想使一个计算机程序运行得更好，就要做这样的事情。相反，当得到了全新的知识且发现者又大感意外时，我们就说发现。做出这类发现需要好运气和企业家素质。

新知识经常产生于边际性适应（marginal adaptations）和既有知识的变化。当人们相互交往时，会在这里那里出现许多很小的创新性进步。一步一步的改良随时间而日积月累。例如，自赖特兄弟在1903年飞离地面以来，飞机设计上的许多改进都要归功于在航空技术、发动机和管理上的无数小改良。并且，许多改良源于飞机使用者与飞机制造者之间的互动关系。这些稳步的适应性改良与出现重大新概念时的创造性突破相比，往往显得黯然失色。例如，电子数据处理和通讯技术的出现已经使计算、管理和娱乐的许多领域出现了革命。这些创造性突破非常抢眼，并被载入史册，但在与许多人类努力领域中发生的广泛而渐进的知识升级相比，它们对经济进步的贡献要小得多（Schumpeter,1961/1908）。

有时，人们会根据系统的设计将相关知识组合起来，就像一个有组织的工业研究开发计划或一个建筑计划中的情况那样。那时，知识实际上不再是通过社会内部的试错过程而务实地演化，而是由一个从外部观察事物的小组来系统地建构。这种计划小组的目的往往是要在精确而稳定信息的基础上发现完美的或"永恒的解决方案"。然后，他们会建构一个理想的设计。只要产生该设计的条件保持不变，这样的知识就可能确实是牢靠和有效的。但是只要条件一变化,问题就会出来。那时,昨天的完美方案将变成不适于明天的废物。

知识既可能在一次创新行动中冒出来,它源于人们自发地尝试新思想时产生的灵感和好奇,也可能在人们为找寻新事物而从事的系统性研究和设计的时候出现。在有计划的搜寻知识方面,核电的发明和商业利用是一个例子。而在没有设计者计划的自发创造上,画作《蒙娜丽莎》是一个例子。这幅杰作反映了文艺复兴时期欧洲人是如何看待人类状态的。许多知识是偶然发现的,靠的是机会,靠的是全然的灵感,或是研究其他事情的一项副产品。例如,现代的生活方式药物"伟哥"就不是被发现的,因为制药公司想要发现的是某种类似它的药物,而它是另一项研究偶遇的副产品。重要的是,人们有着敏感而开放的心态,并准备好去做出发现。在大部分研究和发展都由专业研究人员组织和指导的现代社会中,就更是如此。

所以,大部分的进步不能归功于突发性的重大创新,而应归功于适应性变革,即通过试错,通过对新需求和不断变化的条件做出适应性反应的小修补和改良而表现出来的创造性。一般的观察者常会低估甚至忽略适应性的小修补,他们往往被较显眼的重大创新和突发性创新行动强烈吸引。发明了轮子的先祖在改变人类知识上迈出了巨大的、极具创新性的一步。但从那时起,不计其数的轮子使用者已经在千百万次适应性变革中改善了轮子的基本概念——从手表中的微小齿轮到采矿业所用巨型自卸卡车上的大轮子。当然,在这个无休止的试错过程中,不计其数的想法失败了,被放弃了。例如,每打出一口成功的油井,恐怕要打几十个"干窟窿"。利用不了解的、能增加我们知识储备的有益知识是有风险的。但这也常常会变成利润丰厚的生意(Boulding,1968/1962)。

不可言传知识和可言传知识

人类知识中另一个值得讨论的方面与知识如何被保留在人脑中和

如何被传承有关。某些类型的知识易于被转变为文字，以手册或教科书的方式被记录下来和传授下去。例如，许多科学性、技术性知识可以在学校和大学的课程中清晰地表述和传授。它还能在专利申请中得到表述，也可以卖给要利用它的企业。但这种可以言传的知识（explicit knowledge）远非我们所了解并用来提高生活水平的全部知识。还有大量不可言传的知识（implicit knowledge）。我们在日常的生活和工作中，潜移默化地使用这类知识。我们往往用"诀窍"和"技能"这两个词来指这些知识。要想清晰地表述这样的知识，即便可能，也常常极为困难和费劲——哪怕只是为一个从未系过鞋带的人写出系鞋带的动作要领！

不可言传（或潜移默化）的知识能在"边干边学"的过程中获得。在人们于无意中用到它以前，它一直内化于人脑之中（Polanyi，1966）。很多学习都与实践和内化不可言传的知识有关。请想象一个身手敏捷、想要靠模仿朋友来学会滑板技巧的小伙子，他会一再重复同样的过程，直至成为一个一流滑板手！要想靠言传方式，如给少年一本关于重力、摩擦力、速率和向心力的手册，来传授所有相关的知识几乎是不可能的。再举一例，有一位外科医生，他已经从书本和教授那里学习了有关心脏手术的全部知识，但还未通过给青蛙或猪做心脏手术来学习外科手术中必要的常规技巧，你会愿意将自己的性命托付给他吗？然而，许多后殖民时代发展中国家的领导人，却将能传播不可言传知识和技能的外国专家和跨国公司排斥在外，而代之以单纯地获取可言传的产业知识。这些国家的产业记录告诉我们，低估各种实践惯例、技能和知识的重要性有着代价高昂和影响深远的后果。出于同样的原因，有些行业强调在学徒期和工程研究中的实际动手操作。这些行业要比高估可言传知识但忽略或轻视各种不可言传知识、技能和有效工作惯例的行业，能更好地利用技术知识。

关键概念

　　知识由被保留在人脑中的符号和关系构成。知识可以被清晰地表述出来并被正式地交流,但知识也可以由不可言传的知识构成——非正规的、琐碎的知识,往往高度复杂并针对特定的地点、环境和时间——不可言传知识只有通过实践才能恰当地获得(边干边学)。许多恰当的知识是在潜移默化(或默契)中形成的,它们往往被称为**诀窍**。它要靠模仿各种惯例来获得。这类模仿过程能吸纳所有琐碎、复杂、适用的知识碎片。尽管有些不可言传的知识是能被说清楚的——如被写进手册——但有许多仍得依靠潜移默化的诀窍。

　　知识常常源于人们的自发交往。但当人们通过某种有组织的方式聚集起来并通过一个探索和开发有益思想的计划来创建新知识时,知识也能靠有意识的设计来创造。

　　知识问题源于这样一个事实,即人类在开发、验证和应用知识上只具备有限的能力。因此,无知是人类存在的一个构造性要素。这一点也适用于经济追求,即用之克服稀缺性。这里的"构造性"(constitutional)一词意味着无知是人类生存条件的一个基本组成部分,肯定不能在假设中将其排除掉。

　　人类知识的总和内含于所有活在地球上的各种人的大脑中。这些知识中只有很少一部分能被集中于某一个人的头脑里。因此,要想有效地运用知识,只能建立起各种机制,去利用众人所拥有的各种专门知识。**劳动和知识的分工**允许人们专业化,但要求人们相互合作。由于有了专业化,人们才得以获取更多的知识并用它们来解决各种问题。依靠经验,人们有可能在无意之中碰到更多的知识。随着时间的推移,人们学习新知识,修改或抛弃旧知识,从而在满足自己和他人的需要上会变得越来越有效能。因此,劳动和知识的分化是一个动态的演化性概念。

人们还必须区分突变性知识增长和适应性知识增长:突变性知识是指重大的创新性突破(如,原子裂变),而知识的适应性发展则是指稳定的创新流,它完成着各种微小的、渐进的改良,以对供求中的各种机会做出反应(例如,电脑软件程序的逐渐改善)。突变性增长往往源于发现原先一无所知的思想,而知识的适应性增长则常常源于有计划的信息搜寻。

知识是在以下两种因素间的张力中演化的:

- 保守本能,它的目的是保留已被证明有益且曾受他人欢迎的事物;
- 尝试本能,它源于好奇心,并通过适应(往往是不断变化的)环境来更好地满足各种目的的愿望。

针对特定空间和时间的知识主要是指因地点而不同并随时间而演变的诀窍。它对于有效的人际交往是必不可少的。在经济学中,它主要与商业性知识联系在一起:最低廉的供给源在哪里?今年谁有生产某种特殊产品的技巧和联系?一个人如何能在明天之前获得某种服务?等等。

56 "经济人"是一种不现实的虚构

如已提到的,人们可以在许多入门级的教科书中发现,正统的新古典经济学简单地假设经济主体具有"完备知识",从而将知识问题束之高阁。这个假设往往被粗略地置于许多教科书的第一页,结果作者便由这一假设和其他前提开始逻辑推理(见"后记")。这在实践上意味着,千百万人对数以亿万计的商品、服务和满足感的偏好都是已知的,地球上的资源和无数相关的生产技术也是已知的。带着这样的知识,当然就完全有可能将经济学简化为简单的运算操作,去测算如何用已知技术来转化已知资源,以满足标准化的"经济人"既有的已知偏好。这个典雅的新古典模型就这样逃避了经济学的最本质问题。这个"完备知识"假设,是新古典理论的先天缺陷,经常与实际的人类存在对不上号。现实中的人总是要不断努力去检验既有的知识,并了解更多的知识。

本书中制度经济学的方法并不建立在不现实的"完备知识"假设之上,而是将知识的不足——无知——作为人类命运的必要组成部分。这一点不可能被排除掉,因为它是构造性的。但是,我们将看到,恰当的制度安排可以在一定程度上克服知识的不足。恰当的制度能引导个体决策者通达复杂而不确定的世界。有些制度能帮助我们减少获得知识的必要,也能节约获得知识的成本。这种方法也许会使经济分析变得比较笨拙,不够典雅,但我们确信,它更适于理解现实,能使商界、法律和公共政策领域的实践者们更信服。

3.2 行为类型、认知和有限理性:诠释现实

符号和想象

通过给符号附加意义,我们获得一种"世界观"并诠释我们周围复杂的现实,而通过把这些符号联系起来,人们可以运用"映像"来发言(Boulding, 1997/1956)。但是,用符号思考决非纯粹个人的一己私事。人类头脑就现实所构建的映像要受社会经验和文化经验的左右,从而不同的人以及来自不同文化的人会对世界有不同的理解。家教和文化经验影响着个人的认知活动,就像语言影响个人的认知那样,因

为,有些思想过程要运用语言符号。这一点有时会使不同文化的成员之间发生交流上的困难,因为有许多"心智映像"不是他们所共有的,在这些"心智映像"被理解之前需要加以解释(Redding,1993,pp. 72-77)。这种语境中的一个问题是神经科学所说的"认知偏见":在不同的人中,有些人比另一些人更愿意接受某些事实和观点,因为先前的经历使他们易于接受某些而非另一些见识(Gigerenzer,2006)。与向原先既有观念发起挑战的信息相比,易于被纳入一个人原有知识中的信息更乐于被接受。这使得那些客观和合理的事物不会像绝大多数人所设想的那么一目了然。

因为人类创造了各种有意义的符号并在头脑中将它们联系了起来,他们能以多种方式与世界相互作用。这些方式不仅限于反应性行为(像眼睛瞳孔对明亮的光线所做出的反应)、条件反射(如我们想起美味时口里会分泌唾液)和工具性行为(如使用球杆推高尔夫球)。人类心智能赋予信号以非固有的抽象意义,并将它们转化为符号。这种符号往往代表着与初始信号无关的涵义。所以,早期的书写系统用实物记事,而字母、数字和其他符号具有抽象的意义,可以传达文字或部分文字。理解符号,常常需要对复杂情境的正确解读(例如,红灯可以表示汽车必须停止前进的意思,也可以标志红灯区)。诚如著名的英国人类学家爱德华·伯内特·泰勒曾指出的,正是这种用抽象符号进行工作的能力形成了"将最低级的原始人与最高级的猿区分开的智力鸿沟"(Tylor,1883;Kasper,2011b)。

符号表述构成了我们所获知识和信息的最大部分,它影响着许多初级的行为类型(反射性行为和工具性行为)。许多学习过程采取了"内化"概念的形式。这些概念首先是被作为符号而有意识地获取的,然后通过反复的处理被转变为条件反射。例如,我们首先吸收一连串符号以理解如何驾驶一辆小汽车。然后,我们实践——一遍又一遍——直到各种动作变成近乎自动的条件反射。以这样的方式获得的技能和许多专门知识,变成了"不可言传的知识"。以相似的内化过程,我们获得了道德标准,它可以被称为"伦理技能"。学习伦理技能的最有效途径是反复实践(例如,观察家中的成年人)。因此,我们通常是诚实的,但这并非因为我们仔细地分析了不诚实是否能不受惩罚的具体情况,而是一种条件反射式的行为方式。这样的反应性行为加快了决策过程并增进了人类交往的效能。

> **关键概念**
>
> 认知是根据我们的五官感受到的现实进行的无形(重)建构。认知以几乎难以察觉的方式在思想过程中运转,它帮助人们诠释现实。在某种程度上,认知受文化制约,所以来自不同文化的人会对现实做出不同的诠释。人类的智识受社会经验左右:一个人的现实往往与另一个经历不同的个人所领会到的现实相左。
>
> 我们可以对行为类型(从初级行为到高级行为)作下列划分:
>
> - 反应(如:当承受疼痛时肌肉会收缩);
> - 条件反射(如:当你想到被砍头时会战栗);
> - 工具性行为(如:用筷子吃东西);
> - 符号表述(创造、组合、领会各种符号,比如做出一项建筑设计,并按它来建造一幢大楼)。
>
> 符号是一个智力抽象,是大脑的一个映像。它代表着一个更复杂的整体。

信息悖论

合理决策需要知识,并要在已知的各种可选方案中作有意识的选择。为了做出合理选择,必须了解各种可选方案。然而,获取不同方案的信息所需要的资源和时间都十分稀缺和昂贵。在我们做出一项决策前无休无止地收集信息,会使分析陷于瘫痪。这是完全不可行的。经济学诺贝尔奖得主乔治·施蒂格勒曾这样评论:"信息成本是从一无所知变为无所不知的成本,极少有交易者能负担得起这一全过程"(Stigler, 1967, p.297)。我们经常宁愿保留无知,就是因为获取全面信息太昂贵了。因此就出现一个问题,人们将把信息搜寻进行到哪一点为止:是预期的边际成本等于(边际)预期效益的那一点(Stigler, 1971),还是,从经验来看,他们所了解的信息可能足以做出决策的那一点?

答案是,个人在获得信息之前不可能了解获取某类信息的预期成本和效益,所以他们不可能从尚未到手的知识中获得最大净收益。矛盾的是,正如英国经济学家乔治·沙克尔(1903—1992)在本章开头的语录中所指出的那样,个人在获得某条信息之前是需要它的。这一逻辑洞见已被称为"信息悖论"(Arrow, 1971/1962)。在生产商品和服务时,关于成本和效益的知识是预先具备的,从而资源运用有可能臻于最优化。而新知识的生产与此不同,它可不能服从于这样的理性计算。

为了理解这一点,我们可以思考这样一种情景。一个学生很想知道,看某个电影是否值得他花 10 美元。但弄清这个问题的唯一途径是花出这笔钱去看那个电影!尽管阅读电影评论可以降低风险,但无论一篇电影评论通过提供这部电影的部分信息传递出了什么,人们永远有可能事后发现,将这笔钱花在其他事情上更好。简言之,在搜寻新知识时,我们永远也不可能知道我们会发现什么,也不可能知道将要得到的信息是否如我们所预期的那样有价值。在我们有一个发现之前,我们甚至连漏掉了什么都一无所知。

在知识生产上还有一个特殊之处:知识搜寻成本必须被视为"沉淀成本"。这意味着,知识生产成本一旦发生,就与信息的被应用程度没有任何关系,而生产商品的成本则与该商品的盈利产量相关(Streit and Wegner，1992）。在实践中，人们会不断地搜寻信息直到他们觉得已付出了足够的开支，然后他们就在其已能发现的信息的范围内进行决策。在获取他们认为足以做出选择的信息上，个人将受经验和个人喜好的引导。他们的经验将使他们免于在信息收集上浪费过多的精力。但这并不意味着，在具体事例上，他们不会做出最后发现是错误的决策。

我们随时都会做出事后可能后悔的决策。一个典型事例就是去一家新餐馆吃饭——事前我们满怀欣喜，期待着一晚上的好吃好喝，可如果我们的饭食没有达到我们的标准，我们就常常会想，还不如去个比较老的习惯了的餐馆。经济活动的主要问题不是我们的后悔本身，而是我们的沮丧对于我们今后的决策起着怎样的作用。正是这种事前期望与事后现实之间的不相符，促使我们去学习。至少在一定程度上，这就是沙克尔所说的意思（1972，p.156），他当时写道："活着就要不断地、无止境地更新知识"。

信息经济学及其核心的最优搜寻思想撞上了我们上面提到的"信息悖论"。从时间、努力和资源的角度来看，获取信息和分析新知识的代价都很高，因此，无人愿意自己去获得复杂运作所需要的全部知识。相反，人们更愿意通过自己与他人的交往，设法利用他人的知识。实际上，在知识搜寻成本高昂而成果又不确定的情况下，人们只获取特定的部分信息并保留对其他信息的无知是合乎理性的（理性无知）。

第3章——案例一

已知的未知事物与未知的未知事物

当时的美国国防部长唐纳德·拉姆斯菲尔德在谈到未知的军事威胁时，他对"已知的未知事物"和"未知的未知事物"做了区别。这曾引起不了解情况的媒体评论员们的哄笑。然而，他提出了一个非常重

> 要的认识论观点：人们常常知道存在着他们（还）不知道的信息，并希望通过全面的搜寻和分析来发现这些信息。我们常能意识到我们知识上的这种空白。但是我们常常根本意识不到我们是无知的。我们偶尔会做出意想不到的发现，对此我们事先一无所知——（还）不知晓的未知事物。例如，早期探索西非海岸线的葡萄牙探险者们，在画出海图之前，对于西非的海岸线并不清楚其准确形态。但海岸线还不是个完全的意外。当华士古·达·伽马绕过好望角（一个他不可能事先预见到的未知事物）时，局面发生了根本性的改变。那时的欧洲人甚至未曾意识到，他们对这个"通往印度洋之门"竟一无所知。
>
> 同样，那些天才技术先驱们做出的真正发现，以前从不曾有人想见过。这包括印刷机、蒸汽机、晶体管（突变性创新）。一旦这些"元"创新为人所知，它们就会引发不计其数的继发应用，激发创新浪潮（适应性创新）。

理性行为的不同类型

迄今所论述的观点还有一个更重要的结论：在不确定性条件下为搜寻有用知识而付出了成本的人仍不可能无所不知，而且他们往往不能做出绝对理性的选择。他们甚至常常会感到很难坚定地固执其预设的目标和愿望。在与他人交往的过程中，他们的愿望将逐步变化。如果他们经常受挫，就会从其所向往的目标上后撤。如果目标被轻易达到，他们就可能变得更具雄心并产生新的要求。换言之，人们在认识到什么是他们所能获得之物的界限后，往往会表现出适应性行为。但情况并非总是如此。在许多时候，富于进取心的人又会愿意采取行动，打破通常已被他们接受为既定现实的那些限制，或者会幸运地发现新机会。

因此，我们必须区分三种理性行为：

（1）目的－手段理性行为（end-means rationality），在这种理性中，

目的和实现目的的手段是已知的,其来源可以是以前的经验;

(2) 有局限的、适应性理性行为;

(3) 企业家式创新理性行为,即偶然地打破已公认的界限,或是利用偶然的发现。

在行为主体为自己设立了确定的目标、或其他人为他们设立了那类目标时,以及当人们运用可用资源和技术去最充分地实现那些目标时,就能看到目的－手段理性的例子。当你参加一场马拉松比赛时,你的目的可能是在最短的时间里跑完全程以赢得比赛。你会运用你所有的体力资源和毅力,以及你控制自己速度的知识去实现这个目标。另一个例子就是商务公司,它运用其所有手段来获取其资产可能的最高回报。这类理性行为构成了新古典教科书分析的基础。

但是,普遍存在的往往是另一类理性。如果你并非一流长跑运动员却想参加马拉松比赛,你会怎么办呢?你会根据过去的成绩明智地调整你的目标,使之与你自己的资源相适应,并从一段与你的资源相称的跑步时间中得到最大的满足。与追求绝对目标不同,人们逐步发现什么是他们能够达到的目标,并以一种适应性方式来合理地驾驭其实现目标的努力。之所以如此是因为,人们吸纳和评价信息的能力往往是有限的。美国的经济－社会学家赫伯特·西蒙称此为"有限理性"或"程序理性"(procedural rationality)(Simon,1957,1959,1976,1982,1983)。他指出,人们和企业追求的不是既定目标的最佳化,而是"满意";人们会根据已往的经验调整他们的期望值。

第 3 章——案例二

知识问题与效率概念

源于知识问题的一个重要结论是,在使用"效率"这个词时,人们必须极端谨慎。

说一辆百公里油耗为 6 升的汽车比油耗为 10 升的车更有效率，是成立的。在这里，我们是在简单技术系统之间比较物理性的产出（行驶 100 公里）和投入（耗油量），并就**技术性效率**作判断。

然而，经济性选择要求我们对投入和产出做出估价，例如，汽油投入的市场价格和 100 公里行程这一业绩的价值。这给予我们的是**经济性效率**。只要一个人在做这种人际效用比较时清楚这种估价，并理解投入在其中转变为产出的那个系统，这样的判断就是成立的。

然而，常见的情况是，"效率"这个词常被计划人员和管理人员用于更加复杂的演化系统。人们并不清楚这个系统中对多种投入和产出的估价，却做出了含糊其词的无效人际效用比较，对于这种比较的基础，人们其实一无所知。必须承认，不同的观察者会赋予投入和产出不同的价值，并考虑他们自己特有的主观机会成本。在那种情况下，与"甲比乙更有效率"的结果做类比是不成立的，因为一个人根本就不了解其他人如何估价投入和产出。当问你"哪种汽车是世上最有效率的？什么是最好的书？"这样一类问题时，读者就会明白这一点。"何为最好"取决于个人的主观价值判断。一般而言，一台能满足无数目的的复杂机器不可能被说成是"最好"或"最有效率"的。这就是设定"一规适万物"的做法何以频频出错的缘故。从技术上来讲，让人民在着装上人人都穿"毛式制服"，也许是有效率的，但这种方法造成的满意度极低。常言道，多样性就是财富。

当一个人要与不可知的投入和产出打交道时，决定何者最有效率的问题就变得更加棘手。要想在结论上做出"这是保卫我们国家安全的最有效途径"这样一种判断是不成立的，因为产出品"安全"这种产出就本性而言是不可知的，也是无法测度的。用一些粗陋凑合的假定，用某些臆断的代理指标来测度一个国家的安全，以使一个人能就效率做出决定，多半会导致危险的错误。更可能的是，连这样的假定最终都被发现是错的。

在研究如国民经济那样的复杂系统时，人们只能合理地说，一个系统有能力比另一个系统产生更多的经济增长或更多的创新。这是一种关于系统**动态效率**的陈述，说的是该系统适应、响应和发展新知识的固有特性。

当对效率一词的运用意味着在复杂的现实与一个抽象的、理想运行的经济模型之间的比较时，这个词将变得毫无意义。模型决策常常是在完备知识的假设基础上做出的，这使决策者能以某种方式来评价运用既定生产技术和既定资源的所有可能后果。这样一种参照系在哪里都无法实现。它是乌托邦。因此，它对于判断现实世界中的效率不是一个有效的参照标准。其特点被贴切地说成是"经济学的空想方法"（nirvana approach to economics）（Demsetz，1969）。（亦可参见 Cordato, 'Efficiency' in Boettke，1994, pp.131-137）

很多时候，人们并非理性地行事，他们是根据过去的经验来谋求目的和收入的最大化或调适自己的种种愿望。人们通常是接受既定限制并在其范围内行动的。但在某些关头，他们也可能决定要克服面前的这些限制，清除或绕过公认的、阻碍他们实现自己目标的障碍（Schumpeter，1961/1908）。例如，怀特兄弟，以及许多在他们之前的人，拒不接受已知的重力限制。怀特兄弟俩最终想办法用一种比空气重的奇妙装置飞了起来。还有，在文艺复兴时期，一些罕见的欧洲人拒绝接受在东方香料供应上的人为限制（这项供应受到穆斯林中间商的限制）：他们向南航行，发现了通往印度的海路，而且还在此过程中意外地到达了美洲。在这些例子中，个人的行动发端于创新动机和企业家动机，并克服了技术上或其他方面的限制。当人们打破制度限制时，例如违反传统和习惯，或当人们从事政治游说以谋求对一项制度变革的支持时，他们也常常以创新性的和企业家式的方式行动。因此,我们必须承认创新理性是第三种理性行为,它推动人们去冒险和开拓新路,它使人们保持对新发现的敏感,它有利于增加人类的知识。把努力推销新产品的企业家说成是非理性的,那就大错特错了,尽管他们并没有将已知目的和既定收入最大化。

任何人都可以更进一步并承认,在我们人类日常行为当中,有相当一部分并不理性地、合乎逻辑地瞄准任何具体的可识别目标。许多人类行为是由习惯来协调的。它们在任何一种情况下都不可能由理性的计算来解释:当投票显然对政策的实施毫无可测度效应且与投票者的生活毫无关系时,人们为什么还要在选举中投票?为什么人们会向其再也不会碰到的侍者付小费?人们常常只是因袭习惯模式或模仿他人。

关键概念

理性行为指的是由目标引导的行动,它将所有行动导向一个或一组目标(或目的)的实现。

我们可以作如下区分:

(1)目标－手段理性行为,在这方面,目标是既定的,而行动则是为了实现既定目标(如厂商追求回报率);

(2)适应性"有限理性行为",它与(往往是在实践上)这样一种情形有关,即人们并非无所不知地最大化他们的既定目标,而是根据经验调整其愿望(目标),使之更可行。

(3)"企业家式创新理性行为",它与这样一种态度有关,即努力克服既有限制,或资源供给方面的限制,或技术性限制,或制度性限制(如人类利用气体的托举能力和环绕固定机翼的流体力学,以企业家式创新方式逐步克服了地球引力的吸引这种物理限制)。

> 理性无知是人们在面对信息搜寻上的成本和不确定性时不获取某些知识的行为。

3.3 动机：爱、诚服、命令或自利

个人联系与社会联系

现在，我们必须提醒自己一个明显的事实，即人类总在相互交往，人类的所有行为都必须在一个社会背景中来考察。事实上，即使在非常有限的时间内让人们独处，也极少有人能有效地发挥作用。他们都需要来自伙伴反应的激励和控制。人完全是因为与其伙伴的个人联系才在智力上、道德上、文化上和情感上不断成长的。实际上，对绝大多数人来讲，孤立无援、无人知晓、众叛亲离的境地都是最难以忍受的。

根据定义，我们在研究制度时并不采用"孤立主义的个人主义"立场，即视个人为一个孤岛的立场。而是将人理解为在与他人的合作中追求其自己种种目标的"社会动物"。因此，要采用一种像我们在这里所持有的个人主义立场，并不意味着将人作为形单影只的个人来研究。相反，个人主义意味着，社会研究和经济研究的终极目的是个人的愿望，但是，这种人当然是生存于社会环境之中，并受到种种制度约束的。而制度则在总体上界定了何谓"社会的"。因此，制度经济学方法承认，人们确立互惠性的关系并实际上需要各种持续的群体纽带。与他人的联系给我们一种归属感，但同时也将一种制度约束加于我们。这样的联系使人们体验到深深的满足，并给人以认同感和安全感（Hazlitt，1988/1964，pp.35-43）。可以说，社会联系有助于控制我们自私的、

返祖的*、投机和带有认知偏见的个人本能。制度在限制受本能驱使的投机心理上占有中心地位。

上述有关个人间社会纽带的论述也适用于群体。如果各种社会群体界线分明并处于冲突之中,就不可能有持续的经济发展(Powelson,1994)。需要的是一种开放而宽容的社会。在这种社会里,穷人能与富人、权贵共享权力,也能像富人和权贵一样遵守明智的规则(Popper,1945)。埃里克·琼斯研究过历史上的各个经济增长时期。他认为,在这种环境中,共同体的"关系纽带"(relative connectedness)是创造性有效能交往的一种前提条件(Jones,1988,p.128)。

当然,认识到了人类存在的这些事实,并不意味着"百姓"必须由领袖来组织,必须接受自上而下的命令,并需要有人来引导他们去为某些预设的目标服务。各种社会联系的发展常常是由于人们自发地发现他们有着共同的利益。人们通常从属于众多相互重叠的集团、联合体和网络,而这些集团、联合体和网络则处于不同制度的控制之下(多元社会)。例如,我们可以是一个家庭、各种俱乐部、宗教团体的成员,也可以是按不同方法划分的地域实体的成员,如一个地方居民社区、一个城市、一个省、一个民族国家、一个跨国文化共同体。我们通常都觉得,这种多样化的多重联系最有助于实现我们的潜能。

人类行为的社会方面无疑深深地嵌入在人类的遗产之中。古人类学家相信,我们的祖先是从一群南方古猿逐步演化而来的,这种古猿可能生活于像狒狒那样的种群之中;这类种群在狩猎时或在汇集于营地分享猎物时,有许多方面要依赖社会交往。人类通过社会交往训练其各种分化出来的认知能力;人在与他人的协调中获得了演化上的优势

---

 * "atavistic...instincts",返祖本能。经询问本书作者柯武刚教授,它是指"不受教育和文明约束的本能"或"不顾忌他人的基础性本能"。——韩朝华注

并生存得更好（Leakey，1994）[①]。因此，演化有利于具备良好交往能力和协调能力的人。这类人在各类社会群体中都会表现良好。并且，一个部族如果能发展出各种制度，以保证由一个细心、周到的首领在紧密结合的小群体内均等地分配稀缺的食物资源，就会拥有更好的生存机会。因此，一种基于社会联系和社会共享的"部落心态"（tribal mentality）演化了千百万年，它已深深地嵌入人类的灵魂之中（Hayek，1976，pp.133-152；Jacobs，1992；Giersch，1996）。

因此，我们在研究人类行为时，绝不能假设人类都是孤立的个人，而必须认识到，人是社会生物，他们的交往活动是他们所不可或缺的。这一点将我们引向下一个问题：什么推动着个人为他人利益而行动？

四种动机

个人为自己的私利而行动是人类行为的一个基本前提。人们也许会用任何一种可能的方式来实现其愿望，而不管是否会损害他人的愿望。例如，为了避免饥饿，人们可以种植粮食、可以通过买卖或偷窃来达到目的。但是经验证明，偷窃（和其他投机行为）会导致代价高昂的冲突，并且存在浪费。因为，与人们能真诚合作的社会相比，一个窃贼社会只能达到很低的满足水平。因此，我们必须思考，应如何约束个人的行动自由从而使这样的投机行为得到抑制。我们当然已经知道，约束投机行为是制度的功能。

在原则上，有四种途径能使人们为他人利益而付出努力（Boulding，1969，p.6；Hazlitt，1988/1964，pp.92-107）：

[①] 由查尔斯·达尔文开创的生物进化论不同于人类知识和思想的演化。在人类知识和思想的演化中，人们可以学习新知识并将其传播给别人，而生物进化中完全没有可能将已学到的知识整合进基因，传给后代。因此，在生物进化和社会演化之间作直接类比有可能产生误解。

(1) 他们出于爱、团结或其他各种利他主义而努力有益于他人。
(2) 他们受到胁迫,胁迫者以对他们使用暴力(命令)相威胁。
(3) 他们按其自己的自由意志行动,但出于明智的自利动机,因为他们预期能获得充分的回报。那样,他们为别人做的事会产生对自己有利的副效应。
(4) 他们自愿去做有益于他人的事,因为有人已靠合理的论证说服他们如此去做。然而这最后一种情况也可以被归入前三项中:它可能出于爱和团结,可能因受到暴力威胁,也可能基于长期的有见识的自利目的。

第一种动机在诸如家庭、小部落和朋友圈子这类小群体中能有效发挥作用。这类行为应该获得社会承认并经常通过尊敬、荣誉或声望来得到奖励。在小型共同体内,这种动机能在无需高额协调成本和监督成本的前提下实现劳动和知识的分工。如上所述,这样的动机对我们无数代祖先的小型部族曾是那么必不可少,以致绝大多数人已本能地、条件反射般地视利他主义为高尚的和值得赞赏的原则。

这种动机在小群体中能有效发挥作用是因为,在小群体中,个人对他人有较好的了解,人与人之间的相互控制也因个人间彼此的深入理解而变得温和。但是,它不可能被移植到大型群体中去,如不可能被移入具有工业性大批量生产和大众交流的现代大社会(macro-society)①中去。有些人可能会因为如国家那样的大型共同体不能同家庭一样运

---

① 在西方社会里,绝大多数人都会想到一个更广泛的共同体谱系。这个谱系包含着西方人从属的各种小群体和大群体:核心家庭、大家庭(extended family)、地方社区、省、教派、职业团体,以及市民社会的其他中介性志愿组织、国家、西方、国际社会。而在其他社会中,认识就大不相同。例如,传统的中国社会里,归属感的连续性要差得多。一个人是一个家庭的成员,这种家庭是一个界线清晰、紧密结合并自我管理的小社会;同时这个人也是这个国家的大社会的成员(Redding, 1993)。然而,中国移民们很快便建立起了许多志愿的联合体。它们在家庭微观层和国家宏观整体之间构成了一些隔层,并形成了一个与之相应的团结性梯度。

转而抱憾。他们可能对面包师不因爱着饥饿的消费者而干脆免费供应面包而抱憾。他们也可能为基督教格言"爱你的邻人"不能扩展到千百万远方的陌生人而抱憾。但显而易见的是：在与全然陌生的人交往时，人们通常需要有别于爱和团结的动机。①

当小群体的团结模式被按照理想化的信条大范围地转用于社会时，这一点就变得明显起来。允诺共同分享的制度，不可避免地导致了大规模的偷懒和大量的利益诉求，以及由此而来的低生活水准。改造人性的努力，造就纯粹出于利他主义而无私地为他人辛勤工作的新人的努力，都已完全失败。结果，不得不对人民实施强制。国家的代表，不管是如何被选出来的，有权惩罚未在生产上达到既定标准的人。强制和畏惧是使人们为他人利益进行生产的主要动机——装糊涂和偷懒盛行于一切人们能如此做而不受惩罚的场合。

在西方的基督教传统与东方的儒家和佛教传统中，教育和布道都立足于鼓励人们团结他人。这在早期基督教世界或亚洲的小村落共同体等小型群体中是可以发挥作用的，但在大型社会中都未能确保适当的生活水准。在那些较大的社会中，团结不可避免地因社会疏离而衰落。

第三种可能的动机是自利。它通过像市场中的自愿交换那样的方式起作用。人们共享知识并帮助别人是因为他们需要别人所能提供的东西。半夜起身去看一头难产母牛的兽医通常是为钱而这么做的，但其自利行为的有益副效应是母牛和小牛犊都活下来了。在家庭团结氛围中教育出来的年轻人们可能会吃惊地发现，在互不相识的大众社会

---

① 当然，这并不排除对陌生人的慈善行为。实际上，富裕能促进自愿的给予和有些人的慷慨行为。然而，并不能依赖慈善行为去调节亿万次的生产和分配行动，而正是这些行动保证了现代社会中千百万人吃饱穿暖，受到呵护和享受娱乐。

中,别人做有益于他们的事不过是一种自利性赚钱行为的副产品。但至少,许多不同的、具备不同技能和资产的人是在为别人的利益做事,即使他们个人并不关心其所服务的人。因此,人们是在"无形之手"的引导下为他人利益而工作。市场机制的这双"无形之手"在实践上必须由各种制度约束来补充,如理解行业道德(例如,在医疗行业)和出于长期的、广义的自利而努力维护良好声誉。

很显然,只有当所获得的奖励能使人们继续为别人服务并且他们不会被迫与别人分享自己挣得的报酬时,才能激励人们从自利出发为他人提供服务。这意味着人们必须拥有对私有财产的权利,包括对自己的劳力和技能的权利。不尊重和保护拥有财产的权利——它还必须包括不许他人使用财产的权利和按个人决定处置财产的权利——就不会有足够的动力来推动现代社会中的许多专门人才去生产我们所需要的商品和服务。只有在具备一整套保护私有财产及其自由使用的制度(规则)时,储存于千百万不同大脑中的有益知识才能得到最充分的利用。

长期任职的乌干达总统尤韦利·穆斯维尼的下述论点深刻地阐明了动机问题,他说:"我认为,(集体主义)是一种战略性错误。他们选择了一种使人类不生产的工具。你是靠鼓吹非常罕见的利他主义来推动人们生产呢,还是靠运用普遍存在的自利动机来推动人们生产?"(reported in *Time*, 14 April 1997, p.43)

小社会和大社会中的动机

论述至此,我们已经得出了若干非常重要的结论:
- 爱和利他主义在小型群体的激励上占有极其重要的地位,但它们在现代大众社会的成员中不起作用;现代大众社会的成员互不相识,也不能直接相互控制。

- 另一种依赖强制的动机具有重大缺陷,即掌权者往往不具备运用所有可用资源所必需的知识,而受强制的人们则在可能偷懒而不受惩罚的时候尽量敷衍塞责。
- 运用可用知识和积累新信息的体制是经济增长过程的核心,它需要种种诉诸私利,并依赖自愿行动的激励机制。这类行为所导致的理想后果往往是人们自私地追求其自己目标的意外副产品。
- 说服人们去做他人所需之事的合理论据和教育,对于提升我们创造有益于他人之事的可能性,可能是很重要的。

关键概念

当我们需估价要在信息搜寻上投入多少资源时就会产生信息悖论问题。尽管只要掌握了一家农场或工厂将如何运行的全部相关信息,我们就能事先计算出要从该农场或工厂获得预期产出应使用多少资源,但这样一种最优化计算却不可能被用于知识的生产。在付出获取信息的代价之前,我们根本不可能拥有必要的信息。在做出决策之前,我们通常只能依靠过去的经验并寻找有局限的信息。而且,一旦获得了知识,信息搜寻成本就变为沉淀成本;它们对该信息的进一步使用没有任何影响。

投机行为描述人们追求最大化满足的短期行为。它不顾及这类行为对他人的影响,也不顾及一个共同体内公认的行为规范。这种行为具有离心的从而有害的长期后果,它使人们的行为在长期内变得难以预见。例如,靠偷窃、赖账来满足一个人的愿望就是投机行为。"我用投机行为表示靠诡计谋求私利的行为。它包括,但绝不仅限于,说谎、偷窃和欺诈。"(Williamson,1985,p.47)制度,必须包括对违规的制裁,其作用就在于抑制投机行为。

> **小群体的协调**,如一个家庭内的协调,在很大程度上以不可言传的知识和非正式的行为控制为基础。它通常要依赖于某些权威人物,但他们的权力因同情群体内的弱势成员而变得温和。相反,**大群体的协调**需要一般化的制度。因为这种协调涉及众多的人,而且无人能拥有全部的专门知识,也没有能力靠指令控制每一个人和每一件事。
>
> **利他主义**是一种将他人利益置于自己利益之上的态度。它不仅与利己主义(无情地谋取私利)相对立,也与理性的、广义的自利行为相对立。后者意味着追求自身目标优先于满足自己知之甚少的他人的愿望。

3.4 委托-代理问题

代理人和委托人

既然源于利他主义的动机通常仅限于小型群体,而强制则是浪费的和无效的,那么当人们代表与自己关系不密切的他人而行动时就会出现问题。换言之,人们是在充当委托人的代理人。例如,一家企业的所有者雇用员工为他们工作;经理们在属于股东的商务组织中打理日常经营;公民们选举政治家代表自己做出某些决策。在这些场合,如果代理人得知,委托人对代理人的行为细节不很了解或保持着"理性无知",因而自己能采取投机行为而不受惩罚,代理人就会受诱惑而投机行事。由于信息不对称,代理人比委托人更了解情况,如果委托人想要发现代理人实际上在干什么,就需耗费很高的监督成本。结果,工人们在本该努力工作时就会偷懒、推卸某些职责而不受惩罚。企业经理们可能偏爱优越的生活和满足,而如果他们以更具风险性的创新企业家方式行事,对企业所有者(委托人)是有利的。而公民们是政治共同体中的委托人,却常常不能从政府官员那里得到自己真正想要的东西,因为议员和官员们追求他们自己的私利目标。这被称为"委托－代理问题",它是知识问题的一个产物,也是对人际团结的天然限制。①

当人们觉得,由于他们所欺骗的人不知情或难以察觉,他们能投机行事而不受惩罚时,就会沦入"道德风险"(moral hazard)。这个词最初被用在保险业当中。它是指被保险人未能采取充分的预防措施来避免损害,或者只有他们才清楚在某些特定环境中做什么才能达到充分的预防。因此,在委托人不了解情况,或者代理人的行为未受恰当规则的约束时,代理人就会陷入道德风险。

委托－代理问题在大企业和政府中相当普遍。那里的代理人们往往热衷于他们自己认为可取的活动,而不是忙于有益于企业目标的活动,如为所有者促销和赢利,或者实现委托人设定的其他目标。为了对付这类问题,可能不得不付出很高的组织成本。企业经理们可能提出各种计划,如在风景名胜之地组织会议、设立各种有趣的研究项目、在职课程和协调会议。这些活动减少了他们肩上应承担的各种冒险义务。他们可以证明某种旅行的需要和其他一大堆看似"必不可少"的活动都是合理的,而这些都相当于"在职消费"。有许多方法快意地占用工作时间并增加管理费用,却对赢利做不出足够的贡献。然而外部人,包括该企业的所有者们,却并不知道那些成本中哪项是必要的,哪项是不必要的。(更多内容请参见第9章和第10章)

如何激励代理人

在人们雇用代理人代表其行事的所有场合,都需要注意代理人的

---

① 委托－代理问题中有一个不常被提到的方面。它涉及委托人投机地隐藏在代理人背后的现象;有时,老板隐藏在代理人背后——请想象一下毒品交易中的龙头老大或在外业主——以逃避对其行为所应承担的责任。但本书不拟进一步探讨这方面的问题。

71 动机问题。委托人可以利用上面讨论过的四种动机来确保代理人为委托人的利益尽其所能。

(1) 在一定的激励下,代理人能出于团结的考虑而将委托人的目标作为自己的目标。在只涉及少数人的场合,比如说在一个小公司里,合作者们能够对雇主或雇主们极其忠诚。他们可以直接要求自己的同事有良好表现。即使在一个大企业中,合作者们也能靠教育形成忠于委托人的习惯,这能节约监督成本和其他交易成本。

(2) 可以用直接监管和强制命令的办法来控制代理人。如果委托人对代理人的行动和可能做出改善的范围了如指掌,就可以用指令来指挥代理人。如果代理人不服从,委托人可以惩罚他们。

(3) 要求代理人遵守普适规则。这些规则创造出给代理人的激励措施,让他们去追求委托人的利益。例如,企业可以给工人提供绩效工资,以提高盈利率。或者,投资基金在增加了的资产价值中拿出一部分给他们的经理。这些都是利用代理人的自利之心的办法(间接控制)。

对可能投机行事的代理人可以施加直接控制。一个例子是工厂里对工人的监管,看工人们是否实现了目标,是否生产出了经理层所计划的产出数量和质量。这要求委托人和监管者拥有大量详细的知识,并可能导致高昂的监督成本,特别是当生产任务变复杂之后。另一种办法是通过一些规则和激励措施,诱导代理人自愿地按委托人的要求行事,从而——尽可能地——诉诸代理人的自我激励。例如,对工人实行计件工资或奖励高质量产出。对代理人投机行为的重要间接控制还来源于竞争。竞争使代理人们明白,如果他们不尽其所能去实现委托人的目标,他们就有失业的危险。彰显这一点的办法很多,例如,设置标杆榜样（benchmarking），以及不同工作团队之间的竞赛。

在社会主义制度下出现了大量的委托－代理问题。社会主义是一种信条，它主张靠抛弃自利动机（即通过竞争在市场中获得高收益）而达到很高的道德水平。不幸的是，"社会"团结在实践中已证明是极其有限的，因而委托人们就不得不依赖强制，但他们发现自己面临着不可克服的信息成本和监督成本。那些委托人们完全无法知道能生产什么，什么创新可行，什么资源可节约。他们强制和惩罚"其"工人的能力非常有限，偷懒行为几乎无处不在（Gregory，1990 及 13.1 节）。最后，由于无法克服委托－代理问题，这个制度在苏联陷于崩溃。但是，许多地方仍然在靠命令－控制方法管理，从委内瑞拉和古巴的社会主义生产，到西方福利国家中医疗保健和教育的供应。

委托－代理问题是制度经济学关注的一个核心问题。我们将要看到，恰当的规则可能经常要对付这个问题。为了找到解决这一问题的办法，人类投入了巨大的努力（Jensen and Meckling，1976；Arrow，1985）。在后面的章节中，我们将讨论商务组织和政府中的这一问题。在商务组织中，通常由管理人员代表所有者实施经营。在政府中，必须设法激励政治家和行政官员按选民的要求行事，因为选民对政府事务知之甚少，而且往往根本就不想知道。

> **关键概念**
>
> 当人们作为代理人为他人工作（我们称后者为委托人）且代理人比委托人更了解运营情况（信息不对称）时，就会产生委托－代理问题。这时，代理人有可能按自己的利益行事并忽略委托人的利益（偷懒、投机行为）。这个问题在大企业和大政府中普遍存在，它提出了一个重大的管理挑战。
>
> 当人们投机行事时，我们就说他们陷入道德风险。这个词最初是

在保险分析中使用的。它描述这样一类情形,即被保险的个人在知道他们将获得赔偿的情况下不采取所有可能的措施来避免损害。现在,道德风险一词具有了更一般的意义,它被用来描述这样的情境,即自利的个人受某种因素的引诱而违反有关诚实和可靠的普适准则,因为环境允许他们这样做而不受惩罚。

第 4 章　基本价值

绝大多数人都追求某些普适性基本价值，如自由、公正、安全、和平和繁荣。这些都是普适的、高于一切的偏好。约大多数文化中的大多数人都会赋予它们很高的优先地位，并使别的追求从属于这些价值。而在讨论是与非的问题时，它们起着"最终止步点"（ultimate stopping points）的作用。这些价值支撑着社会联系，并在人们的人生追求中激励着他们。我们要将对人类基本价值的思考纳入我们的分析之中，因为这些价值能加固社会结构和制度的根基。

在本章中，我们还将讨论自由、公正、平等，以及安全、和平、物质福利的意义。我们将看到，某些关于公正和平等的解释有可能削弱自由和安全。然后，我们将讨论对宜居环境的保护和当前将环保目标置于上述以人为中心的价值之上的新主张。

我们要论证这样一个观点：只有人类的价值才能起到协调人们行为的作用，追求一个或几个绝对的、与其他人类共享价值无关的目标，有可能削弱自由社会。我们承认，在追求这些基本价值时会出现冲突，但我们也将坚持，如果人们能着眼于长远，依赖种种一般性规则而不是任意的特设干预，冲突是可以被缓和的，甚至还能被转化为互补性。

三军可夺帅也，匹夫不可夺志也。

孔子（公元前 551—前 479 年），《论语·子罕》

我们视幸福为自由之果,视自由为勇气之实。

佩里克莱斯,传说是在为伯罗奔尼萨战争阵亡者举行的葬礼上发表的演说词(公元前 431 年)

政治自由存在于做任何无损于他人之事的权利之中。在每人运用其自然权利上,除了要接受为保护他人运用同样权利的自由所必需的限制之外,不受任何限制;并且,这些限制只取决于法律。

法国国民议会,《人权宣言》(1789 年)

人人生而平等……并由造物主赋予了不可剥夺的权利;其中包括生命、自由和追求幸福。

《人权法案》,1790 年为美国宪法采纳

一个经济体,当然是由技术、行为、市场、金融机构和工厂构成的——它们都是实在的和有形的。但是,在这些事物的背后,在亚微粒子层面上既引导它们又被它们所引导的是信念……它们合起来形成着一个经济的整体……它们是这个经济体的 DNA。

B. 阿瑟,《复杂》(1995 年)

道德易于宣讲,难于立根。

A. 叔本华,德国哲学家,(1788—1860 年)

4.1 共有的基本价值

普适价值

个人都有其自己特有的目标。这些目标当然不同于他人的目标,且因时而异。但尽管如此,在追求自己的特有目标时,人们的行为大都是由那些相似的基本价值来引导和支持的。不管人们的背景和出身的

文化是什么,绝大多数人,在选择范围既定的情况下,都会将实现若干极普遍的基本价值置于高度优先的地位上,甚至不惜为此损害其他较个人化的意愿。本章所讨论的价值都是大多数人所向往并认为是值得追求的最终目标。它们构成了人类行为的强劲动力,它们对人的日常行为具有压倒一切的影响。这些价值对有形经济现象的影响方式类似于无形的DNA携带基因信息的方式,基因信息传递着我们全部有形的生理和心理特征(请见本章开始所引用的布赖恩·阿瑟语录)。而且,我们能观察到,在绝大多数公民的心目中,这些价值也是好社会的集中体现(Boulding,1959; Hazlitt,1988/1964,pp.35-43 and 53-61)。

这些价值如下:

(1) 个人免受恐惧和强制的自由。这具体表现为公民自由、政治自由和经济自由。自由意味着,个人能在一定范围内享有受保护的自主权,以追求其自选目标。这是一个他们能完全控制决策和行动的领域,但当然要受到物质-技术条件和社会经济条件的制约,特别是要受到制度的制约,而制度旨在保护他人的自由。无规则约束的自由是放纵,而放纵必然会摧毁社会和谐和有效合作。

(2) 公正。它意味着对同样环境中的人一视同仁,并且,应使约束以同样的标准适用于所有人,不问其阶级和身份(不歧视)。在实践上,这往往与要求法治而不是(霸道的)人治联系在一起。这种程序公正(或形式公正)与平等密切相关,即所有人都有机会不受人为妨碍地追求其自选目标。有些观察者对公正和平等提出了不同的诠释,它意味着某种程度上无视起点、幸运或努力的结果平等(请见后面4.2节)。

(3) 安全。它是相信,直至将来,人们都能享有其生命和自由,不会受到暴力的和非法的干预,在他们的环境中不会有意外的、难以应付的变化。因此安全是跨期维度上的自由。它可以是指一个人自己对安全性的个人评价,也可以是指另一些人对他人安全性的评价。有些观察者(尽管决非本书的作者!),赋予安全以不同的含义,将安全与保护既有社会经济地位联系在一起,也与保护某些持续的与变化的环境和新挑战无关的状态联系在一起。

(4) 和平。指既没有共同体内权势者强加的纷争和暴力(内部和平),也没有外部权势者强加的纷争和暴力(外部和平)。根据我们喜好的意义,和平与安全密切关联(见上面第3种含义),而维护既有社会经济地位意义上的安全却常常会损害和平。

(5) 经济福利(或繁荣)。它与改善物质状况和持续保有一定量的物质成果有关。繁荣所表明的是,在什么程度上,对稀缺资源的利用满足了人们的需要。

(6) 宜人的自然环境和人工环境。这是大多数人企求的另一种基本价值。它可以在相当程度上被理解为安全的一个子目标(例如,避免可能伤害人类福祉的未来环境灾害)。另外一些观察者,虽然不是本书作者,将自然保护视为一个绝对目标,主张让其支配各种其他的人类意愿。

这些基本价值所采取的具体形式会不断变化,这取决于已往的经历和文化环境。它们只在其一般的抽象的内涵上才具有普适意义。如我们迄今所知道的那样,人类很少为丧失自由、放弃公正等而奋斗,除非他们能看到,这种失却能从上述基本价值中的其他价值上得到弥补。当然,有些个人和群体不想改善其经济福利,要么是因为他们持有宿命论的世界观,要么是因为他们想通过节制物质满足感获得此生的救赎。然而,一般而言,这些人类的基本价值——这些具有极高地位、被普遍共有的偏好——是由人们对它们的频繁选择显示出来的。"虽然一个社会中所盛行的价值影响着在其中成长和生活的个人,但个人将'止步点'置于何处,采纳哪些'最终'价值,完全是他的责任,而不是社会的责任"(Radnitzky, in Radnitzky and Bouillon, 1995a, p.7)。

如果有人研究历史上的不同文明和当今的世界各地,有一点变得显而易见:并非所有的社会和群体都在以同样的精力寻求这些价值。在欠发达国家中,无论是在历史早期还是现在,人们都能看到,许多有政治影响力的人并没有专注于靠实现这里所讨论的这些价值来改善人们的生存状况。实际上,欧洲人的著名特征,犹太教与基督教所共有的传统,就是人能够也应该通过改善他们此生的物质福利、自由、公正等获得救赎(Némo,2006;Kasper,2011b)。其他文明中的许多人已经接受了他们现有的生存状况,甚至把宿命论式的服从视为美德(例如,在许多版本的印度-佛教传统和穆斯林传统中,以及在美国印第安人的文明中)。然而,博览历史之后,同样明显的是,许多共同体已经变得不大像世外桃源了,有了更多的个人发展,也有了更多对未来的企盼(即意识到,现世生活能够也应该得到改善)。现代性在全世界范围内的扩散对于这些基本态度上的根本转变居功至伟。这也证明,权势精英们在"大众"中提倡宿命论世界观,是为了更好地控制大众,以保住他们自己在社会上的优越地位。当代的许多社会和政治冲突都与这样的事实有关:人口中占很大比重的人已经意识到,他们也能拥有对未来的企盼,不必继续被动地承受其祖先们的厄运。对广大世界的更多了解,还有经济增长中日益增多的成功范例,使得宿命论式的逆来顺受更易于衰退,积极而足智多谋地追求诸基本普适价值的现象更易于遍地开花。

由于绝大多数人通过他们的行动追求这些价值,将对价值的分析(以及这些价值如何影响人类行为)纳入制度经济学的讨论是适当的。

这也适用于规范性的考虑。将我们自己局限于非价值分析（从分析者不涉及自己价值的意义上来说），将大大降低理论的实用性，因为这样的理论不可能适当地解释现实。

多元价值体系内的相互依存

当人们如通常所做的那样，同时追求各种基本价值时，他们会发现在各种基本价值之间存在着复杂的相互依存关系。有时，不同价值之间会具有互补性。这意味着在实现一种基本意愿上的进步也会促进另一种意愿的实现。这种互补性的一个例子是较高程度的繁荣会导致更大的安全性，因为有更多的物质资源能被用来确保未来的自由。在另外的情况下，价值之间也可能存在冲突，例如在一个共同体内，较大的个人自由意味着较少的和平。

各种价值之间的权衡往往难以评估，因为它们因环境而异，并且存在着如此之多的相互依存关系。因此，重要的是，不要选出一个优于所有其他价值的特殊价值。诚然，单一价值的分析方法往往是有吸引力的，也易于理解，这使它在政治行动上极有诱惑力。但这只能导致完全忽略其他价值并最终恶化人类的生存状况。例如，如果保护和平被置于绝对优先的地位，那么个人自由、物质进步和广泛共享的公正观就可能很快受到侵犯。同样，要求将环境保护置于绝对优先于其他价值之上的说法，也会导致忽略自由、繁荣和公正。这迟早会导致强烈反弹和成本高昂的政策逆转。因此，对特殊意愿的追求永远要考虑到其他价值的多样性，在成本与效益之间做出权衡。

在各种基本目标之间的互补性上，有一个在文献中发挥了巨大作用的好例子：亚当·斯密及其他经济学家和哲学家对贸易自由的论证。他们不仅关注利用比较优势所产生的效益获益和福利获益，而且关注贸易的文明化特征，即它能促进和平，并满足其他基本愿望。毕竟，表示交易的希腊词汇——catallaxy（通功易事）——也意味着将陌生人转变为朋友。人所共知，伏尔泰曾论证，犹太人、非犹太人和穆斯林可能彼此极端厌恶，但他们在市场中相遇时却能合作，交易物品和服务。这种实现匿名合作的能力，正是用经济学逻辑可以解释的诸多了不起的有益神秘事物之一。这是伦纳德·里德所著《铅笔传奇》（见附录）中所说的寓意。自利的力量能够超越种族、语言和地理上的距离。康德有一个梦想，要建立一种"举世皆友"的体制，而自由贸易所带来的"自由主义的国际秩序"正是基于这一梦想而建立起来的（见第 11 章）。它们不允许差异成为阻隔，因为它们是通过和平与合作的贸易所实现的商品和服务交易的巨大获益之源。而正是在多样和远距离个人间进行和平社会合作的愿景，使得对自由贸易的论证从亚当·斯密到米塞斯、哈耶克和弗里德曼一直生机勃勃。

当一个人从短期来考虑问题时，冲突的价值往往更常见。但幸运的是，短期内的某种冲突在长期来看竟然会是互补的。例如：

- 限制个人的自由有可能在短期内增进繁荣。例如限制海外投资的自由，就是如此。但从长期来看，选择如何投资及向哪里投资的自由会增进繁荣，并且不断增进的繁荣又可能强化个人自由，如许多国家近几十年的经历所表明的那样（如政治自由和民主在亚洲新兴经济体中的扩散）。

- 在短期内，安全往往与繁荣冲突。例如将稀缺的资源从私人投资和消费转用于国防开支时，便会出现这种矛盾。但是，从长期来看，繁荣的国家更安全，而安全的国家能吸引到较多的资本和企业，这又有益于不断增长的繁荣。

就公共政策而言，这一点具有实践意义，即着眼于长远，并在一定程度上容忍短期冲突，有助于避免冲突并更好地实现人们的愿望。

> **关键概念**
>
> 基本价值在这里被定义为普遍持有的抽象的崇高个人偏好,较具体的意愿大都从属于这些价值。尽管这样的价值在不同文化中采取了不同的具体形式,但不管在什么文化当中,它们基本上得到了普遍追求。这类基本价值的例子有自由、公正、和平、安全和繁荣。
>
> 当弘扬一种价值(或目标)会贬损另一种价值(比如更多的安全会削弱自由)时,这两种基本价值就是**冲突**的。当弘扬一种基本价值又进一步实现了另一种价值时,这两种价值就是**互补的**(比如较多的自由能促进繁荣)。基本价值之间的关系不是静态的,它取决于为实现这些价值而采用的手段和追求这些价值时的时间范围——从长期的时间范围看,冲突往往转化为互补。

何谓恰当得体的社会?

根据一个社会的成员能够享受这些基本价值的程度,以及一个社会的人口中绝大多数人自愿追随这些基本价值的程度,人们可以对不同的社会做出评价。看来用这些基本的、得到广泛认可的标准作为衡量尺度来评判某个政府的政策和行为是恰当的。这类价值集(sets of such values)是规范准则,人们正是用这些准则来评判制度和政策的。它们描述了从个人角度来看的好社会,它们也反映了一种愿景,要用人类的长期福祉作为评判制度和公共政策的尺度。

政策制定者有时会将这些价值作为明确的政策目标,甚至将这些目标载入宪法和政治纲领。然而,必须注意的是,基本价值本身并不是抽象的目标,它们永远扎根于个人愿望之中。要非常明确的是,它们不是一些只代表统治者愿望的社会目标或共同体目标。基本价值不能与公民个人哪怕是最可怜的目标相分离。它们必须永远反映一个共同体成员认为是崇高和普遍的事物。

我们称之为基本价值的崇高普遍偏好往往是内在化的。这意味着,它们已通过实践和体验深深植入了人们的灵魂,它们常常在不自知的情况下影响行为。内化基本价值的过程很可能始于幼年时期的教育。诸如诚实之类的习惯,总是先在家庭那样的小社会里被付诸实践,然后才在与广阔的共同体大社会的联系中得到应用和完善。它们变成了"文化"的一部分和一个社会的共同特性。

如果一个社会的基本价值得到坚定而一贯的公认,且如果必要,能得到坚决的捍卫,它们就构成了该社会的制度支柱,并由此而增加社会有序化的可能性(Radnitzky and Bouillon, 1995a, 1995b; Scully, 1992)。看来将基本信念和期望与 DNA 信息相类比是恰当的。因为,DNA 信息塑造了人的身体外观,而多样化的人类行为则是由这些普遍偏好引导的,其方式正如生物进化的特性是由看不见的染色体所引导的一样。较稳定的普遍价值和信念能使一个难以驾驭的复杂世界更易于我们管理。因此,它们是"社会资本"的组成部分,它们能使一个共同体靠劳动分工而繁荣,它们有助于扩大共同体的物质资源。在这个意义上,基本价值可以被视为一种生产要素,它往往比机器设备或运输工具那样的物质要素更重要,因为它决定了社会成员顺利合作的程度。当我们考察那些我们与其没有价值认同的社会时,基本价值的重要性就变得明显起来。例如,中东的某些地区就因严重违反和平与公正而遭受苦难,非洲许多社会中的个人安全因种族暴力和政治暴力、有组织犯罪、高谋杀率和专制政权而受到威胁。在世界范围内,数十亿人民看到自己的自由被武力和欺骗所剥夺。这当然是穷困和制度执行不良的一个后果,但也同没有恰当界定和捍卫基本价值有关。

但是,人类价值与经济生活之间的关系并非单行道。具有繁荣而开放经济的共同体要求捍卫基本价值,而在这类共同体中多数人是高度自立的(如亚当·斯密所观察到的)。日益繁荣的经济从属于这样一种社会环境,在其中,对自由、公正、安全等基本价值的追求会不断地得到实践、检验和维护,从而使这些价值得到更为坚定和一致的肯定。当我们考察在非竞争性经济和极权统治的社会中所发生的事情时,这一点就变得一目了然。撒哈拉以南的非洲、北非的部分地区和中东,现在仍是这种情况。在那里,阿谀奉迎、装糊涂掩盖基本意愿、容忍对基本价值的严重侵犯,司空见惯。共同体的制度没有得到共有基本价值的良好支持。当传统的迄今还是静态的社会受到带领它们向现代社会进发的猛烈变化冲击时(放开贸易和要素流动,敞开技术变革和社会变革的大门),根深蒂固的价值体系常常会受到挑战。这些价值体系来自共有的历史、文化和风俗,成为其社会凝聚力的基础,并巩固了有关行为的规则(制度)。在社会科学文献中,制度在社会内在价值、传统和习俗中的实质基础有时候被用"*metis*"(一个希腊语词,意思是"继承来的智慧、技能和手艺")来表述。在斯多葛派的希腊哲学中,这个词被赋予了审慎或明智建议的涵义,而现在则被用于对社会工程的警示信号。社会工程即强行施加外部制度,而在一个共同体的传统和非正式社会规范中没有与这些制度相对应的事物(Boettke et al.,2008)。一套共有的深入人心的价值集能够确保新提出的制度建议和行事方式不被随便接受,但这样的制度体系是"黏性的",而且有路径依赖。"*metis*"可以被理解为一种能使一个社会的各种制度活跃起来的社会 DNA。它可以拒斥各种不与之啮合的建构。有些传统社会所具有的价值体系可以很容易地被调适于某种市场经济的"优质结构",打个比方,它们具有或发展出了一种"尼龙搭扣面",能粘贴锁定到市场资本主义的"尼龙搭扣面"上(见12.2节)。而另一些社会中则充斥着那样一些基础性的价值结构,这些基础结构较少可调整性,或者不大让自己去适应现代市场制度,因而发现自己难以实现现代经济增长,也难以参与正在演化之中的开放的全球文明(Bauer,2000)。引进的制度,特别是由外来人设计的制度,常常不能很好地起到协调行为的作用。

如我们在后面将要看到的那样,带有歧视性的制度和极少自由经济的极权制度有很多遗产,其中之一就是,对基本的人类价值没有给予明确肯定,也没有很好地付诸实行。这样,内在制度和外在制度都不会得到老百姓的支持,而在制度被违反时,就不会有人自愿挺身而出去捍卫制度。

4.2 自由、公正与平等

"免于做"和"自由做"

联合国人权宣言开宗明义即声明,所有人生来自由,反映了欧洲启蒙运动哲学家和其他思想家的远见卓识。自由依赖于共同体在下述问题上的共识,即必须容忍(百姓的或政府的)某些行动,而对另一些行动则要通过一般的、可强制执行的规则加以禁止。它是免于做某些事物的自由(消极自由),如免于强制和恐惧等,而不是去做某些事情或索取某些事物的自由(积极自由)。保障自由的禁令所针对的是所有会妨碍他人合法追求自身幸福的行为。用德国哲学家伊曼纽尔·康德(1724—1804年)的话,可以从略有不同的角度来定义自由。康德这样写道:自由与"根据某种普适的自由主义法则使个体的任意决策与他人的任意决策相兼容的条件"相关联。因此,最大限度地保护公民的自主领域是自由的保障。

制度(法律)正式禁止在过去经验中已被证明与各种自由不相兼容的行为,起着促进全面自由的作用。这样的制度必须是普适性的,它们应同等地适用于无数的人和事（Hayek，1988，pp.62‑63，亦见下章5.5节）。

古典的自由定义是指免受干预的自由，是指个人能在多大程度上享有受保护的自主决策领域并自我负责。但在20世纪的进程中，另一种自由定义在某些圈子内流行了起来。它是指获得资源、工作、公共医疗卫生服务等事物的自由。古典的观念是一种消极自由（否定他人的控制并确保自我负责），而这第二种观念则与积极自由有关，即索要属于他人的资源。支持积极自由的论据是，没有资源就不可能行使消极自由，所以穷人和失业者并不"自由"。这种观念造成了当代美国式的"自由主义"观，它不同于这个词的古典式欧洲含义。无限索要共同体资源的自由主义主张不断激增，使强制成为必要。它摧毁了与自立相连的种种激励，并导致玩世不恭。也就是说，它削弱了自由一词的古典涵义。

在本书中，"自由"（freedom）与"自由主义"（liberal）都被限定于古典定义。美国读者在读到"liberal"一词时，可用"libertarian"（自由论）来替代。

权势和自由

当人们自由时，他们能根据自己的计划追求其自设的目标。但是，一个人还可以努力影响他人以使他人支持其目标。人们接受这类影响的原因可以是自愿的——例如，出于个人同情或因为已签署了契约——也可以由于受到强力威胁（强制）。在前一种情况下，另一方的自由并不受到妨碍，但当强制参与进来时，另一方的自由就肯定受到侵犯。然而，强制与自愿服从之间的差异并非如一眼看去那么明显。强制不过代表了一种极端情境，即被强制方无法抵制或躲避另一方扬言要使用的强力。

但即使在人们或多或少终归服从的制度中，在一定的界限之内，仍会存在一些对他人运用强制性权势的微妙手段。对他人的权势，不论是由个人来运用，还是由诸如行业卡特尔、工会或政府机构之类有组织的集团来运用，都是限制或恶化他人选择范围的一个结果，这种结果是他人在自行决策时不得不力图摆脱的。各种（多少是自由的）服从可能并没有吸引力，例如，当对掌握权势的人有一种心理依赖时就是这样。在经济生活中，权势是缺少竞争的结果，即在一个人的可选择范围内缺少可直接替代选择对象的结果。例如，供应商可以通过成功创新以垄断的形式获得市场权势，这种市场权势将阻止潜在购买者的实际替代选择。这种对买方选择自由的限制一般都是暂时性的。但若供方的市场权势是政府对竞争施加限制的产物，就会对经济自由构成较持久的限制。例如，政府保护一个行业卡特尔或者干预自由贸易。这类政府限制以政府的强制权为基础。这几个例子应足以显示我们在分析社会中的权势和自由现象时将会遇到的各种困难。

个人自由有两个重要后果（我们将在后面详细讨论），一是自由的人更具创造力，这会有助于经济增长，二是当环境变化时，自由的人对外部冲击会更有承受力（Quigley，1979/1961）。西方文明渴望高度的个人自由，它已经比曾经兴起又衰落的集体主义文明更好地克服了种种阶段性的挑战。看来，长期繁荣与自由是互补的，强制性的集体主义却导致文化僵化，而文化僵化终将带来全面的文化衰退。

程序公正对"社会公正"

对自由和权势的讨论也会触及公正问题。私人强制不仅与个人自由不相容，而且也被认为是不公正的（de Jasay，2002）。政府存在的一个主要理由就是确保所有公民都能得到保护，以免受有权势个人或集团的强制。如果人际交往要取决于杀人越货之徒或匪盗团伙的暴力潜能，普通人就会蒙受不公正。因此许多社会都肯定，由某些官员（"暴力专业人员"，如警官、法官和监狱看守）运用集体强力是合法的，因为，经验已经证明，靠暴力手段运用个人权势会导致不公正和社会的"野蛮状态"——正如英国哲学家托马斯·霍布斯（1588—1679年）所指出的那样，事实上，防止权势的滥用是集体行动的核心问题（见第10章）。

公正可用下列标准之一来衡量：

(1) 个人行为的公正：即个人和权力机关应对同等情况下的他人一视同仁（无歧视、程序公正；de Jasay，2002）；或者

(2) 以公正为一种社会规范：即社会地位和交往的结果应该是平等的（"社会公正"或者"结果平等"，是福利国家的基础，这一点将在第10章里作更充分的讨论）。

如我们将在后面看到的那样，"社会公正"与"积极自由"（索取）一样，与自由和繁荣的实现水火不相容。

无歧视原则

在讨论像法律这样的制度时，我们会问，为了确保个人和政府的行为被视为公正，制度应具备什么内容。犹太教－基督教和伊斯兰教是以个人在上帝面前平等这样一种观念为基础的。所以，至少在这类宗教的社会传统中，程序公正是与在法律面前平等这种概念联系在一起的。公正就是国王和乞丐都服从同样的法律（法治的一个关键方面）——这是一个在世界上远未获得普遍认同、在实践中遭到广泛侵犯的概念。程序公正要求不分性别、种族、宗教、贫富或亲疏，保护同等的基本权利。它总是与"消极自由权"，即免受非必要的、不平等的管束相连，而与"积极自由"无关。在经济生活中，这个意义上的公正意味着，原则上，在凭自己的资源进行竞争并获得平等待遇上，人人都拥有同样的自由。但它绝不意味着人人都同样幸运或在竞争中都获得同样的结果。

如果禁止实行歧视和不允许个人使用强力,人们就不得不依赖与他人在契约基础上的自愿合作。(民)法的这一目的在于确保所有公民都能享有按其个人自由意志行事的同等机会,而不会受到不必要的法律限制。这就是程序公正。这是唯一能由政府来保障的公正:结果平等在任何情况下都不可能得到保障,因为机会决定着绝大部分结果,也因为不同的人有不同的才能,实现的成就也不同。在这种情况下,意识到这一点也是重要的,即高成就者为能力较低和不够努力的同胞增加了生活机会。因此,对高成就者给予不公正待遇很可能会具有看不见的副作用,使不那么努力或幸运的人也输掉(Sowell,1990)。说政府不可能在确保结果平等的意义上保障社会公正,还有另一个理由,即在现代大众社会里,有大量旁人能影响结果,而个人行为者和政府却对其中的许多人一无所知。只要人们享有行动和回应的自由,只要这种自由与人们所挣到和所拥有的事物有关,结果平等就是不可想象的。就如同积极自由权一样,实现更多结果平等("社会公正")的政策,要求政府侵犯个人财产权,而个人财产权是经济自由的一个重要方面。这里必须指出,不平等绝非不公正(Flew,1989)。

"社会公正"——源于对财产和机会的再分配,目的是要实现市场交往之后更大的结果平等——是靠集体行动去实现一种预设的平等标准。因此,社会公正与对各种个人和环境一视同仁的公正原则相抵触,也与自由原则相抵触。所以,追求"社会公正"提出了若干基本问题:如果形式上的平等待人会导致不平等的后果,那么人们是否应当不平等待人以确保结果的平等呢?如果不同的人在竞争中享有不一样的不平等起点,而且如果不平等的起始条件长期存在,又该怎么办呢?所以,再分配性政府干预必然要歧视某些人。当人们追求(积极的)结果平等时,消极自由的基本价值也就被搁置一旁了。"社会公正"永远意味着程序公正的传统概念受到侵犯,因为法律被用来歧视形式上平等的公民。那时,法律面前的平等就会让位于许多人认为是不公正的一种状态(Hayek,1976,pp.62－88;Sowell,1990;de Jasay,2002)。

当政府再分配财富和收入时,它可能因此而不按形式平等的原则对待所有公民。政府的古典角色仅仅是维护法律与和平。但当再分配成为西方社会中政府的一项主要关注时,个人自由和法治就在被削弱(要了解对寻求"社会公正"的后果的更详细分析,请见10.4节)。

结论就是,从长期来看,结果平等(即社会公正)不可能通过政治行动来实现。就连在最精心设计的西方福利国家中,大街上仍有乞丐就是证明。这个证据表明,收入不平等的持续存在与平均收入水平无关(Gwartney and Lawson, *passim*; Sowell, 1990)。

尽管有这种逻辑上和经验上的真知灼见,但对西方社会中的许多人来讲,收入水平和生活标准上的严重不平等仍难以接受。其原因部分是由于人们在一定程度上认同于他们最孱弱的人类伙伴,部分则是由于他们担心这会对内部和平及实现其他基本价值产生不良影响(Kliemt,1993)。富人肯定对穷人提供了私人的、自愿的慈善施舍。这样的自愿再分配,而不是政府为再分配产权而实行的强制性干预,具有有益的效果,即使对那些不参与的人也是有益的。因此,它值得受到社会的赞扬。

4.3　安全、稳定、和平与繁荣

安全:自由的跨期维度

安全不仅会因外部威胁而受到侵害,而且会因国内对自由的侵犯和各种不测事件而受到侵害。安全是长期的自由。它是一种信心,即相信自由在未来不会遭受侵害。

当我们分析来自外部强制和进攻的安全问题时，外部和平这个目标就与安全密切相关。这种安全是未来在国际关系中免受暴力和强制的自由。内部安全与和平不仅包括没有内战，而且还包括没有暴力对抗，如广泛的犯罪、暴力罢工和骚乱，以及社会和谐的普遍盛行。

安全与和平的定义与用武力对待人民的暴力行为和霸道行为有关。正常的日常冲突和争执在任何一个有活力的社会中都不可避免。在从这些冲突和争执到名副其实的不安全状态之间，存在着一个渐进的转变过程。小的人际冲突是人们在价值和欲望上存在差异的必然后果。个人追求幸福当然经常会有涉及他人福利的外部后果。确认安全与和平受到了损害的界线在于，有人为达到个人目的而运用了暴力手段、欺骗手段和霸道手段，冲突再也不能靠讨论、私下协商或第三方中介来解决，而广泛持有的规则遭到了破坏。显然，对安全与和平的侵害不仅有国内战争，还有小范围冲突和犯罪，这在非洲、中东和中美洲的贫穷国家中是普遍存在的（World Bank, 2011）。

在讨论安全时，必须弄清是谁来评估安全：是个人在对其自己的安全作评估，还是第三方对某人或某个集团的安全作评估。由于未来不可避免的不确定性，不同个人对安全性的评估大相径庭。有些人坚信他们能够驾驭风险，而另一些人则厌恶风险，易于感到不安全。评估安全永远需要大量地搜集信息和预测，同时也需要评估对意外事件做出反应的能力。因此有人认为，在易变的世界中就不可能有安全。防止飞机出现空难事件的唯一途径就是让飞机都待在地面上——但是这类追求安全的绝对办法并不现实，而且还会付出经济福利的代价。因此追求绝对安全只会损害其他社会价值，是难以持久的。因此，在一个演化的世界中，决不能把安全等同于僵化。实际上，当变动不居的现实更远地脱离良好状态时，抱着维护现状的愿望，试图回避适应性变革，从长期来看,只会导致更大的不安全。我们为自己的安全所能采取的最佳策略往往是保持应付不测的警觉、灵活性和反应能力。

既然安全与未来有关,它就永远具有一个时间维度(a time dimension)。这在很多时候使安全的定义变得复杂起来。正如刚才所指出的,追求短期安全易损害长期安全。例如,要是人们选举的政治领袖仅仅重视保证今后几年内的物质生活标准并拒绝作长远打算,那么他们就选择了长期安全上的巨大风险。因此,对安全的恰当认识需要具有一种可变的时间范围,并要在安全的短期目标和长期目标之间做出权衡,还需要对主观上视什么为安全做出最大化解释,并由此出发进行推论。

如果社会的成员将安全追求放在高于其他一切目标的位置,那么过一段时间之后他们一定会发现,保守取代了尝试和演化。那时,他们将失去对变革的敏感性和适应性,他们保卫未来自由的手段会遭到侵蚀。当人们丧失了对变革的兴趣和建设性地适应变革的能力时,他们就开始在主观上感到不安全,他们会丧失信心。因此,他们可能会努力抑制竞争和开放,即抑制经常对既有经济地位和社会地位发出挑战的源泉。当人们越来越偏好强加的安全时,这会妨碍各种保障长期安全的、真正的适应性调整——如一个资深独立观察者所判断的那样。因此,在分析安全意愿时需要作细心的评估,并在出现挑战时做好消除某些不安全根源的准备(Hayek,1960,pp.397-411)。

稳定

经济活动大多在循环中进行。有时候,经济活动和就业创造加速,超过了这一趋势;有时候,它们落后或进入衰退。在20世纪之前,大多数人都认为,这就是生活中自然而然的事实,但自1930年代以来,许多国家的政府开始承诺稳定生产和就业(这种政策有时候被称为凯恩斯主义,那是按其主要倡导者,英国的约翰·梅纳德·凯恩斯爵士的名字命名的)。这样一种策划有着种种局限和长期后果,如提升公共债务水平、摧毁货币效能的持久的通货膨胀,而那些被作为建议提出来的公共政策却常常在未曾见过这些局限性和长期后果的选民们中走红(更多详述见 7.6 节和 10.2 节)。而下面两种情况在起初也并不显而易见,即政府为了稳定而对经济活动的人为操控,使共同体中的某些部分比其他部分获益更多;同时,平抑周期性的"清算危机"(cleansing crises)阻碍了长期的经济增长。批评性的观点指出,周期性的经济危机是必要的,它可以对生产和就业结构做出调整,使之适应新的演化的环境,并淘汰掉昂贵但多余的生产设备。

反周期政策(需求管理)建立在这样的假设之上,即政策制订者了解现代开放经济中的所有相关变量。然而,人们已经发现,有太多的时候,政策引发了意想不到的副效应,包括使商业周期变得更为显著的效应(顺周期效应),因为错误判断了政策干预与经济运行之间的滞后(即认识、决策、执行和反应等方面的滞后)。在现代民主国家中,凯恩斯主义的政策也已经导致了一种通货膨胀偏向:在衰退时,各国中央银行普遍会扩大货币供应,而各国财政部则减税增加公共开支(实行预算赤字)。到了经济繁荣时,相应的限制性措施却执行得不那么普遍,甚至是罕见的。结果,形成了一种长期趋势,使公共部门积累的赤字居高不下,占用了私人投资者的部分储蓄资金,而这些资金本该用于长期繁荣和增加就业。此外,必须认识到,活跃的经济体永远要经历不同的商业周期。它是一种自然韵律,通过商业周期,判断失误的投资会被取消。当宏观经济的积极政策造成了这样的印象:投资者将受到保护,免受这类危机的困扰,而中央银行也将使利率下降,人为地扭曲利率;这时资本结构就会越来越偏离变化中的需求结构,而企业家的不当冒险行为却会受到鼓励(Hayek,1935;Burton,1986;Mankiw et al. 1993)。

90　我们的结论是,商业周期永远是生活中的事实,但是商业周期的发生强度主要取决于该经济体的灵活性,即竞争的强度。积极的财政政策和货币政策——即使在短期内在政治上受到欢迎——却会使经济结构僵化,并因此损害长期的经济增长和就业。

对稳定的承诺还扩大了政府的作用和种种限制性控制,这些全都过于经常地导致了对经济自由的限制。本来,培育竞争性的经济还有另一种选择,即让生产者和雇主对于经济环境中的变化更加警觉也更加敏感,以及确保更自然而然的局域性稳定(见10.3节)。换言之,这是关于(适于强势个人和群体的)安全这种基本价值与所有人享有自由和公正的愿望之间存有冲突的又一个实例。

和平与安全:竞争使冲突非个人化

有一些规则能将共同体成员限定于非暴力性的冲突解决方式。当潜在的冲突被这类规则非个人化(depersonalized)时,共同体的和平一般都会得到加强。使个人间或集团间的冲突非个人化的一种途径是,将由政府来集体决定的领域缩减至最小范围,即将政府的行动限定于保障生命、制度和物质资产,以及为负责这种政府保护职能的行政机关提供资金。而对收入、财产和生产的配置则基本上留给非个人化的竞争机制。若收入和财产的配置、商业环境的稳定,以及越来越多商品和服务的生产都变成了政府的事务,这些事情就被政治化了。那时,集体性对抗就极易生根。一旦追逐私利的政治经营者煽动起情绪,内部和谐就被破坏,自我负责的公民就要遭殃。这既不利于内部和平,也不利于积极的参与和创造性活动。在2007年金融危机之后,新一轮大规模的支持银行和企业的政府干预以及随之而来的削减预算的需求,引起了激愤的(但并未真正了解情况的)抗议活动,如"占领华尔街"运动,并不是一个偶然。

市场竞争的一个重要功能,即供求双方,无论是个人,还是公司,他们的权势都要受到其他竞争者的争夺和遏制。竞争不仅抑制经济权势,而且还抑制源于经济垄断地位的政治权势。竞争在市场中的另一个功能是使对经济努力的控制非个人化:卖方出于自利的动机报价,但也是自愿这样做;用这种方法,他们来满足潜在的买方——这是一个有益的副效应。卖方若不能获得足以补偿其生产和交易成本的价格——换言之,没有赢利——一般都会将其失败归结于市场的匿名力量,而不是具体的竞争者或买方。这意味着,想索要高价的卖方与想索要低价的买方之间永远存在的冲突被非个人化,也非情绪化了。这对国内和平和国际关系中的和平都做出了贡献。

市场这种非个人化制度有助于缓和冲突。这方面的一个例子是自由的、撤销管制的劳力市场。如果雇主受逐利动机驱使,他们就会雇用那些能为其工资成本提供最高生产价值的工人。换言之,雇主将无视种族、信仰和性别。那些对工人实行区别待遇的雇主,如搞种族歧视的雇主,将招致利润上的处罚,并可能最终被逐出市场。有人主张采用一些麻烦而昂贵的政策强制实行"积极的区别待遇",比如以种族为由,而那是一种难以估量的属性。与其相比,市场竞争显然是整合一个多样化社会的更有效途径(Rabushka,1974;Sowell,1990,1996)。

来自不同文化背景且很少共同点的人们,只要能在市场中相互交易,就能有益地、和平地相互交往。随着时间的推移,他们有可能相互学习,甚至相互尊重,并形成好感。相反,政治过程强加的命令和控制往往使种族间的关系情绪化并造成分裂,从而被政治代理人所利用(Sowell,1994)。据透露,曾在1990年代的武装冲突中相互厮杀的波斯尼亚人、塞尔维亚人和克罗地亚人,在政治和解已完全无望的情况下,仍能在市场中谦恭地相互交易。在国际上也同样如此:有些国家的公民共享着不断增长的贸易利益,并且受到约束不能强行施加政治性控制（如关税），这类国家一般都会认识到维持和平的好处（Gartzke，2005）。

只有在竞争被作为一种协调原则得到广泛认可时，冲突的经济利益才有可能被非个人化。这也意味着，自由竞争在分配上和其他方面所导致的全部后果都被接受，而政治主体不得干预。一旦某些主体进行干预，限制竞争过程（如形成卡特尔），或者运用其权势进行强制（如设立市场进入壁垒），和平和安全就可能因冲突的个人化、情绪化和政治化而遭殃。

18世纪和19世纪初期的哲学家们当年非常乐观地认为，商贸活动的扩展、转向自利和自愿行动的动机，都将增进道德，增加对基本价值的自发信奉，尤其是在社会和平和安全方面（Boulding，1969；Hirschman，1977）。但是，20世纪的观察者们却无法分享这种乐观主义态度。因为，他们所看到的竞争往往是不公平的，即同样是人之间的竞争，但却是有权势的人或集团与无权势的人或集团之间的竞争。经济权势以及由此而来的政治权势的地位被用于进一步强化市场权势。但是，并不能因此而得出开放竞争对和平和安全无益的结论。相反，培育竞争应被视为抑制权势集中的一种有效手段，同时也能遏制滥用权势以危害安全、和平和自由的现象。

运行良好的竞争总会有诸多有益于个人安全的后果，因为市场参与者永远面临着经济过程中预见不到的供求变化。他们永远不可能企望完全的安全。而且，人们还面临着因个人原因（如因为疾病或衰老）或因社会经济冲突的阻碍而不能生产的风险。应付这些个人安全方面的风险必须依靠由私人财富构成的缓冲器和保险。但是，在共同体内也可能形成这样一种共识，即这类经济风险中的一部分应靠集体行动来对付（由政府来提供安全、社会安全）。然而，想靠压制竞争来排除市场中的这类不安全是行不通的。那只会在更长的时期里引致更大得多的不安全。一个经验事实是,笨拙的政治干预终将导致杂乱无章、代价高昂的变革,而非稳步推进的演化。

政府也不能承诺保障所有公民的全部物质安全,因为这会使整个经济系统变得僵化,使道德风险和游手好闲泛滥成灾。这种政府承诺的成本只能靠税收来集体地、匿名地分摊,而物质安全上的获益则为个人享受。因此,对物质安全的公共保障造成一种不对称,它将产生出一种不受限制的、无止境的需求,即要求社会的安全供给多多益善。在选举制的民主国家里,政治利益就将驱使决策日益聚焦于安全,而偏离其他的基本价值。欧洲中世纪的法团主义城市国家(corporatist city states)*、明清时期的中国、20世纪的福利国家都是说明这一过程的经验。在所有这些事例中,靠政治干预保护个人的收入和财富地位,从长期来看,导致了难以处理的政府债务、社会错位、玩世不恭、给后世的负担和代际之间的不公正。在20世纪初,大多数西方国家政府对组织良好的公共部门工会已经做出了许多不该有的让步(在工资水平、工作环境、年金待遇等方面),这些让步现在导致了破坏性的财政赤字和公众积怨。

我们必须肯定,只有在安全与其他基本价值之间进行谨慎的权衡,才可能提供安全。而对安全的需求和承诺,也应遵循这样的原则。

繁荣

繁荣(或经济福利)与控制满足需要的物质产品和服务有关。繁荣

---

* 据本书作者柯武刚教授解释,中世纪的欧洲城市是由行会(或法团 Corporations)按经济需要以等级制的垄断方式组织起来的。在这种城市中,商人们阻止公开竞争,并规定谁可以生产什么。这是一种由卖方及其政治代表管理和控制的经济。其中,每人都拥有可靠的市场份额和利润,无人尝试创新。关于欧洲的法团主义思潮(corporatism)及其源流,可参阅张静著《法团主义》(中国社会科学出版社,1998年7月版)。——韩朝华注

不仅能保障纯物质性满足,也能保障文化和精神充实、保健、养老和其他保证舒适快乐生活的事物。作为第一个最贴近的指标,繁荣的实现是由人均实际收入和财富来衡量的。此外,保障较长时期的繁荣,如通过控制通货膨胀和在一定程度上的稳定收入流和资产价值,也是人们在物质福利的题目下所企望的部分目标。

近年来,随着宿命论的衰退、现代性和经济增长经验的扩散(见第1章),繁荣已经在世界上许多人的头脑中占据了更加优先的地位。看来,与中世纪的欧洲或现代印度和中东的部分社会中对宗教性和精神性目标的追求相比,繁荣对许多人已具有了支配性的地位。

如已经指出的那样,在安全与多数人对经济福利(或繁荣)的渴求之间存在着互补性和互替性。繁荣,尤其在它为人们抵御不测事件提供某种财富缓冲器时,是增进个人安全的,它使社会能够护卫其安全。但毕竟,保险,抵御外部和内部的冲突以保卫未来的自由,培育确立安全的制度,是要耗费稀缺资源的。如我们所看到的,当对安全的需求占上风并损害未来的繁荣时,两者之间无论如何还是有冲突的。

幸运的是,像自由、公正及和平等其他基本价值,往往在总体上会因更好的物质境况而受益。这并不意味着经济繁荣可被等同于幸福。这只是说,经济繁荣被全世界众多的人视为值得争取的目标。

观察者在对现代世界做出批评时,对这样一个经验性问题已多有谈及,即收入与财富是否与幸福并行不悖。最近有一项研究,凭借恰当的收入统计数据并覆盖了相当多的时段,对126个国家做了细致的调查。它支持这样的结论:实际收入与对生活的满意度之间有正相关关系(Sacks et al., 2010)。要么,你也可以借用这样的说法:"钱不会使你幸福,但钱可以使苦难容易忍受得多。"

有时候,分析人员会关注更宽意义上的"经济福利",而非只盯着实际财富和收入意义上的繁荣。那时,他们常常会关注价格水平的稳定

(所有价格的平均值)、愿按主流劳力市场条件工作的人们的高就业率、对外平衡(商品和服务进出口之间某种可持续平衡),并使总需求的稳定与以不同程度稳定增长的供给潜能保持一致。这些宏观统计指标可能确实对日常经济政策起着指路牌的作用,但是,把这些指标变为政策目标,已经导致了太多的政策能动主义,从而损害了长期繁荣。①

关键概念

自由表示一个人在其自己拥有的领域内自主追求其自设目标而不受干预的机会。自由当然要受制于他人的同等自由。自由意味着没有强制或强制的威胁。在这里,自由永远被定义为免受强制和干预的(消极)自由。

公正指个人和权力机关对相同的事件平等相待,以及对所有人按统一标准(而不是根据个人的立场或所从属的特殊集团)施加管束。这是程序(或形式)公正的概念。它构成了在法律面前平等这一原则的基础。必须将程序公正与社会公正区分开来。社会公正定向于人类交往的结果平等,而不问人们的起点、运气和努力。社会公正的目的在于拉平收入、财富和其他人类交往后果上的差异。如果它成为公共政策所关注的主要问题,就会动摇程序公正和自由,还会削弱对竞争和努力的激励。

平等与公正密切相关,即人人都应有权获得相似的机会。因此,也必须将它与结果平等区分开。

安全与相信人们能在或远或近的未来享受到自由的信心相关。它是不用担心民间主体或集体主体横加暴力干预的自由。制度在某些

---

① 想要继续探讨基本价值观和实践中遇到的道德问题的读者,应该去看看帕尔默的论文(Palmer,2011)。

> 95 情况下往往会遏制霸道行为和暴力行为，并因此增进他人的安全。在另一种不同的意义上，安全被等同于社会公正。只要安全被定位于保护既有的经济地位和社会地位，它都会与自由相抵触。
>
> 　　和平指既没有源于共同体内部的暴力和冲突（内部和平与和谐），也不存在来自外部的暴力和冲突（外部和平）。它与安全的第一个含义有关。
>
> 经济福利或繁荣与满足（易增长的）人类物质需要的产品和服务的可获得性有关。尽管不能把繁荣等同于幸福，但是我们注意到，在实际生活水准和生活满意度之间存在正相关关系。

4.4　环境保护

代际公正与环境

　　近几十年来，地球上和某些地区内的人数都已增加，保护自然和人造环境的要求在大多数国家里增多起来。许多社会批评家主张将环境保护作为一种基本的人类价值，并因此而使其成为一个基本的政策目标，这应被视为等同于、或者比个人自由或繁荣之类目标更重要的目标。从一个层面来看，这种需求可以被理解为是对随着经济增长而来的大量变化做出的一种反应。这种经济增长已经持续了两代人，且史无前例。而这些变化或许是耗尽已知的或易于获得的自然资源存量，或许是由日益增多的生产和消费活动而积累起来的、难以消解的遗留物——污染的工业废水、废弃物和交通堵塞。生产和消费的增长造成了外部成本，即加于第三方的负担，并大量消耗着原先可免费享用的物品，如某些地方的洁净水。然而，那些连续甚至是加速的变化是对个人调整能力的挑战,而不断增长的环保需求似乎也是对这些变化的一种非现实性抵制。在某种意义上,环境保护还反映着对较少调整挑战和更大安全的种种向往(Kasper,2007)。

有些观察者甚至得出这样的结论:经济增长不可能持续,因为它将撞上自然性和生产性土壤、清洁空气和水源所设定的限界;为了"拯救地球",实际上必须制止不断上升和扩散的繁荣。现代的增长是靠以碳为基础的能源驱动的,因此在许多人看来,它提高了全球气温(人为的全球变暖)。这一论断基于物理学的逻辑。它认为,物质是有限的,不可能被永久"开采"供人类使用。

但这样一种封闭系统的逻辑建立在对经济增长源的误解之上。增长是无止境的,这意味着经济系统是靠创造性知识持续展开的。不断上升的生活标准,正如日益增加的实际人均收入所反映的,当然需要使物质分子得到重新配置和转型。但是经济增长更重要的方面在于,有形的物质在被以某种方式重新配置和组合后,人们会赋予它们更高的价值。例如,取自地下的铁在被制成刀具后,价值会高得多。沙粒一旦经能源转变为硅晶片,价值便巨幅增长。社会产值的增加,大多不是因为从地下开采了自然资源,而是因为在资源转型后,人们对它们赋予的价值要高得多。另外,现代经济增长正在大幅度地减少对提取自然资源的依赖,因为许多资源正在被循环利用,而且全面的需求正在向服务转移,而服务常常需要极少的自然资源。计算机时代正在使丰富的硅变成关键原材料。正因如此,一个由64位最重要的科学家组成的专门小组,在调查了长期的社会趋势、可能的资源和环境瓶颈之后得出了如下结论:就经济增长而言,不存在任何无法应付的自然资源限制(Simon,1995)。气候变暖可能是由近来的工业和交通活动引起的论断也仍然是有争议的和不确定的(例如,Kasper,2007;Carter,2010)。

这并不是说,在自然资源的供给上,尤其是在能源供给和吸收源自经济活动的废弃物和排放上,不存在某些瓶颈(Bennett,2012)。但是,当稀缺资源的价格发出信号要求节约和寻找替代资源,或者验证和实施创新技术时,这些瓶颈都将被克服(Beckerman,1974;Borcherding in Block(ed.),1990,pp.95－116;Anderson and Leal,1991,1997)。当然,对于具体的环境问题来讲,这是不是最恰当的解决办法,或者是否采用直接的政策措施更好,仍然没有定论。我们在后面将看到,必须根据手头具体的环境问题,来考虑采用私人性和集体性(利用市场或公共政策)的解决办法。

对自然环境的许多关注之所以会出现,常常是因为有些人的经济活动对他人造成了成本,而这些成本不可能轻易地被测定和补偿(各种外部效应)。对环境的另一些关注涉及未来世代的利益:我们如何确保未来世代能拥有发展上的自由,从而无须面对突然的、严峻的和难以应付的资源瓶颈,或避免使后代将在其中生存的自然系统趋于崩溃?这一点将环境问题与安全和代际公正问题联系在了一起。毕竟,将一个遭破坏的环境留给后代是不公正的。以某种方式将未来世代的可能利益纳入我们的基本价值,并思考如何最好地呵护这些利益,肯定是适宜的。因此,环境保护是一个合理的基本关怀,但也必须将它与所有其他意愿一起考虑,如个人自由、公正、安全和物质福利(Bennett,2012)。为了环境保护而放弃所有基本意愿就相当于放弃了形成共同体生活和公共政策的理由(Taverne,2005)。而且,即便有人要把环境目标置于所有其他目标之上,带有环境和科学主张的政治组织选择性地采集支持某种先入之见的数据,并利用有偏见的研究去评判公共政策中的要点,也是不正当的。实际上,自从苏联优势的威胁消失以来,给环境保护以绝对优先的地位——许多富裕经济体中的富人、许多国际机构和国内机构的官员和许多新闻媒体的作家眼下就是这么做的——看来会是对自由的最大威胁之一,而繁荣是与自由同在的(Kasper,2007;

Klaus，2008）。

我们能追求超人类价值吗？

在关于自然环境的争论中，不时听到这样一种超出迄今所议范围的论点。有的人在讨论环境问题时力图将环境保护置于所有其他人类利益之上，认为在一个相互依存的物质系统中，人类是一个必要组成部分，因而他们主张，从纯数量角度出发，在人类需求与动物、植物及物质世界其他要素的需求之间做出物质性的权衡。所以，一个美国的动物权利组织提起了一桩诉讼案，声称按照美国法律，被捕获的鲸鱼在表演秀中演出就像奴隶一样。这个思想流派希望，将原本设计为增强人类社会交往的制度保护扩展到非人的动物，如灵长目动物和鲸鱼。这个"生态原教旨主义"思想流派拒不接受本章的论点，即只有对人类的关切和人类的价值才应当成为全部人类活动的尺度。相反，它努力将动物们的利益和生态系统的利益放在即使不高于人类，也是与人类利益同等的地位上。这个思想流派还极力宣扬对生态学中的"预警原则"（precautionary principle）所做的极端解释，即不应做任何有害于自然环境的事，不论这对人类的其他目标，如繁荣，有多么重要。他们论证说，在对环境的损害被认为是不可逆的时候（例如，物种的灭绝），即使在疑似有害行为与环境效应之间的联系尚未得到科学证明的时候，也应自动适用"预警原则"。例如，这类思维方式已经在有关全球气候变化的讨论中占据了主导地位。然而，这种方法带来了一些根本性的逻辑难题。因为，所有的政策设计都是人脑的产物，而我们所能表达、评估和比较的只有人类价值。而试图排除对人类价值评估的依赖将会抑制的恰恰是交流和协调人类行为的导向机制，并会授权某个政治群体掌控集体性专制。环境主义对于自由的这种涵义现在已经得到了广泛认同（Kasper，2007；Klaus，2008；Bennett，2012）。

一旦我们不再以人类价值评估作为人类行为的唯一参考系,我们就必须问,谁的价值评估能取代它们——可以用北极熊的吗?对于它们,人只是食物。人类无法与其他物种进行适当的交流。所发生的一切不过是,某些人以他或她知道什么是有益于另一物种为由替该物种的利益辩护。这无异于抢夺政治权利。所以,当我们抛弃人类的价值评估和关于这类价值评估的逻辑推论时,"自然的利益"就会变成某些自封的精英人物主宰其他人类价值的借口。这些卫道士将自称比别人更了解什么有益于自然保护,然后以反民主的、干预主义的方式,违背大多数人的意愿,强制实施他们的决策。那时,市场决策中许多人的相互交往——他们关心自由、公正、繁荣、未来的安全,包括未来的资源供给——将被某个精英集团的种种专制指令所取代,尽管这个精英集团是被选出来的,也是合法的。这样一种专制主义的方法会侵犯那些巩固和引导社会的基本个人价值。

> **关键概念**
>
> 环境保护是着眼于当代和未来世代的利益而关心对环境舒适性和自然资源的保护。它与繁荣、平等、安全和代际公正有关。它是对道德讨论和公共政策的合理关注。
>
> 生态原教旨主义将自然保护置于绝对优先的地位上。这样的自然保护与基本的人类价值评估无关,并将凌驾于诸如自由、繁荣、安全和公正这类人类欲望之上。而经常被要求用于自然保护方面的预警原则,也可能被明确规定用于比如工作保障、国际和平与繁荣。

这段对生态原教旨主义的简短讨论澄清了有关基本价值的一个要点:基本价值必须永远反映多种多样的、冲突的人类价值评估,并将所有人类交往与人的观念联系起来。一个人类社会从根本上取决于以人的价值为中心,毕竟这是共同体成员能借以交流其各种意愿的唯一语言。将各种非人类的、外在于人类价值评估的价值强加于公共政策将使社会分崩离析,陷于不和与贫困。这有可能使某个精英集团大权在握,凌驾于所有人的利益之上,却也会摧毁自由、公正、繁荣、安全、和平,以及这里所讨论的其他目标。

第 5 章 制度:单项规则

1993年的诺贝尔经济学奖得主道格拉斯·诺斯主张,制度,若得到恰当的执行,就是社会的游戏规则。2009年的诺贝尔经济学奖得主埃利诺·奥斯特罗姆通过考察人类事务治理中的"形式规则"和"使用规则",研究了多种历史和文化背景下的治理规则。奥斯特罗姆证明了,有效的治理规则如何限定机会、分派责任,并设立了不同程度的惩罚措施。依据弗里德里希·哈耶克和其他奥地利经济学家,以及诺斯和奥斯特罗姆的理论,我们将在本章讨论这些规则是如何演变而来或被设计出来的,以约束人们在与他人和自然交往中的行为。恰当的制度创造信任,使人易于进行建设性的合作,也能使人们更加和平、安全和公正地生活在一起。我们还将审视招致制裁的违规行为,而制裁的特点和形式也可以千差万别。

我们将讨论已在各种社会内部中演变出来的制度。这类制度所覆盖的范围很广,例如,习惯、礼貌、工作惯例,以及商人和金融家们为便于其交易活动而创造出来的多种制度安排。

虽然大量的社会生活和经济生活是由这类内在制度来规范的,但生活于较复杂社会中的人们无例外地发现,用外在制度和正式的强制执行来补充内在制度是方便有效的。这样的外在规则都是在政治性过程中设计出来的,并由各种政府机构强制实施,它们体现着政府的保护性职能,包括借助于合法使用暴力。

恰当的制度有助于降低复杂系统中的协调成本,有助于限制或化

> 解人们之间的冲突,还有助于保护个人的自由领域。为了服务于这些目标,制度必需具备种种专属品质,如确定性、一般性和开放性。换言之,制度应该具有普适性。非普适的、为实现具体目标而设计出来的规则不可能发挥出协调和规范的功能,而且往往对规则制定者的认知能力要求过高。而且,这类规则对其所要影响的人的知识也要求过度——说白了就是:公民们根本不可能了解和服从数以千计复杂的、针对具体情况的规则和条例。

> 自然本能不适合于开放社会中的秩序;而要约束那些本能,遵守习得规则已十分必要。
>
> 弗里德里希·A.哈耶克,《自由人的政治秩序》(1979 年)
>
> 公民自由(Civil liberty)是指人的这样一种状态,即他受到法律和种种民事制度的保护,能独自将其拥有的全部力量用于其自己的福利。
>
> W.G.萨姆纳,《被忘却的人》(1883 年)
>
> 我们不可能在人类事物上获得确定性。由于这个原因,要想最佳地利用我们所拥有的知识,我们必须依靠规则。
>
> 弗里德里希·A.哈耶克,
> 《作为一个"发现程序"的竞争》(1960 年)
>
> 履约不计得失。
>
> 古罗马格言,公元前 2 世纪
>
> 交易无戏言。
>
> 盎格鲁-撒克逊格言,19 世纪

5.1 概论:规则和强制执行

本书通篇将制度定义为众所周知的、被强制执行的规则。它们抑制着人类交往中可能出现的投机行为,并带有对违规行为的某些制裁(North, 1990, p.3; Ostrom, 1990, p.51;2005)。我们在2.1节中说过,没有强制性制裁的规则是无用的。当不再使用制裁时,制度也就瓦解了。还应注意,制度是人为制订的,而不是自然对人类行动的约束。

我们将首先对制度的几个方面作详细阐述,以解释它们的特点,然后根据制度的产生方式和强制执行方式,讨论制度的各种类型。

囚徒困境

制度——尤其是与制度相关联的制裁——能使人们对既有承诺会得到切实履行产生信心。人的本性是,寻求自利的个人经常会满口应承,却在后来忘得一干二净,或者自食其言。我们的本能在这类投机行为中起着很重要的作用,而制度则支持为了人们之间的长期有效协作而抑制我们的天生本能(Hayek, 1979a, pp.165-173; 1988, pp.11-28)。因此,人际合作,对于我们的生存和繁荣是必不可少的,它通常都需要有一个制度框架,以抑制天生本能的投机取巧。制度降低逃避义务的风险,增强互利合作的习惯,并建立信任。

当人们合作时,他们的境况往往优于不合作。这一事实已由博弈论在"囚徒困境"(prisoners' dilemma)的标题下做了探讨。这个词指两个被关押的囚徒不能串供(合作)的情形。在受审时,每个囚徒都面临一个两难选择,即吃不准到底该拒绝供认以使检察机关无从定罪,还是该坦白以期将全部责任都推给另一囚徒,从而争取改善自己的处境。只要这两个囚徒无法相互合作,他们就都面临着同样的两难选择。如果两人相互合作并彼此做出可信赖的约定,例如相互承诺都不招供,他们就都能得到较好的结局。而在他们无法串供但可能招供以自保时,就会相互揭发,这样两人的境况都将变糟。这里的利害关系可以用图5.1中的矩阵来表示。

		囚徒 A	
		沉默	招供
囚徒 B	沉默	两人都无罪	B 有罪
	招供	A 有罪	两人都有罪

图 5.1　囚徒困境

当人们不能可靠地合作时,往往会出现这样的囚徒困境。这种情况下,制度将增加互利合作的机会。

有一个富于启发性的例子证明了基于适当制度的合作所具有的优越性。那就是冷战的历史和在 1970 年代和 1980 年代里得到遵守的限制战略武器协议。只要两个超级大国不合作,他们就都会被拖入昂贵的军备竞赛并面临核屠杀的危险。双方都越来越认识到,某种合作对双方都有好处。所以,他们进行谈判以确定规则、监督程序和得到认可的、针对违规的报复措施。他们最终建立起了信任,使合作成为可能。[103]这化解了他们的囚徒困境,并减少了核威胁。

然而,合作并不总是美好的。例如,一种产品的多个供应商发现,通过建立卡特尔,将价格固定在高水平上,可使自己获益,免于陷入被迫竞争的囚徒困境。在这种情况下,从潜在购买者和共同体多数人的立场来看,供应商们的囚徒困境起着好作用。正如从审讯者的视角看,囚徒困境的经典案例起着好作用一样。因此,是用制度促进合作,还是用制度阻碍合作,要取决于具体情况,也取决于从谁的利益出发做出评价。

制度和信任

制度是行为规则,是引导人们行动的一种手段。利用报酬结构、激励因素和阻碍因素,制度有效地限制了某些行动,并缩小了可能的反应范围。因此,制度使他人的行为变得更可预见,也为社会交往提供了一种确定的结构。制度为人类的选择和学习提供了一种"外在支架"（Drobak-Nye（eds.），1997，pp.269-290；Leibenstein，1984）。实际上，通过促进可预见性，防止混乱和任意行为，制度建立起信任，并使人们节省在知识搜寻上的高昂消耗。即使受规则约束的行为并非百分之百地确定，人们仍会相信它比混乱更恰当、更合理。

制度所反映的事物通常具有两个特点：其一，它们在过去已被证明是有用的；其二，它们是人们为追求其个人目标而与他人交往时所必需的。就此而言，制度是以往世代人们所获得的"知识仓库"。在面对经常出现的知识问题时，制度使人们在一定程度上相信，他们与别人的交往将按他们的预期进行。信息搜寻是一项困难而有风险的事。而使人们的行为更可预见就降低了信息搜寻成本。例如，依靠恰当的行为规则，与他人做生意的成本或一个组织内的合作成本就会减少。如果没有一个宽广框架内的信任，个人往往难以集中精力去探索其专业知识，或发现新领域中的知识，大量的有益行动恐怕根本就不会发生（Hazlitt，1988/1964，pp.53-61）。有些共同体长期陷于贫困的原因就是：一直不可能有更好的劳动和知识分工，结果生活水准只能滞留在低水平上。

人们在行动之前，往往会精心构思出一个总体战略，为个人的行动建立一套规则框架，努力用它来克服知识问题。为避免在争斗的激烈关头因决策凌乱和协调不良而失败，所有人都会在其战术性的日常决策中严格遵循这一战略，并且将战术性变化控制在该战略的范畴之内。

在人性的认知局限和其他局限既定的情况下，要让制度有效，就必须让它们易于理解。为此，制度应当是简单而确定的，对违规的制裁应当得到清晰的传达和理解。当规则的数目激增，目标具体而非抽象时，或者当规则体系出现内在矛盾时，情况就不是这样了。任何制度都不应当将人分为三六九等，不应当在不同集团之间亲此疏彼。那样的话，制度不太可能得到遵守,也无法很好地发挥其节约交易成本的功能。扎根于一个共同体基本价值中的制度可能会更有效,而从外部强加于共同体或与其基本价值相冲突的制度则不大有效。

有效的制度还有一个跨期维度:朝令夕改的规则难以被了解,指引人们行动的效果也不如稳定的规则。这体现在那个古老的保守格言中:"法律是老的好"(old laws are good laws)。稳定制度的好处在于,人们已使自己的最佳能力适应于老的制度,并养成了近乎本能地遵守那些制度的习惯。因此,制度的稳定性减少了制度的执行成本,提高了制度的可信赖性,并因此而促进着人际交往。但是,过分的稳定可能变成坏事。它可能导致制度的僵化,即使是面临变化的环境和在制度需要调整时也不例外。因此,必须留有一定的调整余地。哈耶克在其随笔《为什么我不是一个保守主义者》中对这一论点做了精辟论述(Hayek,1960,pp.395-411)。当规则是开放的,即能适用于无数未来情况时,就比针对具体情况的规则较少僵化问题。但如果环境进化了,则即便是开放的规则也是需要调整的。

要形象地说明恰当的规则如何建立信任,以及这种信任对于有效的交往何以必不可少,我们可以看一下足球比赛的规则:它们明确规定了球员们的某些行为类型和对违规行为的强制性惩罚措施。这些规则是简单而确定的(没有各种"如果"、"和"、"但是"!),因而是易于理解的。它们是抽象的,因为它们不只适用于一场特定的比赛或某个球员。它们是可变更的,因而可适用于未来的无数场比赛。由于这些品质,这些规则塑造了球员的行为,或者——如制度经济学所说的——"规范"了球员的行为,使他们的行为变得可预见了。[1]现在,请想象一下没有

---

[1] 这里的"规范"(normative)一词意味着"使行为定型,使行为更易于预见"。与相对于"实证经济学"的"规范经济学"(normative economics)用法不同。

这些品质的情况。裁判员随意自行裁判每一个动作和得分，不依据抽象的规则，而是个案处理。他可能出于私利偏袒某些球员，还可能不断更改不公开的规则。在这种情况下，最好的结果是足球比赛以冲突和混乱告终；最坏的结果则是比赛根本无法进行。即使裁判员发出再多指令，也不可能协调双方的球员。与此相同，在民事交往和经济交往中，个案处理的规矩和干预也会毁掉值得依赖的规则，并导致健康社会和经济的解体。古罗马人对西方文明做出的一个伟大贡献就是，罗马共和国的执政官们（执法者）宣布他们会去执行的规则。从这个起点，演化出了透明、稳定、人们可以信赖的法律。

制度也可以按框架结构进行分类：

（1）它们可以是指令性的（prescriptive），精确地指示人们，为实现特定结果应采取什么行动，例如从A点移到B点，以免吃罚单。

（2）它们可以是禁令性的（proscriptive），禁止某些难以接受的行为类型，例如不得超速行驶或不要偷窃。

禁令性制度的例子有"十诫"中的许多规定，它们排斥某些类型的行为——"汝不应……"。另一个例子是非常著名的希波克拉底誓言（以公元前五世纪希腊医生希波克拉底的名字命名），它要求行医者不要伤害病人。这种禁令性规则并不明确地给出有目标指向的、应该干什么的命令，因此给人们留下了自主判断和行动的很大空间。

这两类制度都协调人们的行动。在指令性制度的场合，这种协调靠"有形之手"和领导者的计划来实现；而在禁令性规则的场合，则靠人们自愿和自发的行动。我们将在下一章中看到，指令性规则是计划出来的、强制性秩序的必要组成部分；而主要由禁令引导的、受规则约束的行为则是一种典型的自发性秩序，如市场中靠"无形之手"来协调人们行为的各种规则（Sudgen，1986）。

我们必须强调禁令性制度和指令性制度间的一个重要差异。那些从中央指挥他人行动的人——发出指示和命令的人——与仅仅排除某些行为类型的人相比,通常需要多得多的具体知识。一个指挥他人行动的人必须了解行动者的手段和能力,还必须了解其所指示的行动可能需要的条件和可能产生的后果。而那些排除某些行为类型的人则只需知道某些行为是不该有的,而将行动的具体细节和对后果的评价留给行为者自己。因此,当行动者由"汝不应……"一类禁令引导时,会拥有较多的自由。

关键概念

制度是广为人知的、由人创立的规则,它们的用途是抑制人类可能的投机取巧行为。它们总带有某些针对违规行为的制裁措施。制度要有效,就应该简单、确切、适度稳定、抽象、开放,并与有效的补充性规则相一致。

指令性制度指示和命令人们去干什么,它创立一种来自上层某位领导人的行动秩序。禁令性制度在做什么上给行动者留下了大得多的自由,它们只排除某些有害的行为类型(遵循"汝不应……"思路的消极指示)。

囚徒困境描述了这样一种处境:当双方或多方不合作时,他们的处境就恶化;但是,由于另一方或另几方不可能做出可靠约定,每一方就都冒险自行其是。这个词出自一种博弈论情境:两个囚徒被分别关在两个屋子里,不能相互交流。他们处于两难境地:究竟应该拒不招供以求指控他们的罪名不能成立(这要冒其他囚徒揭发自己的风险),还是应该招供并揭发其他囚徒以求得宽大处理?这种两难境地可通过两个囚徒间的合作来化解。换言之,个人的理性行为会产生对群体不利的结果,而合作则是能获益的。

囚徒困境还会出现在供应商之间的竞争当中。他们喜欢竞相压

> 价以吸引客户。如果他们合作,比如结成卡特尔,他们作为一个集团
> 的处境就会因此而变好。在这种情况下,囚徒困境有利于共同体的有
> 益目标。我们的结论是,在有的时候合作是社会所欢迎的,但并非总
> 是如此,而制度必须支持这类合作;而在应该提倡不合作的情况下,制
> 度要阻止合作。

组织不是制度

我们应当再次注意到,"institution"[*]一词在日常英语中的用法与我们的定义不同。在日常英语中,"institution"往往被用来表示"组织机构或团体"(organization)(它被定义为由生产要素的产权所构成的稳定组合,其持续时间可长可短;这种组合体由一个人领导,为了追求共同的目标。请见第9章)。但制度经济学家并不称银行、大学院校和精神病院为"institutions"。这些都是组织机构。制度(institutions)是比赛规则,而组织机构或团体是运动员(North,1990,p.4)。

某些制度当然需要组织的支持,而规则可以体现在组织之中。正如某些类型的知识是隐含或体现在资本物品上(成为其一部分)那样,制度有时也隐含于组织结构中。某些制度体现着不可言传的知识并与某些组织安排不可分割地联系在一起。这方面的一个例子是家庭。家庭是一种组织,它满足着其成员的各种目的,并体现着母亲、父亲和孩子们的某些行为规则。

当我们比较同一行业中的不同企业时,隐性制度(implicit institutions)的重要性就会变得清晰起来。在同一行业里,常常能看到在运行最好的企业和其他企业之间存在着难以解释的生产率差异。这些差

---

[*] "institution"一词有"制度"和"机构"两种含义。作者这里是指"机构"这一含义。但这样的词义辨析无法译成中文,故予以直录。——韩朝华注

异只能被归因于不同的工作习惯（Kreps，1990）。隐性制度有时会被标上含混的名称，诸如"公司回顾"（corporate memory）或者"组织文化"。某些制度已成为组织的一部分。这个事实决定了制度很难被移植到其他组织环境中去，这正是许多公司接管无法顺利完成的一个原因。但是，规则的实施方案也使得专业化制度知识的拥有者能从其特定的制度安排中索取产权，并通过接管其他组织来扩展应用其有专利权的知识。举一个例子：有些规则是指导如何开办一个诚实、胜任的股票交易所的，而这些规则与经营股票交易所的那些人所具有的许多不可言传知识密不可分，以至很难想象，这类知识能与那个组织的背景相分离。不存在"股票交易所傻瓜经营指南"之类的手册。简单地说，组织常常是不可言传知识的仓库。这类知识对于这些组织的运转是必不可少的。

关键概念

组织是各种资源的组合体。它们具有一定的目的，并在适当的时期内持续存在。组织在一定程度上是由其领导层以层级制方式来协调的。组织可采取合伙制企业或股份公司那样的形式以追求经济性目标，也可采取地区政治组织或全国政府、党派组织或院外集团那样的形式以追求政治性目标。

组织，尽管部分地由自上而下的指令来协调，但它们仍然需要内在规则的有效作用。这类规则中，有许多可以是隐性的。因为，它们经常控制着组织中有限成员的重复行为。这类体现于组织之中的制度的例子有既定程序、工作习惯和常规中的诀窍。这类隐性制度中的智慧往往难以被转入其他组织，因为这种转移的成功取决于不同组织的联合、效仿和迎头赶上。

5.2 内在制度

内在制度和外在制度

在第2章里我们接触到了内在制度与外在制度的重要区分。再提醒读者一下,内在制度被定义为在群体内依据经验而演变的规则,而外在制度则被定义为外在设计出来、并靠政治行动由上面强加于社会的规则。南非经济学家路德维希·拉赫曼做出这种区分以表明,许多左右我们行为的规则是演化的结果;早在政府被发明出来以前,许多共同体的运转就已经以受规则约束的行为为基础了(Lachmann, 1973; Bernholz et al., 1998, pp.13-34)。内在制度与外在制度间的区别与规则的起源(它们是如何建立的)有关。内在规则或演化规则有许多例子,包括良好的行为举止(如要求人们守时),以及共同体成员所遵循的种种伦理标准。外在制度或人为规定的制度也有很多例子,如民法或交通规则,那是由议会或政府机构颁布的。当然,在实践中,人们可以看到,内在制度和外在制度之间存在着明显的灵活转换。

对制度还可以按以下原则来分类,即对违规行为的制裁是以分权化的、自发的社会反馈(种种非正式制度)形式进行,还是通过某种正式的组织机制(正式制度)进行。我们将要看到,内在/外在的区分与非正式/正式的区分并不总是一致的。

重要的是制度对人类行为施加约束和惩处的程度。内在制度诉诸于自愿遵守,但不遵守也会有后果。在各种具体环境中,要由个人来决定是否接受违规行为的后果。与此相反,强制性命令主要依赖外在制度和正式惩罚,留给个人评估具体情况的余地要小得多(Radnitzky, (ed.) 1997, pp.17 – 76)。

内在制度如何演化？

人类的互动是靠大量内在制度来治理的，那些内在制度始终在依据经验而自发地演化。最初，某人发现了一项制度，觉得它有用，使他与别人的交往成为可能。而一旦这些行为规则得到效仿，并在接受它的人数上达到一个临界点，就更易变成共同体内广泛遵守的一种规范。

说明这类演化制度如何发展和作用的一个很好例子是语言。我们把我们所能发出和听到的声音加以整理规范，使之形成被称为字词的可识别模式，并用语法规则将字词组合成各种句子。这些规则已随时间推移而演化，并包含着大量如何交流的知识。没有人设计出过一门活的语言。活的语言是一个支配着千百万人们的交往并不断演化的系统。新的字词出现，有的字词意思发生了改变，还有的字词不再使用了。例如"app"这个词在本世纪初尚无人知晓，而现在每一部 iPod 和 iPad 的使用者都知道"app"是什么意思。许多人曾尝试创立语言，如创立世界语之类，但对这类创造物的接受程度极其有限。即使是用一些外在规则来增强语言方面的各种内在制度，并由像法兰西学院那样的一个权威机构来实施监察，其结果也往往是无效的或可笑的。

制度不由任何人设计，而是源于千百万人的互动。在社会的内在运转如何产生出这样的制度上还有一个例子，即在一个诚信社会中不说实话的人会丧失尊重或被刻意回避的习惯。这种习惯的起源无疑与撒谎给人误导、增加他人成本和破坏信任这一事实有关。不撒谎的规则是靠违规者自然而然地被逐出社会交往的方式来施加惩罚的。通常，这种惩罚是完全非正式的，但尽管如此，它仍然是非常有力的方式。种种内在制度都是经社会内部的选择过程而产生并持续存在的。

种种内在规则也控制着经济交往。市场要依赖一些受人尊重的基本规则。例如,必须允许人们保留他们从交易中获得的利润(尊重私有产权),也要允许市场的参与者通过商洽缩小供求之间的报价差。加大这种报价差的出价者,一旦被披露,就要受到不继续商洽的自发惩罚(不再被当作潜在的契约合作者)。要让市场运作顺畅,相关规则必须广为人知,并被广泛遵守。下面的情况就是内在市场制度的又一个例子。有一种惯例:一宗交易一旦敲定,就不得再作任何进一步的价格协商。如果有人试图在交易拍板之后重开谈判,那么对他的惩罚就是交易商都不再与他做生意(排斥)。还可以给出另一个例子:只有当有关许多工作习惯的制度获得广泛认可和遵守,且违规行为会受惩罚时,雇用合同才能令工人和雇主都感到满意。

一种一次性的经验,只有在模仿它的人数达到了某个临界点时,才会转变为一项内在制度。制度可能一开始只在一个小团体内部实行,他们受益于某些统一的安排,如准时偿还贷款的习惯。一旦这一规则的益处变得明显起来,该规则就会被更多的人采用。因此,成功的制度会向越来越大的参与者群体扩散。另一方面,被发现再无益处的制度——诸如绅士靠决斗来维护其名誉的欧美制度——将不再有足够多的认可人数。目前,消除对某人名誉的伤害已采用了另外一些方式。因此,内在制度服从于渐进的演化过程。它们变化,被认可或被抵制(选择),其中有些达到了认可人数的临界点。当环境变化时,被发现不再起作用的传统就会被调整。在发展中国家,现代性的到来和全球化的冲击已经——通过"千百万次微小的反叛"——从多方面向人们熟悉的传统提出了挑战,印度作家 V.S. 奈保尔曾这样贴切地指出。

内在制度在构建社会交往、沟通自我中心的个人和实现社会整合上的重要性早已被哲学家和社会科学家们所认识。远在 2500 年以前,中国哲学家孔子(公元前 551—前 479 年)就强调了他所谓"礼"的重要性,"礼"创造和谐而可预见的人类行为,并使许多人能靠有限的资源在有限的区域内共同生活。法国社会哲学家,夏尔·德·孟德斯鸠(1689—1755年)承应了古罗马以 mos maiorum 而闻名的不成文法制度。他在《论法的精神》这部专著中突出了习惯的重要性:"虽然贤明的人可以有他们自己制定的法律,但是他们也拥有一些他们从未制定过的法律。"大体在同一时代写作的盎格鲁-撒克逊哲学家,如约翰·洛克(1632—1704年)、大卫·休谟(1711—1776年)和亚当·斯密(1723—1790年),也强调一个社会的制度框架必须以演化的内在制度为基础。有意识制定的、立法通过的规则,以及由政治过程决定的整个制度结构,都必须以内在制度为基础。早在社会交往的法则被编纂成法典写在羊皮纸上很久之前,它们就已经被写入人的心里和头脑中了。在现代,最有力地强调相同观点的人是弗里德里希·A.哈耶克(1973;1976;1979a, especially the *Epilogue* to 1979a, pp. 153–208)。[111]

内在制度的不同类型

内在制度可分为四个较宽的、有时不无重叠的类型。这么做是有好处的。这四类规则在监督遵守情况和惩罚违规行为的方式上各有不同(Kiwit, 1996; p.10)。

- 惯例(conventions)是规则,其便利性毋庸置疑,以致人们基本上都能出于自利动机而自动地执行这类规则。例如,人们遵守某些字词的定义和语法规则,因为使别人理解自己是人们自身之利益所在。在主要靠自我执行的惯例上,进一步的例子是市场中的默契,如利率用年度百分比表示,价格按货币报出。一个菜贩子,如果试图用苹果的分量来表示其全部蔬菜价格(这在理论上是可能的),他将很快发现,这样会做不成什么生意!因此,人们遵守惯例是因为这样做显然是有好处的,而选择不遵守惯例,他们会很容易使自己被逐出有利可图的交易(de Jasay, 1995)。

- 内化规则(internalised rules)是内在制度的第二种类型。人们通过习惯、教育和经验习得了规则,并达到在正常情况下无反应地(条件反射,见第3章)、自发地服从规则的程度。人们或多或少已将许多规则转化成了自动的习惯,他们把这看作是个人偏好,并始终一贯地运用着这些规则。例如,一个人的道德就是由这样的内化规则构成的。你不应撒谎,你应当按时还债,都是人们已经习得的、在正常情况下像条件反射般服从着的行为规则。因此,内化规则既是个人偏好又是约束性规则。在激烈纷争中,它们作为规则发挥作用,使人们免受本能的、短视的投机取巧之害,并常常能减少人们的协调成本和冲突。对违反内化规则的典型惩罚,我们称之为内疚(另一种说法是,人们承受了一种心理代价)。但是违规也可能遇到训斥。你若打我,我就打你! 因徒困境中"以牙还牙"的规则就是这样的一个例子。然而,各种计算机模仿和实验室中的实验表明,一种给予较多信任和原谅罪过的策略,而不是"一报还一报"的策略,能产生更好的效果。但是没有必要逃避使用自行报复的策略。没有可信的措施去惩罚那些违反合作游戏规则的人,游戏就玩不成了。这些惩罚机制在对待儿童时会因同情而处罚较轻,儿童就是以这种方式得到教育的。当孩子们长大成人时,实施的制裁会更加严厉。在忽视这种教育的地方(因为这要求耐心,而且并不总是愉快的),就会有制度衰败的危险,这种危险意味着不得不诉诸某种更严厉和更高成本的相互控制手段,或者某些有利的合作行为再也无法出现。由此会导致全面的福利衰退(Giersch, 1989)。

这些惩罚可以因与超验观念或某些象征联系起来而得到加强。例如,在犹太教－基督教传统中,"你不应偷窃"的伦理规则已成了一条戒律,违反它就是亵渎神灵(Hazlitt, 1988, pp.342 -

353)。如亚当·斯密所指出的："宗教，即使是其最粗糙的形态，都赋予道德规则以制裁。这种现象比出现人类理性思考和哲学的时代要早得多。"(cited after Hayek，1988，p.135)在东亚传统中，尤其是在儒家学说中，对道德教育给予了高度重视。这使年轻人能把种种人际行为规则内在化。由此，使社会成员被根深蒂固的道德制度所浸透，使他们看上去是在自愿地接受制度的约束，或者至少无需大量依赖正式的法律规则和程序。

　　内化规则鼓励反射式服从并能得到很高程度的遵守。它的一个好处是使社会成员节约协调成本。如果一个社会中，人们已经内化了诚实品德，社会的成员就都能自发地保持诚实。而如果一个社会中，欺骗成风，各类主体就会终日揣摩在眼前的情况下自己是否能骗人而不受惩罚，以及自己可能面临什么样的惩罚风险。两相比较，前一种社会里，行为主体的决策成本会较低，出现"意外事件"的风险也较少。这就是为什么腐败盛行——不执法或执法不公——会使整个经济没有竞争力，从而阻碍了经济增长的原因（见 14.3—14.5 节）。另外，如果信任依赖于明晰的、相互的契约，而这种契约又必须依赖协商和监督，那么与之相比，建立可信赖的内化规则也是节省成本的。

- 习俗和礼貌(customs and good manners)是内在制度的第三种类型。违反这种制度并不会自动引发有组织的制裁，但共同体内的其他人都会非正式地监督遵守规则的情况。违规者会落下不好的名声或发现自己被社会所排斥，在极端情况下，甚至会遭到谴责或放逐(Benson，1995，pp.94-96)。① 例如，在东亚家庭中，常常不许做了错事的孩子进屋。西方的惩罚一般基于另一

---

① 古代雅典从公元前 487 年起，用放逐政策来惩罚某些不端行为。雅典公民将被提议放逐 5—10 年的人的姓名写于碎陶片(ostraka)上；当陶片达到足够的数目后，那个人就会被放逐。

种排斥:做错事的小孩一般被"禁闭在家",不让与外面的小朋友们见面。不懂礼貌的人往往会陷于孤立。被排除出群体可以是一种极其有力的惩罚。例如,一个澳大利亚土著人或美洲印第安人,若被其部落赶出去,极可能等于被判了死刑,因为个人很难长时间在团体以外生存。同样,一个国际货币交易商如果不遵守外汇交易中的不成文规则,就无法再从事这一行当。他很快就找不到契约伙伴,因为坏名声很快就会通过专业网络传开,变得尽人皆知。这种习惯性制度的另一些惩罚方式是,做错事的当事人将不再有业务。这通常是一种严厉的惩罚,因为大多数交易都不是"一槌子买卖"。由于搜寻契约伙伴相当耗费资源,大多数的生意都在不间断的双边关系之中进行。只有在"终局博弈"(end game)中才不会有这样的惩罚。许多交易正是出于保留惩罚的目的才按重复博弈的方式来组织。习俗还可以通过契约伙伴提供"人质"的方式得到加强,比如,订了货又退货,就会丧失定金。另外,如果一个人销售伪劣产品,其名誉就会受影响。名誉也可以是一种"人质"。在第二类内化制度中处于边缘位置上的规则是这样一种情形,即靠斥责或羞辱来强化内疚,使违规者面对丢面子的惩罚。东亚人比欧洲人更多地依赖这类惩罚,而欧洲人则早已能够依赖外在制度的正式强制执行了。即便是在当前的华人社会中,依赖地方法官和外部制度也仍然会使人不悦。

简述要旨如下:自发地执行制裁的方法可以有几种,如训斥(发出"嘘"声)、还以颜色("以牙还牙")、排斥和放逐("滚出去!")。

- 正式化内在规则(formalized internal rules)是第四种类型。这种规则虽然是随经验而出现的,但在一个群体内是以正规方式受到监察并被强制执行的。各个共同体都在其内部创立许多法律，然后由外部的第三方以有组织的方式在各共同体内执法。这些第三方可以是审判官（阐明规则并定出可行惩罚措施的人）和仲裁人（就解释和惩罚做出有约束力裁定的第三方）。专业行业的自我管控就是这方面的一个例子，如医学会、记者协会和法学会。大多数体育赛事也由正式化内部规则管控。经验也许已经证明，足球比赛必须有由足球俱乐部和联合会来执行的正式规则。它们裁定纠纷并实施惩罚。足球规则的阐释和执行都相当正式，但并不依赖如政府机构那样的外部权威。这些规则极少在公开法庭执行，相反，体育团体依赖正式的内部程序和制裁，如在一段时间内对违规俱乐部禁赛。因此，裁判员决定什么样的行为违反了职业标准，因而他们能以种种正式化的方式来强制执行内在规则。在大多数国家中，贸易和金融业也以类似的内在制度为基础，这些内在制度由商人和银行家们创造出来以便利其生意。例如，东方的集市（"巴扎"）和欧洲的市场都已建立了复杂的商贸规则，并由共同体的领导人或设计市场的专家来解释和正式执行。这类内在规则还有一个例子。国际贸易依赖商人法（*lex mercatoria*），这类法规常常由行业协会和仲裁人来执行，而不是由一个法院或一个跨国权威机构来执行（见第11章）。

在促进商务活动上，正式的内在制度往往比外加的、靠政府执行的法律有效得多。因为行业成员的自我监督和正式执行是由通晓特定时间、特定地点和该行业情况的人来承担的，而外部裁判者一知半解，很可能在其裁决过程中引发意外的不良后果。

非正式的内在制度和正式的内在制度

内在制度的前三类都是非正式制度。在这些制度中，对违背社会预期的行为所施加的制裁都不通过有组织的方式来定义和运用,它们都是自发产生的。而第四类内在制度却是正式制度。在这种制度中,对制裁的阐释和实施都要通过有组织的机制。简言之,正式内在制度和非正式内在制度的区分与实施惩罚的方式——是有组织的(正式的)还是无组织的(非正式的)——联系在一起。

上面讨论的前两类非正式内在制度往往都有一定程度的自律。它们都是自我执行的(self-enforcing),不论这是出于自利目的,还是出于避免内疚的目的。它的一个副产品是,个人在行动中会半自动地为他人利益着想。在这些制度性控制机制得到普遍采用的环境中,后两类内在制度以及正式的法律控制和行政管制都不是很必要。而当这些规则被忽视的时候,我们终将面临一个好打官司的社会,或是社会的解体。

自发地遵守内化制度具有有益于个人自由的后果。当人们受到教育,要约束自己并通过自律摈弃投机行为时,他们就能免受正式的强制性惩罚,从而享受到更大的自由。那时,人们的有效交往就能得到极大促进。一种由内化的行为准则支持的良好自律必有好报。

> **关键概念**
>
> 内在制度可以是:
>
> (1)非正式的,即不由正式机制执行制裁的,如:
> - 各种惯例,这类规则对于行为受其控制的个人有明显的、直接的好处,而违反这类规则会损害这些个人的自我利益;
> - 内化规则,违反这类规则将主要受到内疚的惩罚;
> - 习俗和礼貌,它会受到来自他人反应的非正式惩罚,例如受训斥、以牙还牙和受排斥;
>
> (2)正式化的,由某些社会成员以有组织的方式实施惩罚。

> 再重复一遍,制度的内在性和外在性之间的区分与制度的起源有关,而制度的非正式性和正式性的区分则与实施惩罚的方式有关,即与自发惩罚还是有组织地惩罚有关。当执行制度安排的过程中包括有审理者或仲裁者时,就出现了正式内在制度的第三方强制执行。例如,当一方不遵守一项交易规则,要请一位仲裁者来解决纠纷时,就可能出现这种情形。(当政府机构作为审理和执行的第三方介入纠纷时,第三方执行的情形当然也会出现于外在制度中。)

非人工设计物

内在制度可以有很高的效能,它常常足以使极其棘手和复杂的情形变得井然有序。我们已经提到过一个引人注目的现代例证:管理一个已经连通全人类的最大网络——互联网。它最初是由美国国防部作为无中心和无权威机关的计算机网络建立起来的,其目的是要使分散单位间的通讯在指挥中心遭受核攻击之后仍能保存下来。由于其能力未得到充分利用,互联网便向大学开放,后来又向商务用户开放。到1997年,互联网已经连通了全球越来越多的用户,现在更到达了地球上的每一个国家。它突飞猛进地成长着,却只需很少外在的和强加的规则(例如,为了避免提供者的姓名重复出现)。尽管没有多少外部控制,用户之间的通信却是有序的,因为某些内在规则已经发展起来并得到了普遍的遵守。这些内在规则中,有些是对参与者直接有益的惯例,如恪守电子邮件地址书写格式的约定。其他的规则是一些自发演化出来的规矩。要是参与者想要干扰通讯流量,如插入病毒或散布有害的垃圾邮件,自由市场已提供了大量武器加以抵制,如查病毒软件和垃圾邮件过滤器。凭借这些非正式手段,内在制度服务于各大洲的数十亿人,他们使用世上各种语言,通过声音和影像进行交流。这不是奇迹吗?在个别例子中,专制政府想要审查互联网,然而,网上可获得的新创软件马上就能规避许多这样的局外人控制。中央政权将永远也无法对自由言论和自由的知识搜索施加控制,尽管那在过去是可行的。大型操控者——大产业、大政府、大工会、大媒体——大概都再也无法控制大多数多元化的人们现在互联网上彼此说些什么了。

在诸多自发演化的规则当中,有一种很重要的形式,即盎格鲁-撒克逊国家中的习惯法。法官们在裁决某些案件中发现规则,并建立先例。由先例构成规则,让其他人去遵循。这与大陆欧洲国家中正式编纂成法典的法律,如法国的《拿破仑法典》和德国民法典,完全不同。这些专家委员会的创造和正式立法,可以提高透明度和"可知性",但在面对变化无常的环境时,往往也展现出更多的死板。然而,在实践中,有着正式法典的那些国家中的法律,也在通过个案裁决和先例而演化,从而形成了许多演化规则体系。

对人类交往至关重要的内在规则并非人为设计或外在权威强制推行的产物。然而,如哈耶克所指出的,它们却构成了我们文明中的一个重要组成部分:

"如果我们称人类文明完全是自觉理性或人为设计的产物,或者当我们假定,我们一定能够周密地再造或保持我们在不了解自己所作所为时建立起来的一切,就是在不适当地奉承我们自己。尽管我们的文明是个人知识积累的结果,但它完全不是靠明确地、自觉地组合任何个人头脑中的这类知识来实现的,而是靠这类知识的具体体现,如靠我们并不理解但却在运用着的各种符号,靠习惯和制度,靠工具和概念实现的。因而,社会中的人永远能够从他或任何其他人都不可能完全拥有的知识体系中获益。在人类已取得的最伟大成就中,有许多成就并不源于有自觉导向的思想,也很少是周密地协调众多个人努力的结果。它们是一种过程的产物。

在这种过程中,个人扮演着他永远不可能完全理解的角色。这些成就高于任何个人,因为派生这些成就的知识体系完全超出了单个头脑所能掌握的范围"(Hayek,1979b,pp.149-50)。

因此,内在制度包含着大量经过精炼和检验的先人智慧。它们有时候被称为"软制度",因为它们留下了一些变化余地,也因为附加的制裁有时候具有灵活性。由于许多内在制度是非正式的,并在社会里不断演化,所以具有相当大的灵活性优势。在出现新情况的时候,它们允许试验和重新解释。共同体的许多成员都在以分散的方式检验这些内在制度。由于有许多人参与,变革大都是渐进的,因而是可预期的。因此,即使一个共同体内有足够多的成员不遵守老规则并按不同的模式行事,从人类经验中演化出来的内在制度仍具有适应变化的先天优势。这增强了它们的演化能力。

内在制度还有一个连带优势,即当环境发生轻微变化时,它们能得到灵活运用。因此,内在制度有一种按具体环境定制贴切解释和惩罚措施的能力。这往往能弥补它们有时在明晰性和透明度上的缺陷。当内在制度的自我执行机制失灵时,即使远未达到需要施加严厉制裁(如放逐或正式的第三方执行)的程度,仍有一系列惩处措施可用,从友善的责备到斥责或羞辱。

内在制度的惩罚还可能出于个人同情而减轻,或因我们所有人都难免犯错误的认识而缓和。但一个社会要想运转就必须坚持一定的准则。内在制度可以被视为这种"文化黏合剂"中本质上是人道的那个部分,它使共同体团结在一起(Elster,1989)。随着内在制度的演化,它们就成了道德宣讲的重要组成部分。通过道德宣讲,制度和共同的社会价值得以与环境和经验保持合拍。实际上,这种演化正是文明史必不可少的一部分(Radnitzky,1987)。

5.3 外在制度和政府的保护职能

外在制度的定义：设计和执行规则的政治行为

外在制度不同于内在制度。它们是由一个代理人设计出来并强加于共同体的。这种代理人高踞于共同体本身之上，具有政治意志和实施强制的权力。这类代理人可能用传统和继承、征服和武力，或共同体选出了他们等理由来说明他们起这种作用的合法性。外在制度总是隐含着某种自上而下的等级制，相比之下，内在制度则是被横向地运用于平等的主体之间。对违反外在制度的行为所施加的制裁几乎永远是正式的，并且往往要借助于运用暴力。在许多社会中，政府都被赋予了运用暴力的垄断权，它们通过警察、法庭和监狱系统来实施这一权力。在现代民主社会中，政府试图用非暴力手段控制暴力职业人员（the violence professionals），即通过正式规则和财务控制。因此，外在规则的本质特点是，它的设计、实施和惩罚都掌握在共同体外部的某一主体手中。①

根据外在制度的内容和目标，可以将它们分为不同的类型：
- 外在行为规则（external rules of conduct）的目的在于用类似内在规则的方式约束公民的行为。它们由普适的禁令性规则构成，并被包含于多数国家的民法、商法和刑法之中（Hayek, 1973, pp.131–139）;②

---

① 有些作者将我们称之为外在制度的规则等同于正式制度。这会忽略正式化内在制度的存在。因为这些规则和惩罚措施是由某个第三方以有组织的方式来运用的。
② 私法和商法中无疑也含有大量正式的指令性规定，它们的主旨是便利交易活动。

- 第二类外在规则是**特定目的指令**(purpose-specific directives)，它们指示公共代理人或民间代理人达成预定的结果。这样的制度可以被包含在成文法当中，但在许多国家里，它们主要出现在种种法规细则之中，而这些细则是以各种更具普适性的授权性立法为基础的。它们在知识问题上对官员有很高的要求，因为它们是指令性的(见前面)。
- 外在制度也可以是**程序性规则**或**元规则**(procedural or meta rules)。它们针对各类政府代理人，指示它们如何行事和不应做什么(行政法)。这类制度中，有许多是以保持规则体系的内在协调为目标的(见第6章)。程序性规则在使外在行为规则有效上具有极其重要的作用。例如，总的来说，保护公民免受警察暴力侵犯的规则，要求对警官在各种具体情况下如何履行其职责给出严格的程序指示，以减少他们在掌握信息和制定决策上所承担的任务。交战规则指示战士们在激烈的战斗中做什么和不做什么。

> **关键概念**
>
> **外在制度**是由一个政治权力机构自上而下地设计出来、强加于社会并付诸实施的。外在制度几乎永远是正式的，它要由一个预定的权威机构以有组织的方式来执行惩罚。外在制度往往以开放的抽象方式起作用，如私法适用于无数的个人和情形。外在制度对社会成员的行为具有规范性影响，尤其是当它们与通行的内在制度相一致时更是如此。
>
> **专门指令**(specific directives)针对具体目的或后果，即它们并不普遍适用。这方面的一个例子是个人必须按其收入的一定百分比向国家交纳所得税的规定。

> 程序性规则是政府行政机关在促进各政府代理人间的内部协调上所必需的。它们包含在公共行政法之中,构成了多数宪法和法律体系中的重要组成部分。立法为许多这样的程序性规则确立了框架。但与私法不同,它们针对的不是公民,而是政府代理人。

内在制度规范着公民们的绝大多数行为。然而,尽管内在规则在多数情况下都很有效,但所有复杂的大型社会也都采用了外在制度。这是因为,在各种复杂的大众社会里,内在制度不能排除所有的投机取巧行为。其原因之一是人们常要与再也见不到的陌生人打交道,因而许多非正式惩罚(诸如以牙还牙、放逐、损害名誉)在防止投机取巧行为上是无效的。由于出现囚徒困境的可能性更高,正式规则对于支持合作行为是有益的。

在人类历史上,外在制度出现得相对较迟(Benson,1989,1990,1997)。它的出现好像并不与农业和畜牧业的发明同步(农业和畜牧业使尊重土地、牲畜及这些活动的产出品的私有产权成为必要),而是继立法者、法官和正式政府出现之后很快出现的。

虽然外在制度依赖于政治决策程序和政府,但这并不意味着政府官员们创造了这种制度。更多的是,政府机构仅只编纂了原先已经存在的习惯和法律。在这方面,古代的伟大立法者们是一个例子。在罗马共和国,执政官是民选出来的法律制定者和法律执行者,他们逐渐产生出一套编纂法律的体系,而这一体系最初是演化而成的,很像现代盎格鲁-撒克逊案例法现在所做的那样(Némo, 2006; pp.18-23)。在这种情况下,提一下 Volksrecht 这个古德语概念也是很有趣的,它的意思是,法律属于民众。统治者只是保护和培育法律。还有,在 11 世纪的卡泰罗尼亚* 有一部著名的中世纪法典,被称为 usatges(习惯

---

* 西班牙的一个地区,位于西班牙的东北角,紧靠法国和地中海。——韩朝华注

法），暗示着该项法典的源头在于种种内在惯例。至少在西方文明中，政府权力机构是外在制度的护卫者，但那是要为所有人服务的。

外在制度也可以通过正式的政治程序产生，如被选出的代表制定一部宪法或通过法规。它们还可以通过行政行为产生，如政府根据某些更普遍的授权法颁布某些规章。在有些国家里，法官对现存法律提出新的解释也形成外在制度。在盎格鲁－撒克逊国家里，因有习惯法传统，这类"判例法"（judge-made law）早已成为规范，但在近代，还要由议会立法来补充。

历史一再表明，外部制度的效能和持久性通常取决于它们与社会内在制度的和谐程度，而新规则的演化依赖于先前建立的规则，即"黏滞性"（metis – Boettke，2001；Pejovich，2003；Boettke et al.，2008）。这一经验事实已经得到多方证明，例如，《商业习惯法》在国际贸易中的出现和持续存在（见11.2节）、诸后苏联经济体转轨的经历，以及不同国家的经济发展（见13.1节和第14章）。

由政府建立规则的理由

也许有人会问：与单独依赖内在规则相比，外在权威机构在建立和执行规则上有什么优越性？集体性、政治性的规则制定和规则执行有下列许多比较优势：

(1) 流行的风俗和习惯很可能含意模糊。它们可能未得到足够清晰的阐述，也可能未得到足够广泛的了解。外在制度可能往往更易于被认识，从而节约人们的信息成本。如果内在制度由官方编成法典——正式地记录下来并用法令予以公布——它们就会更有效，并能制定出更能让人看得见的惩罚措施。这增强着制度的规范功能。因此，许多立法者都因编纂了既有的内在制度并以外在法律的形式颁布了它们而受到颂扬。例如，汉谟拉比(公元前约 1866—前 1728 年,美索不达米亚)*、摩西(他可能生活于公元前约 1225 年的巴勒斯坦)**、梭伦(他在雅典编纂了法律,公元前约 630—前 560 年)***、罗马的十人执政官(一个十人委员会,他们在公元前 451 年受命记录既有法律),以及阿育王(公元前 304—前 238 年,印度)****。使制度正式化,并附上针对违规行为的正式惩罚措施,以强化制度,在改善人类生存状况上常常很有效。这样的法律创建工作使人们更难以健忘、懒散、不诚实或疏忽的方式行事。这使我们想起美国政治家詹姆斯·麦迪逊(1751—1836 年)。他早在 1788 年就说过:"如果人们是天使,就无需任何政府。"

(2) 共同体成员根据内在规则进行自发的裁决可能有任意性,可能带有很大的偏见和倾向性,例如对规则的强制执行可能会偏袒富人、名人和美人。为了限制任意性和偏向性,可以推选享有"公正"声誉的共同体领导人来当裁判者。"公正"在这里是指他们不偏不倚地保护每一个人,使他们免受别人的强制,并在法律面前对每个人一视同仁。然后,裁判者们就可以公开地提出和制定其据以裁决冲突的规则,包括那种现在被称为"正当程序"(due process)的程序性规则。外在规则的制定响应了这样一种要求,即不仅必须做到公正,而且必须让人看到公正裁

---

* 古巴比伦王国的国王。他统一两河流域,实行中央集权统治,颁布有著名的《汉谟拉比法典》(亦称"巴比伦法")。——韩朝华注

** 公元前 13 世纪希伯来人的领袖。传说由他制定和解释的"摩西十诫"对犹太教伦理产生了深远的影响。——韩朝华注

*** 古雅典的政治改革家和诗人。公元前 594 年出任首席执政官,推行政治改革(史称"梭伦立法")。——韩朝华注

**** 亦译为"阿输迦",意为"无忧王"、"天爱见喜王"。公元前三世纪印度摩揭陀国孔雀王朝国王,在位期间统一了除半岛南端外的整个印度。他立佛教为国教,并在全国颁布敕令和教谕。——韩朝华注

决，以便对人们的行为产生规范性影响。

　　这样的裁决并不必然要求有一个政府，但是，为独立裁判者们的开支提供经费往往使政府出钱变得较可取。历史上有大量的例证表明，以非正式方式产生出来的、无财务独立性的裁判者可能成为贿赂诱惑的牺牲品。另一方面，依靠税收支付资金的裁判者所具有的物质独立性来抵制司法腐败，已被证明并非一种利器。所以，外在制度会有一个巨大的优越性，能强化对司法机构中裁判者的监督（Benson，1995）。实现这一目的的一种外在制度设计就是设置若干级司法权。只要低级法院的法官们不愿意看到他们的裁定在向上级法院上诉时被推翻，他们就要服从自上而下的控制。控制司法裁定的另一个机制是批评性的公众舆论，以及法律业内对各种判决的广泛批评（Cooter and Ulen，1997）。

(3) 当必须执行判决时，可能会发现，像羞辱或自发的共同体行动那样的非正式惩罚很难令人满意——只要想一下发自极端愤怒的情绪化行为，诸如暴民统治、私刑或自发地逐出共同体就可以了。如果存在有人谋财害命的可能性，那么任命"暴力专业人员"（警察、监狱看守、军队等）是很有好处的。他们得到授权，能用在共同体内被认为与罪行相当的刑罚来实施合法的惩罚。当然，永远会存在一定程度上的危险，即"暴力专业人员"会为自己的目的而滥用职权（委托-代理问题）。因此必须控制执法主体，杜绝他们为自己利益办事的做法。有许多论点支持政府垄断性地合法使用武力（除了极少数正当防卫的情形），但也支持由掌握政治权力的人用非暴力的制度化手段来控制这种垄断。多数共同体都已发现，将暴力专业人员转变为政府主体并找到监督他们的非暴力手段，能最有效地实施这样的控制。① 正如詹姆斯·布坎南(1986年诺贝尔经济学奖得主,因其在公共选择和宪政经济学方面的开创性工作而获奖)强调指出的:任务是要找到这样一套治理制度,它既能赋予保护性和生产性的国家以权力,又能约束再分配性的国家。

(4) 如前所述,制度的一个重要方面是,它们允许人们做出可信赖的契约承诺。在某些环境中,需要有第三方来使契约承诺具有可信赖性,而当政府机构变成这样的第三方时,就能运用正式执行的武器。

(5) 集体行动优于私人行动的第五个论据源于前面讨论过的"囚徒困境"。我们已经说过,合作常常是有利的,但合作要求源于政府制度的支持具有足够的可靠性(Buchanan,1975;North,1990,p.13)。彼此争斗的氏族和部落苦于沦为无休止冲突的囚徒。在某种如政府那样的外在权威之下,他们都能靠合作过得更好。通过摒弃冲突,可以说,他们将收获一种"裁军红利"(Buchanan,1975)。如果能有一个像统治者那样有重大影响的第三方支持化解这种囚徒困境,往往会使合作的承诺变得更可信赖——和平也能得到更好的保护(Axelrod,1984)。

(6) 由政府建立和执行规则的另一个密切相关的理由是所谓"搭便车"问题(Olson,1965)。在现实世界中,有些资产具有不可分割的成本或收益。当难以不让他人染指这种收益时,我们就说

---

① 我们可以顺便指出,政府承诺保护个人并非必然意味着与保护公民有关的所有事务都必须由政府来控制。例如,中世纪的冰岛(约930—1260年)就通过一个政治组织来立法。议会外地制定了许多规则,有一个外在性的司法系统解释那些法律并就具体的法庭案件做出裁决。这两个机构都是靠公费维持的。然而,法律和法庭判决的执行却掌握在私人手里:人们在获得于其有利的裁决后,可以合法地雇用私人警察来执行这项裁决(Friedman,1979;Eggertsson,1990,pp.311)。

它是一种共享品*(见 7.2—7.3 节)。例如,一个公民建立了一支安保部队,以使共同体不受不法行为的祸害,所有的邻居都会受益,而且没人能被排除受益。该公民必须付出很高的固定成本来维持这支安保部队,而他的邻居们则不付费就可享受着"搭便车"(对他们而言,这是一种免费的外部获益)。在这种情况下,安全保障的供给不可能充分。这时就会赞成由地方政府来接管安保服务,并通过强制征税为这种安保服务的供给融资。同样的论点也适用于靠军队保护外部和平和国家主权的情况。在这种情况下,仍然是,国有化——通过政府的外在组织和外在制度的控制来分摊成本——在抵御外部侵略这种共享品上防止搭便车并导致更好的供给(在 10.1—10.2 节中将更深入地讨论共享品问题)。

(7) 关于政府为什么涉足制度的设计和推行,文献中给出的另一个理由是"公地的悲剧"(tragedy of the commons)。在这种情境中,如果共同体的成员都单独行动,就会发现他们自己陷入了一种特殊的囚徒困境。一个群体的成员都要利用一项共有资产,例如都要到一片共同体所拥有的土地上放牧他们的牛。只要资源相对于需求是丰裕的,牧场就不会稀缺。但是,当由于如人口增长等原因而致使用者的人数增多时,就必须对放牧实施配给。在小型共同体中,内在性非正式约束在资源配给上一般都很有效,因为人们彼此熟识,相互见面,自发地斥责那些过

---

* 原文为"public goods",国内一直译为"公共物品"。但厦门大学的杨志勇指出,这个词是指可共同消费的东西,因此用"共用品"来译"public goods"是再准确不过了;张五常和吴敬琏都主张用"共用品"来译这个词(见《经济学消息报》1998 年 1 月 16 日四版)。另外,王绍光在《分权的底线》一书中将"public goods"译为"共享物品"(《分权的底线》,中国计划出版社,1997 年,第 10 页)。由于 public goods 中包括国防、社会治安等对象,不宜称"用品"或"物品"。所以,参考杨、王二位的意见,本书将"public goods"译为"共享品"。——韩朝华注

度放牧的人就能在个人层面上非正式地起作用。已有发现表明，在50人至70人的团体中，非正式约束一般都能令人满意地发挥作用（Hardin，1968，2008/1993，pp. 497-499；Ostrom，1990，2005）。如果群体变大，个人之间就变成了陌生人，关于个人行为的信息及对个人的非正式约束（如使他们名声扫地）就不足以抑制对公地的过度利用。结果，就出现了过度放牧和土地退化。此时，某种执行外在规则的权威机构就有了一种优势。在我们的例子中，政府机构可以将有限的放牧权分配给共同体的每个成员。另一个办法当然是将公地划分成可用围栏圈起来的私有财产。

(8) 解释外在制度和集体行动在某些情境中更可取的最后一个理由，不得不涉及这样一个事实，即内在制度在发挥作用时往往要依靠歧视和排外。内在制度要想发挥作用，常常必须区别对待内部人和外部人。只有那样，实施排挤的惩罚措施才可行。商人和金融家们的网络，经常建立复杂的内在规则系统作为其业务活动的基础，并通过将网络的益处限定于网络成员的办法来执行这些规则。这方面的例子有：中世纪的欧洲商人和银行家的种种社团，他们管理着威尼斯、佛罗伦萨、纽伦堡、法兰克福和阿姆斯特丹间的贸易；著名的香槟交易会*；阿拉伯商人，他们经营沙漠商队贸易、大旅舍和集市；还有远东的当代华人家族网。大量的人加入了这些基于内在制度的网络，利用这些网络以较低的成本进行大量高风险生意。但是，只有在参与者人数有限且违规者能被排除掉的前提下，这些网络才能起作

---

* 该"香槟交易会"（Champagne fairs）存在于12世纪至13世纪法国的纺织地带，靠近低地国家（卢森堡、比利时、荷兰），当时吸引着来自西欧各国的商人。——韩朝华注

用。因此,排外性和小规模是这类网络中的内在制度发挥作用的必要条件。这也为垄断经营和排除有益的外部竞争者铺平了道路。但是经验显示,在个人网络式的贸易和金融业中,非正式的内在制度只能将经济发展推进至一定水平,不可能更远。这正是常常被用来解释为什么中东的集市贸易没有导致工业化的一个理由。小型贸易商的网络能够为一个篷车商队筹集资金,但是无法筹集建造各种工厂的资本。超出一定水平后,外在制度和起保护作用的政府就显示出了规模经济,并能保障所有进入者都获得公正、开放的市场机会(North,1990,pp.48-53)。对于现代的、开放的、扩大的市场来讲,其基础结构需要的是制裁,但不是私人制裁。另外,已经证明,在造就一种开放秩序和实现更广泛、更具活力的劳动分工上,某些设计出来的正式法律和一个正式的司法系统更有效。

这些论点导致政府推行和强制执行外在制度,导致詹姆斯·布坎南所说的"国家保护职能"(Buchanan,1975,1991)。这些论点在涉及对无政府状态的鼓吹时也是正确的。令人遗憾的是,人类的生存状态迫使我们接受一定程度的政府权力,以及对各种政府主体的无休止界定和控制。政府的边界和角色是社会科学家必须应对的一个难题。而简单地鼓吹无政府状态,废除所有的集体行动(所有政府),只是回避这一难题的信口开河。[①]

我们已经说过,多数通常由政府设计和实施的制度,已被证明在原

[①] 这当然并不是现代政府的仅有职能。其他的政府活动还涉及这样一些方面:由政府机构生产共享品和服务(例如,提供一个司法系统);以不同于市场配置的方式再分配产权;征缴并管理税款和其他收费,为政府机构和政府的其他成本提供经费。我们将在第10.1节里再回到这些问题上来。

则上也能靠内在的非政府制度来发展和强制执行（Benson，1990，1995,1997；Radnitzky（ed.），1997，pp.17－76）。例如，对足球这类体育运动中的欺诈和暴力案件，可以由调查事件并实施惩罚的正式体育团体来有效抑制。以上所列各点涉及了在保护行为规则上采用政府行动的各种理由，但不能将它们理解为，我们在说，替代政府行动的其他办法都不可行。这些理由仅仅是说，在某些情境中，集体行动大都具有比较优势，而且与单纯依赖内在制度和私人行动相比，还能使共同体获得规模经济效益。

外在制度通常作为必要的强制性后盾服务于社会的内在制度。但它们也可以取代内在制度。如果试图用外在制度来取代一个社会的所有内在制度，就会出现问题——就像20世纪的各种专制政权的情形一样，它们推行越来越多损害民间社会内在运转的外在规则（见13.1节）。监督和执行成本急剧上升，人们的自发动力萎靡不振，行政协调部门不堪重负。在那种情况下，外在协调常常导致政府失灵。注意到这一点是挺有意思的事：就连北朝鲜，在1990年代里，当中央计划活动产生出饥荒时，也不得不容忍私人市场。这些当然都不是新问题。例如，孔子和早期儒家学者鼓吹自发协调并极端怀疑依赖君主统治（外在制度）和上面命令的"编造"秩序（"fabricated" orders），就是出于这些理由。孔子在《礼记》中说："治国不以礼，犹无耜而耕也。"*（cited after Habermann, in Radnitzky and Bouillon, 1995b, p.75）而现在，他们正重新越来越多地依靠种种内在制度和市场经济。

---

* 见《礼记正义》卷二十二。——韩朝华注

关键概念

编纂规则是指以某种方式正式记录既有的内在规则,使它们便于查阅并含义明确。例如,古代亚述、埃及和印度将法律刻在石头上,或者由摩西以《十诫》的方式正式颁布以色列的法律。

搭便车是指这样一种情形,即信息成本或排他成本高得不可能阻止他人从共同体内的某人所提供的产品或服务上获益。例如,也许不可能不让小孩子们免费搭乘运草的马车;而一旦某人建立了广播电台,要想阻止人们接收该广播可能是代价过大以至完全不可能的。然而,技术会变化并在一定程度上允许这种使用和排除,这样,搭便车问题就会消失,而私人生产将变得可行。例如,电视就是用得越来越多的例子,在提供免费播出服务的地方都有付费电视做补充。

公地的悲剧出现在共同拥有的资源由众多人使用的情境之中。其中,每一个人在为自己的利益而最大限度地利用这种公共资源时都能获益,但如果所有的人都如此行事,就会出现资源遭破坏的悲剧性局面。这可能正是公海上鱼群存量的情况。这也曾是非洲萨赫尔地区*的情况。1970年代从太空拍摄的第一批照片显示,萨赫尔地区的共有土地遭受了严重的干旱,而私人的、围有栅栏的土地仍保存着不错的草木植被。所谓公地的悲剧,在这个例子中,就是饥荒和沙漠化侵入并覆盖了不归私人所有的土地(Hardin, in Henderson, 2008/1993, pp. 497 – 499)。

政府保护职能包括设计、推行、监督和执行各种外在制度。它通常支持民间社会的内在制度并培育主要与公共政策有关的行为秩序。

---

* Sahel area of Africa,撒哈拉沙漠以南热带非洲的一个气候过渡带,位于沙漠和热带草原之间。其特征是低矮的分散植被,只能承受有限的农业。——韩朝华注

外在制度设立上的两种传统

在西欧,形成外在制度的传统有两个分支,一个是德国/盎格鲁－撒克逊传统,它高度重视习惯法,即依赖法官们发现、发展和规范外在规则;另一个是罗马法传统,它反映在设计出来的法律体系中,如罗马帝国后期皇帝查士丁尼的《民法大全》、法国的《拿破仑法典》,或19世纪和20世纪的德国民商法典。在实践中,没有哪个法律体系只有一种法律形式。正式的议会立法到处都已经逐渐补充和取代了习惯法,而即使是最煞费苦心设计出来的正式法典也需要靠法官做出的诠释来使它们生效。

在盎格鲁－撒克逊传统中,法官设立的法律比较流行。这种法律一般适于通过经验来解释和学习,而且向司法界朋友和较多公众开放,接受他们对判决的反馈,因而能捕捉到较多参与者的智慧。但是,鉴于相同的原因,它也缺乏罗马法传统中设计出来的法典所具有的那种严密性、清晰性和透明性。

高等法院也改造由法官制定的法律。高等法院的法官成员通常不由选举产生,而由政治任命的方式产生。最高法院的构成对一个国家的生活可以产生持久而重大的影响。例如,美国高等法院中的多数派观点(the majorities of the US Supreme Court)对美国外在规则的形成和再解释拥有强大的影响力。当法官退休时,这种多数派观点会受到巨大影响。因此,与最高法院的权力要更多地受宪法和黑字法(black-letter law)*约束的司法体系相比,美国司法体系的要旨(thrust)

---

* 根据柯武刚教授的解释,"black letter law"与经常要由高等法院重新解释的不成文法相对,是已用黑体字刊印出来的法律,即已经由议会通过了的法律。另外,法律出版社1999年1月出版的《英汉法律词典》中对"black letter law"的解释是:指法庭所普遍接受或包含在制定法中的基本法律原则,是一个非正式术语(第87页)。——韩朝华注

可以有急剧的变化。同样的影响在其他法律传统中也是起作用的,因为最高法院的现任法官总要解释现行法律。一般来说,无论是在如澳大利亚那样实行习惯法的国家,还是在如德国那样有着比较明确的黑字法传统的国家,各国的最高法院通常都具有一种集权化的影响力。

另一个考虑是,习惯法系统的运营成本一般较高,因为日常业务需要司法从业者的服务和法院的频繁裁决,而如果透明、全面的民商法规是载入典籍的,则许多潜在的冲突就可以避免。然而,在实践中,正式的黑字法规也有其弱点。它们早就丧失了其简明性和逻辑严密性,而且经验已经证明,依赖议会的正式立法往往会在变革时代里造成僵化。面对社会交往的日趋复杂化,政治活动家们的反应常常是应特殊利益集团的要求,颁布越来越复杂的立法和规章条例(设租和寻租)。立法偏袒和管制偏袒已经削弱了外在制度的协调功能,并再次肯定了一个重要的观点:复杂世界需要简单的规则(Epstein,1995;要了解支持外在规则要由竞争的法官和法院来"发现"这一论点,请见 Cooter,1996; Christainsen,1989/90)。

必须肯定,外在规则的设立和执行是一件复杂的事情,单纯依靠编纂法或习惯法的做法都达不到设立外在规则(创建秩序和信赖)的目的。因此,已得到反复验证的灵活混合是把握内生性棘手问题的最佳可能途径。

5.4 制度的功能

有效协调和信任

我们已经指出,制度的一个功能就是使复杂的人际交往过程对于多种多样的参与者变得更易理解和更可预见,从而不同个人之间的协调能加速完成。在社会混乱和无政府状态中,由于信息、监督和执行问题常常难以解决,不可能有良好的知识和劳动分工,也无法做出可靠的约定,人们相互沦为他人投机行为的囚徒而难以自拔。本身不良而又执行不力的制度是人类历史上长期贫困和经济停滞的一个重要原因。

制度发挥着一种关键的功能,即通过降低世界的复杂性,简化每一个人的认知任务。通过使他人的反应更可预见,从而使整个世界更为有序,制度使个人更易于在这个复杂易变的世界中应付裕如,并避免"认知超载"(cognitive overload)。当存在普适的、可认知行为模式和环境条件时,种种经济主体就能更好地处理种种具体任务,如生产和销售某种轿车,或计划重大投资。制度帮助人们理解复杂而混乱的周围世界,因而使人们在相当程度上得以免于面对不愉快的意外和他们无法处理的情形。所以,制度有助于我们应付因不能驾驭生活而怀有的原生焦虑(primordial fear)。由制度支撑的信心使我们能够承受试验的风险,能具有创造性和企业家精神,并能够鼓励他人提出他们自己的新思想(Buchanan and di Pierro, 1980)。

在制度限制他人的行动并排除某几类未来的不测事件时,它们也减少了"前向无知"(forward ignorance)。制度使人们更易于对很快就要发生的创业机会保持敏感,因为它们使人们对生活有了信心,使人们感到,生活中的常规很少变化,全在掌握之中。只有人类的行为稳定了,才可能增进知识和劳动的分工,而这种分工是繁荣不断增长的基础。①

用制度降低复杂性的效果可以相当泛化(non-specific)。有些普适制度能得到广泛的好评,因为它们给人们以心理上的舒适感和安全

---

① 我们顺便指出,如果每个人都在孤立中生活,就像鲁滨逊·克鲁索一个人在他的孤岛上时那样,或者存在着"完备知识",则制度也可能成为冗赘。

感:感到自己属于一个有序的、文明的共同体;在这个共同体中,协调成本很低,风险有限,人们能有在家里的感觉,周围的人都可以信赖。与生活在陌生人当中或一个有序性较差的共同体内的人相比,在这类共同体中与他人交往不会觉得累。制度创造着诱发归属感的多种纽带。多数个人都会发现,这种归属感是令人满意的。

但在其他环境中,制度的协调功能就具有更多的针对性。例如,在信用制度保障了币值稳定性的国家里,公民对储蓄和投资于货币资产以及为经济发展所必需的资本储备提供资金,都会很有信心。如一篇论文所指出的那样,已经发现,正是简单货币规则的存在常常自发地发挥着稳定总需求的作用。这篇论文可以被视为对制度协调效应的一个经典分析(Simons,1948/1936;也参见第7.6节)。

制度能增强生产要素——如劳动——在满足人类需要上的效能。这种作用的方式类似于其他一些生产要素,如资本。资本使劳动具有更高的生产率。因此,我们可以视共同体的制度为一种宝贵的生产性资产。我们可以称其为"制度资本"(institutional capital)。

总之,通过增进秩序和帮助人们克服认知局限,发展信任,恰当的制度改善着知识的运用和劳动分工。制度正是以这样的方式提高生产率并增进繁荣(物质福利)的。

保护个人自主领域

制度的第二个功能是保护各种个人自主领域,使其免受外部的不恰当干预,例如免受其他掌权者的干预。因此,制度保护着个人自由,它是我们在第4章中讨论过的基本人类价值之一。例如,欧洲文明自古希腊和古罗马时代起就已经懂得私人自主的制度观念。在结合了这一观念的罗马法中,有一个 *dominium*(领域)概念。它在英语中可被大致翻译成"我家即我城"(my home is my castle):人们在其家中拥有一个自治的空间,普遍受到尊重的、可强制执行的制度保护这个空间。根据罗马法,家的主人在家中拥有很大的权力。在家中,他可以自由行事;在家中,不允许外部干预。在许多社会中,都有一种相似的制度保护着私人产权。产权保护资产的所有者,使他们能自由运用其资产而不受外部干扰,并创造出一个产权所有者享有自由的领域。

用制度保护自由权利——个人自治空间——从来不是无边界的。一个人自由地追求自己的目标常常会影响他人,所以,自由永远必须明确其与他人自由的边界。没有这样的约束,自由权就成了放纵权(license);没有对自由的恰当约束,社会将堕入无政府状态。然而,我们应当意识到,我们正在讨论的是一个连续谱系,它的一端是毫无限制的自主行动自由,它的另一端是完全受制于人。而在实践中,问题是使人们尽可能多地享有自由领域,这意味着拥有尽可能多的合意选择。肯尼斯·博尔丁用一首小诗精辟地表述了这一思想:

"自由托庇于道德、金钱、法律和常识,
宛如置身于栅栏的保护之中。
若这个栅栏很宽敞
(或栅栏外面无他物),
我们就是自由的。
若你的美好自由限制了我,
我们就需要政治权力;
若违反了规则,就需借助法律,
削减自由是为了实现自由。"

(Boulding,1959,p.110)

制度既保护又限制个人自由领域。我们将在第 7 章讨论产权时再次回到这一重要思想上来。制度建立起重要的自由领域,通过控制产权的运用限定经济竞争范围,也限定个人产权所有者凭其所拥有的产权可以做和不可以做的事。我们在 8.4 节中将进一步看到,整个资本主义体制不仅依赖于经济自由,而且也要依赖竞争来控制这些自由,而竞争需要恰当制度的支持。

总之,恰当的制度保护经济自由与非经济自由。非经济自由常常有益于实现其他基本价值,如和平、安全与公正。

防止和化解冲突

制度的第三个重要作用是它们有助于缓解个人间和群体间的冲突。在许多时候,独立行事的个人之间难免发生冲突。当不同的人追求其多种个人目标、行使其自由意志时,常常会影响到他人;其中,有些影响是不受欢迎的。于是问题来了:个人的行动自由如何受到最佳约束以避免代价高昂的冲突,这类冲突如何以较低的代价和非暴力方式来解决。界定自主行动范围的行为规则常常能完全避免潜在的冲突,而且——在真正发生这些冲突的场合——也能为如何不费过多代价化解冲突提供指南。如果冲突发生了,制度能够提供裁决机制,其中包括冲突的非暴力解决方式。

实质上,有两种处理个人冲突的基本方法:

(1) 靠限制任意行为并降低冲突概率的种种规则,以普适的、预防性的方式来约束个人的绝对自由(放纵)。其例子有建立标志私人领域的栅栏、道路右侧行车以避免相撞的规则,禁止工业有害气体排放以避免因伤害他人而打官司,等等。在这些情况下,制度提前发出了谁对谁错的信号来防止冲突,即人们可以预期谁将因违规而受惩罚。

(2) 不过,要是冲突已经发生,就要靠制度以先前协商好的、因而是可预见的方式来裁决冲突。其例子有赔偿受害方所受损失的习俗,或通过正式司法程序解决民事纠纷的规则(Boulding, 1959, pp.117-125; Tullock, 1992, pp.301-326)。

总之,恰当的制度帮助社会成员减少和解决冲突,将和平、安全与公正等基本目标推向前进。

权势和选择

潜在的冲突不仅来自个人的行动自由,也来自人们合作的时候。具有财富或魅力的个人能在交易关系中运用权势。例如,一个富人之所以能够雇用一个穷人做卑微的工作,只是因为那个穷人需要钱来维持生存。这个穷人可能感到,就这种雇用关系将一个人的意志强加于另一个人这一点来讲,那个富有的雇主有支使他的权势。如果这个穷人发觉别无选择并因此而觉得不自由和受到强制,这种关系就可能引起忿恨。在这种情况下,这个穷人或迟或早会要求对权势的运用施加影响,如通过工人共同管理委员会或政治控制,要求发言权。这种情况也是引发2010年代初民粹运动"占领华尔街"的一个因素。人们参加街头抗议示威,反对"大公司的贪婪"以及为了有益于某些既定群体而削减政府的福利项目。

然而,权势关系是别无选择的后果。当存在许多挣钱的可选机会时,人们会感到自由,并会在觉得受到强制时转向其他雇主。换言之,在多种选择对象中作选择会使人自由。即使这些选择对象中无一提供了诱人的机会,选择仍能抑制权势。在人们能用脚投票(退出)的场合,人们不会感到受制于权势,而且也没有很大的兴趣去进行政治性投票("发声"〔voice〕,如赫希曼(1980/1970)所说的,这种投票是一种抑制权势的手段,与它相对的是流动,"退出"〔exit〕[①])。选择的自由赋予人

---

① 赫希曼还说过,压制"退出"(移居国外)和"发声"(民主),两者结合会导致第三种有害的状态——冷漠。现代历史充满了赋予这种评论以经验内容的实例,在许多如中东和非洲的国家里,它们用较温和的政治控制和社会控制,限制种种退出和发声-参与的机会。

们多方面的权势,而无需针对自由的政治性保障。只有在个人别无选择、不能退出的场合,以及人们没有可能按以往经验调整其意愿的场合,他们才可能受制于人。

在有人对他人拥有巨大权势(这时他人就是不自由的)的社会中,即使存在着强有力的制度和强制性控制,冲突仍有可能发生,并可能带来代价高昂的后果。在个人自由得到保护的场合,包括转移和退出自由得到保护的场合,一般较少发生冲突。因此,保障退出机会的制度也会限制侵犯他人自由的权势滥用。有权势的人,如果服从规则,也可以保护他们自己,比如说,在激战中免受滥用其拥有权利的诱惑。从这个角度来看,规则是有权势的人对理性与社会和平的让步。

在长期的经济发展和社会发展中,恰当制度的一个核心功能是,在不同社会群体之间,如在贵族和农民之间,建立权势平衡,并确保下层群体拥有"杠杆",即他们能从上层权势集团那里得到支持。只有当权势得到扩散,才会出现基础广泛的持久经济发展(Powelson,1994,especially pp. 4-11)。

5.5 有效制度的本质特征

普适性

我们已经反复说到了实现某些目标的"恰当制度",而我们现在要问:哪些特征能确保制度在协调个人行为上是有效的,或者——像律师会说的那样——具有规范性的影响。

第一项准则是制度应具有普遍性和抽象性。换言之,制度不应是针对个例的,或在无明显理由的情况下对个人和情境实施差别待遇。

哈耶克将普遍性定义为"能适用于未知且数目无法确定的个人和情境"(Hayek,1973,p.50)。例如,当贵族或某个教会被免于纳税时,或警察和军人违反交通规则而不予起诉时,就违背了普遍性原则。第二项准则是,有效规则必须具有两层意义上的确定性:它必须是可认识的(含义清楚的),它必须就未来的环境提供可靠的指导。因此,确定性准则意味着,正常的公民应该能清晰地看懂制度的信号,了解违规的后果,并应该能依赖这些了解塑造自己的行为。比如,特尔斐*圣殿的隐晦神谕创造不了有效的制度。同样,秘密法令和含糊、多变的法律也违背了确定性原则。当前,西方社会因无人能知道和理解的立法和规章条例激增而陷于困境。比如,大多数西方民主国家的所得税法,现在都成了多部头的巨著,而且还在没完没了地修订,再也没人能搞得懂那些规定了。制度不确定的另一个例子是,在伊斯兰教的实践中,不同的毛拉**对于必须履行的法律给出彼此矛盾的解释,以致追随者们不知道该遵循哪种解释(Kuran,2009,2011)。第三项准则是,制度应当具有开放性。这意味着制度必须适用于未来情况,允许行为者自发而有信心地对新环境做出反应。这三项准则都已被归入普适性概念(Leoni,1961)。

我们必须加上第四项准则,即各种规则不能彼此矛盾,而要形成一个兼容的整体("规则秩序",Eucken,1992/1940)。另一方面,当各种规则相互兼容时,它们在创建一种易于理解的秩序上是相互增强的。比如,要是资本、劳力和产品市场都同样自由,经济的运行就顺畅得多,而在另一种自由经济中受到严厉管制的劳力市场却注定要产生失业和混乱。

---

* Delphi 是古希腊城市,因有阿波罗神殿而闻名。——韩朝华注
** mullahs,伊斯兰教中对老师或领袖的尊称。——柏克注

普适性在禁令性规则中较易于得到保证。"汝不应偷盗"的规则具有普适性，它约束每一个人，但给不同的行为者提供了巨大空间，以做出他们自己的决策。它适用于未知的、数目不限的人和情境。普适性还表示，无人应高踞于法律之上。它还意味着对所有人的程序平等，这一点我们在第4章中已讨论过。普适性属于人们所理解的公正的组成部分。根据人们在财富、影响力、种族或宗教方面的地位，有差别地运用规则和惩罚被广泛认为是不公正的。

违背普适性准则一般都会削弱对规则的服从和规则的透明度，从而削弱制度的规范性、协调性意向。例如，要是有一种惯例，对某些摇滚歌星和富人们适用不同于普通公民的道德尺度来评判，要是警察昧着良心做事而不受惩罚，或者，要是人们用于政府官员的道德标准比用于普通公民的标准更宽松，对制度的自发遵守就可能衰退。那样的话，制度就无法完成它们的那些功能，而许多人也无法实现他们的基本愿望了。普适性是法治的一个基本的正式特征，也是一个在欧洲源远流长的概念。在全面统一地探讨了制度系统的功能之后，我们将在下一章里返回关于法治的讨论。

第5章——案例一
用于复杂世界的简单规则

在19世纪，许多西方国家改革法律以简化规则，要使服从规则更容易、更便宜，并减少应用法律的成本。但从那时起，常常是为了对社会的日益复杂化做出响应，法律又被弄得复杂起来。然而，认识论和法理学日益证明，复杂规则不起作用，因为它们对人的认知要求过高，并强加了不必要的过高服从成本（Schuck, 1992; Epstein, 1995）。一些律师从个人主义立场出发，并基于对无所不在的知识问题的了解，提出一些简单规则，以便老百姓能比较容易地应对现代生活的复杂性(Epstein,1995)。

彼得·舒克(1992)鉴定出了制度中复杂性机能障碍(dysfunctional complexity)所具有的四个特征：

• 密集化，即制度要调控大量细节，且常常以指令性方式来调节；

• 技术化，即规则无法被普通百姓理解，要有职业专家来解释和应用它们；

• 不统一，这是指在不同的法律体系(如地方法律、州法律和国家法律)之间存在着重叠之处；

• 不确定，这是指存在许多有条件规则，结果没有任何单一条件能决定法律后果。

理查德·爱泼斯坦指出，这样的规则体系向公民们强加了不必要的过高服从成本。为了克服这一问题，他提出了各种简单规则，不作为唯一的方法，但作为主要的方法，去指导人们的行为。他写道(Epstein, 1995, pp. 307-308)："在稀缺性成为主要制约的条件下，应坚持这样一项原则，即所有新的法律方法都须通过社会资源配置的某些改善来弥补其所引发的代价。"他提出了下列简单规则：

个人自主、第一占有权(first possession)[*]、自愿交易、抑制侵权、必要情况下的有限特权、在不得不进行再分配时为接管产权提供正当补偿……前四项规则的设计目的是要在个人与其所控制的事物之间建立起基础性的联系，而后两项规则的设计目的则是要防止协调问题，这类问题即使在一个具有强产权和私人契约的社会中仍会存在。整个计划的目的在于使出自这两方面的过错最小化。

因富人富有而保护他们，或者因既得利益集团有权势而保护他们，

---

[*] 据柯武刚教授的解释，"first possession"是一个法律概念；它是指，第一个从自然中得到无主物的人有权合法地拥有该物。——韩朝华注

> 并非这项综合计划的组成部分。如果拥有巨额财富的人和拥有强大影响力的人不能持续提供他人所需要的商品和服务,那么他们就会,也必将,认识到,在一个按这里所概述的法律原则来管理的世界里,他们的前景会趋于黯淡……。这套简单的法律规则不具有任何偏向性。

符号和禁忌

我们已经看到,制度的首要功能是在协调人际关系方面减少对知识的需要。为了强化制度所具有的节省知识特性,人们往往要用由符号构成的信号来使制度变得更确定。例如,红色的交通信号灯这种符号告诉我们赶快立定停止前进,军服这种符号在战斗中增强军事行动的协调性,而钞票这种符号则传递着一定的价值信号。显然,符号是一种物质性的东西(例如,是一页印刷精良的纸),但它的功能完全要依赖于符号所代表的制度。符号方便地代表了麻烦的规则,并提示我们注意这些规则。

禁忌也常常附带有类似的知识节省功能。太平洋中某些礁石区的[136]鱼在一年的某些时期内是有毒的。但那里的岛民们并不向人们传播这种难解的知识,而是干脆宣布,那种鱼是 *tapu*(禁忌),禁捕。在犹太教和后来的伊斯兰教中,猪肉已被长期附上了类似的禁忌,因为中东地区的猪常常沾染上旋毛虫。这样的禁忌省去了人们了解禁令理由的麻烦,或理解某种情况何以会伤害他们的困难,其目的是要获得迅速而不假思索地服从。当然,这在许多时候可能抑制共同体的适应能力,并成为调整制度以适应新环境的一种障碍。这是我们将在第 12 章里探讨的一个问题。

因此,符号和禁忌诱发了习惯成自然且往往是半自动的反应,从而有助于简化搜集和评估知识的过程。它们还使规则的执行更直截了当。但这并不排除掌权的共同体领导人有时为了控制其下属而以自私的方式滥用这类符号和禁忌,正如他们可以滥用制度一样。

> **关键概念**
>
> 制度的普适性是指,制度是普遍而抽象的(非指特定情况的)、确定的(明了而可靠的)和开放的,它们能适用于无数情况。制度也应该是不矛盾的。简单规则大都比详尽而有条件的规则更易于了解,并因此而能更好地发挥它们的功能(Leoni, 1961; Epstein, 1995)。

5.6 交往成本和协调成本

协调成本

在我们的时代,人的合作已经达到了真正令人震惊的程度。个人之间的经济交往已变得极其复杂。协调需要大量的知识并造成相当大的成本。一个市场中的卖方和买方,当他们以某种方式专业化并通过各种市场交易与其他人交往时,不得不放弃其他的种种机会(这些都是协调的机会成本)。这些协调成本已被称为"经济系统的运行费用"(Arrow, 1969)。[①]市场是个人、团队和组织展开竞争的空间,法治对所有竞争者设定了不针对个人的普适性约束,而要想帮助人们协调他们的种种计划和行动,这两者都是必需的。换言之,市场告知竞争者什么

[①] 有些作者用"交易成本"这个词来表示所有的协调成本。但我们更愿意保留这个词来描述市场中交易活动的成本。我们还排除了运输成本(在空间中移动产品和生产要素的成本),因为它们并不具有这里所定义的那些通常属于协调成本的信息特征。但是必须承认,运输服务附加值中有一部分重要的成本是由信息成本和交易成本构成的。

是他们能够做的,以及那么做有什么好处,而法律则告诉他们,在依法的情况下,不损害他人,他们就不能做什么。这些安排保持着一种平衡,但它们只能在付出相当大成本的情况下运行。

幸亏有了更好的通讯技术,更有效的交易流程组织,并在有些地方有了更好的制度,协调各种专业技能所有者和财产所有者(包括土地、资本或技术设计)的单位成本在过去的100年里大概已经降低。仅引证一个例子:在1930年至2010之间,跨大西洋电话的单位成本每年引人注目地下降9%,而通过电子邮件和网络电话实现的计算机通讯使单位成本下降得甚至更多。然而,在20世纪里,协调活动的数量有了极大的上升,因为史无前例的经济增长已经极大地提升了全球的劳动分工。总协调成本滚雪球式地膨胀是第1章所述经济成功的重要组成部分。

曾有人估计,诸多发达经济体中的协调成本量,与一个富裕国家中生产和分销总产出的成本相比,大约相当于后者的一半(比较North,1992,p.6)。还有人估计,在美国,专用于分销和协调的劳动量占总工作量的比重已从1900年的11%上升为1980年的61%以上(Oi,1990,p.4)。在许多发达经济体中大部分快速成长的服务部门里,有很大一部分是在与不断趋于复杂的生产和交易网络打交道。这类服务部门的成本在很大程度上都是协调成本。

初看上去,我们的经济努力中有那么大一部分专门用于协调活动,而不是物质生产,似乎令人吃惊。但现实中,经营一个企业的大部分成本要由发生在协调活动和控制活动中的成本构成。这种协调和控制活动的对象包括两类:(1)在企业中工作的人;(2)企业与其在市场中交往的各类主体。一个企业的总成本中,大部分用于管理内部组织、市场调研、技术研究和开发、采购和销售、广告、借贷、获得和使用法律建议,以及其他协调人的活动。如果我们将一国经济视为一个整体,那么贸易和物流、商务服务、金融、政府行政和其他被称为"协调产业"的部分,在国民总产值中占有很大的比重,而且这一比重还在不断上升。

由此看来,在大多数标准的经济学教科书里仍在照旧假设零交易成本,这才是令人吃惊的。例如,在新古典的市场模型中,购买者所支付的价格和生产者所获得的价格仍被假设是要相等的(市场出清价格)。而实际上,要达到生产者价格,就要从购买者所支付的价格中扣除交易成本。其实,甚至在我们能想到谈论一个市场之前,买方和卖方就已必须付出很高的信息成本,去弄清他们是否想要购买或销售某产品,以及为了购买或销售,他们需要了解什么。生意人会告诉你,他们的企业能保持竞争性,常常主要是靠节约协调成本,包括企业内部的和与供应商和客户的协调成本,而不是节约生产成本。我们必须明确考虑协调成本,并经常去问怎样才可能削减这些成本。在寻找适用知识和交易业务中,恰当的制度有助于节约这类活动的成本。通讯变得更便宜不仅是因为技术进步,而且非常重要地,也是因为制度的改善。如果制度混乱,又由积极行动的管理者把规则体系搞得很复杂,协调成本就会滚雪球般增大。例如,有些国家的公共政策涉及大量具体后果,指令性规则激增,大量本来有利可图的生产和交易行为干脆就不会发生了。过去几十年中许多国家的经济改革已经证明,明确、简单的制度能大大削减协调成本。这个不言自明的真理有一个很好的历史先例,两千多年前中国秦始皇的车同轨。它使道路得以标准化,并节约了道路修建的成本。

协调成本的类型

图 5.2 给出了在与他人交往时拥有和使用产权的各种成本。当人们保有产权(即不将它用于交易)时,他们要支付排他成本(exclusion costs)。而当人们积极地运用其产权时,即当他们与他人交易产权或

使自己的产权与他人的产权在一个组织内合并起来的时候,会发生协调成本(coordination costs)。当这样的运用是在市场中得到协调时,我们就会谈论各种"交易成本"。因为在市场中,独立的产权所有者们要订立各种自愿的契约义务并履行这些义务。首先,这包括了获取信息的成本,如在什么时间和地点,以什么为条件,什么可用,同时也包括了商洽、监督和执行契约的成本。

在7.3节中将对交易成本作更详细的讨论。

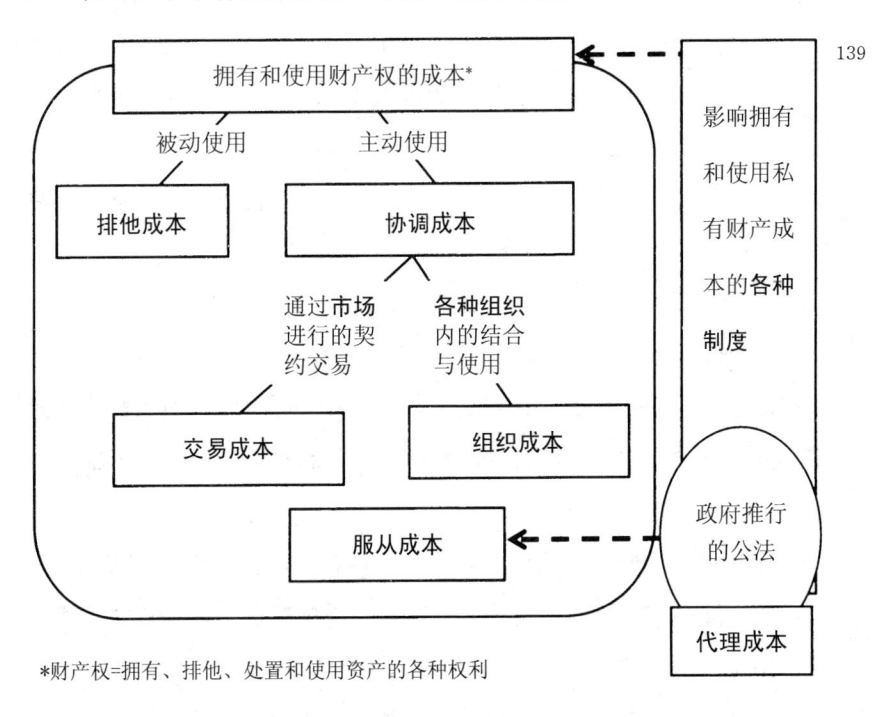

*财产权=拥有、排他、处置和使用资产的各种权利

图5.2 拥有和使用财产的各种成本

作为通过市场交易运用产权的一种替代方式,人们还可以通过将他们自己或他们的一些产权合并进一个组织的方式来利用其资产。在这种场合,我们称建立和运营一个组织的成本为"组织成本(organization costs)"(图 5.2)。我们将在 9.2 节中讨论这些成本。

我们已经看到,制度的运作需要有借助于集体行动的组织支持。政府在运行其所负责的外在制度上会发生非常高的成本;这些成本通常要由各种收费和税收来支付(第 10 章)。在这一过程中,政府行使合法的政治权力,受托向企业和普通百姓征税。他们是依据公法这么做的。这对受管制的人民强征了"服从成本"(compliance costs)。例如,公民们必须在按税法行事上花费大量的时间和精力,保存记录、收集文书、填写表格、聘请会计;他们必须向政府机构提供报告,证明自己已经履行了这些规定。这样的报告可能得按天记录,就像金融市场里的情况那样。普通百姓不得不承担这笔服从成本,而服从成本会明显增加交易成本和组织成本。政府运行的代理成本要靠税赋和其他收费来融资,而这些私人成本在这些代理成本之上又添加了一笔。

当人们面对信息成本,或为此而面对其他协调成本时,不获取信息往往是合理的(理性无知)。所以,我们必须假定,每一个人将永远与仅掌握部分信息的合作者交往。其实,如果一个人假定,其他人都是掌握了充分信息的,或是想要获得充分信息的,他就很容易对他人的反应做出错误的判断。

在结束本小节时必须说明一点,一个人的排他成本、交易成本、组织成本和服从成本常常是另一个人的收入。削减这些成本符合那些必须承担这些成本的人的利益,而使这些成本居高不下则常常符合那些进行交易活动或推行服从要求的人的利益。当制度改革试图削减协调成本和政府代理成本时,这种利益冲突会发挥作用。它解释了许多协调主体,如政府官员、律师和仲裁者,对这类改革的抵制。

关键概念

排他成本是在人们想要确保不让他人擅自使用其产权时产生的。纯被动地保有产权会引起这类成本,如用于栅栏、锁、守夜人和警察、股份登记和专利保护的开支。

协调成本是在人们为使用其产权而与他人交往,并将他们的产权与其他人的产权结合在一起时发生的。

交易成本是人们为交易产权而利用市场时引发的资源成本。它们包括搜集市场信息的成本、缔约成本、监督成本和强制履约的成本。

组织成本发生在诸如商务企业那样的组织里。在这种组织里,人们试图将自己拥有的资源与他人拥有的资源合并起来,以追求共同的目标。组织成本包括筹建组织的成本、以及一个组织内部的交流成本、计划成本、协商成本和监督岗位绩效的成本。

服从成本,每当民间个人和组织受制于政府的公法规定时,就会来烦扰他们。单个公民和组织必须服从由法律、政府条例和税制所强加的各种制度约束。例如,当公民们不得不耗费资源准备纳税申报的说明,或者当企业不得不提交报告说明他们已经履行了政府的规章时,这样的情形就出现了。

政府代理成本是指政府机构运行中的资源成本。它包括监督政府内外情况的成本。它们通常都要靠税收、其他收费和发行公债的方式来融资。

第6章　制度系统和社会秩序

在本章,我们的重点要从单项制度转向整个规则系统,以及这种系统帮助创立的秩序。我们的分析始于对两个问题的考察:其一,什么是系统;其二,规则的层级结构,其范围从宪法到成文法和政府条例。

或多或少具有兼容性的规则所构成的系统对经济生活有着深远的影响。为了论证这一点,我们要讨论建立社会经济秩序的两种不同途径:

(1) 层级秩序或计划秩序,它由某种看得见的引导之手(ordering hand)创立,如在命令经济中,集体拥有的财产、产品、岗位和投资资金都要按某些人的计划来配置。

(2) 自发秩序,它在人们遵循一定的共同规则时不断演化。例如,在市场经济中,决策者是由私人收益和出自竞争过程的价格来驱动的。竞争过程告诉决策者,什么是别人认为有价值的东西,什么不是。

自发秩序以这样一种观念为基础,即将世界理解为一个演化的宇宙。不同的人带着多种多样而又不断变化的爱好被推动着,按其自己的自由意志,运用其分散化的知识,去追求形形色色不断变化的自设目标。而层级秩序则相反,它基于这样一种假设,某些政治主体有能力获取和运用制定相关决策所需要的全部知识,也拥有强制他人服从其命令的权势。经验已经证明,在现代经济那样的一个复杂演化系统中,层级式协调运转不灵,而自发的自我协调却有可能更好地利用分散的、专业化的人类知识。

我们还将看到,"文化"或"文明"可被解释为一种由共同价值支持的规则系统。

我们以对法治的简短讨论结束本章。法治的主要作用是保护个人自由和抑制冲突。它将约束个人行为的规则组合与程序性规则结合起来。法治在许多方面补充了资本主义体制的经济制度。这将在本书的第二部分里讨论。

Legum servi sumus ut liberi esse possimus ——我们是法律的奴隶,所以我们能自由。

塔利尤斯·西塞罗(公元前106—前43年),古罗马律师和作家

Ubi non est ordo, ibi est confusio ——无秩序的地方有混乱。

弗拉特·卢卡斯·巴托洛麦欧·帕斯欧里(大约1335—1520年),《复式簿记方法》(1494年)

我们从未设计过我们的经济系统。我们的智力不足以担当此任。

F.A.哈耶克,《自由人民的政治秩序》(1979年a)

没有人能够充分地理解这个世界,因而无人能发布实践指令。

马丁·海德格尔:德国哲学家,1966年与德国新闻杂志《明镜周刊》记者的谈话,在他于1976年逝世后发表

在关于幸福和自由的许多其他方面中,陛下您的臣民……所欣赏……的目标,无一被他们认为比下列事情更可爱和更宝贵——受某种法治……而不是受任何不确定的、任意的政府形式的引导和管理。

引自英国下议院对詹姆士一世国王的请求,1610年7月7日

6.1 社会系统和规则层级

人造系统和自组织系统

前一章的重点是单项制度。但在现实中,制度服务于其目标并非靠其单独地得到遵守,而是靠诸多相互支持的规则构成组合群(constellations)。规则形成规则组合,而规则组合又反过来影响实际世界的现象系统。换言之,我们必须考察确立起人类行为秩序的规则秩序(an order of rules)。我们必须从规则系统和经济、社会系统的角度来思考。

我们靠"系统"来理解一个由多重相互作用的要素构成的结构。系统可以相当简单,如一套时钟装置。这个系统由钟表匠制造出来,其内部的相互作用可以是机械性的或电子性的,而且只与一个特性有关——时间。而别的系统则比较复杂,包含着众多要素,这些要素的相互作用要取决于众多特性。图 6.1 中用不同的箭头指示与不同特性有关的影响。这方面的一个例子是生态系统。在生态系统中,各种植物和动物以不同的特征相互作用以求生存。

复杂系统难以计划和操纵。很多这样的系统是自组织和自矫正的。例如,大洋中大批的鱼群和天空中以有序方式盘旋的成群椋鸟。没有管理人员给它们发号施令去控制它们,也没有计划人员设计某个种群的结构。相反,协调靠的是自发行动,是多个动物个体的反应和不反应。这些动物遵循着在个体之间传递信息的简单规则,如防止鱼的相撞或鱼群散开。如果我们研究这样一种生态系统,我们可能会发现,自组织行为依赖于各种单项要素,这些要素遵循着一定的规则或规律

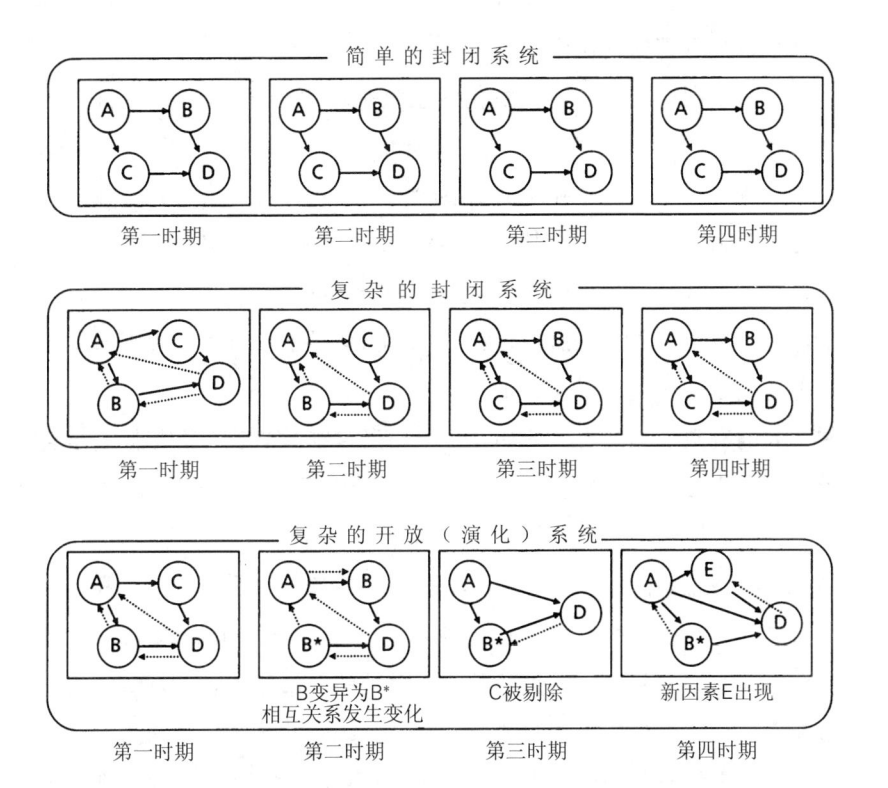

图 6.1 系统的类型

性,这些规则和规律性构成一个系统。

复杂系统还可以是开放的,即它们可能处于一个时期接一个时期的、难以预见方向的演化之中(图 6.1 下面一组)。要素和特征会自发地发生变异;各种要素出现、变异或消失。这些变化都会受到检验、选择或拒斥,而反馈保证使该系统维持稳定。这样新的可认知模式就会出现。一个生态学系统的历时演化——例如,多种植物或动物怎样在一个区域内建立群落——是说明变异、选择和稳定之间相互作用过程的极好例子。了解复杂系统这类自发调节的生物学家和生态学家们也常常警告我们,不要去干扰这类演化秩序,因为可能会引起无法预料的并且常常是有害的副作用。

另一个同样复杂和还在演化的系统是现代经济。其中,千百万人高度多样化的不同特性相互作用;演化就在其中发生(Anderson et al.,1988;Parker and Stacey,1995)。各种各样的参与者并不在混乱中运作,而是参照一个共同的规则系统有条不紊地行动着。当市场参与者表现出有序的交往模式时,他们就像天空中的椋鸟一样,不需要一个指挥官或主管人员。而且,从经验来看,引导他们行为的规则系统本身也往往处于演化性变迁之中。

人的有限认知能力——如3.1节中所讨论过的——常常使制定若干规则成为必要,这些规则的副作用会相互强化。单项制度要想有效,就必须得到协调(引导)。例如,保护私有财产的制度会产生很多结果,其中之一是,拥有财产的人彼此竞争,以求找到能和他们进行有利产权交易的另一个财产所有者。在那种情况下,定出规则以维护自由缔约和在这些契约中所承诺的责任是很有益处的。因此,私有财产、缔约自由和责任构成了一个可相互兼容的制度系统——一套规则秩序。

如果人们享受到了受保护的产权,但不能自由缔约,就会出现一个矛盾:如果禁止或严厉限制通过契约来购买、出售或出租产权,那么私有财产有什么用?只有当各种各样的规则形成一个合理兼容的整体时,它们才能有效地造就秩序,并抑制任意性投机行为,这种行为会侵蚀人们行为的可预见性和信心。

如果各种规则系统形成一个从一般规则到具体规则的层级结构(hierarchy),就能在引导人的行为上更好地发挥作用。一般的普适规则往往比较抽象;它们可以由内化的道德规范(如:"汝不应偷盗")构成,或者由在权利法案或"基本法"中正式制定的普适性外在制度构成。如果出现了矛盾,这些元规则优先于具体制度。例如,比较具体的规则可以解释在某种特殊情况中什么是盗窃。这样的规则通常被包含于具体的成文法或细则之中。因此,高层级规则为这类低层级规则创建了一个框架。这种层级性的规则系统在外在制度中表现得特别典型。

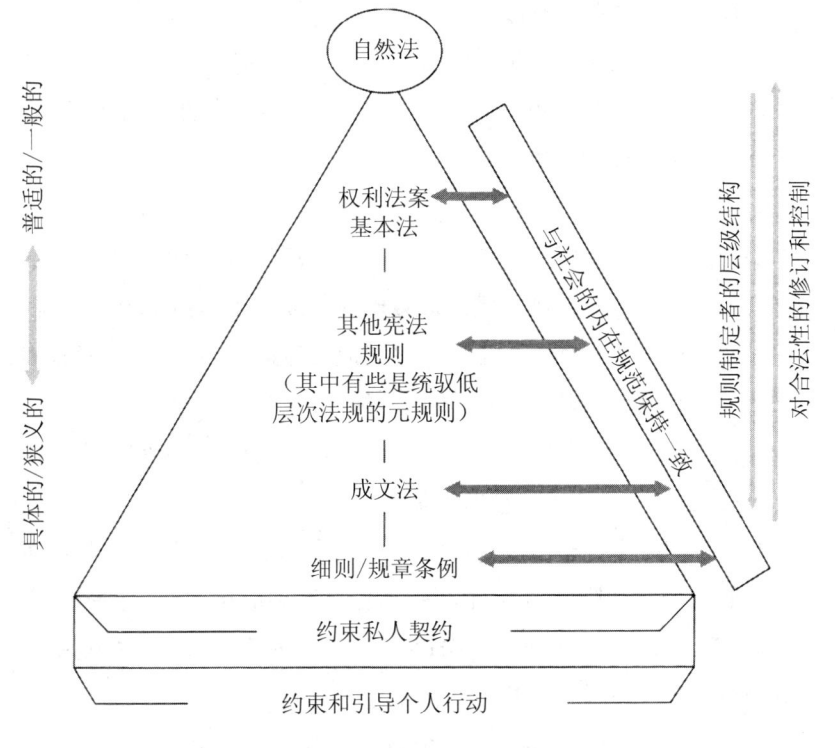

```
                        自然法
                          △
         ↑           ╱    │    ╲
        普          ╱     │     ╲        ↑          ↑
        适        ╱  权利法案  ←→ ╲      与         规
        的       ╱   基本法       ╲     社         则
        ╱       ╱       │          ╲   会         制
        一     ╱                     ╲ 的         定
        般    ╱    其他宪法  ←→      ╲内         者         对
        的   ╱     规则              ╲在         的         合
            ╱  (其中有些是统驭低       ╲规         层         法
        ↕  ╱   层次法规的元规则)       ╲范         级         性
           ╱                          ╲保         结         的
        具╱       成文法    ←→         ╲持         构         修
        体                              ╲一                   订
        的╱                              ╲致                  和
        ╱╱    细则/规章条例  ←→           ╲                   控
        狭                                ╲                   制
        义╱─────约束私人契约─────────────────╲
        的
        ↓ ──────约束和引导个人行动──────────────
```

图 6.2　外在制度的层级结构

外在制度的层级结构在本质上由三个不同层次的规则构成:即顶层的宪法、中层的成文法和底层的政府条例(图 6.2)。在许多法律系统中,自然法常位于这一金字塔结构的顶端。这一层级结构规定着什么样的私人契约是合法的,以及出现争议时将如何解释。典型的情况是,通过立宪选择过程选定宪法规则。部分宪法规则涉及立法和建立政府条例的集体决策活动。这些法律和政府条例又控制着操作性分权化层面上缔结的契约。如果对具体的低层约束的合法性产生疑问,它就会自下而上,即从具体准则到普遍准则,受到评估。

这样的层级结构使个人更易于理解这些规则。因为这类层级结构在不同规则中建立起了秩序,并在时间的推移中保持一致。如果有一个权威机构发布大量的裁定、政令、敕令、*ukases*(圣旨,因独裁沙皇和当代俄罗斯以不参照某些一贯的普适准则而逐案裁决的做法而闻名),或 *fatwas*(禁令,因伊斯兰法律传统而闻名,不同的毛拉发布有约束性的命令以协调一天中所发生的事),那么就会导致不连贯、横行霸道和任性妄为的危险。规则无法被领会,因而在规范个人行为上也是无效的。它们误导人们并造成无序。这类规则一般易于趋向专横和歧视,并因此而往往被认为是不公正的。规则的无序激增会孳生出怨愤、表面服从,以及对个人真实思想和意图的掩饰。这种状态与思想的开放性竞争和对新思想、新试验的批评性评价截然对立;因此,它不会导向有效的协调和创新,也不会导向繁荣和自由。

规则系统完全可以由内在制度构成,如传统文化的情况(请见后面的 6.4 节)。内在规则系统通常几乎不包含明确的层级性规则和程序性规则,但尽管如此,我们通常仍能明白如何使种种相互冲突的规则变得可兼容。例如,我们能够接受在某些极端情况下不必说真话,比如在一个无恶意的谎言可以拯救某人的自由或生命时。外在制度以及内在制度与外在制度的混合体都需要有程序性规则,以便指明如何化解可能出现的矛盾。当一个共同体的内在规则与外在规则相冲突时会出现各种问题。一个当代的经典事例就是,美国人试图把如民主和经济自由这类新的外部制度强加给战败国而未能成功,因为那些国家的人们关注的是与西方文明完全不同的内在制度和价值(Coyne, 2007)。因此,使用外在规则的监督服从成本和执行成本会限制政府施加外在规则所能取得的成就。有人估计,如果没有形成自发性服从,"政府靠强制在任何时候最多只能执行全部法律规范的 3%—7%"(Kimminich,

1990，p.100，作者英译）。因此，所有层次上的外在规则都应恰当地符合社会的内在规则和价值（有些体现于自然法中），以确保这些规则对人的行为具有规范性影响。在规则发生冲突的某些情况下，只有细致的道德讨论才能化解矛盾。

要让外在制度起作用，就必须强制执行，而且还要让人们看到它被强制执行。受到密集管制的国家，凭借有限的行政管理能力和司法能力，无法确保做到这一点。因而，精简制度系统就会带来很大的好处（见第 14 章）。然而，也有这样一些事例：尽管当权者们设计和实施了制度，但他们从一开始就知道，这些制度不可能被坚持执行，要么是因为这些当权者没有物质上的能力，要么是因为他们太懒而不去坚持。在这里，政府的目的是用规章条例随意控制和惩罚政治上或思想上的反对派，有选择地将挑战者置于控制之下。有时候，当权者们制定规则的目的在于为搁置它们而收费或受贿。这当然是对法治的公然违背，是腐败和权变谋私的管制。

在外在制度的层级结构中，我们能更清楚地观察到各种规则相互联系的状态。最高层次的宪法规则往往包含在权利法案、基本法或成文宪法的序言当中；它们优先于所有其他的规则。它们一般都要经过专门代表会议的批准，并常常要依赖于特定的通过准则（如三分之二多数通过）。在有些法律系统中，这些高层次制度仍须与自然法相兼容。所谓自然法，可被理解为代表着共同体中一些根深蒂固的规则和价值。这些规则和价值保护着每个人不可剥夺的权利。

在欧洲，不可剥夺的权利这一概念在古代就已众所周知，并在现代体现为关于基本自由权的法典。这些自由权现在反映在比如《美国权利法案》(1789 年，后来又用修正案加以扩展)和《法国人权宣言》(1789 年)之中。在 20 世纪中，不受干预的个人基本自由权又增补了若干对某些物品和服务的权利诉求，例如在《联合国人权公约》和《欧洲基本权利宪章》中就规定了"工作权"。

其他比较具体的宪法规则都从属于自然法和基本法。它们常常包含程序性的公法规则。这些公法规则决定新规则如何被采纳和被应用,并指导各种政府机构,有别于指导人们行为的规则。我们称之为元规则。

沿外在制度的层级下行(图6.2),立法者的层次也相应下降,从靠简单多数制定大量成文法的议会,直到基于授权法制定具体细则和条例的政府行政机构。当这样的低层次规则引起争议时,它们要接受修订和对其合法性的控制。这与更具普适性的高层规则恰成对照。高层级法院常常会介入这个过程。

规则系统有助于认知

制度层级结构按以下方式运转:个人缔结私人契约以实现组合或交易其产权的合作。这可能要服从于具体的条例或细则。这些条例或细则规定缔约各方所能做的事,澄清契约本身不做规定的各个方面。例如,私人契约可以在雇主与工人间建立工作关系。缔结这样一种契约的自由可能因或好或坏的理由而受到政府条例的限制,如禁止在某些时间里工作。毫无疑问,如果契约与高于政府条例的成文法之间有明显矛盾,还要服从正式的成文法。而所有的成文法都从属于更高层次的规则。这类高级规则包含在成文的或不成文的宪法当中。如果出现矛盾,就要求宪法法院就某一项成文法该如何与宪法相衔接做出裁决。有可能发现该成文法无效,因为它违背了某一更高层级的宪法条款。宪法规则反过来也必须符合权利法案并——至少在盎格鲁-撒克逊的传统中——符合自然法。例如,要是一份私人契约批准奴隶劳动,它就不会是有效契约,因为奴隶制了违反自然法。如前所述,高层次的制度构成了一种框架,它提供了稳定性并确保低层次规则的协调。这个层级结构代表着一个上述意义上的法律系统。在现代社会中,它大都很复杂,且不断演化,反映着该法律系统所规范的现实世界在不断变化。但这一深刻见解主张,复杂的规则系统难以遵从,整饬复杂世界,简单规则要有效得多(Epstein, 1995;亦见 5.5 节)。

还以雇佣关系为例:在应如何按开放性契约来妥当处理未来事件上,一套围绕劳动契约的规则系统给雇主和雇员们提供了更强的信心。规则系统还使起草雇佣契约变得更加省事。因为,许多具体的或许只能由私人协议来规定的偶发事件,以及在缔约时想象不到的事,都可以由整个规则系统中的各种要素来决定。如果有必要对开放性雇佣契约进行具体调整,就可以针对具体问题做出这样的调整,而整个契约仍能在该系统中稳定而可靠的宪法要素范围内存续下去。在一个运行中的制度系统中,正是这种不失灵活性的内在一致性,使人们能够做出必要的调整,又能保持缔约各方之间的相互信任关系。

规则层级结构有助于管理制度变革

由于私人契约世界是开放的和不断演化的,所以相应的制度系统也应当具有演化能力。系统化的规则层级结构有一个关键功能,就是支持规则系统的演化。高级规则决定低级规则可以规定什么、不可以规定什么,即使在这些低级规则被改变后也是如此。高级规则保证着规则系统的内在一致性,并控制着规则调整的程序。这些元规则不同于直接影响普通百姓行为的制度(私法),而是对掌控外在规则系统(公法)的那些人提供指导。在必要时,元规则还会为如何修改具体的低级规则规定程序。因此,高级制度提供了一个框架,它规定可以进行什么样的变革,以及应如何就这些变革作决策。这对于制度系统在不同时期合乎预期地发挥作用是必不可少的。当具体的、较低层级的规则必须进行调整以适应新环境时,各种高层级的、具有宪法属性的规则使整个局面保持可预见性。缺少这种制度层级结构的制度系统阻止演化性调整。从长期来讲,它们很可能将难以保证制度的连续性,并会变得不确定。

要使复杂的制度系统保持内在的一致性,即维持规则秩序,并非易事。如果规则制定者在颁布具体的低层次制度上能有所节制,并专注于培育简单的普适规则,就能够避免不相容性。具体而琐碎的法规层出不穷很难是一个合格议会的标记。相反,它是无视各种普适规则而靠直接干预来实现具体目标的征兆。如此建立规则会使受规则约束的人感到不安全,因为无人能通晓——更别说遵守——大量叠床架屋的具体低层次规则。当规则激增时,整个规则系统会发生功能障碍。在这种情况下,简化和精炼低层次规则并发展新的普适制度是使制度系统重新有效的最好办法(Epstein, 1995)。以这种方式强化制度的协调力是全世界经济改革中的一个重要方面。简化和改革非普适性的规则系统,不仅能使人们更好地了解和遵守规则,而且也无须去解释制度之间的矛盾了。这是一个受人欢迎的结果。那时,有权势解释规则(常常是任意去解释)的那些人会失去权势,而这会促进公正、平等和财富创造。

> **关键概念**
>
> 系统被定义为一个相互关联的多要素结构。当这些要素与许多对应特征相互作用时,我们就称其为复杂系统。如果这种系统对未来是开放的,即各要素或特征会难以预见地变化,我们就称它为一个演化系统。在这种系统中,变异、选择和自稳定相互作用,产生出各种新的可识别模式。当我们考虑各种交叉连接的制度时,我们就称其为规则系统。它可以靠实验和演化性学习(已演化了的制度系统)来引导,也可以靠设计(人为的、设计出来的制度系统)来引导。因此,**规则秩**

> 序可以是计划出来的,也可以是自发形成的。
>
> **层级结构**存在于一个系统之中。层级结构中的地位和权威呈纵向排列,高级别的人有权命令和指挥低级别的人。在这类自上而下的系统中,秩序是由上面强加的。
>
> **自然法**的基础在于肯定人类拥有一些不可剥夺的权利。亚里士多德指出,所有人,无论其生活于何处,无论其共同体奉行什么习惯和法律,都拥有一些不可剥夺的优先权利。自然法承认,所有人在一些基本方面都是平等的。在现代,基于各种专制政体的经验,作为高层次法律原则的自然法概念已获得了全新的承认。现在,它被广泛地接受为一些基本的消极自由权(免受权威机构和他人干预的自由)的渊源。
>
> **成文法**是法律系统中已经由正式立法机构正式通过和记录下来的那一部分法律(有别于习惯法或判例法)。
>
> **元规则**是程序性规则(或原则)。它们并不直接影响普通公民,但旨在使外在规则系统保持协调。它们决定如何进行制度变革,谁能启动变革,要通过变革需要什么样的多数票,如何解决规则变革上的冲突。元规则的一个例子是这样一条规定,即宪法法院可以对新法律进行复审,以弄清其是否有悖于宪法原则。

6.2 两种社会秩序

建立秩序的两种方法

人类的行为,在本质上,可以用两种方式来规范:
- 直接凭借外部权威,靠指示和指令来计划和建立秩序以实现一个共同目标(组织秩序或计划秩序);

•间接地以自发自愿的方式进行,因各种主体都服从共同承认的制度(自发秩序或非计划秩序)。

自发的有序化在自然界中司空见惯。仅举两例:当你向肥皂水里吹气时,分子会自行排列成一个气泡,这是一种可预见的安排;受精细胞会自发地自行成长为活的可识别有机体,而无需一个外部的指挥者来安排这一过程。我们已经提到以令人羡慕的秩序在海中游弋的鱼群,或是在空中飞行而不相撞的椋鸟。我们还在人类当中观察到很多自发的有序化过程,它使我们可以相信,人的行为是有规律的:当人们来到海滩时,往往会在他们之间均等地分配场地,以获得最大化的私密性。当人们竞争时,买者和卖者都会受到协调。在所有这些自发的有序化过程中,各个组成部分都是平等的,都服从着同样的规则。没有一个主体作为权威去指挥他人。

但我们也能观察到大量的有序化活动是由一个权威机构的有形之手来完成的。精心构思出来的设计可以指导一个人去协调各种行动者,一个思考的大脑可以调动其他人,就像调动棋盘上的棋子一样。在舞台上演出歌剧,或者在工厂里上百人合作组装一辆汽车,就是这种情况。

引导人类行动的这两种方式有本质的区别,这可通过下列比较来说明:

(1)铁路系统按照一个由中央机构计划和监控的时间表运行。这时间表就是强加给铁路运行的一种组织秩序或人为秩序。当我们观察一个城市的道路交通流时,我们也能观察到某种秩序。但那里没有人实施控制,没有人精确地指示驾驶员何时加速、刹车或拐弯。相反,所观察到的秩序是自发形成的,因为引导人们行为的是禁令性制度——交通规则,以及在前进和避免撞车上的自身利益。在交通法规的范围之内,人们可自由地决定如何驾驶以及去向哪里。

(2) 在一个新的大学校园里,我们可以看到窗外并存着两种有序化过程:计划者和建筑师确定了精心铺设的小路,但许多脚印却抄近路穿过草地和花坛。显然,计划出来的制度不适合一般使用者,他们逐步地建立起了他们自己的路线。于是问题就出现了:这所大学究竟是执行既定秩序,还是容忍从人们想要通行的路线中产生出来的自发秩序?这引出了进一步的问题:应根据谁的利益建立步行通道,是学生和教师的利益,还是早就离开了大学校园的计划者们的利益?

(3) 新技术可能使最适当的有序化系统发生改变。特别是,电子技术和通讯系统的革命已经常常使自发的和分散化的协调更有优势。例如,飞机过去要由中央空中交通协调人员指导通过空域,它们被告知飞哪些航线,是否要上升或下降,等等。当飞机间的雷达和直接通讯技术可用,并被普遍安装到所有飞机上之后,参与者自发协调飞行路线就可替代中央交通控制。当然,参与者也要遵守某些普适规则。截至 21 世纪开始时,分散化通讯和交往的新技术手段,在总体上,已经增强了分散化个人的权势,也减少了各种中央性权力机构——大政府、大工会、大媒体——的权势。

在相对简单的系统中,靠自上而下的命令来协调的有目的组织与合作可以最有效率。但协调任务变得越复杂,自发的有序化就可能越有优越性。当系统面临不可预见的演化时,更是如此。例如,生产一种或若干种型号的轿车是在一个企业内计划和协调的,而与轿车购买者和世界轿车市场中的其他供应商之间的协调则是通过竞争自发实现的。自发的有序化促使所有参与者对新技术保持敏感,并鼓励他们立即做出反应。这就是这种协调方法在面对新环境时为什么会比中央计划的、人为的秩序强健得多的原因。整个经济体计划出来的有序化已被证明实在是太脆弱了（Boettke and Leeson，2004；Pennington，2010）。

> **关键概念**
>
> 如果可预见模式的出现与行动者的有目的意愿无关，而完全是个人行动的副产品，我们就称其为社会有序化活动中的自发性。与自发性正相对的是目的性，即从相互交往过程中实现预计结果的有意识行为。

人的创造常要按精心构思好的设计来安排。尽管现在有些分析人员预言，"纳米工程学"（nano-engineering）——物质的自发性自我定型（self-patterning）——类似于物质的生物性有序化或一种结晶体的生长——将很快在某种重要的商业规模上可行，从而，各种材料和装置将被从内部（可说是根据其基因信息）创造出来，而不是根据外部的设计来制造（Drexler，1986）。但至少到现在为止，人类对自然的干预都是根据计划来进行的。

我们常常发现自发的有序化过程很难理解，因为我们太熟悉计划出来的有序化过程。除非我们受到训练用这些术语来思考，否则，从一个看起来混乱不堪的过程中浮现出的秩序让我们无法理解。自发秩序尽管并非实在物体，但对它的理解也要求有特殊的科学训练，如一个新的生命如何从受精细胞演化而来，或者市场如何产生出复杂的新产品，等等。人类已经发现，这类现象令人惊叹也令人不安，因此常常设想其背后必定有一只起引导作用的无形之手，将有序化过程缩减为一种简单而可领会的有计划操作（技术性解释）。许多人大概还是偏爱简单、有形和稳定的因果关系，并因此对"无形之手"的解释感到不舒服。椋鸟究竟是怎样避免了相撞、粉身碎骨落到地面上的呢？自由操控飞机的飞行员是怎么在没有空中交通管制员监督的情况下通过空间的呢？

自发行为秩序与计划行为秩序的区分，以及规则秩序因哈耶克而被突出起来（图6.3）。哈耶克吸收了经济学奥地利学派早期学者的观点，其中最著名的是卡尔·门格尔（Carl Menger，1963/1883，pp. 35-54）的观点。由于这两类有序化行为都是与规则相互并存的，我们就必须学会在生活中与这两类秩序并存。例如，在家庭和企业中主要是有组织的计划秩序，而在市场和开放社会中则主要是自发性秩序。我们将在下面看到，这两类协调方式要求有不同的价值系统、态度和行为方式，所以，从一个计划好的、层级式的秩序转向一个开放的自发性秩序决非易事（Hayek，1988，Chapter.5）。

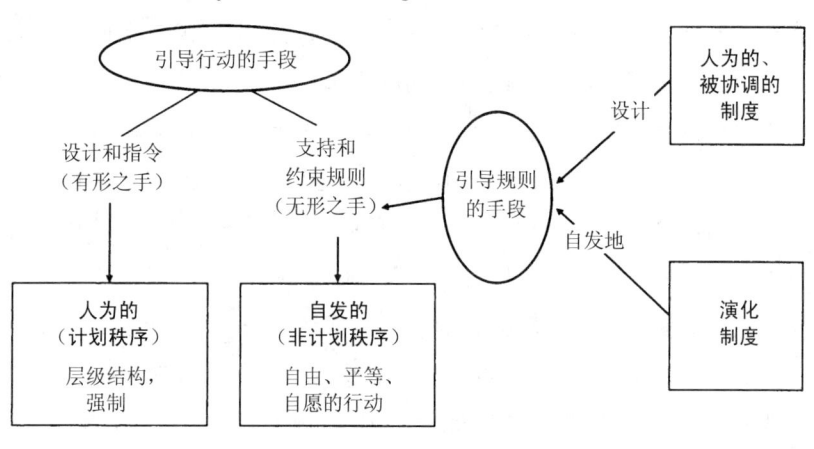

图6.3 行动秩序和规则秩序

计划秩序及其局限性

我们已经指出，计划秩序预设了某种指挥者，它向各种行动者发布如何行动的明确指示。这总是意味着依据具体指令或某种设计和协调——如遵循作曲者和乐队指挥指示的管弦乐队，军事单位的运转，或者工厂里对生产活动的协调，这种协调要按生产进度表向不同的主体分派具体任务。

使各种人类活动在一个设计好的层级秩序中共同运行,对下列方面提出了很高的要求:

(1) 知识的可利用性,以及那些协调各种活动的人获取适宜信息的能力;
(2) 领导者领会、运用和交流这类信息的能力;
(3) 领导者激励各类主体努力工作并监督其各自表现(以避免委托－代理问题)的能力。

当一个系统变得复杂而开放时,制定计划并建立秩序的领导者在认知上的局限性很容易成为一个瓶颈。在各种复杂情况下,如在协调成千上万种不同商品和服务的千百万买方和卖方时,来自上面的中央计划协调必然因难以克服的知识问题而踯躅不前。然而,在尝试实行中央协调的场合,计划者必须虚张声势,摆出他们拥有那些知识、从而有能力强加一种秩序的样子。但实际上,他们感兴趣的只是以种种平均水平(根据"一规适万物"〔one size fits all〕的信条构想出来的典型消费者、"代表性"厂商等等)作为其计划和命令的基础。这就忽略了构成真实世界的知识和欲望所具有的丰富多样性,不利于社会中所有多种多样的成员。遵从哈耶克的观点,我们将在面对复杂性时坚持层级性协调的做法称为"构建主义"(constructivism)。

计划有序化还要求被协调的追随者理解信号并愿意服从这些信号。如果被协调的共同体复杂且庞大,那么这些信号就常常会被扭曲和丢失。尽管有公共宣传机构、道德说教和持久的"觉悟运动",但在没有服从动力时,单纯的命令是得不到服从的。那时,就不得不靠强制和惩罚作为动力机制。于是,计划出来的秩序就不得不伴随着对暴力的强制运用(5.1节)。这样做减少了自由,并反过来对统治者提出额外的认知要求:在他们能够惩罚违规者之前,必须先监察违规行为——当众多的人在相互交往,且有许多人下大力气动用相当多的资源来伪装和掩饰其真实行为时,简言之,当委托－代理问题四处蔓延时,监察违规行为决非易事。

在环境发生变化、需要新的解决办法时,层级式人为秩序的局限性会变得极其突出。那时,与集中解释信号和集中设计的反应相比,靠自发的试验和分散化的竞争寻找新的解决方法会具有巨大的优越性。与分散化的市场经济相比,苏联式的中央计划在开发创新性解决办法上的能力非常有限。很典型的是,强大的印加帝国可能是人类历史上最具集中协调和专制权威特征的国家,它崩溃于1530年代。原因是,其僵化的命令系统,再加上其中央领导的认知缺陷,使其不能创造性地快速适应一小批西班牙征服者的挑战和他们所携带的闻所未闻的武器。同样,其他严重依赖中央指令的政体,从大流士王(Darius)领导下的波斯帝国、整个19世纪和20世纪初的中华帝国,到苏联帝国,最终都因其僵化的中央协调和由此导致的混乱而归于失败。实际上,这些文明的整体兴衰都已由在协调日益复杂的共同体上所面临的各种问题做出了解释(Quigley,1979/1961)。

当政策制定者对具体行动发号施令时,他们的知识问题常常会在意外的、未预见到的副效应中显现出来。政策干预的直接作用是促进预期目的,但在一个复杂的开放系统中,别的效应可能随之变成主导因素,从而初始的干预最终产生出违背初衷的结果。可以证明这一点的一个好例子是:试图通过使解雇代价高昂,或不得解雇,来提高就业保障的立法。它可能防止了一些人遭到解雇,但由于解雇代价高,也设立了对雇用新员工的障碍,因为雇主们常常无法知道新岗位能持续多久。另一个不良副效应的实际例子是对房租的控制。起初,强制规定房租上限的本意是要保护房客,但在成本上升的时期里,其副效应都是使提供租用房屋变得无利可图。另外,如果这要伴有很高的法律服从成本的话,随时间推移,供出租的房屋就会变少。住房供给趋于短缺,而房客们作为一个整体将处于不利地位。

在有些情况下,依靠指令的、设计出来的秩序和协调可以具有优越性。这是企业组织和政府组织存在的一个原因。它们都是计划秩序。在主要事务不过分复杂的场合中,由权威机构根据预先策划好的计划来协调和指挥所有主体,从而形成有目的的交往模式,常常会更加有效。使层级秩序有意义的另一种环境是人们生产联合产品的情形;在那种情况下,人们常常将他们的资源按长短不等的期限合并进一个组织之中。生产不可分割的产品时,或在不能建立排他性私人产权的场合,都不可能按直接偿付个人行动的方式进行生产成果的分配,而必须靠命令来进行分配。毕竟,只有当个人预期其努力能够直接和近乎即时地得到一种排他的、明确界定的偿付时,才能在一个像市场那样的自发秩序中行动(对此的更多讨论,参见第 7 章)。

各种行动的自发秩序

人类的局限性常常使依靠自发有序化和培养能增进自发秩序的方法变得有益。让我们再次引用哈耶克的话:"人类智识远不足以领会复杂人类社会的所有细节,我们没有充分的理由来细致入微地安排这样一种秩序,迫使我们满足于种种抽象规则"(Hayek,1967b,p.88)。换言之,借助于各种被自发遵守的规则,使"无形之手"发挥协调作用,并依赖这样的协调,变得十分必要。亚当·斯密发明了"无形之手"这个词,使得靠竞争力量实现社会有序化的思想得以流行,并揭示出人们如何在私利的驱使下协调他们的行动以相互受益。在市场过程中,人的行动受盈亏信号和自利追求的指挥,而对私利的追求又要接受普适制度的引导。规则系统告诉市场参与者,他们不能做什么(规定了在什么情况下会对他人造成伤害),和他们可以想做什么(市场中出现的价格系统)。这一过程还具有一种意料不到的有益副效应,即会出现一种人们可以依赖的行动秩序,而这种行动秩序也向其他人提供物质利益和新的机会。

市场过程中的自发性行动秩序回答了下列问题:

(1)个人如何搜寻和获取可能有益于其个人目的的知识?
(2)这种知识是如何传播从而变得对他人有用的?
(3)如何根据反馈矫正可能的错误以使整个经济系统保持稳定(Streit,1998)?

市场系统通过法律限制和价格信号这双重信号做到这一点。价格信号出现在竞争过程中,它使人们受到激励和调控,并以价格变化这样一种高度简约的方式传递信息。市场系统促使参与者去承担发现过程的风险(Hayek,1978b)。在第 2 章里,我们已将这种自发的竞争性交往定义为"通功易事"。

对行为规则的依赖

当个人对控制其行为的一个规则系统做出反应时,就出现了自发的行动秩序。例如,各种市场活动都被纳入一种可预见的有序模式,因为所有的人都服从规则,如受保护的产权和缔约自由确保市场的多数参与者以可预见的方式行事。通常,如果价格上升,供应者就会增加供应量,而购买者则会减少其需求量。买方和卖方都要应对这样的价格信号做出复杂的决策。然而,尽管他们是自由的,他们做出反应的理由也多种多样,但他们的行为仍可被预期,他们会以自发的、协调的方式行事。因此,市场并不像无知的观察者有时候描绘的那样,一片混乱和任意妄为。

市场经济中造就自发秩序的规则必须确保能激励个人运用其主观知识追求其自己的目标,并能有把握地预料他人将如何行事。在市场中,这一点主要依赖于允许参与者保有其已经挣得的东西(受保护的产权),并相信其他人将信守诺言(履行契约)。确保这一点的制度对市场过程中的有效秩序至关重要。

1980年代后期的两次严重地震以一种很有说服力的方式说明了这两种有序化过程在处理复杂任务上的优劣。一次地震发生于亚美尼亚的莱尼纳堪(Leninakan),当时它还是苏联的一个共和国。这次地震在遥远的莫斯科和其他地方引发了大量的委员会会议,以确认和策划重建工作。所有这些努力直至苏联解体时仍一筹莫展。[①]另一次地震袭击了加利福尼亚的旧金山;仅在数小时之内,远在芝加哥的玻璃供应商们就已经在为运往旧金山市场的卡车装货了。社会批评家们也许会争辩说,芝加哥厂商的行动是出于迅速抢占市场先机的私利。但是,在亚美尼亚地震的死难者看来,被假设为"无私的"计划工作有什么可取之处呢?

有关社会的一些历史哲学概念

在如何建立社会经济生活秩序这一问题上,人们的立场与有关社会和人类生存状况的基本哲学观有密切关系,也与对个人主义的态度有密切关系。在理解个人以及个人与全面社会经济生活的关系上,有两种截然不同的方式:

(1) 一种社会观视社会为一个有机整体。其中,整体被视为大于其单个部分的总合,并且整体有其自己的目的。社会被以某种方式理解为一个庞大的组织——一个集体性实体,所有的人都从属于这个实体,并必须在这个实体中服务。这个实体的领导者

[①] 在1990年代,一个与摩门教有关的美国慈善团体为帮助灾后重建而在亚美尼亚建立了一家水泥厂。

(不论他们是如何被选中的)决定什么有利于社会,以及每个人对社会有什么责任。在许多古代社会,这种基本的世界观都十分盛行。

(2)另一种社会观,也是本书的立足点,根本不同于上述社会的组织模式。它始于这样一种观念,人是自利、自主和平等的个体,他只具备有限的认知能力和有限的知识。社会在本质上被视为一个自愿交往的网络。在原则上,所有人都是平等的。但这并非一种原子式个人主义观,因为人们要在一些重叠的网络和组织中相互合作,并自发地遵循共同认可的制度。在需要集体行动的场合,自下而上地发动这类行动更为可取。

个人是自主的,他被赋予了某些不可剥夺的权利。这种核心观念可追溯至古希腊哲学家,如亚里士多德,还可追溯到古罗马的司法实践(Némo,2006)。对社会的个人主义理解是西方就个人与社会进行了长期争论的产物。在文艺复兴时期,这些观念获得了全新的影响力。例如,当时不同辖区和不同社会等级的商人,已必须基于平等地位而不是基于当时流行的封建法律来解决他们的冲突。而封建法律却为每个人按等级分派了特权和义务。

在欧洲的专制政府时代,社会被视为庞大组织的类似物,领导人在其中指挥着人们相互交往。这样一种社会观曾有过很强的影响。例如,那时的法国国王路易十四就曾称自己为社会之首,而社会则被说成是其身体。①大多数18世纪的启蒙运动哲学家抨击了这一观念,并主张在法律面前人人平等。然而,由于让·雅克·卢梭(1712—1778年)

---

① 视社会为一个整体,并且这个整体具有其自己独立于个人且优越于个人的"人格"和目标这样一种观念,可追溯至柏拉图(公元前427—前347年)、一些注重群体的犹太教-基督教观念和欧洲的长期法团主义传统。类似的集体性实体观也存在于东方社会之中,但在那里,关于集体目标的观念与统治者是代表社会整体的象征那样一种观念更紧密地联系在一起的。

从概念和实践两个层面上都反对个人主义概念，集体主义的社会概念再次流行起来。卢梭使"一般意志（General Will）"这一概念得到普及。"一般意志"反映着某种独立于个人意志并优先于个人意愿的社会意志。他写道，成熟的公民应当自愿地使他们自己服从于这样一种"集体意志"。如果仅仅将"一般意志"理解为一种使共同生活和共同工作成为可能的制度系统，那是不会有什么问题的。但是，当对这种"一般意志"的解释超出这一范围时，它就会导向不负责任的集体主义。自卢梭表述这一观点以来，已有许多独裁者都声称自己信奉"一般意志"（无例外地都是由他自己操纵！），并赋予社会一个理想、一种使命和一种命运。后来的许多思想家，如奥古斯特·孔德（1798—1857年）、格奥尔格·威廉·弗里德里希·黑格尔（1770—1831年）和卡尔·马克思（1818—1883年），都将个人追求描写为社会万恶之源，将复杂的历史演化简单化，并表述了宏大社会发展中的预定历史模式（历史决定论）。

一般意志的观念导致了法国革命中的雅各宾激进分子规定了"政治第一"（primacy of politics），即领导人，连同其进行协调的政治规划，应该永远有权优先于普通平民多样化的琐碎追求。这种哲学以大屠杀而终结。然而，从那时起，主张"政治第一"的已不仅是一些独裁者，如墨索里尼和希特勒，还有近来西方国家中民主选举出的一些领导人。这应该被视为一个迹象——对个人自由的蔑视正在增加。

在西方哲学里有关社会组织的概念中，最突出的例子是卡尔·马克思的信条，即各种社会的运动都将循一种由各个历史阶段构成的预定路径运行，直至最终到达共产主义——一种没有稀缺性的地上天国。卡尔·马克思的思考着眼于决定社会辩证运动的"历史铁则"（历史决定论；Popper, 2002/1957）。在社会主义的过渡阶段，必须将个人组成集体以积极地追求社会目标(有组织的大众行动)。这样的集体推动历史进程,并有理由成为一个独立于其成员而存在的实体。

这一世界观反映在世界上大量社会-民主主义的规划之中。这些规划基于这样一种假设,即只有处于政府的管理之下,才会发生"正确的事"。[①]

与此相反,个人主义的世界观立足于这样的观念,社会没有其自己的、与构成社会的个人相分立的本体性;而且,社会中心的知识总是不足以协调各种复杂的演化系统。社会和经济生活不断演化,无人了解其路径,也无人能预见这种路径。当个人有能力创造时,他们就可以左右历史。

在这种个人主义的社会观中,个人当中的多样性以及个人的独特性被认为是合乎需要的,因为多样性丰富着演化的潜能。这也同样适用于协调的制度系统。规则秩序被认为是依据经验而演化的,其作用在于降低进行昂贵知识搜寻的必要性。

因此,这两种有序化分别与两种不同的世界观和社会观相关联。个人究竟喜欢哪一种关联,主要取决于他是否承认存在着一种构造性的知识问题(constitutional knowledge problem),尤其是在领导人方面。

关键概念

秩序是指符合可识别模式的重复事件或行为。它使人们相信,他们可以依赖的未来行为模式完全能被合理地预见到。如果世界是有序

[①] 国家主义和国家社会主义也主张国家具有一种高于个人的集体命运。这已派生出了集体主义的其他变种。

的,复杂性,从而知识问题就会被减弱,而各种经济主体也能够更专业化。制度有助于促进秩序的形成。

当有人计划出一种严密的交往模式并强制执行该模式的指令时,可以形成一种行动秩序。而另一种情况是,各种各样的主体以一种自发的方式遵循共同规则。前一种场合会导致一种有组织秩序或曰计划秩序,而后一种场合则会产生出自发秩序。计划秩序带有一定程度的强制性,而自发秩序有更多的自由。只要独立的主体或多或少自愿服从共同制度,就会留给他们决定做什么的自由。自发有序化的一个例子是市场经济。在市场经济中,制度禁止偷盗和欺骗,但没人指挥参与者,比如说,用某些技术生产某些物品的情形(像在计划秩序下那样)。

当各种制度构成了内部一致的制度组合时,我们就称其为**规则秩序**。规则秩序本身常常是依据经验而演化的结果,但它也会受政府的有形指挥之手的影响(编纂原有的内在制度;宪法或法律上的改革)。

历史决定论的基础是这样一种社会观,它认为社会是一个封闭系统,该系统的发展遵循可预期的模式,它有可能通向一个理想的终极状态。历史决定论的一个例子是卡尔·马克思的历史唯物论。该理论预言了从封建主义经资本主义、社会主义到共产主义的社会进步。有些分析家(如卡尔·波普尔)驳斥了这种社会决定观。他们将社会视为一个开放系统,认为这种系统的演化在本质上取决于人类知识的发现,而这是不可预测的。

层级式社会秩序和自发性社会秩序的行为特征集

这两种有序化分别与不同的价值系统、思想态度和行为模式相关联,因而从计划的层级秩序向开放的自发性秩序转换并不总是容易的事。与每一种秩序相连结的经验还形成和强化着不同的人类行为特征集。如果你认可宿命,你对生活的态度将更加被动,听天由命。如果你敢想敢干,热衷于改善自己的命运,你体验到的机会就会使你更加有闯劲而且更有抱负。当一个社会的成员受制于一种基本的层级式社会秩序时,他们会操练和学会一些不同的品格(virtues),这些品格与他们在自由的自发秩序下行动时所掌握的品格截然相反。这些模式会被内在化,并转变为被其他人仿效的社会规范,而这种规范又会强化既有的秩序。这些模式和态度会变成社会共同文化的组成部分,而且其实就是它的整个文化(Mayhew,1987;Kasper 2011b)。支撑层级式封闭秩序的各种品格盛行于缺少开放交易经验和法治的社会之中。在那种社会中,对小群体(家庭、氏族、村子、秘密社团)的忠诚超过了在抽象和普遍原则基础上与陌生人合作的意愿。当这样的社会遭遇全球化和技术的快速变革时,仅有极少数成员会开始学习敢想敢干,而大多数人则厌恶竞争。只有处于持续不断的外部挑战之下,这样的共有文化才能变得更具进取性(Bauer and Sen,2004)。

在定义社会秩序上,一个核心要素是开放性。如果群体的成员们相信——如法国社会学家克劳德·莱维·施特劳斯曾指出的那样——"人性概念只在部落、按语言划分的群体、有时甚至是村庄的边界之内才起作用",那么就会采用不同的规则和规范;而这种选择将取决于选择者的基本观念是世界主义的、注重普适性人类价值的,还是与"我们和他们"关系上的部落心态相联系的。加拿大社会批评家简·雅各布斯(1992)作了一个很有意思的尝试,她将这两种秩序的典型品格和特征集列了一个表(表6.1),将这两组态度和品格分别称为"守护型道德特征集"(the guardian moral syndrome)——封闭性层级秩序的典型特征,和"商业型道德特征集"(the commercial moral syndrome)——开放社会的典型特征。主要生活于层级秩序中的人一般都注重保护他们的领地,不让陌生人介入。而主要经验在于贸易或科学的人则注重好奇心和适应新的、正在出现的环境。

表 6.1　两种社会秩序中的典型行为特征集

计划性封闭秩序:"守护型道德特征集"	
避免贸易	发挥超常能力
要求顺从和接受纪律	固守传统
尊重等级	要求忠诚
实施报复	允许为任务而作假
扩大闲暇	具有虚夸性
广施慷慨	具有排他性
显示坚忍	认可宿命
珍视荣誉	
自发性开放秩序:"商业型道德特征集"	
避免强力	达成自愿协议
要求诚实	易于同外人合作
竞争	尊重契约
运用首创精神和进取心	欢迎创造性和新事物
要求效率	促进舒适和便利
为任务而发生异议	为生产性目的而投入
要求勤奋	要求节俭
要求乐观	

来源:Jacobs(1992)。

　　赞同一种特征集的人往往会将另一种特征集斥为道德低下或没文化。例如,雅各布斯就指出,军队、官僚和贵族那样的"守护型群体"对商人们不屑一顾,而商人、研究人员(通过交易商品和思想而生活的人)那样的"商业型群体"对鼓吹复仇和靠荣誉生活的人轻蔑鄙视。类似的系统差异也出现在民族主义者、生活于封闭社会中的人与从开放系统角度进行思维的世界主义者之间。当共同体处于经济改革之中、基本的制度体系发生变化时,就需要从一种价值特征集转向另一种价值特征集,但旧的品格组合常常会存留下去。这会推迟个人对新秩序的适应并引发系统转型上的困难。这是当今全球化和现代经济增长向迄今为止的落后经济体扩散中的一个核心问题。

封闭秩序的行为规范能在许多人群中见到,例如,在传统的东亚人中、意大利南部的人中、来自中东国家的人中。他们不愿意与政府机构的代表和外来人合作,因为他们认为这些人属于另一个(不友好的)氏族,并无意识地假设每个人都只追求其自己群体的利益。当政府官员在行为上表现得好像是一个"部落"的代表——而不是普适价值的捍卫者时,要想打破守护型特征集,普及自发性开放型规则秩序,并因此而扩散在劳动和知识的更广泛分工中产生的物质利益,将极其困难(Klitgaard,1995)。这样的规则秩序依赖于人们区分"部落"和开放社会的意愿和能力。

> **关键概念**
>
> 守护型特征集涵盖着一套规范。这些规范对于小部落的生存、对保护既定领域是必不可少的。这类领域可以是对权威和传统的共同忠顺,对荣誉的独占和保卫。它与商业型特征集正好相反。后者是另一组内在相容的品格,它们只在开放性的交易社会中才有意义,如抵制暴力、开放交易、与陌生人合作、创造性、诚实和节俭。

部落小社会能为成员提供相当多的舒适(Hayek,1976,pp. 133−135)。这种群体的表面安全无疑是生活于一个封闭社会的吸引力之一。然而,当世界演化并要求人们在更复杂和变化的环境中协调时,人们就必须学会与陌生人交往,学会在开放社会中生活,并获得与开放社会相容的态度和品格。这往往会导致卡尔·波普尔所说的"文明的紧张"(Popper,1945)。它迫使我们去克服无穷变化和高度复杂性中的不安全,就像现在不断进展的全球化所证明的那样。因此,我们就越来越多地依赖向演化开放的抽象规则,而不是依赖种种权威和具体规则。

许多人会问,物质上的获益和开放社会的自由是否真值得我们为之放弃安全。这是一个合理的问题。然而,开放社会规则系统中的竞争也教育人们去练就像诚实、俭朴、勤劳那样的社会美德(Giersch,1989)。早在前工业时代里,分析家们就希望,不断扩散的商业活动将抑制低级的情欲,并最终促进规则服从,从而支持公民自由(Hirschman,1977,pp. 56-67)。至少在一定程度上,市场秩序中有限的不安全感已经使依赖规则的秩序广泛扩散。例如在西欧和美国,在许多世界性的行业团体中,以及最近在东亚的已出现新兴中产阶级的若干国家里,就是如此。现在,通过更具竞争性的选举制度和更受规则约束的法律系统,规则秩序的扩散逐渐地提供了对公民自由权的较好保障。因此,地球上有越来越多的人们现在感到在这种开放秩序中越来越如鱼得水。在动态的现代世界中,固守那种部落式的内向心态在短期内可能提供一些舒适和安全,但最终将导致矛盾冲突,这些冲突可能引发混乱的革命性调整。截至2012年,这些潜在的冲突在北非和中东都可以看到。

6.3 秩序观影响公共政策

个人主义和集体主义

在个人主义和集体主义之间,存在着一个重大的世界观分野:
(1) 如前几章里已经指出的那样,个人主义的世界观认为,个人动机是所有社会行为的基础和研究社会现象的参照点。它承认,个人的行为对他人有副作用,这要求有起约束作用的规则系统。个人主义者一般都偏好保护自由领域和允许自发协调的规则系统。

(2)集体主义者视社会为一个独立整体。他们认为,社会在任何时点上都大于构成社会的所有个人之和。他们假设,一个社会真正的和处于优先地位的利益是可被认识的,可以建立某种合法的权威机构来照看这些利益。

这两种社会观通常还伴有一些别的基本偏好,如怎么实施公共政策。尽管前面的正文中对下列论点已多有论及,但再次重复一下仍是有益的:

(1)个人主义者偏好按照规则框架中的自愿交易实现的协调,而集体主义者倾向于依靠计划和命令的集中指挥。个人主义者欣赏人们对自己的行为承担责任。

(2)个人主义者通常偏好一般性的普适规则,并且如果可能,也偏好禁令性规则和消极自由权。他们偏好市场过程,抑制集体行动。集体主义更多地依赖命令、指令、强制,并赞同中央计划。

(3)第三项差异涉及对何谓社会系统的认识:社会是封闭的、静态的,还是开放的、动态的?个人主义者认为,社会系统受制于无休止且不可预见的演化性变迁过程,他们承认,不存在预定的发展路径;而集体主义者则往往视社会为一个遵循"历史铁则"、按可预见历史模式运行的系统(决定主义、历史决定论)。

在人们中间,还有两种基本态度,它们与个人主义和集体主义关系都不大,但会影响人们的哲学社会观,这就是利己主义和利他主义。利己主义优先考虑个人的自我利益,而利他主义则尊重他人利益。然而,许多观察者将个人主义等同于利己主义,并宣称集体主义具有更高的道德境界,因为它被设想为促进他人利益(Popper,1945,pp. 100-123)。现在已经证明,集体性群体的利己主义在形成该群体对外部人

(我们和他们)的歧视上发挥着很大的作用。而个人主义者也完全可能按利他的方式行事,不图回报地帮助别人。

167　个人主义和集体主义的对立不仅在哲学方面(图6.4),它还曾是20世纪中世界上具有重大影响的事件之一。国家主义式的极权主义运动博得过大量的政治支持,它们颠覆了原有的社会:意大利和德国的法西斯主义者。对伊斯兰教的诠释有个人主义的和集体主义的多个版本,莫衷一是。因此,正在兴起的公民运动和各国政府很可能会倡导这一种或另一种诠释,以推进自己的政治目标。

		社会观	
		个人主义	集体主义
对人类伙伴的态度	利己主义	追逐私利的个人主义	群体利己主义(歧视外部人)
	利他主义	利他的个人主义 (个人慈善行为、世界主义)	群体利他主义 (共享、群体团结)

图 6.4　观念和态度

种种有影响的集体主义变种反映着对某种大家庭式样板社会的渴求。而对那些较温和集体主义形态的追求则伴随着较少的强制,如各富裕国家中的福利国家体制和第三世界国家许多新独立国家中的集体主义－民族主义体制。我们将在第13章探讨集体主义模式的发展轨迹(从长期来看,并不是很有吸引力)。

然而,作为基本社会观的个人主义已经存活下来,并且在千年转换之际看来已在世界的大部分地区占据了优势,尤其是因为,个人动机的物质成果和市场中的自发有序化产生了物质上卓越的成果。因此,新兴的富裕中产阶级正在要求个人权利、民权和经济权利,这些权利对他们来讲既是值得追求的目的本身,也是维护和增进其繁荣的手段。

> **关键概念**
>
> **个人主义**是一种社会观，它坚持用个人动机和个人行为解释经济现象和社会现象。它以个人具有不同的知识、偏好和目标的观点为基础，而且说到底，只有个人能决策和行动。
>
> **集体主义**是一种与个人主义截然相反的社会理论。它将群体、集体视为有自身权利的存在，它们服从于其自己的（集体）目标。实际上，如果必要，群体目标应该优先于个人目标。集体主义曾被（伟大的英国宪法学家艾伯特·V.戴西，1835—1922年）定义为"由一批专家和官员来为人民的利益进行管理，这些专家或官员比任何非官方的个人或人民大众自身更了解，或认为他们更了解，什么对人民有益"。
>
> **构造主义**（也称工具主义或社会工程学）指一种以组织的眼光来看待社会和政策的习惯，即将社会视为一个具有内聚性的层级结构，在其中，各种解决方案要由领导者来设计和贯彻。构造主义乐观地认为，自上而下地解决问题的做法完全可行，并假设领导中心的行动不会导致预见不到的副效应。这成为构造主义的基础。构造主义大都与静态的社会观相关联。

两种公共政策

显然，对秩序的这两种理解在公共政策的实施上意味着根本不同的主张。如果一个人的基本世界观以集体主义和关于社会的"组织模型论"为基础，他就可能接受全面的社会目标，并认为社会的领导人和全体成员都应服从这样的目标。他还会接受一种集体主义性质的、层级式的协调社会生活的方法。他可能接受各种权威，这些权威命令个人并在必要时强制个人服从计划秩序。在面对由统治者或当选政府及其代理人所定义、所解释的社会利益时,有些人仍会追求其自己的利益。这样的个人会被说成是利己主义的。在社会秩序上的组织模型论得到广泛认可的社会中,"政治第一"的要求也很容易被接受;纵向的权力距离一般都很大,而个人间的横向联系则都较弱。

在所有的西方民主国家中,集体主义的世界观以及议会议员和行政管理人员的干预主义本性(及有组织利益集团对政治寻租的追求),已经导致"管制密度"大增。这使商务活动和就业创造常常呈现前所未有的复杂化。图6.5表明,自1901年联邦成立以来,澳大利亚国民议会规定的立法数量。自1960年代以来,法律能动主义的这种陡然上升在绝大多数经合发展组织国家中是典型的。然而,从国际比较来看,澳大利亚比起其他大多数发达国家,管制情况还不算严重。[①]

而那些赞成与之不同的个人主义社会观的人,一般都相当怀疑自上而下的集权主义政策。与之相反,他们强调自由、平等的个人之间横向的和自愿的协调。目标都由个人自己分别设定,并因人而异。人们的计划不断变化,并毫无疑问可能与他人的愿望相冲突。具有这种世界观的人并不鼓吹对无政府状态的偏好;他们关注的是支持秩序的制度,包括一些由政府外在强加和正式执行的制度。[②]公共政策被视为由公民们集体任命的代理人的活动,其目的是要培育一种秩序,使个人在这种秩序中能有很好的机会去获取他们所希冀的事物。这种基本哲学

[①] 例如,国际上弗雷泽-卡托经济自由调查,对2008年澳大利亚资本、劳力和产品市场管制情况的评分是8.34分,相对于总分10分是良好的(Gwartney and Lawson, *passim*,也可参见14.2节和14.3节)。

[②] 无政府主义的资本主义有一种传统,它认为,所有的经济生活都能够也应该通过私人交易进行协调(例见Rothbard, 1962)。古典自由主义者,包括本书作者,则认为那是不可能的。实际上,完全取消所有集体权力的要求转移了人们的注意力,使人们从关注有限政府永久性的棘手任务转向了有限政府具有相对优势的那些领域(见第10章)。我们认为,无政府主义是在思想上站不住脚的一个轻易借口。

联邦立法每年通过的立法页数

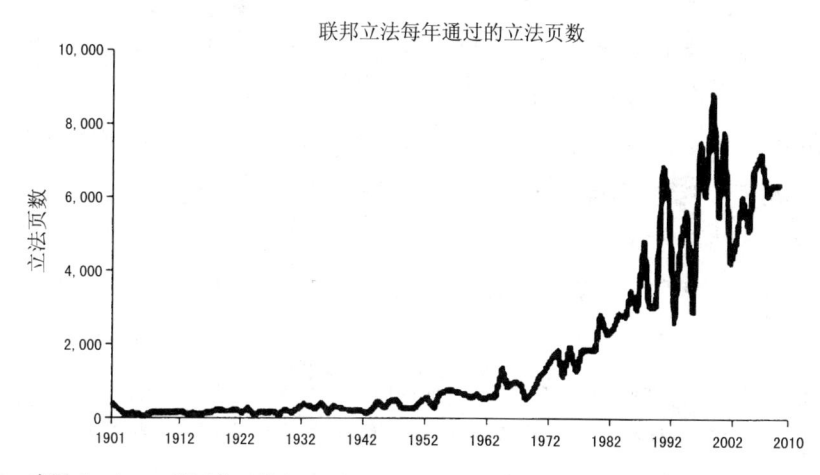

来源：Institute of Public Affairs, Melbourne。

图 6.5　澳大利亚联邦议会通过的立法

偏爱法治甚于人治（人被认为是自利的和易犯错误的）。在本质上，这种哲学观念预期，人们并不服从权威，但会遵循源于抽象规则的激励。人们靠自愿的契约与他人合作。只有在个人违背了或隐或显的协议时，才有必要由像政府机构那样的第三方出面干预。根据这种社会观，人们期望公共政策专注于维护规则（保护性政府）。

第 6 章——案例一

格鲁齐诺：一个计划秩序的早期例子

俄罗斯历来是一个懒散而奇异的低效率国家，它的改良主义统治者都曾抓住其缺点的有形外表而大张挞伐……

〔19 世纪初期最突出的改革者是阿莱克西斯·亚历山大洛维奇·阿拉克契夫将军。他在他的格鲁齐诺园区里创立了新的进步秩序。〕有充分的理由把格鲁齐诺看作是在社会工程学上的第一次现代实验，一项创造"新人"的尝试。卢梭曾论证说，这种新人能出生于一种正确的环境之中。该园区有 35 平方公里，包含有 2000 个"人"（souls）。

> 阿拉克契夫将军摧毁了所有旧的木制房屋,用砖石建起了新的样板村。他排净了泥泞道路上的积水,并将它们铺垫起来。他挖出了一个带有小岛的湖,还在小岛上建了一座庙宇。他建了一些观光楼和塔,每座楼或塔上都安装了钟表……这些钟表指示着[劳动者们]的工作、吃饭和就寝时间……
>
> 其设想是使所有农民在一年里除星期日以外,每天工作 10 小时。由将军个人口述的命令被编上序号和日期,有规律地发布出来……在理论上,格鲁齐诺具有某些微型福利国家的特征。有一家医院和一所学校。阿拉克契夫将军获得定期的健康报告。但是,格鲁齐诺园区的居民控制自己生活的程度低于普通农奴。为了努力提高出生率,园区编制了一份有生育能力的成年未婚女性和寡妇的名单,并强迫她们去找对象。但这样的婚姻必须由阿拉克契夫将军批准……
>
> ……[管理格鲁齐诺取决于]对残酷体罚的普遍依赖……所有的鞭挞都被记录在一份园区的《惩罚总录》中,阿拉克契夫将军检查这份记录以确认责罚已得到了不折不扣的执行。每个农民还要整天携带一本个人的惩罚本。在这个本子里逐一记录着他或她的违规行为和所受到的刑罚。……
>
> 来源:Johnson,1991,pp. 291-293。

历史上的两种世界观

对自发有序化的偏好,与人治相对立的法治概念,在西方文明中具有悠久的传统,至少可上溯至雅典的梭伦(约公元前 640—前 561 年)。古希腊哲学家亚里士多德(公元前 384—前 322 年)写道:"要求法治的人是在要求上帝和神明而不是别人来进行统治;而要求人治的人则是在引狼入室;因为人的激情就像野兽,强烈的激情甚至会使人中英杰也误入歧途。而在法律中,你有理智没有激情。"(引自 Walker,1988,

p. 93)我们已经提到过,罗马共和国的法律中已有了个人和家庭的主权域概念(the sovereign domain of the persona and the family)。在家庭主权域之中,各种事务都在家长权(*patria potestas*)下被安排得井然有序,不受外部干预。家长权是指家长(*pater familias*)——家庭里的父亲——个人的裁量权和控制权。在他的领域(*dominium*)中,他能控制各种事物:他的家庭、他的土地、他拥有的资产(Némo, 2006, pp.17-27)。传统凯尔特语和德语中的自由人概念强化了在个人自由问题上的希腊传统和罗马传统,并促进了自文艺复兴以来欧洲式个人自由传统的产生(Kasper, 2011b)。

在中世纪的欧洲,1215 年的《大宪章》(*Magna Carta*)里清晰表述了允许自由人自发地实现有序化的规则。在盎格鲁-撒克逊国家里,这部法典至今仍然是塑造政府的宪法中必须履行的部分。它已经一再得到重申,并存活下来,成为所有习惯法国家中现行宪法的组成部分。这一规则秩序在新兴的美利坚合众国的议事日程中也占有很高的地位。并且,这一规则是法国大革命的一个目标;那场革命对平等(*égalité*)的要求最初就被理解为所有人,包括统治者,在法律面前的平等。那时,"财产"(*propriété*)是继"自由"(*liberté*)之后的第三个主题词,只是在后来才被法国革命中更激进而又定义不清的词语"博爱"(*fraternité*)所取代。而在现代,人们普遍认识到,这种规则秩序不仅要求制度具有至上性,还要求正式承认保护公开争论的规则以及在法律管理和其他制度管理上坚持正当程序(Walker, 1988, Chapters 1 and 2)。

在 18 世纪后期和 19 世纪里,这种抽象规则的秩序受到了像黑格尔和马克思(如我们已经看到的)一类作家的批评,这些批评为许多构筑社会秩序的重大政治努力铺平了道路,如从极权性的国家社会主义尝试,到欧洲民主社会和第三世界国家中在"社会工程学"方面一些强制性较弱的社会－民主主义尝试。许多无视知识问题的人类学家、心理学家、社会学家,如玛格丽特·米德[①],都推动过这些努力。因为,他们把人视为文化的产物,这种产物能够也应该被改造为"新人"。这些20世纪的作家们费尽心机地推广一种无根据的乐观主义观念:社会,作为一个整体,能按一套严密的、设计好的秩序来组织(Sowell,1987;2009)。

集体性有序化的可行性还为新古典福利经济学及其在公共政策上的应用提供了基础。从一开始,经济学家们就假设,至少科学研究者是能够掌握完备知识的,这样就封闭了这个模型。由此,可以靠演绎来推导,在既定技术和已知消费者偏好不变的前提下,要实现社会既有资源的最佳配置,需要具备什么条件。接下来,经济学家们可以研究,什么机制将导致这种最佳配置——它已经由科学研究者们在事前知晓。答案是"完全竞争",而需要具备的条件则是实现一般均衡的条件。在这样一些假设之下,在引导私人决策者的选择上,制度是不必要的。私人决策者们面临着种种均衡的"市场出清价格",而针对这些价格的调整被假设为他们所能做出的唯一理性反应。在这一完全竞争模型中实现效用最大化的任务可由一台计算机来承担。而企业家的才能、敏感和对承受交易成本的准备,都是多余的(见"后记")。

在这个过分简化的模型世界中,完全可以承认,有大量的例子表明,竞争无法导致所谓的社会最佳状态:"市场失灵"司空见惯。而这反过来又为上层有见识的人提供了进行政策干预的充足理由。该模型假

[①] 玛格丽特·米德因其社会能被重塑的观点而在国际上享有盛誉。这些观点的基础是在美属萨摩亚群岛所作的研究。那些研究即使不带有欺骗性,也都很肤浅。米德声称,无压力社会是可能实现的,在这种社会里没有抑制"动物本能"的"压迫性"制度。而经验研究已经证明,米德误解了萨摩亚社会。萨摩亚社会处于行为规则、禁忌和控制的严格统治之下(Freeman,1983)。

定,政策制定者能以完美的方式,如税收和补贴、规章管制、劝诱和教育来矫正"市场失灵"。尽管这个模型是过分简化的,尽管它看上去形式复杂,但它在许多方面过去是、现在依然是思考经济政策时的主流理论模型。然而,称其为假博学是再恰当不过的了。福利经济学模型的整个架构在无意之中变得与中央计划者的观点极为接近。而且事实上,对于必须面对复杂而开放的市场经济系统的政策制定者,它已是风马牛不相及的东西(Streit,1992)。

虽然,这里在论证个人主义与集体主义的问题时,主要立足于西方的历史,但我们仍应注意到,东亚有一个重要的有序化概念,它由儒家道德的基本规则塑造出来。在获得可预见性和协调方面,儒家道德对个人化关系的依赖要比西方多得多。例如,在华人社会中,信任更多地依赖于个人关系和个人忠诚,其基础在于熟悉和不间断的交往。所以,行为的可预见性是在有权威者当中得到保障的。因此,在传统上,保障秩序的条件在很大程度上不是非个人化的法治,而是基于非正式道德标准的德治以及在可信赖个人中确保秩序的网络关系(guanxi in Chinese society; Redding, 1993, pp. 66–68)。由此而来,较多依赖的是个人化的交易,这种交易活动是靠人际关系中约束任意行为的不成文规则来治理的。总的来看,人际信任的基础在于有关丢面子的规则和害怕失去长期生意的担心。①在这种制度下出现的秩序基本上是自发性的,但行为规则往往较少正式性,而更多地与拥有权威的人物联系在一起(Habermann, in Radnitzky and Bouillon, (eds) 1995b, pp. 73–96)。像在西方传统中一样,我们当然也可以在东亚关于权威与个人主

---

① 华人伦理大都聚焦于个人关系中的一般责任上。如儒家学者和导师孟子(约公元前375—289年)所指出的:"人之有道也……教以人伦,——父子有亲,君臣有义,夫妇有别,长幼有叙,朋友有信。"(cited after Rozman, 1991, p.58)《孟子·滕文公》,见杨伯峻:《孟子译注》[上],中华书局,1960年版第125页。——韩朝华注)

义的思考中发现大量矛盾的思路。因此,只要繁荣昭示某种"天意"(Mandate of Heaven),帝王就应当拥有统治权力,这种信条并非赞同专制主义者授权的一种原则。著名的儒家思想家孟子(*Meng Zi*, ca. 372－289BC)常被引用的话是:"民为贵、社稷次之、君为轻。"他还教导说:"威武不能屈。"这很难说是屈从于集体主义的话语(Yu and Lee,(eds) 1995)。从长期看,中国式的协调是否能产生相当于或超越西方方法的结果,到目前为止还是一个有讨论余地的经验问题。

6.4 规则系统是文化的核心组成部分

在经历了演化并在一个共同体内得到共享的种种非正式制度中,有许多构成了所谓"文化"系统的组成部分。实际上,种种共享规则和价值规定了一个社会的同一性;它们对于社会行为,包括经济行为,是本质性的(Casson,1993)。

文化的定义

"文化"和"文明"这些词被以许多不同的方式使用。如果不澄清其定义,必然会导致误解。[①]我们偏好由英国社会学家爱德华·伯内特·

---

① 文化被按下列不同含义加以定义和使用:
 · 耕作,安排好的有机物生长(最初在拉丁文中的主要含义,如在农业〔agricultura〕一词中);
 · 心智方面一种正常的较佳状态或秉性("有文化的人","文化构成了医生与屠夫的区别");
 · 社会发展中的一种高智识和高道德状态(该含义源于德文词"Kultur",它靠一个源于法文的词,civilization,而被更好地移入了英文);
 · 有关艺术工作和知识工作的机构(如在"文化部"一词中的含义),用"艺术"(the arts)来指称它更为恰当。

泰勒（Tylor，1883）对文化所做的经典定义。他将文化定义为囊括了"一个人作为社会一员所获得的全部能力和秉性"。这个定义恰如其分地指出了由文化来沟通的个人与社会群体间的张力。它还注重这样一个事实，文化附着于习得制度和支持这些制度的价值。新生儿无文化可言。所以，文化永远具有规范性内涵。实际上，可以说，文化是所有值得传给下一代的事物。

在我们所偏好的意义上，文化由语言（基于一套掌控我们所发声音和信号的规则系统）、思想、价值、内在制度和外在制度构成。在许多定义中，文化还包括文化规则系统中各种宝贵的物质成果：工具、技能、艺术品、建筑学，以及支持文化中纯制度性部分的各种礼仪和符号。（在广义上，"文明"一词往往受到偏爱，而另一些作者则互换使用"文化"和"文明"；Kasper，2011b）文化含有许多内在制度——习俗和习惯——它们来自实践，且很难予以清晰阐述，也很难孤立地传递给不属于该文化的人们。因此，我们可以大致将文化视为一套基本上不可言传的规则系统，它是靠其制度内容中的各种符号和其他有形提示物来支持的。

一套社会共同的文化规则组合支持着劳动的分工，因为它减少了交往的风险和成本。共享同一种文化的国民伙伴常能得到享有超过陌生人的好感，原因即在于此。他们之间易于交往。那些在幼年时已获得了这种共享文化的人，幼年时往往对此不假思索，在其文化共同体的其他成员当中会感到如鱼得水。从个人的角度来看，他们自己的文化，在主观上，总是优于其他文化，因为他们对自己文化中的制度非常熟悉，这能节约他们的成本。如果人们迁移到另一种文化中去，他们起初往往很容易下结论说，另一种文化不好，因为它并不在交往上为他们提供惯常的便利，还会给他们增添额外的交易成本。换言之，每个人都可以声称拥有一种较优越的文化，这在主观上是正确的。但是，世界主义者明白，文化是规则系统，这个系统的价值取决于个人已经习得的事物。另外的文化也是可以被习得的，而且可以同样令人满意地发挥作用。世界主义者们承认，别人大概也同样偏好他们自己的文化。异己的事物未必就不好，也不一定有威胁性。一旦认识到了这一点，文化优越感、仇外情绪和自我中心的传教热忱就会消退。幸运的是，世界主义者们甚至还接受和适应了种种来自其他文化的文化概念（Cowen，2002）。在多文化社会里会出现文化上的交融（cross-fertilization）。

任何人要想比较种种文化性制度的品质，办法只有一个，即检验其在实践上如何帮助人们实现诸如自由、和平或繁荣那样的共享基本价值。那样一来，他还将认识到，在协调人们的行为或应付变化上，并非所有的文化都同样有效（Mayhew, 1987；Sowell, 1994, 1998；Kasper, 2011b）。文化开放并不意味着文化相对论，也不是无批评地肯定所有文化都同样有价值。

索厄尔在一本书中很好地诠释了文化的作用：

> 文化不是博物馆的藏品。它们是日常生活的运行装置。不像美学沉思的对象，判断运行装置，要看它们与其他替代物相比运转得有多好来裁定。至关重要的裁定不是旁观者和理论家们的判断，而是千百万个人就保留还是放弃种种特定文化惯例所做决策中隐含的那些判断。这些决策，由独自受益或者独自承担无效率和遭废弃代价的人们做出。这种代价并不总是以货币形式支付，也可以采取从不便到死亡的一系列形式支付（Sowell, 1998, p. iv）。

文化规则组合不是通过遗传而代代相传下来的。相反，它由种种学习态度、习惯和规则构成，而这些在不同文明中是以不同的方法来传播的。这使有关制度的看法置于教育论战的中心，并将教育——包括家庭和封闭共同体中非正式的教育，也包括正规化的学校教育——投入一个激烈抗争的竞技场之中。在早期，人们认为，文化连续性对于持续的繁荣、和平以及其他基本价值都极为重要。然而,在20世纪,另外一些教育哲学占了上风,它们源自心理学和不断增长的普遍繁荣:孩子们理应自由地去发现世界,不应受到专制的约束。实际上,教育的约束常常被描绘成对自由的侵犯,构成了对孩子个性和创造性充分展开的阻碍。结果,许多人在西方文明中成长起来,但对传统和依托制度的社会协调极少了解或怀有尊重。到目前为止,全面评价文化中这些转变的相对优点和代价尚为时过早。然而,如果当代制度经济学,正如本书简述的那样,能成为某种向导,那么坚持奉行注重规则的教育、创造性和传统,对于未来的社会秩序以至个人成就和集体成就,就都是至关重要的。老话说:富不过三代。这突显出,对于以制度为后盾的纪律必须保持连续性和传承。要是人们无视这种警告,那就意味着不同文明的兴起与衰落。那是西方文明迄今能够避免的一种命运。

文化变迁

文化不是铁板一块的事物,而是一种(重叠的)子系统网络。一个人可以从属于一个村庄的文化,但又分享着其专业中的世界性文化惯例,还感到深深地依附于某个外国的文化。文化——正如任何单项制度——也不是一成不变的。其实,文化实际上是经受了时间考验的单项理念所构成的平均态,它缓慢地变动着,并摇摆于"保守"和"尝试"的两极之间。保守对于维护交流沟通的共同基础必不可少,而创新则是在面对不断变化着的自然环境、技术环境、经济环境或社会环境时防止僵化和衰败所必需的。因此,文化保持对外部影响的开放性并维护好适应能力是非常重要的。现在,全球化摧毁了传统的文化规范,但也在世界各地扩散了种种文化产物(Cowen, 2002)。如果文化不去适应,就像许多历史先例所证明的,继某种文明兴起之后,就是其衰落和崩溃。

文化通常缓慢地演变；其中的许多因素具有路径依赖性。但有时，从经验来看，某些具体的文化特性会发生相当急剧的变化，这或者是因为在共同体内发现了新的思想，或者更多地，是源于外部因素并发现它更有优越性。结果，这些新的文化特性得到模仿并使社会中接受它们的人数超过一个临界点，这样它们就变成了新的规范。新概念可能需要有各种在文化变迁中表现出来的系统适应过程。例如，14—16世纪欧洲的统治者们发现，当商人和制造商们认为另一些国家里有更受规则约束的政府和更可信赖的制度时，就会迁往那些国家。这不仅迫使统治者们放弃了任意的投机行为，提供了可信赖的规则，而且还鼓励了某些内在的文化性制度，如诚实、守时和节俭。当外在制度和内在的文化性制度得到采用，新的"公民道德"广泛普及时，资产阶级社会和资本主义就诞生了（Weber，1927/1995；Jones，2003/1981；Radnitzky，1987；Giersch，1996）。与此相似，东亚的文化变革在许多（主要是华人）共同体中加速了。由于1949年的革命，那些共同体突然被排挤出它们世界的传统中心，并感受到威胁（Redding，1993；Jones et al.，1994）。中国这个曾经相当保守的文化系统，现在由于开放以及获取西方技术和组织的迫切需要，已突变成为新儒家学派的"文化增长资产"（cultural growth asset）。[①]价值观和文化中的变革常常是边际性的，其重点从对各种普适制度作保守性解释转向着眼于未来和学习的解释（见13.2节）。结果，东亚的社会风俗出现了方向性的转变，有了较多的个人主义，也更偏好于改善人类的物质生存状况。

---

① 探讨经济增长中文化性制度的伟大先驱，德国的社会学家兼经济学家，马克斯·韦伯，创造出了"新教工作伦理"一词。他断言，中国文化被过分地锁定于它的"趋保守极"（pro-conservative pole），以至于不可能出现经济增长（Weber，1951）。而现在，评论家们却在钦佩地谈论着"新儒家经济体"，并将它们的成功归结于文化特性（请参阅 Kasper 1998；及第11章）。

尽管对全球化时代的适应还在进行之中,但在大多数主要的文化系统中仍有很高程度的特殊性和连续性。因此,不存在将某个具有中国文化或日本文化的人误认为一个法国人或美国人的危险,因为即使有些因素发生了变化,文化系统的主要部分仍然有很大的持续性。现在的视野中,还看不到一个同质的世界文化前景。相反,看得到的前景是,不同文化系统之间的演化竞争,在帮助人们最好地去实现他们自己选定的愿望。这未必意味着各种文明之间的普遍冲突,或西方模式永远占上风。更可能出现的是"多重现代性"的演化,每一种现代性都带有明显的文化特征(Tu, 2000)。

文化资本

文化和文明——价值观和制度的系统,及其更可触知的要素——在一个社会的资本中构成了一个重要组成部分(Ostrom and Kahn, (eds) 2003)。这对于转换劳力、资本、自然这些物质资源以服务于人类种种需求和愿望的方式有效与否具有重要的影响。在讨论文化对于经济体有强大经济影响这一理念时,任何人都必须意识到,大部分文化制度是不可言传的,并常常体现在各种组织之中(第5章)。其实,文化规则常常难以明辩,也很难从书中学到。这类规则常常体现于各种使特定文化观念富有效能的"文化品"(cultural goods)和组织之中(Weede, 1990, 1995; Kasper, 1994, 2011b; Giersch, 1996)。例如,法治就是一个文化概念。它要求复杂的组织性基础结构有效发挥作用:各类法庭、具有不同行业专长的律师事务所、一致认同的专业常规和惯例,等等。只有当各种文化性规则与组织结构和"文化硬件"结合在一起移植和学习时,各种文化系统才能够被外界的人们(例如在迄今诸不发达国家中为促进经济增长而)有效地接纳。因此,文化品和规则在国际间的转移一般要比单纯的机器设备困难得多,它要求持之以恒的实践来更多地学习各种不可言传的技能和知识。至少在短期内,这样的学习有可能导致本土制度和引进制度之间的各种不一致。但对于机器的有效运转,习得各种互补的习惯也是很重要的(Klitgaard,1995)。过去半个世纪经济发展中的广泛经验就是:经济发展必须有硬件(资本)和软件(生产性的、未腐败的社会习惯)(Bauer, 2000; Bauer and Sen, 2004; Boettke et al. 2008)。

事实上,理念、组织规则和有形资产常被称为文化("ABC公司的组织文化"、"资本主义文化";见 Kreps, 1990)。而这些事物所构成的系统对于精细的现代服务业(如经营一个股票交易所、管理一个司法系统或一个复杂的分销网)的生产而言,是特别重要的。有效率的服务生产常常不可能轻易地转入其他国家和文化,而向外国的服务提供者(银行、会计和法律事务所、电信业等)开放国内市场,经常会在不发达国家里遭到精英层的抵制,原因就在于此。获取文化品并使它们发挥作用,总是意味着调整一个人自己的制度系统并因此而调整个人和他所在共同体的自我评价。

> **关键概念**
>
> 文化在这里被定义为共享的价值观和一套基本上不可言传的共享规则系统,以及一共同体内在社会交往方面的各种更具体的要素。有些规则可能是明晰的;但许多规则是隐性的和非正式的;许多规则要靠符号来支持。文化往往是在共同体的某些成员进行实验而其他成员试图保存熟悉的、经过时间检验的制度时,随经验而演化。
>
> 文化资本概念深刻地揭示出,某些文化观念、价值观和制度对于共同认可它们的群体的物质福祉而言,可能是非常重要的。文化是一种无形的生产性资产。但是,如果面对变革时僵硬地抱残守缺,传统文化也会变成负债。

6.5 社会秩序与人类价值:法治

看来,简短地考察一下法治如何塑造制度,从而增进自由与内部和平(防止冲突),并以此来结束本章,是很有益处的。关于"法治"的学说主要是从西欧发展起来的,但并不排除有其他来源。它与我们将在下一章中讨论的资本主义制度有着密切的联系。构成法治基础的基本观念是,政治权力的运用只能以法律为基础并处于法律的约束之下,必须有一些实体性制度和程序性制度来保护公民自由权和经济自由权,使其免受权力机构的任意干预。

法治中的司法性和宪法性原则体现着许多我们已在本章中建立起来的、协调社会生活和经济生活的关键概念。这一原则在盎格鲁－撒克逊国家的法哲学中尤为根深蒂固,源远流长(请参阅本章开头所摘录的 1610 年英国下议院对詹姆士一世国王的请求)。1688—1689 年英国的"光荣革命"将对政府权力的基本法律控制奉为神圣。大体上与此同时,约翰·洛克(1632—1704 年)对法律下的自由做出了系统的哲学阐释,并将这一点与权力分割联系在一起。这个思想又由法国哲学家夏尔·德·孟德斯鸠(1689—1755 年)加以进一步发展。法治当然不只是盎格鲁－撒克逊的传统。在罗马－法兰西传统中,合法性概念反映着相似的观念,恰如德语中的"法治国家"(*Rechtsstaat*)概念一样,它是一种立宪主义学说。在中国哲学中,法家学说传统主张相似的思想(Habermann, in Radnitzky and Bouillon, (eds) 1995b, pp. 73-96)。

大量实体性制度能很好地说明法治思想。这些实体性制度允许有序的人际交往以众所周知的、确定的方式发展,并能使任意的投机的人治永远无法得逞。这类规则还包含着某些程序性的元规则（Walker，1988，pp. 23 - 42）。法治学说偏好对行为的自发引导，并认为，要给个人自由以最佳的可能空间，并避免会削弱某些人自由权的冲突（Hayek，1960，1973，1976，1979a）。它包含着若干原则：

(1) 首先，必须确保所有公民都受到保护，不会蒙受其他公民滥用暴力，因为滥用暴力只会导致法律秩序的对立面，无政府状态。为了做到这一点，法律必须是确定的、普遍的和非歧视性的（平等的），简言之，必须具有普适性。当某些个人或组织正式地或事实上高踞于法律之上时，例如当行业协会对违约行为不加追究时，或者当大人物能违法而不受惩罚时，普适性原则就会遭到破坏。因此，法治是以私法中指导百姓间关系的某些规定为基础的。

(2) 第二点派生于第一点，即法治必须也适用于握有政治权力的人。政治家和官员们的行为必须接受依据法律的监察。用各种借口使政府官员免受法律约束会破坏法治。当监督官员是否遵守制度的司法审查豁免政府行动时，当公民不能起诉高级政府官员时，或者当政府官员不必服从他们要求民间企业遵守的会计准则时，法治也会遭到破坏。在这一方面，法治需要有某些公法方面的规定。

(3) 像所有的制度一样，法律当然需要有必要的惩罚。但强制性惩罚必须由受法律约束的、公正的专业人员执掌。违法行为必须由一个独立的司法系统和遵循正当程序的公正法庭来判决。袋鼠法庭（Kangaroo courts）*、普通公民的私刑法律、否

---

* 美国口语，指非法的或不按法律程序行事的非正规法庭；也指囚犯在狱中组织的模拟法庭。——韩朝华注

定恰当的听证、忽视标准的证明程序都是违反法治原则的。在这一方面,法治需要某些程序性规则。

(4) 对法治思想更具实质性的要求与内在制度和外在制度间的互动有关。法律必须在整体上与共同体的内在制度及其基本价值不相冲突,从而人们能够并愿意服从法律。人们因基本价值与法规相冲突而经常出现违法行为,是法治受到破坏的信号。仅仅拘泥于法律的文字(法律实证主义)和正当程序的正规性,但违背社会上广泛持有的基本价值和伦理规则,是建立不起法治的。例如,纳粹德国在犹太公民的权利上所采取的法律形式主义等于公然否定法治。同样,如果官员们承认某些行为违背自然权利,却仍然坚持执行法律或条例的字面规定,他们就违背了法治的精神。

(5) 最后,要法治在一共同体内持续存在,培育守法意识,以及使公民们基本上自觉地服从共同体的法律,包括在发生冲突时的自觉守法,都是很必要的。广泛的无法无天会使保护个人自由和防止冲突变得很困难。因此,法治需要一个普遍守法的民间社会,在这种社会里,正式的司法制裁要由诸如社会不满、羞耻心和群体排斥等自发性惩治来加以补充。

因此,法治是一种由政府支持的制度系统,它的目的在于通过下列途径保护公民自由权和经济自由权,以及防止冲突:

- 保护公民,使之免受其他公民滥用权力的伤害(如本章开头所引用的西塞罗的话那样);
- 责成拥有政治权力的代理人发现和执行法律;
- 对拥有政治权力的代理人,用法律约束他们与百姓的交往和他们在政府中的行动。

这些实质性要素已经在法理学中发展起来。它们与制度经济学的基本原则直接相关,并且是资本主义体制的恰当运行所必不可少的。

181 **关键概念**

法治是一个保护个人自由和社会和平的司法性、宪法性概念,它规定:

- 人们和政府机构应当受法律约束并服从法律;
- 法律应当使人们基本上能够和愿意接受法律的指导,更具体地讲就是,法律应保证防止个人放纵和无政府状态;
- 政府被置于法律之下;
- 法律是确定的、普遍的和非歧视性的(普适性的);
- 法律与社会价值观和内在制度总体上是和谐的;
- 法律靠公正的、受规则约束的强制措施来执行,并由一个独立的、遵循正当程序的司法系统和法庭来进行判决;
- 法律及其实践在整个共同体中鼓励一种守法意识。

第 二 部 分

应　　用

第7章　资本主义的制度基础

在本章中，我们将介绍资本主义体制的各种本质要素。资本主义体制的基础是产权和个人财产所有者的缔约自主权。在这里，我们要集中讨论产权的定义和作用，而将如何运用这些权利的讨论留到研究市场和竞争的第8章。

资本主义体制依赖于建立和保护排他性私有产权的各种制度。这种产权能用于以契约为基础的自愿交易。要激励人们去努力，界定明确和受保护的产权是必不可少的。有了这个条件，人们就会出于其自己的自由意愿而付出努力。这些努力也会有益于他人，而努力者常常并不认识那些受益者。这不是一个只有大企业和大金融机构才感兴趣的抽象话题。它影响着每个人的日常生活：某人该如何用自己的钱储蓄和投资，某人的劳动和技能是否能获得最佳的利用，某人能否靠其灵感和资源发展致富。产权也不是一个抽象概念，而是同每个人的日常生活息息相关，因为它们能形成就业机会、消费者选择以及促使每个人去学习的激励因素。因此，产权对于百姓的生活机遇至关重要，尤其是对于那些出生时没有口含银勺子的人们。*

要使私有财产有效地发挥作用，必须排除未获授权的个人对他人财产的使用，也必须让资产的所有者排他性地积聚获益和承担成本。做不到这一点，就会产生出特殊的经济问题；有时候可能就得依

---

* 比喻没有出生在富贵人家的人。——韩朝华注

> 赖政治办法来决定资产的运用(共享品、外部性)。这些政治解决办法有其自己的各种问题,本书将在后面对此予以讨论。
>
> 因此,资本主义体制的运转需要以一些制度为条件,这些制度允许自由缔约,并规定明确的权利和义务(claims and liabilities)。如果缔约不受束缚,人们就能获得他们有效交往所必需的价格信息,并适当利用他们的知识和其他资产。我们将看到,由种种关系性契约(relational contracts)引出的特殊问题,即开放的、随时间不断延续的合作协议,并不能事先就将所有可能事件都敲定,如雇用契约。要使这样的关系性契约生效,制度尤为重要。
>
> 我们用对货币的简短讨论结束本章。货币是充当支付手段并大幅度减少交易成本的资产。我们证明,货币的有用性在很大程度上要取决于约束货币供给的制度。

> 如果让一个商人按兄弟情义的原则出售其商品,我断定,不出一个月,他的孩子就会沦为乞丐。
>
> 　　　　　法国经济学家,弗雷德里克·巴师夏(1848年)

> 没有资本积累,技艺不可能进步,而文明种族主要靠扩大他们的能力而延续。
>
> 　　　　　查尔斯·达尔文,《人类的由来》(1871年)

> ……在社会主义体制中,所有的事都依赖于建立上层权威的那些人的智慧、才干和天赋……但是,并非每个人都能掌握人类在其漫长历史中积累起来的知识。我们在许多世纪中积累起来的科学知识和技术知识浩如烟海,就人而言,单一个人不可能通晓所有这样的知识……在资本主义社会中,实现技术进步和经济进步要依靠……具备发现新路天赋的人。如果一个人有一个新的创意,他就会努力去寻找几个智力足以实现其创意价值的人。有些资本家,敢于展望未来,认识到了这种创意的可能后果,就会动手将其

付诸实施。

路德维格·冯·米塞斯,《经济政策》(1971年)

涉及私有制的权利……对个人自主和个人发展至关重要……现代商务经济以人在经济领域中的自由为其基础……我们承认利润的合法作用,这意味着生产要素已经得到了恰当的利用,而相应的人类需求则获得了充分的满足。

教皇约翰·保罗二世,《百年通谕(Centesimus annus)》(1991年)

7.1 资本主义:产权和私人自主

在本章和下一章里,我们将探讨资本主义,即一种经济体制,其主要基础是私人的、自治的财产所有制,以及个人财产所有者之间通过竞争实现的自发协调。资本主义——原本是一个为了贬低个人主义化经济游戏的各种规则而杜撰出来的词——其基础在于各种制度,制度保障受尊重的、可靠的产权和自主运用财产的自由权。许多这样的制度都是演化的结果(Berger, 1987)。

我们在这里将首先探讨纯粹的资本主义体制。出于教学上的原因,我们将把对集体所有制以及各种有关生产、分配收入和财富的政治行动的讨论推迟到第10章进行。

私有产权

伟大的英国法学家威廉·布莱克斯通在18世纪有一部经典之作《英国法释义》。他在其中对产权作了如下定义:"那是一个人宣称对外部世界的事物独占……的领域……[它]包括自由使用、享有和处置……除了本国的法律之外,没有任何控制……"[①]在大多数当代社会

[①] 引自 W. Samuels 'Property', in Hodgson et al. (1994), p.180。

中,个人和组织只要不干涉他人的权利("私有的、独占的财产"),就都享有这类自主权去拥有和使用某些资产。就个人而言,那样的资产包括他们的身体、技能和知识("生存权"和"工作权")。约翰·洛克称之为"自我所有权"。个人还享有在社会中受到广泛尊重和保护的、占有其劳动成果的权利(存在奴隶制的地方除外;请参阅 Engerman in Drobak and Nye,(eds)1997,pp. 95 – 120)。[1]因此,个人和企业,还有其他组织,有权享有他们所拥有的资产,有权以他们自主决定的方式运用这样的资产,有权占有源于资产运用的收益,有权按他们认为合适的方式处置他们的资产(Demsetz,1964,1967;Alchian and Demsetz,1973;Alchian,1987;Bethel,1998,pp.9 – 29)。这使人们相信,自己能占有财产运用带来的收益,这种收益也是他人所看重的。反过来,这会促使财产所有者去发现他人的需要,维护和追求按这种需要去运用其财产。侵犯产权会招致制裁。这种制裁通过众所周知的制度安排预先已昭示天下。在缺失这类保护的地方,在财产运用上的私人自主权遭到剥夺的地方,产权是不值钱的。那时,很少有人会为提供他人所看重的东西而付出努力,也很少有人会努力运用其财产来发现和供应哪怕是价值更高的物品和服务。

因此,我们可以将产权定义为个人和组织的一组受保护的权利,他们通过如收购、使用、抵押、出租和转让资产的方式,持有或处置某些资产,占有在这些资产的运用中所产生的获益。当然,这也包括负收益——维护财产的成本,以及因运用财产判断失误而遭受的可能亏损。

---

[1] 自我所有权在废除奴隶制上起了重大作用。在19世纪初的几十年里,在自由市场论者与英国经济学家之间有一场激烈的公开大论战,领导者有约翰·斯图亚特·穆勒、查尔斯·达尔文和托马斯·赫胥黎,他们赞成释放所有的奴隶;而"人道主义者"如历史学家托马斯·卡莱尔、记者-作家查尔斯·狄更斯和诗人艾尔费雷德·丁尼生,他们认为奴隶需要"慈爱的鞭子"(Levy, 2002)。经济学家和自由市场论者都认为,非洲人的落后是由于糟糕的习俗和法律,而肯定不是由于自然环境和种族。

因此,财产承担着责任和受益。

这组产权是开放性的。这意味着,所有者可能会在某些权利中发现他们先前未曾意识到的新用途。实际上,人类经济发展的漫长过程可以被视为一根链条,它是由千百万有关用产权(包括一个人的劳动和才干)做什么的小发现串连起来的。所有这些的总和被称为经济增长。因此,一个土地所有者可能在某天发现,从他的土地上可以开采矿产,也可能发现,他有权利用这片土地开发旅游。这样的发现常常由不同的财产所有者做出,然后他们就可以把自己所有的财产合并到一起,运用于新的、相互都能受益的用途。例如,这位农场主可能发现,他可以与一位高尔夫球企业家合作,把他原来用于放牧的部分地产改作高尔夫球场,这样能带来更可观的利润。近些年来,我们已经发现,拥有台式电脑可以使我们用电脑来写作、计算、储存文本、声音和图像,进行电子通信等许许多多的用途。在过去的几十年里,这些千百万个发现行动已经极大地扩充了经济增长。

绝不能将产权混同于一个人所拥有的物品。用美国经济学家欧文·费雪(1867—1947年)的话来说就是:"一项产权就是一项自由权,或者在其最广泛的意义上,是对享有由财富所得收益的许可,同时假设那些收益也是有成本的……人们将看到,产权,不像财富或效益,不是物质对象,也不是事件,而是抽象的社会关系。一项产权不是一件东西"(Fisher,1922,p.27)。

私有产权总是在确定的个人和确定的资产之间建立起一种关系。这种资产可以是物质产品、创意或人们自己的身体。产权确定谁拥有哪些有益的资产,以及在一个特定的社会中,所有者能用这些资产做些什么。在这些权利得到充分尊重和良好保护的地方,我们就说存在着"经济自由"。重要的是,产权关系要具备在5.5节定义意义上的普适性。在产权模糊和不确定的地方,许多有利的财产用途会消失。例如,在苏联集团和目前许多欠发达国家中,对财产控制权界定不清,保护不力,导致了极大的不确定性,与此相应,也导致对物质资产和知识资产的不良利用。整个经济趋于停滞。在加拿大和澳大利亚,由于土著人对土地的索求,土地所有权正越来越不确定,这已开始导致对土地的投资和运用较以前减少。在过去,无主土地(terra nullius*)的法律假定(legal fiction)支撑着已取得那些土地的移民们的可靠地权。

美国经济历史学家罗伯特·希格斯提出了同样的观点。他论证说,在美国,使得1930年代的大萧条向纵深蔓延并迁延日久的主要原因之一是"制度不确定"(regime uncertainty)。从1935年到1940年,私人投资没有恢复,因为"投资者对于其资本和预期收益的产权保障存在着普遍怀疑"(Higgs, 1997, p. 564)。在苏联的转型初期,对于产权同样有着模糊不清的认识,这困扰了进取精神和投资(见第13章)。按照预想,1990年代的俄国经济是一种自由市场经济,但外国直接投资却踟蹰不前。实际上,在那个时期的多数年份中,俄国经历了资本外逃,而其国内经济的特征则表现为各种集市似的消费品市场、有限的供应链投资,以及黑社会似的规则执行。这些现象中,无一是那场转型过程的天然副产品,它们属于产权定义不清和执行不力所导致的一种后果,因各类政府主体和私人主体都使得这样的产权与持续的掠夺威胁难解难分。

正如休谟(1740年)在很久前论证的,奠定文明社会和社会合作的

---

* "terra nullius",无主土地原则。生于瑞士的国际法学者万茨尔(Vattel)在其1758年发表的《国家间法律》(Law of Nations)一书中提出这一原则。他主张,国际法应当确认人类对于所栖身、使用的土地负有开发、垦殖的义务。而澳洲大陆上居无定所的游牧部落(土著居民)没有履行开发、垦殖土地的义务,所以从未真正合法地占有澳洲的土地。这些土地应当由欧洲移民——英国人——通过拓殖、定居而加以"占有"。这一理论为当时的欧洲移民开发和占有澳洲土地提供了法理根据。近几十年来,澳大利亚土著居民提出了对这些土地的所有权要求。1992年,澳大利亚联邦最高法院在著名的"玛伯"案判决中推翻了"无主土地"原则。——韩朝华注

基础,要依靠确立私有产权、信守纳入契约中的承诺,以及经由同意的财产转让。在财产、契约和同意阙如或有关内容含糊不清的制度中,社会秩序就会瓦解。

财产是一项个人权利,不是某种权威施予的恩惠。财产的自由使用只应受到他人权利的限制。换言之,某人财产的运用绝不能伤及他人的权利。在定义清晰的产权系统中,另一人因某项财产的运用而受到伤害的举证义务,只能由声称受到伤害的一方承担。在任何特定社会中,何为不公正的伤害都是由那个国家的种种规则来界定的。在出现冲突时,受害方可以将财产所有者告上法庭,法庭就会根据众所周知的规则做出判决。法官要求有适度的司法证据(不是各种关于未来可能损害的猜疑、传闻或担心)。让原告承担举证义务很重要,因为证明这种诉求就是一项重要的实质性约束,以防止过度限制自由财产的运用(经济自由)。然而,我们将看到,现代的司法权常常转移举证负担,如由政府宣布,对财产的某些具体运用必须要有许可。例如,土地所有者可能必须获得政府许可才能去开发他们拥有的土地,这使他们处于某种"若未证明无辜即有害"的境地。这类干预的日益增多违背了公正原则,侵蚀了资本主义体制的内容和效能(de Jasay,2002,pp.149 – 151,159 – 163,291 – 295)。

在资本主义经济的规则中,财产所有者可以接收到一套双重信号:(1)来自市场的正面信号,它们告诉所有者,他人对其财产使用的看重是否足以使所有者们赚得利润;(2)以习俗和法律制度的形式传达的负面信号,它们告诉所有者们,哪一种运用是绝不能去做的。如果制度系统是清晰而普适的,也允许市场发挥作用,财产所有者——尽管有随处可见的认知限制——就将相互交往,利用他们可获得的资源和开发出的新资源,尽最大努力去满足人们的需要(Seldon,1990,2004)。

知识财产

产权不仅能附着于物质资产上,也能附着于可识别的知识上。我们在第1章里已经看到,现代经济增长在很大程度上要依靠精良的技术知识和组织知识以及窍门。如果人们能预期占有收益,他们就将生产和检验知识,这是承担风险的事情。这意味着,必须建立相应的制度安排,使宝贵知识的所有者从与人分享其知识中获取物质收益。这样做的办法之一是专利保护。对于可授予专利的知识,政府部门要评估其中那些独到部分的原创性和优点,并授予专利权。专利权允许其所有者在一个固定期限内排他性地使用该知识。[①]在有些情况下,这会成为一种产生和检验创新性知识的激励因素,尽管申请专利的过程很费资源。

要保护知识财产,必须具备谨慎和大量的具体技术知识。因为,过度发放特许权和专利权会造成垄断,阻碍创新(见8.2节),如果产业与授权机构串通起来,就更容易导致这种局面。因此,对"知识资本"的保护永远都必须是有期限的。

自我所有权

自约翰·洛克以来自由传统的哲学家们一直强调,财产所有权可以扩大到对一个人自己的身体和技能的自主控制。因此,奴隶制被视为对自我所有权这种基本人权的侵犯。这当然是一种长期以来已得到

[①] 为排他性地利用知识而提供的官方保护,如专利权,其申请程序一般都很不灵活,且成本高昂。为了占有源于新创意的收益,创新者要付出大量的努力使知识体现于禁止模仿的设计之中。例如,将新知识置于机械的或电子的装置之中,使模仿者很难轻易制造。或者,拥有智力知识的公司拒绝交出以后能模仿的专利权,坚持在他们自己的工厂中用那种知识进行生产。

公认的观点。但是这种观点也适用于个人利用其技能和努力去做在他看来恰当的事情,只要这事情不伤害他人。在许多国家中,这个方面已经引起了实践中对基本工作权的争议。基本工作权即任何个人自愿缔约,依据双方同意的条件,向一位雇主提供服务的自由。例如,许多由工会和政府做出的组织安排规定了最低工资,或使工会会员的身份成为在某个工厂或某个行业就业的一种强制条件。这些都是对这项基本权利的侵犯。

罗斯福政府在1935年签署了《联邦全国劳工关系法》(NLRA,也称为"瓦格纳法"),使之成为法律。自那时以来,围绕工作权的争论在美国发挥了重要作用。在某些情况下,该法的8.3节使得工会会员的身份成了在私营部门就业的一个条件。到第二次世界大战结束时,这类"只雇用某一工会会员的工厂或商店"的规章条例已经覆盖了大部分加入工会的工人(Mix, 2011)。1947年,该法有多处修订,但几乎没有什么实质的改变。然而,22个州的立法机构开始保护工人不加入工会的权利(作为结社权的一个必然结果,也包括了不结社的权利)。实际上,这意味着工人们没有义务给负责工资和工作条件谈判的工会以钱财上的支持。1990年的一份详细研究报告得出这样的结论:(在有工作权利法的各州里)雇员们生活得比较好,还有更多的工作机会,而在还没采纳(工作权)立法的各州里,雇员们生活得比较差,工作机会也较少(Bennett, 1990, p. 75)。更近的经验也得出了这个结论:在调查期间内(1999—2009年),在"有工作权利法"的各州里,工业产值和个人收入的增长都明显快于其他各州,而且众多数量的年轻成年人已经移居到"有工作权利法"的各州(Mix, 2011)。

资本主义

今天,资本主义体制已是世界上最流行的经济体制,尽管很难说是以其纯粹的形式存在。所有者在市场中决定以一定的质量、数量和价格出售他们的财产或其财产的一定使用权(Bethel, 1998)。他们希望与买方缔结契约。而买方决定是否接受卖方的报价,并通常要提供货币以为交换。如果买方对出售物的估价足以抵偿供应者所要求的价格,供应者就可能获得利润。于是,供应者有可能因此而在将来扩大出售量。如果需求不足,供应者就会受挫并发生亏损。在这种情况下,红墨水[*]的信号会引导他们停止按起初的供给条件出售特定产品或服务。通过这样的方式,买方左右着长期的生产和供给(消费者主权)。

为了规范和便利交易关系,也为了使商务伙伴们对预期更有信心,许多制度已经自发地演化出来。制度使产权交易成为可能。而且,制度还不断发展,使交易活动中的交易成本更低,风险更小,并使市场变得更有效能。(这些协调财产所有者个人的市场过程将在下一章里更详尽地探讨。)

7.2 产权的本质特征

排他性

私有产权的决定性特征是,所有者有权不让他人被动拥有和积极使用该财产,并有权获得使用该财产时所产生的效益。他们对使用该财产所发生的成本也承担全部责任。排他性(excludability)是所有者自主权的前提条件,也是使私有产权得以发挥作用的激励机制所需要的前提条件。只有当其他人不能分享产权所界定的效益和成本时,这

---

[*] 在这里,红墨水喻指赤字。——韩朝华注

些效益和成本才可能被"内部化",即对财产所有者的预期和决策才能产生完全的、直接的影响。只有那样,他人对该产权用途的估价信号才能完整地传送给所有者,所有者也才有动力将其财产投于受他人欢迎的用途。其他人的意愿是靠他们的"货币选票"来表示的。

当部分效益或者部分成本不能影响财产所有者时,这些信号和激励就会被扭曲。下面几个例子可以形象地说明这一点:

- 一个地主,其土地上的部分作物经常被盗贼偷走,他就不会像一个其土地全部作物都受到保护的地主那样对其土地精耕细作。
- 花钱给自己接种疫苗的人为他们自己创造了效益,但就减少他人得病的危险而言,他们也创造了外部效益。如果能以某种支付方式使接种疫苗的人从这种外部效益中得到报偿,就会有更多的人接种疫苗。
- 一个工厂主,只是使他所引发的成本部分内部化(他用于投入品的费用),还有一部分成本要影响外部主体(例如,污染环境);而另一个工厂主则必须承担其工厂的全部成本,因为他被迫向污染的受害者提供补偿。这样,前一个工厂主将比后一个工厂主生产得更多。

因此,在确保按他人需要决定私有产权的用途上,排他性至关重要。这些激励是通过盈亏信号起作用的,而供应他人所需物品和服务不过是这种激励机制的副产品(Schumpeter, 1961/1908, p.148; Berger, 1987)。

只要存在知识问题,就会出现外部性。有时候,测度全部成本和效益代价过高,甚至根本不可能,以致成本和效益不能直接影响其原来的所有者。例如,弄清谁从邻居接种疫苗上受益以及那种益处在邻居眼里价值几何,将极其费事。要测量和评估工厂排放物对他人的影响也是代价高昂或不可能的。但是,如果测量技术得到改善——例如,因为有了改进的计算机和通讯技术——那时,测度排他性就可能变得可行,外部性就可以被转变为内部化的效益和成本(Coase,1960)。

当成本和效益能大体上被内部化时,财产所有者将自愿地在双边契约中预期效益和预期损失的引导下行事,他们将在这方面相互竞争,就像这是他们自行选择的事情一样。当存在重大外部性时,协调会变得十分棘手,因为要就多边协议进行谈判。那时,所涉及的得失不会像双边交易里那么清晰,对行动的激励常常是模糊的。

在现实生活中,排他性常常是不彻底的,外部性广泛存在。许多外部效应得到容忍,且不阻碍自愿的交易活动。为了处理外部性,经常会出现一些私下解决办法。例如,当我的活动对我的邻居产生不利影响时,我们会达成协议,由我对他进行补偿。在其他情况下,私人行为的外部性要靠政府机构来解决,例如通过管制或转移支付。在有些场合,外部效应超出国界并可能需要有国际联合行动。例如,水系上游一个国家的产业影响下游另一个国家里的河水用户,就像沿莱茵河的情况那样。在那里,建立了"莱茵河委员会",通过各种谈判协议来决定允许做什么,不允许做什么。还有一些情况出现于环境政策中。某些活动的外部效应会影响全世界的环境,如影响全球大气层的气体排放。在这方面,要处理这类外部性问题,可能必须就全球性的政治协议进行磋商,即必须尝试在大量冲突的国家利益之间达成一项政治协议。

在1930年代,英国新古典经济学家阿瑟·C.庇古建立了讨论外部性的早期理论,而这个问题最初是由艾尔弗雷德·马歇尔提出的。庇古赞成政府干预,主张对那些看起来会引起外部成本的财产用途征税,补贴那些能带来外部收益的用途,还要对那些承担了外部成本的人给予补偿。这样做的政治后果就是应由政府官员的一支大军去征税和发放补贴——总是假设他们能够了解成本和效益,并能在法院证明它们——以纠正纯粹产权模型的失败。然而,庇古的这一观点在1960年后遭到了拒斥,那时英国经济学家(1991年诺贝尔经济学奖得主)罗纳德·科斯证明了,税收和补贴并非纠正外部性问题所必须的。那些造成外部成本的人与受到外部成本影响的人们可以聚到一起讨价还价,而且只要没有交易成本,他们还能在对双方都有好处的协议下交易产权(Coase,1960)。造成外部成本的各方也可以与遭受外部成本的各方整合为一个企业。例如,一个农场主的牛群越界侵害了邻居的农田,并造成了农作物损失。他或许会将他的经营活动与受害农民的活动结合起来,从而将外部性内部化。科斯这一洞见的一个后果是,对靠政府的有形之手进行干预的必要性大大减少。因为政府干预是一种充满行政失灵风险的选项。"科斯定理"也影响到了公认的共享品理论(见下文),如这样一种主张,因为不可能向过往船只的主人收费所以无法为赢利而运营灯塔,灯塔必须靠政府来提供。科斯证明,在现实中,灯塔在英国就是由私人出钱,因为船主们看重灯塔所提供的安全并为其付费。

科斯对外部成本的研究做出了影响巨大的贡献。近年来,美国经济学家哈罗德·德姆塞茨使这一贡献更加充实。德姆塞茨指出,造成外部成本的主体与蒙受外部成本的主体整合为一体仍然会产生成本,这次的成本在形式上表现为种种掌控更大、更复杂组织的成本。换言之,外部成本被变形了,但它们仍然存在(Demsetz,2003;McChesney,2006)。

科斯的主要洞见并非强调零交易成本领域的逻辑,而是要为比较制度分析奠定明确的基础。对他的批评,就像詹姆斯·布坎南在其著作《成本与选择》(*Cost and Choice*,1969)中所做的同水平批评那样,坚持的首先是各种制度情境中的行为对称性。其次,科斯指出,在零交易成本的假设下——这个假设其实是庇古提出的——资本主义体制内的行为者可以通过谈判来排除任何冲突。这使许多庇古式的补救措施——即各种政府干预(补贴、税收、管制)——成为多余。这当然也导出了科斯的著名"定理",即只要人们能自由地谈判解决所有的外部性问题,权利的初次分配情况如何,无关紧要。但是,科斯也强调,只要这样的谈判因交易成本而破裂,我们就不得不去探索各种政治性的解决方案了。在面对交易成本的情况下,各种政治主体恐怕也没有能力找到使外部性内部化的最佳税收或补贴方案。简而言之,在存在正值交易成本的情况下,庇古式的补救措施无一有效。"科斯定理"是一个神奇的事例。它说明,简单的经济学推理,在锲而不舍和始终如一地追求其逻辑结论时,能怎样地推翻一套更为精巧的理论体系。可以说,"科斯定理"已经成为"法与经济学"和比较制度分析领域中最有影响力的一个概念。

不同性质的财产

当物品运用的所有成本和获益都归于私人所有者时(彻底的排他性),我们称之为私有品。此时,我们已看到,有关资源运用的决策完全留给了在市场中得到协调的、自愿双边交往。

只要有关某些获益和某些成本的排他性得不到保证,就会产生特殊的经济问题。此时,我们就必须依据是否需要造就排他性,以及如何提供这些物品和服务,来对大量不同类型的财产做出区分。

一种情况是,所涉及的物品不稀缺,即意欲使用者无须彼此相争。对这类物品,我们称其为免费品(free goods;图 7.1)。免费品由大自然提供,只需付出获取之劳就能享有它们。净水在过去曾是免费品,目前在世界的有些地方仍然免费。当较多的人生活在一个地区内时,净水会变得稀缺,它的使用就必须通过某些经济办法进行数量配给。同样,市中心的停车位过去曾是免费的,任何人都能得到一个免费的停车位。当需求增长后,停车位变得稀缺起来,不得不靠价格来配给(顺便提及,这个过程是对停车场提供更多停车位的奖励,从而使该问题得以缓解)。公海中的鱼群在过去很长时间里是免费品,但许多鱼种现在是稀缺的,许多地方的捕捞权要通过共同协议分派,或由政府分派捕鱼许可证。原来排他性拥有的物品也可能变成免费品。例如,你扔掉的废旧物品就成为免费品;当有人回收它,把它当成一件古董时,它就可能再次变成有价值的私有品。免费品不存在经济问题,因为稀缺性从而配置问题无用武之地。

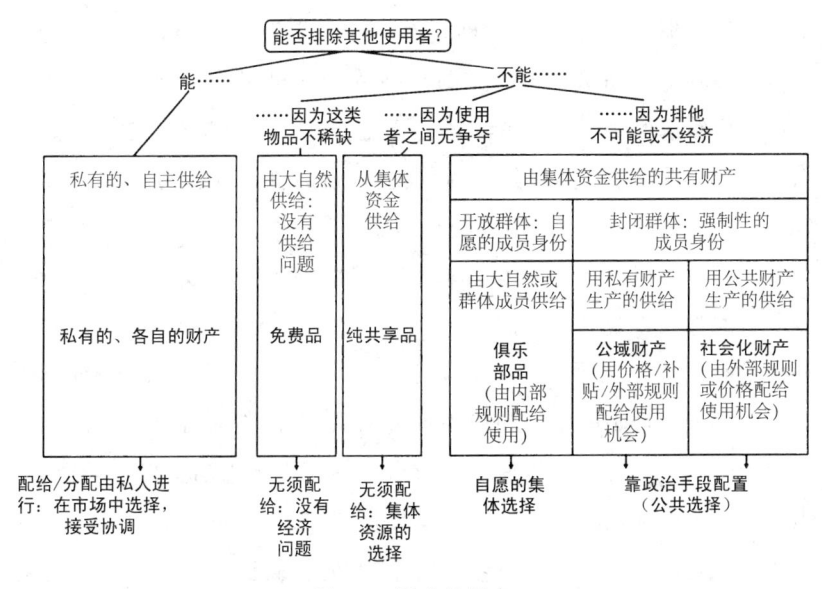

图 7.1 财产的形态

有些资产即使在被一些人占有和使用后——至少在有限的范围内——也不会使别人无法使用。对这类物品,我们称其为纯共享品(图7.1)。这类共享品的一个例子是路灯:如果我沿着有照明的街道安全走回家,别人也能享受到同样的好处,使用者之间不存在争夺。那时,由公众获取这样的东西(灯光)就不会引发任何经济问题,但使用者也不会自愿地准备付费。尽管免费品是靠大自然或人的慷慨提供的,但路灯的提供通常还是有一定成本的。因而,需要有某种集体行动为这种供给提供资金。这类物品不会自动地得到供给,因为人人都想要搭便车,且不可能为其供应索取某种价格。一种解决办法是集体供给,靠强制收费(税收)为其筹措资金。也有其他为集体供给融资的方式,例如,筹集自愿捐助和销售额外服务(如清扫街道和出售路边广告)。

不能用必须付钱这种方式来阻止人们使用某种资产的另一个原因可能是,这样的机会分派是不可能的,即它遭到共同体的拒绝,或这样做不经济。那样的话,我们就称其为共有品或集体品(common or collective goods)。机会不得不受到某种政治性机制的管制。根据共同财产的供给成本是以自愿方式还是强制方式进行分担,它是如何被提供的,以及机会是如何被分派的,我们可以将共有品区分为多个种类(图7.1)。

共有品可以由一个开放群体联合提供。所谓开放群体是指一个人可以自愿加入或脱离的群体(如一个俱乐部)。因此,参与这种共有品的供给和使用是自愿的。对此,我们称其为俱乐部品(club goods)。非俱乐部成员都不能获得和使用这种物品,但内部人可以免费占有源于俱乐部财产的好处。当俱乐部成员在使用俱乐部品上发生冲突时,由于一个人的使用意味着别人无法使用,该俱乐部就必须对财产的使用机会进行配给。只要该俱乐部较小,人员经常碰头,因此能有效地对资产的使用实施内在的相互控制,就能靠内在制度有效地配给财产的使用机会。当俱乐部的成员增多时,可能不得不建立更多的正式规则。组织成本就会上升。另一方面,像电子卡片那样的新技术可以方便测量,并允许更多的物品被当作俱乐部品。俱乐部品在历史上的一个重要例子是公地:所有属于同一个部落或村庄的人都能在成为公地的树林和草场中打柴或放牧私有的动物。在世界上的有些地方,田地是村庄共同拥有的财产。它们由该村庄共同体的成员耕种,原则是"先来者先种",但收获时按传统的内在制度进行配给(Ostrom,1990)。

在21世纪初,政府提供的福利服务已经遇到了日益增多的信息问题和激励问题,例如在卫生保健和教育领域(见下文及第10章)。俱乐部品的制度概念作为比政府提供福利服务更可行的另一种选择重新流行起来。

当一个具有强制性成员身份的封闭群体(诸如国家)来供应某种物品时,就出现了另一个财产种类。在这方面,我们仍可以想到在使用上不存在争夺的资产。所以我们称其为纯共享品(例如,抵御外部侵略的国防,它靠强制税收筹措资金;它有益于每个公民,但不会减少他人享有的保护)。在其他情况下,存在对共享品的争夺时,就必须对共享品进行配给。这种配给可通过两种方式来做到(图7.1):

(1) 这类物品和服务可以由私人所有者来生产。他们服从竞争的约束,并受其所获价格的引导。然而,分发给所有人或选定群体现金或代金券(如购买私人教育服务的教育券[school vouchers],经医生或急救服务机构授权后入住公立医院的机会)的政治性决策,使获得这类物品和服务的机会变得更加便利。政治决策将不得不决定机会津贴的规模。我们称这些物品为"公域品"(public domain goods)或"共享机会品"(public access goods)。这类物品的使用机会要部分地通过政治选择配给。在这些情况中,对产权的政治再分配与私人生产和竞争中的竞争约束结合在了一起(Demsetz,1970)。

(2) 各类物品或服务还可以由政府拥有并由行政部门掌控的企业来生产。对这种社会化财产(socialized property)的效益进行机会配给,要依靠在政治过程中设计出来的外在规则。

公域品的一个例子是卫生保健服务:无人不享有这样的服务,但有些阶层的公民得到的是有补贴的机会。但是,这些服务是由私人医生或诊所提供的。社会化财产的一个例子是一家由官员掌控、由政府拥有的医院。利用这家医院的机会要靠外在规则、指令和预约排队配给。1980年代以来许多国家私有化的经验已经证明,将社会化生产转变为公域品供给往往是可行的,因为公域品是靠私人激励来生产并在竞争中提供的(O'Leary,1995;亦见13.3节)。自1980年代以来,各国政府一再地从社会化生产中撤出,集中精力于提供开放的机会。如在瑞士,官员掌控的学校体制部分地转变为一种代金券体制,各个学校不得不为发放给小学生家长们的代金券而竞争。在每况愈下的英国公立医疗体制中,托管医院(trust hospitals)的创立带来巨大改善。地方上的企业家(和志愿者)掌管这些医院。这些医院因提供了医疗服务并达到卫生标准而享有财政税收的支持。

因此,不得不指出的是,在对种种机会权利进行再分配和提供社会福利上,生产资料公有制绝非前提条件。我们绝不能将"共享机会"(public access)等同于公有制。出于这个原因,我们提出警告,不要使用造成混乱的"共享品"这个词,它极易导致将共享机会等同于生产资料公有制和官员管理。

社会化财产是另一个分类。它由一个大而封闭的群体所拥有,但在现实中,它要么由民选代表控制,要么由专家代理人控制,而对它的运用则要由政治任命的代表来授权。如果政治领导人不想因公然的配给而挨骂,就可能人为地将社会化财产搞得很充足,并靠强制性税收来解决资金问题。例如,政府可以决定所有申请者都能免费使用基础研究的成果,它可以向所有想欣赏艺术和参加娱乐的人提供机会,它也可以发放医疗照顾而不进行配给。当然,这就有必要扩大供给并靠越来越多的强制税收筹集资金。因为政治性配给常常不是很有效,这样人为产生出来的共享品在成本上就会滚雪球式地膨胀,导致不可持续的预算赤字。如果成本控制也很宽松,那么它们的供给就越发不可能长期持续(Cowen and Crampton,2003)。

有一种观念很普遍,即社会化财产是被用来增进共有品的,如为我们抵御各种外来侵略者。但现实却常常与此有天壤之别:那些能垄断性地利用合法暴力的政治精英和官僚精英们,常常为了他们自己的利益和享乐而利用集体所有的资产。委托-代理问题猖獗,尽管这经常为现代民主所伪饰。例如,官员们到风景秀丽的地方去开会,进行有关贸易或气候变化方面冗长而乏味的谈判,就是如此。在早先的时代和许多发展中国家,借口都被抛在一边。法国的路易十四,为了法国更大的荣耀,毫无羞耻地依托已过度纳税并陷于赤贫的农民们,建起了凡尔赛宫。当今东亚、中东和俄国的精英们以伟大国家的名义,无须借口,并常常靠着从封建的过去就存在的传统态度,聚敛了数不清的财富。因此,社会化的财产绝不能等同于用于全体公众最佳利益的财产和共有品。

尽管将生产资料保留在政府手中往往会服务于政治精英们的特殊利益,但社会化生产还是有其合理的和站得住脚的理由。这些理由依赖于一个完全不同的论据:直接通过财政大权来控制某些特殊物品和服务的提供者,可能是必要的。例如,某些"暴力职业"就是这种情况。也许毫无疑问,即使相互竞争的雇佣武装能以较低的成本提供军事保护,文职主管当局仍须通过逐年的直接财政资源配置来控制军队。毕竟,雇佣军和其他有自主权的军队具有攫夺权力的传统,而且如果他们开始彼此激烈竞争,也会造成间接损害。

财产状态的变化:国有化和私有化

对资产的产权处理(property rights treatment)会因时间和技术而变化。当没有多少人生活在地球上的时候,自然资源几乎不稀缺。人类事务的这种状态仍作为伊甸乐园而留存在圣经之中。当更多的人

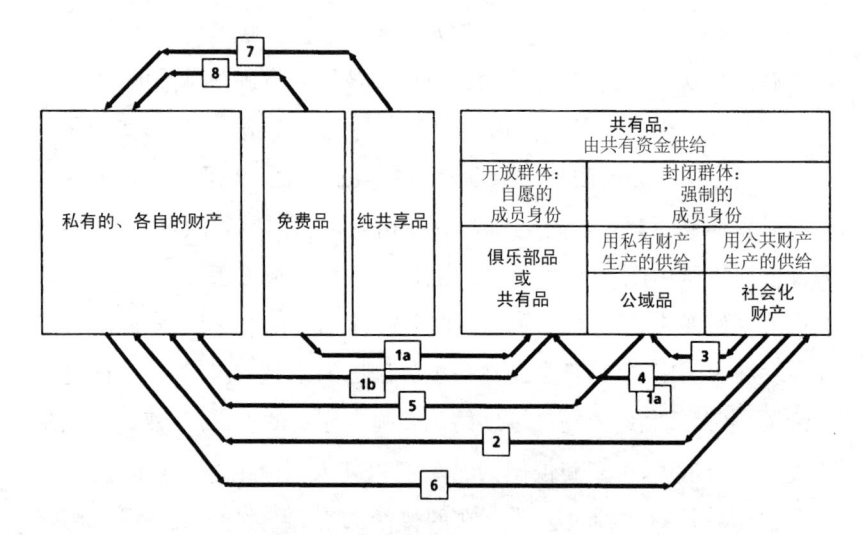

图 7.2 财产安排的变化:精选示例

进入一个地区后,有更多的资源变得稀缺,俱乐部品这种制度手段就被发明出来。部落不让外人使用他们的土地(见图 7.2 中的示例 1a)。随着群体扩大,配给财产使用的非正式规则开始失灵,公地就被划分开,并被栅栏围起来,变公地为一小块一小块的私有财产(图 7.2 中的示例 1b)。在后中世纪的英国和西班牙,这被称为"栅分公地"(the fencing of the commons)(见图 7.2 中的示例 1b)。产权的发明与农业和畜牧业的出现紧密相联("新石器革命",Bethel,1998)。其实,只要人们有理由相信,他们能够不让他人使用自己的资产,并能留住他们努力的成果,他们就会去耕种或养殖畜群。

哈罗德·德姆塞茨(1967年)认为,产权的出现是为了缓解因争相获取稀缺资源而起的冲突。产权限制进入机会,分派责任,对违规建立起分级的惩罚。有了这样的做法,产权也对个人间的合作行为,以及节俭而有效地运用他们拥有的财产,提供了强有力的激励。因此,产权成为了文明的奠基石。

如果社会化财产不能有效运营,人们会考虑打破大型群体,以便让社会化财产能被当作俱乐部财产来对待,并使较便宜、较少正规性的数量配给方法也变得可行。这已经发生在英国,如前面提到的国有医院被转变为"托管医院",由地方上的群体持保障进入机会的许可证进行经营。有时候,当地的俱乐部会接管国有财产,如拥有和经营绿地和高尔夫俱乐部(示例3和4)。全国性的保健服务可以同样的方式被移交给小型共同体和群体。这些较小的共同体和群体排他性地经营这类设施,使它们只为其成员提供服务,并对机会进行配给或提供津贴。由于福利国家正在变得过于庞大而笨重,难于管理,而且成为纳税人过分繁重的负担,共有的社会化财产正在被转变为俱乐部品或私有品(私有化:见示例2和7)。

社会化财产的一个重要方面是与"国家资本主义"打交道。这是一种让国有财产公司化的安排,它往往要面临全球竞争,并受到职业化的管理,但它仍然处于政府或者某个政治权势经纪人核心(如某个政党)的最终控制之下。国家资本主义在许多新兴经济体中发挥着重要作用。我们将把对它的讨论留到第13章和第14章进行。

私有化可能导致资产管理和配给上的不同形式。通过使资源配置和生产的非政治化,私有化具有使当选政治家更易于治理的好处。公域资产的私有化往往会使有些人感到惋惜,因为他们在这些物品上享有低成本带补贴的获取机会,但私人竞争下的经济配置最终能导致这类物品和服务的更有效供给(至少,只要不是简单地用私人垄断替代公共部门垄断,就会如此)。私有化也能消除大而不当、常常是无效而有政治争议的管理安排,让公民去配给机会。赞成私有化的另一个理由可以是,由政府付酬的雇员已经自行组织起来,控制了他们的该项活动(公共部门的工会垄断),使该项活动变得昂贵,并使当选政府几乎不可能提供有效的、善待用户的商品和服务(工会化官僚代理人投机行为的一个事例)。若希望减少财政负担,或减少配给使用机会的经济成本和政治成本,公域品也能被转入私有制之下。例如,食品券可以被收回,或者有些阶层的人会丧失免费乘车的权利(图 7.2 中示例 5)。我们已经看到,免费品可以被转变为私有品,而私有品也能被转变为免费品。纯共享品可以变成排他性的私有品,例如,私人保安机构被公共的治安保护所替代(示例 6)。

当私有产权被集体化(示例 6)时,私人的双边缔约活动就会被政治性选择所取代,而私人选择中的问题也会被公共选择中的问题所取代。第 10 章将讨论这个问题。反之,社会化(国家化)的财产可以转变为私有的(各自的)。

我们的结论只能是,这里所讨论的财产分类并非一成不变的,而是取决于选择和技术。因此,不同的社会将以不同的方式形成产权及与之相伴随的排他机制。

关键概念

产权在第 2 章里被定义为不让他人使用一项资产的权利,以及使用、向他人出租或出售该资产的权利。因此,产权是一组权利:拥有一项资产并持有它,包括维护它(消极运用),将它用于交易或让他人暂时使用其某些方面(积极运用)。从所有者可以发现他们以前没有意识到的新的用途这个意义上说,这组权利是开放的。产权可以附着于有形资产,也可以附着于知识资产。

排他性(excludability)是产权的最典型特征。它不仅意味着不让他人从一项资产获益,而且意味着资产所有者要排他性地对该资产使用中的各项成本负责,包括承担确保排他性的成本。

专利代表一些权利,这些权利为排他性地使用一件一件有价值的知识提供了保障。它们是建立知识产权的一种方式。

私有财产权利由个人、民间团体和企业持有。在财产使用的效益和成本仅直接并排他性地影响财产所有者的场合,我们称其为私有品。当外部性变得重要起来时,会出现特殊的经济协调问题。

　　外部性是财产使用的效益和成本不影响财产所有者,其原因要么是监督过于昂贵(高额交易成本),要么是因为根本不可能进行监督。

　　共有财产,即在不可能或不必禁止他人获益的场合中的资产。这样的物品可以在一个小的自愿群体中共享(共有的,俱乐部财产),而外人则不得染指。它也可以由一个大型的覆盖面很广的群体所共享(社会化财产),这类群体的成员身份具有强制性。在具有强制性成员身分的大型群体中,常常有必要保证开放的机会。换言之,使物品和服务保留在公域内。可用两种方式来保障公域品获取机会的开放性。一种是用政府机构拥有的生产资料进行社会化生产,另一种是有能确保公众某些获取条件的制度。这种制度既可以是一些管制措施,也可以是向每个有资格的公民提供获取机会的资助。全体公众获取由私人生产的公域品的途径大都是支付一笔钱,而公众中的某些成员则得到现金津贴或规定特定用途的代金券。

　　免费品是因不稀缺而无人索要产权的资产。免费品无经济问题。这也适用于**纯共享品**,即这类物品和服务一旦被提供出来,有意使用它们的人不会相互争夺(例如,你享用路灯并不会减少路灯对你伙伴的效用)。这样的共享品必须靠集体资源来提供资金。

　　资本主义在这里被定义为一种制度体系。在这种体制中,生产资料主要作为私有财产被持有。并且,在这种体制中,对财产进行自愿的私人处置是受到市场协调的。只有某些基本法则得到执行,资本主义才能发挥作用。

　　社会主义是一种经济体制。在这种体制中,绝大多数生产资料归集体所有,并由政治领导层或其代理人加以控制。

> 国家资本主义是一种体制,在这种体制中,相当大比例的生产企业全部或部分地为国家所拥有,但政府对商务活动保持一定距离。政府中的内部人派系常常会获得对这些国有企业(SOEs)的控制权。这些公司的管理层可以在竞争中受聘并受制于种种绩效标准。许多当代的国有公司(在中东、印度和巴西)是国际化经营的。政府保护与现代管理的结合能使这类企业,至少在达到其技术限界之前,迅速扩张,而寻租型的保护通常具有的抑制性作用尚未留下它们的印迹。

排他成本

要想防止他人在未经授权的情况下使用财产,所有者要付出成本。例如,这样的未授权使用可以是盗窃或强占土地。为了防止这样的情况,人们花钱于锁具、栅栏、股票和土地权利登记、电脑中的信息保护系统。我们称这些成本为排他成本(exclusion costs)。

高额排他成本会降低财产的价值。在很大程度上,这要取决于制度安排。这类制度始于共同体所共享的基本伦理准则。如果私有产权受到自发的尊重,私人的排他成本就会较低,而财产的价值则相对较高。如果一个共同体已经发明了一种低成本的产权执行体制,它也将提高财产的价值。例如,一种有效的土地权利登记制度和能解决有争议财产问题的便利的法院,会提高土地的价值。在财产法要靠集体行动(法规、政策、司法系统)来执行的地方,排他成本的很大一部分将由集体来承担。尽管财产所有者也要纳税,但与个人保护的情况相比,这种方式对他们可以有成本优势(规模经济)。我们知道,不同的制度系统会对排他成本,从而也对财产价值产生很大的影响。毫不奇怪,财产所有者在有机会时,会将其财产转入一个对其财产有高度评价的环境中去。他们愿意纳税为保护性集体行动提供资金,也是毫不奇怪的。

低排他成本并非人类生存条件的一个正常特征。在发展中世界的很多地方,普通人几乎享受不到对他们财产的有效保护(de Soto,2001)。他们常常受到敲诈和过度管制;许多人经历了因战争和内乱而来的财产风险。许多人是在一块土地上种植和居住的擅自占地者(squatters*),但他们的占有很不稳定,因为政府或其他权威机构不能建立一套土地登记制度,或不为穷人维护土地权利(de Soto,1993,2001;Bauer and Sen,2004)。第三世界多个城市中的贫民窟居民遭受着高排他成本和不稳定占有的困扰,这些问题常常使他们陷于贫困。同样的情况在苏联存在,它们往往得到意识形态的支持(见第13章)。在这些国家里,通过更有效的制度,包括这些制度的较有效而又较少腐败的组织支持(警察和法庭),可以用许多办法来减少持有财产的成本并增强财产的价值。当排他成本被减少时,人们会更愿意获取财产并用活财产。那时,他们会靠自力摆脱贫困。

在战争和内乱中,对私有产权的既有保护会趋于瓦解。在混乱的社会中,当产权界定不清,合法手段保护不利时,人们会努力自己来界定和保护产权。这是黑社会和自助组织保护性敲诈的起源。这些组织将法律掌握在自己的手中(治安维持会)。例如,苏联解体之后的情况和越南、印度和非洲的现存腐败都证明了制度的短缺和政府对制度的强制执行不足。控制着暴力工具的自发组织便自行组织起来提供"民间的"有偿产权保护。尽管这种活动具有这样的性质,但它确实能为财产所有者提供有益的服务。财产的所有者甚至会对这种服务定价,并自愿地为这种保护支付足够的钱财。当然也存在这样一种危险,即自封的"暴力专业人员"将用他们的强制手段索取高价保护费,或者相互

---

* 指未经任何授权而占用无主土地、也不支付代价(如租金等)的人。这些人有时会得到正式认可而成为其所占土地的所有者。——韩朝华注

争斗的黑帮为使财产所有者成为自己的客户而火并,造成无辜者中的"间接损害"。在这样的情况下,集体性的、受法律约束的政府能大幅减少财产所有者的排他成本(即使要由财产税提供资金)。

205　　当财富的分配变得极端不平等并被广泛认为不公正时,对私有财产的共同尊重也会弱化。那时,财产所有者就必须增加用于锁、铁丝网、栅栏、保安和保险上的排他成本。那时,一些易受侵害的财产持有和运用形式,即使可能非常有用,也会被完全避免。然而,如果政府试图通过有选择的干预再分配产权,则可能进一步提高排他成本。例如,如果立法者以不利于财产所有者的方式为一项财产的承租人增加权利(设立租金上限,保护房客不被驱逐),或者,警察和法庭不再对侵犯产权的行为施加惩罚,人们投资房产以便出租给他人的动力就会减弱。意想不到的副效应就是,原本应受到保护的承租人会活得更加艰难。当对赖帐行为不施惩罚时,也必定会出现类似的后果:信用系统崩溃,稀缺的资本得不到很好利用。例如,中东地区的信贷和银行业——不是在个人之间的水平上——长期得不到很好的保护,以致现代工业必需的大量资金积聚很难实现。那时,人们就能看到非常不利于经济增长的后果。这些后果往往被低估,因为它们显现得很慢,通常表现为社会内在制度的缓慢调整。因此,产权保护的改进需要时间,直至内在和外在规则的整个系统得到调整、一种更具生产性的产权保护文化出现才行。

产权的可分割性和可转让性

要想产权有效作用,产权就必须是可分割的。只有在附着于财产的权利能被分割的情况下,才能有效地利用大规模集中的财产。通过分立的个人和群体,财产的各种要素常常能得到最有效的利用。因此,如果制度性规定允许有些人拥有不动产,而其他人则以支付租金的方式暂时享用该财产的某些效用,那么人们就会给这种财产定高价。例如,如果我们考虑林业地产的情况,有的人可以为了进去玩而付费,而其他人则可以用土地来植树或享受狩猎的乐趣。这种可分割性使拥有该土地权利的所有者将不同的权利分派给狩猎、散步和投资植树。这会大大增加财产的有用性。例如,重要的制度创新推动创建了承担有限责任的现代股份公司。这使得把一个大型公司的所有权划分为较小投资者能够购买的股份成为可能,同时,重大工业项目和基础设施项目所需要的巨额资本得以积聚起来,而造成损失的责任仅限于持有的股份。

前面已经提到,财产包含着一组开放的权利。这些权利是由需求和人的创造性来创立和划分的。可分割性使具有不同需求和知识的人们能将某项独特的资产投到他们所能发现的最有价值的用途上去。有些具备企业家才能的人,自己没有财产,但拥有创意,并坚信自己能用好某些资产。多亏制度建立起了这类有差别和可分割的产权,才使企业家式的人们能够比较容易地获得利用他人资产的机会。在有制度创意的社会,会出现新型的产权。这种新型产权能与彻底拥有权(the right of outright possession)分离开,单独进入交易。所以,产权的可分割性增进了专业化和知识搜寻的效益,但有关资产所有权的最终责任依然留给了它的所有者。

显然,只有当制度安排十分可靠,足以使分解财产的某些用途成为可能时,才能获得源于这种划分的效益。只有当资产如约获得回报,债务如约得到偿还,才可能发生借贷活动。当对产权的制度保护趋于恶化时——例如,当因偿还意识不强而使贷款得不到全部偿还时,或政府强行降低贷款人的收益时("理发"*)——源于财产运用的获益就会丧

---

* haircut,在金融上是指证券的市场价值与可贷到款项之差,一般用百分数表示,百分数的大小取决于风险程度。如1000元的证券,在资金市场上可贷到的现金可能只有700元,减去了30%;而1000元的美国国库券则可能贷到900元,减去了10%。据说,这种做法在美国已有200年历史。详见维基百科。——柏克注

失,而生活水平会普遍下降。

产权还有另一方面,即它们必须是可处置的(或可转让的)。在传统或其他制度禁止处置产权(如通过买卖)的地方,财产被束缚于一个既有的所有者,而其他人尽管因具备更好的知识和技能可能对该财产定价更高,却不能对该财产进行更好的利用。有一个有趣的例子能形象地说明这一点。有些不可转让产权的土地被授给了土生土长的美洲人和澳大利亚人群体。政府当局规定这些土地的权利不可转让,是因为政府要防止那些土著所有者受人"剥削",还要防止他们以被认为不利于所有者的价格出售或出租这些土地。然而,这样的"保护"却大大减少了这些财产对土著所有者的价值,他们现在怨恨这样的政府父爱主义。那些年轻的、受过教育的土著人可能想要将土地出租给采矿公司,或卖掉它,那样他们就能赚到钱并转入他们认为更适合的活动中去。当政府出于环境方面的考虑,规定土地不得转让时(国家公园),冻结财产转让也会产生不良后果。人们可能随后发现,如果能用国家公园中的某些区域去交换那些有着更优植物种群和动物种群的地块,就可以使更多的动植物种类得到保护。毕竟,土地资源有限,自然保护的机会也会不断变化(Wills,1997,29-47)。因此,对保护自然而言,土地的可转让性往往有助于有限资源的最佳利用,而不可转让性——由于最好的意图和当时的有限知识而做出的规定——却可能妨碍这种保护。

关键概念

排他成本是当所有者动用资源防止他人拥有和使用其财产时产生的。例如,锁的成本,或是在进入计算机前需输入密码的计算机程序的成本。

可分割性意味着产权能被"拆开",纯消极拥有的权利能与对某项资产进行各种具体运用的权利相分立,例如,对一个湖泊的所有权能与在该湖钓鱼的权利和在该湖游泳的权利相分立。

可转让性是产权中一种涉及所有权变更(如通过出售、继承或捐赠等方式)的特性。

不可转让的产权不能出售给他人,也不能让他人使用,因此就不可能在使用上物尽其用。

7.3 运用产权:自由契约和交易成本

契约:交易无戏言

我们在本章开篇部分已看到,当所有者将该资产的部分或全部权利用于交易时,产权可以为其所有者所用。就私有财产而言,可通过签订一份自愿的契约来做到这一点。这份契约在双方同意的基础上建立一项有约束力的协议:

(1)支付议定的价格;

(2)按协议移交产权。

然而,即使在复杂的谈判结束时,这项契约性协议的确切条件究竟是什么也并不总是清楚的。因此,在许多社会的文化中都有一些习惯,重申议定的条件,用一些象征性的姿势来表示契约,如握手、互换签名的正式仪式。当该契约确立了一种长期关系时,花钱举行这种"确认仪式",使其成为整个契约的一部分是值得的。随着时间流逝,缔约各方可能想要投机取巧,逃避责任或干脆忘却义务。而增强契约的文化信号,目的就在于使双方的义务变得更加难忘。例如,为了确认一项契约,在北美印第安人中,要用一个烟斗抽烟,而在中东,要去见一位 *ka-*

di(法官)。在不同的文化里,恰当的制度信号也各有不同。能约束一个中国商人的东西可能不足以确保一个美洲人认真履约,而能约束美洲人的东西可能对中国人毫无作用。因此,找出具有相互约束作用的信号和仪式是跨文化契约上的先驱者们所面临的一种挑战。

在其最简单的情况下,上述步骤(1)和步骤(2)在达成协议时同时完成(一次性契约〔one-off contracts〕,共时性交易〔simultaneous exchange〕,就像在市场中的现金购物)。但更多的情况是,在缔约结束和这两个步骤之间常常有时间间隔。于是,缔约双方可能商定,所购物品要在未来的几个月内交付,或者以分期付款方式进行的支付将延续好几个月。在这种情况下,契约必须包括做出可靠承诺的条款,表示相关的义务确实得到履行。要定出惩罚措施,以防止投机性的违约行为。还必须就协调缔约各方之间以后会发生的误解和分歧做出种种规定。这类契约的一个典型例子是贷款。一方获得一项物质资产或金融资产的使用权,即该资产的所有者暂时放弃了一项产权,而借方做出可信赖的承诺,要按协议归还该项资产或偿还借用的那笔资金。要使这项承诺具有可信赖性,可能需要进入一种特别的契约保护形式,它能提供一种比一般契约法更严厉的强制执行,或者借款人必须提供某种担保,如抵押住房,由贷款人将其作为"人质"。通常,会有在承受损失上很有信誉的中间人(如银行)加入缔约各方,作为中介。他们常常能提供比最终借款人更可靠的还款承诺,以保证贷款会得到偿还。为了使像银行那样的中介更为可靠,它们往往要恪守透明的会计规则,并遵循谨慎行事的原则。为进一步增加这类机构的可靠性,这些安排往往还要受到公共权威机构的监督。

另一类契约在现代经济生活中随处可见:无限期契约(open-ended contract),它建立起一种或多或少是永久性的契约关系。这种关系含有跨时期的相互义务,但无法控制可能出现的所有不测事件。

这样的契约被称为"关系性契约"(relational contracts)。这种无限期关系性交易的一个典型例子是雇用契约：它规定以工资和其他报酬来交换一定的工作表现。

对于要延续很长时期的交易，在面临不确定性且假定存在协商成本和交易成本的情况下，契约永远都不可能列举和控制交易的所有方面。这样的契约必须依托种种普适性的抽象制度。这些制度能以一种可合理预期的方式解决种种具体的不测事件。有些普适性的法定原则，如"言而有信"或"交易无戏言"，即属于这类增进信任的规则。在这一方面，我们应该回想起，制度是经受时间检验的"知识仓库"，它有助于使有意缔约的合作者们节约缔约成本和履约成本，建立起降低交易成本所必需的信任。

制度有助于使契约中的具体做法转变为标准化的惯例，并因此而节约信息成本和再协商成本。这为运用财产所有者们自由处置的财产带来许多额外的机会。请想象一下，如果没有规则，也没有确保准时偿还债务的执行机制，财产的运用机会将是什么状况！可能的经济交往中有很大一部分甚至得不到尝试，而生活标准则会下降。

关键概念

契约是一项协议，即两人同时表明就产权做交易的意愿。拥有财产的一方可以是希望出让完全的财产所有权(出售或赠予)，也可以是希望出让在一段有限的时间内拥有和使用财产的权利(如贷放或出租)；而另一方则可以是需要该财产或某种产权运用，并通常会提议支付一笔钱。在这种交易中，一项出售财产的协议可以是**一次性的共时性契约**，也可以是**非共时性契约**(non-simultaneous contract)，即一项在后续一系列时点上履约的协议：物质上的拥有可以比如在完成销售后的下一个月里实现，而分期付款中的支付则可以在完成出售之后持续好几个月。

非共时性契约涉及信用。一方获得一种权利,另一方获得一种义务。在这种场合,会出现特殊的监督问题和执行问题。必须建立制度保障以防止在偿还财产上出现投机性逃避契约义务的行为。

无限期契约或曰关系性契约是在一个不确定的时期内承担某种服务的协议。这种契约不可能预见所有的不测事件,更不用说用条款来加以控制。关系性契约在复杂的现代经济中极其常见。在现代经济中,许多经济关系长期持续,一再重复。

关系性契约面对着带有种种知识问题的缔约各方。这种契约会向协议的双方提供某种可靠的结构和信心。但是如果有必要进行调整,它们要靠制度来节约信息成本和实现灵活性。适当的规则会规定如何应对未预见情况的程序。这样,交易成本得到限制,而缔约伙伴可以相信,在他们发生冲突时,他们未来关系中的具体细节将可以得到令人满意的妥善安排。

自主权——经济自由权

210　高水平的和不断上升的生活水准要求人们和企业能自由缔约,换言之,他们有最大可能的自主权来处置他们的产权。如果社会习俗妨碍许多契约化的产权应用方式("我们家妇女不得工作赚钱";"绝不允许为借钱而抵押家里的农场"),或者政治性控制剥夺了人们的经济自主权(例如,通过立法要求对某种财产用途颁发许可证),处置产权的最大自由就不可能实现。因此,私人自主权和处置物质财产和知识财产以交换货币的惯例是自由缔约的制度性前提。

私人自主就是只要他人未遭伤害就不受其他公民和政府当局特殊干预地运用财产的自由。为了给个人(和私人企业)提供一个空间,使他们能谋求其财产(包括其知识)的最佳利用,自主权必不可少。财产所有者的自主权当然要受普适规则的约束；然而，当财产所有者面对过多的限制时，其自主权会受到侵犯。这种限制可能来自私人权势（市场参与者的种种限制性做法），也可能来自集体行动（例如，基于环境、人类健康或收入分配等方面的理由而激增的专项管制）。这样的干预有可能通过政治行动而合法化，但尽管如此，它们还是会减少个人的自主权，并增加财产所有者的知识问题，因为，这些干预增加了他们的信息成本和其他交易成本。当这类对私人自主权的限制急剧增加时，它们往往会变得相互矛盾，而繁荣则可能受损。私人自主权是个人主义在财产法中的体现。在集体主义体制下，有一种强加集体目标的强烈倾向，私有财产——即使得到正式承认——也会被掏空。那时，指令性指示和各种管控，加上规则的腐败，会接踵而来，无处不在。那时，私有财产以及责任和自我负责精神将徒有其名。

在运用一个人的拥有物——包括个人自己的知识和劳动——上享有自主权，就是有时候我们所说的"经济自由"。这是全部自由中一个极受重视的方面，也是核心部分。在拥有和使用私有财产上的经济自由权构成了公民自由权和政治自由权的实质。公民的财产能够保卫他们的权利，而且这么做无须事先征得他人的允许（Friedman，1962）。贫民则几乎没有自由权。

对私人自主权的私人限制和政治限制

当其他公民的行动限制了私有产权的运用时，如当一个卡特尔不让新来者在某个市场中出售其财产时，私有产权会丧失其部分价值。对财产运用的私人限制必须借助于我们在 5.4 节中讨论过的对经济权势的操纵。因此，制度对产权的保护不应当仅限于为产权提供正式保护，还应该尽可能地保障对财产的自主运用。这包括由政府执行的各种外在制度，反对各种限制性做法，如防止对外部人和新来者封闭市场的卡特尔和垄断(见第8章)。

实际上,在大多数现代民主国家中,政府的管制严重地束缚了公民使用和处置其资产的自由,以及按他们看来适合其自身的方式塑造他们自己的生活的自由。即使在他们的日常生活中,公民们也感到,在一系列问题上都不能允许他们做出自己的自由安排,比如,如何应对疾病的经济后果,如何控制失业风险,如何让孩子们上学,按什么条件去工作,如何出租他们拥有的住房,作为消费者会引发什么风险,雇用谁、以及如何解除劳动合同等。违反法律面前平等的原则已司空见惯,例如,雇主被迫遵从女性雇用配额,或雇用残障人士。政府这个有形之手的干预不断增多已经造成了这样的后果,即公民们已经习惯于种种限制,并顺从地接受了缔约自由方面变本加厉的损失。在这个过程中,许多人对自由的不断丧失已经置之不理,变得顺从于国家,而不是做有自信的公民主人(citizen-principals)。换言之,密集管控日常生活所导致的种种后果不仅是物质上的(较少经济增长),也会影响到有关自由的基本人权。

再来谈谈限制自由运用产权的经济后果。值得注意的是,在一个开放的、动态变化的世界里,如果没有政治庇护,经济上的强势地位极少长期持续。即使在一个或几个强权博弈者已经封闭了市场的情况下,他们仍迟早会遇到其他财产所有者的明争暗夺。当今世界正处于一个低运输成本和低交易成本的时代,还有丰富的信息流和透明度,大多数市场迟早都会面临外来者的竞争,外来者会向市场中的另一方提供更多的自主选择。所以,大多数垄断组织和卡特尔都为了他们的持久性而依赖政府的支持(Friedman,1991)。

因此,在针对私人自主权的种种限制中,那些较为持久且影响深远的限制都起源于政治行动。政治权势常被用于削弱财产所有者的权利(经济自由权)。外在制度的首要作用就是保护产权,而这主要通过禁令性的普适规则。如果普适性原则遭抛弃,指令性的具体规则激增,政府就很可能对不同的财产所有者实施区别对待,而财产使用者将承受迅速上升的交易成本。政府运用指令性规则(指示)本身并非问题,成为问题的是政府运用这种干预的频率和密度。

我们将在第8章讨论竞争时和在第10章分析集体行动时,回到这个问题的讨论上来。

关键概念

私人自主权意味着,在如何使用财产的具体细节上,财产所有者的权利不受私人或政府的限制。换言之,私人自主权意味着经济自由权是受到保障的。当其他有权势的财产所有者以任意的和歧视性的行动干扰一些人的产权时,自主权会被削弱。一个例子就是限制交易的私人行动,如不让新的供应商在市场中销售,由此形成一个供应商卡特尔。自主权还可因政府行动而被削弱。当政府的行为超出了保护所有人的同等产权时,当政府颁布和执行大量指令性指示时,他们就侵蚀了私人自主权——并且因此而阻碍了资本主义体制的恰当运行。

交易成本

当产权得到积极的运用时,即当产权被与他人所有生产要素中的产权相交易或相结合时,就会出现协调成本(请对照第5章中图5.1)。当人们通过在市场中缔约的方式运用他们的产权时,这些成本就被称为"交易成本"。[①]在人们知道他们需要什么以及可以如何与他人交易其产权之前,他们必须获取大量信息。这本身就是一种费用昂贵和风

[①] 我们在第9章里将看到,当人们在组织内部发生经济性的相互交往时,也会产生类似的协调成本。我们将称这些成本为"组织成本"。

险很大的过程(见3.2节)。然后,他们必须进行缔约谈判并维护契约。这造成了进一步的成本(见5.6节)。最后,契约的履行必须受到监督和评估,如果必要,还要经受裁决和惩罚。这也可以是代价高昂的。适当的制度,如采纳和实施标准化的度量衡,能降低这些交易成本的水平。

213 信息是很费钱的。甚至在可以构想一桩商务交易之前,就必须获取大量的知识:有什么样的商品和服务?它们归谁所有?它们将以什么样的条件出售或出租?现存商品和服务是否可以有新的用途?谁能制造必要的变形产品?其成本如何?哪些人可能成为缔约伙伴?在哪里能找到他们?在履行契约义务上能信任他们吗?要支付什么价格?还必须掌握哪些其他情况?一旦收集到了所有这些信息,还要进行评估。全部的信息搜寻努力可能得出这样一个结论:总的来看,拟意中的交易所能提供的物质利益不够大。简言之,遇上了信息悖论(information paradox)。我们已经看到,信息搜寻不可能达到最佳状态,因为在获得信息和产生成本之前无法确定信息的价值。人们通常的行动方式是在信息收集上付出努力,直到他们根据过去的经验断定已经获得冒险做一次决策所需的足够信息为止。通常,不可能事先知道,在哪一点上经验会告诉他们,他们有能力做决策了。信息成本一旦发生,当然就都是沉淀成本(Streit and Wegner,1992)。一个人在获得信息之前无法评估信息价值的可能水平,这一事实使信息搜寻成为一项有风险的活动,它使许多人深感苦恼。

当有可能根据过去的经验或类似的先例进行推断时,信息搜寻成本一般会相对较低。而当要试验新的要素结合(创新)时,信息搜寻成本就会较高。那时,必须付出代价来检验产品或工艺在技术上和商业上是否可行。在所有几乎最有利的制度组合中,信息搜寻上的必要开支和其他交易成本仍可能高得无法承受,以致创新甚至都无法想象(见

第 8 章)。这解释了大多数人类历史上经济缓慢增长的经历(见第 1 章)。更普遍的情况是,在信息成本很高的场合,私人的双边交易将变得极其困难。

一旦经济主体认为,他们收集到的信息已足以得出某一交易将有益于其目标的结论,就需要去设想一连串进一步的成本:谈判成本、缔约成本、监督成本和惩罚违约的成本。英国经济学家罗纳德·科斯在尝试解释企业何以存在时为经济理论"发现"的就是这种反复发生的交易成本。他的结论是,通过进入一个无限期的、半永久性的层级制关系,换言之,通过将各种资源结合进像企业那样的组织之内,能够减少在市场中为某些投入缔约分包契约(Coase,1937/ 1952;Cheung,1983;Demsetz,1988)。一种多少具有持久性的组织关系,如一个雇员与企业的关系,能节省每天去市场上招聘雇员的成本。一个永久性的股份公司可以为每一投资方节省积聚资本和其他资源的成本。现代股份公司最初就是为一次单程远航筹资而出现的,如从阿姆斯特丹到香料群岛。在利润(如果有什么利润的话)被分配之后,公司就被解散了。人们逐渐发现,永久性的股份公司可以为长距离的贸易提供资金,减少组织成本。

衡量和预测交易成本可能十分费钱,因为必须监控复杂的技术特性、时机、履约保障和有关违约时发生情况的应对预案。而且,那些达成一致的条件还必须使双方都能得到满意。如果存在分歧,可能要诉诸昂贵的司法裁决和契约强制执行。在给定存在这些成本的情况下,组建企业,却像在一种雇用契约中那样建立种种无限期的安排,来管理反复发生的常规性交往,往往变得合理。这样的无限期安排还产生出了企业。企业的存在只能用存在高于组织成本的交易成本来解释。

这些反复发生的、与运营相关联的交易成本是由科斯在 1930 年代首先揭示出来。有些学者已经将它们称为"科斯交易成本"(Coasean transaction costs)。它们不同于信息搜寻上预付的种种固定成本。

> **关键概念**
>
> **交易成本**是当产权在市场交往中被(根据契约)交易时产生的。首先,交易成本由信息搜寻成本构成。这涉及在做出一项决策之前找到足够数目的交易伙伴,弄清他们的区位、产品设计、质量、可靠性以及大量相关的方面,即交易的固定成本。交易成本还包括,谈判成本、缔约成本、监督履约的成本、处理违约行为时可能发生的成本,即交易中重复产生的成本。信息搜寻成本和准备契约的成本都在决定一项交易活动是否值当之前就"沉没"了。

再论外部性:测量成本和排他成本

私人成本和效益与社会成本和效益(外部性)之间的差异,常常是由交易成本造成的后果。如果测度和分派私有财产运用中属于所有者的所有后果过于昂贵,人们就没有能力商定一个市场价格来补偿每个人所造成的全部成本,也不可能就每个人所享有的全部获益向他们收费。在由于高额排他成本而不可能轻易排除使用者的时候,还会出现共有品。

在测量方法上和信息技术上的各种改良常常能消除外部性。于是,即使是在一些先前看来只有政府生产才能解决外部性问题的领域中,私人生产也会变得有利可图。例如,道路建设曾长期靠税收来筹措资金,因为道路的使用成本几乎无法测定、归属和收取,并且几乎不可能不让公民们使用道路。而现在,依靠新型的电子技术(脉冲发生器),看来已可以使某些道路的使用成本和效益内部化,以致私人收费道路已变得可行,而由政府建设和经营公共道路已不大适当。在很多领域,计算机联网的蔓延和通讯革命的其他便利设施正在改变市场和政府组织间的分界线,其方向是,更多地靠市场和竞争性外包(out-sourcing)来进行协调,更少地依赖集体行动和社会化财产(Barzel,1982)。

当私人主体相互争夺使用共有品时,他们可能也会在他们自己当中造成外部性。例如,要是有较多的人使用公共的开放道路,他们就会加剧道路的堵塞,从而影响他们自己和别的人。近年来,在许多城市和工业中心区,清洁的空气已不再是免费品。因此,经济学家们已提出了"污染者付费"的原则。即要用价格(对每个生产者规定排放污染气体的上限,如果他们希望多排放,就迫使他们购买额外的排污权)或直接的数量管制,使排污者的排污活动受到定量配给的限制。当然,这样做的预设条件是,污染源是可测定和可识别的,且存在着有效的手段能防止潜在的污染者加剧环境问题。这还需要做出一种政治判断,即在环境资产的使用者中,谁应拥有优先权,谁的排放应当被规定上限。

当然,以上关于竞争需求和外部成本的讨论,在经过必要修改后,也适用于外部性获益的情况。在通常由私人主体为他人无偿提供好处(外部获益)的领域,新的测量技术常常能使这些活动获得报偿并因此而激励这些活动的生产。例如,技术现在已允许私人供应商向电视信号的使用者收费。

在两种情况下会产生外部性:
(1)私有财产所有者没有通过私人交易使其活动的成本和效益得到充分补偿,因为他们认为,其财产使用中的排他成本和交易成本过高(Coase,1960);
(2)私人运营者使用共有财产,并对其在共有财产中的份额提出政治性权利要求。

对(2)这种情况,我们称其为狭义的外部性。当私人在使用共有财产中对他人造成负面后果时,如道路使用者要争夺交通空间、而每个使用者都增加着道路的拥挤时,外部性就以外部成本的形式出现。而当私人使用者缓解了对共有财产的争夺(外部效益),如私人植树和私人的水土保持改善了整个环境时,外部性就以外部获益的形式出现。

在这两种情况下,更好的测量技术和更低的监督成本——主要由于新的电子技术——能缓解这个问题,并有助于提出一种解决方案。

信息技术革命可能标志着一种长期趋势上的变迁。在过去,由于测量成本和交易成本很高,有些产品和服务在习惯上要由集体来提供。这导致在这类物品的使用上出现外部性(如道路拥挤)。既然政府垄断是靠集体行动来供给物品和服务的,生产中的成本控制就常常不足。而现在,技术进步使测度和核算这类物品的使用成为可能,结果外部性不复存在。于是正如已经提到的,这就有可能使这样的物品从集体生产转向私人生产和竞争性供给(私有化)。结果,政府组织就可以下放大量的活动(第14章)。

私有产权、征用权和环境保护主义

纯粹的资本主义体制并非全无约束,而是——如我们看到的——包含着限制性规则。这些规则保护人们免受他人私有财产运用可能带来的伤害。我们也已看到外部性的许多事例,这些外部性不能通过对产权的私人交易来解决,而通过政治干预来解决——即使考虑到政治干预会频繁产生意外的副效应、寻租和管理无知的问题——则要有效得多,费用也要低得多(第10章)。在盎格鲁－撒克逊的法理学中,对于广泛散布但很重要的集体利益是承认的,并认为这是政府在"征用权"(Epstein, 1985)的原则下没收私有产权的正当理由。在许多为私有产权提供宪法性保护的其他司法体系中,也有类似的法律结构。在正常情况下,将私有财产充公必须要由国家给予"合理补偿"。"征用权"的原则在 1625 年就由荷兰法学家雨果·格劳秀斯[*]提出了,当时他在其著名的《战争与和平法》(De iure belli et pacis)中写道:

> 臣民的财产处于国家的征收权之下,从而,国家或为国家做事的人可以使用,甚至转让和摧毁这类财产,不仅在极端必要时(在这种情况下,甚至民间个人对他人的财产也拥有某种权利)是如此,也是为了实现各种公共事业方面的目的。而对于公众目的,必须认定,那些创建了公民社会的人都已预设,私人目的应当让路。但是还要加上一句:在这么做的时候,国家必须为那些失去了自己财产的人弥补损失(引自 Nowak and Rotunda,2010, p.263)。

尽管原则易于阐述,但运用征收权的具体细节却常常导致棘手而有争议的问题(Epstein,2007):公共利益如何界定?在什么样的情况下应该允许公共利益优先于私有财产权?比如说,要是修建一条高速路得穿过某人的私有土地,这种公共利益是否是拿走那片土地的充分理由?地方政府通过财产税增加收入的兴趣,是否是夺取私有住房以便去建设一个商业中心的充分理由?在实践中,一项征用的"合理补偿"意味着什么,还存在着争议。在威胁要进行征用之前,如果能建立产权的市场价值,"合理补偿"就应该是这种市场价值。但在实践中,权力部门可能先宣布他们要接管一项财产,并威胁要提起诉讼,然后按照被大幅度压低了的市场价值收走这项财产。简而言之,征收权的原则和土地法院对其所做的实用性解释具有这样一种潜能,即毁损整个产权体制,并同时,侵蚀创造出如此大量物质和非物质性福祉的资本主义制度根基(Epstein,1985,2007)。

---

[*] Hugo Grotius,1583 年生人,古典自然法学派的主要代表人物之一,世界近代国际法的奠基人,被世人誉为"国际法之父"。其两大贡献是:第一,他首先在真正意义上阐述了国际法的概念;第二,他提出了公海自由的经典理论。其名著之一《战争与和平法》又被译为《战争法权与和平法权》。——柏克注

作为运用"征用权"的一种方式,有时候,有关的冲突是通过法律来处理的。这些冲突由于积极的环境保护主义而日益增多。对宜居环境的保护是一种基本价值(见4.4节),而且在这个范围内也得到了广泛的政治支持。当政治干预导致迄今可靠的私有产权被没收(而且是在没有充分补偿的情况下这么做),环境保护主义就不仅与经济自由相抵触,而且与整体上的自由以及公正相抵触(Kasper,2007;Klaus,2008)。当裁决不是依据习惯法或其他基础性的和人们熟悉的法典规则做出,而是由专门的环境法院和违反程序正义的证明规则做出时(这在当今是很常见的),实践中的冲突就会加剧。当环境保护主义变成了有利于政治优先于经济生活的公然包装时,当它被用来破坏或废除资本主义时,实践中的冲突还会进一步加剧。当代的环境意识推动的进攻零敲碎打地推进,拿走某人产权束中的种种个人权利,并将越来越多无意义的财产契据留在个人手中。

使种种反资本主义心态得到增强的,不仅仅有从把事物从私人选择转入公共选择(第10章)的转变中能获取直接影响力和收入的那些人,而且还有在这类事物上充当了自封裁判者的那些知识分子。知识分子常常认同一种简化的、自上而下的社会幻想,以及不会出现种种意外副效应的假定。他们对于商界生活和普通人民的关注几乎没有任何直接体验,却因此而在广泛的公共话题上助长种种集体主义的理想(Sowell,2009)。媒体常常也与之共鸣,因为当由集体来处理各种事物时,媒体舆论的制造者们感到,与千百万人每日在市场中做出平淡决策相比,自己更能成为一种影响势力。面对这些趋势,重申一种可靠的私有产权系统看来是重要的。

7.4 关系性契约、自我执行与司法系统

我们已经指出过,当产权被用于无限期关系性契约时,会在契约的监督和强制执行上产生出一些特有的问题。不能简单地假定,在能够投机取巧地行事而不受惩罚时,所有人都能抵制这种诱惑。人常常是健忘的、粗心大意的和懒散的。他们逃避义务,易于骗人和撒谎,在面对陌生人时尤其如此。这时,就需要有制度约束来抑制人身上这些固有的基本天性,并引导人们可信赖和可预见地行事。在现代资本主义经济中,许多财产的运用要以无限期的契约关系为基础。它们要比其他契约更多地依赖自我执行机制和可靠的外在执行(Axelrod,1984;Benson,1995)。

自我执行契约

最初,对跨时点履约(contract fulfilment over time)的信心,源于若干自我执行机制的存在。这些机制以内在制度为基础,无需正式的强制执行机制:

(1)有利可图的生意关系会长期延续。这意味着,缔约当事人都拥有一种双向和自动的彼此把握。如果有一方违约,另一方就能选择以某种方式进行报复或完全中断该商务关系。这种"以牙还牙"的威胁反应可以是一种强有力的制裁。在极端情况下和小群体中,这种报复可采取从所有交易中驱逐违约方(驱逐法)的形式。在缔约当事人都了解他们是相互依赖并能互相握有"人质"时,"以牙还牙"的报复是很有效的。那时,他们就不大会逃避义务,而会确保顺利履约。随着时间的推移,在交易中

诚实、守时和可信赖的经验可以变成一种内化的习惯——"第二本性"。经验表明,这样的"商人美德"对于交易双方极其有益(Giersch,1996)。

(2) 使缔约当事人做出可靠承诺的另一种方式是建立声誉。如果他们做事投机取巧,他们就会很容易丧失这种声誉。建立一种好的声誉需要很长时间,而丧失声誉却极为迅速。供应商投资于产品和服务的质量,并为其产品做广告以赢得一个好声誉。这常常是一个很费钱的过程。这种声誉会变成供应商无形资本的组成部分。如果顾客转向这样一个有声誉的零售商,他们知道,他们所支付的价格中,有一部分是为诚信而支付的:与这种供应商缔结的契约会得到恰当的履行,并且,如果发生分歧,会得到妥善解决。他们还知道,他们能以某种方式控制该供应商:如果他们感到失望,他们就能摧毁该供应商的声誉。换言之,如果必要,他们能掌握该供应商的"人质"。供应商们当然常常把自行建立"人质"作为他们商务策略的一部分。

现代技术已经使重复契约和信息扩散更加容易,所以投机主体的声誉现在更加岌岌可危。然而,只有在信息于其中扩散并共享某些基本价值的共同体内,声誉才能成为一种强制执行的机制。声誉机制发挥作用的必要条件是共同体的成员以大体相同的方式对有关投机行为的消息做出反应。如果一种投机行动——比如,欺骗富人——受到共同体内一部分人的赞同,受到另一部分人的谴责,那么声誉机制就会失效。一套共同的伦理和价值体系对于许多内在制度的执行是一个重要的基础,并对降低交易成本来讲至关要紧,原因就在于此。毕竟,内在规则的自发执行比起严重依赖外在制裁(打官司)要便宜。

(3) 引入第三方(中介)常常能强化非共时性契约的自我执行。一种方式是将一个著名的第三方包括进来,作为担保人。例如,这一角色可由银行来扮演。银行发出信用证并保证供应方在发货后得到偿付。

(4) 预先在选择裁决者上达成协议,也能有助于契约的强制执行。裁决意味着,要请一个独立的个人或组织来调查冲突并给出评判,尽管这对任何一方都无约束力。因此,可以在一份契约中指明,当履约遇到争议时,由商会介入并做出判定。要进一步强化对履约的信心,契约甚至可以提供更强有力的强制仲裁方式,这是一项使接受第三方的裁决对纠纷各方都具有约束力的规定。

(5) 在有些交易环境中,履约可以依靠一个第三方,即直接参与进来的中介:一个我们在前一节里已经提到过的中间人或调解人。中间人根据其自己的利益进行背对背的交易。除了有助于信息搜寻外,他们还承担在履约上提供信任的重要作用。他们一般在其业务领域中远近闻名,地位巩固,且资信良好。因此,他们将自己作为"人质"提供给交易的双方。这构成了一项可信赖的承诺。因此,他们能弥补种种总体性的制度缺陷,如不发达的法律保障以及腐败或昂贵的司法执行。

如果中间人组成一个协会,为其成员的表现提供一种集体担保,中间人的可信赖度还能更进一步增强。这样的群体性担保可以源于共同的家族或种族纽带(世界各地的华人、犹太人和印度玛瓦里〔Indian Marwari〕商人)、源于正式的行业协会(像中世纪北欧汉萨同盟的商人们),或源于中间人当中的互助保险契约(例如,这就是伦敦劳埃德保险公司的部分起源;在许多发展中国家里,这依然是银行保险业的组成部分)。不能履行其义务的单个中间人将面临被驱逐的处罚:被其他认识他们的中间人逐出该业务网络。要使这种排斥制裁起作用,该群体必须相对较小,并在一个既有的交易网络中相互依赖(Landa,1994)。[①]

这些制度性规定都内在于社会。它们的作用要依靠那些不依赖任何政府行为的有效惩罚。当今的绝大多数交易活动,包括世界贸易和国际资本流动,或多或少都依赖于这些正式但是内在的制裁。这样的内在制度在运行上是有效的,灵活的,而且相对便宜。因此,培育出这些机制的社会都比自我执行机制较弱的社会更具竞争优势。

关键概念

征用权是一种法律原则,在这一原则之下,政治权力机构可以依据一定条件将私有产权充公。在大多数文明国家,政府征收私有财产的权力是被严格限定的,而被征用了财产的所有者必须得到合理补偿。对于征用权的宽松解释导致对产权的侵蚀,并造成长期动态效能的丧失。

自我执行契约提供了可信赖的承诺。尽管逃避契约义务的诱惑总是存在,但自我执行契约依托于一些无需(昂贵的)正式强制执行即确保履约的做法。这样的办法包括"以牙还牙"、创立声誉,以及提供一项担保(提供"人质")或依靠一个使契约承诺更可信赖的中间人。

中间人是在最终购买者和销售者之间做中介的个人或组织。他们具有减少最终购买者和销售者的信息成本、增强双方信任的作用。通过这种方式,他们在一个非个人化制度发展不足的环境中做生意。

---

① 读者也许会问,在弥补制度缺陷和财富创造上发挥如此重要作用的中间人为什么会经常遭人嫉恨和迫害(Sowell,1994,pp.46-59)。看来,中间人的文化特质或伦理特质并不是一个充分的解释。更可能的是,许多中间人建立了垄断并怂恿国家的政府领导人为他们的利益而封闭市场,政府领导人往往是以特许权交换丰厚的酬金。但这并不总能保护中间人免受同一批政府领导人后来的迫害。减少中间人成本的途径是强化制度性基础结构,在所有人都能进入的、相对非个人性的市场秩序中培育各种普适的制度,从而削减中间人的相对优势。

> 当制度改善了信息流、增强了信任时,他们会悄然隐退。因此,中间人常常有助于弥补总体性的制度缺陷,如法律上的不安全感和高昂的信息成本。
>
> 评判者或调停者是向有争议的履约各方表达评判意见的独立个人或组织,但是他们的意见没有约束力。
>
> 仲裁人是向有争议的履约各方表达判决的独立个人或组织,他们的裁决对缔约双方都有约束力。在有些法律系统中,法律允许当事人向公共法庭提出上诉,以质疑民间仲裁人;在其他系统中,人们能像履约那样约束自己,服从民间仲裁者的裁决。
>
> 商人(或资产阶级)美德,如诚实、守时、不赖帐、可信赖和在冲突中的灵活性,都是资本主义社会的内在制度。它们增强了对履约的信心,并由此促进着市场经济的有效运营。它们构成了一共同体中宝贵的无形资本资产。

外在支持:司法系统

在许多情况下,契约的自我执行要辅之以外在制度(法律和政府管制)。这些外在制度都依赖于政府性的强制执行组织:司法系统、警察、检察官和监狱。统治者和议会曾普遍使自己成为可信赖的第三方,来保障契约的履行,如我们在5.3节中看到的那样。他们制定了正式的契约法,创立了专门的仲裁者(商业法庭),这往往获得规模效益(North and Thomas,1973;Rosenberg and Birdzell,1986)。因此,外在的强制执行机制往往能增强缔约伙伴的信心。它们还可以通过制定标准化交易条件而减少贸易中的信息成本和缔约协商成本,如在不动产销售和劳动合同上那样。然而,严重依赖外在性的诉讼有可能削弱内在制度,而内在制度往往更便宜,更灵活。多诉讼社会——如美国——一般都会发展起巨大而复杂的仲裁专家网。这类专家的私利就在于增加分歧并使调停复杂化:毕竟,他们要由此获取自己的收入。常有人批评说,与日本那样的东亚国家中的情况相比,美国大量地依赖商务律师且这种依赖给企业造成了成本;而日本则大量依赖各种内在制度,且很容易诉诸种种简单的外在制度。这控制住了做生意的成本。仲裁者与社会间的这种冲突在这类批评中起了很重要的作用。有人曾估计,在美国(1980年代),"每个由美国法学院调教出来的新律师都会使美国的GDP水平下降250万美元。这个数值远远大于那个律师收入的当前贴现值,虽然他们只是可能如此,但已经不容掉以轻心"(Magee et al., 1989, p. 17)。且不论得出这一估计的计算方法是否准确,它指示出,一个主要依赖自发性自我执行机制的制度系统在整个经济体范围内的交易成本优势。

7.5 资本主义的影响

产权的早期历史

创立可识别的、受保护的产权是新石器革命的最重要发明之一。那场革命大概始于约12000年以前的中东(美索不达米亚北部),此后迅速发展到远东(泰国东北部)。那时,农业(播种和收获,而非单纯采集野生种子和植物块茎)和动物饲养已经出现。人类从自然的机遇性开发者转变为利用物质资产从事生产的财富创造者。难以想象,这些重要的技术性革命会在不尊重土地和动物所有者的排他性使用权、并在必要时保护这种使用权的情况下发生。就我们所了解的情况来看,在旧石器时代的狩猎-采集社会中,即使有财产权存在,也要受到很大的限制。有证据表明,在那些社会里,占有物会经常受到侵犯,就像动物拥有一点食物但可能被更强壮的争夺者抢走一样。在新石器革命之前,"好篱笆维持好邻居"的概念肯定还未获得广泛的认可。后来,先前处于部落(或起领导作用的首领或长者)笼统集体控制下的资产被比较清楚地分派给了个人或家庭。一旦人们控制了他们的财产及其获益,他们就有动力为使用自己的财产而不辞辛劳,胼手胝足,不断创新。这完全是因为他们相信,他们付出的努力、所承担的风险都将得到回报。因此,私有产权是人类文明赖以建立起来的基石之一(Radnitzky,1987;Bauer and Sen,2004;Clark,2007)。

在随后的时代里,立法者们完善了既存的产权,并将它们编纂成典(Benson,1995)。立法者们经常利用社会中已经存在的内在制度。他们并不发明财产法。在这方面,"法律先于立法"的格言完全适用(Hayek,1973,p.72)。在欧洲传统中,首先是那些罗马人,他们最清晰地区分了单纯拥有一项资产和真正的所有权(mere possession of an asset and genuine ownership)。他们设计出了私法规则。这些规则允许资产所有者们保留财产契约(property titles),但放弃拥有财产使用上的某些权利,将这些权利分派给其他人,如租用或出租一项资产(Némo,2006)。他们也制定了许多规则来处理资产使用中的冲突,并强迫那些在财产使用中对他人造成损害者对受损害者提供私人补偿(各种民事侵权行为)。罗马人还对可能与他人利益相冲突的财产运用施加管制,并建立起了仲裁和裁决机制,以便以可预见和非暴力的方式来解决冲突。由此,法律规则的清晰基础被建立了起来,从而有可能通过私人协议,以较低的成本分割和交易各种排他性产权。罗马繁荣起来,而罗马法则成为了西方文明的基础。

资本主义的产生

当然,在人类历史的多数时期,私有财产都没有受到严格的尊重。

窃贼,以及具有暴力潜能的统治者和其他集团,往往对拥有财产的公民们横征暴敛,或武断地没收任何其所能攫取的资产。这常常使得财产所有者必须隐藏他们的财产,即使这样做会使其财产的使用变得困难甚至不可能。在经历了欧洲的"黑暗时代"(Dark Ages)*之后,私有财产逐渐在有效的政府行动下受到全面的保护。在小而开放的欧洲国家里,投机行事的统治者们,常常遇到资本、有钱人和商人－企业家成群地逃到其他较安全政区的情况。而别的政区则开始强化产权保护,并鼓励可在其中交易产权的自由市场。它们通过编纂法律和建立有效的法庭来促进履约。税制有序而透明,并服从于法律。像威尼斯、佛罗伦萨、热那亚,以及后来的葡萄牙、纽伦堡、荷兰、英国那样的国家都受益于资本和企业的流入,这使它们的贸易和岁入不断增长。于是,那些为财产提供良好制度保护的政区繁荣了起来,而不那么做的国家则变得越来越贫穷。这种成功受到模仿,结果,政府对产权的保护在西欧多数地区普及开来。当然,君主们经常抱怨其控制商人的权力越来越小,但他们除了尊重私有产权以外别无选择(Weber,1995/1927;Jones,2003/1981;Rosenberg and Birdzell,1986;亦见12.1节)。在20世纪,产权保护已扩散到了许多非欧洲经济体中。

第7章——案例一
马克斯·韦伯论资本主义兴起的条件

对于现代资本主义商务活动的出现,以及随后资本主义建立的工业革命,德国社会学家和经济史学家马克斯·韦伯揭示了促成这些变迁的种种条件。看来,介绍一下韦伯的这些发现是适宜的。韦伯是研

---

* 欧洲历史上的一个时期,大约在公元5—8世纪。这个时期的特点是经常发生战争,没有城市生活。——韩朝华注

究资本主义兴起的先驱。他指出,当下面的六个条件得到满足时,就会出现作为经济组织特殊形式的商务企业:

1. 物质资源能由各种作为独立法人的组织(换言之,企业的产权受到了尊重和保护)占有。
2. 企业能在市场中自由经营(自由进入、竞争和自由退出是有保障的)。
3. 各类组织采用恰当的会计方法以支持合理的核算,并依此决定应干什么和不应干什么(换言之,商务活动的领导人进行理性的核算,而真正的市场价格则使理性的经济核算成为可能)。
4. 法律和环绕商务企业的其他制度变得可信赖和可预见(包括商法的法治居于主导地位)。
5. 劳动是自由的,即人们能自由地享有其劳动所得(确立了个人主权和自由劳力市场,奴隶制、契约劳工和奴役已不存在)。
6. 工业化是可行的(产权是可让渡的,即能将它们卖给别人),能靠发行合资股份筹集资金,为公司融资(建立股票市场)。

只有在围绕现代资本主义商务企业的恰当制度框架都得到保障的条件下,各种商务组织才能有效运营。侵犯可让渡的产权,法制废弛,阻碍竞争,并不必然使资本主义商务活动无法产生,但它们一定会削弱这类活动孕育创新和推动增长的效能。

所以,韦伯的(历史性)分析突显了制度性条件框架与企业和整个经济体的表现之间的相互依赖性(Weber, 1995/1927, pp. 275 - 278)。

我们在第 2 章已经提到,最近,英-澳经济史学家埃里克·L.琼斯对允许资本主义兴起的那些规则是如何出现的做出了解说。当时他将西北欧的工业革命与中国的经验作了对比。直到公元 800 年,中国一直是一个技术上高度发达的国家。其他一些庞大而封闭的亚洲经济体也是一样。但在那里,资本所有者和其他人不可能迁移到邻近的国家里去,因而统治者保有不受监督的权力,可以专横地、任意地没收财产。克里斯托弗·哥伦布曾带着他西航印度的计划游说一个又一个欧洲宫廷,但这样的经历不可能在中国重演。事实上,中国船队的队长郑和曾在15世纪远航东非,但当帝国朝廷发布一项终止探险的敕令后,他的远距离海上探险就完全停止了。

因此,中国人卓越的技术和组织技能并没有转变为一场自行持续的工业革命。中国是一个由一小批精英统治的国家。它向农民征税,视农民为其"鱼肉",统治者在不激发农民起义的前提下,为了榨取税收,千方百计,为所欲为(Jones et al., 1994)。那些统治者能固执一种剥削心态,从不受引导去培育共同财富。只有在那些官方没收受到限制并服从于某些法律的时期里,如在宋代(960—1279年),中国经济才显得欣欣向荣。缺少秩序和信任,以及官方任意没收财产的做法抑制了对工业和企业的投资(Jones, 2003/1981)。这一历史比较证实,对私有产权和产权运用的制度保护是持续的经济增长所不可或缺的。

产权的极端重要性被苏格兰启蒙运动的哲学家和经济学家们(重新)发现。在1739年,大卫·休谟在其《人性论》中写道:"财产必须稳定,并靠一般规则来固化。尽管在某种情况下,公众可能是受害者,但这种暂时的毛病可以靠始终不渝地执行规则,以及这种规则在社会中所建立起来的平安和秩序得到完全补偿"(Hume, 1965/1786)。休谟、亚当·斯密和其他苏格兰启蒙思想家明白,要使这种体制按最大多数人的利益运转,排他性是必需的。他们还将注意力集中于自主运用产权方面的基本经济自由,并谴责政府垄断和对私人特权的政治庇护。作为对这些考虑的反映,美国宪法明确地保护财产,反对任意的没收。后来,世界上许多其他国家的宪法——虽未必在精神上,但至少在字面上——仿效了这些保护措施。

资本主义：产权对共同体的影响

历史的经验已一再表明，私有财产和私人自主权具有许多超出个人的明显优越性。必须承认，财产所有者为其私利而行动，但是通过那些具体的行动，他们产生了有益于他人的副效应。在现实世界中，以财产处置上的私有产权和私人自主权为基础的经济体制从来都不"纯粹"。它们并非"完美地"运转着。然而，有确凿的根据证明，一种大体建立在广泛分布的产权之上的体制，以及个人在认为合适时运用和处置产权的自主权（经济自由），往往能对共同体产生大量（意想不到的）有益后果。

可以说，恰当运行的资本主义体制有两个最重要的后果：其一，它有助于控制单个行为主体，包括控制那些大权在握的人；其二，它激励人们积极地运用其财产和知识——包括促进人们去创造和检验有价值的信息，简言之，导致繁荣。尊重和保护产权之所以有益，是因为它将企业家精神、人的精力、创造性和竞争性导入建设性的、和平的方向。战争或盗窃只能将企业家精神引入零和博弈或负和博弈，而保护私有产权则促进着大量正和博弈（Tullock，1967；Baumol，1990）。这些正和博弈将汇入全面的经济增长，并使社会成员更易于实现他们自己的愿望。

1917年的俄国无意识地，但却是戏剧性地证明了有益于生产率的资本主义秩序所具有的重要性。中央集权化的、仍然落后的俄国经济遭到战争的破坏，沙皇的军队战败。此后，私有财产被废除，市场被禁，由于一波恶性通货膨胀，货币变得一钱不值。"到1921年，矿业和工厂的产量已经下降到1913年水平的21%，而……农业生产也比正常年景下降了38%"(Malia,1994,p.143)。这种不讲规则的经济的全面崩溃迫使共产党人引进了一种部分的市场体制和一种新政策("新经济政策")。尽管如此,它还是用中央控制和完全的压制取代了许多市场对自愿生产的激励,并导致了赤贫状态(13.1节)。

我们已经指出,私有产权的第二个重要后果是它们为经济自由提供了实质性内涵。当政府主体表现出限制个人自由的苗头时,受保护的私有产权往往会成为个人自由的最强堡垒(Mises,1994/1920;Friedman,1962,ch.1;Seldon,1990,chs 7 and 8)。在由"有产公民"(citizens of property)构成的社会里,人们会努力对统治者施加民主和法律方面的限制以巩固自己的经济自由。只要人们控制着自己的物质资源,他们就能在自由处理其私人事务和政治事务上享有较大的自主权。在近两个世纪里,私有产权与自由之间的互动关系在欧洲和北美是显而易见的,个人自由的早期倡导者们充分地理解了这种关系。现在,这样的联系在越来越多的东亚资本主义国家里已变得同样明显。在那些国家和地区中,正在兴起的中产阶级要求法治和民主,也要求各种经济自由权和经济自主(最近的例子是新的民主地区和国家,如韩国、中国台湾、泰国和印度尼西亚,还有若干开始追随相同道路的邻国;请参阅第13章;Scully,1991,1992;Gwartney and Lawson, *passim*)。[1]

保护私有产权的制度对共同体产生的第三个有益后果是,它通常会诱导所有者节约资源。如果人们能拥有有价值的资产,并为自己及

---

[1] 这并不是说只有选举民主制才能保护私有财产和私人自主权。有些独裁统治者曾为经济自由权提供了有效的保护,包括保护产权不遭没收。这使我们想起殖民地香港的例子。在那里,(根据英国法律并处于一个开放经济之中)私有财产受到了良好的保护,并得到了由此而来的所有增长效益。但是,没有选举上的控制,这样的保护通常是脆弱的。在统治者有权封闭全国经济(关税保护、控制资本流动和移民)的时候,更是如此。

其后代享有获益,人们就会保护这样的资产。当人们拥有正在耗尽的资产时,他们会控制消耗速度,并对其所拥有的稀缺资源进行最佳的长期应用。古希腊哲学家亚里士多德(公元前384—前322年)就已经懂得所有权有益于精心管理这样一个基本事实。他写道:"凡属多人共有的东西都最不受关心,因为所有人都更关注其自己所拥有的东西,而较少注意与他人共有的东西"(引自 Gwartney,1991,p. 67)。我们曾提到过的经验研究已经证明,现代大众社会里,保护资产,包括保护自然资源,极大地得益于清晰界定的产权。在小型的传统共同体中,非正式地运用内在制度常常足以保护如自然资源那样的共有财产,至少只要对既有资源的人口压力不大时是如此(Ostrom,1990,2005)。但看来,在大型共同体中,私有产权往往能更好地适应自然保护的需要。

因此,在可行的场合,允许私人所有者就稀缺的自然资源索取排他性产权有助于对这些自然资源进行明智的看管。在几个大陆的许多私有自然保护区中,都能看到靠这种程序保护自然所取得的成功。例如,正趋于枯竭的鱼群,一旦被转为私人所有者的排他财产,已经开始增加。因为所有者能将鱼群的幼苗作为他们现在所拥有财产的回报(Anderson, in Block,(ed.) 1990, pp. 147–150; Anderson and Leal, 1997; Wills, 1997; Anderson and McChesney, 2003)。在津巴布韦将(濒临灭绝的)非洲象的产权分派给当地村民之后,这一点得到了雄辩的证明。它迅速地制止了偷猎,并使非洲象的头数大幅度增长(见本章案例二)。

在许多情况下,如果使自然资源的产权变得可交易,从而使希望在物质资源上进行长期投资的人能获得进入机会,并有收获长期物质回报的较好机会,自然就更可能得到保护(Gwartney, 1991)。

第7章——案例二

产权与自然保护：非洲象

尽管在非洲的大多数地区，大象的种群数量都在下降，但有些南部非洲国家的保护政策已经……获得成功……1900年，人们估计津巴布韦大象的数目约为5000头。而现在，人们估计大约有43000头。

野生动物不断地威胁着农村居民……在农作物生长季节的某几个月里，村民们必须花费宝贵的时间来防止他们的作物遭到野生动物的劫掠。如果一个村民的玉米地被一头大象踩坏，他不会得到补偿。如果一个家庭不幸遭受这样的灾难，它就可能面临饥饿。在这样的情况下，盗猎盛行是毫不奇怪的。

……1989年，当地的津巴布韦人建立了一种举报……盗猎者的责任制。〔由此导入了一种制度变革，它给予〕当地人……管理其地区内野生动物的〔权利〕……〔这项计划〕要求土地所有者对保护和利用其土地上的野生动物负责。有人预言，这将导致大范围地虐杀野生动物。但实际结果却正好相反。

〔这项制度创新〕……在公共土地上的见效要慢得多……〔但在〕1989年〕，政府向各地区领导当局授权，允许他们管理自己的资源。其主要目标……是对利用野生动物创收的活动施加严格控制……〔现在〕当地人再一次从他们的野生动物中获益……他们正领取源于野生动物管理活动的现金红利。并且，在他们的农作物遭到破坏后，他们可以得到补偿……肉会按成本价进行分配……现在，收入的主要来源是游猎……在禁止〔象牙交易〕的命令颁布之前，得自狩猎的象牙也是由共同体出售的。

〔当地〕对这项计划的支持是……强有力的……当地人获得的新技能和新技术使他们能够执行一些更具基础性的管理任务……看来，

该项目现在有可能为这些共同体的生态和经济前景提供真正的长期希望。

来源：A. Bradstock, "Community is Key to Conservation", *Geographic Magazine*, December 1990, p.17.

私有财产是通过把决策留给分散的民间主体来促进自然保护的。如果私人所有者出于其自身原因，决定侧重于对资源的短期利用，就可能招致长期的（跨时期的）外部成本。例如，农业上的单一经营或集中的旅游业发展很可能导致长期性损害。它所毁掉的东西是自然界无法再生的，随后的世代也不可能修复这类破坏。在这样的场合，公共政策必须登场。但显而易见，这一做法的前提是，政策制定者掌握的信息比形形色色分散的、自利的资源所有者更多，并且也有动机去谋求能更好地达到（某人的）自然保护目标的结果。

私有产权在自然保护上的重要性也已在东欧和东亚国家的历史记录中得到了证明。政治家和官僚们受托看管集体拥有的自然资源。他们显然没有保护自然资源的直接动力。但这些政治家和官僚却能期望为实现生产目标而破费资源会带来政治上和职业生涯上的报偿。既然自然资源不属于任何具体个人，也就不会有人来阻止对资源的过度利用。

广泛持有私有财产还有一个更重要的后果，即通过防止或消弭物质冲突，它常常会增进社会的平安和谐。当人们无财产可丧失时，他们更易于投入对抗的和破坏性的冲突。而对有产者而言，容忍一个混乱的社会，风险要大得多。如果人们广泛拥有财产，而所有者们也已养成了靠长期维护、投资和学习增进其财产的习惯，那么社会的大多数人就会有兴趣保持国内外的和平。在有的体制下，财产掌握在希望从军备和征服中获益的少数人手中。在那种情况下,资本家是战争贩子的流行观念或许有其历史基础,但它决不适用于产权广泛分布的国家(Gartzke in Gwartney and Lawson, 2005, pp. 29-44)。

· · ·

尽管私有财产的种种优势已显而易见,而资本主义生产也曾在将大多数人解救出传统贫困的工业革命中居于核心地位,但资本主义总是遭到攻击。有两种人往往拒斥资本主义,一种是讨厌由分散的、自利的创造力带来动态变化的知识分子,另一种是相信中央的事前调节(即靠他们设计好的某种计划来调节)具有优越性的领导人和评论家们。依据事实所做的分析极少传递出关于资本主义好还是不好的争论。卡尔·马克思因其资本主义必定灭亡的预言而在19世纪声名鹊起。然而,这并没有阻止如赫伯特·马库斯那样的马克思主义哲学家,和像彼得·辛格那样的集体主义者,除了别的理由、还为这样一个理由而拒斥资本主义,即它在私人手中产生了过多的财富和收入,而且它将影响力赋予个人,包括最近那些身在远方、从全球化中获益的生产者(Hessen, 2008)。

总之,一个人对于资本主义的态度将取决于,他是从第4章中讨论的那些基本价值出发,并根据一种规则系统的结果来评判这种体制,还是偏好集体性的共同体生活和集体控制赋予政治、知识精英们的权势。

资本主义的长期论战澄清了一点,制度设计并非无涉价值,它不可避免地陷入有关各种价值的情绪化争论以及什么因素构成好社会的无休止论辩。

人们绝不能断言,分散的私有财产是解决所有人类问题的万应灵丹;只能说,它汲取了许多人的知识和动力,它能对共同体产生绝大多数公民都认为是有益的影响(Epstein, 2007)。

第 7 章——案例三

私有财产安全吗？一项国际比较

　　古典自由派法学家和经济学家都强调，私有产权受到可靠的保护，免受民间窃贼以及违法的、任意的政府接管和剥夺，至关重要。这一点现在不仅被穷困和欠发达国家再次认识到，也被国际流动资本的所有者和企业家认识到。为了对这些洞见做出回应，一个由独立思想库和研究组织组成的国际小组评估了世界上 129 个国家中物质资产和知识资产中私有财产的受保护程度，并将这些评估结果汇集起来(Jackson et al.，2011)。

　　值得指出的是，截至 2011 年，在私有财产得到最佳保护的占 20% 的国家中，人均收入的平均值为 38350 美元，比下一个五分之一国家的平均收入水平(18701 美元)高出一倍多，大约是第三个五分之一国家收入水平(9316 美元)的四倍，是第四和第五个五分之一国家收入水平(5065 美元)的八倍，最后这一组国家中的个人财产受到的保护最少(这组的平均收入：4785 美元)。

　　如果由于政治上的投机性环境管制剥夺了个人权利，产权的不确定性就会成为经济增长的障碍和政治紧张的源泉。

　　我们将在第 14 章再来提出证据。

7.6 保障货币功效和防止金融危机的制度

货币与劳动分工

货币是一种大幅度节约交易成本的手段,因此它对于劳动分工和交易经济的运转极为重要。货币是作为一种得到广泛认可的交易手段而发挥作用的。它也是一种度量和核算资产、债务和交易的单位,而且可被用于价值储藏(Brunner and Meltzer,1971)。货币的这三种功能常常系于物质性货币符号,它们有许多不同的形状和形式:贝壳、金属块、纸片、银行账户的借方科目。然而,只有在货币创造受到约束,从而其按一篮子商品折算的价值在稳定性得到保障的情况下(受约束的货币供应),货币才能履行其种种功能。取自自然的货币符号要被确定为法定货币的情况下(外生货币〔outside money〕,如黄金),自然可获得性会控制货币供应。而当货币以信用为基础时(内生货币〔inside money〕),对货币供应的控制就要依赖于对央行货币(外生货币的一种模式)供应所施加的制度约束。

经济学家们早已认识到支撑货币稳定性的制度对于经济生活的适当运行有多么重要——实际上,研究货币以及什么措施能使货币正常发挥作用,是制度经济学最早关注的问题之一。因货币供应的增加大于生产量而引起的通货膨胀,不仅剥夺货币资产的持有者,而且会扭曲资本和投资结构。在一段时间内,通货膨胀看似能增加许多商务活动,但是,就像海洛因一样,通货膨胀最终将摧毁繁荣和安全。

要解释货币的重要性,我们必须从分析多重的双边易货交易入手。

在易货交易系统中,一个人要想出售其部分财产,必须找到一个需要其特定资产的交易伙伴,并且,他自己也愿意去交换该伙伴所持有的特定资产。只要这种交易共同体超出了几个财产所有者和几种商品的范围,就会造成大量的信息问题。没有货币,我们所能进行的绝大多数交易活动都会因过于费事而无法展开。易货交易还会产生储藏成本。这些成本会减少交易收益并因此而限制劳动分工。克洛尔(Clower,1969,p.25)在其对货币的分析中引用英国经济学家斯坦利·杰文斯(1835—1882年)的鲜明例子论证了这一点。显然,在19世纪,某个泽丽小姐,一位从巴黎出发环游世界的著名歌唱家,在"社会岛"用她的咏叹调招待波利尼西亚土著,以交换土著人给她的猪、家禽、椰子和水果。由于这位小姐自己不能消费那些支付物,并发现要弄清楚当地市场上对猪、家禽和水果需求的信息成本太高,她储藏起了从音乐会获得的收益,但很快就发现,必须用水果去喂养那些动物。

一旦将一种被广泛认可的交易中介手段——货币——导入一个从前的易货交易系统,信息成本、储藏成本及其他交易成本就都大大降低。通过货币中介,直接的双边交易能够转为间接交易。货币将直接的双边易货交易划分为两次分立的、以货币为中间交易媒介的交易(间接交易),这节约了交易成本。从劳动分工中获益的潜能大大增加。在必要时,货币还能起到临时价值储藏的作用(Brunner and Meltzer,1971)。在交易成本为零的完备信息世界里,如正统的新古典经济学所假设的那样,无须存在货币。人人都了解所有可能的易货机会。只有知识问题才使货币成为一项在促进劳动分工上有用的、实际上具有决定意义的制度。同样,如果我们假设存在"完备知识",也就无法理解对于金融中介(银行、保险公司、货币市场等等)的需要。[①]

---

① 社会对金融行业的批评大都(隐含地)假设存在完备知识,那样当然就无法理解货币的信息功能,以及储蓄者与投资者之间的金融中介功能。

价格水平的稳定

货币的价值——按一组具有代表性的商品和服务的价值计算——不能不可预见地波动,这一点也非常必要。如果制度适当,能创造出对于币值稳定的预期,那么商务借贷者就能将他们的精力集中于生产和营销其产品、创造新的生产方法以及节约成本上。他们会将要素市场和产品市场中的单项价格变动解释为稀缺性变化的信号,并据此调整他们的计划。例如,他们将相信,一种生产要素的价格上升是在提示他们应节省那种要素;而一种产品的价格上升则是在提示他们,购买者需要更多的那种产品,所以他们应考虑扩大那种产品的供应。换言之,如果制度能保证价格水平的稳定,价格信号的"无线通讯"就能传送清晰的信息。但另一方面,如果制度不能保证币值稳定,人们就会面对反复无常的价格变动。那时,生产者将无法清晰地理解他们所观察到的价格变化:价格上升到底是普遍通货膨胀的一部分,还是存在一个新的销售机会?可以说,无线通讯将被静电干扰所覆盖。交流和协调将变得比较困难,不大可靠。生产者们会难以专注于他们的核心业务,他们必须猜测未来的通货膨胀。这是一个他们并不擅长的任务。他们可能将其稀缺的时间和资源从他们的生产专长转向资产投机。所以,从长期来看,通货膨胀总是削弱经济增长,破坏就业,并将收入和财富从净储蓄者那里再分配给(往往是组织良好、更加富裕的)净借款者(Friedman and Friedman, 1980)。结果,不良货币制度的最终结果将是商品和服务减少供给,并因此使共同体在总体上得到较差的经济成果。而且,它还能给安全、社会和平与稳定带来严重后果。

对货币供应的限制

货币要想有效发挥其作用,一个最基本的条件是,它的供给要受限制,而且要被看到是受到限制的;同时,货币供应不会随时间而无法预料地波动。①只有那时,所有的公众才会欣然同意用毫无价值的货币象征物(money tokens)来交换他们的工作努力或他们的产权。接受货币以结清各种契约索求的唯一理由是,人人都假设别人也都会接受货币。当人们在发生通货膨胀的时期发现这种假设有误时,货币很快会被取代,或至少丧失它的一些效能。

我们已经指出,在将一种很难凭借人的努力而大量增加的物质用作货币符号时,外生货币的供给就会受到限制。例如,在巴布亚新几内亚的边远山区,当然不是其沿海的那些共同体里,贝壳就是货币。而稀有金属,如黄金和白银,也曾变成货币。货币也可以在一个共同体内创造出来,如社会成员创造出被货币化的信用凭证,那是可被接受来偿清债务的一种高流动性工具。这意味着,这些信用凭证(内生货币)的使用者必须相信,这些凭证能在任何时候兑换成外生货币,如转换成黄金或由中央银行发行的货币。只要信用提供者在将这些货币凭证兑换成外生货币上保持信誉,这种信用链就能维持下去。但这样的信任有赖于制度:如果这些纸币(或法定货币)的发行者违背这一规则,供应了超量的货币("量化宽松"),那么货币作为核算单位、价值储藏和支付手段的作用就会退化,在极端情况下还会完全丧失(见本章案例四)。

第7章——案例四

库克岛元的消失

库克岛是一个很小的南太平洋群岛(2006年有居民19500人)。它是一个自治的民主国家,自愿与新西兰结合在一起。库克岛发行它

---

① 货币符号应具有另一些有用的特征,即它们应便于携带、同质、易于识别、可分割和不易毁坏(Clower,(ed.)1969,pp.12-14)。

自己的货币,库克岛元,其面值与新西兰元等价。然而,在 1994 年,在经历了一段铺张浪费、开销激增之后,库克岛的政府显然为了弥补其财政赤字而发行了过量的货币。这导致两家当地经营的商业银行在接受储蓄存款和向海外转账时拒绝接受库克岛元。储户必须用新西兰元才能完成其账户的记入与支出。

库克岛货币即刻退出了流通。由于再也不能靠发行自己的货币来弥补赤字,而且外国援助者也拒绝提供帮助,库克岛政府陷入了预算危机,几近破产。

来源:*The Australian*,13 March 1996,p.11。

津巴布韦元的消失

如果要给世界上最差的经济政策颁奖的话,[津巴布韦]在过去 10 年里可能已经赢得了好几次这个奖项了。尤其是在 2008 年和 2009 年,它经历了真正惊人的恶性通货膨胀。价格上升得如此之快,以致中央银行最终印制了 100 万亿元纸币供人们携带。自那时以来,该国已废止使用其自己的货币了。

来源:N.G. Mankiw,"Four Nations, Four Lessons",*The New York Times*,22, October 2011。

在津巴布韦的穆加贝政权没收了白人拥有的农场,并在 2000 年初断然拒绝偿还其所欠国际货币基金的债务之后,该政权印制货币为其开支提供资金。津巴布韦创造了世界上一个新的恶性通货膨胀纪录:过去一个津巴布韦元(ZWD)曾经值 1.59 美元,而到 2008 年 11 月,ZWD 已经贬值了 (89.7×10^{21})%。在 2008 年 12 月,通货膨胀进一步加速,以极快的速度达到了令人难以想象的百分率(65 后面跟 107 个 0)。

此前的经历是印制了前所未有的津巴布韦纸币数量,以支付维护穆加贝总统政权的军人、警察和官僚的薪水。在 2006 年,在所有银行钞票和价格上划去了三个零,并在 2007 年固定了某些价格,但是津巴布韦储备银行坚持发行越来越多的纸币,使津巴布韦的货币价值下跌毫无改观。基本食物的极端短缺给人们带来了巨大痛苦,并导致许多人逃到周边邻国去。到 2008 年中期,印币厂用光了纸,而津巴布韦储备银行弄出了个节省资源的"创新":印制只印一面的新钞票。同时,它宣布了发行面值为 1000 亿元钞票的计划。不久之后,它取消该货币后的 10 个 0 重新标价,这样一张 1000 亿津元面值的纸币就变成了新的 1 津元了。由于对于货币供应的基本约束没有变化,而且公众对于 ZWB 已经完全失去了信心,储备银行不得不发行新的 1 亿津元面值的纸币,而且几天之后又发行了 2 亿津元面值的纸币。该国政府试图控制通货膨胀,限定每天从银行的提款为 50 万津元,那相当于一天只能提取 25 美分。

2009 年初,大约有 1000 家商店获准用外国货币进行交易业务。后来直至现在,使用外币(南非兰特和美元)的做法得到普及并被定为合法。当时,连街头小贩都拒绝接受当地货币,因为数钱已经变得太麻烦了。在 2009 年 4 月,该国政府暂停使用其自己的货币,但没做任何事情来恢复经济,而经济已被恶性通货膨胀摧毁了。

来源:Hanke, S. H. "New Hyperinflation Index Puts Zimbabwe Inflation at 89.7 Sextillion Percent", http://www.cato.org/zimbabwe and Wikipedia http://en.wikiperdia.org/wiki/Hyperinflation_in_Zimbabwe, accessed 9 February 2011.

许许多多的统治者发现,发行货币并使其体现他们的权威是很有利的。小亚细亚吕底亚王国的克罗伊斯国王(公元前 6 世纪)因发明金币——刻有其印章、具有标准质量和重量的金属片——而著名。这降低了支付中的交易成本(标准化提供了更好的信息)。像许多别的统治者一样，中国明朝的皇帝发行了货币。这项创新发生于"大战期间"（1368—1398年），采用丝绸片和纸片，这些货币上印有明确的警告词："仿造朝廷钱币者斩"。如今，各国政府创办了发行货币的中央银行，并有意控制货币供应，以防止货币量按通货膨胀率增长。

237　　政治统治者（还有其他发行货币的人）喜欢利润，称之为"铸币税"（seigniorage），也就是说，他们将较少价值的材料（铜、丝绸、纸，等等）用作人们持有的货币象征物，由此获得实质利益。这意味着，货币发行者们喜欢以零利息成本发行信用。因此，铸币税成为对发行更多货币的一种激励。只有某种特殊形态的货币受到拒斥的长期后果才能起到刹车的作用。由于公众不可能无钱过活，要是他们支付交易、储存价值和用作普适衡量标准时能在不同的货币资产之间做出选择，拒绝使用某种货币就容易多了。在立法者禁止使用替代货币时，他们就是在索取一种有影响力的垄断，并剥夺了公众的一种重要的经济自由。不同货币发行者之间的竞争——无论是私人的还是政府的——是良好货币结构的一个基本特征。至于货币是否应该全面非国有化，以增强中央银行维护其发行货币质量的责任，这个问题在很大程度上是个经验问题（Hayek, 1978a; Vaubel, 1985）。然而，应该意识到，不同货币之间的竞争会产生交易费用：使用者必须判定这种资产的质量（在欧洲的中世纪，这是个大问题，当时钱币的金属含量常常掺假），还必须应对不同货币标准之间变化不居的汇率（这也是欧洲历史可以形象说明的，金对银的价格比不停变化，引起信息成本）。无论如何，不同货币发行者之间的竞争对于限制过度的"铸币税创收"以及接踵而至的货币衰败具有关键作用。而货币衰败会造成人口中储蓄者的巨大损失。

　　针对政府造成的投机性增加货币供给的行为而设置的制度约束经常软弱无力。投机取巧的君主和其他政府主体为了更容易地为其开支筹资，往往将较便宜的金属掺入钱币之中，从而稀释了钱币中的金银。

明朝皇帝们运用纸币的初次尝试以毁灭性的剧烈通货膨胀和随之而来的经济和文化衰退而告终。

因此,公共政策的重中之重是——直接或间接地——建立有效的制度约束,防止货币供给上的通货膨胀性扩张,以抑制众多不循此规的明显诱惑。信用货币(内生的)是当前世界上的主流货币模式。在这方面,有三种制度机制是必不可少的:

(1) 那些有权印制货币的中央银行机构要服从公开透明的规则,并独立于政府和议会那样的选票追求主体(vote-seeking agents)。因为这些追票主体都会天然受制于政治投机行为的诱惑。这[238]方面一个突出的例子是德国的中央银行。考虑到先前剧烈通货膨胀的经验,德国央行在1950年代里摆脱了政府的具体指令,并靠法律坚持提供稳定货币的政策。另一个例子是新西兰,其中央银行服从明确的原则性指令。《新西兰储备银行法》只为中央银行规定了两个作用,即①负责货币供应,使消费者物价上涨率保持在政府与中央银行总裁的定期契约所规定的限度以内;②监督商业银行,使它们符合一定的谨慎行为准则并做出报告。自1980年代以来,世界上许多其他国家的政府都使中央银行独立于政府或当时财政部长的政治指令。

(2) 货币发行者受制于与其他货币发行者的公开竞争。如果一家中央银行过快地增加其货币发行量,警觉的投资者会把他们的投资组合从这种货币转换为其他货币。那时,汇率的变动就会惩罚未能坚守稳定供应货币规则的货币供给者。当存在相互竞争的中央银行时,确保竞争纪律的制度框架由通货的可自由兑换性和自由浮动汇率构成。汇率变动会迅速地发出信号,显示警觉的金融市场所做出的各种判断。这将会对中央银行的举措做出即时的控制性反馈。

(3) 然而,在现实中,即便是形式上独立的中央银行也常常会承受大量的政治影响。而且,被设想为独立的中央银行委员会也经常是由被精心挑选出来的政治精英支持者担任委员。对价格水平目标的坚持也往往有随意性。此外,如果主要的中央银行与实际上的卡特尔联手(例如,世界上主要经济体的政治联合会,如 G-20 集团),在(2)中描述的自我纠正机制就不再发挥作用。在一次衰退中依靠货币宽松去扩张总需求的政治倡议就会最终导致各国货币供应协调一致的过度膨胀。

像"量化宽松"和"使银行再资本化"这类标语被用来描述各国中央银行是如何受命买进政府不合理债务的情况。最终,由此导致的货币供应扩张必然引起价格水平上涨。那时,稀缺资源被误导,货币资产贬值,资本结构扭曲,长期繁荣受到损害(Hayek, 2008/1933, Chapters I and II; 1935)。考虑到在以稳定性为导向的货币构成上存在着种种不确定性,以及 2008 年"全球金融危机"爆发以来的种种实际经验,也许可以补充或者取代由中央银行承担的政府货币创造,即要么重返某种外生货币本位制,要么由相互竞争的私人银行供应货币资产——像哈耶克所说,使货币非国有化(Hayek, 1978a)。

这两种办法都不是没有问题的。黄金的开采和提炼成本很高,而且其供应也可以随新发现的矿藏和采矿业的技术改善而波动。相互竞争的私人货币会对支付手段的普通使用者造成相当大的信息成本:哪个货币发行组织有资格获得最佳评价?某种特定货币的持有者该如何发现货币发行组织仍然有坚实的金融基础?在许多种可替代的私人货币中应该与哪一种签订长期的信用契约?欧洲中世纪及其后的货币史充斥着这样的实例:被竞争中的银行诈骗;对相互竞争的私人货币进行质量评估需要花费高额成本。然而，与像 G-20 各国中央银行那样的卡特尔为了用通货膨胀的办法摆脱某种非可持续财政和货币处境而协调推进的成本相比，这样的偶发小灾之险也许是更可取的。

在确保稳定货币的功效方面，上述三种机制中到底哪一种更有效，取决于监控不同货币的成本和在不同货币资产间转换的成本，还要看中央银行在被置于政治压力之下时固守某些既定制度约束的可能与否。

关键概念

因为能够使直接的双边交易（易货）被转变为间接的多边交易，货币节约了信息（交易）成本，并因此使得源于劳动分工的获益得以实现，使许多从前不可能的财产运用得到了回报。货币起着交易（或支付）手段的作用，能够表示资产、债务和交易的价值单位，并能充当价值的长期储藏手段。

货币只有在其供应受到可靠限制的条件下才能发挥其功能。就纸币而言，这需要有制度来防止投机性扩大货币供应。另外，还可以靠竞争约束使货币供给者受制于竞争。这样的竞争要求货币具有可兑换性和灵活的汇率。

我们必须注意区分货币的功能与这种功能附着其上的货币象征物或符号。货币符号可以是物质性物品，如黄金、贝壳，也可以是由拥有发行法定货币垄断权的中央银行所发行的纸币。这些都来自于私人共同体外部（**外生货币**），也源于信誉良好的组织的债务，如银行，其票据可作为货币被接受（**内生货币**）。

币值稳定对信贷，即为收费而贷出产权的活动，至关重要。信贷交易在存款者和借款者之间的**资本市场**中办理。存款者是打算积累正值货币净资产的人，而借款者是打算积累负值货币净资产的人，后

> 者通常是为了投资于资本品的目的。在这些市场中，各种金融中介机构为传递信息而经营，其方法不一，如建立起一种信誉，然后向储蓄者提供他们自己的某种信誉，使储蓄者相信，放弃自己的资产可以换回作为使用费的利息偿付。
>
> 货币的非国有化是一种方法，借助于这种方法，用由具有良好声誉和高金融素质的私人银行作为银行债务而发行的流通工具（钞票）来取代腐败的国家央行货币。当国家央行不再受到政治势力的保护，不再作为卡特尔经营，并不再过度扩大货币供给时，私人货币就可能普及开来。

控制货币供应上的"规则对权威"

中央银行的货币供应既可以靠规则来驾驭，也可以靠受信任的权威机构来驾驭（Simons, 1948/1936）。货币供应规则可以规定，每年的货币增长量不能超过预期的实际经济增长率与必要的或可容忍的通货膨胀率之和。长期坚持这一规则的中央银行大概能很好地稳定全国货币需求的扩张路径：在需求扩张超过货币供应增长的时期，市场利率会上升，从而抑制货币需求的增加。在需求扩张慢于预定货币供给增长的时期，利率下降，从而刺激货币需求。这是一种自动的稳定器。中央银行逐时点地研判形势，并按其预测和判断（或政治投机者的指令，见上述津巴布韦的实例）行事。与让我们去信任这样一个自由裁量的中央银行相比，西蒙斯和许多其他经济学家更偏好上述受规则约束的行为。西蒙斯清楚，权威机关有可能犯预测错误，也有可能屈服于政治指令和投机行为，因此，总的来看，在实施货币政策上，固守规则是更可取的。但是，习惯于假设"完备知识"的经济学家们却大都为可自由裁量的货币政策辩护。近几十年里，在货币供应控制上"规则对权威"的讨论引起了极大关注，许多货币管理当局已经采纳将货币增长与 GDP

增长或其他某种相似指标挂钩的政策。在形式上独立于政府政治指令的设置使这比较易于实现。自 1980 年代初以来,高通货膨胀率已经在平息,可见控制货币供应对于抑制价格水平是有效的。

已经清楚的是,货币对于经济协调有着无处不在的影响力,而且支配着一个社会的内在制度和外在制度都与一个共同体所维护的货币体系密切联系在一起。奥地利-美国经济学家约瑟夫·熊彼特在一本于他去世之后以德文出版的著作中说过一句名言:"一个国家的所有状态都附属于其货币体系的状态"(作者英译)(Schumpeter,1970,*Das Wesen des Geldes*,Göttingen,Germany:Vandenhoeck & Ruprecht)。其实,货币理论一向是制度经济学的主要来源之一,而这样的洞见——一种货币制度不可能强加于一个社会,而不考虑该社会的传统、内在制度和各种价值——被忽视,只能使该社会处于危险之中,也会使试图掌控货币的人们处于危险之中。(见 11.5 节)

总之,货币只有在其供应受到种种约束的情况下,才会恰当地发挥它的作用。这些约束既可以是物质性的,也可以是制度性的。遗憾的是,纵观历史,这些约束常常因被违背而受到尊重,而不是因被坚持而受到尊重。

第8章 竞争动力学

本章的重点在于行动中的资本主义。它论及经济竞争,而这种竞争是市场中买方与卖方之间互动的动态过程。如果我们想要了解这个市场过程,我们就必须研究在市场经济中发挥作用的各种经济力量,即这些力量各自工作的过程,而不是它们工作后的事实。经济竞争是一个动态过程,它诱导相互争胜的销售者(以及相互争胜的购买者)花费成本去寻找和试验新知识。而后,购买者与销售者缔结契约,相互交易产权,确定价格,而价格会通告他人。正是市场中消费者的买与不买指导着销售者的生产过程和营销方式。通过亏损的信号,财产所有者之间的竞争也可抑制不可避免的错误。

只要购买者保持敏感,并投入交易成本使自己消息灵通,供应者之间的经济争胜(economic rivalry)就会刺激产品创新和工艺创新。我们将突出企业家型供应者的作用,以及支持先驱者的制度的作用。这种先驱者怀着赢利的希望尝试各种新创意。我们还将表明,对竞争过程的政治干预会削弱竞争性争胜,并因此弱化承受创新成本的需要。

最后,我们越出单一市场中的竞争,考察整个经济体系中的竞争强度。我们将发现,一个产业里,竞争中的企业家们常常为其他产业中的商业成功创造条件,结果竞争企业家的云集能相互促进创新并都赢得利润。竞争性经济具有很大的经济优势和非经济优势:财产所有者会一次又一次地受到激励,去运用他们的资产并搜寻知识。结果,权势受到抑制,经济进步受到追捧。竞争也抑制了经济和政治权势,使经济更加灵活,从而在面对不断变化的事件时能更加稳定。因此,我们将强调,经济竞争值得促进和保护。

垄断者将本应归所有人自由享有的东西攫为己有……夺取他人生意的垄断者,夺取了他人的生命……所有涉及商业和交通的垄断都是反自由和反自主的。

英国律师爱德华·科克爵士(1552—1634年),

引自沃克尔(1988年,第111—112页)

正是商业生活的勤勉……一点一点瓦解了折磨人的单调劳作。商业生活不仅在生产流水线上和工厂里,而且也在家里和农场里,创造着新颖的进取性方式来避免那样的劳作。

简·雅各布斯,《生存系统》(1992年)

资本主义本质上是一种经济变迁的方式或方法……[它]永不……停滞……启动资本主义引擎并使其不停运转的基本动力来自各种新的消费品、新的生产或运输方法、市场、资本主义企业所创造的新的产业组织形式。

约瑟夫·A.熊彼特,《资本主义、社会主义和民主》(1942年)

8.1　竞争:争胜和选择

竞争是一个发现过程

所有者通过自愿缔约交易私有产权,使这类产权获得积极的运用。例如,一个货币资金的所有者为了开始生产,可能需要去购买资本品、劳动服务、知识渊博的熟练专家的服务，以及原材料。所有者能为其财产想到的用途当然取决于他们的知识。而这，如我们在第3章里所看到的那样，面临着构造性限制：个人面临着"横向不确定性"(sideways uncertainty)，即不清楚他人正在干什么；同时还面临着"前向不确定性"(forward uncertainty)，即不清楚未来会发生什么。当环境变化时，个人在过去获得的知识储备会贬值。获取新的、更近的知识，代价高昂，充满风险，因为，人们只具备有限的能力去收集信息、消化信息，以便通过反应去创造新的知识。而且，这一过程易于出错：人们的感觉可能是错误的，他们可能按自己过去的认识错误地进行推断，他们可能错误地预判其行动的某些后果，他们在贯彻运用自己的物质资产、劳力和知识的决策时，可能遇见未曾意料到的困难。

这提出了三个直指经济学核心的问题，而且惯穿于公共政策的设计，即：

(1) 怎样才能减少构造性无知？

(2) 怎样才能使有用的知识得到传播？

(3) 如何控制知识的使用以确保错误不会长期存在，体系不会陷于动摇？

我们在本章将要论证的主要观点是，由单个购买者和销售者竞争性地运用产权，能对这些问题提供人类已经发现的最佳解决方案。与靠某种有形之手来实施中央计划和强加某人的计划相比，产权所有者之间的竞争肯定能提供在总体上更优的解决方案。

经济竞争是人类交往的一种动态演化过程。这一过程激励着人们去追求自己的私利，因为他们能使财产运用中的成本和获益内部化。在此过程中，人们施惠于他人，这是他们追求其私利的副产品。这种相互交往发生在市场之中，市场是可密切互替的物品和服务的买方和卖方相遇的场所(图8.1)。人们在这种交往和交易的过程中发现并试验

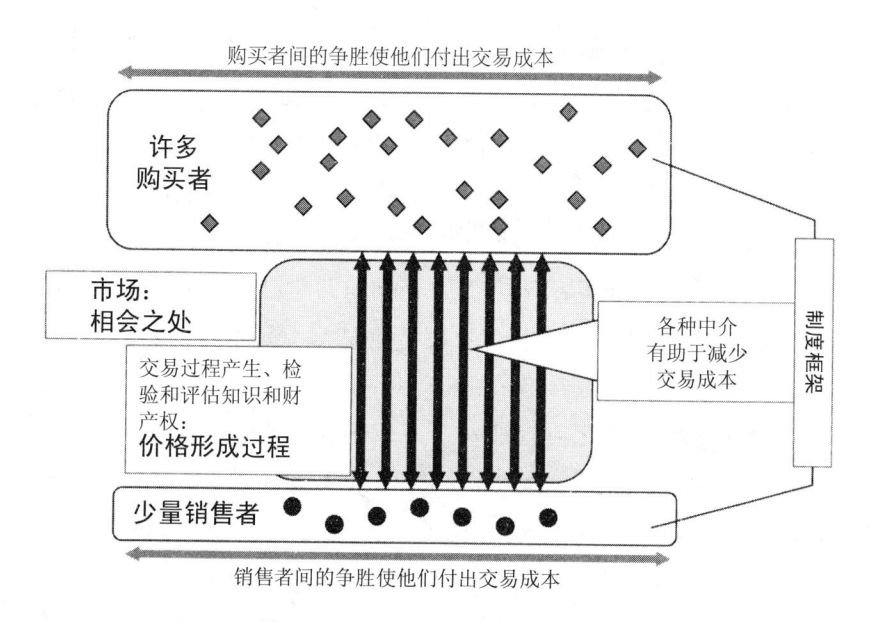

```
              购买者间的争胜使他们付出交易成本
   ┌─────────────────────────────────────────┐
   │   许多                                   │
   │   购买者                                  │
   └─────────────────────────────────────────┘
┌──────────┐                          ┌──────────┐
│ 市场：    │                          │ 各种中介  │  制
│ 相会之处  │                          │ 有助于减少│  度
└──────────┘                          │ 交易成本  │  框
┌──────────┐                          └──────────┘  架
│交易过程产生、│
│检验和评估知识│
│和财产权：    │
│价格形成过程  │
└──────────┘
   ┌─────────────────────────────────────────┐
   │   少量销售者                              │
   └─────────────────────────────────────────┘
              销售者间的争胜使他们付出交易成本
```

图 8.1　市场：相会之处

新的知识。这一过程被称为通功易事。新古典经济学注重的是稀缺性和节约，而通功易事则强调动态的发现过程：人们如何发现新需求和满足新需求的手段。我们将看到，市场中形成的货币价格是人类心智的助手。通过提供信息性信号和行为上的激励，它能使人们摆脱自己的无知。货币价格最直接的任务就是向经济行为者发出相对稀缺品的信号，并节约他们在市场系统中必须用来塑造自己行为并协调与他人行为的信息。

通常情况下，大多数市场中的购买者会少于销售者。有意销售者会相互竞争，以使自己在与购买者的可能交易中占据有利地位，他们会为此而投入交易成本。同样，有意购买者为了在与供应者缔约时占据有利地位，也会与其他购买者竞争。他们会投入成本以获取信息并谋求有利地位，从而能搞定一桩有利的生意。销售者会尽力提供更好的商品替代其他销售者正在卖的商品，而具有企业家精神的购买者也会努力获取一种竞争性地位,使自己能吸引卖方的报价选择。因此,购买者也会像销售者所做的一样,去相互争胜,以获取有关更好替代品和交易伙伴的信息。还有一种曾被称为"虚假竞争"*的情况:供应者总是制造某种持续的舒适方式,并推销其商品,购买者因不愿意投入信息成本而被动接受任何兜售的商品。

对于销售者和购买者,新信息和新知识并非白来。在市场供求双方里,潜在参与者中的争胜强度取决于他们投入交易成本的意愿。交易成本——如我们所看到的——具有一种隐匿的特性,即不得不在没有弄清其回报可能性之前就投入。①而承受信息成本的准备程度不仅要取决于好奇心、创造性、大胆、渴求知识的冲动和对承受各种竞争者风险的意愿,还要取决于买方和卖方所处的制度(Kirzner,1973,1997)。如果一共同体内的制度使信息搜寻相对便宜,并建立起了信任,人们就有能力处理较不清晰的信息,而信息搜寻活动也会十分活跃。另一方面,如果制度很差,含糊不清,使得信息成本和交易成本都很高,买方和卖方就都不会在信息搜寻上大量投资。与此相应,他们发现的有用知识将较少,并且在总体上,他们实现的经济增长也相应较小。信息成本也取决于可用的技术。在这方面,过去一代人已经取得了巨大的进步。例如,电子技术已经大大减少了信息搜寻成本——请想想商业网站易趣(eBay)、互联网上的现场拍卖、主要产品评论。所有这些都能从世界各地的源头提供到家里。

---

* 原文为"nightcap competition"。nightcap 一词一般有两重意思:一为睡帽(200 年前欧洲人在冬天睡觉时常戴的一种柔软的羊毛帽);一为睡前喝的一种酒精饮料。但在这里似乎都有些词不达意。经询问柯武刚教授,他解释说,这种说法源于"睡帽"带给人们的舒适,但在这里指的是一种 fake competition or make-believe competition。故这里译为"虚假竞争"。——柏克注

① 这样的竞争过程概念在很大程度上应归功于所谓"德国的市场过程理论"(这方面的综述,请见 Streit and Wegner, 1992; Kerber, in Boettke, 1994, pp. 500 – 507; Kasper, in Henderson, 2008, pp. 73 – 76)。

在这方面尤其重要的是做出惊人发现的能力和准备:要找到在发现前发现者对其迹象一无所知的知识,绝不仅仅是搜集二手信息的能力问题,对二手信息人们此前已经掌握了一定知识(见 3.1 节)。伊斯雷尔·柯兹纳在一篇关于奥地利经济学的综述文章中对此做了很好的阐述:

"企业家并不知道要找什么,也没有采用任何深思熟虑的搜寻技术,如其过去那样,他们随时随地在做着全景扫描,随时准备做出发现。每一次这样的发现都会伴随着惊奇(为其以前无法解释的无知)。企业家式的态度就是,永远准备感受惊奇,永远准备借助这样的惊喜采取必要步骤,去谋取利润。在按标准搜寻理论深思熟虑地生产出来的信息和纯偶然地拣得意外横财之间,上述发现概念〔处于〕……中间位置"(Kirzner,1997,p.72;1992)。

敏感和有兴趣的购买者所进行的知识搜寻对于市场中创新产品的供给必不可少。购买者们必须投入时间和精力去发现新的可买到的产品,还必须在发现独特的交易和新颖性上相互竞争。如果电脑软件的潜在购买者打算靠其已有的软件来凑合着用,不再寻找新的改进了的软件,软件编程的进步很快就会放慢。因此,买方的渴望——不论他们是否贪婪地阅读电脑杂志,是否在互联网上搜寻新程序——必定会驱动供应商在知识改良上进行投资。为什么创新性市场需要有挑剔的客户,为什么棘手而主动的需求非常有助于产业的成功,原因就在于此(Porter,1990)。

怀疑购买者竞争作用的读者可以想一想购房者(homebuyers)所做的大量知识搜寻,还有他们比如说在拍卖中的争胜。还可以想一想购买者中对稀有物件的竞争。竞争性的知识搜寻在跨行业贸易中起了重要作用。例如,各种轿车组装企业为从分销商那里购买零部件,投入大量精力和金钱去找寻最佳和最便宜的来源。他们也从事大量昂贵的技术研究和质量检测，帮助潜在的供应商去生产他们想要购买的产品。这么说是正确的：为什么法国和中国的餐饮业那么棒？挑剔的餐馆食客是主要原因之一。而在食客吃什么都无所谓的地方（最好不提名字啦），餐馆提供的饭食也难以下咽。

当没有近似的替代品，因而在市场的一方中不存在争胜时，我们称其为卖方垄断（单一销售者）或买方垄断（单一购买者）。缺少竞争对手的人没有动力投入信息成本，其搜寻知识的劲头也会减弱。然而，由于经济生活在不断演化，垄断的买方和垄断的卖方永远都不能有把握地断定，他们将长期占有这样一种地位。他们会仍然处于熊彼特所说的"创造性不安"之中。例如，购买者早晚能在别的国家发现一种新的替代品并引进那种产品。再有，另一产业中的销售者会投资生产一种与某垄断者一直在供应的商品近似的替代商品。例如，19世纪的铁路垄断，在当代的某些观察者看来，在当时已达到资本主义的顶点，但那些垄断者后来却发现，轿车和卡车出现，成了新的竞争对手。而瑞士机械精密计时钟表的制造者在1960年代末发现，便宜的电子表有着同样的功能。这些事例表明，商业垄断是可以受到挑战的。这种认识正是迫使暂时享有垄断地位的单个销售者从事知识搜寻的因素，就是为了以防万一。因此，市场权势不仅受制于实际的争胜，而且还常常受制于潜在的争胜。

市场供求双方自身内部的这些争胜过程与整个市场中买卖双方之间的交易密切相关。在买方与卖方之间的谈判中，在双方达成交易之前，要先开列契约条件。这是一个连续的过程，人们在这个过程中依据其多种多样不断变化的主观知识，用他们的货币进行投票，表达出他们自己的偏好和评价（图8.1）。一旦某个买方或卖方在产品、交易伙伴、质量和其他交易条件上获得了足够的知识，并对他所了解的东西做出了个人评价，他就会选定一个契约伙伴并敲定一桩生意。他个人关于其他替代选择(替代品)的知识,在交易谈判中,尤其是在价格交涉上,至关重要。价格向别人传递着新的知识,尽管是以编码的形式,它还表达出这种经济博弈中其他参与者的评价。对于许多决策,这种经过编码的价格信号将足以传递所需信息。其实,力图把握更详细的知识以反映价格变化背后的隐含事物,很可能是对人们认知能力的一种过高要求。供应者常常会满足于懂得价格越高越好,而购买者则会偏好低价格,并按此原则行事。

市场中供求双方内部的争胜和供求双方之间的交易过程无时不在,并同时存在于一个由大量并存的行动和反应所构成的不断演化的网络之中。因此,必须将竞争理解为一种动态过程,在这个过程中,有用的知识得到搜寻、检验和证实。这么说吧,个人为穿越无知之雾而投入资源。竞争并非不会出错。但如在所有演化过程中一样,错误能在必要时得到纠正。通过这样的方式,竞争过程成为一种发现过程,但不是那个将产生出"完备知识"的过程。相反,考虑到构造性前向无知和横向无知,竞争过程是一个将无知减少到市场参与者能够控制的程度的过程。

在这里,我们应当提醒自己在第3章中关于信息搜寻和决策讲过的话:看似矛盾的是,人们永远不可能合理评估应为信息搜寻花费多少钱。只有当付出的信息成本积累到某一点时,当人们的经验显示,他们所了解的信息已足以做出一个决策时,人们才能去做那个决策。当无知已被降低到可控制的水平(有限理性)时,人们才能试着做出一个决策。

显而易见的是,人们不过是为了领先于同他们争胜的供应者(在可能的场合也可以是购买者)才在信息搜寻上耗费交易成本的。人们会欢迎市场中对立方中间的争胜,因为这种争胜为他们提供了更多更好的选择机会。还要指出,在竞争博弈中,买方和卖方永远处于利益对立之中。

竞争的功能

现在我们可以回到本节开始时提出的三个问题上来了。

(1) 发现和检验有益的知识：一个私人产权系统会推动人们为其资产寻找有报偿的用途。它会使人们保有这样的报偿，并因此在供应者(或竞争的购买者)中引发争胜。他们会做出竞争性的反应，搜寻他们能用来改善其地位的新知识。以这种方式，竞争成为一种使许多人全力以赴地投入信息搜寻活动的过程。这种活动代价高昂，充满风险，对于那些置身其中的人来讲，绝不是一种舒适的处境。但对于市场另一方的选择自由和国民财富来讲，却是一种非常有益的活动！人们去何处以及如何寻找知识因人而异，取决于个人的主观经验和倾向。五花八门的寻找方法都将可以使用。搜寻努力的广泛基础和搜寻方法的多样性，要比其他方法，如由少数几个专家代表大众来寻找新信息，能获得更多、更好的有用知识。所有这些都有益于一种基本价值——繁荣。

(2) 扩散知识：第二个问题与如何使经过检验的有用知识能为他人所用有关。在竞争性经济中，市场中的成功会名扬天下。能赢利的供应者会招来模仿者，成功的购买者也常常被其邻居竞相仿效。而且，价格信号会将市场另一方所需要的东西和一个竞争对手所能供应的东西以编码信息的方式四处传播。价格变化会很快被人得知并触发第三方的适当反应，提高其财产的价值。这会将信息迅速地传遍各个相互关联的市场。例如，极少有人需要了解在1974—1975年间、1980年代初或2010年代汽油短缺的全部原因，到底那是中东战争、迅速增长的运输需求、油井的枯竭引起的，还是OPEC石油卡特尔或阿拉伯革命引起的。无论出于多么复杂难解的原因,石油价格都暴涨了。远在纽约和伦敦,司机们立刻减少其需求,并开始考虑将"油老虎"改为节油车。世界上的所有产业都调整了其能源使用方式。但价格信息还会进一步发挥作用:在数以千计的实验室里,人们开始投入搜寻成本来发现节油技术,如低耗能引擎、电子控制、削减重量、用其他能源资源替代石油、重新考察核动力的选择,等等。价格的脉动还会通过能源供应商向外扩散,引发一系列的连锁反应,就像一石激起千层浪:钻探新油气井的范围会加速;有人尝试新的技术,从大陆架和其他困难的地区提取石油;开放采掘新的煤田;有人开始研究液化煤,并开始提取页岩油。有数以百计的不同地方在改进提取和精炼的方法。多亏有供求双方无数昂贵的搜寻努力,石油危机被克服了。竞争系统靠简单而易于理解的价格信号"广播"了必要的信息,并迅速地传播了石油供给不足的消息。这样的信号激励着财产所有者,他们为自利而行动,心急火燎,渴望打败自己的竞争对手。没有任何其他系统能像竞争市场中的价格机制那样有效而迅速地传播这样的知识,也没有任何其他系统能如此多地动员出随之而来的知识搜寻行动。再说一遍,这有益于繁荣。

(3) 抑制错误:当人们在竞争系统中(不可避免地)犯错误时,他们会很快地从市场另一方的反应和他们竞争对手对自己的打击中认清错误。他们会明白,自己没有以最有利于他人利益的方式运用自己的产权,从而也没能增进他们自己的利润。简言之,他们承受了"红墨水的惩罚"——亏损。在一个确保私人产权的制度系统中,所有者要为那种亏损负责,并因此而有可能纠正他们的错误。如果财产是由集体持有的,而决策者是由强制性税收提供资金的,那些代理人可以在亏损后继续挥霍钱财,并要为他们为什么应当坚持下去辩解("发声";voice)。而当他们被市场中的交易伙伴抛弃时("退出";exit),他们只能迅速地改正并切实地找出补救办法。这样,竞争系统就有了一套内置的、自发的自控制机制。错误通常会被控制在有限的范围内并且不会永久存在,因为错误会被掌握更多信息的竞争者所利用。这就不仅有益于繁荣,而且有益于社会和平。

这种通过竞争性市场过程的知识搜寻系统,被赋予了一个名称,"通功易事":如我们先前学到的——这是买方和卖方之间发现有益想法的互动过程。18世纪启蒙运动的哲学家-经济学家,如亚当·弗格森和亚当·斯密,对这个系统及其创造知识和繁荣的能力有着很好的理解。这些思想家还强调了竞争博弈规则的必要性,以确保竞争性争胜一直是激烈的,确保他人不会受到不当的伤害,确保财产所有者一次又一次地受到挑战,将他们的资产暴露于竞争的挑战之下。屏蔽竞争的保护——如垄断、政治特权和关税——被这些经济学的奠基者们视为知识搜寻和传播过程中的重大障碍,从而也会阻碍进步。

近年来,这些人人皆知的考虑变成了现在被称为"稳健政治经济学"(robust political economy)的核心(Boettke and Leeson, 2004; Pennington, 2010)。这意味着,承认市场能最好地适应解决无知与有限理性问题,也承认在获得上面列出的诸多益处上,少数服从多数民主国家中的公共政策能轻易地破坏市场体制(见10.5节)。

稳健政治经济学再一次强调了,在经济学家们于100年后做出"完备知识"的假设时,这里所阐述的竞争过程的这一精粹丧失殆尽。之所以做出这种完备知识假设,就是要使经济学家能够构筑起新古典经济学精致、简单的比较静态模型。[①]竞争现象应对的是分散化知识搜寻活

---

① 对建立竞争过程模型的不同方法的讨论,请见 Addleson, "Competition", in Boettke (ed.), 1994, pp. 96–102; and Kirzner, 1973, 1985。

动的一种演化性过程,静态的新古典供求分析无法把握这种现象,因为新古典分析是以所有相关知识已知的假设为基础的。交易成本是知识不足的产物。除非我们把竞争看作一个发现无人知晓的知识(未知的未知事物,见3.1节)的过程,否则就不可能对交易成本概念和节约交易成本的制度进行有意义的分析。只有当我们在人类无知这个背景中看竞争,并视其为复杂的演化系统的组成部分时,我们才能理解竞争所发挥的重要功能。用哈耶克的话讲就是,竞争"这个过程所发现的是这样一类事实,即如果不诉诸竞争,它们就不会被任何人得知,至少不会得到运用"(Hayek, 1978b, p.179;亦见 Streit, 1993a)。要让经济学界再次意识到经济学缺乏现实性,正如我们在本书中所努力做的那样,将有助于就简单而可靠的真实情况建立起一套公众和政策制定者都能理解的知识。

因此,不能用瞬间抓拍来描述竞争。例如,像教科书中或政策辩论中常常做的那样,靠清点竞争者的数目,就说独家垄断(单一销售者)或寡头垄断(几个销售者)比原子式竞争(无数销售者)糟。比较静态经济学模型不适于捕捉竞争的精髓,就像两张静止的照片(一张是运动员还在起跑区内,另一张是运动员已到终点)之间的比较不能显示出一场比赛的激动人心之处。要想描述一场比赛或任何其他竞争的全过程,需要一部影片才行。竞争必须被理解为一个动词——一种活动过程,而不能像在许多教科书中那样被说成是一个名词——一种事态。竞争不是某一时点上的抓拍快照,而是一部"电影",讲述着一个正在展开的故事,这个故事要体现于讲述它的每一个环节之中。

利润损失机制对于市场经济的运作绝对重要。它对竞争者实施一种惩罚,因而很少受到竞争者的好评。政治家、政府官员或广大公众未必支持这样一种非人化的协调系统和知识搜寻。其实,许多竞争者利用市场的潜在空间分派或寻求政治好处或物质好处(寻租,见10.5

节)。他们这么做,就破坏了人类已知的最重要的繁荣驱动器:效率、创新和社会和谐。人们可以把价格系统的作用总结为依靠三 P:财产(property)、价格(prices)、利润损失(profit-loss),并提供三 I:激励(incentives)、信息(information)和创新(innovation)。

关键概念

市场是想购买者和想出售者的相聚之地,他们提供或要求产权,以交换其他产权。通常情况下,供应者提供商品和服务以换取货币,而一般而言,人们则用货币间接地交换商品和服务。这与人们从事易货交易时出现的直接交易截然不同。

竞争是市场中买方和卖方间相互交往的演化性过程:购买者们竞相获取有关的知识,这主要涉及去哪里购买、如何购买、什么新产品处于试验中,如何做成有利的生意;销售者们则与供给密切替代品的其他供应者争胜,目的是利用新知识使自己在面对潜在购买者时占有优势地位。这种知识涉及产品变化和生产工艺,涉及组织、交流和销售方法,还涉及可能的交易伙伴。同时,整个市场中还进行着买方与卖方之间的交易。这些交易传递着重要信息:交易是否有利可图(以及是否可能被仿效)或是否会造成亏损,这样就能通过寻找新的替代办法改正错误。实际的和潜在的交易会在市场的供求双方内部激发争胜。竞争的全过程会对寻找和试验有用知识的行为造成很强的激励。因为竞争者们冒险投入了自己的私人财产,并要对他们的行动和错误负责。竞争的强度取决于市场中供求双方投入交易成本的倾向,以及便利竞争和保护竞争的制度。

通功易事(catallaxis)概念源于希腊语的 *katallatein*。它原来的意思是相互交易,并由此而化敌为友。它与自愿的相互交往和相互接纳相关,因而有别于强加于人。通功易事使人联想起各种发现新需求、新生产方法和新产品的过程。这种过程与"节约"(economizing)截然相反。节约是在既定需求、既定生产技术和既定产品类型的基础上谋求效用和利润的最大化。对经济增长来讲，重要的是社会的通功易事能力。路德维希·冯·米塞斯(1949, chapter xiv)为现代经济学复活了这个概念。随着演化经济学的扩散，这个概念获得了越来越广泛的认可。

独家垄断是一种只有一个供应者的市场状态。由于单一供应者不面对可能向买方提供更优替代品的他人争胜，该垄断者就无须为搜寻新知识，并提供更好、更便宜的产品而投入交易成本。然而，实际上，只要市场未因政府干预而封闭，许多单一供应者仍会担心来自潜在替代品的竞争挑战。结果，他们会像竞争厂商那样行事，即搜寻信息以对抗外来者的潜在争夺。

达摩——非竞争原则——与经济发展

非竞争原则是竞争的对立面，即不警觉，不努力获取优势和知识。通过与非竞争原则的对照，我们可以进一步揭示竞争概念。在传统的印度哲学中，非竞争被视为一种理想——达摩(dharma)。这个词源于梵文的 dhar：承担、忍受，并常常被译为"不假思索地服从习俗、责任，养成宿命地接受现实的品德"。该概念常常被用于描述种姓制度中的成员顺从地接受其与生俱来的命运，并不假思索地接受祖先的知识。达摩必然与"我能与众不同，我能通过改善世上的生活得到拯救"的态度相反，后者显然属于西方和远东的个人主义。持怀疑态度的好奇心更加强了这种个人主义。用达摩原则来支配行动的人当然较易于被控制，但他们也不大可能去开发新途径或手段，以改善他们自己的生存状态，并用这些途径和手段改善他人的生存状态。对于通功易事的效能或动态效能，即人们发现和检验思想、创造经济改良的能力而言，经济生活中的竞争态度是必需的(Pethig and Schlieper，1987；Cordato in Boettke (ed.)，1994，pp. 131 - 136；Kirzner，*idem*，pp. 103 - 110)。

在达摩原则下生活可能比在竞争支配下生活更舒服,因为人们不假思索地遵循已确立的规则,而不论这些规则是否伤害了他们。他们不必承受搜寻知识的交易成本。当既有制度控制着生活的所有细节时,信息搜寻成本其实很低。权力等级制保持不变。达摩的信徒接受既存制度,而不问其后果。这是一个保守且非自由社会的标志,也是停滞经济的标志。经济发展和使冲突最小化的自由社会都需要偶发性的制度创新:对旧规则的挑战和检验,以及从新环境出发对旧规则的再认可或调整。因此,竞争不仅要依赖使人们的交往有可预见性的既有规则,在大多数参与者都认为情况合适时,还要依赖对规则的调整。

在许多传统社会中,达摩式的行为主导着经济行为。有一种观念在犹太教-基督教的西方文明中已经变得根深蒂固,即人类应该靠在这个世界上具有生产性和创新性来寻求救赎,而非听天由命和不思进取。这种观念已经逐渐扩散到其他文明中。一旦这种基本的生活态度被接受,它对经济发展和资本积累就变得重要了。作为发展经济学的元老,已去世的彼得·鲍尔一再强调,小规模的竞争者,只要能赚得利润,就能变成中等规模的竞争者。如果竞争系统仍能发挥作用(即寄生性的寻租受到抑制),如果竞争者仍然保持警觉而且能够赢利,许多中等规模的企业就能变成大规模企业,积聚起越来越多的物质和人力资本。正是靠着进取精神,许多共同体从勉强维持生存转变为交易和富有(Bauer and Sen, 2004)。在这个过程中,竞争扩大了收入和贸易,增大的市场使更多更好的专业化成为可能,并在越来越多的人们中间加强了合作。因此,竞争性的资本主义经济将它自己拉出了贫困的循环。在亚当·斯密撰写《国富论》时,他已经认识到,一大群专业化竞争者之间的合作是经济进步的强大驱动力。

查验品一体验品：谁承担交易成本？

为了减少买方的交易成本,包括减少他们的信息成本,需要经常调整市场制度。菲利普·纳尔逊(1970 年)在介绍"体验品"(experience goods)和"查验品"(search goods)的区别时指出了一个重要方面。有些物品和服务的质量很容易靠购买前的查验来评估,如挂在架子上的服装和产品市场中的水果。购买者不费什么信息成本就能找到他所需要的质量(查验品)。但在许多场合,物品和服务的质量只能靠使用和消费它们的体验来确认(体验品)。这种体验品的例子有罐装水果、轿车、套餐式旅游(tourist packages)和心脏手术——你得先试,才能知道好不好！当产品质量多变时,体验品的购买者常常要在购买之前付出很高的信息成本以评估质量。

在购买者能轻易找到其所需质量(甚至还能享受四处逛商店之乐)的领域,市场惯例常常是将信息搜寻成本留给买方(Barzel,1982)。然而,在体验品上,供应者往往会承担那些成本。他们发现,这(承担那些成本并将它们并入到产品价格中)有益于质量标准化,并为购买者提供了质量上的可靠保证。例如,通过广告宣传品牌名称、建立连锁销售网或授予特许权等。供应者展示其所售体验品质量的一种方法是获取质量声誉。这是一项昂贵而费时的操作,但能为买方节约大量信息搜寻成本。所以,消费者为了避免失望的体验,是愿意支付一个溢价(premium price)的。消费者会假设,具有良好声誉的生产者和知名品牌的所有者销售伪劣产品是不合情理的,因为这会迅速臭名远扬并摧毁其好声誉具有的竞争优势。即使买方对不同的产品质量具有主观偏好,许多技术的目的仍在于减少体验品购买者的信息搜寻成本,提供标准化和平均化的产品。一次套餐式旅游,对你来讲可能极富诱惑力,而我却可能会觉得乏味得要死!尽管如此,许多想要旅游的人还是不愿意花费较高的信息成本,去找出别样的节日报价,而是选择标准化的套餐式旅游。

256　供应者在减少体验品购买者交易成本上的另一种竞争方式是提供邮购销售目录、免费样品或其他实验性的尝试。例如,夜总会可能向顾客提供前10分钟的免费服务,收费电视频道会让你在付费前先免费看10分钟电影,而计算机软件则可能提供一个免费试用期。

　　做生意的成本有时会根据竞争条件的变化而在买方和卖方之间转移。当销售者之间的争胜会很激烈时,他们会投入更大的交易成本以确保能与买方敲定生意。当供应者稀缺时,购买者就会承担较多的交易成本。在买方市场变为卖方市场的过程中,市场权势的转移会在由谁承担多大份额的交易成本上表现出来。例如,我们可以在旅馆膳宿中看到这样的变化:在旅游淡季,旅店的客房使用率很低,旅店就会作广告,举办专门的活动,免费提供整瓶的香槟,以推销自己的生意。而在旅游旺季,游客就必须四处打电话寻找旅店房间,并接受在等待名单上排队预约。同样,买卖双方承担交易成本的程度在商业周期的变动过程中也会有很大变化。例如,在不景气的住房市场中,卖方做广告,并承诺支付产权登记费。而当市场繁荣时,有意买房的人就得排队,还要打电话到处找房。实际上,经济繁荣时期的许多赢利机会都源于节约交易成本的生意,以及由于卖方市场占了上风而使顾客承担了交易成本。

　　在这一问题上应当指出的是,假设"完备知识"的新古典经济学家及其追随者们常常指责广告活动是对资本主义体制的一种滥用,并主张抑制广告开支。但是,如果一个人视竞争为一个知识搜寻过程,并承认,购买者常常面对相当大的信息成本,因而他们是欢迎广告信息的,那么从这样的现实假设出发,他就会发现,做广告是有意义的。而且,那些建议抑制广告活动(而不是禁止欺诈和虚假的广告活动)的人实际上隐含地认为,中央有可能判定什么信息客观上对买方是有用的。他们完全忽略了所有感性认识和所有知识获取活动都是主观的。

当供应商集中精力去降低他们自己的和他们消费者的交易成本,而不是去降低其生产成本时,尤其是在服务市场中,他们常常能赢得竞争(见本章案例一)。

第8章——案例一

减少交易成本的一种创新：小额贷款银行业务

在欠发达国家,许多人只要得到一定的资本和贷款,就会经营当地的小生意赚钱。然而,在一个制度含混的环境中,评估信贷风险和管理强制执行机制方面的种种固定成本严重限制了小额借款者贷款的可能性。因此,贷款的获得只能建立在个人基础上,并常常只能贷款给有大量资产支持的人(个人化的贷款)。资产很少的小额借款人只能去找放高利贷的人。在那里,他们将面临高得难以承受的利息,因为制度匮乏导致了很高的贷款监督成本,以及发生违约时昂贵的强制执行。

自1983年以来,这些问题由孟加拉的格莱珉银行(Grameen Bank)以一种富于想象而又有效的方式解决了。这家银行由穆罕默德·尤努斯博士创办。尤努斯是接受过美国教育的经济学家,他了解制度匮乏,并用下述办法来处理它们：如果小经营者或小摊贩的贷款申请能得到一个有5—10人小组的担保,他们就可以获得小额贷款。这使借款人能开办小生意,或为小生意升级,例如在村子里经营一个移动电话的出租业务。当这个小组中的第一个借款人如期返还了贷款,其他成员就有资格贷款了。因此,风险评估成本,还有强制执行成本,就不是由银行来承担,而是由这个借款人小组里的人来承担。所有成员都负责任地行事,因为他们在建立自己的信誉上有一种强烈的自我利益。如果有人欠债不还,整个小组里的人就都违约了,不再值得信任。

借款人小组这种组织还起着一种重要的信息交换作用,并能将一次性的贷款契约转变为一种开放的持续交易(提供了"人质")。借款人学会了如何记账,以及按时还款该做些什么。因此,人们在一种共同体支持的环境中学会了节俭。许多借款人后来成了格莱珉银行的小股东。

格莱珉银行的坏账率很低,而且大多数借款人是妇女。这在一个穆斯林国家中是十分罕见的情况。通过组成借款人小组来降低信息成本、监督成本和强制执行成本,这家银行在较少创新性的企业曾经失败了的地方获得了成功。这是一个企业通过制度创新而兴旺发达的事例。使穷人和妇女获得权利在过去不仅遭到当地保守村民的忌恨,而且也不受孟加拉国政府的欢迎。尽管如此,小额银行业务的模式——包括营利性的,和非营利性的——从那时以来已扩散到许多第三世界国家,而且,尽管小额贷款成本相对较高,这种模式已经使小微企业家的融资容易了许多。

来源:Fuglesang and Chandler (1987) and www.grameen-info.org/.

关键概念

查验品是购买者在购买决策前用较少的信息成本就能轻易弄清其(可变)质量的产品(例如,市场中的水果)。相反,**体验品**的质量只能通过购买和使用该产品来衡量。为了帮助购买者避免高额的或者难以承受的信息成本,相互竞争的销售者会想出各种办法以提供事前的保证(如品牌、卖方声誉、样品、利用中间人)。

买方市场的条件存在于销售者为寻找销售机会而激烈竞争从而议价地位较弱的时候。这表现为卖方要承担很大一部分交易成本。卖方市场是销售者拥有较强的议价地位并无须承担许多交易成本的市场,因为在那时,愿意负担这些成本以得到一笔生意的是购买者。

从买方市场向卖方市场的转变最终会对一笔生意的赢利状况产生很大的影响。

中介

买方和卖方也能利用中间人进行交易,以减少信息问题,尤其是减少体验品市场中的信息问题。购买者对中间人的了解往往要比他对生产者的了解多。中间人也想不断地与购买者做生意,因此要对质量提供可信赖的担保(7.4节)。例如,房地产、二手车、马匹和旅游服务的市场就是这种情况。在这些市场里,中介代理人司空见惯。中间人在评估质量上经验丰富,且享有质量评估上的规模经济;如果他们放过了一件坏产品,还会损坏自己的声誉。一次性最终购买者知道这一点,并因此而信任那些依赖信誉谋生的中间人的建议。例如,我们在一家百货商店购物,是因为我们信任它的形象,还因为我们在那里买许多产品而避免了生产商的直接推销,因为我们与生产商可能只打一次交道。

近年来,中介在节约交易成本上的作用在新的互联网交易中也得到了证明。有意购买和销售的买方和卖方都喜欢由"易趣网"发展出的规则结构,而不喜欢直接进行双边交易。关于如何制订价格的制度已经建立,而买方和卖方的信誉也能很快得到全面而透明的评估。为避免信用卡诈骗,出现了如"贝宝"(PayPal*)那样的中介。他们将自己

---

* PayPal的功能类似于我国"支付宝",是eBay为网上支付方便安全而创办的下属银行业公司。——柏克注

的声誉与确保支付挂钩,而且交易伙伴双方的银行信息的机密性也受到保护。

259 节约交易成本的其他中介方式是授予特许权和创立品牌。在这两种场合,体验品购买者都愿意支付较高的价格,来换取一个著名中介的服务,哪怕实际产品是由某个不知名的人生产的。他们相信的是中间人的批准印记。

因此,中间人有助于买卖双方节约各自的交易成本。中间人的服务当然要耗费资源,但只有做出了不现实的完备信息假设的人才会对中间人的收费忿忿不平。

在传统社会中,竞争极大地依赖于个人化的交易和信用,依赖人与人之间的个人纽带。这种个人纽带存在于一个人与其有持续经济关系的人们之中,也存在于信守其契约承诺的人们之中,因为他们受益于这种不断持续的关系。这种个人化经济纽带靠个人友谊而增强,有时甚至会靠收养或婚姻而增强。然而,当外在制度和由政府机构充当的第三方执行机制得到完善之后,陌生人之间的开放竞争和交易就成为可能。这是目前许多正在强化市场经济制度的第三世界国家中所发生的事情:人们现在做生意时不再主要靠他们所认识的人,而是根据对方所提供的东西。这种转变常常意味着深刻的文化变革。如果适当透明的规则并不自行演化或者要从外部加以培育,则这种变革就会导致冲突和对于发展和进步的怨恨。

随着劳动分工因发展而变得愈加复杂,对于中介有了新的需求,而各种新型的中间人满足了这种需求。一个例子是现代的信用卡组织。它们允许购买者靠贷款获得商品和服务,而无须与商店建立一种声誉或先行谈判贷款条件。第二个例子是在全球金融市场中金融中介的大规模崛起。在外人看来,国际支付交易显得很非人化,但在现实中,这个扩大了的市场网络是由许多中介支持的。这些中介降低了风险,也减少了交易成本。国际支付依赖于一连串的中介环节,它们频繁接触并相互为履约提供担保。

细看一下,一个由种种关系构成的个人化微观世界在扩展了的、被预想为匿名性的竞争市场秩序中茁壮成长起来,因为单个生意人常常与他们认识和信任并在需要时会报以实惠的伙伴打交道。

8.2 从供应者角度看竞争

迄今我们就竞争和知识搜寻所阐述的论点适用于市场的双方,供方和需方。为了获得对资本主义体制运转状况更具体的认识,我们现在要转向商品和服务的供应者在迎合购买者上的争胜。

价格竞争和非价格竞争

供应者通过运用若干不同手段来争夺购买者的注意:
(1) 价格变化(价格竞争);
(2) 产品创新:在改良产品上,供应者们的希望是吸引更为忠诚、或者说,对价格不敏感的购买者;为达到这个目的,供应者投入研究和开发成本;
(3) 为某产品做广告(并创立品牌)是供应者为自己确立市场定位的一种方式;这造成了交易成本;
(4) 销售组织:抱着打败其他供应者和吸引忠诚客户的希望发展分销渠道(例如,新的物流网络、批发站点、自有零售商店、邮寄订购商业),这也要耗费成本;
(5) 将融资支持延伸到购买者,例如,贷款或分期付款;
(6) 售后服务——就产品使用不断提供建议、保证迅速的修理和零配件供应——也有助于使购买者固守某一特定的供应者,因为这会减少使用该产品时的信息成本和其他交易成本;技术复杂或难以使用、难以修理的产品和服务是许多现代市场的典型特征,对这样的产品而言,售后服务成了一种非常重要的竞争工具;销售者方面的必要安排有可能极其昂贵,但销售者们仍抱着打败其他争胜销售者的希望而做出那样的安排;

(7)销售者还会通过争取对竞争施加政治性限制的游说来谋求优势,这也要耗费资源,但从卖方的立场来看总体上是有利的。

从行为(1)到行为(6)属于经济性竞争,它们都是销售者为吸引自愿消费者的兴趣而付出的努力。在该分类中,我们区分了价格竞争(行为(1))和非价格竞争(行为(2)-行为(6),请见图8.2)。与经济性竞争相反,在政界的游说(行为(7))寻求强制或限制买方的干预。在这种情况下,供应者与政府主体串通,靠左右其市场的外在制度来导入强制或限制因素,而不是靠争取购买者的青睐去谋取经济优势。尽管从买方和普通大众的立场来看,经济竞争会导致更佳表现,但为获得政治保护而游说却可以减少销售者提供给购买者的选择。①因此,为获得人为造成的租金而从事政治竞争,不符合买方和公众的利益。

在多数市场中,都存在着少数几个相互认识并为赢得大量购买者的青睐而争胜的供应者。这样的市场比具有大量匿名供应者的市场要常见得多。换言之,寡头竞争是常态,而原子式竞争极罕见。而且,现代许多工业品市场和服务市场的典型特征是体验品、开放的关系性契

---

① 应顺便指出的是,大多数新古典教科书都忽略了非价格竞争,尽管在多数复杂产品市场和服务市场中,这类竞争更显重要。在标准教科书的分析中单独关注的价格竞争,仅在假定交易成本为零时才是可能的(见后记)。在这种不现实的情况中,供应商提供的价格等于购买者支付的价格,而且有一种均衡的市场出清价格,它会对供应商的成本曲线和购买者的无差异曲线产生直接的影响。

约和熟识商务伙伴间的长期供求关系，而不是（教科书模型所暗示的）陌生主体间的一次性购买。

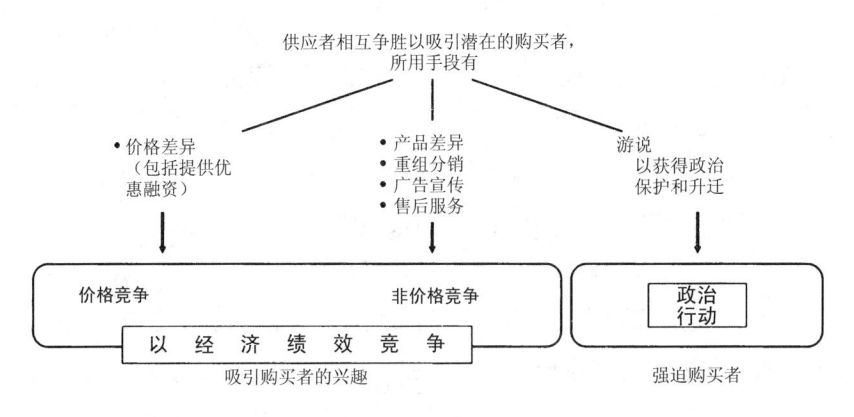

```
                供应者相互争胜以吸引潜在的购买者，
                         所用手段有
       ┌─────────────────┼─────────────────┐
   ·价格差异          ·产品差异           ·游说
   （包括提供优       ·重组分销          以获得政治
    惠融资）          ·广告宣传          保护和升迁
                      ·售后服务
       ↓                 ↓                  ↓
┌─────────────────────────────────┐   ┌─────────┐
│ 价格竞争         非价格竞争      │   │ 政治    │
│ ┌─────────────────────────────┐ │   │ 行动    │
│ │  以 经 济 绩 效 竞 争        │ │   └─────────┘
│ └─────────────────────────────┘ │
└─────────────────────────────────┘
         吸引购买者的兴趣               强迫购买者
```

图 8.2　供应者的竞争手段

每一个供应者通常都了解，潜在购买者对其供给价格的可能变化会做出什么样的反应，以及争胜者对价格变化做出反应的能力。根据过去的经验，一个供应者常常能猜测，如果价格有少许上升，对其产品的需求将下降多少，或者相反的关系会怎样。考虑到寻找新供应者的交易成本，购买者对小幅价格变动不会做出很大反应。但如果供应者对价格做出了大幅度变动，供应者的预期销售量就会有大得不成比例的幅度变化。毕竟，购买者的忠诚往往是有限度的。因此，每个供应者都能享有一种"市场先机"（"market niche"；用经济理论的术语来讲就是，一部分相对无价格弹性的需求）。每个销售者，在任何时候，都会在内心想象其面对的需求曲线，这条需求曲线上具有"两个拐点"（Blandy et al.，1985，pp. 47－60；图 8.2）。

相互争胜的供应者通常是在这样的环境中经营：知识有限，处于复杂的动态变化之中，而且固定成本相当大。因此，他们更愿意在一个价格上升只会导致少量需求下降的市场状态中经营。即使发生了成本的意外上升，迫使供应商提高他们的销售价格，营业额也不会显著下降。这样，他们就无须将（可能是很高的）固定管理成本分摊于大大减少了的销售量上去。毕竟，那样的话甚至会进一步抬高单位成本和价格，并导致进一步的预期销售损失。所以，供应者具有很大的动力去扩大和确保市场先机，并占据其中。

市场先机——购买者对某一供应者的有限偏好——是靠非价格竞争（上述行为（2）至行为（6））手段培养起来的。供应者投入成本以获取这样一种地位，但他们的争胜者也将利用同样的手段，尽可能好地发挥其知识和能力，去挤占第一供应者的市场先机。这会引发长期的鏖战，并使每个供应者对其市场先机产生相当大的不安全感，促使他投入新的交易成本。例如，如果一个轿车生产商由于引进一种很受欢迎的新车型（产品创新）而获得了相当巩固的市场先机，他的竞争者们决不会坐视不理。他们将顽强努力直至也能供应改良车型，即使这样做要使他们承受很高的研发成本（R&D costs）也在所不辞。这种争胜也会挤压第一供应者的市场先机（图 8.3）。因此，竞争就是一个持续不断的、有着冷酷无情约束的争胜过程。这样，谁也无法长时间保有其桂冠。处于寡头垄断地位的供应者就不能稳坐泰山，他们必须不懈努力。这使他们保持创造力，并去搜寻能提高生活水准的知识。尽管供应者的搜寻努力代价高昂，并常常使他们感到不舒服，但宝贵的新生产知识却会涌现，而共同体的财富也会增多。因此，对于欢迎产品变化或其自身交易成本下降的买方而言，非价格竞争的结果是创造出真正的价值。

只要买方保持敏感性，并愿意投入他们自己的交易成本来发现有什么东西正在出售，什么能为他们提供最好的服务，竞争就会促进有益的知识和品质。当然，竞争也会被供应者视为一种不受欢迎的成本和导致失望后果的原因。因此，完全可以理解，供应者常常会自行组织起来，减少他们的争胜。他们可以通过私下协议（结成卡特尔）这么做，也

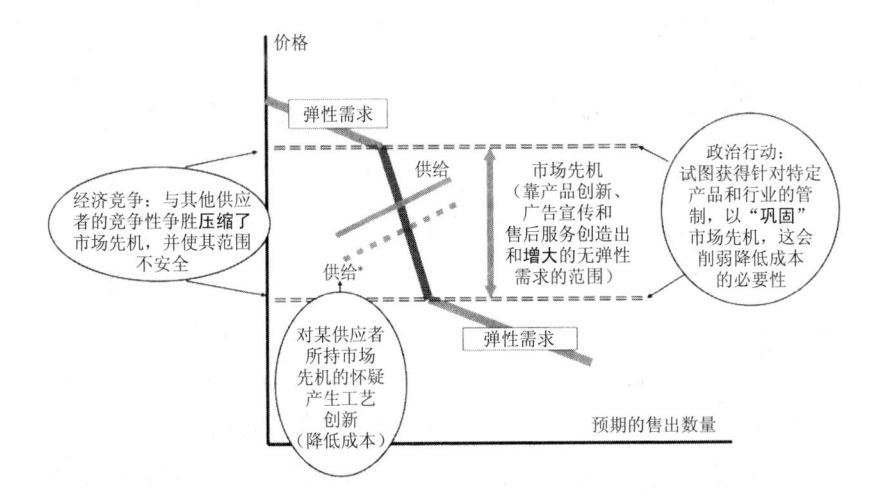

图 8.3　某供应者的竞争地位：一个动态过程的一次性定格

可以通过获得政治保护免除竞争压力（政治寻租活动）。自古以来，这种情况就不仅出现于产品市场中，而且也出现于像劳力市场那样的生产要素市场中（工会）。一旦政治主体提供了干预，买方和许多财产所有者就会吃亏了（Epstein et al., 2005；Epstein, 2007）。他们将不会有像从前一样多的选择，在他们利用"退出选择"，用其他产品作为替代品而退出某个特定市场时，也会受到阻碍。例如，若以进口轿车为替代品，国内生产商就会以轿车买方的利益为代价支持提高关税。这样，轿车销售商的压力就会减轻，不会改进他们的产品，也无须付出广告、售后服务或可靠的备件供应上的交易成本。我们很快就会详细看到，寻租对于创新和全面的经济福祉具有深远的恶劣影响。

然而，"市场竞争总是不受欢迎的"这种观点很容易被夸大。毕竟有许多人是从走进市场、交易会和拍卖会得到定期的启发和激励的。市场交易中的竞争者和伙伴经常会成为朋友，这也是一个历史事实。前面已经提到，古希腊人就已经看到了这一点，他们不仅用动词 *katallatein*（通功易事）来描述产生知识的市场交易，也用它来表示陌生人转变为朋友(见后记)。

产品创新和工艺创新

相互争胜的供应商想要改善其地位的尝试,驱使他们去改进其产品,以发现比其他竞争者提供的产品更好的替代品。产品创新常常以渐进的适应性步调出现,但有时也会出现突变性的改进。这些步调构成了一个产业的演化,例如飞机制造业从怀特兄弟脆弱的飞行装置到今天大型现代喷气式客机的发展。购买者可能对新产品给予充分的评价,从而认为创新型供应商已投入的交易成本是合理的,这样,创新型供应商就能赢得一笔(可能是暂时的)"先驱者利润"(Schumpeter, 1961/1908)。然而,商业成功也常常躲开创新先驱者,使他们反而遭受亏损。在富裕经济体每年面世的新产品中,大概多一半都无法赢得利润,因为它们得不到产品创新的最终裁决者(即购买者)的充分接受。因此,在被生产出来的一批产品和服务中,哪些能存活下来,最终要由买方来决定("消费者主导"*)。但是,购买者当然并不是在无限多的可能性中做选择,而只能从供应商提供出售的、他们认为有希望赢利的事物中做选择。所以,是供应者之间的争胜和购买者的选择相互作用,推动着产品创新。

竞争还推动着工艺创新。由于供应者所想象的市场先机在广度和持久性上从来都不是完全清晰的,而且无论如何,这种市场先机都要承接来自争胜者的挑战。所以,供应商面临着控制成本的持续压力(图

---

* 原文为"consumer sovereignty",国内文献迄今惯于按字面直译为"消费者主权",实际上并不很贴切。因为"主权"指的是权利,如国家主权。而这个概念与消费者的权利无关,而是指在竞争性市场中,买方的偏好和选择在交易活动中起主导作用,它是竞争性市场结构的一种功能或效果。Sovereignty 一词有"至上的权力"、"最高统治权"、"主宰"的意思,因此将这个词译为"消费者主宰"或"消费者主导"似更贴切。——韩朝华注

8.3)。他们将试用新的生产工艺,寻找更便宜的投入要素,或调整其组织。总之,他们将进行工艺创新。要使生产者处于"创造性不安"中,迫使他们为如何削减成本而投入信息成本,则购买者忠诚度的不稳定性,以及购买者随时准备从其他竞争的供应者处获取新供给的意愿,都是必要条件。

因此,对未来销售和利润的不安感会诱导生产者控制成本,包括控制组织成本。组织成本,如我们在3.4节中看到的那样,在大公司里极易因代理人的投机行为而上升。竞争的约束性压力会威胁市场先机。但也只有这样的压力才能调动生产者和工人们的各种精力,为了企业所有者的利益去工作,并削减各种不必要的开支。没有供应者之间的争胜和活跃的购买者,要让企业控制其成本是根本不可能的。

大多数创新可以影响一种单一产品或生产工艺,或是有利于若干其他创新。但是有些创新是为大量后续创新铺平道路的重大创新[265](*mega* innovations)。这些创新通常具有某种共享品的特征,这意味着,由于或多或少能免费利用"基础技术",它们使许多其他的派生创新成为可能(Romer, 1990)。重大创新也可以是组织性创新。因此,在北欧和东北欧的中世纪贸易城市间创立的汉萨同盟——一种政府创制——为单个民间商人将新产品导入新市场建立起了一个保护框架,并促使商人们为一个更广阔得多的市场生产。伟大的法律学曾致力于创立便利而又能激发信任的法律规范。要说这种努力是制度性的重大创新,那可不是牵强附会的说法。这些法律规范为其后数不清的创新提供了便利。

更近的一项激动人心的重大创新是互联网。它最初是由美国国防部出资筹建的,而且免费向广大公众开放使用。一开始,这使富裕国家的计算机拥有者能在他们之间进行便宜的通信,如我们的例子——三个在不同国家的学者能共同来撰写一本有关《制度经济学》的书。不久,图像和声音也能用于通信了。在贫穷国家,分布最广泛的计算机、移动电话,在几年的创新中,不仅被用于民用和商用通信,而且被用于接收天气信息和市场信息,用于参加现场拍卖会,用于支付资金结算、学英文、验证药物的条形码以确保不是假药,用于沟通政治观点和组织公众示威,反对霸道而腐败的政府。在许多欠发达国家中,这种社会影响和经济影响是轰动性的。而在阿拉伯国家,互联网的影响已经无异于革命性的了。

在过去的200年里,竞争性市场过程已不断地大力推动了工艺创新和产品创新的发展,提高了生产率和生活水平,也增加了选择。它是有用知识演变和经济进步的主要驱动力(Schumpeter,1961;Clark,1962;Hayek,1978b,1988)。我们要明确指出,供应者的创新表现以及经济增长并不是必然的,它们在很大程度上取决于购买者是否愿意和能够投入交易成本,以致让先驱者利润始终是一种暂时现象。

关键概念

供应者之间的争胜既受价格变化的引导,也受非价格竞争(产品差异、分销渠道的改善、广告宣传和售后服务)的引导。除了这些经济竞争形式,竞争者还可以结成联盟,为谋求政治干预而进行游说。政治干预能"保护"他们无需靠经济手段相互争胜(寻租活动)。

市场先机是供应者心目中的一种推测。他们预期,对于围绕既存市场价格的小幅价格变动,会有较小的需求量反应,但如果价格大幅度变动,需求量就会出现不成比例的大变化。它反映着购买者方面的有限知识和交易成本,而供应者之间的非价格争胜手段和政治干预都能增强市场先机。

创新是通过产权的新组合来实际运用新知识,如创造出一种新产品或采用一项新(降低成本)的生产工艺。冒险从事创新并将许多创新所必需的不同资源和创意组合起来的个人或团队被称为经济企业家。企业家精神认可风险,它寻求用新的未经尝试的产权组合来克服种种既存限制,并从未经使用的资源中开发和试验新知识或迄今尚未被开发的已知知识。

产品创新是靠生产者来实施的活动。他们改变已有的产品,或者推出全新的产品,以此作为保住市场先机的手段,并希望由此获取先驱者利润。

工艺创新的起因是生产者感到其市场地位不稳固,并希望靠采用新的生产工艺来降低生产成本。产品创新和工艺创新在实践中往往是联系在一起的。

"先驱者利润"由这样一类创新者获得,他们得到了买方的充分认可,从而买方支付的价格超出了供给该新事物的成本。先驱者利润大都是暂时的,因为成功的创新可能被模仿,也可能受到进一步创新的挑战。后一种挑战由竞争的供应者发起,目的在于争夺市场份额。而这样的创新往往又会触发进一步创新的努力,以期赚取新的、尽管仍然是暂时的先驱者利润。这使得动态的争胜过程长盛不衰,并推动创新性的知识探索和知识运用不断发展。

重大创新由新奇的商品和服务构成,常常带有部分的共享品特征。这些特征允许数不清的其他创新者涌现出来,产生他们自己的创新。例如,互联网的重大创新。它由美国国防部发起,但使全世界的公众都能廉价地使用。互联网已在创造财富上产生了无法想象的创新热潮。这类创新往往会引起经济增长的长波,并促进创新的集群。

分解观察:科学发现、发明和技术创新

市场参与者所寻找的知识可以由技术性知识构成。这类知识能被清晰地表述出来,并按一定的价值转让给他人(一项发明)。这样的技术性知识有时可以从科学发现中派生出来。而科学发现是科学研究的成果。当人们检验科学发现的技术可行性,并由工程师和应用科学家将它们开发成实验模型时,我们称这类活动为"应用性研究和开发"。它所产生的结果是一项发明(一项如何利用或驾驭自然的具体创意)。但对社会成员而言,这样的发明不一定有用。它们还必须经受组织可行性和商业可行性方面的检验,即验证它们是否能得到购买者的充分好评从而有利可图。与单纯确认技术上的可行性相比,这常常是一项复杂得多的任务。一种产品或服务在商业上是否可行是要由企业家来判断的问题,即该产品是否销售得动,以及应以什么价格销售。而企业家的预感是否正确,要在竞争过程中见分晓(Harper,1996)。

从科学发现到发明和创新的技术变迁是由"线性创新模式"来描述的。例如,核能技术和空间卫星技术的发展就遵循了这样一条路径。但是,这样产生的创新相对较少。更常见的是,创新源于对既有产品和概念的适应性开发,源于对客户建议的反应,源于固定资产更新,源于对成功竞争对手的仿效,即源于导致技术扩散的"反求工程"(reverse engineering)。创新往往是适应性的和零敲碎打的。我们也常能看到重要的突变性创新,但它们与科学无关。如19世纪由乔治·斯蒂芬森发明的铁路。斯蒂芬森是一个未受过正规教育的锅炉技师,他缺乏物理和机械方面的理论知识。就像其他一些与英国采煤业有联系的发明者一样,他将当时已经存在的蒸汽发动机装在一辆木轮车上,并且为了不让这辆车陷入泥泞之中,他将它置于铁轨之上,随后又不断地改进各种新引擎(Johnson,1991,pp. 580 – 583)。

因此,在资本主义体制中确保先进而高标准生活的知识往往不由重大的科学创意或技术创意构成,而是由分散的、琐碎的知识构成的。这样的知识与各种因时间、地点而异的条件有关。如果供应者希望生产像优质铅笔或计算机程序那样普通的东西,他们需要——除了对该产品的具体技术描述(发明)外——许多实践性的商业知识:如何获得原材料和电力供应,哪里最适合购买正好符合设计形状、质量和内容的零部件,如何培训生产所必需的技能或去哪里雇用熟练工人,如何组织分销系统的物流保障,如何得知谁能最佳地帮助做广告以诱导潜在的购买者,如何为安排这项生产筹措资金,去哪里购买土地或厂房,如何将生产单位与运输和分销系统连接起来,如何建立通信网络,如何建立营销和售后服务,还有许许多多专门的实践问题。企业家的任务就是调动所有必要的知识去逐一解决这许多环环相扣的问题。在这些必要信息中,绝大多数要付出高昂代价才能得到,并常常要通过耗费时间和资源的试错过程来发现(Hayek,1945;Rosenberg,1988;Harper,1996)。

创新型供应者在其知识搜寻中将受到下列因素的影响:(1)已有制度在多大程度上有助于他们发现和验证新信息;(2)与其他供应者的争胜强度;(3)潜在购买者的预期反应。激烈的竞争大都会诱发较多的创新。一旦供应者认为其市场地位是安全的,其创新就会丧失动能。因此,不同的制度系统在其创新能力上可以有天壤之别。尽管社会里总会有企业家存在,但制度既可能将他们的精力导向创新性的经济行为,也可能将他们的精力导入其他非生产性的去处,如导向军事、政治或体育方面的争胜(Baumol,1990)。企业家式的人物有时候甚至会移民到其他制度环境中去,因为那些制度环境更有利于运用他们在经济竞争上的知识。例如,落后地区,而更多的是发展中国家,常常会失去其最出色的技术创新者和经济创新者。因为,那里的制度框架不能为创新者提供必要的商务信心,而发达市场经济体则能做到这一点。

关键概念

科学发现是对自然如何运动的新认识。有时,这种新认识会引出发明,即,在如何以一种技术上可行的方式利用自然方面增添一些独立的知识。但是,只有当一项发明具有商业上(经济上)的可行性时,它才会被转化为一项创新。当一项发明能在实验室条件下行得通时,就证明了它的技术可行性。而商业可行性却要在市场中来验证。在市场里,要根据生产者的成本评估来自购买者的收益:该创新是否有利可图。

发明是技术开发的产物,创新是生产者利润核算的结果。从科学发现到发明再到创新的进步被称为"线性创新模式"。这方面的一个例子是从发现原子裂变到发明实验用核反应堆再到核电站创新的进步过程。其他一些创新形式更为重要,尤其是对市场反馈的创造性反应和对成功争胜者的仿效。

技术扩散,发生在当有人抱着占据更佳市场地位的希望模仿技术工艺和产品的时候。

企业家是对机会高度敏感的人。他们打破限制,发掘新知。更具体地讲,这个词涉及这样一种生产者,他们超越现有知识的框框,以新奇的方式组合生产要素(产权)。企业家必须弄明白,他们的开创性财产用途是否能得到有足够数量的购买者批准(用货币选票),使他们能赚到利润。他们也可能蒙受亏损;这会告诉他们,某一财产的运用没有从客户那里获得充分的认可。

技术进步和组织进步的全景观察

技术变迁总是要求对整个经济系统实施组织变革和调整。例如,只有在对一种新产品的生产和分销做出了必要的组织部署后,才可能销售该产品。什么是必要的组织条件并不总能事先知道,实际上,组织变革甚至会造成比创新中的技术问题更高的交易成本。对新产品的需求是未知的,因为购买者还不了解新产品;他们甚至可能没有好奇心去发现新产品。例如，当利用光波将碳粒子固定于纸张表面的照相复印技术被发明出来时，主要的任务就是劝诱潜在的购买者，使他们发现，自己有照相复印的需求(Mueller，1996)。

　　如果一个经济体中的卖方和买方都普遍敏感，并愿意为发现新机会而投入交易成本，整个市场系统就将是竞争性的。实际上，有些竞争性经营者的存在会为其他供应者的成功竞争创造出机会。这往往会增强其他市场中的竞争态度。19世纪的铁路建设热潮是创新性竞争企业在经济进步方面导致"良性循环"的一个例子。具有企业家精神的机械工程师们克服了技术可行性上的障碍，制造出了更快、更可靠的蒸汽机，但他们要依靠市政工程师设计桥梁和隧道，以及铺设轨道，同时他们也就为市政工程师们创造了机会。这两类工程师都要与钢铁生产商和银行家打交道。钢铁生产商和银行家们在彻底变革运输方式上做了不可或缺的贡献。钢铁生产商那时已能采用贝塞麦转炉炼钢法(Bessemer process)这种新技术生产大型钢锭，而为了从成功中产阶级的崛起中受益，银行家们开拓了种种新的金融工具，因为中产阶级热衷于为其资本找到新的投资机会。这又诱发了现代股份公司的组织创新，还有银行业无数的进一步组织变革。这些不同产业的企业家们彼此互动，由此，竞争中供应者的整个群体相互创造了技术机会和商业机会。随着时间的推移，随着运输成本的下降，这一过程扩大了市场，并引发了不计其数的新活动，从远至美国中西部的新小麦生产，到阿尔卑斯山区的旅游业、加拿大的开发和西伯利亚的伐木业。分析过这种发展现象的奥地利－美国经济学家约瑟夫·熊彼特，谈到了"企业家的蜂拥而至"，[他们在竞争性的相互交往中]为彼此创造出了"从私人经济立场来看更为有利的种种新的可能性"(Schumpeter，1961/1908，p. 214)。一个类似的竞争过程目前正在一批计算机关联产业群中展开：由于竞争中的制造商们已经压低了微型集成电路芯片的成本，提高了其可靠性,缩小了其尺寸,计算机装配厂商、软件开发商、电信公司、计算机技能教师、知识开发者、计算机图艺师、电子出版商、电子邮件营销商,以及远程教育专家,都在一系列动态的发展中相互作用。为了在商业上获得成功,他们都相互依赖这一群体中各方投入搜寻成本的意愿,都依赖新领域中的创新企业家。他们还依赖于发现了自己迅速变化需求的热心购买者。

出于同样的道理,竞争性产品市场依赖于劳力和资本等要素市场中的竞争。反过来,如果用劳力和资本生产出来的产品被暴露于产品市场的竞争之中,那么要素市场就一定也是竞争性的。因此,竞争的经济效应取决于市场系统中所有因素之间的竞争性互动。只要制度不能遏制遵循"自己宰客,也让别人宰客"(rip off and let rip off)之类格言的投机行为,单个竞争者就极难成功。这一点突显了一套连贯制度的重要性。那样的制度能促进知识搜寻,并减少商务伙伴间和政府机构发生投机行为的风险。

买方和卖方在对新创意做出反应上的相互作用常常旷日持久。例如,欧洲中世纪的十字军成员带回了许多新思想,其中就有关于阿拉伯数字的知识,包括零的概念。这逐步地使商人们能较容易地计算资产、开支和收益,并促进了复式簿记的发展。而这又进一步推动了大型商号的出现和欧洲远程贸易的重组,并对劳动分工产生了许许多多的影响。当然,要有益于这样一种历史发展顺序,还必须具备大量的其他条件,如复杂的知识交换网、各种物质资本和技术专长等。

想起来很有趣的是,为什么火药的发明在中国仅造成了爆竹和烟花的创新,而欧洲人,凭借其在战争和商业中的争胜传统,很快便将这项初始发明用于枪炮、采矿和筑路,并获得了更坚固的建筑材料——其中的每一项都开启了一个更长期的创新努力链条。

8.3 对经济竞争的各种限制

对竞争的各种私人限制

自由地运用产权会在交易过程中引发竞争。但这种运用有可能受到他人限制性商务惯例的阻碍。阻碍者们努力回避或缓和竞争压力。在经济主体能够施展经济权势或政治权势的场合，他们有可能运用这样的权势，通过制造人为障碍来保卫其市场先机。这会强化他们控制缔约谈判的能力，并缓解其生活中通常会带有的（成本控制方面的）不安感。这方面的一个实例就是组建卡特尔。这是卖方所达成的、只按统一销售条件进行供应的协议。初看起来，这可被视为合法地行使了缔约自由；但这样的卡特尔协议干扰买方的自由。购买者自由选择销售者的权利会因卖方的联合行动而变得毫无意义。由于选择自由和缔约自由是一种值得支持和保护的特性，所以必须用反托拉斯的规则来否定卖方组织卡特尔的自由。

对于经济增长、自由和抑制权势而言，排除私人对竞争的限制是必不可少的。阻碍竞争的民间商务惯例可以源于商务活动的横向集中和纵向集中：收购先前的竞争对手（兼并），或者将供应者或购买者整合到同一个商务组织中。经验证据显示，被兼并的组织常会苦于其内部组织成本的不断上升，其内部的规则协调会变得越来越困难，并且，巨型企业的适应能力会因内部管理工作的增加而下降。这可用大型组织中出现的委托－代理问题来解释，它们不受充分竞争的约束。从这一角度来看，可以肯定，使这种行为的全部效益和成本内部化的责任，应由那些已经合并的组织承担。尽管如此，在有些情况下，可能需要官方调查某一项企业并购是否侵犯了其他产权使用者自由缔约的自由。但这样的调查永远会面临严重的知识问题,还会面临创造法律定义的问题:相对于整个市场,什么规模的兼并要接受事前或者事后的调查?

我们已经提到过,对竞争的私人限制也可不源于竞争而源于厂商间非正式的合作协议(串通),源于有权势的厂商靠低价倾销击败争胜者从而将争胜者挤出市场的意图,源于这类厂商对争胜者或缔约伙伴采取强迫性或欺骗性措施的意愿。在这样的情形下,有必要保护竞争,首先是要靠规则来建立抵制强制和欺骗的惩罚措施。应当建立制度以裁定,哪些对竞争的私人限制是不能允许的,哪些行为代表着对市场权势的滥用因而需要仲裁人的干预。在许多国家里,这类规则都规定在有关商务惯例和反托拉斯的法规中。它们要求由专门的竞争管理机构来监督不恰当的市场权势。然而,这类官方监督常常不能产生理想的结果,因为这类机构极易受到被监督厂商的控制,而且主持这类机构的人都苦于难以克服的知识问题,还苦于在强制达到某种具体结果方面所固有的政策障碍(对竞争政策的全面评价,请参阅 Armentano,1991; McChesney in Henderson, 2008, pp. 11–14)。由权威机构监督竞争的另一种办法是简单规则。这种规则只是禁止私人对竞争施加限制,同时辅之以惩罚措施。可能有一些侵犯竞争的行为无法靠禁令来排除,对这类行为将留给开放市场中的控制性戒律去解决,即留给潜在的竞争来解决。这当然要求政府放弃所有人为封闭市场的行动,或偏袒市场中既有竞争者的行动。

市场中没有争胜的情况在经济学文献中早就占有一席之地,这就是"自然垄断",即这样一种情况:某人掌握着一种独特资产的全部产权,这种资产没有近似的替代物。但这样的情形极其罕见,因为垄断者的潜在竞争对手将设法发现近似的替代物。如果自然垄断者获得了高额回报,竞争对手就会在替代品上投入巨资。经验表明,没有什么自然垄断者能在不受政治当局保护的情况下持久存在(Friedman,1991)。一个原因是,独家垄断通常只存在于一个限定的地理区域之内,所以高额利润会吸引该区域之外的竞争者。由于运输成本和通讯成本的长期下降,这样的外地竞争对手已变得越来越常见。

对竞争的各种政治限制

私人产权的自由运用常常会受到政治干预的限制。我们在本章开头已看到,供应者或有组织的供应者利益集团,试图获取政治干预。这种干预会软化对他们的竞争压力,能比经济竞争更长久地保护他们的市场先机。这能使他们节省信息成本,因此值得付出代价来谋取政治偏袒(寻租活动)。政治代理人——常常因代理人的投机心理或对经济学的不当理解而自愿地——通过管制市场和限制市场进入机会做出响应。有一些这样的干预可能是合理的,因为它们能强化竞争中的知识创造能力。例如,当政府制定标准化度量衡时就是这样。但在多数场合,政府管制排除或阻碍了潜在的争胜者,增加了市场参与者的服从成本,限制了缔约自由。规定某种后果的具体规则,单独来讲,本身并不会成为问题。但这类规则的激增很快就会使多数企业家的认识能力不堪重负,从而阻碍知识的运用。

对于供应者来讲,政府对竞争行为的各种限制常常是对各种私人限制的可喜替代(Stigler,1971)。供应者游说集团和政府主体太过经常地掩盖其寻租活动,把它们说成是在促进某些有价值的健康或安全目标,或是收入再分配的手段。然而,在一个复杂的、开放的市场系统中,政府干预一般都会具有意料不到和不受欢迎的后果,这完全是因为干预机构不可能预见全部后果。我们只需回想一下对住房出租中租金上限的规定和不对称契约条款的例子就可以了。这些措施意在有益于低收入房客,但它们或迟或早会阻碍住房建设,并产生有害于房客的作用，尤其是有害于那些低收入房客。

关于有利于某些供应者的市场干预，有一个典型的、常被用到的例子，这就是关税。一种新关税的短期作用是提高竞争性进口货物的价格，从而减轻国内生产进口替代品的生产者所承受的竞争压力。这是将众多分散的、无组织的购买者以及外国人的产权重新配置给少数有组织的国内生产者。常有人为关税辩护说，靠进口替代而提高的生产者赢利会增加投资，从而增加国内产业的就业和收入；或者，它们为受冲击的产业"购买时间"以利调整，有助于保护就业岗位。然而，世界范围内关于进口替代的证据却支持这样的结论：这些好处，在最好的情况下，也都只是暂时的。从长期来看，关税保护只能创造出一个产业性的政治化食利阶级，并削弱了有益于创新的竞争压力，从而避免这些"幼稚产业"的消亡，使它们继续作为高成本的、不思进取的衰老产业而存在下去(Papageorgiou et al., 1991; Bhagwati, 2002)。

在选举制民主国家中，从事寻租的生产者有能力求助于政治家，因为政治家本身要为连任、为政党筹款或宣传而竞争(并且他们自己常常也充满着一种"护卫本能")。所以，相互争胜的供应者们发展出了一种强烈需求，要靠政治努力强化其市场先机(见本章案例二)。当政府主体向生产者发放许可证或征收关税，不让新的竞争对手进入市场时，这会将供应者中积极的经济争胜转变为卡特尔或垄断。

议员、官僚和其他政治代理人有很强的动力提供能保护委托人生产者集团的恩惠。政治权势的掮客们，通过立法、管制或通过司法裁决降低某市场中供应者之间的争胜强度，可以证明他们自己对于那个行业中的少数供应者和工人所具有的重要性，让他们每个人都可以获得实实在在的好处。政治企业家们借助政治权势对产权进行再分配，并追求从中产生的酬劳。因此，他们会自愿地对政治恩惠的需求做出回应，因为庇护人的身份增加了他们的影响力(Stigler, 1971)。所以，没有什么政治领袖会采取"对所有人不偏不倚"的战略,即都不会奉行对特定厂商或特定行业不加歧视的政策。

实施干预的政府官员和议员可以共享他们分配给受管制行业的利润(通过征收证照费,给政党基金的赞助,给予政治支持或为退休官僚和政治家提供有利的企业职位,或者通过直接的贿赂)。

同一市场中的购买者成千上万,而有损竞争的干预对每一个购买者的损害大都很小。结果,一项干预就可以在无人注意的情况下被付诸实施,或者即使有人注意到了,也不值得他为抵制这种干预而劳神费力地进行游说。对于购买者,不关注且不采取政治行动来反击供应者的院外集团和政治精英们的政治偏袒是完全合理的。政府对竞争过程的干预一般都偏向供应者而不利于众多无组织的购买者,原因就在于此。

所以,资本主义市场经济需要对谋求政治偏袒的竞争施加制度限制。这种限制应针对供应者,他们极想逃避严酷的经济竞争约束。这种限制还应针对政治代理人,他们因瞎管闲事而得到竞选或物质上的好处(Olson,1965;Buchanan and Tullock,1962;Tullock,1967;Stigler,1971;Buchanan et al.,1980;Tollison,1982;Mueller,2003)。

对自由的私人产权处置还有另一种政治干预方式,即司法能动主义(judicial activism)。在有些国家中,法官的传统职能是根据透明严谨的法律系统保护公民,但现在他们变成了法律新解释的积极创造者。这些新解释都以实现一些特定后果为目标,并常常代表有组织利益集团的立场。由于司法领域中存在着构造主义的嗜好并缺乏监督——如选举任职者或必须筹集资金以贯彻决策结果的原则——在许多国家里,法官们妄称他们自己有通过修订法律伤害自由竞争的作用。于是,法庭变成了靠阴谋挫败经济竞争和从政治竞争中捞好处的理想战场。

在这样的环境中,赋予各项竞争原则和受保护的私人产权以受保护的崇高法律地位,就具有了不同寻常的重要性。

当控制外在制度框架的人与少数有影响力的供应者串通一气时,他们会将企业家对市场先机的追求从积极的生产性的经济争胜和创新转变为政治行为(图 8.2)。于是,政治精英们就会在行动上反对其为之充当代理人的公民－委托人的利益。一旦规则不能防止政治的和官僚的操纵者进行干预,搜寻知识的执着性会衰减,创新的步伐也将放慢。那时,商务活动中的成本控制就可能趋于松懈,经济增长减速,出现我们所说的"经济硬化症"。

因此,对于有用知识的增长——以及机会均等——来讲,重要的是,企业规则要有效发挥作用,迫使议员、官僚和法官们维护有关竞争的宪法原则。因此,对竞争规则的保护应当是公共政策的核心任务之一。

当然,在一个自由国度里,不可能强迫财产所有者们为探索新用途和新知识而用他们的资产冒险。经济自由也意味着富裕的人们拒绝去竞争。然而,他们绝对不能靠各种政治性和行政性手段而免于这种拒绝的后果,即免于其资产的贬损甚至变得一钱不值。当有些技能因技术变革而变得多余时,政治企业家们为了防止这种情况出现,试图代表拥有这种过时技能的群体进行干预。在欧洲历史上,闹事的手工织布工人时常会受到政治保护,以对抗机器织造,这伤害了纺织品购买者、国际竞争和经济增长。在韩国历史上,记录了一个抗拒技术进步的突出事件,该事件由政治精英发起的,形成了大规模的反竞争运动。与无数法律、技术和农业的改革同时,实施现代化的韩国世宗大王(1397—1450年)促进了语音字母(韩语)的发展,韩语字母替代了麻烦的不适用于朝鲜人的汉字书写系统,以促进人民接受教育。然而,在世宗大王死后,官员和贵族们又压制这种书写改革,以利于很难学会的汉字系统,阻碍普遍的素养提高,并维护他们的特权地位。只是到了19世纪末,节省信息成本的韩语字母才再次被引进,给了北朝鲜和南朝鲜一种能迅速学会的书写系统。这种书写系统要比,诸如日本人仍在用来书写他们语言的那种混杂体系,有效得多。19世纪末韩国的书写系统改革是一个制度变革的突出例子,它在经济、文化和民事方面都具有创造性。

第8章——案例二

说明寻租行为的两个历史实例

一

威廉·费尔贝恩,英格兰工业革命中最著名的技术先驱者之一,在其《对工程师的有用信息》(1860年)一书中叙述了他年轻时的事情,那时"工程师技工联合会"不让他享有进入其所选行业的合法资格:

"在我初到伦敦的那个时候,由于行业工会和行会的缘故,一个来自乡下的年轻人,无论想在哪方面取得成功,都会求告无门。我找工作并不难,但在我能够开始工作之前,必须先经受行业社团的严酷考验……〔在争取被接纳为行会成员上进行了徒劳的努力之后〕,我最终被告知,没有加入的资格,并让我到别处去寻找出路……〔有三个相互竞争的工会〕排斥所有不能坚持要求在伦敦和其他法团城镇中工作的人。所执行的法律是最霸道的,它们由自行任命的官员团伙控制,这些人从不会忘记照顾他们自己的利益。"

费尔贝恩被迫转移,到都柏林一种革命性制钉机的发明者那里找工作:"都柏林的制铁业被摧毁了……不是由于任何地方劣势,而仅仅是由于那里的行业工会的工匠们所执行的禁止性管制"(引自Johnson, 1991, p.574)。

二

这是一个早期例子,它发生于拿破仑战争后的英国。一个有组织集团最初获得的特权导致越来越多的寻租活动,包括依靠暴力手段的寻租活动:

行业工会在英国由来已久。1824 年,通过议会的若干法案,行业工会获得了一些专有的特权。在这项立法之前,根据不成文法和专门的成文法中关于共谋的规定,鼓动工人罢工是要受处罚的。而现在,工会被合法化并获得了一项特权——不履行合同的权利——其他任何人都没有的权利……这两项法案在议会中几乎无争议地获得了通过,其总的设想是,这些法案将有助于创造产业和平。

从未有一个错觉比这个设想更离谱的了。撤销法律处罚的后果是产生了第一次有组织罢工的浪潮……〔在 1825 年〕,发生了苏格兰纺织工人、兰开夏纺织品工人和……煤田矿工的罢工……〔有一次罢工〕阻挠了伦敦的远洋运输——这是那个港口自罗马时代以来从未发生过的事情……

而且,现代行业工联主义(modern trade unionism)中一些最具破坏性和威胁性的方面,在最糟时,会直接表现出来……它对下列限制性措施有着广泛的需要:导入封闭式或工会式企业(closed or union shop*),对进入行业的新人尤其是对学徒施加限制,对采用新机器施加限制,解雇不受欢迎(有效率)的工头,以及对征募新劳动者的各种限制。简言之,绝大多数工会立即开出了长长的要求清单,其中的每一项要求大都会降低生产率,提高

---

* 只雇用工会会员的工厂或受雇工人须限期加入工会的工厂。——韩朝华注

> 制造商的成本,或限制雇主经营其业务的权利。而所有的要求都以罢工威胁为后盾。
>
> 特别令人担忧的是,工会领导人和工会激进分子们迫使其工友们(不论其是否喜欢)支持这些需求的努力,因为那些努力粗暴且常常很残忍。新的工会规则,现在是合法的,不仅强制实施了一大堆限制性做法,而且还设立了入会费,强制从工资中征收,还有跨工会行动(inter-union action),或现在被称为二级联合抵制(secondary boycotts)的做法……"设立纠察线"的新活动,常常是暴力性的,始于工作场所之外……发生了大量的恐怖行为,……一个工会通过了一项对四个人的死刑判决……,其中一人实际上是被谋杀的。(Johnson,1991,pp. 868-869)

8.4 竞争系统

竞争经济的好处

超越单个市场,考察竞争在产权运用上更广泛的社会效益是很有益处的。

从总体上来讲,整个经济系统具有高度竞争性对共同体具有若干重要的好处:

(1) 我们现在知道,激烈的争胜会鼓励人们投入信息成本,并推动人们去发现有价值的知识,从而推动全面的经济增长。

所以,在需求、技术机会、资源供给、收入水平或其他环境等方面发生不可避免的转变,需要通过结构变革来做出响应时,竞争性经济一般都能灵活而快速地应对这些需要。竞争性经济对变化了的条件做出反应,包括生产要素的所有者对相对价格的变化所具有的高度敏感性,即高度的要素流动性。市场竞争对手不断地在他们过去一直在做的事情中探索变异,而交易伙伴则不停地选择他们所喜好的东西。成功的东西会被扩大,而失败的东西会使人们知道对它的喜好已不再存续或已发生了变化,从而使错误得以矫正。

最终的结构变化可能意味着,有些技能已不再有需求,资本丧失价值,而老的技术变得一钱不值。有些市场参与者被迫调低他们的期望。然而,竞争性的、灵活的经济体也会向资源所有者提供新的机会。如果经济增长迅速,赢家就会超过输家。例如,如果劳力市场是竞争性的,劳动者中的大部分人都会得到雇用。在竞争经济中,失业的单个劳动者就更有机会很快找到新的工作。相反,在非竞争性经济中,价格僵化,要素流动性差,往往增长缓慢,这样,失业的人往往长期找不到工作。当有更多的人因结构调整而受困时,这会激发对结构变革的更广泛抵制,陷入恶性循环。

(2) 强烈竞争的另一个重要好处是抑制经济权势。垄断和市场先机都是暂时的和范围有限的,因而产权不会过分集中到少数人手中。

竞争一次又一次地向财产所有者发起挑战,通过使用来确认其资产,并寻找新的方式来测验这些资产在市场另一方眼中是否仍有价值(显示偏好)。当竞争对手力求发现新的替代方法以便从市场另一方吸引契约时,老的产权会丧失其市场价值——约瑟夫·熊彼特恰当地称其为"创造性破坏"——而其他财产的价值则可能上升。博弈是演化性的,没有任何社会地位和经济地位是神圣不可侵犯的。要么变好,要么变差,竞争使每个人都暴露在无休止的挑战中。

(3) 竞争社会的另一好处与收入分配有关。在竞争性经济体制中，收入分配总是处于不断的变动之中。财产所有者的先驱者利润和劳动者的收入随市场运气的变化而涨落。相反，在发达经济体中所看到的相当持久的收入和财产差异，通常与政治干预和反竞争性的管制有很大关系（Friedman，1962，pp. 119-132）。例如，对劳力市场的限制和对房租的控制常常固化了意外的不平等，而随后的政府再分配政策又试图缓解这种不平等。在这方面值得注意的是，若干最具竞争性的东亚新兴工业社会——如中国台湾——也具有很平等的收入分配，尽管它们中无一实施过具有再分配性质的福利政策（Riedel，1988，pp. 18-21）。

(4) 在更广的社会层面上，经济性竞争确保产业权势的经纪人在用其财富收买过多政治影响力上要谨慎行事。只要经济性竞争生机勃勃，广被天下，"垄断资本主义"就无从得逞。由此，普通百姓也就更有可能避免有意识的政治歧视和寻租（Friedman，1962，pp. 119-132）。

(5) 竞争性经济的更深影响是，市场供求双方都能选择与之缔约的人。他们还能从先前的契约约束和受有权势对手剥削的情境中"退出"。这不仅抑制权势，还能在很大程度上促进自由，因为当人们能自由选择时，私人自主权就会有效能。

(6) 与最后一点密切相关，当存在"退出选项"（exit option）时，买卖双方之间不可避免的冲突会平息。竞争性经济中的冲突大都被以分散化的、匿名的方式来处理。人们接受变化了的市场价格并适应它们。相反，在非竞争性系统中，常常会使冲突积累起来并导致以对抗性的资源诉诸政治上的"发声选项"

(voice option)。那时,冲突被政治企业家们情绪化和政治化。政治企业家们希望将冲突的各方召集于他们的旗帜之下。从这个角度来看,经济性竞争往往粉碎和消解无法避免的经济冲突和社会冲突,从而促进社会的和平与安定。

(7) 最后,但并非最不重要的,竞争性经济还常常能更好地吸收外部冲击,并靠自发、灵活的价格和数量反应使商业周期变得平稳。如果货币政策的执行是稳定的、可预期的,它们就会遇到竞争系统中的稳定化反应。而由僵化的垄断或寡头垄断支配的经济系统则可能要靠大剂量的自由裁量性反周期政策来矫正景气-萧条循环,而这是有问题的。在工资和工作习惯缺乏灵活性的地方,周期性的需求波动会表现为大的利润波动和就业波动。这可能进一步诱发投资的不稳定波动。相反,劳力市场中灵活的工资和竞争性的工作习惯会起到缓冲器的作用,防止累积的不稳定。有的人可能会争辩说,劳动者不应充当冲击缓冲器。然而,也可以问一下,对于工人来讲,更大的职业安全感和就业稳定难道不比固定工资更有价值吗?这些考虑也可以被进一步普适化:竞争市场有助于整体的自发性自我稳定,并因此而有益于经济安全。换言之,竞争性经济更健康。

自主地、竞争性地运用产权:一项宪章性原则

竞争性地运用产权所具有的这些优点——都属于可被称为"资本主义宪章"的东西——很容易被经济上有害的政治行动所削弱。这种政治行动是由民粹主义政治竞争对手所驱动的。因此,安全的私有产权和自由缔约应该被视为有很高道德的原则,并被赋予宪章地位。从顾全大局的意义上讲,它们应该被放入优先的普适制度中。它们左右

着低层次规则的制定和贯彻,不可能被简单的法庭判决、简单的议会多数或适合特殊利益的行政行为所推翻。如果竞争性经济中的基本制度享有宪章性规则的高度法律保护,这就能在自控制和自组织的经济体制中建立起信任。在这种体制中,政治干预很少需要用到,普通百姓能安居乐业。

在第10章里,当我们讨论公共政策的内容和形式时,我们还会回到这个问题上来。但看来有必要首先转到如商务企业那样的经济组织问题上去。

第9章 经济组织

团队、企业和其他经济组织之所以被创造出来,主要是为了减少频繁市场交易中的种种成本和风险。对于这样一种可能会使人感到惊讶的洞见,读者们将会变得熟悉起来。为了节省这类成本,人们将生产要素投入存续期不等的、合作性的、有目的的安排。这样的安排被称为企业。

在决定一个企业应独自运营(an operation in-house),并使这种运营处于其组织的控制之下,还是应在市场中实施转包上,重要的是下列两者之间的比率:(1)该公司内部协调过程的组织成本;(2)从市场购买必需投入品的交易成本。在市场运作不良和代价很高的地方、或市场完全不起作用的地方会出现将尽可能多的活动整合到组织里的倾向。在市场经济中,近几十年来在计算、通讯和制度设计上的进步,已导致通过市场的专业化、放权、分包和网络化的水平不断提高。

当人们在无期限的、未完备界定的关系性协议的基础上进行合作时,会出现一些特殊的制度问题。专属资产的所有者,如大宗资本的所有者,有时候会担心受互补性生产要素所有者——例如,重要物质投入和熟练劳力的供应者——的"要挟"。

许多现代组织,如股份公司,是由代理人(公司董事)来管理的,而不是由作为委托人的资本所有者来管理的。这导致了"委托–代理问题",即代理人可能不按委托人利益行事的危险。解决这个问题要由

> 公司治理中的内部规则、外部的法律和管制条例来解决,而最重要的则要靠竞争性的产品市场、资本市场和经理人市场来解决。因为在资本主义经济的运行中,现代公司都处于这些市场的包围之中。我们还将考察私人经济组织的各种形式——例如,俱乐部、互助社团、家族公司和股份公司,它们在按所有者利益有效运行上具有不同的可能性,因为它们实行不同的激励结构和惩戒措施。

太上,不知有之;……。悠兮其贵言。功成事遂,百姓皆谓:"我自然"。

老子,《道德经》,公元前六世纪*

有一句格言正确地指出,与造就一个好律师相比,造就一个成功的商人需要掌握更多的技能。

卢卡·帕奇奥里(1445—1517 年),
复式记账的发明人(1494 年)

在钱财的处理上,……股份公司的董事为他人尽力,而私人合伙公司的伙员,则纯是为自己打算。所以,要想股份公司的董事们监视钱财用途,像私人合伙公司的伙员那样用意周到,那是很难做到的。有如富家管事一样,他们往往设想,着意小节,殊非主人的光荣,一切小的计算,因此就抛置不顾了。这样,疏忽和浪费,常为股份公司业务经营上多少难免的弊窦。

亚当·斯密:《国富论》(1931 年),第 229 页**

在现代企业中,我们已经看到,个人淹没于组织之中,那些碰巧控制了组织的个人所掌握的权力增长到了异乎寻常的程度。

伍德罗·威尔逊,1910 年 8 月 31 日

---

* 陈鼓应著:《老子注译及评介》,中华书局,1984 年,十七章,第 130 页。——韩朝华注
** 郭大力、王亚南中译本,商务印书馆,1997 年,下册,第 303 页。——韩朝华注

在一定程度上,每个组织还必须依靠规则,而不仅仅是依靠具体的命令……运用任何个人都无法完全拥有的知识是可能的,……〔一个〕组织将通过命令来决定由每个成员执行的职能、要达到的目标及某些需要采用的方法原则,而将细节留给个人,由个人靠他们各自的知识和技能来做决策。

弗里德里希·哈耶克:《规则与秩序》(1973年)

9.1 经济组织:定义和目标

到现在,读者可能形成了这样一种印象,我们过分着重于追求其经济利益和其他利益的个人,而他们是在市场中凭借自己的本事独立地靠竞争这么做。但是,毫无疑问,个人常常是在组织中合作,并将他们拥有的产权交由组织中的一个或几个领导人来控制。这些组织有着近乎永久性的根基。事实上,组织常常向作为"社会动物"的人提供种种激励,使他们觉得该组织是他们伙伴们的公司。各种组织,无论是家族企业或大型公司,都为个人提供了一种社会框架。在其中,个人能成功发展,并通过与他人并肩工作来使自己的想法和行为得到肯定。

所以,生产我们生存必需品的大量劳动分工总是发生于能较持久的组织关系之中,像家族群体、部落、合资企业,或者商务性的合伙公司和工作团队。在这些组织中,各种生产活动和报酬都至少要部分地受到领导人的协调。这类领导人自上而下地发布命令,实施控制。看来,与狩猎群体中经济生活的层级组织和家庭、部落中的合作相比,协调劳动分工的自发方式——通过各种市场交易——显然是人类历史上一项晚得多的创新。只有当技术达到了相当复杂的阶段、参与劳动分工的人数很多时,市场交易才会被发明出来,补充人类协作上的组织方式。

那时,就会需要哈耶克所说的、处于普适法治控制下的"扩展秩序"。我们已经看到,与自足性组织(self-sufficient organizations)相比,这种扩展秩序可以导致更复杂得多的劳动分工和更高的生活水平。但这并不意味着,在许多环境中,有组织的协调不是高度有效的,也不意味着市场中的竞争者不会间或成为种种有组织团队中的组成部分。常识(和博弈论)证明,在协调人们的过程中,有组织的合作往往是互惠性的;事实上,与相互争胜相比,有组织的合作常常为参与者们创造出更多的可取结果(Axelrod,1984;North,1990,pp. 12-16;5.1节)。

组织的定义

我们将组织定义为存续期不同的计划安排,其作用是聚合生产资源(产权)以追求一个或数个共同的目标。这些资源要在某种层级秩序中受到各种制度和命令的混合协调。组织的运营状况要受到监控,以确保其实现了预定目标。组织依据不同规则而建立,有一个或源于自愿契约或源于政治权威的章程(Vanberg,1992)。私人自愿组织的例子有合作社、互助信托基金、俱乐部和商务企业。靠政治权威创建一个组织的例子是政府行政机构。在本章中,我们将只讨论私人经济组织,它们依据自愿的契约承诺而建立,而把关于政治组织的讨论留到下一章进行。

在多数共同体内,组织都有权作为独立单位合法行动(法人行为者)。它们能根据其自己的利益签署契约(企业〔firms〕:源于 *firma*,拉丁文里的意思是签名)。组织通常包含着复杂的内部互动关系,它们不能被完全列举出来,也不能加以充分地协商。换言之,它们依据关系性契约而建立。

如果仅仅将资源归集在一起,但财产所有者却保留完全的处置自主权,不服从任何指令,那么即使所有的资源所有者都具有一种共同利益,也不可能构成一个组织。例如,在一场足球赛中聚集起来的观众,都抱着观赏的目的而来,但他们并不构成一个组织。只有当经济主体将他们的某些资源聚合在一起,放弃其独立运用这些资源的部分权利时,他们才形成了一个组织。这个组织变成了一个"集体行动者"(Coleman,1990)。例如,如果某些观众组成一个俱乐部,答应交纳会员费,并使他们自己服从由一个俱乐部委员会监督的共同规则,那就是这种情况了。

经济组织的作用是为达到一个物质目标而动员和利用资源。组织使单个合作者能够将他们拥有产权的生产要素结合起来,并在一个有序的、可预见的环境中共同运用这些资源。组织创造了一种环境,使个人能在其中与他人密切互动,并节约信息成本和协调成本。个人对组织中的其他成员和个人置身于其中的层级秩序一清二楚,就像他们熟悉组织的许多内在规则和日常事务一样。组织领导的部分任务是通过设计计划和实现计划、使各种合作者了解自己在计划中的作用以减少对信息的需要,以及培育可言传制度和非可言传制度以指导组织成员。

外部竞争会迫使有组织的团队适应外部的变化和挑战,所以只要有组织的团队处于外部竞争之下,组织秩序就不可能僵化,也不可能变成利用新机会的障碍(8.1节)。因此,可以将经济组织视为社会性安排,它促进信息流动,有助于获取、验证和利用知识,满足社会激励、社会交往和物质获利方面的各种愿望。

关键概念

在第 2 章里,组织被定义为对生产资源所做出的有目的且合理的持久安排。它们在一定程度上是在一个层级秩序中由一个(或几个)领导人来协调的。通常,那些关系、获益和责任得不到完全的界定。

经济组织可以是,例如,生产企业。它们以追求赢利为其目标,并

> 运营于投入市场和产出市场之间。它们需要通过契约与不属于组织的人们进行自愿合作。
>
> 政治组织因政治意愿而建立,但后来就可能强迫别人与它们交往。

经济组织有多种形式。最著名的例子大概就是股份制企业(incorporated firm)。在当代,这种企业大都是一种相当持久的安排,以便追求一种如牟取利润那样的无限期目标。不过,临时性经济组织也相当普遍。例如,可以为建造一座桥梁或开发一片土地这类单一目的而组建临时性经济组织,在该项目完工之后,它们会被解散。还有一些无限期的自愿性经济组织的形式,如家族企业、行业协会、俱乐部、合作社、工会、信托基金、互助的共同体组织。它们的共同点是为追求一个共同目标而将一些资源结合在一起,并自行建立了一些章程制度,如明确规定主席和秘书职责的章程。

对于任何经济组织,具有决定意义的问题都是:谁享有最终利润(residual profits)或承担可能的亏损? 如果拥有一个组织的合伙人不止一个,该如何分配利润或亏损? 随之而来的问题是:谁控制组织的短期运营和长期运营? 如果所有权和管理控制是分离的,所有者如何控制经营者?

为了解决自愿经济联合体中的这些问题,已出现了多种多样的法定企业形态。在业主经营的企业和合伙制企业中,所有者可以承担全部的、无限债务责任。而另一种方式则是,根据章程,将因契约义务而承担的债务责任限定于组织所拥有的资本(有限责任公司)。有些经济组织可以是非赢利性的,它们通过较低的价格、额外的服务或为其所用的生产要素支付较高的酬金,将可能产生的盈余释放掉。另一些组织则聚合起众多参与者的有限资源以谋求一种共同的财务目标,如抵御特定风险的保险,或联合储蓄和联合投资(互助社团、华人共同体中的

kongxi 社团、信托基金)。还有一些组织不仅聚合资本和土地,而且还要聚合所有者在劳力、知识和技能方面的权利,以便实现一个专门的目标(合作社)。有些组织是根据传统的和民间的法律建立起来的;而另一些组织则要受专项成文法的严格管制,必须持有许可证,并由政府机构对其进行正式监控。

交易成本与组织

生产者可以在市场中购买其所需要的全部投入品。可以想象,额外的帮手可以从每天的劳力市场上雇到,所有的资本都能按一定期限借到,每一种投入品的数量都能单独购进,而所有的产品都能在公开市场上标价出售。但是——如罗纳德·科斯(1952/1937年)在1930年代的著名发现那样——这样一种调度生产资源的方法将造成极高的交易成本。绝对依赖一次性契约会造成巨大的信息成本;在每一笔交易中,都必须就新契约进行谈判,并监督和执行新契约。这就是为什么重复性生产活动通常都是在被称为企业的组织内部得到协调的原因:资源的所有者们缔结关系性契约,将主要资源或多或少永久性地结合起来,并经营它们,以追求一个(或若干)共同的目标。这种或多或少永久性的安排创造出一种"持久的产权联盟"。它可能会减少个人在每一时点上处置其产权的自由,但因为对组织的承诺降低了协调成本,它们提高了产权的价值。[1]因此,试图享有完全的独立和自由,不作任何承诺,往往会在实现个人目标和个人收入方面,付出效能的代价(Milgrom and Roberts, 1992; Williamson, 1987, 1988)。

---

[1] 与之对应的问题是市场何以存在。对这一问题的回答可以是,随着组织规模的增大,协调任务将愈益复杂化。组织成本的指数式增长会为组织增大划出一条界线,并让市场来发挥作用。

资产专用性

奥利弗·威廉姆森(1985年)使人们注意到了与企业存在有关的一个方面:资本、知识和其他资源的所有者常常因技术上的原因,被迫不可逆转地、长期地使他们的资源固着于一种特定形态上(资产专用性)。例如,金融资本的所有者将其资产固着于特定的资本物品上,就像粘土被烧制成器皿后就"固定"于一个不变的形态上一样。公司的所有者们,在将其资本投至建筑和专用设备上之后,就不可能轻易地将这些投资再转移出来。他们还获得了宝贵的专属知识,只有当他们仍然留在特定运营过程中时,他们才能运用这样的知识(人力资本专属性)。如果这样的专用资产能在一个很长的时期内不受干扰地运营,这些投资就一定会带来预期的回报。然而,其他互补资源的所有者们,如熟练劳动者,却可能想通过对经营的"要挟"和勒索较高报酬的方式来利用资本所有者和专用知识拥有者的这种不灵活性。这是人们拥有权势和利用权势的一种情况,因为他们的对手没有替代或回避的余地(退出,见5.4节)。只要这样的权势群集横行无忌,不能由内在规则和外在规则予以有效排除,就会产生将互补资源的所有者结合进一个组织之中的动机。在许多场合,这种结合甚至是进行专项投资的前提条件。例如,要是资本所有者能够切实地对电力和原料来源实施直接的组织控制,从而保障所需要的投入流,他们就可以只投资建一个炼铝厂或钢铁厂。在这样的场合,将产权都结合进一个组织之中的目的在于回避风险。换言之,是希望建立一种较可靠的、有组织的秩序,从而减少不确定性,节约信息成本。

分析资产专用性的必要性可根据三个相互锁定的条件得出:(1)人只具备有限的信息、有限的渴望,从而最终要靠有限理性来行动;(2)如果没有制度的阻拦,人都有投机性;(3)有些人持有的资产具有明显的专用性(Williamson，1985)。在这些条件下，关系性契约规定内容中的漏洞有可能被投机的个人所利用，从而损害专用资产所有者的利益，而后者不能通过改变其资产的用途获得其他能带来效益的替代办法。

要检验这些假设是否适用，还有赖于更广的社会环境和传统。投机行为常常主要靠外在制度(法规)和共同体的内在制度(道德、习俗)来抑制。在许多共同体内，相互交往的人们着眼于长远，不玩弄投机的终局博弈(end games)。他们懂得，自己的成功有赖于相互的、不间断的、受规则约束的相互交往，以及信任和良好的信义(Flew in Radnitzky，1997，pp. 107-124)。然而，在比较把投入供应整合进自己组织的做法与在市场中采购投入的做法时，人们并不清楚，组织的领导人是否总能预见到未来在市场中购买投入的代价和获益。永恒存在的知识问题使这样一种评估变得棘手，因为由于技术和制度的演化，交易成本和组织成本之间的比率是不断变动的。

因此，威廉姆森模型就公共政策的实施所导出的结论——即为整体效率计，应允许纵向一体化——看来常常建立在未经检验的假设之上，尤其是建立在那种说法上，即另一些安排的总体效应早已知道。[①]

> **关键概念**
>
> 　　**资本形成上的灰泥-粘土概念**是指这样一个事实：人们储存货币资产(常被称为资本)，这些资产可以投资于许多不同形态的硬件。恰如灰泥，货币资产的形态是可以转换的。但是，将货币投资于实际资本品的行动会将资本锁定于一种固定的形态上(这可称之为烧制粘土)。将资产从特定资本品中转换出来的成本往往极高，从而，互补生产要素和被认为更具可转换性的生产要素的所有者在运用其权势时，

---

① 我们为这些观点感谢 Daniel Kiwit 的一篇文章（1994年）。

资本所有者会处于弱势地位。

资产专用性是生产性资产的一种存在状态——如一件资本设备或一套专用知识——这种状态不允许将资产转用于其他用途。专用资产的拥有者不可能退出,因而暴露于权势的滥用之下,即无法躲避互补生产要素对运营的要挟。例如,飞机的所有者要靠飞行员来赚钱,并可能因飞行员的罢工而被迫给飞行员涨工资。这解释了专用资产的所有者极愿意将互补性投入的提供者整合进组织(或建立各种强有力制度控制)的原因。

层级结构和领导层

组织的定义必然包含宪章性因素,即具有一个统一的目的或一组目的(目标)。这样的目标可以由领导人自行确立,或源于组织成员中的协商和参与式决策。在这方面,组织协调总是不同于市场中独立主体的协调。在市场中,没有为参与者事先、或从外部确定好的目标;相反,人们是积极主动的,并通过具有试错功能的演化性市场过程来协调。

私人经济组织的定义还包含着随时间推移的存续性因素:拥有资本、知识、劳力和土地的产权持久地聚合在一起(Vanberg, 1992)。现代欧洲初期的早期股份公司是商人们为一段有限的时期而建立的。商人们通过公司聚合起了资本,也许还聚合了他们自己的知识和劳力。而对互补性资源的权利则是在市场中购买的;例如,船只是租来的,水手是雇用的,商货是采购的。就像当今房地产开发中的限时合资企业(time-limited ventures)一样,他们为利用一个特定的贸易投资机会,如为了从东方运回一船香料,缔结不完备界定的契约。在那次远航结束后,他们就按公司章程中一致同意的办法分享利润(或亏损),然后解散该合股公司。因此,许多早期的合股公司只存在于一次特定投资的持续期之内。而现在,绝大多数经济组织都是准备要永久存续下去的。

组织概念还包含根据分配具体任务的计划协调行动的概念。这需要某种决策,至少在组织活动的某些方面就谁拥有制定计划、发布命令和实施控制的权力做出决定。这还意味着某种层级结构。层级结构可以很明显(很强的从属关系、复杂的多层组织),也可以很薄弱(团队成员较多地自负其责、扁平组织)。在任何情况下都不可能就一个组织的所有活动都定出计划并加以指挥,所以规则在组织内部的协调中具有重要的作用。因此,在讨论组织时,应当再次对指令(或指示、命令、规定)和一般行为规则做出区分。指令料理各项事务,其途径是为所有主体指定具体的任务、目标和职能;而一般行为规则是促进自发协调的(Vanberg, 1992, pp. 244 - 245;另见 5.1 节)。依靠共同控制来聚合资源必须基于一项将形成组织的单项资源所有者们结合起来的宪章(一套关于如何运作和改变规则的总体性规则)(同上,pp. 239 - 241)。

总体性规则要求合作者们各自独立判断,在组织中积极主动,而指令则以权威和服从为基础。通常,组织内的规则服从于组织的宪章,左右着组织资源的运用,并在向组织提供了资源的各类所有者之间分配总产品。在规则不约束管理组织的领导人时,就会出现专断决策的可能。如果不谨慎从事,这种状况就会摧毁组织成员心目中的秩序,削弱他们的生产力和忠诚。

在一个商务组织中,层级式指挥因素是强还是弱,对该组织的运营绩效和灵活性具有很大的影响(见后面的 9.3 节)。严重依赖层级式指挥会强调凝聚力和严密协作,但它常常会与领导人的知识局限及其下属的认知局限相冲突。指挥结构常常需要昂贵的控制、衡量和监督。严重依赖指挥还会削弱组织成员履行职责的动力和创造性。在一个复杂的可变世界里,这些问题会变得更加严重,因此混合运用多种内部协调手段,弱化层级制和命令控制,往往会产生出竞争优势。企业领导人必须处理迅速的变化,他们常常会发现,用广泛的普适性规则为合作者和下级团队提供原则性指南,并给他们留下决策空间,控制会更加有效。这要求信任合作者,相信他们会去推进公司的共同目标。因此,现代企业常常强调对判断技能的训练,并努力用"企业文化",即组织的各种总目标和规则,熏陶组织成员以激励他们(Kreps,1990)。这些企业鼓励扁平式层级结构、团队工作制(teamwork)和绩效工资制,这些制度有助于成功的内部竞争。在当代,人们往往认为,这种管理风格要比层级结构、金字塔式的晋升、尊崇命令和依靠严密具体的控制更加适用(Cyert and March,1992)。

组建、协调和领导企业的人,往往是恰好成为增长瓶颈的那种生产要素的所有者。这类生产要素的所有者大都要设计组织,规定其他资源的权利并控制所有生产要素的运用。什么构成了经济增长的瓶颈要素,当然随时间和环境的不同而异。如果生命、肢体和财产的安全成为经济增长的瓶颈,经济组织一般就会由安全的提供者来领导。这在欧洲封建时代屡见不鲜,当时的骑士控制了经济活动。而现在,第三世界的部分国家仍然是这种情况。一旦全共同体的制度保障了生命和财产的安全,就像欧洲中世纪后的情形那样,资本往往会成为增长的瓶颈,结果资本所有者通常就会控制企业。他们雇用其他资源(资本主义)。在劳力成为生意扩张瓶颈的行业里——这可能是因为劳力稀缺或人为的约束限制了劳力供给——劳动者的代表通常会控制经济组织(工人共同决策)。

近来,稀缺知识的所有者开始经营一些新型的投资活动。他们借入资本,雇用劳力。例如,有些天才的服装设计师和计算机软件设计者创建了他们自己的商务组织,有些制片公司(film ventures)和剧院是由著名的明星来经营的。在有缺陷的制度使市场渠道成为业务扩张的瓶颈时,拥有市场渠道的经营者,如能通过政治关系获得特许权的人,通常会出来组织商务活动。①

> **关键概念**
>
> 权威是强令服从、即迫使下属遵守指令的权利和权力。权威可以是全面性的(并允许最高领导进行专断的决策),也可以是被种种制度限定于具体环境的(有规则约束的行为)。
>
> 命令针对具体行动,是细致的规定性指示。命令没有为自由的、自我负责的决策留有余地。命令大都轻视对下属的信任,贬低下属的判断,并要求命令发布者掌握大量的知识。
>
> 当预期市场交易成本高于结合生产要素的组织成本时,就会出现资源的产权聚合。

9.2 组织成本、关系性契约和要挟风险

当人们在组织里接受协调时,会产生出组织成本,就像市场调节会造成交易成本一样(5.6 节和 7.3 节)。如我们已经指出的那样,组织成本常常有可能小于由市场来协调类似活动所造成的交易成本,因为组织为各类主体提供了更明确的秩序。由于许多组织内交易是重复性的常规活动,组织也提供了获取规模经济的机会。

从原则上讲,企业组织者在筹建一个组织时,会付出发现信息的固

---

① 由于组织企业的权利会带来物质性的和非物质性的好处,不同生产要素的所有者一般都会采取集体性和政治性的行动以影响外在制度。外在制度或者会增加某类要素所有者建立组织的机会,或者会阻碍其他争胜的生产要素的所有者们如此行事的机会。这样的集体行动当然会削弱总的经济增长,并因此而减少所有生产要素赚取高回报的机会。

定成本(且一旦投入,即沉没),而在他们运营该组织时则会发生运营成本:与合作者交流沟通、(重新)商谈各种任务和生意、监督各主体的工作表现,并必须惩处表现不佳的组织成员。

组织成本和领导艺术

一个组织的领导艺术与保持较低的内部组织成本有很大关系,尤其与下面两个方面密切相关:(1)就组织活动的所有方面获取正确的信息;(2)使那些信息协调一致。它还与避免合作者之间的冲突和分歧并清理可能的冲突密切相关。理解共同目标,以及如已提到的,理解外部竞争压力,能极大地推进领导任务。如果领导人在自己的行动中坚持规则透明,并力戒专断决策,他们会在其下属中建立可信赖的声誉。那时,下属们会将他们的领导人等同于一种可预见的内部秩序。这样一种形象能减少投入信息成本的必要性。它能变成宝贵的、节约组织成本的资本性资产(Milgrom and Roberts, 1992, pp. 89-99)。

当组织必须经历结构变革从而使常规运营难以为继时,信任就显得尤为宝贵。那时,所有受协调的人都理解共同的、超越战术细节的战略目标(各种优先目标)具有加倍的重要性。当拿破仑要求每个战士都应"在其背包里携带着元帅的指挥棒"时,就涉及了领导工作的这一方面。

混合使用命令和普遍规则对组织运营的成本有着巨大的影响。但是,如何混用这两种方法则要取决于团队的素质和手头的工作。各类合作者所受到的教育、训练和激励越好,他们就越能遵守共同的规则,[293]从而能创造出一种相对于那些严重依赖就事论事命令的组织的竞争优势。注重规则协调的管理风格所具有的相对优势还会因生产任务的复杂化而增强。例如,装配线上的标准化工业品的大批量生产,完全可以在命令和严密监督的基础上,依靠固定计划,以最低的成本来加以协调。这样的管理风格以泰罗制(Taylorism)而闻名。它是用一位美国工程师的名字命名的,弗雷德里克·温斯洛·泰罗(1856—1915年)。他大概是世界上第一位现代管理大师。相反,计件工作、服务供给和市场中的迅速变化,要求有积极性的熟练员工做出复杂而易变的反应。这些员工在企业内在制度框架里负责任地行事。当产品和服务必需定制时,依赖命令和严密监督只会消蚀合作者们自动尽责和与上层分享信息的动力。在主要依赖规则协调的组织里,有时甚至会为团队成员留有犯错误的余地,或冒险让他们自行尝试。因为,那样可以充分地挖掘有用的新信息。前一章里关于市场中受规则保护的自主领域和创新领域所作的评论也适用于组织中内部的信息运用。当服务业在经济中的份额增长时,规则协调在管理中已变得越来越重要了。

所以,知识问题是对所有组织的重大挑战。领导艺术与处理这个问题密切相关。如果存在完备知识,那就没有什么管理的必要了。管理教学和许多企业管理课程都已背弃假设完备知识的新古典经济学,原因之一就在于此。如果完备知识的假设是正确的,大部分管理者实际上都会是多余的(Dahmén et al., 1994)。

生产要素的协调大多要么是在事前(换言之,在任何行动发生之前)做出的,要么是在事后(即依据市场经验)做出的。商务企业在一定程度上依赖事前计划,但应该准备好随时依据市场的反馈做出纠正,即承担起事后与消费者的协调,以及与其竞争者所作所为的协调。

纵向一体化和外包

企业领导人还必须定期评估,哪些活动要作为组织的完整部分加以协调,哪些活动应留给分包。总的原则是比较市场中的预期交易成本和预期组织成本。这个比率是一个多种因素的函数,尤其是市场制度的质量、可获得技术和组织技能的函数。在市场制度很糟、造成很高交易成本的地方,如由于很差的管制、糟糕的立法和司法等原因,就能看到一种将许多活动整合于组织控制之下的倾向。例如,高度的纵向一体化通常就是严重受控经济的典型特征。在那种经济中,许多投入市场得不到发展,真正的价格无从形成,从而大量宝贵的信息永远得不到交流。相反,运行良好的市场经济造就了许多专业化的分包商。生产者能将具体的任务委托给他们,而不只是搜集信息。例如,金融行业已经发展起了面向大型储蓄和投资银行的专业化分包商。独立的专业人员可以处理外汇风险、隔夜货币(overnight money)、期货市场、期权、套期保值、保险、法律问题和资本市场中的许多其他问题。另一个例子是建筑承包商。他们依赖专业供应商向他们出售电和水,提供有关处理静电、废弃物、色彩设计和施工安全的建议。建筑承包商甚至可以将地面工作、砌砖工作和景观设计分包出去。由于移动电话已经使做生意更容易也更可靠,分包和即时发货(just-in-time delivery)都已经兴起。

与组织活动和缔约活动相关的成本还受到技术和税收的极大影响。在相当长的一段时间里,计算机主机的普及是有利于大型组织的。在1960年代和1970年代里,计算机都作为能处理大量标准化信息的大型成套设备而出现。所以,大公司和大型政府机构具有竞争优势。这造成了一种将越来越多的活动整合到大型组织的激励。但从1970年代后期以来,技术转向了分散、灵活的计算能力,使用方便的软件和低成本、界面友好、甚至是无线的通信设备。这使小型经营者获得了各种工具,去更好地利用分散而又高度专业化的知识和技能。当四处分布的计算机网络降低了交易成本,更便宜的电子通讯使得客户和投入供应商之间能进行频繁而密集的通讯时,向外转包常常成为更便宜的选择。这一变化派生出大量新的市场先机以及更多的外包(outsourcing)和联网决非偶然。例如,轿车行业越来越多地用分包商来开发和生产专业化的轿车部件,同时专注于设计、整车组装和销售。电脑联结使厂商能做到即时发货,并使独立的企业之间能充分地共享技术专长(联网、生产联合)。全新的市场产生出来,它们靠投入要素和专业信息支持大型组织。这也通过包裹递送服务、投入品的网上交易促成了物流业的巨幅增长。"专注于核心业务"成了商务管理的口号。这往往伴随着更扁平、更简单、更少层次的内部管理结构,并出现一种趋势,即鼓励企业内高度自治的团队之间展开竞争。在政府组织中,成本率(cost ratio)中的同样转变也有利于外包和私有化(Drucker,1993;Naisbitt,1994;Bickenbach and Soltwedel,1995;Siebert (ed.),1995)。大企业、大工会、大政府常常收缩,以专注于设计和质量控制的核心任务。

向更多依赖市场协调的转变助长了可信赖的制度和低交易成本。这些构成了一种社会资本。它能使一个经济体更具国际竞争力,而制度环境模糊而昂贵的经济体则会增加劣势。我们在第 1 章里已经指出,对制度经济学的兴趣空前高涨与上述转变有很大的关系。在发达国家和发展中国家,都需要恰当的公共政策并培育适宜的商务伦理以便降低交易成本,这也与上述转变有很大的关系(见第 14 章和后记)。

明确的关系性契约和隐含的关系性契约

在现代的复杂经济中,一次性契约与无限期契约或关系性契约相比,重要性相对较低。成本率会随时间而变化,因此不可能在这类契约中就所有的可能事件都做出完备的明确规定。关系性契约因此常常包含对于双方取舍与隐含制裁的默契理解。隐性内在契约所建立的制度构成了"公司文化"或"团队精神",它们将内部的信息成本和协调成本控制在较低的水平上,并为在该规则结构内行动的人保留了独立决策的空间。这一点对于工作积极性和创造性,对于使组织脱离仅仅服从和满足既定目标("别问我,我只是干活的!")转向创造性的企业家行为,是重要的。层级控制有可能与依赖隐含的关系性契约相冲突——"控制狂"会摧毁工作积极性!明确的和隐含的关系性契约建立了一定程度的可预见性,并包含通过普适的、非特定处理意外事件的条款(如在发生冲突时寻求独立仲裁者处理问题的协议)。不间断的关系在很大程度上取决于各种使协议双方产生某种信任的制度。

在不同生产要素的产权所有者之间,关系性契约使所有者及其资产成为组织的组成部分。这种联系靠各种制裁来加强。对于关系性契约中履约不良或履约不完全的行为要给予惩罚。这种惩罚可以是事先同意的企业内部处罚(如,剥夺利润分享权、对交货误期处以罚金,不予晋升,或丧失在经营决策上的影响力),也可以是被驱逐出组织从而丧失未来利益,或受到外在法律的惩处。

> **关键概念**
>
> **组织成本**是计划、建立和运营一个组织的资源成本。它们包括固定成本,投入信息搜寻和设计的沉没成本,以及运营组织的可变成本。后者包括,根据契约义务监督合作者工作表现的成本,指出缺陷和调节组织内冲突的成本,以及必要时强制执行协定绩效标准的成本。
>
> **隐含的关系性契约**是一个组织或一个团队的成员就双方的付出与获得所形成的默契。它们包含着开放的内在制度安排。这些制度指导着一个组织内所有者、领导人、合作者之间的各种纵向交易关系,也指导着合作者间和团队之间的某些横向交易关系。

9.3 所有权与控制权:企业中的委托－代理问题

任何经济组织的决定性准则都来自对下述问题的回答:在从收益中扣除了由契约议定的开支之后,谁获得利润?谁承担损失的风险?适用于这些答案的那些人就是委托人。接下来的问题是:承担风险的委托人是否有效地、直接地控制着组织及其具体运营?这是任何组织在公司治理方面的核心问题。只要组织的委托人不自行管理所有活动,就会出现这一问题。尤其是在股份公司里,所有者已经将日常经营的控制权委派给了作为其代理人的执行经理。经理－代理人当然比委托人更多地贴近实际经营,对组织的了解通常也更深入得多。

代理人的投机行为

当代理人比委托人更了解情况时,便存在着一种危险,即代理人有可能出于私利而投机行事,忽略委托人的利益(3.4 节)。他们偏好平静的生活,可能竭力回避风险,躲在不灵活的委员会背后,而不是果敢决策,尽管甘冒风险和巧妙决策可能会增加委托人所赚得的利润。他们可能设置不必要的下属职位,以证明提升到一个监督职位上去的正当性。他们可能享受很高的在职消费(为个人目的使用企业设施和公司财产、豪华的办公室、气派的公司大楼、频繁举行带有享乐内容的会议和不必要的出差、进行过量的设备投资随后又不加以充分利用、将在本职工作中获得的信息和技能出售到其他地方去、撰写无人阅读的报告、频繁的职员午餐,等等)。他们可能投票赞成给自己高工资和奖金,而不管公司是否赢利还是必须解雇工人。他们可能容忍本可避免的成本,尽管这些开支无助于推进组织的最终目标。他们可能轻易地接受较高的工资要求,在法院诉讼中轻易接受代价高昂的裁决。因为,与罢工相对抗或在法庭上为一项要求辩护,对管理工作来讲是不舒服的和危险的。他们也可能随时准备服从政府伤害委托人利益的命令,例如,就像 2012 年时欧洲主要银行"自愿地"注销希腊破产政府的大笔债务那样(被称为"理发"),去伤害委托人(银行股东、老龄年金领取者和小储户)。投机行为的一种常见现象是低标准的满足,即将绩效标准定在令人失望的过去水平,而不是在实现既定目标上或在冒险采取创造性的企业家行动上克服障碍,追求卓越(3.4 节)。

有些代理人的投机行为是违法的(如欺诈),而有些则可能仅仅违反像诚实和守时那样的一般行为准则。但无论在哪种情况下,所有者要想发现和证实代理人的投机行为,可能都极为困难,而且代价高昂。

从所有者雇用他人的那一刻起就会出现委托-代理问题。甚至业主经营者也面临着监督其雇员工作和约束雇员服从组织目标的问题。因此,通过充分地收集合作者工作表现的信息,如通过恰当的激励和混合使用命令和组织内规则,以防止或遏制这样的投机行为,是管理工作的一项核心任务(有一项关于企业内委托-代理问题的杰出综述,请见 Arrow, 1985)。

股份公司中的委托-代理问题受到了格外深入的分析。在这类企业里,日常的经营——实际上就连重大的战略选择——都留给了经理们。而委托人,股东,并不直接参与组织的运营。执行经理们密切参与经营活动,因此他们有可能受到诱惑而按自己的利益行事,伤害股东的利益(Berle and Means, 1932)。例如,股份公司的经理们可以这样安排业务活动,使自己被解雇的风险很低,或者使自己享受到很高的工资和奖金。同时,他们可以容忍低利润,而这可能有违委托人的利益。因此,所有权与控制权的分离有可能造成很高的信息成本和组织成本。

这个问题中还伴随着这样一个事实,即股东们——尤其是小额投资者们——没有足够的动力为弄清楚经理们究竟是忠于职守还是以权谋私而投入高昂的信息成本。

委托—代理问题是资本主义的阿喀琉斯之踵*吗?

一些观察了现代公司的成长和普及的分析人士认为,委托－代理问题是资本主义的阿喀琉斯之踵。他们预言,回避风险的经理人胡乱运用资本的现象将不断增加,对有益于委托人但不利于某些代理人的成本控制将出现越来越多的抵抗(Berle and Means, 1932)。有些观察者断言,只有对公司治理体制实施强有力的法律干预和政府管制,才能克服委托－代理问题(Galbraith, 1967)。而另一些人则看到了政府的公司监督机构中难以克服的知识问题和强制执行问题(Demsetz, 1982, 1983, 1989/1982)。后一类观察者还担心,由于许多管理决策按其本性来讲超出了律师、官僚和其他人的分析范围,律师、官僚和其他人只会做事后诸葛亮,所以当公司治理体制受到严密辖制时,经理人员在冒险上的判断力会受到损害。考虑到存在知识问题,对企业治理的密切监督就会有产生管制失灵的现实危险。

当2008年开始出现与大型金融企业有关的"全球金融危机"时,这些问题又再次出现了。经理人频繁地给自己高薪高奖金的奖励,而这些并没有与经营业绩挂钩。而且,在投资者和政治精英们看来,他们也没能适当地评估一场衰退对公司价值造成的风险。这导致了证券投资组合的损失,结果在富裕国家中招致对金融业的更严厉管制。然而,没完没了的管制失察问题在这里也出现了。管制者们将比金融企业的经

---

* 阿喀琉斯(Achilles)是古希腊神化中的勇士。他出生后,其母提着他的脚将其倒浸入冥河之中。由此使他全身除未被浸入水中的脚跟以外,刀枪不入。"阿喀琉斯之踵"(Achilles heel)一词就被用来喻指一事物中的致命弱点。——韩朝华注

理们更善于预测未来吗？他们会不会被他们本该管制的经理人俘获？他们还会证明他们的预言比市场内部人士的那些预言更有依据吗？管制权就不会为了政治目的而被滥用吗？政策制定者们的倾向是依赖财政公式、规则和数学模型，但是，发明新金融工具的创造和绕开官方管制的设计使这成了一个可疑的命题。批评人士还担心，敢冒风险的管理层将变得不那么有进取心，伤害了运转良好的资本市场，从而伤害到长期增长。

在发达资本主义国家中，用既往业绩来判断，管理层经营的公司在总体上并不比业主经营的企业差，所以，公司治理方面的委托－代理问题显然没有原先想象得那么严重，或者说，没有不切实际的批评人士认为的那么严重。经验已经证明，对公司经理的代理人投机行为，的确存在着若干有力的遏制机制(Jensen and Meckling，1976，especially. pp.308－309；Jensen and Ruback，1983；Jensen，1983)：

(1)现代商务组织已经设计出若干有效的公司内在制度来约束经理人的投机行为，并创造出了促使经理们按所有者利益行事的激励机制：定期的内部审计和外部审计以确保透明度和责任性、强制性预算控制、股东会议和为股东服务的审计委员会、激励性报酬、以公司股份发放经理的部分酬金(但他们不能马上卖掉这些股份)、按业绩定职位任期。这些措施造成了所谓的"约束成本"(bonding costs)(Jensen and Ruback，1983，p.325)，但可以说，这些成本一般要少于经理很糟并谋取私利时所发生的成本。

(2)竞争性的资本市场会定期评估股份公司的绩效，自由交易的股票允许所有者以低成本退出或进入。这样，股票价格的变动几乎逐日反映了市场的评估。而且，各类金融机构的专家会向股东提供客户服务，对管理层团队进行专业评估，尤其是当公司试图募集新的资金时。这种评估往往迟早会揭露经理们的投机行为。

(3) 新型的专业化信息市场、面向大小投资者的职业分析人员和财经新闻,也会减少委托人的监督成本,只要公司依法定期地、全面地报告其业务活动(责任制)。

(4) 存在着各种经理人和管理团队的市场是竞争性的。在诚信和有效管理上获得了声誉的经理－代理人会得到提升,并获得较高的报酬。这些市场往往也是由专业信息市场和机构支持的,如猎头公司。

(5) 多数资本主义经济中都存在着企业控制权市场:当在职管理团队的表现明显差于市场标准时,新的所有者就可能通过(友好的或敌意的)收购投标和兼并要约闯进来。接着,他们会解雇糟糕的管理层,并建立预期更有效率的新的管理团队。经理们也可以通过收购大部分股权重组所有权和控制权。收购战当然会有可能代价高昂,但它们一般会强化所有权的控制,减少因经理谋取私利而可能造成的损失。①

(6) 产品市场也反映着管理代理人的表现。只要产品市场不被垄断,投机行事的管理团队将迟早丧失市场份额,而这将揭示经理们的投机行为。产品市场中的竞争对资本市场和经理市场中的竞争构成了一种补充,它能使委托人的利益得到切实的

---

① 收购并不总是增加知识。在收购商纯粹从事"领地掠夺"(conquest of territory)的场合,如通过使公司背上高额债务的高杠杆率收购股份的场合,收购所助长的管理文化可能是靠部落征服品格来维持,而不是靠第6章里所介绍的那种商业－创新文化的品格来维持。收购企业的经理那时会集中精力处理较多的收购,清算大量资产,而不是靠服务于需求的绩效来竞争。但是,这样一种转变迟早会走到它的尽头。一味固执于部落征服战略的公司将频频倒闭,并在其余波中扔下未偿付的"垃圾债券"债务,就像1980年代里美国收购浪潮中的情形一样。

保障。

这些控制机制中没有哪条是完全自动保险的。资本主义企业多变化的特征中就包含了偶尔出现的意外事故。因此,对所发生的事情做事后评估就有了吸引力。这可能是建设性学习过程的一个组成部分,是竞争性市场秩序的一个完整组成部分。然而,从这类意外事故中推理出整个体制是错误的,必须被推翻,那是没有道理的。我们必须仔细考虑,任何替代的办法是否就能运行得更好。针对在第4章中所讨论到的那些愿望,对照一下总的绩效,就会发现,若改用丘吉尔的一句名言来讲就是,在克服稀缺性上,资本主义企业是迄今发明出来的最少缺陷的体制。

竞争和确保透明信息的规则对具有投机倾向的经理-代理人直接构成了潜在的威胁和惩戒,从而增强了股东的控制。因此,市场份额争胜中的无情压力(第8章中所讨论的)有助于强化公司所有者的权力并减少他们的监督成本。那时,对投机行事的经理们的昂贵直接控制和惩罚,将极少有必要使用。只有在经理们获得了政治保护从而能抵御围绕其职位的各种挑战时,例如在议会立法阻碍收购投标或禁止外国投资时,股份公司中的委托-代理问题才会具有致命性。

在经济学文献中,在涉及投机代理人的行为时,委托人的知识问题所具有的影响有时候会被放在"X-无效率"的标题下来讨论。莱本斯泰恩(1966年)主张,拥有市场权势、不面临活跃竞争的企业,在追求其委托人的目标上往往效能较差,而且也不如置身于积极市场争胜中的厂商创新多。因此,关于X-无效率的大量研究支持了本节的基本论点,即一个企业周围的竞争性(产品和要素)市场能确保股份公司追求委托人的利益,而不是追求代理人的投机目标。因此,竞争市场符合资本所有者的利益,尽管它并不一定有利于公司经理和工人的利益。

利润与多重底线

近几十年里,社会活动人士和政治经营者都在倡导这样一种观念:大企业不仅应该在赢利方面对股东负责,而且应该对更广大的公众负责,促进某些社会福祉的目标和环境保护——即"三重底线"。分派多于一个目标(利润)的任务,而且实际上是没有数量要求的目标,就必定要考验企业最高管理人员的认知能力,并低估市场的协调力量(Henderson,2001)。公司的高级管理人员常常会屈服于政治压力,接受非利润目标,以此作为增强企业公众声誉的一种途径。只要公司追求减少利润的志愿性政策,但又能被资本所有者认可,则这样的做法似乎是可以接受的,甚至是值得表扬的。例如,改变雇用政策,以便给予某些社会群体就业机会(雇用少数族群,促进妇女就业,或向慈善机构做捐赠)。然而,当今积极行动的单目标团体和民粹主义政治家常常要求强制性干预。在发生这种情况的地方,这类干预会导致从股东手中接管私有产权,通常没有补偿,这就会削弱资本主义自由市场秩序的协调效能。管理人员常常与社会责任和环境责任方面的需求相串通以损害赢利性,因为这使他们的工作更好做——这也是代理人投机的一种方式,需要用支持更强的竞争来最有效地加以克服。

> **关键概念**
>
> 在有些人看来,3.4节中所定义的委托－代理问题在各类股份公司中表现得尤为突出。在股份公司里,经理控制着业务经营,而持股的委托人则常常远离业务活动。但经验已经证明,竞争对于经理投机行为有着很强的自发遏制作用:股票市场不断地评估公司的绩效,经理市场给按委托人利益行事的人以高薪报偿,并购竞价对投机的经理发挥着控制作用。

> 在职消费盛行于享有市场权势的商务组织和能在一个市场先机中屏蔽活跃竞争的商务组织(见第 8 章)。在职消费——如委托 - 代理问题的其他方面一样——会因面临激烈竞争而受到抑制。它也会在政府机构的管理层中发生(第 10 章)。
>
> X - 无效率是指弱化成本控制、少承担风险及在职消费等现象。它们可以在拥有相当安全的市场先机以及不面临产品市场和资本市场竞争的公司中发现。
>
> 三重底线是由政治局外人和单目标团体设计的,目的是把社会福祉和环境目标强加给追求利润最大化的公司。它反映了这样一种观念:每个人都是商业的参与者,而股东(他们是公司的拥有者)的利益应该被淡化。三重底线使资本主义市场的效率降低。

组织设计:管理风格

企业方面的经验显示,构建经济合作的一个极有效方式是有组织团队的竞争(利润中心、"企业中的企业"、内部企业家)。团队要受制于隐性关系性契约。这种契约关系要求领导人和团队成员就某种相互同意的绩效水平进行交易(并形成对这种交易的信任),例如,为预先定好的工作业绩支付报酬。在团队内部,能保持较低的信息成本和协调成本,因为团队内部的交往大都是深入的和反复的。单个团队成员对某一种被指定的劳动分工有自信,并了解其他团队成员的知识和技能。他们服从一位团队领导人,由他来协调各种活动。

企业团队自信地运营于其中的秩序永远是一种混合体,它由自上而下地设计好的秩序和自下而上自发形成的秩序构成。"科学管理"的传统方法(泰罗制)严重依赖该谱系中自上而下的(命令)那一端,而创造性的内部企业家式厂商灵活追求不断变化的机会,则需要更接近该谱系中自下而上那一端(由规则协调的)的管理风格。在受竞争市场包围的情况下，团队和企业都会受制于竞争性的外部挑战。当人们有着"我们同在一条船上"的理解时，外部竞争会增强领导人的协调影响力（他可以指定一个共同的敌人！）。外来的竞争挑战能确保迅速清除内部的勾心斗角和不服从，并使信息反馈发挥良好作用。

为了处理不同的任务，组织设计可以在自上而下的指挥和参与式管理之间变化（表9.1）。例如，一个公司的重大战略可以由严谨的、设计出来的计划来推动，而执行该战略的战术性决策则可留给不超越一定普适规则的、分散化的积极性。当组织发现自己处于危机之中时，可能需要较多自上而下的协调管理。而在企业稳定期里，参与式管理可能更适宜，它能培育演化性创造力。

适宜的组织设计方法取决于组织运营于其中的框架和工人的素质。为了满足稳定的市场，借助于标准化生产技术，工业性大批量生产方式被开发出来。当许多工人对工业生产还不熟练时，"科学管理"被开发出来以弥补这些缺陷。它依赖于良好的计划和有效的控制。在稳定状态中，这种组织方法也能实现规模经济。并且，即使工人的熟练程度不高，也能实现可靠的产品标准。因为，生产过程被分解为许多小的重复步骤。然而，在近几十年里，市场已变得更加易变和专业化。许多产出再也不可能由标准的大批量产品构成，产品的需求和出售都表现为灵活的小批量定制。许多服务尤其是量身打造的。每个项目都是特定的，有时还需要与客户密切磋商进行设计。在这样的市场中，不间断的调整和创新都是必要的（Vickery and Wurzburg，1996）。在这些环境中，参与式管理具有巨大的优势。它给予合作者和下属团队很大的决策空间，并能激发出创造性的企业家潜能。这种协调组织行为的方法肯定适宜对组织的所有成员强调创造性的合理行动（3.2节—3.3节）。

要想在动态变化和高度专业化的市场中成功竞争，商务组织必须注重其不同客户的各种需求,而不是刚性生产工艺的内部要求。它们应强调整个团队的绩效更甚于强调个人绩效,并应建立对绩效的激励,而不是单纯奖励出勤或努力。这需要有组织内的规则来处理利益的划分。它还要求挫败只顾自己的态度,那只会导致信息垄断。

表9.1 组织行为:科学管理和参与式管理

	科学管理(泰罗制)	参与式管理
主要适用领域	工业性大批量生产;标准化产品的质量控制;规模经济	市场导向的小批量;服务业;灵活的自发调整;按客户要求定制的生产;范围经济
组织设计	多台阶式层级制;在生产过程中分解出专业化步骤;大企业(各种活动的纵向一体化和横向一体化)	扁平结构;团队;强调创造性;一体化的工艺和职能;集中于核心业务;企业间联网;分包活动;依靠企业集团进行联合开发
运营和控制的模式	层级控制、纵向交流;自上而下的质量控制;对业绩不佳者实施处罚("棍棒")	留有决策余地和对质量的自我控制;依赖以激励("胡萝卜")和惩罚("棍棒")为后盾的自我推动和自发性横向交流
主要的动机形成原则	命令和控制、设计详尽工作计划;基于职位的权威;靠下属避免不利后果	通过隐性契约实现激励;共同的总目标;对整体运作不良/投机行为实施惩罚,对实现目标提供有差异的报酬激励;多重技能
领导人关注的焦点	良好的计划;严密的监督;确保遵命和顺从	全体员工共同协商;共同的企业文化;实施培训以增强生产潜能和创造潜能,以及全体员工对新信息的反应性
理想的条件	稳定的可预见环境、低技能和低主动性的工人、大批量生产	可变的多样化市场;高熟练和高积极性的合作者;复杂的生产工艺

参与式管理这种风格能培育出全组织范围的合作。当然,依赖团队的支持很可能要在网络化上耗费时间,但它会减少控制成本和监督

成本,如减少日常文书工作、内部报告、漫长的层级式决策渠道和命令执行过程。它还能节约组织领导人的信息成本。如果领导工作的关键问题是获取和消化必要信息,那么领导人就必须准备倾听,并在许多时候避免去批评和惩罚。最重要的是,必须信任下属,让他们进行自己的尝试并依其自己的知识和判断行动。鼓励下属在其团队中或经营中接受一定程度的所有者利益,如在团队层面按业绩给予物质奖励(对成功达标给予加薪;见第9章案例一),并鼓励团队间的竞争,也能减少对信息和协调的需要。通过使代理人足够长地稳定于其职位上以使他们认同自己的工作,也是有帮助的。

第 9 章——案例一

参与式管理的例子

1996年6月,美国的服装制造和销售商利维-施特劳斯公司(Levi Strauss & Co.)允诺向其遍布全球的75000名雇员发放7.5亿美元的奖金。条件是,至2001年,公司实现销售额年增长2.1%的目标。

这一"全球成功共享计划"是基于公司公开宣布的理念:"积极的雇员是我们创新和竞争优势的源泉"。该计划的特点是,简明易懂,只提出总目标,避免详细的指令和控制,而且依赖雇主和雇员间隐含的开放式理解(制度)。这个激励方案依靠工人和工作团队的创造性和合作,要求他们提出自己的创造性办法以推进公司的总体销售目标。它明确地以达标业绩为奖金支付的条件。

来源:*Press Reports*(June)1996。

管理风格与社会的制度

管理风格和人们偏好的组织行为类型不仅取决于企业竞争于其中

的那些单个市场的多样性和动态性，还取决于它们经营于其中的更广泛的社会制度框架。例如，要是社会的内在制度不鼓励诚实，以信任为基础的参与式管理就不太可能成功。同样，对工资和薪酬实行管制（如对金融业所建议的那样），就不再可能提供物质激励，而物质激励可以调动合作者的积极性，促使他们将自己的目标与企业目标结合起来。立法或对法律的司法解释也可能使监督者难以将表现出色的合作者与表现不佳的合作者区分开。在禁止歧视的法律规定下，不大可能在法庭上坚持这类管理上的判断。这说明，解除对劳力市场的管制，限制政府以保护个人自由，对于成功的参与式人力资源管理是必不可少的前提条件，而且这应该成为健康的政策设计的一个组成部分。在更广的制度环境与组织的内部规章之间也存在着类似的互补性，它与对违反隐性契约行为的内在惩罚以及合作者对激励的反应性有关。组织的内部管理与一个社会的文化性与法律性制度之间的这些互补关系说明了，多国公司在进入其他文化中的新地区时常常不得不调整它们组织行为的原因，也说明了，为什么增强一国竞争力的制度改革要过一段时间之后才能完全见效：企业文化只能缓慢地对新的社会制度做出反应。我们在第13章将会看到，工作习惯的调整只能缓慢进行。当整个制度环境改变后，企业领导人必须重新思考他们的领导哲学，而工人们则必须调整他们的常规和惯例以保持或获得成功。

各种文明和各个国家之间还有一些重要的差异。参与式的管理风格曾受到日本和其他东亚经验的巨大启发，这决非偶然。这些"新儒学社会"大量依赖非正式的隐性制度。这些隐性制度鼓励对投机本能的自我控制。例如，团队竞争和非指令性管理能利用一般的文化特点，而具有强烈个人主义的、谋求自利的文化，如那些拉美文化或中东文化，则可能需要更多依靠自上而下的控制和较强的、针对代理人投机行为的惩罚。当管理分析人士现在谈到"职场文化的全球竞争"时,他们通常指的是,在不同文明中实行灵活而低成本的组织设计上的难易之处,以及在激励合作者忠诚地支持企业目标上所具有的难易之处。

> **关键概念**
>
> 组织行为指一个组织的成员中纵向的和横向的互动关系以及构造这一互动关系的各种制度。它是组织领导能力的一个重要组成部分。组织的领导作用就是确保必定会追求其自己利益的代理人确实按组织本身设立的目标行事,如通过设计激励性的报酬结构,在明确的契约条款中规定业绩、技能发展和报酬标准,培育非正式制度和共同价值。
>
> 科学管理一词被用来指称 F.W.泰罗的学说。泰罗提出了如何计划、控制和分解工业性工作过程以获取标准质量和规模经济的原则。这些方法往往导致一个多层次的管理层级制、复杂的审批和监督程序("控制狂"),但也能成功地实现既定目标。它们适用于"目的-手段理性"的世界(3.2节)。
>
> 参与式管理是指一种管理行为的风格。它相当地分散化,没有很强的指令性,它为合作者和下属团队的分散化决策留有空间。它依赖于一种契约网内的激励,这类契约常常是隐性的和开放的。它还依赖于培养合作者的创造性企业家潜能。这种管理风格更适用于一个竞争性的、动态变化的环境,适用于为满足专业化市场先机而小批量定制的生产。它适于增进一种企业家式的动机。

商务组织和赢利能力

在各种各样的组织安排下,委托-代理问题能得到怎样的遏制,对于所投资本的回报有很大影响。曾有人问,各类商务组织——业主经营企业、合伙企业、合作社、互助公司和股份公司——在运用资本、控制成本和赢得利润上究竟是同样有效,还是不同的内部管理机制产生了截然不同的结果?这是一个经验问题。然而,我们对人性和制度的了解告诉我们,协调组织内交易的规则与业绩和组织目标的实现之间有着巨大关系。

业主经营企业、合伙企业、合作社、互助社团、信托基金和非赢利组织可以在某些方面优于大型法人公司(corporation):所有者易于指挥信息交换,也易于监督代理人的表现,而且由于他们就在当场,他们也能自发地实施指令和议定的规则。这会降低组织的内部成本。如果老板在场,而且熟悉日常业务,合作者和被任命的经理就不大好意思投机行事。这解释了许多家族企业和中小规模企业的力量和快速恢复能力。

我们在前面已经指出,股份资本所有者的退出选项——如果他们对管理层不满,他们可以轻易卖掉股份——是控制经理投机行为和成本水平的一个重要杠杆。在新资本所有者能加入或使自己能脱离投资冒险的意义上,合伙企业、互助社团和信托基金的开放性要低于股份公司。在股份公司中,通过股票交易所里的股份交易,"退出"或"进入"可以很低的交易成本实现。因此,股份公司由此导致的开放性即时地传递出经理们的业绩信号。这告诉我们,与资本难以交易的经济组织相比,股份公司的经理们面临着更强的激励,去支持委托人所提出的目标。在小企业里,直接的内部信息流可能足以抑制委托-代理问题,但如果组织规模扩大,复杂程度上升,就可以断定,委托人方面的知识问题会不断增长,而代理人谋求私利的机会也会增多。那时,必须依靠来自股票市场和其他市场的间接信号来保持对经理-代理人投机行为的监控。根据这一逻辑,可以预期,在非赢利性组织中存在着特殊的委托-代理问题。在那类组织中,盈余被留在组织内,直至其被通过这样或那样的方式释放完毕。在那种情况下,有效控制成本的激励也相应较弱。

已有的经验证据的确告诉我们,这是正确的。当少数所有者直接监督经理(们)时,小公司也能有效运营。如果企业扩大,有更多的所有者加入进来,要在各个所有者之间形成共识会变得困难;每一单个所有者可能没有足够的个人利益需要为持续地监督经营者而承担可观的成本。这样,经营者往往能够"劫持"组织。至少在美国,有证据显示,在具有可比性的活动中,股份公司所获得的结果普遍比互助社团或非赢利组织要好。尤其是,该证据表明,股份公司的经理在总体上是倾向于采取较具赢利性的投资决策的(Fama and Jensen, 1985)。许多规模扩大了的家族企业、合伙企业、信托基金和互助社团逐步地转变为上市的股份公司。这也说明,由开放市场提供的间接评估给所有者-委托人带来了好处。所以,开放性(所有者购进和售出公司股票)大都能增进公司的绩效并促进创新。

⁂

总之,我们可以说,团队和组织,若能将自上而下的目标设定与由引导的、其内部存在着外来竞争约束的协调相结合,则在解决永恒存在的知识问题上,就处于最佳位置了。此外,依赖给合作者以自主空间和自负其责空间的规则是有益的,因为它推动人们尽其所能。参与式的、基于规则的管理风格还有一种受欢迎的副产品,即它往往使构成许多人绝大部分工作时间的职业生活变得更有益于人的实现和满足。

我们可以下结论说,制度经济学的那些原则性洞见对于组织科学也极富启发性,并有助于组织利用可获得的新知识和其他资源。

第10章　集体行动：公共政策

除了（第5章和第7章里所讨论的）保护性作用外，政府还承担着生产性职能和分配性职能。在发达经济体中，随着时间的推移，生产性职能和分配性职能都得到了扩大。这几乎不可阻挡地提高了政府在国民产值中的份额。实际上，美国经济学家詹姆斯·布坎南在1975年就谈到，如果目标是在法治下维护宪法规定的有限政府，现代的政治经济学就肯定会遇到一个理论上和经验上的难题：如何授权给保护性和生产性的国家，而又不放纵无约束的再分配的国家？这个"搅和的国家"（churning state）没收并再分配收入和财富，否定价格的配置作用，也毁坏了资本主义的秩序。它是寻租的结果，也是目前难以解决的财政危机的证明。这一危机尤其折磨着欧洲。现在，不受约束的再分配在美国也表现出了同样的后果，不只表现在某些州的层面上，也表现在日益增多的联邦赤字上。

与在自愿的双边契约基础上处置私有产权的情形相比，集体性决策活动中存在着特殊的问题。我们将系统地讨论为什么集体行动的后果往往很少能像自由市场解决办法那样满足个人的愿望。

集体行动的本质是，委托－代理问题普遍存在。政治代理人（统治者、议员、行政官员）常常追求他们自己的目标，甚至损害普通公民的利益。而普通公民毕竟是公共选择中的委托人。政府中通常不存在竞争。由于这一点，政治代理人也不面对企业代理人所要面对的同样约束。因此，在可能的场合，通过公司化、解除管制和私有化，减少政府的职能是有益的。在难以做到这一点的场合，就要设法用其他手段来控制政治代理人。例如，通过宪法规则、层级控制、分解权力和定期的选举控制（民主）。然而，这样的控制并不能完全约束政府代理人。要想更有效地增进公民－委托人的利益，在任何可能的场合，都要执行这些控制：开放与其他政府的竞争，并公开有关政府行动的可获得信息（开放国际贸易与支付、新闻自由、透明度和问责制，内部员工揭发）。

政策制定者若希望培育市场系统的自组织特征，就要在干预私有产权、具体的经济过程和后果时谨慎行事（稳健的政治经济学）。那样，政策制定者也会受到较好的保护，免于受到特殊寻租利益的追逐。

经济宪章和政治宪章支持发现过程和信息搜寻，并使产权面临着无休止的竞争挑战，由此捍卫自由和繁荣。本章的结尾将简短地讨论经济宪章和政治宪章在这方面的特征。

> 国家不是公司。
>
> R. 爱泼斯坦一次公开演讲的题目
> （2004年于新西兰的奥克兰市）

> 对社会中的每个产业来讲，国家要么是一种可能的资源，要么是一种威胁。国家凭借其权力，收取或给予货币，可以并的确有选择地帮助或伤害了许许多多的产业。
>
> G. 施蒂格勒（1971年），第3页

> 宪法的目标是在个人权利的汪洋大海中界定政府权力之岛。
>
> W. A. 尼斯卡宁，见格瓦特尼和瓦格纳的书（1988年）

> 政府不是喂养于天国、产奶于地上的母牛。
>
> L. 埃哈德，西德经济部长（1957年）

> 经济活动，尤其是市场经济中的活动，不可能在一个制度、司法和政治真空里进行。相反，它以受切实保障的个人自由和私人

产权,以及稳定的货币和有效的公共服务为前提条件。因此,国家的首要任务是保护这样的安全,从而使那些从事工作和生产的人们都能享有其劳动的成果,并因此而受到鼓励去诚实而高效率地工作。

教皇约翰·保罗二世,《百年通谕》(1991年)

……最有影响力的人们付出了不成比例的精力去……寻租。在自由的民主国家,普通人得到了较好的保护。选举迫使政治家每隔几年就要考虑公众的愿望……竞争性的市场则迫使商界领袖随时留心其消费者的需求。

《经济学家》,"特别报道",2011年1月22日,第20页

本章讨论集体行动和公共政策,即整个共同体的集体性经济选择和政治性协调。这样的行动经常要依靠自上而下的命令和合法的强制。发布命令和实施强制的权威源于一种政治授权。它将明确界定权力赋予获得授权的个人,由他们来对生活或经营于一个政区范围内的所有人实施强制。这种权威可以来自超验的事物("得自上帝的恩宠"、"苍天授权"),也可以来自继承、征服,或来自按宪法举行的一次性或定期性的选举。公共权威通常需要靠普通公民的支持以获得合法性。而普通公民将对公共权威是否在总体上有助于自己追求基本目标和自定目标做出评价。公共选择通常应以可预期的方式来支持公民的个人追求,并应与公民们在认知上和协调上的能力限度相称。

政治权威对个人的强制性约束与私营组织领导人的权力根本不同。在私营企业中,个人的行动基于自愿的契约。如果组织中成员认为的好处减少而坏处增加了,他们能够相对容易地退出。在政治权威下,个人通常缺少退出权,因此必须依赖"发声"对政治选择的影响。当影响一切的法律掌握在地方共同体(封建主义)手中时,与在国家层面的情况相反,个人能够退出的情况较好,那时,他们至少可以对公共政

策发挥一定的影响,"用脚投票"。

10.1 与私人选择相对的公共选择

公共选择的复杂性

当我们在第7章里讨论财产的各种形态时,我们鉴别了某些不能被独占运用的财产类型,即其成本和获益不能被内部化,因而这些资产不可能靠私人竞争者在自愿的双边契约中来配置。它们是:

(1) 免费品。这类物品不存在定量配给的问题,从而也没有做经济选择的必要;

(2) 纯共享品。这类物品无需配给,因为在使用者中不存在争胜;但是,它的供给却必须由集体选择来决定,因为它们的供给要耗费资源;

(3) 共有财产。尤其是在其成员身份具有强制性的团体中(公域财产、社会化财产)。

(2)类和(3)类需要集体选择,这要由某种集中化的政治程序来决定。我们在7.2节中曾简短地指出,与私人选择相比,这种选择会在配置上和知识搜寻上造成一些难题。现在,我们必须详细地说明这一点(表10.1)。

(1) 当别人不能被排除于财产运用之外时,就必须有两个以上的缔约方来进行协议。由于集体决策涉及较多的参与者,而他们自己的机会成本在不断变化,目的也各不相同,所以要达成明确的决策会比较困难。而制定决策的交易成本大都要比私人的双边选择高。

表 10.1　私人选择与公共选择

	私人选择	公共选择
交易	相互直接的付出与获取	多边的;模糊而间接的付出与获取
激励因素	精英管理(有时候是运气)	平等主义的
偷懒	受到监督,有制度和契约约束	有助于偷懒,过分索要救济品
协调机制	自愿的、自发的	强制的
对需要的满足	多样性:选择、创造、"混乱"、重复	统一"目标一致"(一规适万物)
委托－代理问题	竞争抑制代理人;市场节省了了解情况的必要	代理人有追求大量寻租的余地,"理性无知"
监督/强制执行	大多是自发的,有时不舒服	代价高昂,效果有限,麻烦笨拙
创新潜力	市场靠通功易事产生知识	常利用政治影响抵制变革
主要的博弈模式	正和争胜	零和再分配,但是: • 代理人和精英有更大的作用; • 知识分子有更多影响; • 政治比较看得见; • "卖报纸"。

(2) 由于个人的偏好必须合为一体,调和拉平,集体决策就不可能满足个人愿望的多样性,也不能满足形形色色的私人选择。"一规适万物"即指这种现象。经验表明,人们是多么欣赏他们自己对形形色色的服装、发型、职业、轿车和生活方式所做的选择。同样,法律规定医疗保险公司提供种类繁多的服务,从人工授精到临终关怀,这就是一个最好的事例,说明各种问题和价格上涨与"一规适万种保险单"的联系。那些不太可能患上某些疾病的人,对被迫支付他们根本不需要的服务感到不满。

这使社会化的保健供应变得昂贵而浪费。

(3) 在互惠、等价的私人交易中,付出和获取是明确相连的。这样,决策者从自己的决策得到完全的物质反馈。相反,集体选择牵涉多边的付出和获取。其中,利益通常是间接的和非相互性的,所以决策制定者得不到直截了当的反馈。例如,一个共同体的集体选择可以是修筑一条环城路。这会影响必须为修路出钱的纳税人。它又会对居民产生不同的影响。有的人可能会发现,交通噪声的减少会使他们受益。而另一些人可能发现,他们的顾客少了,生意难做了。因为这是一桩"一揽子交易",成本和获益是分散的,且不相等,所以一旦相关决策者做出了决定,这个筑路的决定必须按适当规则由共同体来强制实施。否则,人们就会受诱惑而选择不付钱,以搭便车白享受其创益。在成本和创益不对等的场合——不像在私人的、自负其责的决策中那样——不可避免地会存在"道德风险"问题、"公地灾难"的危险,以及很高的监督成本和强制执行成本(3.4节、5.3节、7.3节)。

(4) 公共选择还有一个更进一步的问题,与肯尼思·阿罗所说的"不可能定理"有关。1972年,阿罗因这个分析获得了诺贝尔经济学奖(Arrow, 1951)。阿罗证明,个人偏好的混合不可能靠表决程序来加总,从而不可能确保个人所偏好的选择也能被集体决策所选中。会出现各种不一致,它们会妨碍许多个人偏好无矛盾、无冲突地实现加总。与市场中分散而多样化的个人"货币选票"相比,"集体意志"不可能得到完美的表现。

(5) 除了极小的群体外,集体选择必须靠代表来进行。这种代表可以是自封的,也可以是挑选或选举出来的。他们将各种个人偏好掺合在一起以便做出具有可行性的决策。由代表来做集体选择需要有三个基本安排：

- 必须就集体表决的规则和程序达成一致。例如，该规则可以是全体一致同意（这要求耗费极高的协商成本），也可以是三分之二多数或百分之五十一多数同意。这些规则和程序还必须规定如何接受选票，以及要授权代表们就哪些事务作决策。
- 由于与私人财产的双边交易不同，在付出和获益之间不存在直接的相互关系，所以集体决策中的"付出"必须靠政治选择来决定，如设定强制性税收的条件和税率。会有相当大的激励促使个人减少其贡献（搭便车和要求福利）。这样，监督和强制执行就变得必不可少，因此必须付出代理成本。在较小的集体（地方政府、各种俱乐部）中，参与者们也许能看到"付出"（税负）和"获益"（源于集体行动的好处）之间的某种对应关系。在那种场合，代理成本也会相对较低。埃莉诺·奥斯特罗姆指出，在共同体层面，个人会较多依赖自我监督，这使监督成为设计出来的规则的一种"天然副产品"，以将成本最小化，并确保其效能（Ostrom, 1990, p. 96）。但在像国家那样的大型集体中，以及在个人感到无权无势的集体中，团结是很脆弱的。于是，监督成本和强制执行成本会相应地直线上升。
- 第三种安排要规定应如何分配集体创造的效益，当公民们相互争胜时，他们应根据什么准则来获取那些共有财产品（common-property goods）。这需要政治权力，并会造成政治权力自身的委托－代理问题。

（6）如我们在前几章里看到的那样，运用政治权力会造成无处不在的委托－代理问题:公民－委托人如何才能确保他们的代理人一旦被任命,真能言必信,行必果? 如我们很快将看到的,当政治系统全都由追求其自己目标的政党组织,有着多样的、常常是单一目标的有组织利益集团和谋求私利的官僚所占据时,这样的问题将层出不穷。在多级的按少数服从多数原则做决策的过程中会出现一个有关集体选择的问题:如果总决策是根据一批集体选择做出的,如党纲所反映的,而具体决策则在以后由当选政党或委员会中特殊的有关个人来做,那么很可能就只有百分之五十一选票中的百分之五十一(即百分之二十六)的委托人在决定最终结果。实际上,一个单一的强有力的经营者能够改变相关委员会的决策。如果政府其后采纳了那些决策,普通公民的权利就遭到剥夺。如果就连在某项特殊的公共选择上具有重要利益的很小的少数派也能制定决策,那就存在一群特殊人物。在这种情况下,贪婪的、组织良好的少数派会利用多数派。

(7)在公共政策的复杂事物中,公民若想了解全部公共选择,要承受极其高昂的信息成本。大多数人更情愿停留在"理性无知"之中。如果公民想使他们的个人偏好具有政治份量,他们必须另外再投入很高的组织成本,且往往只能得到有限的获益。因此,对于委托人,消极无为并在一定程度上容忍与己不利的集体选择往往是合算的(Downs, 1957a, 1957b; Gwartney and Wagner, 1988)。尽管这种理性无知是可以理解的,然而,它会助长对群体团结和对政治的侵蚀,助长不安全感和权利丧失感。尤其是当财产运用方面的大部分决策都要服从于集体选择,有关私有财产的传统规则和自担其责受到侵蚀时,就更是如此。于是,追求非集体性经济决策的改革(私有化、权力下放、或将社会化财产转化为俱乐部品,见7.2节)就可能成为一个途径,通过它,能强化自发性共同体的凝聚力以及对自愿规则的固守和信任。

许多分析人士意识到了信息搜寻成本和协调成本,也意识到了各种意外后果和一种政治寻租倾向(如在前几章讨论的),他们往往会喜欢私人选择,而不指望目前在大多数成熟经济体中已成惯例的集体选择(表10.1),原因就在于此。这也是他们无论在什么地方,只要可行就拥护私有化的原因。许多批评人士对于少数服从多数这种民主的优点持保留态度,原因也在于此(Pennington, 2010)。

公共选择范围的无情扩展

小而有限的政府,是许多公民与自由派经济学家共有的需求,但这种需求极少得到满足。相反,做出公共选择的政府的规模,以及对私人选择范围的挤压,显然都在无情地增长。随着时间的推移,政府的规模,还有国家资源中政府代理人能支配的比例都有了极大增长。在现在的五大工业经济体——美国、日本、德国、法国和英国——中,政府开支占国内生产总值(GDP)的百分比在1870年是平均10%(Tanzi and Schuknecht, 1995)。在1930年代中期,这个平均数上升到了大约25%,而到今天大约翻了一番,平均为45%。在2010年,政府开支在总需求中的比例,在欧盟是54%,在美国是将近45%,而在东亚的制造业国家平均只有大约30%。在越南,私人企业的快速增长已经将公共部门的比例减少到不足40%(13.2节),某些东欧的国家也已经设法大大降低了公共选择的相对重要性。然而,就总体而言,世界范围内的大政府仍然是大势所趋(Radnitzke-Bouillon, 1996)。在集体决策的统治被削减的地方,如战后的德国和日本,没有多久就又出现了回潮。

由于对大政府的无情推动(以及用财政扩张主义给总需求打气的尝试),2010年代见证了成熟经济体中政府债务的巨幅增长(从2000年占GDP的75%上升到2011年的108%),而发展中国家总体上给未来后代减少了债务负担(从50%分别下降到35%——来源:International Monetary Fund;*The Economist*,11/2/2012,p. 68)。

英国经济学家安东尼·德·贾塞改用卢梭的话叹惜说:"人生来想要的是小政府,可他到处都在创造最大的政府"(de Jasay in Bouillon and Radnitzky,1993,p. 74)。公共范围的不懈扩张与这种混乱的认识有很大关系,即谁是政治行动中的委托人,谁是仆人?是公民、民选政治家,还是公务员?在自新石器革命以来的大部分人类历史中,统治者"拥有"公民,或至少冒称他们自己有权对待公民如走卒。统治者和公共行政管理人员常常利用战争或对战争的恐惧将民众置于他们的控制之下,并让他们为集体目的付钱。例如,与法国的战争使英国政府能在1799年开始征收适度的所得税——作为一个暂时(!)的办法。[①]近年来,政府各部门一直在煽动对环境、甚至对地球这颗行星是否长期可居住的恐惧,以扩大他们的影响。

统计证据指出,在过去两代人的时间里,激增的社会化福利是政府增大的主要原因(10.4节)。在选举制民主国家里,政治党派常常靠允诺由政府提供更多的"免费"品和服务来争夺选票;而选民们长期以来都欢迎这样的承诺。由于每个普通选民在政府某个新增计划中的利益可以是微不足道的,也由于政治经营者和组织良好的团体对政府新增开支计划的推动(动机不对称),在少数服从多数的民主国家中,政治决策很可能有利于增加开支,而不是拒绝"社会公正"的需求。考虑到选

[①] 中华帝国自汉朝起曾周期性地征收所得税(通常税率为10%)。之所以可能做到这一点,是因为中国的专业人员能够比较精确和完整地记录他们的事务,以及他们的收入,而他们的欧洲同辈人那时还做不到。

民的理性无知,政治企业家和官僚企业家会找出越来越多要用税收支付的"公共利益",并靠这种手段促进他们的职业。

结果,越来越多的经济决策被政治化和官僚化了。只是从20世纪后期起,西方各国的民主政府才遇到了纳税人的坚决抵制和公共债务日益增长不可控制的问题。这些信号的出现表明,长期以来向更大政府的转变遭到了广大公众的抵制。可能建立起对大政府限制的另一个因素是同新兴经济体的国际竞争。这些新兴经济体还没有借债成瘾,而且更多倾向于有利私人决策。人们现在越来越认识到,自由的公民已经变成了国家的客户,而公仆则作为他们的主人行事(Radnitzky and Bouillon,1996)。

傲慢的处于遥远顶端的公务员(那些接受命令的人)也影响着低层一线员工(如医生、护士和教师)的生产率。这常常导致政府实体中的被剥夺感和低下的生产率,因为提供服务的那些人的自我控制被日常文书工作和正式监督取代了(在9.2和9.3节中谈到了这样一种管理风格对积极性的影响)。它在全体公民中造成了这样一种感觉:民主的理想——"民有、民治、民享"已经被颠覆了,人民又回到了"通向奴役的道路",成了侍候官僚老爷的奴仆。

奥地利-美国经济学家约瑟夫·熊彼特对这些趋势做了深入思考。他得出结论,绝对的效用最大化和选举式民主国家中的各种不对称,会导致甚至更大范围的集体行动。只有建立在可靠产权之上的"资产阶级企业的私人堡垒"才会遏制这种趋势(Schumpeter,1947,p.151)。担心着同一种趋势的安东尼·德·贾塞的结论是,只有根深蒂固的信仰和禁忌(*metis*)才能防止集体选择的无情前进(de Jasay, op. cit., pp. 93-96)。

民主制、政党、官僚和利益集团

本书就公共政策所谈的大多数观点都隐含地与代议制的、少数服从多数的民主制有关,即与这样一种集体决策过程有关,它靠定期的选举、权力分立和法治来控制代理人。现代民主制的基础在于承认某些不可剥夺的个人基本权利,这些权利优先于其他规则(6.1节),以及人民在向其集体代表授予暂时性权力上所享有的最高主权。

在民主制的历史传统中,民主制的现代模式首先出现于荷兰和英格兰,其间经历了议会对抗统治者、捍卫"人民之法"的漫长过程。这一过程在英格兰的1688年光荣革命期间达到顶点,《权利宣言》*得到确认。民主制的英国原型并不包含一些能在现代公共选择过程中见到的重要因素,即没有责令当选成员服从集体性纲领的政党,没有具备专长和难得信息从而能主宰复杂选择活动的官僚,也不存在有组织的、资金充裕的利益集团。这些因素对于当今的公共选择有着重大影响,而且往往不利于单个公民。从个人主义世界观的角度来看,这些现象常常扩大了少数组织良好的集体主义精英们的影响。而对于普通百姓而言,这常常使市场中的私人选择比起现在已经习以为常的公共选择更有优势(Mises,1944;Sowell,2009)。

在绝大多数民主国家中,选举出来的政治代理人现在都被组织到少数几个政党之内。这些政党为定期的选举而竞争。考虑到选民面临很高的信息成本,各党派都提出了简化的综合性纲领。在存在两个或一批政党的情况下,他们将集中力量争夺居于中间立场的选民,即摇摆选民。大多数支持一党或另一党的选民,或不愿意每次都为作新的投

---

* 对英国议会1688年通过的"the Bill of Rights",已有几种中译法。这里采用了陈忠诚的译法。见陈忠诚著:《英汉法律用语正误辨析》,法律出版社,1998年4月,59—60页。——韩朝华注

票决策而承担交易成本的选民,则可能被忽视。结果,绝大多数政治纲领关注的都不是大多数选民,而只是盯住具有决定性的追求单个目标的少数选民。这会扭曲政治行动,伤害"沉默的大多数"。

政治方面的利益是在议会中实现连任和获得多数,以及支配政府。政党需要群体团结,并且,通过影响候选人的选择、连任以及将变节者驱逐出党等手段,政党能强制实现这样的团结。在当代,政党的运作需要有大量的资金以支付代理成本(agency costs)和宣传活动。筹资和连任动机往往会导致不利于大多数公民的集体行动。

组织良好的利益集团使这一问题更加严重。利益集团通常代表集中供应者的利益。结社自由是一项基本权利,根据这一原则,可以自由地组织利益集团。我们在 8.1—8.2 节中已看到,供应者们常常试图为他们的市场先机"设防",通过游说,通过寻求对竞争施加政治性限制,以避免在他们之间出现代价高昂的争胜。对于少数供应者,获得政治干预的好处是巨大的。而对于高度分散的众多购买者,政治性干预给每人造成的损害往往有限,从而不值得投入高昂的固定成本去进行针锋相对的游说。与现代民主制有关的一个问题是,追求单个目标的"非政府组织"(NGO)激增,但他们实际上是得到政府资金支持的。例如,社会游说团体和环境游说团体要求对他们代表的公益事业给予转移支付,而补贴那些 NGO 是符合官僚阶层利益的。

因此,官僚与 NGO 的联合体代表了另一种类型的寻租者游说团体。政界人士和官僚们常常感到接受这类组织的游说很方便,因为这使他们更容易扩大他们的影响,剥夺个人产权从而增强他们自己的权力。然而,在今天,这种政策制定者与游说团体之间不合理的结盟已经由于互联网上信息的逐步推广而受到限制。互联网也使怀疑集体权力的普通百姓组织针锋相对的游说更加便宜与容易(Mises, 1944; Tullock, 1967; Buchanan et al., (eds) 1980; Gwartney and Wagner,

1988。）

尽管如此，享有特权的生产者集团还是发现，将他们得自政府干预的部分收益用于游说和贿赂政党、官僚，以及用于对公众进行"再教育"，使他们认为某些干预符合国家利益，是非常有利的。例如，美国和欧盟的农民游说团体在确保通过农场补贴上有着既得利益。实际上，尽管游说团体常常会伤害到大多数公民，他们却还是能在具体的干预上成功赢得公众的舆论支持。例如，供应商游说团体、NGO和政党的相互作用对于公共选择有着决定性的影响，而且不断创造出更多新的干预私有产权的政治动机（Hayek, 1979a, pp. 17-50）。因此，通过公共选择这一"次优机制"在一个经济体中做决策的范围——连同其任意决策和规则被侵蚀的可能性——已经扩大了，而私人决策的范围已经相对缩小。

必须要说的是，在现代的政区内对公共选择的偏见已经由于寻求私利的官僚阶层而加剧了。这伙人并非民主政府历史模型中的组成部分。公务员在管制市场中用公共选择遮蔽或替代私人选择，常常能有大量的私利。他们创造各种赋予自己权力的具体制度。某个人的交易成本，通常就是另一个人的收入，这种看法是成立的。这导致官僚们对制度系统的扭曲，以及外在制度对内在制度不必要的取代。这也扩大了政府预算、加重了公民负担，并给未来的后代们带去更多税收或公共债务。

官僚阶层常能享受到信息优势，因此民选政治家们常常无法有效地控制他们。这些政治家可能不愿付出信息成本去了解政府各部门中究竟发生了什么事情。考虑到现代经济生活的复杂性，各国议会都有一种倾向，仅规定一个授权性法规框架。这种框架允许官僚专家编写各种具体的规则和规章条例。在这种代行管制当局权力的倾向很强的地方（如在欧盟），繁琐的规定层出不穷，变化不居。自由的私人选择领域相应受到羁绊。在所有发达国家中,黑字法和法令的泛滥(其中多数都是由自我为中心的官僚阶层发起的),正是这种倾向的证明(Bernholz, 1982)。

由于政党、院外游说团体和官僚利益并非民主制原型的组成部分,它们在宪法中很少被提及,更难得受到集体行动中明确规则的约束。① 下面,我们将详细说明,在一个有政党,也有产业、社会和官僚的多种院外游说团体的世界中,政治竞争是如何展开的。但是首先,我们要转向政府的基本职能:保护、提供共享品以及对收入和财富进行再分配。

关键概念

公共选择与不由个人和企业决定的产权运用决策有关。尽管个人都懂得,当他们缔结财产运用契约后必须承担全部成本并享有全部获益,但在要由许多人同意的一项选择决策中,这一点通常并不十分明确。这些人还很少处于能充分影响决策的位置上。然而,在成本和获益不能被全部内部化的地方(存在外部性的地方),公共决策是必需的。但公共决策经常会被延伸到可以留给私人选择的领域中去。由于公共选择不涉及双向的付出和获益,只涉及非相互性的好处,它就很容易导致搭便车、道德风险、公地灾难和代理人投机行为。因此,在任何情况下,公共选择都需要有强制。

选民和市场参与者常常发现,不值当花费他们的功夫投入必要信息成本去更好地了解公共决策。这就是理性无知。在许多场合,他们懂得,获取更多信息的行动会劳而无功或所获甚微。例如,在有组织的供应者集团来推进寻租活动的那类群体中,理性无知成了一个组成

---

① 有些宪法明确提到了政党(例如,德意志联邦共和国的宪法),因而进一步提高了政党相对于单个公民－选举人的地位。

部分,但它的作用却是阻挡许多无组织的只稍微受到一些影响的购买者,使他们不去从事反对设立政治租金的游说。

选举制民主国家里的**中间选民**是指处于中间的摇摆选民群体。两个竞争中的政党,为了获得百分之五十一的多数,都需要争取这部分选民。凭借这样的多数,可以控制立法,还常常能控制行政部门。

10.2 政府的职能

保护性职能

当我们在第5章里讨论外在制度时,曾说过保护和支持社会的制度是政府的主要职能之一。政府的保护性职能增进秩序,并使个人、私人厂商和民间团体在面对无知时的协调任务变得较容易而建立起他们的信心("秩序政策";Eucken,1992/1940;Streit,1987,1993b)。我们还看到,保护性任务在许多时候可能需要采用法定强力(法庭、警察、监狱、军队)来防止搭便车和代理人的投机行为,并在必要时强制执行各种规则。

关键概念

政府是一种组织(自上而下的层级式秩序)。它追求一定的集体性目标,并通过政治程序获得授权,在其政区内按一定规则运用权力。

政府的职能通常是:(1)保护公民的各项自由;(2)生产共享品;(3)再分配产权。为了履行这些职能,政府要投入代理成本;而为了偿付这些成本,政府必须征税,以便管理和筹措各种物质资源。

靠集体行动保护秩序和法治的做法源远流长。其源头大概可上溯至 10000 多年前,至少到新石器时代永久定居的村庄、集镇和城市在某种领导体制下出现的时候。国王、大祭司和法官出现在这些共同体内,以调解纠纷,并尊崇或制定能据以解决或避免共同体成员间纠纷的原则(外在制度)。最初,第三方裁决者的角色可能被授予了受人尊敬并富有经验的长者或祭司,但后来出现了正式的、产生统治者的宪法性安排(Benson,1995)。集体行动、政治权力和政府的概念也由此而产生。有的行动由集体代表该共同体承担,某些官员或组织获得了凌驾于普通公民和公民团体之上的权威和强制性权力。宪法性安排决定集体决策的基础:如何任命代表,如何分配集体行动的成本和获益。

政府最突出的保护性职能是防止公民受他人的强制。有人曾论证说,由政府接管保护性职能等于在所有公民之间达成一项(假设的)"解除武装条约"(Buchanan,1975,1978)。无政府状态的代价极为高昂(正如欧洲黑暗时代时的情况,而今天在世界上的不发达地区仍然是这种情况)。那时,强制只能靠其他各方的"暴力潜能"来制约。如果所有公民都必须抵抗他人以保卫其财产,就会给每个人带来极高的排他成本和强制执行成本。因此,无政府状态,如果定义为无法无天(与仅仅缺少一种中央垄断的法律和秩序的供应者相对),会抑制大量有利的劳动分工并阻碍繁荣。这并非是要无视这个事实:遍布历史的自我协调系统已经证明,共同体有能力产生一种非常高水平的社会秩序(例见 Ostrom,1990;Ostrom and Kahn(eds),2003),但是完全没有政府制定的法律和规则,还是会抑制由社会合作产生的许多获益和内在规则的形成。因此,雇用一个代理人,赋予他保卫和平的使命,是有利的做法。为了有效,代理人必须被授予实施强制的权力。

同时,还必须确保这位代理人——政府——不用其权力非法地对付公民。美国宪法的创立人之一,詹姆斯·麦迪逊,曾有著名的评论:

"政府本身是什么,不就是对人性的所有反思中最伟大的反思吗？如果人都是天使,就不需要政府了。如果由天使来管理人,对政府的外在和内在控制也就都不需要了"(Federalist 51)。因此,创造强制的保护性政府已经导致了一种棘手的困境。我们限制私人掠夺的努力已经极有可能造成了掌握着公权力的代理人的掠夺。政府代理人具有成为比目前更具破坏性的掠夺性代理人的潜力。因此,建立一个有效政治体制的努力,必须从一开始就结合对政治权力的约束。大卫·休谟在很久前就说过,在设计统治制度时,我们必须假定所有人都是无赖。人类的自负、无情和缺少对他人的尊重,以傲慢和投机的形式出现。就像亚当·斯密曾写到的那样,有一些人,他们太习惯于在政府系统或商务权力系统里工作了,以致他们只愿意相信,他们的行为是正确和适当的。因此,当这些人掌权时,就必须用宪法性约束来核查他们。* 不能允许政治活动家利用其权势职位撒谎、欺骗和偷盗,牺牲他们应该去服务的那些人的利益养肥他们自己。换言之,这就是从宪法角度限制政府的作用,以保护个人的自由领域(Hayek, 1960)。创造政治权力的必要性造成了一个不可避免的困境,每个时代的每个社会都必须处理的困境。像无政府主义者所做的那样,简单地假定没有任何政治权力共同体也能存在,是一种轻松而又便宜的方式,用以逃避解决社会科学基本的、也是最为核心的问题之一。相反,每个共同体和每一代人,都必须永远保持警惕,盯住政府的代理人们,让他们仅限于完成最少量的必要任务。

政府怎么才能保持和平并维护公正与自由呢？答案主要就在于制度。必须建立和实施一套规则,它同等地适用于所有公民(法治),它不允许公民用暴力、欺骗或其他非法的暴力方式来实现自己的目的。因

---

* 这里原文有改写。——柏克注

此,保护与维护个人自由密切关联。没有这样的制度限制,自由就会变成放纵和无序。在现代国家里,要求政府在行使其保护性职能时予以强制执行的许多规则都被正式地规定在宪法中,也规定在刑法和民法之中。另外,政府的保护还指防止外部威胁,即抵御外来强制,保护公民们眼前的和将来的自由(安全)。

政府保护的局限

在政府的保护性职能中,有相当一部分是通过政府管制来实现的,如保护健康和安全的管制。这样的管制常常有其经济上的合理性,因为它们解决了外部性。例如,在一个产业中不受限制地使用一种私人资产有可能危及工人们的安全,而保护工人的途径是管制该产业资产的使用,并制定出安全规则。管制公共保健的一个目的是要减少人们的信息成本和其他交易成本。因此,一个人可以假设,一种得到政府认可的药品在规定限度内是可以安全服用的——无需他自己去研究服用该药品的后果。或者,在某些地段限制车速的规则避免了车祸这种昂贵的"发现过程"。但是,我们必须永远牢记管制的终极目的,即制度服务于公民。在许多国家,都不是这种情况。在保健、安全和环境方面正在实施的大量管制不符合这一检验标准。这类管制的激增造成了交易成本,却削弱了竞争市场的协调控制功能。例如,在美国和其他富裕国家,禁止个人提供法律咨询,或禁止药剂师就简单的日常症状开方给药这类管制是很普遍的,尽管并不能证明普通百姓受到了可能的伤害。问题并不在于有这样的专项干预,而在于这类干预的广泛影响和高发生率(管制密度)。因此,对这类管制措施中的每一项,都必须根据其可能给整个制度系统带来的成本和获益来加以评估(Epstein, 1995, 2007)。

在决定政府是否应当积极干预以使公民免于某种风险时,永远必须考虑管制的成本,包括不得不由公民来承担的服从成本(见后面)。这样一种态度可能是受欢迎的,即如果我们要维护某些特定的目标——诸如人的生命、儿童的健康或国家的尊严——就不存在成本过高的问题。但是,普通公民却必须承担管制的机会成本。因此,长期成本和长期获益必须得到合理评估。

当私人的自我约束和商业惩罚被集体性管制取代时,管制给整个系统带来的成本常常得不到评估。至少,如果服从成本要由大众分摊或不是直截了当地显现出来,就会发生这样的问题。例如,当涉及保健、安全或环保时,议会常常会颁布强加过高服从成本和其他成本的管制措施。而这种管制通常是在单目标团体(single-issue groups)的压力下做出的反应,但这些团体的成员却并不承担管制成本。例如,1990年美国关于苯废弃物的标准(benzene waste standards)变得更加严格,这使得保全一个人的生命要付出1.68亿美元的代价,而1991年美国新饮用水标准的颁布使每保全一个人的生命要付出9.2亿美元的代价,更别提1990年在森林保护上列出的有害废弃物标准使多保全一个人的生命所要付出的代价不低于5.7万亿美元。面对这样的情况,人们必然要问,美国的这些安全管制是否还有意义(Breyer,1995;Viscusi,1993;这方面的一个实例,请看本章案例一)。

这些事例说明,政府和部分选民选择了用高代价的方式来确保"安全",而不惜牺牲市场的协调能力和控制能力进行干预,但是,市场的干预对于繁荣是重要的。当人们不考虑这些代价时,不同于公共管制的变通办法就无从谈起,而普通公民的利益则被忽略。如果避免一个早产儿的死亡要耗费几十亿美元,而以另一种方式来使用这些资源——例如,通过生产透析设备——完全有可能拯救或延长许多生命。如果议会和官僚们在安全问题上接受这种不计社会成本的井蛙之见,他们就会任保护性管制的成本日积月累,并剥夺人们自行尝试和自行决断的自由权。其结果是自由的丧失、糟糕的经济增长,最终会在人的生命和安全方面招致更大的风险,并导致一种不断扩散的感觉——权利遭到剥夺,并受到了不公正的对待(Epstein et al., 2005)。

第10章——案例一

保护加拿大人,不吃卡孟培尔乳酪和罗奎福特乳酪*

"健康加拿大",以其全部的集体智慧,新近对《食品和药物管理条例》提出了一项修正案,要禁止生产和销售生奶乳酪(raw cheeses)。这项修正案本来会使包括卡孟培尔乳酪和罗奎福特乳酪在内的约90种生奶乳酪变为非法产品。从表面上看来,提出这项修正案的根据是未经高温灭菌的乳酪与李氏杆菌、沙门氏菌和大肠杆菌爆发之间的联系。

"健康加拿大"方面的管理者们显然是想要创建一个安全的世界。自1971年以来,全世界已报告了14起被认为是因消费生奶乳酪而引发的疫病(着重其源头)。这些疫病导致了57例死亡。

但总的来看,"健康加拿大"的管理者们开始要做的事情与其说有益,不如说更具破坏性。他们看来很少考虑到该修正案的实践后果……其实,未经高温灭菌乳酪有关的疫病风险相对较低,而在加拿大,这种疫病的风险更是微乎其微。在这样的情况下,取缔整整一个产业看来是一种相当极端的行动方针……对最低限度的风险进行管制会提高我们所购物品的成本。在这一案例中,……它本来会摧毁一个新的、欣欣向荣的产业和许多人的生计。像这一议案那样的立法告诉我们,加拿大人没有能力理解和评估风险。看来,加拿大政府已使自己像家长一样地行事。

来源:K. Morrison and L. Miljan, "Cheeses, Politics, and Hu-

---

* 法国东南部所产的绵羊奶干酪。——韩朝华注

man Health: How the Media Failed to Critique Recent Government Policy", *On Balance*, vol. 9, no.5, May 1996; cited after *Fraser Forum*, September 1996, p.38。

注：由于公众的抵制,科学小组的这项特殊动议最终未获通过。

专门的保护性管制措施层出不穷对经济主体的认知能力提出了过高的要求,却削弱了为使私人决策者满怀信心投入竞争所必需的秩序。日益增多的保健和安全管制也常常仅被用于主张政治控制和官僚控制的目的(政治第一)。从这一点来看,如果政府想在其保护性职能上再次变得有效,就应当精简管制措施。然而,在复杂的管制中,监管人员(包括创建了规章的人和执行规章的官僚)当然会有自己的利益。

尽管这类立法被认为增加了共有品,也保护了普通百姓,但许多这类管制实际上还是由小型的特殊利益集团驱动的。正如上面已经指出的,他们牺牲广大公众的利益从管制中捞到好处。例如,在"洛克纳诉纽约"一案中,美国最高法院就处理了一项管制。纽约禁止面包师一周工作60小时以上,辩称这是为了"保护工人"。这项规定被取消了,因为它只有利于与移民面包师争胜的特殊利益集团,而移民面包师则愿意工作更长的时间。

政府的保护性职能已越来越得到了另外两种职能的增补:提供共享品,以及通过政府的有形之手对机会、收入和财富的再分配。[①]这些活动已经大大提高了政府的代理成本,而这种成本必须靠征税、收费或借债来支付。

---

① 曾有人论证说,维持某一市场或整个国民经济中一些具体指标的长期稳定也是政府的职能。然而,认知上的滞后、迅速反应上的困难,以及有关稳定化干预上的政治冲突,已使这成为政府的一项易于聚讼纷纭的任务。在任何情况下,稳定化上唯一最重要的方面,即提供稳定货币,是可以被归入保护性职能的。

生产性职能

由政府为公民们提供获取某些物品的机会,是有其理由的(7.2节)。在私人所有者不得不忍受对采购和维护未支付成本的那些人搭便车的情况下,对于公共供给并靠强制性税收来筹资有一种显见的论点。这类自然共享品的一个经典例子是抵御外部侵略的国防:如果社会的某个成员要提供国防军,他所有的公民同胞都将自动地得到这一保卫的好处。成本和能够被排他性占有的获益之间的差距越大,私人生产者提供这类物品的动力就越小。我们已经看到,搭便车的可能性——排他的不可能性——阻止了提供这类物品的市场出现。这些物品会供给不足。在政府供给具有显著正外部效应的场合,纯共享品是一种极端情形(Cowen and Crampton,2003)。

我们在第 7 章中已经看到,新技术已经有可能把握外部效应、使之内部化并测度迄今为止的外部成本,如用来测度财产运用或排斥财产运用的新型电子装置。因此,什么是共享品或什么不是共享品的判定是可变的。

因此,一般来说,由政府提供共有品是有必要的。然而,这提出了与刚刚讨论过的政府保护有关的同样一些问题。政府在决定要提供什么以及如何在公民中分摊成本时,有可能主要对某些特定的有组织集团的偏好做出响应。因此,极易产生隐性再分配的问题。这类问题可以通过财政分权化(竞争性的联邦制,请见 12.5 节)而在一定程度上得到抑制。那时,有些民众和资本所有者能向这样的政区流动,那里能提供最接近于他们理想的共享品组合和其他地区特征。这是因为,纳税人和生产要素在地区之间的可流动性(开放性)能在一定程度上控制想在共享品的供给和筹资上对成本和获益进行再分配的政府。

当然,对于不可能排除他人使用、面对需求争夺的那些物品,可以靠外在规则和政府指令配给获取机会。究竟是用集体所有的生产资料还是靠私人竞争来生产那些物品是另一种考虑。重要的是要用公共资源来供给物品和服务。可以肯定的是,用社会化财产生产的那些物品和服务并不一定能有公共获取机会(7.2节)。然而,出于若干理由,政府会选择用公共所有的财产来组织生产并为其提供资金:

(1) 在预计经济活动具有大量不可分解性,且超过了单个企业筹资能力和组织能力的场合,或者在预计会存在大规模经济的场合,统治者们常常自行承担工作设计、筹资和实施的职能。在早期的埃及或中国,这种情况常常在大规模的灌溉和排水工程中出现,但在整个历史上的基础设施供给中也是如此。根据同样的理由,近来已将空间探索转变为政府活动。在这样的背景中,常有人断言,大规模投资构成了"自然垄断",可取的解决办法是使这样的垄断处于直接的政治控制之下。然而,在现实中,这样的垄断之所以经常出现,是因为政府机构设立了妨碍竞争的障碍,或者政府没有能力减少竞争活动中的交易成本(Friedman,1991)。一旦这些运营活动被转变为政府拥有的垄断,它们就会变成高成本的运营。但是,在当前,只要能收取用户使用费(可排他性),大规模的、向国际开放的资本市场就能够为这样的大型投资项目融资。凭借改善了的测量技术,许多传统公共垄断的情况现在已半途而废。

(2) 靠公共垄断来供给特定服务的一个理由是,它赋予政治机构较多的直接控制权。例如,由像警察、军队那样的暴力专业人员,以及法庭,对有关资源的公有制实施非暴力控制,看来是一种可以成立的主张。毕竟,这些专业人员之间展开竞争的成本过高(例如,私人雇佣军争夺控制时造成的附带损失)。因此,在多数国家里,这些服务都由公共控制的或政府经营的垄断企业来提供。那时,财政钱袋子就被看作是绝对必需的了。当由公共垄断来提供这些服务时当然也会存在控制问题(警察腐败、军事政变、腐败的法庭)。尽管如此,但政治机构的组织命令和财务控制往往被认为是比较可取的。

(3) 政府往往声称对某些类型的采掘活动或贸易活动拥有排他性的生产权,以此作为财政收入的便利来源(例如,对盐和酒垄断)。当有前途的新技术看起来有利可图时,政府常常提出垄断权要求,并往往会接管这些活动的所有权(例如,一个多世纪前铁路和电报系统的公共所有权;那时它们都还是新技术而且非常赚钱)。同样,许多政府将石油和天然气产业收归国有,以便获得便利的财政收入来源。在这些情况下,通常还会提出其他支持公共生产的理由,但对垄断收益的兴趣无疑起到了关键作用。[1]

(4) 国营生产还常常被当作政治上易行的机制,以促进再分配(见下面)。

提供获取公域品的机会

在这些考虑不占主导地位的场合(如在教育、通信和保健方面),这些物品可以由私人竞争者生产,而公共资金可以用来收购和使公众得到它们(公共获取机会或公域品)。在这类情况下,政府充当质量控制者,而不是生产者。

这一点需要从几个方面进行详尽的阐述:

---

[1] 便利的财政收入来源常常不处于当选议会的监视之下。从长期来看,这样的收入来源往往为有组织的集团,如公共企业的雇员,占有这些收益大开方便之门。与增加一般的财政收入相反,源于公共生产的收益往往被用于高薪、官员的闲职、配备冗员和在职高消费(政府代理人的投机寻租活动)。这些滥用现在成了许多国家里的公众赞成将政府拥有的企业私有化的理由(第13和第14章)。

(1) 如何为公域品和服务筹措资金的问题,必须与是否应使用政府拥有(社会化)的生产资料来生产这些物品和服务的问题区分开来。① 如果从政治上看来,为公民提供某些政府资助的物品和服务是可取的,那么私人生产和受补贴的获取机会常常会比较便宜,还能向公民们提供较多的选择。人们常常能听到这样的论点,公共生产会节约交易成本并能避免竞争性私人供应者的重复建设。然而,这是假定事先就了解有关的后果,并忽略了竞争在发现工艺创新和产品创新方面的潜能。在任何情况下,不受监督的代理人投机行为和低下的创新可能性,都是公共生产永远无法摆脱的长期危险(见 10.3 节)。

(2) 公共的所有和控制问题还应当与公共垄断问题分开来考虑。即使在政府组织从事生产活动的场合,仍有理由要求在不同的公共机构之间(如在为不同公共机构所有、但已公司化了的电厂、医院和大学之间)展开竞争,并要求在公共机构与私人供应者之间展开竞争(如允许私立学校、电话公司、火车、公共汽车或民航公司与公共部门中相同服务的提供者进行竞争)。由于测量成本和通信成本的下降,现在已经不存在什么技术上不允许竞争的"自然垄断"。如果不是背靠政治干预,现存的各种垄断中鲜有能长期存活者。

(3) 在共享品的社会化生产上,第三个重要问题是责任制,即就公共财产在使用中所发生的全部成本和回报提供充分而透明的信息,并使政府拥有的生产者服从于严格的预算控制(Mises,

---

① 在公共财政文献中,提供获取某些物品和服务的机会常被等同于这些物品和服务在公共部门的内部生产。这已经导致了"政府的生产职能"的这一用语。我们在本书中勉强保留了这一用语,以便与别的作者保持一致(如 Buchanan, 1975)。然而,"公共供给职能"(public provision function)可能是一个更恰当的词。

1944)。当公共生产投资被公司化时,即它们的活动在管理上是与涵盖政府一般活动的预算相分离时,责任制就得到了加强。执行硬预算约束并拒绝为亏损的公共企业提供补贴,在政治上并不总是一件容易的事。但是,如果竞争压力不大,而公职人员的责任心又不强,那么公众的仆人就会转而为自身利益服务(高薪、配置冗员、过度的在职消费)。在懒散习惯已根深蒂固的地方,遏制私人占用公共财产的变革大都会受到强烈的抵制,就像在债务沉重的欧洲国家里,广泛的公务员示威反对成本削减所表明的那样。在世界各地实施了大量私有化项目,揭示出存在着巨大的生产力储备之后,这一点已变得非常明显(第13章和第14章)。

(4) 政府机构的生产创造出"政治性企业"(political firms):这类企业不仅在市场中享有经济权势,甚至常常是垄断性权势,而且,国有制还赋予其在市场中的直接经济影响力和对政策制定活动的直接政治影响力(de Alessi, 1980, 1982)。由于没有任何利益相关的个人有权直接索取公共部门经营的最终利润(也无人对亏损承担直接责任),且其所有权通常不能转让(除非通过私有化),"政治性企业"将不会像私人公司那样受到委托人(即当选的政治家和审计人员)的严密监督。毕竟,监督活动是代价昂贵的。因此,公共企业的经理们会面对另一种激励结构,它与用于私人经济组织领导人的激励结构大相径庭(第9章)。例如,人们会发现,对公共部门中休假申请的监督,所费行政管理时间要比私人产业多两至三倍,或者管理数量相似的票据支付工作,要比私人产业多耗费五倍的经营时间,因为,与私人产业相比,公共部门的工作节奏要慢,还需要由成本更高的雇员来完成这些工作。实际上,当公共部门采用不透明的会计制度时,或者由于政治性企业的经营要保密(国防、情报机构)而使公共企业不得公开其会计账目时,监督的代价可能会特别高。在任何情况下,公有企业的产出往往难以计量。

德·阿莱西复核了公共部门和私人部门在可比物品和服务生产上的大量资料。他证明,政治性企业的经济绩效的确比类似的私人生产者要差(de Alessi,1980)。例如,在公共部门条件下,执行和监督任务的成本更高。这可能是需要实施更强的监督并较少依赖自我负责所导致的后果。事实证明,当缺少由真正的竞争市场所施加的无情约束时,行政控制的约束往往相对较弱,而代价却相对较高。而且公共部门的工会可能让任命的行政管理人员靠边站。常见的情况是,这些事情都由并非选举产生的、有终身任期职务的官僚来决定,甚至不由当选的政治家来决定。

改革社会化生产

赢利企业的会计准则应该被用于公共生产企业,以便提供有关这类生产的合格信息。这类信息应能让当选的领导人来监察。这意味着,应当被评估和公开的不仅仅有经常性开支和收益(预算中的),而且还应该有每一项这类活动对政府资产和负债的影响(权责发生制)。每一年,公共部门各个公司的活动都应当在独立审计的公共部门资产平衡表中进行复核,这样才能使它们对政府净财产的影响一目了然。然而,世界上没有什么政府提供了这种信息,尽管它们要求私人公司提供它。[①]公共部门的生产有时显得有利常常只是由于这个原因,即在这类

---

① 新当选的澳大利亚政府任命了一个独立委员会来审计其资产和负债。让该政府感到狼狈的是,审计表明,连续几届政府都陷于大规模毁损价值的业务中。负债超过了资产,数额超过半年的财政收入,而且,揭露出来的债务又相当于四分之一的收入。任何一家有着这样资产负债平衡表的私企早就会被宣告破产了(Kasper,2011a)。

生产活动中，并非所有成本和收益都被纳入核算，也不是所有成本和收益都与政府的一般业务分得一清二楚。这就允许进行隐性补贴。公有企业提供透明而全面的核算有一个好处，即那时它们就可以在一定程度上避开日常的政治干预。这种干预往往会破坏生产计划，并为政治性寻租活动敞开大门。

改革可以缓解公共生产内在的各种问题。例如，可以通过将社会化生产活动移交给彼此竞争的低级别政府，几乎使社会化财产转变为某种俱乐部品（Buchanan，1965；Demsetz，1970；Foldvary，1994，pp. 62-78，86-112）。生产掌握在相互竞争的低级别政府手中，能够获得有关什么物品和服务能更好地满足共同体愿望的增强反馈。当然，公共生产也可以被私有化，但政府要保证获取这些物品和服务的机会。

另外，可以改革政府拥有企业的程序，使之与运作最佳的私人企业看齐。激励和监督方面的现代管理技术有助于为纳税人获取效能红利。为了实现这一目的，经理们的政治老板必须为经理们制定出明确的定量产出目标，但在实现目标的方法和如何购买必要投入的问题上，必须允许经理们进行选择。只有在公共部门的经理们与政府保持一定距离，任期有限，并按业绩取酬时，这样的责任体系才能起作用。这样的安排与传统的、具有终身任期的公共服务体制根本不同。在无法实行这类改革的地方，就应当将物品和服务的生产从公共部门中剥离出来，并使之私有化，从而使其采用竞争性的私人企业的纪律。

公私合伙制与特许协会

由于在公共企业中代理人的投机行为无处不在，自1990年代以来，许多政府试行了公私合伙制（Private-Public Partnerships，(PPPs)），即政府传统部门通过各种安排，部分掌控私人企业的股权。

有时候，各种项目的设计和建设委托给私人企业，但经营仍由政府控制。例如，许多国家的公共道路是由相互竞争的私人承包商建设的，但此后的管理和修护则由公共实体负责。或者，政府实体设计和建设，但把经营委托给定期相互竞争的民间经营者。一个例子是由民间保安公司管理公共监狱。这些公司必须每五年为管理合同的续期而竞争。有时候，私人投资者会被授予特许权，在限定的时间内经营一些新项目，以收回成本，就像当车行道和铁路联络线由私人企业建成并允许因使用而收取过路费时的情况。在所有这些情况中，重要的假设是，在具体经营中，私人企业能够比纯粹的公共经营获得更好的生产率，并能实现其他目标。

经验研究（如英国审计署的研究）已经证明，从总体上看，公私合伙制在建设期间成本超支的情况显著降低，项目完工也较少延误。这是合理的，因为私人经营往往奖励绩效和按时交付，而这类激励在公共部门往往弱得多。在公共部门，政治上的激励常常会在不合理投资之后再投入善款（税款）以保护政治声誉。在那些利用专用资产长期存在的公共垄断中，主要的经营代理人往往会抓住和利用有影响的职位（如在第9章中"资产专用性"的小标题下讨论的内容），然后就会提高成本，并限制公众的获益和方便。

政府雇用私人企业去履行政府的生产性职能，这种做法的好处要求解决私人的寻求利润取向与由税收提供资金、寻求当选取向和寻租激励之间管理文化上的碰撞。永远会有一种倾向，可能以不透明的方式，但肯定以广大公众为代价，将利润私有化，而将成本和风险社会化。例如，封闭公共道路或使之变窄，使更多交通车辆分流到私人的收费道路去，以此作为公私合伙合同的一个组成部分时，这种情况就发生了。在政治代理人和官僚代理人中还有一种防止公私合伙制失败的倾向，例如，从这种经营的私人部分移除"红墨水"和破产的重要激励。如果不惜一切代价,不允许项目失败,并因而给予补贴,让私人参与合作就没有什么道理了。

政府提高税收、借款和安排项目的能力已达到了极限。由于这一事实,最终导致了公私合伙制的迅速增长。政治代理人们仍在抗拒公共部门的影响应该受到限制的结论,他们想通过培育公私合伙制进一步扩大他们的影响。从这部分内容可以看到,必须对每个事例逐一考察,看一桩带有在必要时施加某种管制范围的明确的私有化方案,是否是比较老实坦诚的一个解决方案。

当与公共部门生产相联系的种种问题变得普遍时,共同体可以转向地方俱乐部和类似组织,让它们提供某些获取共享品的机会。在许多富裕的西方国家,公民们现在意识到,中央政府不能提供议员们许诺的福利服务。实际上,承诺更多的福利服务从选举上说是危险的。因此,政府现在鼓励地方的主动精神,去建立一些像俱乐部那样的组织。它们向当地自愿的会员开放,发起和操办保健、教育和其他福利服务。例如,地方团体可以在有许可证的情况下接管或开办学校,让学校开设经同意的课程,以得到税收补贴的回报;或是开办特许(或信托)医院。在这里,激励机制并不主要由利润启动,而是由当地共同体的直接反馈启动。而投入也不是只从市场购得,而是利用志愿者在劳动、技能和金钱上的贡献。志愿者活动和真诚的传统对于这类慈善性活动的成功有极大帮助。在这些情况下,政府仅限于提供获得一般金融工具的机会,并监督质量标准。在盛行依赖大政府的地方,这类特许的或信托的机构在培育建设性的共同体精神上可以大有作为。还可以证明,在实践中,在单独依赖大政府和追求利润的私人企业之间,还有各种解决方案的很大余地。

在第13章和第14章里,我们将讨论私有化、社会主义经济的转型和混合经济的改革。那时我们还将回到这些问题上来。

关键概念

共有财产在第7章里得到了定义。如我们所看到的,它们都具有"制度缺陷"。在这类财产中,许多效益和成本不可能被排他性地"内部化"(被占有),因为不可能排除各种第三方使用这样的财产。在必须对需求进行配给的地方,可有几种办法加强供给和控制,如将生产活动转给俱乐部(或地方政府),或者为获取私人生产的公域品或社会化财产的机会提供补贴。

公共供给是指政府的各种行政性安排,它使物品和服务能为公民或特定的公民阶层所用。这种供给既可以通过公共资助(现金救济、税收减免)、有特定目的的凭证(如食品券、教育券和医疗券)来实现,也可以通过平均发放(例如一场大灾难后发放毛毯)来实现。公共供给并不必然要求在公共拥有或经营的企业中进行这些物品和服务的公共生产。公共获取机会(public access)并不要求有公有制和垄断,也不证明公有制和垄断是合理的。

政治性企业是公共拥有和管理的生产机构。它们一般都有条件获得源于税收的补贴,因此面临着较私人公司软的预算约束。私人公司更易于破产。政治性企业的经理们也往往能俘获本应控制他们的政治家和官僚。政府制定管制他们的原则,而他们往往能对政府施加间接的影响。

责任制(accountability)与向组织委托人汇报行动的成本和效益的标准有关,通常这种汇报既涉及经常性的流量(收入和亏损报表、预算),也涉及日常流量对其资产存量的价值和债务的影响(平衡表)。责任制还意味着对达不到规定标准的惩处,即代理人将始终处于可被追究的地位上,并且不会得到超出总预算的补贴(无软而模糊的预算约束)。

权责发生制(accrual accounting)是一种会计惯例。它通过建立资产负债平衡表,从净资本中扣除经常开支并加入利润(收入)。它显示着债务和资产的状态,包括与新的政治创议有关的未备资金的各种意外开支。这种方法为政治决策者和选民们提供了优质信息。现在,绝大多数国家的政府都只能猜测,他们是在带着净负债运营(已破产)还是拥有净资本资产,以及新的创议将增加还是损害国家的公共财富。

私有化是一项将公有产权转让给私人所有者的行动(其对立面是社会化或国有化);而**公司化**则是指重组公有的资产和组织,从而使这些资产或组织成为与政府一般核心活动相分离的实体。公司化公有组织的领导人应该明确地对其政治主人和选民们负责,并必须面对明晰的预算约束,不得求助于预算补贴。

公私合伙制(PPPs)是一些经营活动,相互竞争的私人企业与政府实体,要么以筹资和建厂的形式,要么以管理公域项目的形式在其中合作。这类劳动分工常常具有优势,但它们要求细致的和有约束力的合同规则,以确保私人经营者(常常是垄断的)面对业绩的激励,也确保政治代理人和官僚代理人不能从伤害广大公众中获得租金。

特许(信托)企业是一些主动创议,(通常是由地方的)俱乐部建立和经营的共同体企业,服务于公众。这些企业接受公共资助,因此必须遵守特许章程。例如,学校是由当地团体按照这类特许章程开办的。这样做的国家在数量上已越来越多。家长得到以教育券形式提供的资金,他们可以将这些教育券用于他们自己选择的特许学校。类似的,信托医院由地方共同体的代表(比较了解情况的)按照特许章程来管理,用公共资金来保证提供的服务能合乎质量标准。这类共同体企业一般都比中央化福利供给具有更多优势,因为管理人员更了解当地情况,除了培育一种共同体的精神外,还可以动员自愿的贡献。

对产权的再分配

在大多数国家中,政府的第三个职能是对收入和财富进行再分配:即没收某些人的产权并将它们再分配给另一些人。这种行动立足于各种"社会公正"方面的概念(Tullock,1983)。在欧洲,统治者曾长期用公共收入资助"流浪儿和寡妇",而公共组织——如公共贫民院——曾照顾过贫民们的基本需要。基于这一传统,社会改革家们,如英国的费边社会主义者、前英国殖民团、大陆欧洲的社会民主主义者和美国民主党的一个组成部分,常常宣称占据了道德的制高点(the moral high ground)。类似的各种"社会公正"观念也影响了穆斯林世界和佛教国家的政策。在这一过程中,安全和公正被等同于在面对变化时维护一定的社会地位和经济地位,还被等同于收入和财富分布中一定程度的结果平等(见4.2节和6.3节)。倡导由政府进行再分配的人们还对其政治再分配方案的实践可行性抱有乐观主义态度,并以这种态度为其立论的基础,完全不重视认知问题、理性无知、道德风险和政治代理人的自私自利。基于这些流行哲学,政府起着为防范人生风险兜底的作用。而在像东亚大部分地区那样的其他文明中,这种作用通常是留给家庭来承担的。

可以用两种政策手段来尝试再分配:

(1)一种手段是运用政府的强制权力来征税和分派转移支付,以弱化甚至抵消竞争博弈的后果;

(2)另一种手段是通过直接干预立足于私人产权的竞争基础,通过影响财务资本、物质资本和人力资本的积累,通过干预缔约自由,改变市场的运行(图10.1)。

产权在人们中的分配是过去市场过程和一定程度碰运气的后果。没有有形之手作用于这种分配,其结果产生自千百万分散个人的决策

（Hayek，1986/1978）。要改变这种模式,政府就得依靠其强制权力去征税和安排转移支付。征税和转移支付都是在政治过程中决定的。例如,累进所得税制并不对所有的货币所得一视同仁(如统一税那样),而要考虑财产所有者收入流的规模。有些税种是对某些类型的开支征收的,而另一些开支则可免税。转移支付可以完全由现金支付方式构成,但也可以包括实际资源的支付。例如,食品施舍、免费住处或提供各种服务的代金券。同理,政府和议会可以决定向平均收入较低的地区或能赢得关键选票的地区提供更多由政府拥有的基础设施。

```
                        再分配措施
                ┌───────────┴───────────┐
           抵消市场过程              改变市场
            的后果                   的功能
                │                      │
           靠改变                  靠改变激励因素
          市场结果                    和机会
```

- 对下列项目进行有区别的征税
  - 收入
  - 财富创造
  - 财富
  - 支出

- 转移支付
  - 货币补贴
  - 隐性转移支付
  - 间接转移支付
  - 实际资源转移支付

- 改变竞争基础

- 对资本形成提供区别性补贴

- 对资本征税
  - 对捐赠品/继承征税
  - 对生产性资产征税

- 改变人力资本构成

- 干预缔约自主权
  （产权运用）

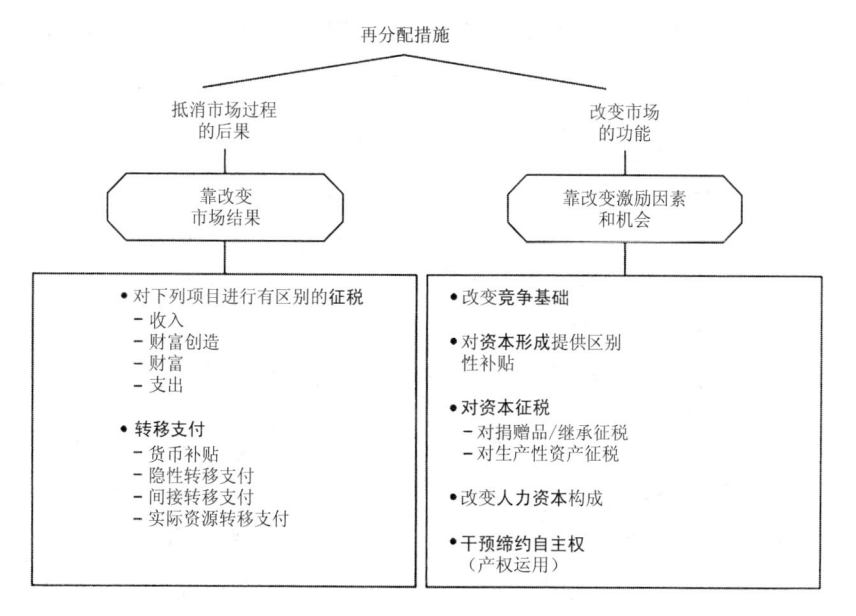

图 10.1　再分配干预的手段

　　第二类再分配手段的目的是,在人们于市场中竞争性地运用其产权之前改变起始机会(图 10.1)。这包括帮助特定群体形成物质资本或人力资本的各种措施。将教育视为一种公域品,政府可以就受教育机会提供资助(如 7.2 节和 10.1 节中所讨论的那样),目的是再分配年轻人在劳力市场中参与比较平等竞争的机会。对私人缔约自主权的直接干预也可以改变参与竞争的机会。再分配干预的其他例子还有，禁止雇主解雇工人的规定，哪怕工人不出活；或是禁止房主驱逐屡欠房租的房客。通过这些干预，立法者不仅造成了不对称的特权，而且毁掉了提供工作和住处的激励因素。实际上，租金限制看来是目前所知摧毁一个城市的最有效途径之一，仅次于大轰炸。

第二类再分配政策的另一个例子是关税保护——我们在第8章中已经触及的一个话题。外国生产者和国内购买者会认为，因为政府设置的关税壁垒阻碍了跨国界的销售活动，他们财产的价值会减少；而国内生产者则会认为，他们财产的价值会增加，因为他们能在较高价位上销售。这样的再分配干预会对受管制产品的供应产生意料不到的长期影响；它们还会打击创新。这类再分配政策所具有的短期后果和长期后果都不明朗。再分配总会因未预料到的和不想要的副效应而复杂化。仅仅由于这个原因，看来更可取的是，应使再分配政策立足于借助预算的、较透明的税收手段和转移支付手段。这是一种服从于明确议会控制和公共控制的方法，而不是在市场中进行直接行政干预的方法。

再分配总是意味着政府的有形之手拿走某些人的私有产权，分派给另一些人。再分配总会干扰政府的保护性职能，包括对私有产权的保护。无论再分配私有产权的政治行动有着怎样的动机，人们都应该意识到，这类干预行为的积累——增加经济中的管制密度——都会阻碍自由市场价格的信号机制和自负其责这种重要社会品质。它还会导致广泛的索求心态和一种受害人文化，这种心态和文化又常会导致习得的无助感和文化上的不适。一个社会中要进行多少再分配当然要由选民来决定。在这里，我们只能指出这类政策所具有的常能见到的意外后果,并讨论,有什么办法能帮助抑制因政府进行广泛再分配所导致的意外副效应。当我们在后面的 10.4 节中讨论社会民主试验的失败时,还会回到大规模再分配政策的后果上来。

> **关键概念**
>
> 费边社会主义和社会民主主义是从社会主义中分裂出来的。在 19 世纪末期,社会主义的目标是用暴力推翻"资产阶级秩序"和征用生产资料。社会民主主义者在 20 世纪的多数时间里都在怀疑私有财产,并主张对土地、住房、多种工业资产以及银行和其他重要服务实施逐渐的零敲碎打的国有化。他们还主张在市场中实施"矫正干预",以便使人们拥有较平等的收入。他们在保健和教育服务的供给和生产上,以及养老事业的供给和部分住房供给上,实行了国有化,并更普遍地试行用公共福利取代私人的福利供给。
>
> 社会民主主义者大都坚信,政治领导人和行政管理过程有能力实现政治上预先设定的目标(对各种集体方案的政治可行性持有乐观态度)。

征用与合理补偿

在第 7 章,我们讨论过政府在"征用权"原则或类似的成问题的司法构建下收走产权的问题。对私有产权的保护怎样才能与国家对私有产权的索取相一致呢?明确的规则总是必需的,特别是在这样一些国家里,那里的单一目标群体与政府串通一气,追求与良好运行的市场秩序相悖的各种政策。多方面的司法实践和法律传统已经形成了将征用与"合理赔偿"联系在一起的规则。这些规则有:首先,如果行使个人产权已被证明造成了伤害(不是有人说或只是担心有伤害),征用才是合乎情理的。尤其是,"对环境的伤害必须在一种'预警原则'的基础上先发制人地予以处理"这种观念,它忽略了政策在处理有关未来繁荣、职业安全感、和平,以及其他这类愿望时,应有的处处小心谨慎的态度。单讲对环境保护要实行"预警原则"意味着,需要对那些追求单一目标的团体给予政治授权,从而有可能伤害到其他所有人。由于环境风险评估也是非常主观的,采用环境预警原则会以法治为代价提升(武断的)人治。

在个人声称由于某项产权运用受到了伤害的情况下,依据国家法律举证的义务就落到他们身上。如果政府代表广大公众声称受到伤害,举证的义务就应该由政府承担。立法颠倒举证义务——"被证明无辜前都有罪"——应该被视为对产权秩序的一种攻击。一旦伤害被证实,必须实施三项检验:

(1)征用现存私有产权的建议是否能促进所说的和可接受的政策目标?

(2)据专家的最好判断,干预的预期获益是否会超过预期成本?

(3)被征收了产权的所有者是否按合理条件得到了补偿,即相当于适当自由市场价值的补偿?

只有当这三个问题的答案都是肯定的时,提议的征用才能与运行良好的资本主义秩序的各项准则相一致。如果没有完成这些条件,就发生了征用,那就是对长期繁荣和现代文明诸支柱之一进行的攻击。

由于成熟经济体的各国政府都面临着纳税人日益增多的抵制(如美国的"茶党运动"),当选政府越来越依赖剥夺和征用私有财产而不予适当补偿的各种规定。他们这样做是为了赢得或维持单一问题游说集团的支持。在西方民主国家中对资本主义秩序的逐渐侵蚀,正是忧心忡忡的观察者们现在要求"管制影响报告"的原因,那是为了以一种透明的方式,在实施任何政治干预之前说明上述三个问题(Epstein,1985；Epstein et al.,2005；Epstein,2007)。在有些政区里,立法者们正在通过要求一种管制章程来捍卫产权制度。例如,自 2011 年以来,在新西兰就是这种情况。在许多其他国家,仍然假定私有产权是安全的,而其受到侵蚀的长期效应还没有受到重视。

代理成本:征税和管理

为了履行政府的各种职能,政府代理人会带来代理成本。代理成本通常由强制性税款征收支付。而征税和公共资金管理又会引出进一步的各种代理成本。

组织政府行政事务并为其筹资是财政研究的课题。尽管制度经济学在政治组织的运作上有着大量的运用,但那种讨论大都超出了本书的框架。不过,我们仍应当指出,制度能对下列两个方面产生重大影响:(1)对政府的规模;(2)为实现一组既定的政府目标将发生的代理成本量有多高。

如果社会化财产能被转变为俱乐部品——将政府的任务移交给小型的自组织和自监督群体,政府的规模,以及与此相关的代理成本和税收成本,就都能缩小。再者,社会财产能被私有化,而公域服务能被分包出去但靠公共资金来供给,使生产与供给机会相分离。例如,在瑞士和美国的有些州,从前的政府学校系统中有很大一部分现在已经委托给特许学校,即由共同体的不同组织来建立和经营的学校,这些组织之间则要为获得教育券而竞争。同样,在英国和西班牙的非政府信托医院,已经接管了先前由单一(官僚化且经营状况不佳的)国家保健系统提供的保健服务。这些转变使政府事务更加可行,因为在那样的情况下,政府代理人能专注于其核心活动,进行计划、指导、监督和纠正。

政府的核心职能

为了确定政府的各种适当职能,就必须分析基本的价值判断。这些价值判断在近年来关于政府规模和政府改革的公共争论中扮演了一个重要的角色。米尔顿·弗里德曼给出了这样一个规范性的答复:

政府应维护法律和秩序,界定产权,充当我们修改产权和其他经济博弈规则的工具,裁决在解释规则上出现的争端,强制执行契约,促进竞争,提供一个货币框架,从事抵消技术垄断的活动,克服各种被公认为十分重要因而须对其实施政府干预的邻域效应(neighbourhood effects)。政府还应在保护无责任能力者(精神病人或儿童)方面辅助私人慈善团体和普通家庭——这样一种政府无疑有很重要的职能要履行。坚定的自由主义者并非无政府主义者(Friedman,1962,p.34)。

改革家,前新西兰财政部长,露丝·理查德森也采取了相似的立场(见本章案例二)。她主张将政府的职能减少到核心职能。这一主张的前提是将公民视为委托人的政府概念。有一部分当选的代理人组成了董事会(内阁)。它制定总方针并列出明确目标。根据这些方针和目标,可以衡量官僚-经理及其政府部门的业绩。简单明了的目标,以及与业绩挂钩的报酬,再加上最高经理的有限任期,将在公共行政机构中造就恪尽职守的激励并抑制代理人的投机行为。当选董事(部长)们不应当涉足如何生产政府服务或如何购买必要投入的管理活动。这是专家经理、政府部门首脑及其助手们的任务。涉及政府事务中最高管理者的契约可以按时间段规定效能红利(efficiency dividend)。

国际标杆可以帮助实现这些规定的目标。因此,改变现行的规则组合能产生激励,减少政府的代理成本。

一旦明确了政府的职能,确定了公共服务的最佳生产技术,就能估算投入成本。然后,由政治程序选举出来的董事会就要遵循已久经时间考验的财务谨慎原则和代际公正原则,决定如何用公共开支来满足这些成本,以及如何筹集经费。使所有的当选政治家都有条件获得恰当的财务信息是非常重要的。这包括获得政府的资产负债平衡表。简单而基础广泛的税种,会造成较少的服从成本和监督成本,而最小化的税收会释放纳税人的精力去追求他们真正的经济目标。这样的税收体制还会使征税的代理成本保持在相对低的水平上。

第10章——案例二

行动中的小政府

节选自对改革者和前新西兰财政部长露丝·理查德森的访谈录:

我们应当从提出基本问题开始:国家应当做什么?我们应当在许多领域中"撤消"(de-invent)政府。可以肯定地说,国家有保护法治的作用;另外,像讨论的那样,还在确保收入充足性上有最低限度的作用。对国家的资助必须限定在这样一个范围内……国家的作用是建立规则,充当确保公民得到高水平服务的管家,它还要为未成年人或病人的选择提供资金。但是,如果你问人们,他们仍然会认为国家应既当裁判员又当运动员!我们知道,国家,作为企业经营者,已是一个破产者。但绝大多数人仍在想,它能生产优质的保健服务和教育服务!……通过减少国家的作用,政府开支将自动缩减。政府不应当从事生产,因为它们不可能创造财富。它们只能保护一种氛围,使普通百姓能在其中自由地评估什么东西可以增进其财富……管制必须是原则性的和少而精的。例如,政府只能在市场变得不可竞争的时候作为裁判员而存在。国家有一个合法的作用,即在垄断削弱竞争时吹哨子……

〔改革〕就是要消除有组织集团的政治特权。当你重新设计税制时,你的起点是重新反思政府的角色,以及因此而能合法地预期纳税人愿出钱的开支需求。接下来,你要弄清楚,你找到了靠集体行动实现预期目标的最有效途径。通过建立使人们尽可能高效工作的激励机制,你组织起公共行政事务。公民们拥有要求行政机构的管理称职而有效的所有权利。必须将现代管理方法用于财务管理和人力资源管理。部长们应承包生产指定产出的任务,而由各政府部门的主要负责人承担起按其认为合适的方式组织投入和生产工艺的责任。政治家们将会按时间段抽取出效能红利。在新西兰,这种与业绩挂钩的管理办法大幅度地节约了财政开支,削减了所得税,并摆脱了外债。

一旦一个人懂得什么是必须要由税收来支付的,他就必须保证用他所能设计的最少扭曲的税收系统来做到这一点。人们必然要寻觅各种市场机会,绝不会因人为的税收理由而偏离实在的商务理由。因此,税收系统必须是低税率、广税基。我更喜欢一种所得税与增值税相混合的税制——15%的统一所得税,顶多为20%,收入低端为负所得税,而增值税则一律为10%。如果税率再向上提,就会变成扭曲性税率了。

广税基、低税率的税制会引导政府和家庭节约;这会降低资本的成本。我们将获得大量的自愿服从,并大量节约交易成本……这样一种明智的税制——有益于公平和可信赖性——必须伴有对偷税的有力制裁和严厉处罚。不能给作假和疏忽留有余地——正如宽恕暴力或容忍违反伦理和刑法的行为是一种错误的、自取灭亡的宽宏大量一样。

来源:W. Kasper (1996b), pp.25-31。

从历史上来看,在和平时期里,纯保护性国家的代理成本很小,即大约为共同体收入的十分之一。但是,我们已经看到,现代国家对私人生产和私人收入的索取要大得多,因为它们要补贴公共部门的生产,而尤其重要的是,(也可能是无限制地)要再分配收入和财富。在这一过程中,政府雇员的数量显著增加,因此也使政府的代理成本大幅度上升。常见的是,不断扩大的政府部门已经成为政府的一个目的。例如,因希望保证更多就业而扩大政府时,或者,当代理人若管理较多的下属就有望得到更好的提升机会时,都会出现这样的情形。

服从成本

集体行动不仅强加了资源成本,那是要由公民们通过纳税和其他强制性征收来承担的,而且还强加了服从成本。这些都是公民和组织在服从政府法律和政府管制(外在制度)时所必须承受的资源消耗。例如,纳税人必须保存各种记录,如果没有政府要求他们不会这么做;他们必须为政府填写各种表格;他们的活动方式必须有别于他们在其他情况下的行为方式,等等。他们可能不得不放弃某些行动而非自愿地从事另一些行动,有时候代价还很高。公民和企业常常被迫雇用职员以处理文书工作。在许多国家里,政府已造就了整整一个"服从产业"(compliance industry),它由纳税代理人、各种与政府有关的专家、律师和院外游说集团构成。

由政府造成的服从成本在不同的政区之间会有很大差异。在许多情况下,政府活动和逐渐增大的司法系统和管制系统可以被精简,而并不显著损害管制目标。可以用多种方式来达到某些保健或安全方面的结果,同时又省去大量的服从成本(第 14 章)。不同的国家税收系统也会造成服从成本。例如,所得税制和公司税制包含着许多着眼于再分配目标的豁免条款和规定,服从这样的税收体制(从文书工作、使用专业税收顾问和诉讼的角度来看)往往要比服从一个无豁免条款、低所得税或低税率的普遍间接税体制代价更高(见上面的本章案例二)。为了对法律和管制措施进行微调和重构，往往会频繁地变更管理指令，这也会抬高服从成本。最后，应当指出，许多服从成本是固定成本，所以，中小企业所面临的成本障碍会比大型公司更高，而大公司更有能力负担专业法律部门和政府关系部门的运作。因此，服从成本是对竞争、创造就业和各种新兴小型企业创新的一种障碍。

关键概念

再分配是一个受"社会公正"理念启发而产生的过程。它的基础是在公民和组织间重新配置产权的各种政治权力。它既可以靠征税和发补贴来实现，也可以靠干预市场力量的自由作用来实现，如靠压低住房对其所有者的价值、提高房客地位的房租控制，靠使消费者更富、农民更穷的食品价格控制等等。由政府的有形之手所做的再分配干预了私有产权，因此常与政府的保护性职能相冲突。

当再分配措施干预具体的市场过程或以具体的后果为目标时，这类干预的后果往往被低估。市场是通过交易的自我调节和竞争的自我控制运行的。在复杂的经济系统中，这些自发的协调力量会因具体政策的操纵和未意料到的副效应而陷于混乱和失效，随之而来的便是必须有频繁的进一步干预。

服从成本必须由服从强制性集体行动的普通百姓和厂商来承担。例如，纳税人必须准备麻烦的文书工作，或者厂商必须监视并报告特定的活动（例如提供就业统计数字）。政府行政和法律的设计对服从成本的水平具有很大的影响，并且，不断重构和微调政府规则大都会违反普适性的制度原则，并抬高这些成本。

10.3 公共政策的自由主义模式：秩序政策

秩序政策与程序干预

贯穿本书的三个判断支持着一个信念:公共政策的中心功能应当是支持和增强社会秩序和经济秩序("秩序政策")。这三个判断是:

(1) 人们的认知能力是有限的。因此,一种有助于发现各种可知模式的秩序会增进劳动分工并由此提高生活水准,它还会向人们提供各种已知的自由领域。

(2) 个人的行动自由(自主权)是竞争的前提条件,而竞争是人类所知道的最有力的发现过程和最有效的控制手段。

(3) 人们拥有非对称信息并经不住诱惑而投机行事(委托－代理问题)是完全正常的。这使建立约束性承诺并强制执行规则成为必要。

如果公共政策由增进秩序的承诺来引导,那么各种个人自由就可能较有保障,经济协调可能较有效,而差别待遇和寻租活动更可能受到压制。这样一类政策会注重培育制度和制度的协调能力。这种方法重竞争和可靠产权的必要性,轻以直接影响具体过程和后果为目标的各种政策。换言之,政策的工作要确保竞争得到保护,不让特殊利益集团染指。有一类公共政策依赖于任意的、针对具体目的的决策。它们极易在服从政策的人当中和政府代理人当中造成认知负担过重的问题。[347] 它们也导致不同政策措施和不同政府部门之间的冲突。这样一种结果导向的指令型政策可能导致的后果,将是公众的漠然、公共政策中的混乱和协调不良。

德国的 Ordo 自由主义学派率先以一种坚定而详尽的方式倡导这一基本哲理。弗莱堡大学的经济学家和律师们,其中最著名的是瓦尔特·欧肯和弗兰茨·伯姆,分析了魏玛共和国时期民主制的惨痛失败,这一失败导致了极权主义的国家社会主义。他们在1930—1950年代间的研究和写作中得出了这样的结论,选举制民主国家已不可能培养出一种无差别待遇的、充分竞争的秩序。相反,有组织的压力集团和按其自己意愿行事的政治家们从事着广泛的投机寻租活动。Ordo 自由主义者——如同现在那些要求"稳健政治经济学"的人们一样——回归到苏格兰启蒙运动的基本信条。苏格兰启蒙运动认识到,保护私有产权、缔约自由和法治对于资本主义经济的运行是必不可少的。由律师和经济学家构成的"弗莱堡学术圈"注重竞争系统中基本的控制功能和激励功能,并对苏格兰启蒙运动的基本原则做了进一步的思考,以使自由主义的政策设计适应现代多党民主制和普遍的寻租。他们承认,产业权势和工会权势的集中是生活中的事实;具有普选权的现代选举制民主国家造就了进行选择性政治干预的重大诱感;而且有组织的压力集团对议会和公共政策有着巨大的影响力。这批学者已经以"弗莱堡学派"或"德国 Ordo 自由主义学派"[①]而闻名(Vanberg,1988;Kasper and Streit,1993)。

德国 Ordo 自由主义学派对公共政策的基本建议是要分清两种做

---

① Ordo 是一个拉丁词。它描述了一种社会状态,在这种状态中,自由的罗马人能感到自由并获得成功。

像其他德国的 Ordo 自由主义者一样——每当欧肯在自己的著作中为秩序政策辩护时,他都一致地使用 Ordnung(秩序)这个词。然而,欧肯一部著作的翻译者,T. W. 赫钦森却避免使用"秩序"(order)一词而用"体制"(system)一词。体制一词较少规范内涵,且不能传达该书中所用的秩序一词的全部涵义。欧肯第二部论述 Ordo 政策的精品著作(*Grundsätze der Wirtschaftspolitik*,《经济政策的基础》,初版于1952年),尽管在德国已多次再版,却至今仍没有一个英译本。

法:(1)使保护性职能成为政府的重点,尤其是培养和建立各种有益于竞争性经济系统的制度,以达到保护的目的;(2)限制对具体经济过程和社会性过程的干预(Eucken,1992/1940)。前者优先于后者——*Ordo* 自由主义者如是说。政府应当专注于用其强制权力促进和保护作为共享品的竞争。*Ordo* 自由主义者的结论是,缔约自由绝不能被解释为包含结成卡特尔和对新加入者关闭市场的自由,因为封闭市场的契约将妨碍他人的自由,包括妨碍购买者的选择自由。他们还发现,公共政策干预常常引入干扰,使稳定的预期难以形成,因此是反生产性的。所以,作用于外在制度的公共政策之手应是稳定可靠的。在追求具体后果上的政治能动主义被认为具有误导作用和不稳定作用。

Ordo 自由主义者对于干预经济过程持保留态度。这使他们对凯恩斯主义者在1940年代和1950年代所倡导的、可有意酌情裁量的政策,对主张用预算政策和货币政策来抵消总需求周期摆动的政策,都持批评态度。与此相反,*Ordo* 自由主义者偏好基本稳定的制度和稳定的、能增进系统内在自稳定化的公共政策。他们担心,刺激经济发展的政府投资和对总需求的操纵会逐渐地腐蚀市场信号机制,改变私人的行为模式。在那方面,他们预见到了1980年代"理性预期学派"的批评,但却将这种批评置于有关顺从市场(market conformity)的、宽广的方法论背景之中。

顺从市场

Ordo 自由主义者关注的焦点是竞争——不完全是单个市场中的竞争,而是遍及整个竞争系统的竞争。他们告诫说,竞争系统应得到保护和支持,因为它们具有基本的知识产生功能和控制功能,这是其他集体性系统在现代复杂经济的环境中所无法企及的。因此,德国 *Ordo* 自由主义者要求,公共政策的所有措施都应当"顺从市场",也就是说,

政策不应当削弱竞争的普遍作用。对每一种政策措施,以及集体行动的总体设计,都应当从其是否影响竞争力的角度来评价。例如,在下面10.4节和10.5节要讨论的那类再分配手段,就得不到德国 *Ordo* 自由主义者的青睐,除非它们能在不扭曲竞争信号的情况下增强竞争者的初始地位。

***Ordo* 政策的构成原则**

下列基本原则构成了这类政策的精粹:

· 私有产权;

· 契约自由;

· 个人对其承诺和行动负责;

· 开放的市场(进入和退出的自由);

· 货币的稳定(无通货膨胀的货币);

· 经济政策的稳定。

Ordo 自由主义者说,应使这些原则占据优先的和宪法性地位,并成为公共政策的准星。这些原则构成了对自由市场秩序强大而一贯的支持。它使有效的协调得以展开,它使人们可以凭借创造性企业家精神运用知识,它使抑制经济权势成为可能(8.1节和8.4节)。如果由这些简单的构造性原则来引导公共政策,公共政策就不会助长无节制的放任自由,而会在一个节约知识的制度框架中保护个人权利和有效协调。这种政策还会约束统治者,使之遵循"对所有人不偏不倚"的原则。

瓦尔特·欧肯所强调的、*Ordo* 分析中的一个重要洞见是,这些原则应当以同样的程度应用于所有相互依赖的市场(Kasper and Streit,1993)。例如,如果劳力市场中的"次级秩序"(sub-order)与产品市场中的"次级秩序"不相兼容,就会引发代价高昂的矛盾,如出现扭曲的相对价格。与自由竞争的产品市场并存的受管制劳力市场将使生产无利可图,还能毁掉就业。这种不兼容迟早会要求解除对劳力市场的管制,或压制产品市场中不受拘束的竞争。各个次级秩序的相互兼容在与经济生活接壤的领域中也很重要。例如,一套破坏激励机制的社会福利系统或侵蚀产权的法律秩序大都会与竞争性经济秩序相冲突。只有"次级秩序"的兼容对接才能保证稳定和效率。这一基本洞见与我们在第6章里讨论的对规则秩序的呼吁相关联。

坚持这样一种公共政策当然能阻止法律上和管制上的能动主义(activism)。它还要求容忍某些可能不被特定社会集团喜欢的后果。最要紧的是,它要求对再分配政策持谨慎态度,并忠告说,在不间断的演化背景下,收入和财富中所见到的不平等后果能得到最好的分析和处理。然而,相对贫困的个人所需要的帮助,也许是获得更好的起始机会,而不是无条件地给予施舍。

Ordo自由主义者希望,只固守"秩序政策"将保护政府,使其在政治争斗和公共论战最激烈的时候免于轻易地向寻求再分配的压力集团让步,并免于被迫对每一件事情负责。然而,这一希望尚未得到战后德国历史的证实(Giersch et al.,1992)。仅仅坚持上面提到的那些指导原则并没有保护西德议会和官僚们,使他们避免能动主义宏观经济稳定政策的错误,也没有使他们在面临选举时不偏袒利益集团。公共选择学派后来讲述的那些政治-经济过程,已被证明是太过强大了。仅靠束紧政治家的手去推行Ordo原则,并不能阻挡根深蒂固的利益集团。

弗莱堡学派的成员在一定程度上预见到了公共选择经济学家对寻租活动和政治偏袒主义的诊断,后者将这些活动视为对资本主义体制恰当运行的破坏性影响。然而,除了陈述一般性原则外,对于在当前被称作议会民主制中的"市场体制的制度硬化症"(institutional sclerosis of the market system),弗莱堡学派却提供不出多少具有实践价值的矫正办法（Streit，1992；Kasper and Streit，1993；Pennington，2010）。不过，批评性的观察者在半个世纪之后仍不得不承认，各种从内部阻断"寻租动力"的实质性改革仍然毫无可能。看来，目前已有的任何改革激励都主要来自不同政区之间的制度竞争压力（第12章）。

Ordo 政策与协调

如果暂且假设能有效地约束住投机政治家和官僚之手，那么 Ordo 政策就能使各种共同体更可控制，并使治理工作在有限知识的现实世界条件下更加可行。坚持一套相对简单的原则能帮助政府代理人抵制诱惑，不去对具体后果做过多的承诺。在现实中，这些承诺往往远超出了他们的供给能力。坚持这些原则，各种政府部门就可以保持在合理的协调中。这样，一个部门不必去矫正或弥补由其他机构的行动所造成的意外副效应（跨机构协调）。Ordo 自由主义原则还有助于保持政策的长期一贯性，从而培育一种可预见的政策模式（跨期协调）。除此之外，坚持这几项指导原则——而不是频繁地干预具体过程——不用很久就能引导私人决策者去预测政策博弈的规则，并诱导他们以比较可预见的方式做出反应（政府与民众间的协调）。政策，由于比较具有可预见性，会变得更可信赖，更有效能。

我们已经指出，秩序政策要求政策制定者无视规则导向行为（rule-guided behavior）所导致的具体后果。当然，固守支持已知制度系统的政策并放弃"后果设计"（outcome engineering）有时会导致不受欢迎的结果。那时，政策制定者会把具体后果放在比维护规则更高的地位上，引发难以预见的副效应，削弱一般的、易于认识的制度系统，而副效应又会提高协调成本。过程干预，如表现为对不受欢迎的异常事件做出反应的"下意识立法"（knee-jerk legislation），可以赢得短期的普遍欢呼，但它违反了无歧视规则，从长期来看将摧毁信心。因此，秩序政策需要政治脊柱,还需要对人类长期交往的协调方式有很好的理解。而这很可能超出了选举制民主国家(和其他体制)中的政治家所能够也愿意提供的东西。

对以培养简单的、易于理解的行动秩序和规则秩序为目标的公共政策设计,偏好个人自由和经济增长的经济学家和其他社会科学家已呼吁多年。近年来,他们已经更为明确地认识到,在许多主张少数服从多数的民主国家里,实际诱惑对于政策制定者和民粹主义选民是明显的。他们现在再次主张,应该集中精力,实行简化了的保护私有产权的基本规则,以及管理自由竞争的各种规则(稳健政治经济学,Pennington, 2010; Boettke, 2012)。

尽管 Ordo 原则和稳健政治经济学学派的基本原理明确地提出了实现成功、增进增长的适当治理规则,但成功还要靠一个实际问题:公众和政策制定者那样的人们是否会接受这些规则,这些规则如何能得到执行?外在制度只有在得到内在制度和共同体价值观的支持时才可能是有效的。与当地文化和社会规范无关的强加制度注定是要失败的。规则的发展要求当地的知识、共同体的实践和习俗以及持续的个人交往来充实这些安排。正如贝彼得和科因所说:"正式的制度必须建立在人们活动于其中的那种社会基础(*metis*)之上。如果这种社会基础不能与外在制度充分融合,那么外在制度就无法维持也不会有效"(Boettke and Coyne, 2006; p.55)。

关键概念

Ordo 政策聚焦于内在制度、外在制度以及这些制度的组织依托,视它们为经济过程的框架。ordo 政策的目的在于促进秩序在公民头脑中的形成。它认为,维护一个被明确理解的、透明的政策规则系统要高于对具体经济过程进行干预。对竞争的维护被视为一种共享

品,它的发展和保存优先于或高于提供经济活动的长期稳定或收入再分配。

  Ordo 政策的构造性原则是：

- 私人财产；
- 契约自由；
- 个人对其承诺和行动负责；
- 开放的市场(进入和退出的自由)；
- 货币的稳定(无通货膨胀的货币)；
- 经济政策的稳定。

  如果这些原则被灌输进宪法品质,它们就能起到协调机构间和不同时期政府活动的作用,并建立起使个人更易获得成就、使寻租更难以谋求的民间预期。

  次级秩序的相互兼容性是政策设计上的一个特征,它的注意力在于治理相互依存的市场间在制度框架上的相互依赖性。这不仅要求产品市场和要素市场应受制于相似的竞争自由,而且要求社会政策、经济政策和法律政策之间也应相互兼容。在由规则相互兼容的次级秩序构成的制度系统中,各种制度彼此相互支持,且较易被译解。在这一意义上,这样的制度系统是有效能的。

  当我们说到**政策协调**时,我们必须想到使公共政策行动在下列三个方面具备可兼容性:(1)在各种政府机构之间;(2)在不同时期之间;(3)在公共政策制定者与服从公共政策的民间个人、组织和团体之间。

10.4 社会民主实验的失败

再分配的后果

很久以来,经济学和公共政策都认为,市场过程没有产生出一种符合特定规范概念的收入和财富分布。这导致了社会民主主义的一种观点,即政府的有形之手应该实施干预,以"矫正市场",并确保形成与竞争过程所产生的后果不同的产权分布。当然,有权势的私人利益和公共利益通过抑制市场争胜,扭曲了现实世界中的收入和财富分布。这通常会导致权势的进一步集中。其后所面临的选择就是,要么强化竞争过程,要么对再分配进行政治干预。在多数时期,多数选举制民主国家都走上了干预主义道路,但这一过程却常常巩固了权势的地位,削弱了竞争的强度。当 Ordo 自由主义设计被用于战后德国时,情况也是这样:在整个时期里,对产权再分配的干预(社会市场经济)摧毁了保护竞争秩序的政治承诺(Giersch et al., 1992)。在选举政治、有组织利益集团和权贵官僚的压力下,保护资本主义宪章的承诺分崩离析。

到了21世纪初,在许多西方民主国家中,借助大量矫正干预进行再分配的政策承诺已处于越来越严密的监督之下。因为,这样的干预已使各种市场体制无法发挥作用——体制的协调能力、对承担风险的激励和对生产的激励都遭到了腐蚀。再分配也在许多成熟的民主国家导致了预算赤字和治理危机。

由于政治家们能从收入和财富的再分配中攫取政治好处,(我们已看到)对扩大政府再分配职能存在着强大刺激。相互竞争的政党为争取大众选票展开投机争胜,加上已成气候的利益集团的压力,已经给再分配职能增加了越来越多的东西。在西方的"福利民主国家"中（在欧洲，以社会民主人士和干预主义的保守政治党派为代表；在美国，以左翼自由主义运动为代表），自20世纪中期以来，再分配的重要性已极大增长，为公共政策带来了相当多的问题：

(1) 大多数政治性再分配方案都没有起作用。即使在再分配政策得到大规模实施的地方，贫困和收入不平等仍然存在，甚至还有增长。

(2) 用公共供给来应付越来越多的私人意外事件，在福利接受者当中造成了"道德风险"和不断扩散的索取心态：个人和家庭再也感觉不到有责任对疾病、事故和养老做出自己的足够贮备，他们也不再回避其健康或安全方面的风险。然而，由于显而易见的知识局限性这样一个核心原因，集体性的风险贮备永远不可能完全按多样化的个人要求来定制。相反，只能根据"一规适万物"的格言，向"标准消费者"提供风险保障。因而，向社会化贮备的转移将导致较糟糕的个人风险保障。同时，人们学会了依赖索取施舍，并因施舍不足而抱怨自己命苦。人们不再依赖自己的努力，也不会在自己手段不足时责备自己。借助税收和补贴实现的越来越多的转移支付最终并没有产生出所允诺的结果，即根除贫困和经济机会的更均等分布。

(3) 从长期来看，慈善活动的社会化大都减少了与穷人的团结，并因而减少了自愿的捐赠（Streit，1984；Olasky，1992）。自愿的捐赠，加上某些个人的监督和对贫穷受助者的建议，日益被一个非个人化的强制性"税收－补贴"机制所取代。富人的结论是，他们已经缴纳了足够的税，而不知名的福利受助者也已获得了足够的扶助。因此，向自愿慈善团体的捐赠减少了。

在一项对美国现代福利国家兴起的历史分析中,马文·奥拉斯基记录了在政府突然大幅度接手社会福利之后自愿捐助的下降。"在 1960 年到 1976 年间,个人捐助在个人收入中的比例下降到了 13%……给社会福利的慈善捐助从 15%下降到 6%"(Olasky,1992,p. 189)。1960 年代的争论将政府福利推高了。到 1980 年,美国的贫困率实际上是 13%,尽管在将近 20 年中有数十亿美元被投入到福利计划中。而且,慈善团体往往轻视真正从普通公民手里募集资金的艰难任务,倒是专注于为分得一块税收蛋糕而展开游说。于是,它们几乎完全变成了公共福利机制的延伸。

(4) 再分配政策立足于一个错误的前提,即不平等是不公正的(Flew,1989;de Jasay,1985,2002)。这种认识会促使经济生活的政治化和情绪化。在过去被习惯地视作非个人化市场过程的后果、从而必须加以接受的事情,现在却变成了政府的政治责任。结果是,在从前,人们试图靠自助、智谋和努力来解决贫困问题,而现在则要依赖更多的公开做秀和游说活动。在从自负其责向依赖政府机构转变的过程中,社会和谐荡然无存。在社会福利和特惠项目的接受者和那些不得不为成本提供资金的人们之间出现了两极分化,而这种分化威胁到了社会和谐(紧张加剧、暴民闹事等等,Sowell,1990,p. 174)。福利国家对用宪法控制国家权力的冲击是与此相关联的另一个方面:许多福利政策的目标都无法靠普适的法律来实现,因此都需要有无限期的立法,并要向公共福利机构授权。结果,政府行政机构中越来越多的部分摆脱了议会监督和司法监督(Ratnapala,1990,pp. 8-18)。这极易为哈耶克称之为"民主理想流产"的结局铺平道路:削弱了政府应服从宪法的原则

(Hayek,1979a,pp.98-104)。

(5) 公共再分配的代际效应已经改变了个人的习惯和长期生活计划,所以现在许多年轻公民的行为方式是使风险和纳税最小化,但使获取福利服务的机会最大化。这一点在瑞典变得非常明显。瑞典已蜕变为一种集体性的"人民之家"(*folkshjem*),在那里,年轻一代回避责任已变得司空见惯(Karlson,1995;Lindbeck,1995;但是,瑞典最近已经开始进行福利改革,见14.7节)。结果,能为公共福利提供资金的税收基础只有缓慢的增长。

(6) 福利的公共供给有利于在保健、养老和其他服务领域的生产中形成公共部门垄断。其结果是更少的选择机会、缺乏竞争力的成本控制、服务供给者(工会化的保健工人)的有组织集团占有各种租金,以及尝试和创新动力式微。从总体上来看,技术进步迅速的各个行业会生产出越来越便宜的商品。而在保健行业,技术进步很快,但公共垄断占据主导地位,成本不断无情上涨。原因在于,官僚主义的程序助长了毫无意义的行政管理泛滥,使实际生产和解决问题弱化,也使第一线员工变得消极。

(7) 在再分配性干预(及随之而来的税收负担和管制负担)盛行的地方,黑市会不期而至。当人们发现有形之手使他们蒙受了不公正和无效率,剥夺了法律赋予他们的自由时,他们会选择放弃法律而进入一个更加缺少保护的领域。在这种领域中,他们的交易只能依靠内在制度和自执行机制。那样的制度常常是起作用的,但它也造成了黑市、掠夺和犯罪,并使人们所获得的结果不如依靠受集体保护的产权所能获得的结果(Streit,1984)。

(8) 对"社会公正"的需求是真正自由的翻版。索取资源的自由是以免受干预的自由为代价的。普遍的社会福利强化了一种观念,即有"索要某种东西的自由",例如索要使你免遭贫困或疾病的资金——这是一项永无止境的任务。因此,选举制民主国家中的议会受制于对更多集体行动没完没了的要求,并变得越来越易于使选民失望,越来越削减个人自由,而削减自由对民主产生威胁。

(9) 常有人声称,再分配使收入从富人流向了值得帮助的穷人。但在现实中,情况往往不是如此。一般是掌握政治权势的人或充分组织起来的人,运用他们的权力,使政府从少有或毫无权势的个人那里取走财产,加以重新分配。具有很强再分配政策的多国经验证明,利益不成比例地流向了较富的人,而不是流向了穷人(Sowell,1990,p.174)。这方面的一个好例子是美国棉花补贴的受益人——大约 20 000 棉农——平均每人都得到了高收入,将近每年 125 000 美元。在选举制民主国家中,在大多数人的产权能被以小得几乎难以察觉的边际削减、巨大利益转给组织良好者的环境里,这样的过程尤为普遍。如果多数选民想要改变一项政治干预,他们所有成员的(固定)信息成本和交易成本太高,而极少数享受到实实在在集中干预利益的受益者却有足够的物质动机组织起来,为实现更多的这类再分配进行游说。这样的群体在少数供应商(高价于其有利)面对无数购买者(低价优质于其有利)的市场中尤其盛行。结果,公共再分配政策大都被一种"供应商偏向"所控制,尤其是若环境已长期未受扰动,从而既得利益和政治联盟已有足够的时间变得固若金汤,就更是如此(Olson,1982)。

(10) 在许多国家中,福利供给不顾一切地增长已经造成了一种普遍印象,计划和组织这些物品和服务的公仆们,成了主人(委托人),而公民们,还有当选的政治家,不过是他们的仆人。

(11) 被认为是临时性措施的特惠计划不仅会持续存在,而且即使最终证明它们是一些经济失败,仍会因政治理由而膨胀。

(12) 在选举制民主国家中,议会和政府大都要争夺中间阶层的选票。因此,许多公共福利的施舍都是旨在赢得中间阶层的选举支持。而中间阶层又构成了最大的纳税人阶层。因此,被构想为再分配的措施最终却证明是安东尼·德·贾塞恰当地称之为"搅和"的事情:同一批人的付出和获取(de Jasay,1985)。搅和当然造成了可观的代理成本(但是从"搅和者"的角度来看,带来了很好的职业,创造了可观的收入)。

(13) 日益增多的政府再分配已经遇到了严重的宏观经济问题:财政赤字、难以收拾的公债、往往还有不稳定的外债、对私人储蓄的侵蚀、纳税人的反感,还削弱了国家的国际竞争地位。在成熟经济体中,尽管有许多因素以损害私人开支为代价增加了公共开支的份额,但是靠新的福利承诺"购买选票"的做法,仍是陷入不可持续赤字的关键。在西欧和美国,在经济繁荣期,似乎没人会谈起财政盈余,只有关于减少永久性赤字的讨论。截至2012年,世界上十大经济体中,没有哪个被国际货币基金预测会有财政盈余;有些福利国家被预测甚至会有更大的财政赤字(美国,GDP的7.8%;法国,4.7%;英国,7.6%)。愿意从长期角度看问题的一些认真的专家观察者认为,不断上升的财政不平衡甚至会威胁到西方显赫的政治地位和经济地位,会威胁到西方文明的生存能力(Hayek, 1988; Ferguson, 2011)。纳税人抵制用增税为福利项目筹资,反对日渐增多,而公共债务上限也威胁到了成熟福利国家的财政稳定。截至2010年代初期,欧洲靠债务融资的再分配国家看来已经陷入了一种棘手的危机之中。要进一步贷款为公共赤字融资,就必须付出极高而不可持续的利息成本。就像英国首相玛格丽特·撒切尔曾说过的:"很快,你就花光了其他人的钱。"2008年以来的全球金融危机已经使这一点变得清晰了,即根本性的政策调整最终将不可避免。那么当然,调整会给曾经深信公共福利会永久供给的个人带去调整负担。

(14) 由社会民主福利国家引起的一个更根本性的问题是,(如上面简要指出的)它直接与法治及政治的保护职能相冲突。如果政府的核心职能是保护个人自由,从而对公民一视同仁地保护私有财产,那么这就与通过公共干预对私有财产进行重新配置相抵触了。再分配破坏了市场信号,因此再分配国家不可能让人们将他们运用其财产、劳动和知识的所有收益内部化。资本主义宪章变得模糊不清,市场秩序遭到破坏。可能的后果是,个人努力、承担风险和创新都减少了。此外,如果人们的收入被公共命令拿走了,许多人都会产生不公正感。对政治过程广泛蔓延的不满迟早会超过因对共同体的忠诚和对政府的支持而带来的收益。那时,玩世不恭和对民主体制支持的下降就能削弱政治权威的合法性、政权的稳定性,以及对可靠秩序的长期信任。

(15) 与再分配政策有关的另一个基本问题源于这种政策所依赖的静态社会观。认真看待经济系统的复杂性和开放性的经济学家都懂得,在任何时点上所观察到的、集团间和个人间的收入分布都只能说是"社会生活影片"中的一个镜头。在现实生活中,财富和收入的相对状况,以及这块"蛋糕"的大小,都处于连续的动态变化之中。在讨论再分配政策对创业探索潜能的负面效应时,柯兹纳嘲笑了他称之为"用'固定的馅饼'(given-pie)框架服务于'经济公正'的再分配"(Kirzner,1997,p.75)。从长期来看,收入和财富的分布极少静止不变。今年相对贫穷的人在接下去的十年内可能会富起来,而财源滚滚的公司很可能在从现在起的一代人时间内瓦解冰消(今天"财富500"中的公司,只有极少几家能追溯至1950年!)。在一个有着私人养老贮备的经济中,年轻人相对贫穷,而处于退休门槛上的人拥有相对多的资产,是很自然的。难道再分配政策应当施加干预,使老年人和青年人更"平等"吗?谁愿意承担那样的后果?难道再分配政策应当为那些在某一时段上相对贫穷的人实施干预,并因此而削弱他们凭自己的努力提高其经济地位的动力吗?

(16) 生产率增长缓慢,税基受到侵蚀,还有更多的人准备索求福利。实际上,这些因素的综合作用已经导致所有福利民主国家都陷入了严重的财政赤字中。在西欧,各国政府现在平均花掉一半多的国内生产总值,(边际)所得税率很高,但尽管如此,政府还在不断累积赤字。美国的各级政府也面临着不断上升的公共债务。面对人口的缓慢增长,甚至是负增长,还有不断增加的老龄人口(这些改变部分受到过去再分配政策的影响),公共政策的制定者们被迫通过收紧或废除已许下的福利供给承诺来做出反应,例如,推迟退休年龄。过去曾指望着永久性慷慨公共福利的人们,他们生活中的这类未曾预料到的变化,导致了深深的不满和对民主日益增长的不信任。尽管有"社会保障",许多人现在却感到不安全。截至2010年代,对福利服务的财政削减已经导致越来越多的街头抗议,那是靠税收筹资的年金"受益人"、拿到的年金低于预期的领受者、还有被紧缩开支的公务员们的抗议。社会民主的承诺——通过丰富的福利缓解社会紧张——已经导致了意想不到的后果,即加剧了社会的不安。

(17) 当越来越多的公民被惯得依赖于国家时,再分配政策也削减了个人挣一份诚实生活的机会和动力。对自负其责的破坏打击了共同体的敬业态度并毁坏了公民社会。例如,苏联及其继任国家的许多问题已经被正确地归结为政权的寄生心态。这种心态引起了"个人责任感的丧失……摧毁了公民社会,也使经济生活陷于瘫痪"(Boettke,1994,p.440)。一个适度运行的、自主的公民社会对于一个有效能的自由政权是必不可少的。毕竟,自由的社会和政治的社会不是人类设计出来的,而是由自组织、自管理的公民们自由联合创造出的一种非计划现象(见后记)。一个充满活力的公民社会的演化是一个自由经济中各种制度的前提,也是对这些制度的巩固。没有一种个人负责的文化,共同体就无法创造出一种合作、联合与负责的文化,而这是所有兴旺繁盛的共同体的基础。

这许多难题和矛盾已经迁延日久,转为恶性——而经济学家们也已经慢慢做出了诊断:福利主义立足于一种比较静态世界观,它以"其他情况都不变"的假设为基础,而演化中的现实则显露出了许多未曾预料到的有害的副效应。当福利国家自1970年代以来一步步扩张时,这一点变得越来越明显。到21世纪开端,人们已经得出结论,社会民主的福利国家不可能持续下去。

尽管有了这些证据,但在经济富裕的民主福利国家中,永远会存在喜欢一定程度再分配的选民。选民们期望政府缓解贫困状况和极端厄运（如在一场自然灾害之后）。有的观察者批评福利国家的规模，有的则承认不断增长的政府再分配职能对自由和形式公正构成了危险，但在自负其责和自愿的私人援助一旦耗尽的情况下，那样的观察者仍可能将政府视为抵御贫困的最后防线（Green，1996）。从根本上来讲，必须从个人福祉的总体角度来分析社会政策，而不能仅仅看个人的钱包里有什么。普遍的福利剥夺了人们的自由，控制了他们的生活；他们常常被视他们为惰性生物的政策所疏远，而这类政策是由非个人的国家带着社会设计的满足感来为他们提供的（Richardson，1995，p. 207）。

收入再分配与竞争

福利国家的支持者常常谈论"富者愈富，贫者愈贫"。如果这是事实，那么它到底与不断加大的政府再分配努力无关，还是因为这种努力才如此？当我们观察到产权被频繁地从无组织的穷人那里再分配给组织较好的富人时，问这个问题是很合理的。如果政府较少干预市场，财富和权势的既有地位会更易于受到挑战，而先驱者利润会更快地消失（8.4节）。自由的劳力市场还可能提供大量的就业，这无疑是最好的福利政策。当普及教育和类似的、确保起始机会平等的措施与全面的竞争秩序相结合时，社会的垂直流动性会得到增强，于是总体上的收入不平等就不可能存留下去。

有证据可用来支持这一观点。竞争是许多东亚新兴工业国家和地区的共同特色，它们追求非常有限的公共福利政策。有关物质福利的责任是个人自己关心的事情，并主要由家庭负责。这解释了高储蓄率和小政府预算。不过，尽管——也许我们应当说：由于——缺乏公共福利政策，被测量到的收入和财富差异小得惊人，并且肯定小于多数经合组织国家（Riedel，1988，pp.18–21；Fields，1984）。事实上，快速增长的、竞争性的中国台湾具有最平等的收入分布，而新加坡、韩国和中国香港则在中国台湾之后相去不远(Riedel,1988,p.20)。在东亚那些生机勃勃的社会中,穷人往往并非长期属于穷人"阶级",而是处于向更高收入阶梯移动的过程之中。

由于成熟工业国家与新兴工业国家之间的国际竞争正在变得更加激烈,普遍的福利主义将对它们之间的国际竞争产生重大影响。竞争不仅是为了争夺产品市场,也是为了吸引资本、高技能、技术知识和企业(见第11章),而广大再分配的重负肯定会是一个决定性的不利条件。

从所谈到的情况来看,有人可能会问,为什么西方民主国家中的公共福利供给会扩张到人们所见到的那种程度呢?答案可能与将部落团结中的小群体模式错误地运用于大工业社会有很大关系(6.2节)。它还可能与从1930年代"大萧条"的历史经验中得出的错误结论密切相关。当时,总需求和就业的大幅度下降,伴随着国际劳动分工中受政治操纵的混乱,造就了贫困的温床,并产生出了政府向人民送"新政"的需要。

10.5 政治行动和寻租

政府中的委托—代理投机行为

集体行动问题并不是单纯由知识问题和对集体行动可行性的无根据乐观态度而引起的。纵观历史,与政治权力有关的另一个关键问题是,政府代理人——不论其是世袭的统治者、民选议员、部长还是被任命的政府官员——都会受诱惑而按其私利行事。换言之,委托-代理问题广泛适用于政治组织和行政组织,因为,代理人(官僚、政治家),作为内部人,比他们的委托人,外部公民,更了解情况。然而,与竞争企业不同,在那里,代理人－经理要受市场竞争的约束,而在政府里,对委托－代理问题缺少这样的自动监察。这造成了更大的信息不对称,并最终为代理人的投机行为造成更多机会(Buchanan and Tullock,1962；Tullock,1963；Tollison,1982；Radnitzky and Bouillon,1996)。

委托－代理问题出现在集体行动的所有层面上。它往往源于有组织利益集团与政府机构之间的共谋。有一个政治市场,它服务于干预和针对政府普适规则的歧视性变通:许多生产者都寻求对其行业的干预,以期缓和无休止的严峻竞争(8.2节)。这个政治性干预市场的供给方是政治家、官僚和法官,他们通过设租(rent-creation)迎合这种需求。这有益于政治家和官僚:他们获得了影响权势集团的能力,也获得了对政党或干预实施者个人的政治支持和物质支持(Stigler,1971,1975)。政治干预通常还能赋予他们充当保护人的满足感——凭借保护人的品格在照顾自己伙伴的生活(6.2节)。

设租者与寻租者之间的联盟创造了"对商业和工业的福祉",但其行为违背公民－委托人(一般公众)的利益。这种联盟可以从所有时代和国家得到证明,并可以在集体行动的所有层面上见到。例如,英格兰的女王伊丽莎白一世、法国的路易四世和其他重商主义的君主都曾将与世界某一地区进行贸易(如印度和美洲)的垄断权授予有着广泛人脉的商人。在这种交易中,政府同商人们共享垄断收益,资金进入国库和他们个人的钱箱。近代,靠关税和配额阻挡国际竞争的保护为国内的农业、工业和银行设租,也为保护主义政府创造了回扣的好处。19世纪和我们时代中新工业化国家的政府(如德国),曾给多国公司和当地企业一些政治优先权。这种做法一开始曾刺激了发展,但没过多久就导致了更高的交易成本、不稳定的过分关心政治,以及民间对"权贵资本主义"的不满(第14章)。以这种方式,制度重点从商业性的正和心态(positive-sum mentality)转向再分配性的政治维护心态和经济停滞

(Thurow，1980)。

第 10 章——案例三

大破产、设租与资本主义体制的健康

一个运行良好的市场机制，不仅对于如效能、创新和经济增长等经济后果是必不可少的，对于保持对政府的信任和维护社会和谐也是不可或缺的。就连不了解真正市场竞争效应的人们，在看到各种根深蒂固的企业受到政府青睐时，也会产生不公平感。成功的创新者，如著名电脑和软件巨头的富于创新精神的领导人，他们拿到巨额利润是合理的——接受这一点的人们，也会本能地不满于有些公司所获得的利润和高薪，因为这些公司是仰仗政府保护或补贴而获得收益的。

在始于 2000 年代初的全球经济衰退中，这一点再一次变得明显了。2001 年 4 月，美国能源巨头安然公司(Enron)宣告了暴涨的销售和利润，其 140 位最高级管理人员平均每人拿到了 530 万美元的薪水。该公司得到广泛称颂，其卓越的管理也备受观察者盛赞。七个月后，该公司被诉破产，处于欺诈、虚报账目、贪婪和政治偏袒的各种指控之中。显然，该公司的大部分债务都通过复杂的金融操作被隐藏起来了。不久，12 亿美元的股东资产打了水漂，许多小投资者失去了他们为晚年准备的资金。令人痛惜的是，该公司最终被毁掉了。利润损失机制并没有像经济理论所假设和规定的那样有效发挥作用，但是最终的"创造性毁灭"出现了，当然没有赢得民众对资本主义的支持。

这个结果与 2007 年开始全球金融危机之后的情况完全不同。许多在世界各地通过网络密切联系的银行和其他金融企业，曾被认为有巨大危机，近来却出现了强势的快速经济增长。信心十足的政府保证说，好时光会留下来。大多数政府并没有让市场上演"创造性毁灭"，制造损失，而是认为许多造成损失的组织规模巨大，难以倒掉。政治家们担心由股东而来的选民强烈反弹（他们的储蓄可能已经打了水漂），因此主张用利润亏损机制进行干预，要么对银行施救，要么将它们全都国有化。这方面的一个例子是，英国的大银行苏格兰银行在政治干预下避免了垮台。政治精英们出于几乎所有西方民主国家的同样考虑，再次发现了（错误的）凯恩斯主义理论，在诸如"货币宽松"和"协助银行流动性"的口号下，加大公共开支和货币供应。对过多的难以维持的高风险政府债务不断上升的担心，也促成了对这类政策措施的使用。政府债务的账目甚至比掌握在银行手中的安然公司的账目更少诚信和透明度。一旦政治便利和社会公正方面的各种考虑诱使政府无视利润损失机制，安然公司当然就垮掉了。

长期后果是，对资本主义的民众支持受到了侵蚀。政治精英们往往急于动用更多的管制，而经济自由减少了，进一步侵蚀了自由市场的力量。公众舆论在能动主义者背后摇摆。能动主义者们指出，公司高管拿着高薪，却把公司领向毁灭，可即便如此，他们还能帮助自己从政府提供的施舍中拿到一部分。最终结果就是，反资本主义的大众运动（如"占领华尔街"）支持提出破坏资本主义制度建议的政客们，日益阻止市场发挥其协调作用。然而，2000年代后期的发展再次证明，公共政策必须确保市场的适当运行。历史充满了严峻例证，说明如果市场失败，从长期来看会产生什么样的后果。

各种现代议会制民主国家都由投票联盟支配，这类联盟往往施惠于利益集团。议会的多数会向他们的客户集团提供各种特权。实际上，议会多数派常常以给予各种特殊利益集团政治特权这一目的来组成。这种现象在美国已被称为"log rolling"（投桃报李*）。它遵循着

---

* "log rolling"可能源于英语中的一条谚语，"Roll my log and I'll roll yours"。按字面直译，它是指在运送木材上相互帮助。在涉及政治家的活动时，它寓指政客间的相互捧场和支持。——韩朝华注

议员们严格的政治理性,即他们想要再次当选,而且必须为了这一目的而筹集资金。为了实现这一目标,他们必须收买会向他们提供政治支持和资金支持的有组织压力集团。而且这只能靠他们对代表和迎合其他压力集团的政治家表示赞同的途径来实现。投桃报李变成了许多议会里的一种生活方式,它极大地助长了政治性再分配和寻租活动的兴起——但同时它也助长了对民主制的普遍幻灭和对政治过程的玩世不恭。在极端情况下,这可能使得广大公众在民主制遭受极权敌人进攻时拒绝捍卫民主。1920年代和1930年代初期,德国的魏玛共和国被残忍的特殊利益集团代表所支配,因而在极权主义者的进攻降临时,它令人遗憾地没有得到人民的捍卫(Kasper and Streit,1993;Giersch et al.,1992)。

在政府代理人参与设租的地方,他们会对收入和生活机会进行再分配,并使公共生活政治化和情绪化。成功的寻租联盟会成为样板,诱发其他集团的仿效。一旦人人都必须在市场中竞争这样一个前提(与争相得到政治偏袒的竞争正相反)遭到否定,资本所有者和有组织劳工团体就会在越来越多的行业里联合起来要求政治特权。那时,受偏袒的行业极易变成有组织劳工的战利品。随着时间推移,创新和生产力的改善都会落后,以至于受保护的行业会无利可图。最后,他们还会要求更多的保护。官员们会提高干预强度,以便搪塞政治批评和维护其自己的政治、物质利益。想补偿损失,反而损失更多。干预主义的螺旋最终会摧毁由市场驱动的创新精神中的自发力量,摧毁增长。

关键概念

　　设租是议员和官僚们配置"租金"的政治性活动。"租金"指不是靠市场中的竞争努力而获得的收入。它们来源于提供给私人支持者或由政治精英支持者构成的有组织集团的政治特权。典型的情况是,

> 政治干预将产权从无组织的多数人那里再分配给有组织的少数人;然后,这些少数人就能与实施干预的政府代理人分享他们的租金。这是我们在8.3节中界定的寻租活动的现实反映。
>
> 既得利益集团由政治上积极主动的主体联合而成。这类主体在谋求政治性干预上利益一致。政治干预有利于其收入地位,并赋予其对政治决策的影响力。
>
> 政治性市场是一种过程。既得利益者(常常是生产者)在其中要求政治干预,以有利于他们的方式再分配产权,而政府代理人则在这个过程中提供有利于既得利益的政治干预。根据这一与经济市场的简单类比,政治性市场的需求方大都向市场干预的供应方(议员、政治家、官僚和法官)支付纯粹贿赂形式和政治支持形式的干预价格。

10.6 控制政治代理人:权威、规则和开放

365　几百年来,人们采用了大量的政策设计,想要抑制公共选择中棘手的代理人投机问题,并增进公共政策最大可能地满足公民愿望的可能性(de Jasay, in Radnitzky and Bouillon, 1996, pp.73-97)。其中的一些控制手段如下:

(1)最高政府领导人被确定为持续存在的、无歧视制度的保护人。这当然要求领导人(君主、总统)了解其下属的行动,而行政性法律的各项条款能得到遵守和实施。只要广大民众也被灌输了高尚的道德信念,领导人确保无腐败公共选择的可能性就会得到加强。但在现代大众社会的情况下,这是一种相当幼稚的设想,因为统治者也有认知局限。可以想象,政府领导人在掩

盖违背恰当行政原则的行为上相互串通,而法官有时候会与行政权力相勾结。其实统治者的权威本身就证明,在保护公民利益上,它是一种易出错的保卫装置(Streit,1984)。因此,从孔子到柏拉图,许多观察者都建议,未来的统治者应被灌输最高的道德水准,这样在以后他们监管行政机构的日常运转和外在制度的强制执行时,就会将这些道德标准付诸实践。但依赖教育却又提出了这样一个问题:面对权势的诱惑,谁——以及为了谁的利益——来实施教育?

(2) 在现代欧洲和现在世界上越来越多的国家里,使统治者、当选政治家和官员受制于一般性约束规则的宪法设计变得十分常见。一项重要的宪法设计——它因法国哲学家夏尔·德·孟德斯鸠(1689—1755年)而闻名,并在《美国宪法》中得到崇奉——是在立法(规则的制定)、行政(受制于规则的执行)和司法(裁决冲突)之间分解政府的权力,并对这三类权威的执掌者设置一种监察和平衡系统(关于这一系统如何才能在实践中有效运转,有一个瑞士的例子,请见本章案例四)。然而,权力分立原则往往遭到削弱,如在法官制定法律或当政府部门通过管制创建规则时就是这样(Ratnapala,1990;第6章)。

在许多由议会多数派组建政府行政机构的民主国家中,权力分立遭削弱的情况尤为突出,恰如在现代"威斯特敏斯特体制"(modern Westminster system)下的情形:51%的席位常常可以靠少数选票获得,而这样的席位比例却能授予暂时的立法权和行政权。于是,对权力运用的有效控制被削弱,而立法过程也因行政部门和官僚的支配而扭曲(Hayek,1979a;Bernholz,1982;Pennington,2010)。这极易造成一种氛围,使权力滥用不受监察,而且围绕选票的政治竞争使对产权的再分配不断增长。

第10章——案例四

瑞士案例分析:如何控制政府代理人

瑞士的民主制基于一种权力划分,在外人眼中,这种划分常显得模糊而具有部族色彩。然而,该体制的主干却是以公民创议的全民公决(即不是许多国家里那种由政治家创议的全民公决)为手段建立起来的。例如,有十万个选民就能发起一次修改瑞士既有联邦宪法的全民公决。

全民公决是在第二次世界大战的紧急状态结束之后被采用的。那时,瑞士政府很不情愿地放弃了在战时获得的绝对权力。一个法裔瑞士人的小团体积极鼓动迅速而彻底地回归直接民主制。其方式是在宪法中加入一条确保联邦政府不能滥用其紧急状态权力的条款。1949年9月11日的一次全民投票清算了中央政府的战时权力。与此相反,许多其他民主国家却长期地背负着一些战争的独裁主义遗产。通常情况下,瑞士的全民公决否决了政府的创议权,并撤消了各种行政项目。

关于有效的公民控制,有一个颇具说服力的插曲,它仍在提醒瑞士联邦的议员、部长和官僚们,"主宰者",即瑞士人民,将不会容忍1960年代初为军方购买新式喷气式战斗机之后出现的误导信息和过度开销。这段插曲以"幻影事件"(Mirage affair)而闻名。军队高层指挥部提出购买法国制造的幻影喷气机,内阁和议会两院批准了8.7亿瑞士法郎的支出计划。但费用超支(可能是因为起初对成本估计不足),因此有必要请议会授权,将开支提高至13.5亿瑞士法郎(增加55%)。这导致了一项公民创议,它威胁说要放弃整个计划。各种公众调查随之展开。这些调查显示,官僚们曾相信,他们能够在后来赢得对追加预算的支持,而军事专家们也已在飞机的技术规格上提出了大量昂贵的升级要求。因而实质上,正在造的飞机与原来那次议会授权购买的不是同一架飞机。成本控制不起作用,而领导人们对此并不完全知情。国防部尽管完全了解成本的增加超出了授权,但仍在推进这一采购计划。如果不制止这一过程,整个系统的开支还会进一步上升,达到约20亿瑞士法郎,比原来多一倍。面对一次全民公决的威胁,有关方面决定将允许军方购买的这种喷气式战斗机的数量削减将近一半(从100架降至57架),并对整个项目设置了严格的17.5亿瑞士法郎的开支上限。

因此,仅是求助于一次公民创议的全民公决这样的威胁,受到诱惑的议员们就表明了他们对政府开支的控制。内阁和政府部门通常所拥有的巨大权力受到了节制。在人民权力的压力下,瑞士议会重申了它直接控制政府行政的权利。如果这种由公民创议的全民公决所构成的最终屏障不起作用的话,很难想象会有这种为人民利益而控制政府的果断行动。

来源:After W. Martin-P. Béguin (1980), *Histoire de la Suisse*, pp. 350 - 353。

(3) 分解做出公共选择的权力还有一种形式,它曾在许多富裕和稳定的国家里发挥了很好的作用。这就是在政府中建立若干自治的层次,如将政府分为地方政府、州政府和全国政府(联邦制)。当许多集体行动转交给地方政府来决定和执行时,由委托人-公民来了解政府和控制政府就会比较容易。那时,地方政府和州政府的各个机构也必须相互竞争。为了竞争,它们将寻找不同的行政解决办法,并去发现有关的行政管理知识(12.3节)。另外,只要中央政府和州政府拥有独立的征税权(财政对等),它们就可以相互制约。埃莉诺·奥斯特罗姆在其实证研究中证实了这一点。她总结说:"一种有着多个规模不等权力中心的政治体制,会给公民提供更多机会,而其官员也会去创新……[这些体制]比单中心体制更有可能提供对自组织自矫正制度变革的激励"(引自 Aligica and Boettke,2009,p.23)。

(4) 许多国家还试图通过在两院制中分解立法权来抑制立法机构中的代理人投机行为;在联邦国家,通常是这样来做的:设立一个直选的议会第一议院,同时配上一个实施控制的、代表地区利益的第二议院。然而,第二议院受制于党派原则和按党派路线投票的政党集团,已经与第一议院的情况相似,因而它对政治性投机行为的控制并不强。

(5) 在不能对政治权势的集中实施有效监察的情况下,有人提议设计进一步的宪法监察机制,以防止暂时性议会多数派的投机行为。这方面的一项建议是,建立一个独立的议院,只对设立框架性规则负责,以示与通过授权性(着眼于目的的)法规议院的不同。哈耶克提出了一种"立法议会"加"治理议会"的构成模式。前者的任务是通过一些使公民们的集体强制合法化的法律;后者的任务是执行立法议会采纳的一般法律(Hayek,1960,1979a,pp.147-165,1979a,pp.177-179,)。他主张按年龄组将有成熟年龄的人选进立法议会,而且一次选举适用于长任期,比如说,15 年,以确保代表能尽可能地独立于党派原则和狭隘的宗派利益。立法议会的决定可以由高级法院详察。治理议会可以任命行政长官,并决定要供给哪些共享品,以及如何为这种供给筹资。当选议会应为普通公民服务而不是为有组织利益集团服务,这是一个基本原则。上述安排为强制贯彻该原则提供了有效的手段。在过去,如在 18 世纪的英格兰或瑞士,当选议会曾是捍卫公民权利、反抗统治者的卫士。然而,在当今,它是否能防止设租的政党机器支配这种议会的两个议院(无论如何构成),看来是有疑问的。

(6) 公共政策的日趋复杂使有关公民始终了解政府的行动——这是控制政府中代理人投机行为的一个基本前提——变得越来越困难(理性无知)。因此,议会有时候会责成政府提供更好、更系统的信息;例如,坚持事先协商好的、透明的责任制考核标准,年度预算计划和定期复审,向当选议会报告,由一个像审计总署那样的独立专家机构来审查会计账目。独立的新闻界,以及由学者、信用评估机构或国际机构那样的专家监督者对政府活动进行的复审,都会进一步增强责任制,从而抑制政府中的投机行为。

(7) 还有一种针对政府中代理人投机行为的宪法性控制,即至少让有些政府代理人定期曝光,由选民来审查。这些代理人包括:行政机构的领导人(民主政治)或者政府机构和司法系统中的其他官员(选举城市官员和法官)。这肯定会使政府的领导权具有可竞争性。但是这种在选举日之间抑制代理人投机行为的方法,取决于正确的信息和公民的投入。

(8) 在许多宪法体系中,政党间的选举争夺已演变成了争取中间选民的歧视性再分配措施的定期"拍卖"。因此,许多观察者都在鼓吹限制政治投机行为并对当选议会实施歧视性干预的主权加以限定的宪法规则(Hayek,1960;Buchanan,1987,1991;Brennan and Buchanan,1985/1980,1985;McKenzie,1984)。可能施加于政府的规则可以与议会集体选择的程序和结果联系起来。程序性限制的例子有,规定在要增税或提高公共开支时,须获得高比例多数的认可,甚至一致同意,从而使纳税人得到保护。一个有效约束议会的好例子始于澳大利亚,当时要执行一项有争议的联邦增值税:10%的税率只有在得到所有州政府和联邦政府的一致同意时才能开征(与此相反,大多数欧洲议会一再投机性地提高增值税率)。有些财政收入还可以与有些开支目的联系起来(两者相等),还可以对集体行动施加各种自动的日落条款(sunset clauses[*])。规范集体行动结果的规则可能需要一个平衡的预算或对政府债务规定上限。它还可能限制预算的增长速度或特定开支方案的支出水平。例如,较高层次的规则可以规定最高税率,如1978年加利福尼亚的"建议13"所做的那样,它将该州财产税的税率正式限定为财产价值的1%。另一种这类结果导向的限制可以是这样一种制度,它会迫使政府因通货膨胀而修正所得税的征收,或将公共开支与绝对最大值或相对最大值挂钩,如与国民收入的特定百分比挂钩。

关键概念

抑制政治性投机行为须依赖多重设计,如对领导人的道德教育以及公众约束和宪法性约束,如权利分解和公民创议的全民公决,保证自由的信息流动、责任制的做法、选举民主制、对高标准公共生活的普遍承诺,以及开放各政区向其他政区的竞争。

权力分立是一项宪法性设计,它最先是因法国哲学家夏尔·孟德斯鸠(1689—1755年)而变得众所周知。它要求将立法权、行政权和

---

[*] "sunset clause"在会计学中也称"零基预算法"(zero-base budgeting)。指不按传统的预算编制方法,以前期支出水平为预算理由,而是逐项从零开始计算预算期内每项业务活动的预算支出数。但据作者解释,这是指一项被限定有效期的管制措施。当有效期结束后,这项管制会消失。因而与零基预算法有所不同。——韩朝华注

司法权分解开,以此作为分散和控制政治权力的手段,并可能减少设租行为。

公民创议的全民公决允许公民们否决其不喜欢的公共选择。它们不同于在许多国家中常见的政治家创议的全民公决。在这种全民公决中,就某一特殊措施进行全民公决的创议源于人民和他们的团体,而不是由上层下达。

(9) 一种控制行政权力的程序手段是任期限制。它使当选代表更难以被利益集团俘获,难以结成设租联盟,也防止政治生活终身制里的死气沉沉。

(10) 还有另一种控制设计是公民创议的全民公决。通过这种方式,使委托人掌握了一种工具,能改变或推翻他们所不喜欢的政府创议(见上面本章案例四)。然而,大多数民主国家只有政治家创议的全民公决。

(11) 有一种控制政府投机代理人的设计在有些北美政区颇受欢迎,这就是撤销当选代表的职务(或弹劾):如果一个当选议员、法官或行政官员的行为令大多数公民无法接受,公民有权在该官员任期内的任何时候靠一次更换表决来撤销他的职务。这样一种程序当然代价不菲,因而难得运用。但仅仅是这样做的可能性就能减少代理人的投机行为。它还可以促使选民们为获得好政府而投入必要的信息成本。与这一规定相关的是,在能证实官员的具体不端行为时,可以由法院或委员会控告他们。

(12) 富裕和教育能增强公民的控制。对政府权力的有效控制受益于两个条件:其一,一定程度的高等教育水平,它使公民具备经济上和政治上的文化知识;其二,一定程度的富裕生活,它使公民有能力负担造就一个得体的民主政府所必需的信息成本和监督成本。这是支持可靠私有产权的一个理由。有产公民具有对抗权势者蛮横统治的物质手段。中产阶级的广泛兴起曾经促进过没有腐败的公共选择。他们是有产公民,他们在一个稳定而不断增长的经济中有自己的利益,正如欧洲国家在19世纪和20世纪初所表明的那样,也像更近些时候,东亚、中东和其他地方的新兴富裕国家和地区所表明的一样。独裁者常常启动经济发展,以找到其存在的合理性,并增加国家的力量。一个意想不到的副效应是,一代人之后,一个新的中产阶级,首先要求并获得了经济自由,而后又获得了公民自由和政治自由(第14章)。在这种背景下,应该指出的是,言论自由和结社自由是重要的条件,因为它们使志趣相投的公民能组织起来控制官员。尽管西方富裕民主国家中的一般社会条件较有利于控制政府代理人,但在其他地方,这常常仍然是未竟的愿望。只受过很少教育的穷人易于受极权体制支配,这样的体制压制自由结社和独立的选民。

(13)在当代,对政府中代理人投机行为的最有力控制显然是政区对国际贸易和要素流动的开放(全球化)。历史使我们懂得了开放的重要性。生产能力的迁移和移民,用退出发起对剥削性政治权力掮客的挑战,已经变得比较强了,因为获得遥远地方的信息和迁移的交易成本已经下降。互联网上更自由的信息流目前也使政区间的直接比较更加容易。现今,在政府代理人自私自利、税赋很重而服务和基础设施却很差的地方,经济和财政基础都可能趋于萎缩。成为一个鬼城的市长,或一个资金外逃的州的领导人,必然会给投机的行政官员们很强的反馈。这类似于在相互竞争的股份公司里对经理的代理人投机行为所施加的有效控制(9.3节)。因此，从长期来看，新的开放有可能抑制政府中的委托－代理问题并使公民们大权在握(我们将在第11章和12.3节再回到这个问题上来)。

(14)有些政区已经立法设立各种机制来保护告密者，即消息灵通的政府内部人士，他们将权力的腐败滥用公之于众。这提出了一些难题，如是什么构成了对雇主和团队的忠诚？对团队的忠诚与在更大程度上对公民的忠诚，界限在哪里？对于投机性的告密行为应该适用什么样的制裁？例如寻求报复的不满官员会采取什么办法？在分散化的互联网通信时代，与内部人士"走出来"有关的实际问题已经成倍增长，但是，总体来说，透明度和对设租的约束已经增强了。

大量这些提案已经在各种政区试行，但是必须指出，仅仅执行宪法上的改变对于确保成功将是无效的。宪法改革必须从社会内部产生，并与其内在制度——社会规范、习俗和其他非正式规则或有时候文献中所说的"*metis*"——相一致(Boettke et al., 2008; Ostrom, 2005)。确认宪法安排，通过分析良好治理的制度，限制公共选择中的代理人投机行为，是很重要的，但在这些规则的效能上还有一个重要方面，即它们必须由共同体来贯彻。如其不然，它们将与社会工程无异。我们已经从苏联势力范围内以及第三世界的改革经验中懂得了，无腐败政府治理的社会前提条件常常是缺失的，因此，它会使治理的外在制度改革受挫(第13章和14章)。

我们的结论只能是，单凭任何一种办法本身，都不足以有效地抑制政府中的代理人投机问题。在许多时候，为了遏制这一问题，上述的所有办法都是必需的。即使那样，有时仍可能无法保证公民幸免于政治投机的有害后果。像一个母亲所要做的事一样，对公民自由和法治的保护永远做不到十全十美。

10.7 政治宪章和经济宪章

这里讨论的原则和制度都是对官员的高级、普适约束,旨在监察政治权力的运用和滥用。它们的目的在于限制集体权威、保卫个人的自由领域、遏制代理人的投机行为和寻租活动。换言之,设计这些原则和制度都是为了限制政治权力对法律规定的外部约束实施差别对待。这些原则和制度往往上升为政治宪章和经济宪章的组成部分:即在面对演化性变革时也要坚守的优先原则。

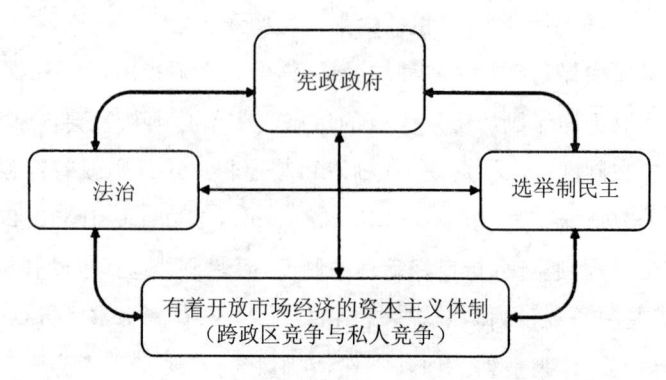

图 10.2　立宪主义:相互支持的制度系统网

我们在 6.1 节中已经看到,宪法包含着高层次制度,它们不可能像低层次制度那样被轻易改变,它们也因此为低层次制度中不可能避免的调整提供了连续性和可预见性方面的框架。各种宪法——无论成文的还是非成文的——都包含着对基本的、不可剥夺的个人权利的肯定。这些权利不应该被低层次规则、民间公民的强力或各种政府机构所否定。个人主义的宪法包括对私有财产的保护,因为私有财产为个人自治提供了物质基础。个人主义共同体的宪法还坚持公民在选择其代表上的主导权。这类代表要决定集体行动。宪法还包含关于权力分立的条款,尽管在当前,这些规定常常是徒有其名。

将管理集体行动的那些人置于特定约束之下的立宪政体,其效能有赖于选民及其内在制度和价值,也要有赖于法治的盛行、经济和社会的开放、参与政区之间和经济主体之间的外部竞争(图10.2)。这些条件构成了一副相互支持的次级秩序之网。它巩固了个人自由。

宪政经济学:在规则间的选择

到这一步,可以提出这样的问题:不同的宪法规则体系对经济有什么影响?在个人只掌握有限知识的情况下,哪些宪法规则能帮助个人协调他们自己的、自选的经济追求?特别是,哪些宪法条件最有助于确保竞争和创新?第一个问题属于实证经济学的范畴(实证宪政经济学);而其余的问题则属于规范宪政经济学的范畴。近几十年来,对宪政经济学的关注点已经使人们的注意力从在既定规则之内作选择转向了在不同规则之间作选择(Buchanan,1991;Voigt,1997)。

我们在前面已经看到,资本主义市场经济的宪法需要保护私有产权和自由缔约的自主权(决定哪些个人和企业可以缔约),以及在法律面前的形式平等(防范个人和企业做不能做的事去伤害他人)。这意味着保护私人自主权、个人对其契约义务负全责,也意味着个人在知情、言论、职业、结社和迁徙方面的自由。

在这样的背景中,我们应当回忆一下,"宪法"被定义为一组基本的、高层次的原则和得到承认的判例。一个共同体或组织将根据这些原则和判例来进行管理,而已经存在的低层次规则也可以根据这些原则和判例来进行修改(6.1节)。宪法规则应是普适性的(一般的、开放的)、抽象的(不针对个案)以及可合理预见的。

契约论宪法观

源自"集体意志"假设的宪法概念受到了公共选择理论家们的攻击（Buchanan and Tullock，1962；Buchanan，1975，1978，1987，1991；Mckenzie，1984；Gwartney and Wagner，(eds) 1988）。这些学者还将注意力引向了谋求私利的官员（包括在选举制民主国家中的），从事投机行为的可能性和危险。公共选择学派的起点是认定社会为一种无结构的无政府状态；在其中，个人都处于"所有人反对所有人的战争"状态之中。公共选择学派视宪法为一套能改进所有人生活状态的一般性契约。这是一个由英国哲学家托马斯·霍布斯（1588—1679年）首先提出来的概念。公共选择理论吸收了瑞典经济学家克努特·维克塞尔（1851—1926年）的概念，即宪法性契约要求有全体一致的接受，以便确保没有任何社会成员的境况变差。至少在假设上，这样的一致同意在具体的宪法规则上是可以实现的。宪政经济学中的契约论学派追随这一思路，他们认为社会成员处于一种囚徒困境之中，但可以靠一份所有人的契约来结束这一状态。这能使有害的投机行为被"解除武装"。然后，这种宪法性契约赋予国家一种保护性职能。

然而，契约论的宪法概念看上去与历史实际不符。共同体最初并非生活于无政府状态之中，在正式政府远未出现的很久以前，共同体就发展出了各种内在制度和组织支持结构（Benson，1990；Ostrom and Kahn，(eds) 2003）。契约论宪法观还意味着，在哪些宪法规则是理想的这一点上，有些设计宪法规则的观察者拥有某种程度的知识优势。宪政经济学的契约论模型还因这样一种原因而受到批评：即使是最高层次的政府代理人也会为了自利而违反宪法规则。而对这样的违规，需要回归到一个比全国政府领导人更高的权威上去，以便强制实现对规则的服从。但这样的权威并不存在。对具有集体基础的宪法，公共选择学派的最终批评立足于功利主义的考虑:宪法安排能使普通公民更好地实现其目标吗?

另一种批评来自哈耶克。他认为,保护个人自由是宪法的最高功能,也是对宪法的规范检验(Hayek,1960)。他的立场基于一种演化性世界观,并置公民自由和经济自由于很高的优先地位上。他拥护以受宪法约束的行为为基础的自由宪章。这一主张并不要求虚构一套全体一致的契约。

在明确了契约论宪法观中的基本逻辑问题后,另一个理论流派开始从哈耶克的立场出发展开其思路。它视宪法为一束既有的习惯。各种宪法不是为解决孤立个人之间无政府状态下的因徒困境而存在的。它们不可能被重新构造为许多人中间的一项契约。相反,这种理论更合理地视人为"社会性动物",他们从出生起就发展着各种社会性联系。其中的许多联系被合并于各种内在制度之中,并被标准化。这种联系与共有的基本价值一起构成了包括宪法规则在内的各种高层次制度的基础。文化先于宪法。诚然,宪法并不一定要以本书所分析的那些共有价值和原则为基础。但是,宪法也不要求有千百万公民达成明确的或至少是默认的协议。事实上,就像在殖民地香港的情况那样,即使是由少数人强加给社会的宪法,也能有效地发挥作用。契约论宪法理论误入歧途的进一步证据来自这样一个事实,即许多宪法条款没有明确的正式制裁,仅依赖自发的服从(自执行性)。

能束住政策制定者的手吗?

从功能性观点来看,政治宪章和经济宪章的主要目的是,当政策制定者在激烈的冲突中受到诱惑要放弃一个自由社会的原则时,束住他们的手。制定宪法条款就是要在日常公共政策的实施中杜绝任意的寻租活动和制造混乱的决策。特定的宪法条款——诸如中央银行的独立性或平衡预算规则——能有助于防止短视的和昂贵的政治投机活动,其方式犹如荷马史诗《奥德赛》中尤利西斯怕自己受塞壬海妖的诱惑而将自己绑在他的船桅杆上一样。然而,许多民主主义者的观点是,某天的议会多数是绝对主宰者,他们不应受任何约束。这一解释在威斯特敏斯特式民主制中得到了共同的承认:当选议会享有绝对权力。反对约束立法机构的那些人为议会多数通过反复无常的、不联贯的、有损秩序的法律开辟了道路。只有当我们懂得了秩序的重要性,我们才会赞成建立防护机制以抵御议会多数的投机行为。

严厉的"束手"(hand-tying),如果是成功的,会在条件变化和规则调整成为必要时出问题。为了缓解这一问题,可以制定控制规则变更方法的规则,可以使宪法修正案取决于事先确定的多数表决权。

与"束手"有关的另一个更根本的问题是,如果政府中的那些人违反宪法条款,这些条款是很难被强制实施的:毕竟,他们控制着政治权力,有大量的财政资源,垄断着合法强力的运用。当议会和政府一心要打破宪法的限制时,宪法可能只能成为斥责议会或政府投机行为的一个参考点。因此,我们的结论只能是,在抵御对个人自由的政治攻击方面,宪法只是一个虚弱的堡垒。

可用的经验证据以及对政治和官僚代理人"束手"的著名尝试,并不能增强人们对这类措施的乐观态度。例如,《马斯特里赫特条约》及随后欧盟的各项协议,甚至规定了对那些进入欧元货币联盟的主权国家在过度公共开支和超过债务上限时的种种制裁规定(Streit and Mussler, 1994; Kasper, 2011c)。但是当强大的政府,如法国和德国,公然嘲笑这些规则时,它们被证明完全没有作用。截至 2012 年,想对债务上限和欧洲国家预算赤字设置同样规则的续约尝试,很可能遭受同样的命运。人们应该还记得,许多发达国家的政府本来是遵守对公共开支的宪法限制的,可是在 2007—2008 年全球金融危机之后,私人需求暴跌时,它们立刻就将这些约束抛到一边,开始了一场凯恩斯主义的需求扩张大狂欢。

> **关键概念**
>
> **宪法**是一组高层次制度。它们界定了哪些低层次制度可以或不可以制定规则,决定了由谁负责统治,决定了应该运用哪些"元规则"来形成一般原则,这些一般原则被用来塑造和调整更具体的低层次的外在制度。
>
> 分析各类宪法的经济后果是**宪政经济学**这一新学科的主题。我们通常研究人在既定制度内的选择,而制度经济学则涉及不同的规则组合以及在规则间的选择。
>
> 如公共选择理论(对政治选择的经济分析)中那样,宪政经济学的基本前提是,按其自身利益行事的是个人,而不是人们的阶级或集团。因此,宪政经济学的分析聚焦于各种引导个人选择的规则并诉诸于各种个人价值。
>
> 当我们分析宪法的出现以及不同规则的已见后果和假设后果时,我们谈论的是**实证宪政经济学**;而当我们探讨能使共同体成员更好、更有效地实现一定目标的规则组合时,我们谈论的是**规范宪政经济学**。
>
> **契约论宪法观**(contractarianism)基于这样一种虚构,即一个社会的宪法派生于,或被假设地认为是,一项所有人的社会性契约;它假设,前宪法状态(pre-constitutional state)是一种无政府状态;在其中,所有的人都陷于投机的自私行为难以自拔。
>
> **束手**(hand-tying)与宪法性安排和协议相关联。这类安排和协议旨在预防政治权力代理人短视的、投机的决策。这方面的一个例子是责成政府每年不得使其预算开支提高3%以上的宪法条款,或者议会表示放弃其修改特定法律的权利的正式承诺。

在最好的情况下,正式的宪法条款在控制公共政策中的代理人投机行为上也只能发挥有限的约束作用。宪法条款必须由许多其他措施来补充。我们在本章的前面已经讨论过这些措施(新闻自由、责任制、联邦制、对贸易和要素流动开放等等)。为了公民－委托人的自由和繁荣而控制政治权力,注定要为任何共同体留下一个永无止境的、具有挑战性的任务。这是一个演化问题,而不是一个靠某些万应灵丹就能一劳永逸地得到解决的问题。支持自由的政府,现在是,将来也仍然是,一个永无止境的任务。

在知识和可行性上的双重伪装

许多政府干预仍然是靠矫正"市场失灵"的论点来证明其合理性的。这一论点的基础是将复杂而不完美的现实与"完全竞争"——一种并不存在的乌托邦——进行比较。因此,这一比较是不成立的。哈罗德·德姆塞茨恰当地称其为对公共政策的"虚幻把握法"(nirvana approach)(Demsetz,1969,p.160)。"完全竞争"模型与现实中所观察到的演化性市场过程没什么关系。最重要的是,它在着手解决市场问题时忽略了知识问题和制度的作用。相反,批评人士们简单地假设,政府最了解情况,政府代理人全都慷慨正直。如本章前面所解释的那样,政府的确具有重要的作用,但是在讨论公共政策上,必须接受这样的事实,即官员根本不了解情况,以及由此而来的政府失灵的可能性。不能自动假设,集体行动是受崇高的利他主义驱动的。也不能假设,已经被民间主体评估和否决掉的昂贵解决办法,在由政府来执行时会变得不那么昂贵。把棘手问题托付给集体行动的唯一作用可能是,它使我们避免了理性计算所有资源代价和获益的负担。然而,日积月累地、长期地忽略恰当的成本－效益计算,只会损害人们的物质性愿望和非物质性愿望。

公共政策永远会有意外的未曾预料到的副效应。在副效应出现后，可以执行"矫正"措施，但这些措施又会引发进一步的干预，干预产生更多的副效应。现代大众社会如此复杂，如此不可预测地演化着，以至只有相对一般的、简单的政府方案才能被掌管的人们（部长和他的高级顾问们）所领会。复杂的干预方案不可避免地会陷入难以预见的矛盾之中。于是，协调不同政府机构的政策以实现官方目标就变成了一种没有人能充分理解和执行的任务。公共政策还常常劳而无功，因为公民们不能给予"完全的注意"。

忽略了知识问题的分析者常常对自由裁量的集体行动所能实现的成就抱过分乐观的态度。他们鼓吹或设计各种煞费苦心的政府方案去实现一些具体目标。他们相信，一个日趋复杂的共同体必须靠越来越复杂的法律和管制来指挥，如果出现了失序、混乱和冷漠的结果，他们就会感到困惑不解。相反，意识到知识问题的分析者，懂得认知负担过重的危险，理解普适性抽象制度在协调复杂情境上的功能，他会倡导有节制的政府，并强调政府代理人永远留意秩序的必要性。他会主张对我们复杂的世界采用简单规则（Epstein，1995；Pennington，2010）。他会小心提防雄心勃勃的公众保护人，这些人假装具有他们不可能拥有的知识，他也会小心提防对可行之事毫无根据的乐观主义。

第 11 章 国际维度

本章考察国际交易特有的问题：靠不同制度组合治理的不同政区间的贸易，以及资本、诀窍、企业，跨国界的流动。这类交易必须应对一种特殊的风险，即在国外政区中违约方所承担的契约义务会受到不熟悉的对待，而且有时候不能轻易得到强制执行。国际商务共同体必须建立各种制度性安排和组织性安排以克服这些商务问题。因此，国际贸易和国际金融以有效的、复杂的制度为基础。而这些制度是存在于国家制度保护伞之外的。

开放使各国家政区主体(the subjects of national jurisdictions)得到了退出选择权，它们可以到国外从事贸易和投资。这削弱了全国性政府和地方精英的权力，它们将开放和全球化视为一种冒犯。有权势的国家利益集团喋喋不休地要求实施保护以屏蔽国际竞争。它们常常促使政府对国际贸易、资本流动、移民和技术交易实施干预。这会减少竞争，削弱基于私有财产、无歧视秩序的制度基础，并剥夺外国人和国民的产权。因而，这类干预常常变成国际冲突的一个源泉。因此，限制国际交易中投机性国家干预的范围是有益的。例如，世界贸易组织(WTO)和经合组织关于投资的规章就做到了这一点。这类国际法要素与某些人想要建立的跨国权威不同，因为跨国权威（如国际刑事法院或欧盟委员会）能够强制主权国家的政府。

最后，我们将从制度角度讨论国际货币秩序。在过去的整整一个世纪里，除了在货币结盟的地区（如欧元区），国际货币秩序已经从金

> 本位制变为固定比价制,然后又变为程度不等的浮动汇率制。我们还将讨论使国际商人和国际金融家们能妥善应付不同货币和各种国家货币政策并存的各项规则。

如果外国能供给我们一种商品,比我们自己制造它还要便宜,我们最好就用我们自己的产业生产出来的部分物品去买它。在国内贸易中,……〔商人〕能较好地了解他所信任的人的特点和境况,而如果他不巧被骗,他也较清楚在这个国家中他所必须据以寻求赔偿的各种法律。

亚当·斯密:《国富论》(1776年)

致尊敬的国民议会成员:

先生们:我们正遭受一个外部对手的毁灭性竞争。它的工作条件显然远较我们自己的条件优越得多。因为,它正在靠难以置信的低价使光线的生产充斥国内市场。从它出现的那一刻起,我们的销售就停止下来,所有的消费者都转向它,拥有无数衍生支脉的法国工业的这一分支立刻被压缩至完全停滞。这个对手,不是别人,就是太阳。它正在向我们开战。

我们请求你们大发慈悲,通过一项要求关闭所有窗户……和外面百叶窗的法律。因为,通过这些窗户,阳光易于进入房内,损害这一正当的产业。而我们要自豪地说,凭借这个产业,我们对国家做出了贡献……

弗里雷德里克·巴师夏:"蜡烛、涂蜡长烛芯、手提灯……和与照明有关的所有物品的制造商的一封信",《自由贸易》(Le Libre Échange)(1846年)

11.1 越来越重要的国际维度

增长的引擎

国际贸易、国际投资和国际支付的增长已长期超过了世界产出。成熟经济体与过去处于世界经济边缘的经济体的交易甚至更加频繁。例如,世界产出(现价)在1980年至2010年之间的上升超过5.8倍,但向新兴国家和欠发达国家的直接国际投资增长了44倍,流向这些国家的国际金融流增长了24倍(来源:IMF,*World Outlook Database*,*passim*)。在许多富国和穷国里,国际贸易和国际投资已成为向当地生产者和购买者输送新的有用知识的最重要渠道。通过观察在其他地方发挥良好作用的东西,可以最方便地学到许多使高生活水平成为可能的概念和创意。这些东西包括进口的产品与服务,也包括外国子公司或移民惯用的技术方法和组织方法。当然,向新地区和不同文化转让这样的知识也需要商人和外国投资者的适应性调整和学习。因此,国际经济关系对于原属国的制度做出了反馈。

当前,商品和服务的国际性交易日趋密集,生产要素国际流动不断增多。这个过程被称为"全球化"。今天,它的大量支脉已经以这样或那样的方式影响了很大一部分世界人口。在人类历史上,从未有如此之多的人能获得进入现代化的机会,并改变着生产、交易和消费的形式,也从未有这么多人类同胞正在摆脱可怕的贫困。我们在1.2节中已经指出,市场跨国界的拓宽是全球经济史无前例地加速增长的一个必然结果。若没有一套促进跨国界交易的制度框架的空前发展,全球经济的这种增长是无法想象的。这些制度的进步,加上通信、运输和旅行方面的技术进步(这些降低了"缩短空间"的成本),已成为经济增长的强大引擎,并提高了在国民经济活动中国际维度(international dimension)的相对重要性。这还对国内政策影响国内各方面发展的能力产生着巨大的冲击。在存在退出选项的地方,凌驾于经济生活之上的政治权力就受到限制,自由得到增强。在经济和社会网络超越国家边界的地方,民族国家会丧失其很大一部分影响力。因此,新的开放已在大多数国家里对内在制度和外在制度的演化产生了反馈(第12章)。

退出成本的下降

从1960年代起,远距离区位和国家政区之间为吸引如资本、技术和企业那类可移动生产要素而展开的竞争大大强化。其部分原因在于技术进步。在20世纪的后半期里,集装箱化、滚装式集装箱船、输油管道和大型喷气式客机,还有包裹快递系统,以创新性方式节省了运输成本。传真、卫星通信、光纤电缆、计算和数据压缩、电子邮件、微波传输和到处可用的便携式摄影机和可视电话,已经创下惊人的利润,并由此大幅度降低了远距离通信的成本。人们现在可以更好地了解他乡异国的生活条件和工作条件,以及诸多海外文明。大政府、大银行和大媒体的垄断现在受到了广泛分布的和个人化网络技术的挑战(如"脸书"和"推特")。

国际集装航运和港口装卸的成本已经长期下降(从1950年至2000年,每年下降0.9%),旅客空运成本每年下降2.6%。由于信息处理成本的急剧下降和在竞争性基础上通信业的重组,越洋电话和类似通讯的成本下降得还要快(1950年到2000年,跨大西洋地区每年下降令人吃惊的8%)。

而且,世界贸易系统核心国家(经合组织和工业化的东亚)的商人和生产者们现在可以依靠已确立的完全标准化的贸易惯例、共同的保险程序和冲突解决办法。还可以依赖一群具有全球眼光的高级管理人员，他们有着一套共同的习俗和商业惯例。与历史上的情况相比，在经合组织和新兴工业国中，因战争和明目张胆的排外歧视而导致贸易和外国投资破裂的风险已经变小。然而，由于价值观、内在制度的传统文化和政府政策方面的差异，做国际生意的成本却因国家而有天壤之别。国际要素流动已经对不同地区潜在的投资回报差额非常敏感。这导致世界范围内半成品贸易的专业化和密集化，许多半成品被从某跨国公司的这个部门运往另一个部门。例如，棉纤维在澳大利亚种植，在中国粗加工，在日本做化学处理，在泰国纺成棉纱并染色，在美国织成面料，在越南制成服装——所有这些都是为在德国市场的销售！如今，只要看一眼任何车子引擎罩下的标识，就会明白，没有哪辆轿车是用单一国家生产的零部件组装的。现代工业生产周期的"增值链"横跨许多区位和国家。随着劳动分工的不断进步，地方性的和全国性的制度越来越成为关键的成本因素，它决定在哪里生产什么。毫不奇怪，因为协调成本如今在不同国家之间差别巨大，而且它们经常要占到总成本的一半。

　　国际通讯的便利已造就了一种全新的现象，即在原先只能贴近购买者进行生产的服务中，现在也有了远距离的贸易。越来越多的服务现在是可以在国际上移动的。这一点影响巨大，因为服务是世界经济中的主导部门，约占世界生产的大约三分之二。截至1980年代，极少有涉及组织、计划、行政管理、咨询、服务、物流、质量控制、授课和设计这样的活动进入国际贸易。但到2010年代，一个爱尔兰的职员可以为美国客户预定美国航空公司隔夜的机票；在纽约口述的信件可以在牙买加录入并从互联网上发回；新西兰公司的日常会计报表可以通过互联网在马尼拉处理；新加坡主要日报的许多版面是在悉尼撰写和编辑的。当华人三合会（Chinese Triads）的犯罪干预和上升的成本水平对香港的博彩业造成问题时，它就将它的赌金结算转移到澳大利亚去。

自动柜员机(ATMs)与互联网的连结给了个人选择海外银行的机会，还能使他们有机会选择离岸保险公司为其人寿、保健和汽车承保。① 而身在澳大利亚、美国和德国，合写一本教科书的作者们可以通过网络空间评论和编辑对方撰写的内容。

全球化已经扩大了市场，从而扩展了生产性知识和成熟经济体的规模和范围。当人们有了更宽泛的选择时，他们就能更好地意识到自己的个人志向，也能发现新的需要和满足这些需要的手段。在过去几十年中，市场超出国界的扩大已经成为在世界范围内使繁荣加速兴盛的一个关键因素。

区位选择

因此，对许多类企业，特别是对跨国公司的工厂来讲，可能的生产区位已成倍增加。在2010年代，大约70%的世界贸易发生在同一个跨国公司的子公司之间，或是有一家跨国公司作为两个缔约伙伴之一。因而，属于同一"增值链"的不同生产过程可以依不同国家所能允许的最大预期利润而设于不同地点。生产的预期利润被定义为预期销售价格与生产、运输和分销方面的预期单位成本(加权)总和之间的差额，再乘以预期的销售量：

$$利润 = (销售价格 - 单位成本) \times 销售量;$$

$$= \left[销售价格 - \frac{\sum (要素价格) \times w}{\sum (要素生产率) \times w} \right] \times 销售量$$

这里的w指各种生产投入的权重。②

---

① 有些服务当然永远不可能变成不受约束的(请想一想理发)，它们仍将继续在需求所在地生产。

② 权重w反映着各种成本要素的重要性。这些权重在各种经济活动中将各有不同。因此，不同的区位对具体的经济活动具有不同的吸引力。

这个定义看似简单,但是——即使对一个既定区位——要收集和评估所有相关的知识也是极其困难的,这包括:变动不居的价格,许多投入市场,生产技术,物流和分销网络,使用公域基础设施的成本,影响生产、生产率和产品、劳动、投资和商业交易的法律、政府条例和习惯,政治风险和许多其他决定长期利润预期的方面。

当要评估和比较在不同国家里的不同区位时,尤其是对有关新产业区位几乎没有经验性体验时,信息问题和企业家式评估问题会成倍增长。因此,区位创新需要有真正的企业家才能。不同区位对可移动要素——资本、技术知识、高级专家、被组合进企业内的要素组合——的吸引力是由所有影响利润率的要素的相对运动预期来决定的,包括投入材料和生产的成本、还有交易成本、组织成本和服从成本。

尽管在评估复杂而多变的数据上存在着大量困难,企业现在却总在做着国际区位选择。决定某个特定区位单位成本水平的关键因素是,不可跨国移动的生产要素的所有者和经理人。这些通常包括:劳动(工会)、政府管理部门和土地所有者。由于交易成本占比很高,特定区位的制度(工作惯例和外在制度)在当今对于可移动生产要素在竞争区位时的竞争力和吸引力具有决定性意义(Kasper,1994;1998)。

关键概念

利润率测定一个商务组织在收入超过开支方面的预期差额,它常常被表示为对企业资本的一个百分比。当这个差额为负数时,该企业就预期有亏损。按销售单位分摊,利润率就是销售价格与生产和分销活动的单位成本间的差额,包括交易成本和服从成本。

一个区位的吸引力涉及特定经济活动的预期利润率在该区位与其他区位的比较。不同的不受约束的活动受到不同区位的吸引,因为生产活动的赢利条件是不同的。要素供给的可获得性和要素供给成本,还有促进或阻碍生产要素结合的各种制度,都对吸引力有巨大影响。

制度与国际吸引力

如果一个区位丧失其成本竞争力,当今可跨国移动公司的工厂就会迁往别处。因此,我们现在常会看到一种创新形式——区位创新。这种创新已变得比较容易了,因为许多企业现在都有了对不同国家状况和文化的直接体验,而大量加工制造活动现在都是轻型化的(lightweight)和少约束的。生产可以轻易地重新定位,而其产品也可轻易地被运往远方市场。许多生产单位也能迅速地迁往别处。有时,一个生产单位只需几个集装箱就能装起来!

在生产最麻烦的现代服务上,如在银行、保险、会计、计划和物流方面的供给上,人力资本的质量和制度(包括税收)都要比在制造业和农业中更加重要,而与需求相连的成本甚至更低。许多服务要按顾客的要求定制,因而每次都不同,所以能促进快速创新反应和低成本协调的制度环境将获利丰厚。

税收规则和对政府管制的服从,以及由政府供给的服务和基础设施的质量,与某政区对服务供给者的吸引力关系重大。例如,金融中介机构最关键的是要依靠员工,他们有着共同的文化传统,诚实、可靠而谨慎;还要依靠在金融管制、信托监管和责任制方面的各种外在制度。极为重要的因素还有可信赖的、公正无私的执法。一个政区,如果能提供便利商务活动的惯例、常规、法律和政府条例,能促进交易成本的降低和可靠的竞争秩序,就会吸引面向全球市场的国际生产者(Kasper,1994)。大金融中心会蜂拥而至这些条件都有利的地方,但当有新的税收和管制条例实施时,也会随时准备迁移。无法提供正确的"制度基础设施"的政区会经受越来越多的服务业外迁,如银行、建筑规划、研究和开发、金融、娱乐、会计和法律咨询、生产计划和物流服务那样的产业都可能外流。

第 11 章——案例一

形成国际吸引力的因素

那些能够在区位间和国家间移动的生产要素的所有者,在作区位选择的过程中,一般都会对非可移动要素或低移动性生产要素的成本做出评估。当前,资本、技术知识和组织知识、高级技能以及这些要素的集合——所谓企业——还有原材料,一般都可以在国际间流动。而劳动、土地和法律性、政治性、行政性体制,则大都是无法在国际上流动的投入,它们的成本决定着一个区位或一个国家有或无国际吸引力。制度又反过来决定着各种要素所有者在创造经济增长方面相互交往的能力。因此,它们在决定生产和创新的相对交易成本上十分重要。

基于这样的背景,各种研究组织和企业咨询机构,总在测评国际竞争力和吸引力,如位于瑞士的"世界经济论坛"。在其 1996 年的年度报告中,哈佛经济学家杰弗里·萨克斯和安德鲁·沃纳写道:

> 国际竞争力指一个国家的经济迅速而持久地提高生活水平的能力……"竞争力指数"旨在用一个单一数量指标概括一个经济的结构特征……这些特征有可能决定该经济的中期增长前景……这项研究的关键假设之一是,某几类结构特征可以用标准的公开数据来测评,而其他几类结构特征……则更适于用问卷调查来测评……这项调查的数据来自本报告所分析的 49 个国家中的 2000 名企业高级管理人员。

最后,确定了八组特征:

- 经济对国际贸易和国际金融的开放性;
- 政府预算和政府管制的作用;
- 金融市场的发展;

- 基础设施的质量；
- 技术的质量；
- 企业管理的质量；
- 劳力市场的灵活性；
- 司法制度和政治制度的质量。

然而，司法制度和政治制度并不能充分地反映司法系统和政治系统在缔结和维护契约以及保护产权上提供低"交易成本"的水平。这方面的期望是，在复杂的、以市场为基础的经济中，一个可靠而有效的司法系统和尊重私人产权的政治系统是产生经济增长的一个重要因素……

源于竞争力差异的经济增长差异相当显著。根据由竞争力和增长所决定的直线的斜率，样本中最具有竞争力的国家和最缺乏竞争力的国家之间因竞争力差异而导致的中期增长差异，达到了年均 8.1 个百分点的程度……

这一指数有助于解释各国的经济增长模式吗？答案毫无疑义是肯定的：竞争力至关重要……竞争力的基本涵义是，国家的各项经济政策在中期经济增长中可造成意义深远的差异。开放的市场、节俭的政府开支、低税率、灵活的劳力市场、有效的司法系统和稳定的政治系统，全都有作用……

基础设施、管理和技术也有关系，尽管对这些方面的测评要难得多，结果也较模糊。这些基本事实正在得到越来越多的肯定：事实上，它们正帮助市场改革定向……对于世界上许多经济体中所亟需的政策改革来讲，追求国家竞争力可以是一个重要的推动因素。

来源：World Economic Forum，1996，pp.8-13。

保护主义的供给和需求

当有必要做出造成不舒适的调整和失去了先前的社会经济地位时,受到责备的常常是自由的国际贸易和要素流动。因此,全球化经常会引发政治精英们阻碍国际经济自由竞争的防御性举措。政治企业家们可以指望,通过对没有选票的外国供应者和投资者的歧视,获得影响力和政治好处。国内购买者,本应受益于不受阻碍的国际贸易竞争,却常常对这类强加于他们的不平等待遇所产生的后果保持"理性无知",因为他们的获益会很小,而且分散。

这一点可以用保护国内轿车制造商的一个关税例子来说明。我们设想一个中等规模的国家,它有五个当地轿车生产者和一项关税。这项关税提高了轿车的价格,比如,每辆车平均提高 3000 美元。如果我们假设,这一价格上升并不降低一年 75 万辆轿车的销售量,那么每个国家轿车生产者年均的干预获益(租金)就是(3000 美元×750000 辆)/5 = 4.5 亿美元/年。①在这个最高点上,有些购买者就会将需求从进口车转向国内生产的轿车。因此,一项关税带给供应者的获益是非常大的。他们就有能力向政治家和媒体行贿。相反,每辆轿车的所有者每 8 年才会购买一辆新轿车(尤其是当关税使轿车人为地变得昂贵时更是如此),这样,轿车关税对每个购买者所产生的损失就是:

$$(3000 \text{ 美元}/8) = 375 \text{ 美元}/\text{年}$$

尽管可以结成一个轿车购买者的游说组织与这种歧视作斗争,但对轿车的每个所有者来讲,理性的选择可能还是忍下这笔损失,并专注于在他们拥有供给者权势的市场中争取好处,以弥补因政治性再分配

---

① 如果较高的价格不减少销售量的假设不成立,则可以预见,轿车销售量会减少,单位成本将上升,而轿车生产者也因此而获得较少的租金。但是,这并不改变这一假设的基本逻辑。

而蒙受的损失,如加入一个工会,争取更高的工资。

既然组织一个游说集团的成本很高,轿车生产者们有很大的能力将从关税中获得的部分租金投入政治游说,以便长期维持或进一步提高轿车关税,就是可以理解的了。因此,常见的市场不对称(8.1节)是有利于政治企业家的。这类企业家希望歧视外国竞争者,希望将产权从贫穷的、未充分组织起来的人那里转移给富有的、充分组织起来的既得利益者。如果外国生产者(多国企业)希望在一个国家里建立生产设施,而政治家们又努力以向他们提供一个受保护的国内市场来引诱他们,有时也会产生出类似的、旨在再分配产权的政治性动机来(Coughlin et al.,1988;Streit and Voigt,1993,pp.54-58)。

保护上的政治性经济获益和对国际经济关系的类似干预是直截了当的。供应商利益集团为保护而游说,而政治党派则愿意提供保护,因为这么做会提高他们再次当选的可能性。反对党愿意为保护而呼号,因为他们正努力赢得支持以便当选。有可能为自由贸易游说的国内利益集团(例如,消费者、使用进口投入的生产者、承担昂贵投入重负的出口商、严重依赖进口商品的批发商和零售商)在集结支持上往往有较多的困难。

这些不对称的最终结果是,政治性经济利益服从于明显的"供应商偏向",即政治家、官僚们和媒体的一种倾向,牺牲许多可能购买者的利益去袒护商品和服务的供应商。一旦政府干预建立起了一个既得利益集团,这个利益集团就会为持久的甚至是强化的干预而工作。

政治家为某个产业提供保护的准备,取决于一个社会共有的价值观(例如,大众对世界大同主义与民族主义的看法,或偏好安全和福利再分配还是偏好自由)、流行的制度安排(例如,是给官员们很大的自由裁量权,还是要让他们受到保护私人自主权的法律原则约束)和经济环境(如失业或进口渗透)。它还取决于政治家对打破自由贸易规则可能产生的成本的认识,如对外国报复和依据世贸组织(WTO)规则提起正式诉讼的担忧。国际公认的制度会在一定程度上约束各国政府,不去采取各种投机性保护措施。这些制度可以起到遏制保护主义的作用,至少对较小的经济体是如此(Odell,1990;Sally,2008)。然而,WTO规则的约束性被各种免责条款的混乱激增削弱了,例如对发展中国家的偏袒和对农产品和服务的免税。正如在政治其他领域中的制度性"束手"一样,正式的贸易规则也只具有有限的权力,在遇到大国的情况时尤其如此。

源于开放的挑战

我们已经谈到,国际贸易和要素流动施加着各种压力。这些压力对既有的政治性权势集团构成了挑战。因此,有野心的权势经纪人们常常有动力使经济处于封闭状态。在一个开放的环境中,很难通过歧视性产权再分配获得政治租金,因为可全球移动的投资者往往不属于既有的全国性"老友网络"(old-boy networks)和根深蒂固的政治派系。他们常常已经认识到,从长期来看,政治特惠对他们来讲可能是代价高昂的,因为政治"企业家"们总要为其所授予的政治特惠攫取腐败回报。因此,有经验的、可跨国移动的投资者现在不再轻易地为特定的保护和施舍所诱惑。他们通常偏好一套清晰、抽象的普适规则。这类规则预先排除了政治性特惠,同等地对待国民和外国人(Giersch,1993)。另外一种变化,在近几十年里由开放带来的日益频繁的挑战,即互联网的迅速扩展和互联网的易用,现在使分散化的、未经审查的信息流动起来。有关给国内厂商或关系密切的外国企业(权贵资本主义)优惠的秘密政治交易信息,很快就会全面公开,也使受到这类政治偏袒负面影响的人们知晓。政府压制互联网上信息流的技术能力目前还是有限的。这已经一再被证实,例如,越南政府曾试图关闭互联网连接。

埃及政权在2011年秋季也曾试过。当官员们试图关闭互联网时，过上一两天，自发的私人合作就开始使网络复活。互联网当然极大地降低了组织反对腐败政治交易的游说成本，加上便宜的移动电话，它现在甚至可以使处于边远之地的人们接触到国际上可获得的信息，并组织跨国界的商业协会。

11.2 国际交易的制度框架

跨越国界的独特之处：沟通空间上和制度系统间的隔阂 392

当人们交易商品时，由于生产者和顾客处于不同的区位上，通常都要发生运输成本。另外，他们还要投入交易成本。当生产要素在不同区位间转移时，也会发生移动成本(mobility costs)。如果是金融资本，393这些成本很低，因为它是通过电子渠道漫游的。将知识用于不同的区位会引发巨大的变更成本（相对于这种知识的市场价值而言），而人员的重新配置也会引起可观的开支。运输成本和要素移动成本，我们可称其为"空间跨越成本"(space-bridging costs)，是在地区间交易和国际交易中发生的。就它们本身而言，它们并不会在跨国交易和跨地区交易间造成系统差异(Kasper，2008b)。

然而，当贸易或要素流跨越国界时，就产生了一种新型的成本和风险。那时，缔约双方不是在一个共有制度框架的保护伞之下做生意。国家规则的强制执行止于边界。这就意味着国际契约中存在着特有的风险。如果一方不能按照契约的承诺交货，对违约方强制执行的过程，或索取损害赔偿的过程，要比双方都在同一政区内经营时更迂回曲折。有时，根据特定国家的习惯和法律，境外当事人(extraterritorial parties)只拥有较少的权利或根本没有权利(歧视外国人)。

不同的习俗、常规、工作和商务惯例、设计标准、法律和管制条例会造成特有的"国际性制度接轨成本"(international institution-bridging costs)——缔结跨国契约上的较高交易成本。在极端情况下,可能出现国际执行失灵的问题(international enforcement failure)。因此,我们认为,国际交易是在更大的不确定性和更高的交易成本中展开的。

> **关键概念**
>
> 空间跨越成本是在一笔经济交易发生在处于两个不同区位上的缔约方之间时产生的。这类成本可以由移动物质产品的**运输成本**、传递信息的**通信成本**和迁移生产要素的**移动成本**构成;例如,人员的迁移、工厂的搬迁或金融资本的转让。
>
> 国际性制度接轨成本是在当各种国家的制度秩序不同,从而在不同国家间做生意或转移生产要素的人要承担不会在同一国家内发生的成本时产生的。尤其是,当不得不在外国强制执行契约义务时,会产生各种交易成本和风险。
>
> 国际执行失灵的危险出现在当民间缔约方不可能或较难进入外国的强制执行机制时,或者当他们不了解有哪些强制执行机制可供其利用之时。在另一个国家里谋求侵权损害赔偿或履约会代价极高。因为内部规范不同,或由于司法、治安和非正式强制执行机制的运作会与一个人在其国内所熟悉的那一套大相径庭。

我们以一份国际贸易契约为例。为鉴别缔约伙伴,需要投入较高的信息成本。产品规格可能不同于国内市场的标准,可能缔约的外国伙伴也会有与国内不同的基本特点。例如,他们的可信赖性、偿付能力和支付风气都可能不同于一个人所熟悉的那一套。然而,在今天,国际交易并不一定总是比国内交易更难,成本更大。纽约的商人若在伦敦采购或销售,他们的交易成本就可能比他们与威奇托*的某人做生意时所发生的交易成本要低。而且,通信革命和远距离贸易的频繁程度已经大幅度地削减了交易成本的重要组成部分。

当生产要素跨国界移动时还会发生另外的成本。但要再次指出,这并不总是意味着国际移动的成本会高于在国内重新配置的成本。例如,中国学术界与他们美国同行共同持有的信息可能多于他们与中国乡村居民共同持有的信息。这样,他们会觉得,在国际上活动会比在国内活动成本更低,因此,在专业圈子内活动往往比在专业圈子外活动成本低。私人关系网常常会跨越国界。因此,国界的构成不会像某种综合分析所显示的分界线那么清晰。但仍必须承认,在跨国界交易中会产生出特有的成本。

在国际交易活动中常常出现的一种成本与语言不同有关。这造成了翻译成本和可能的误解。不同语言间的交流不仅涉及词汇和语法,而且还涉及许多文化概念和习惯,这会因国家和文化而不同。如果做生意的共同体能发展出一种共用的混合语(lingua franca),他们就会降低翻译成本。例如,古代的希腊语和拉丁语、中世纪欧洲的"商人隐语"**、遍布中东的阿拉伯语、东南亚的"集市马来语",以及今日传遍全球的英语,都属于这种情况。有时,有一些特有的群体,其成员居住在不同的国家里,但有着共同的语言、种族渊源和文化,如欧洲的犹太人和远东的某些华人共同体。这使他们拥有某种成本优势,他们能借此成为中间人。接受净移民人口的国家,如美国和澳大利亚,往往受益于移民中间人。移民中间人作为"搭桥商人"活跃在外国地界和市场中。

---

* Wichita,美国堪萨斯州境内、阿肯色河上的一个城市,属美国中部地区。——韩朝华注

** 据作者解释,在中世纪,欧洲各国的商人们在洽谈合同时都使用一种外行人听不懂的内部语言。那是一种混合语,一种供说不同语言的人在做生意时进行交流的简单语言。——韩朝华注

同样地，中国的一些大城市现在也成为了一些大型外国专业人士共同体的家。这些专业人士都是来自富裕西方的知识和技能的重要传递者。

在国际缔约谈判中，还可能存在另外的各种成本，因为在不同的国家间和文化间，隐性制度有差异；在缔约谈判中，可能需要澄清并适当处理这些差异。不同国家中的内在制度和外在制度有可能互不兼容，并需要有另外的契约条款来克服这些差异。要应付国际商务活动中的这些问题，可能需要掌握大量专门的、难以学习的知识。

毫无疑问，国际交易活动所特有的最棘手问题是对契约的强制执行，在贸易和投资中都是如此。不可能借助于在同一套法律下运行的共有国家政权对违约当事人实施强制。法院或警察，即使其服务易于为外国公民所用，也可能是按相当不同的规则和行政惯例运作的。在一些发展中国家里做生意和投资的人很容易证实这一点！

国际交易活动所特有的另一种成本源于不同货币的存在。收益和支出必须在外汇市场中兑换，而这并不是无成本的。贸易商和投资者也要承担外汇风险，因为延期的支付最终会按与预期不同的汇率兑换。在后面的11.5节中将讨论这些问题及解决它们的制度措施。

促进国际交易活动的制度

既然在跨国界贸易和要素流动中存在着这些额外的交易成本，就可以深入地思考一下，为什么国际贸易的增长速度这么快，为什么国际投资和国际移民蓬勃发展。的确，没有基于外在性政府权力的统领一切的各种跨国执行机构，人们是如何管理的呢(Curzon-Price，1997)？一种解释可能是，国际贸易和国际金融中的利润激励大于国内交易活动，国际交易活动是对这种较高利润激励的响应。这种高利润的存在可能是因为相对要素价格差别很大，也可能是因为国际贸易、投资和移民利用了有利可图的知识转移(Sowell，1996)。然而，随着国际贸易和国际投资的增长,超常的先驱者利润边际会被削掉,所以在现实中,国际交易中的赢利水平不会全面高于国内贸易。

对这一困惑的解答系于制度经济学:为了节约国际贸易和要素国际流动中特有的成本,已经自发地形成了丰富的单项安排。在现实中,国际交换并非发生于真空之中,而是处于一种复杂的自发秩序之中(Curzon-Price,1997;Streit,1996)。这些制度使人们能够在与未曾谋面的、远在异国他乡的交易伙伴进行交易时一试自己的财运。做这种生意甚至经常没有成文契约,而仅仅依靠一个特殊专业圈子内非正式制度上的信任和不依赖任何政府支持的强制执行机制。

国际私法

在处理涉及境外的不确定性和强制执行问题上,一种方法是求助于国际私法(international private law),即求助于在一些特定政区当中创立的、处理国际交易活动的法律。它包括确定在特定环境中将适用哪国私法的法律原则。这样,在相互冲突的法律规范间能够缩小碰撞范围、能够减少由它们所引起冲突的某一特定国家的法律就会被选中。但仍会留有相当多的不确定性:国家法庭将如何解释某些规则?法庭能根据国内司法传统妥善处理外国法律或重新解释外国法律吗?许多时候,有关事件既可以按国内规范解释,也可以按国外规范解释。而且,如果外国私法与国内的优先性法律原则相冲突,该怎么办?那时,公共秩序中的国家利益很可能被用来为压倒外国法律和国际私法裁决的决策作辩护。

尽管有这些根本性的困难,治理国际商品交易活动的统一准则还是由联合国主持于1969年在维也纳获得通过。总的来看,它编集了既有的贸易习惯。这项《维也纳条约法公约》现在已得到约40个政区的承认。然而,维也纳公约的运用并不一定能够产生出有效制度的确定性,因为它有赖于在不同司法传统中运作的国家法庭。法律诉讼的结果远不是可预期的。美国经济学家彼得·利森就曾证明,关于承认外国仲裁裁决的《纽约公约》*(该公约也正式确认了国家间的贸易规则)对于国际贸易的影响,要比许多人认为的小得多(Leeson, 2008)。

有时候,缔约各方也会同意接受第三国的规范,以免使一方获得超过另一方的不对称优势。但是,这当然增加了缔约各方的信息成本,并可能导致由较有权势的缔约方到处"挑选法庭"(forum shopping)。

所以,我们必须认识到,国际私法并不创造法律上的确定性,并常常增加交易成本。因此,毫不奇怪,没什么贸易冲突是在国际私法的基础上靠政府法庭进行诉讼的。

新商规

与基于外在规则的正式官方司法程序不同,还有一种办法是基于不断演化的内在规则的民间仲裁,其中的许多内在规则已经得到正式确认。实际上,这也是裁定和解决国际贸易中多数契约纠纷的方式。在所有的国际交易活动中,约有90%规定了某种形式的民间仲裁(如有必要)。并且,仲裁者所做出的裁决中,约有90%的决策会被自愿接受,无需进一步求助于公共法庭(Streit and Mangels, 1996, p.24)。民间仲裁所依赖的那种制度组合已经以"新商规"(new *lex mercatoria*)的名称广为人知。它宛如一种回声,重复着欧洲国际商人在中世纪里创建并因此而促进他们生意的那些法律原则(商规〔Law Merchant〕)。中世纪的商规立足于一定的法律原则,如法律面前平等。它开拓性地摆脱了盛行于那个时代的封建阶级法律。它包含了一定的商业习惯。根据这些习惯,贸易纠纷由本身就是商人的仲裁者来裁决。

---

* 《纽约公约》即《承认及执行外国仲裁裁决公约》,于1958年6月在纽约召开的联合国国际商业仲裁会议上签署。——柏克注

它是内在法律(internal law),虽然曾多次被正式化,但它的强制执行并不依赖拥有公共权力的官员。[①]商规之所以能持续有效,是因为它同职业价值和内在制度密切联系,即商业习惯、风俗和共同体的传统。正如常有的情况一样,这种经验再次证明文化是起作用的(Boettke, 1994; Cowen, 2002; Pejovich, 2003; Boettke et al., 2008)。

当代商规同样是一组正式或非正式的内在制度(5.2 节)。它们首先由在一个商业行当中得到所有参与者普遍认可和被普遍认为会得到遵守的贸易习惯组成。许多这样的习惯心照不宣地约束着各缔约方。有些习惯已被编集出来以增强透明度,正如《纽约公约》和《华盛顿投资争议公约》一样。许多这些公约适用于适合高度专业化环境的特定活动。有些公约提出了国家级政府间的合作问题,而有的公约实际上责成国家级政府在国内立法上采用由新商规这类公约所创造的条件(Benson, 1998a, 1998b,还有合作性追求富裕如何能产生内在制度的文件,这和政府无关)。

支撑国际交易活动的内在制度还由标准化的契约、契约条款和普适性商务条件构成。这些都大大降低了缔约谈判和履约监督的成本。这方面的例子有国际贸易中的标准化信用证,以及由国际商会为特定交易制定的标准化保险范围。机械和设备行业中的国际商人常常同意在设备交货和安装方面制定的标准化的、高度精细的条件,以便节省缔约谈判成本,并涵盖在执行这类契约时可能出现的冲突。

另一种节省交易成本的制度就是适用于多种专业化行业契约的国际贸易条款,即所谓"国际商务条款"(International Commercial

---

① 许多促进国际贸易的惯例和规则的演化甚至还早于现代民族国家在欧洲("商规"或"商业惯例")和伊斯兰世界的形成(Pirenne, 1969; Rosenberg and Birdzell, 1986)。由民间发展起来的"商业惯例"首次就平等主体间的契约确立了法律原则,并确立了法律面前的平等,它使每个人都拥有合法的自主权。这一重要的原则是由商业而非统治者或法哲学家开创的(Jacobs, 1992, pp. 38-40)。"商规"是人类行为的结果,不是由任何人设计出来的。

Terms [Incoterms])。这些规则已经由国际商会编集起来以界定每一缔约方的权利和义务;例如,"离岸价格"(f.o.b.)和"到岸价格"(c.i.f.)。这些条件现在已世界通用,遍及所有行业,并发挥了简化缔约活动和履约监督的作用。同样,某些普适性法律原则普遍获准被用于国际合同,如"情事变更原则"(*clausula rebus sic stantibus*)(一种严密定义的例外条款,例外情况),以及在向缔约伙伴提供信息上就"共同诚信和正派"(common honesty and decency)原则达成的谅解。在参与国际商务活动的人中,有些人通常是在更明晰得多的国内法律和文化传统中经营的,有的人则不可能商洽调节所有不测事件的完备契约,上述制度为这些人构成了一种具有普遍性的制度安全网。

国际仲裁

这些内在制度限制了国际商人和金融家们的投机行为。在就具体的行动和规则解释发生冲突的场合,多数国际经营者会诉诸于非政府的国际仲裁法庭。这显示出了若干很有趣的制度原则。

具体的仲裁者可以在契约中事先达成一致。在未作这类规定的场合,缔约各方可以通过后来的协议求助于仲裁者。仲裁法庭通常是民间的,并由商会来管理,如在苏黎世、伦敦、斯德哥尔摩和巴黎的商会。这些组织通常将其仲裁规则公之于众,并提供仲裁和相关的行政服务。它们对贸易惯例给予正式的支持,澄清国际贸易中的内在制度,在缔约各方处于国家制度的保护伞之外时为他们建立起信心。

民间仲裁者往往因其在特定贸易和投资领域中的专长而著称,并靠他们的专业知识赢得缔约各方的信任,他们也不得不与其他提供类似服务的仲裁者竞争。当缔约各方一致认同某一仲裁者时,他们主要考虑的是其仲裁服务的便利性及质量。

仲裁者运用他们自己的规则(有别于根据国际私法行事、执行别人制定的法律的政府法庭）。他们当然有强烈的兴趣使他们的服务具有可预见性和简便性。如果他们做不到这一点，他们就会失去他们的声誉和业务。仲裁者必须在迅速处理事务和简化程序上赢得声誉。他们都运用流行的贸易惯例和法律原则，即运用由民间商人和金融家们自己创立的法规。协商是秘密进行的，并寻求最小程度伤害其客户声誉的解决办法。仲裁者们的努力方向大都是保存商业联系并促进贸易。由于国际仲裁在当前是一个大行当，各国政府都避免对它进行干预，因为它们害怕搞乱这个产业。

服从仲裁结果

前面已经提到，在 90% 的诉讼中，仲裁者的裁决都得到了遵守。400 何以如此？答案与我们在 5.2 节和 7.3 节中讨论过的内在制度的强制执行机制有关：如果在一宗国际贸易中，缔约方为推翻一项民间仲裁的结果而诉诸于国家法庭，其面临的最终结果将是不确定的，长期拖延、巨额开支、因公开案情而使其声誉受损的风险都可能发生。如果政府法庭判决给予赔偿，该起诉者仍会在如何强制另一方——境外居民——支付赔偿金上面临各种不确定性。

因此，接受民间仲裁者的裁决和继续维持生意的激励是相当强的。而且，由于仲裁者往往对具体行业具有专业知识，而且留在这一行业中也符合其自身利益，他们就会做出可被各方接受的裁决。即便某一项仲裁处理不受欢迎，多数商人也都懂得他们在维护规则可靠性上的长期利益。毕竟，他们要经常从事一系列无止境的、对他们双方都有利的交易。因此，合作行为通常是值得的。在一次性交易的场合（终局博弈），商人们会相互做出承诺（提供"人质"），以保障可靠、恰当的履约。从各方面来讲，他们都会想到他们的声誉，他们会担心在自己所专门从事的贸易领域中，将来会被别人视为不大受欢迎的契约伙伴。在靠传真和电子邮件实现迅速而密集的国际通信时代里,声誉能轻易地毁于一旦。

在这方面,重要的是要指出,现代国际贸易通常并不是发生于不知名姓的交易者之间,也不是一次性的交易。生意伙伴都从属于存续期长短不同的关系网,当然,他们永远有退出权。具有高度专门知识和共同商务惯例的商人关系网是在许多技术上和组织上十分复杂的国际贸易领域中做生意的。大量相关信息永远不可能被完全纳入契约之中,而契约的无限期性也迫使人们依赖制度。所以,声誉、信任和其他自执行的制度机制,对于节约知识收集成本并因而赢得竞争是至关重要的。

关键概念

"商规"(或"商业惯例"〔Custom of Merchants〕,拉丁文:*lex mercatoria*)在12至15世纪期间是作为一套不成文法而出现于欧洲的。它由商人对商人实施,并避开了地方统治者和法庭。商规的目的是建立公开规则,促进跨越不同政区的商品贸易和信用,减少交易成本。"商业惯例"导入了法律面前人人平等的概念。它规范着在不同政区间流动的群体。在建立高于并制约统治者权利的个人经济自由方面,它发挥着主要作用。

新商规是一套内在制度体系。它控管着国际贸易和国际支付,并含有自执行机制,同时它还依赖于民间仲裁。有时,国际商人和金融家的各种交易惯例会得到编集并被正式化。它们大都针对特殊的行业或贸易领域。在许多领域中,商业惯例取代了国内私法和国际私法。因为,商业惯例的运作更便利、更灵活,并且——从根本上来讲——具有更低的交易成本。

国际中介机构

专业的国际贸易组织也可以成为积极的中间人,靠他们自己的账户承担背对背的贸易交易,削减缔约谈判和履约监督方面的成本,降低预期的违约风险。贸易伙伴常常愿意依靠中间人,因为这能使谈判容易一些,跨境履约也更有保证。这也使他们能免于承受不得不依赖国家司法系统时的不确定性和成本。有时候,国际贸易公司、银行和政府机构也会涉足双向贸易,这样,他们使自己成为更可信的"人质"或履约的担保者(第7章)。这方面的例子有由政府机构提供的贸易担保或信用担保,知名公司在国际合资企业中的少量参股(minority participation)。由两个国家的伙伴联合投资的企业会降低在外国发生执行失灵的预期风险。根据同样的理由,当今的多国公司往往能通过在多个国家立足减少其交易成本。它们是可信赖的贸易伙伴,因为它们害怕丧失国际声誉。它们通过将国际贸易内化于自己的子公司网内而部分地克服了越境执行问题。

当缺少共同制度时,国际贸易往往由中间人网络接手。这决非偶然。正如我们在第7章中看到的那样,中间人网络具有交易成本和强制执行成本都较低的优势。当中间人受制于特定的文化和家庭纽带,从而与他们在其中进行贸易和信贷活动的更大共同体保持距离时,这种中间人的国际网络会变得更可信赖:如遍及中世纪欧洲的犹太人、现代东欧初期的德国商人、中东的阿拉伯商人、像东非地区的印度裔马瓦里(Marwari)那样的种族群体、在东亚和其他地区的特定华人种族群体(Sowell,1994,pp.46-59;Landa,1994)。这些群体常常并不仅限于从事贸易,还可能变成主要的外国投资者。后中世纪东欧的德国人和近些年东南亚的华人都是著名的例子。

与外国人缔结的关系性贸易和投资契约有可能涉及极高的强制执行风险,因而要依赖于共有内在制度中的个人信任。这种认识在海外的华人共同体中得到了特别充分的发展,这很可能是由于以往长期而痛苦的经验造成的。一个陌生人要想与一个华人家族企业迅速地敲定一笔重大生意实际上是不可能的。在能够做到这一点之前,必须建立和培养一种个人关系,这种关系往往立足于非商业性的交往(Ch'ng,1993)。经常听到的香港船运巨头包玉钢的故事就是一个典型:当希腊船王亚里士多德·奥纳西斯在事先毫无接触的情况下,就要在与包玉钢的首次商务会谈中同他讨论一项联合经营战略时,包玉钢拒不接受这样一笔可能获利丰厚的交易。这仅仅是因为他绝不与陌生人作交易,尤其是与那些来自外国的陌生人(op.cit., p.47)。

总之,国际贸易和国际金融是在一种共有制度的社会背景中展开的。这种社会背景提供了较清晰、透明的规则。这些规则被认为是稳定的、可以恰当的方式强制执行的。形形色色的贸易协会常常编集已经形成的贸易惯例并赋予其足够的确定性。商人们则可以选择规则体系。这会在仲裁者之间和规则体系之间引发竞争。所以,自动演化的法规(商业惯例)不仅始终钳制着政府制定的法律和外在性司法程序,而且还常常取代它们。因为前者更便宜,运作更便利。

所以,在不同的国家里,生意人之间的贸易和投资都是在充分发展的内在制度框架之内进行的。这种制度框架由商人们和投资者们自行创立。正常情况下,个人契约、声誉和遭排斥的威胁在支持贸易上都很重要。因此,国际商务活动实际上与传统国际贸易和国际金融教科书所常意指的那种不知名姓的非个人缔约活动相去甚远。

第11章——案例三

国际商务活动必须跨越文化隔阂

内在制度和外在制度上的差异要求国际生意人调整他们的行为方式(*modus operandi*)。这一点在任何地方可能都不会比在西方人和华人之间更有必要了。西方人是在一种不偏不倚的普适规则和法治传统中成长起来的,而华人则活动于缺乏或根本没有一般制度、腐败的法律和法庭系统的环境中,他们学会了依赖长期延续的个人关系,并以此作为保证履约的基本制度基础。

这一点可以从下面这篇摘录自《经济学人》的文章中清楚地看出:

许多外国厂商都曾在把握亚洲的实际关系网上失败过。多数建立在亚洲的跨国公司都已与当地厂商结成了某种合资关系或联盟——这主要是作为在当地获得影响力和知识的一种途径……亚洲各地的西方生意人中最一致的抱怨是,经常发现当地合作伙伴有他们自己的工作日程。当地合伙人对建立品牌或扩大市场份额常常兴趣不大,他们更感兴趣的是攫取短期利润以便向新的……项目投资。

西方厂商和东方厂商在建立关系上采用不同的方式……西方厂商……首先……决定对哪项业务或项目感兴趣,然后才设法培养必要的联系。而亚洲公司则相信,首先是建立关系,然后才是投资机会随之而至……这一哲学根深蒂固……许多当地企业是由移居华人创建的……他们建立起各种关系网。在这些网络中,大家庭和宗族只是相互做生意,以便减少风险……这种联系之网,或曰"关系",仍然占据着多数海外华人群体的中心。……多数西方厂商并不趋向这一系统,而是寻求缩小它甚至进一步避开它。有时,他们……靠贿赂来结交关系网……当前每隔三四年调换总裁的潮流可能与成为"多文化跨国公司"这一理念有很大关系。但这意味着,商务关系是制度性的,而不是个人性的……

而(一位西方的头面生意人)则主张,西方厂商应将亚洲建立关系网的做法当作一种保护方式。使亚洲市场变得与西方市场一样透明尚需假以时日;到必要的规则和章程被制定出来并得到执行还需多年的时间。在此期间内,"关系"往往是最安全或唯一的商业保险形式……

> 从长期的角度来看,亚洲做生意的方法大概会变得更多地近似于西方的做生意方法。在有些亚洲的混合经营型企业集团中,其创业家族管理企业的能力已经达到了极限。
>
> 来源:*The Economist*, 29 March 1997, pp.73-74。

金融中介

关于自发的规则服从,可以在国际货币市场找到一个极端的、几乎令人敬畏的实例。全球货币市场中的参与者已发展出了各种复杂但还算方便的安排,他们使国际性购买者和出售者可以在实际上无任何书面文件的条件下进行巨额交易(尽管在线贸易自 1990 年代就已经发展起来,但到现在才能留下电子记录),且速度极高,交易成本很低,差错最少。据估计,2010 年全球货币市场的日交易额为惊人的 4 万亿美元,增长迅速(Bank of International Settlements, *Triannual Survey* 2010)。在其他方面,这些复杂的市场使国际生意人能够承担汇率风险,如靠从事货币期货交易。当这类市场无休止地在全球循环周转时,它们产生出有价值的信息。它们囊括了成千上万的独立参与者。这些参与者从不彼此个人会晤,只是通过电话和网线彼此做生意。

国际货币市场运转顺畅,没有一个强制执行规则和惩罚违约者的中央权力机构。相反,世界上的货币交易商们已经发展出了一套自发的、高度有效的制度性基础设施。它已经适应于迅速变化的技术和快速扩张的市场,尤其是自主要货币在 1960 年代末期和 1970 年代初期实现浮动汇率以来。国际货币交易制度已强健得足以承受严重的石油冲击、战争、暴乱、政治动乱、经济衰退、政府违约——这些变故无一在市场网络中造成重大恐慌和崩溃。政府出于稳定汇率变动的目的,或是为防止政府认为过快的升值,曾偶尔进行过干预,但这些干预行动通常都证明是动摇了信心而不是确立信心。

在日常状态下，怎么会产生出全球货币市场这样一个"奇迹"的呢？其关键的制度性强制执行机制是放逐惩罚（排斥）。如果一个货币交易商违背了这一行的不成文规则，如拒绝履约或拒绝在发生判断失误后承担一部分损失，他或她将很快发现，没有一个人会接受其报价。声誉是必不可少的，反复投机会摧毁声誉，并必然使他或她遭到实在的排斥。目前，遍布全球的非正式信息网难以置信地有效，惩罚会极其迅速。要使货币交易商能以低收益进行他们那充满风险的交易业务，要想依靠来自异国他乡的生意伙伴的准时交割，并且要在不耗费大量成本准备法律文件的条件下做到这一点，这样的惩罚是必不可少的。

霸权与越境执行

在有的情况下，国际商业和国际金融受益于降低成本和风险的政府介入。当大国为自己确立起了支配权后，往往会运用其霸权对在其境外的交易活动强行实施一定的制度。这就是为什么帝国常被认为对贸易和繁荣有益的原因。"罗马和平"（Pax Romana）*超出了罗马帝国的辽阔疆界，并在帝国商人与外国人做生意的地方投射了罗马的制度。成吉思汗（1155（？）—1227 年）的帝国很快就瓦解了，但成吉思汗征服之后的"蒙古和平"（Pax Mongolica）却十分强大，竟足以支持使中国与欧洲间的"丝绸之路"贸易成为可能的制度达两个世纪之久。为了支持某些非正式的商业制度，阿兹台克人（the Aztecs）**的权力投射范围曾远远超出了他们在现代墨西哥的边界。而"不列颠和平"（Pax Britannica）和"美利坚和平"（Pax Americana）都为远超出其直接军事

---

* 罗马帝国统治下的和平，也寓指强加于被征服民族的和平。——韩朝华注
** 墨西哥印第安人。——韩朝华注

势力范围的贸易和投资活动提供了制度性基础设施。尽管安全可靠的共有制度通常具有巨大的财富创造效益,但要靠这样的体制来打开封闭的国家市场仍常常不受当地精英人士的欢迎,因为帝国的权力会向他们已建立起来的权力结构发出挑战。

印裔美国经济学家迪帕克·拉尔强调了自由贸易、自由投资制度对于财富创造一体化的重要性,以及一个占主导地位的霸权大国在建立和强制执行这类规则时的作用。他表明,由于英国是自由市场导向的,它在19世纪和20世纪初建立起了"不列颠和平",从而奠定了自由的国际秩序。它促进竞争和创新,包括促进新竞争者的兴起。"美利坚和平"是按照美国的偏好建立起政治和经济自由,它扩展并增强了拉尔所说的"自由的国际经济秩序"(Lal, 2004)。一体化的国际市场中的新来者,如东亚的诸"小虎经济体",后来的中国和印度,他们不仅繁荣起来,而且为老工业生产者创造了重要的增长市场(14.2—14.4节)。这个过程为顺畅的支付、自由贸易和可靠的对外投资创造了规则,并使规则得到执行。自20世纪中期以来,这一直是前所未有的全球经济增长经历的核心(第1章)。拉尔强调了自由霸权在这方面的作用,对另一种跨国权威的选择,如联合国,或一个各国政府的俱乐部,提出了怀疑。

最后,关于促进生产要素国际流动的制度安排,有些事情必须说明。这类重新配置过程的固定成本往往很高,并且它们必须在弄清这种重新配置是否值得之前就投入。换言之,在另一个国家中生活和工作,如7.1节中所定义的那样,是一种"体验品"。在能持续至多年以后的跨国界商务关系中,信息问题相当大。为克服这类特有的成本,东道国政府曾长期授予移民和外国投资者各种节约成本的特权。早在12世纪,德国的商人和工匠如果定居于挪威,就会被授予专门的特权,包括建立他们自有法庭的权利。后来,东欧的统治者为吸引德国和荷兰的知识和人员,扩大了类似的特权:治外法权、对维护其自己习俗和惯例的保证、免税地位、授予免费土地。中世纪的中国采用了相似的办法来诱导北方人向南方迁徙(Rozman,1991,pp.68-83),而在摩尔人被驱逐出伊比利亚之后,奥斯曼的苏丹们则用类似的手段将犹太人和西方人的知识和资本引向伊斯坦布尔。

从这些做法再向前发展,但只是一小步,就是现代新兴工业国家的努力。它们在面对高流动成本障碍的情况下,为超越"国际制度断层",吸引外国资本和外国企业采用了各种措施。例如,提供免费的土地、工业用地和基础设施,减免税费,"开创者地位"(pioneer status),自由贸易区和自由企业区(这在制度不足的国家里减少了信息成本和服从成本)和有政府参股的合资企业。它们都被用来作为补偿这类固定交易成本的手段。自 1960 年以来,这样的手段在东亚得到了广泛的运用(第 14 章)。当时,有关远东生产活动的信息成本很高。但是,当新工业区位中的先驱者们显示了先前鲜为人知的东亚制度框架的运行方式后,当为响应可移动资本和可移动企业的需求而使内在制度和外在制度得到了增强后,这些信息成本便降了下来(14.4 节)。一旦新兴工业国家因其有吸引力的制度条件而确立了声誉,亚洲的政府和劳动者们就能索要较高的税收和工资了。根据同样的道理,许多南半球的政府,如澳大利亚政府和阿根廷政府,曾长期资助移民,为他们提供运输成本和定居成本方面的补贴。而当国际移民能看到移民们在新国家中所获得的确凿成功后,补贴就被减少或取消了。对于新移民来讲,定居逐渐变得更加便利了。移民在新国家里变得具有生产性所需要的调整成本下降了,这要归功于这些移民社会中的制度调整,它缩小了移民所必须克服的制度隔阂。向富裕国家的非法国际移民现在也经历着同样的道理。由于先前的移民已经在新的所在国建立了"滩头堡"和他们自己的关系网,后来的移民面对的迁移信息成本较低。这反过来加速了移民流,尽管有更多的政府决心要努力遏止非法移民。

绝非制度真空

多种历史证据显示,民间国际交易活动中基本上是没有政府控制的,但这种情况远非一种"制度真空"。想要在其自己政区边界之外从事贸易、投资和重新定居的人一次又一次地四处奔波,建立起各种各样的制度安排和关系网。这些制度和关系网使国际性的交易活动更少风险,更有利可图。值得指出的是,如此演化出来的解决办法与在国内经济生活中由政府勉强施加干预的领域里所能见到那些制度之间,往往并无差异。

11.3 政策争论:国际经济秩序

贸易政策:歧视和最惠国条款

政府主体和其他政治主体常以推动国内干预的同样理由干预国际经济关系:起初,他们承诺,干预要增强透明度,要开放参与国际贸易和国际金融的机会,要限制搭便车,并要使制度更可信赖。但或迟或早,政府对国际贸易和国际支付的干预也会关闭市场,以迎合有组织的国内游说团体,并保护政府自己的地位,回避与外部政区的竞争。降低一国经济开放度的干预常常是国内再分配政策的必然结果。

后中世纪欧洲的统治者能靠发放特许权和保护被选中的商人集团获取财政收入。当时盛行的重商主义与这一事实有很大关系。例如,伊丽莎白女王一世授予东印度公司特许权,使其拥有从事印度贸易的独家权利,并使王室分享一部分最终的垄断租金。荷兰东印度公司

(VOIC)依据相似的待遇,开发了现在印度尼西亚的大部分地区。哈德森湾公司在加拿大的所作所为与此毫无二致。在国际贸易上授予垄断权并提供保护的做法并非欧洲的独家发明。日本政府就曾为其少数与葡萄牙人和荷兰人做生意的商人颁发过特许权,而中华帝国则特许广东数量有限的"行"与西方人做生意。在这些例子中,孤立主义可能是一个主要动机,但是,将部分贸易利润纳入国库未尝不受欢迎。

我们在11.1节中已经看到,在外国贸易和外国投资中常常能发现寻租和设租的例子。国内供应商,利益集中,便于形成组织,去寻求对国际竞争的干预。而统治者则在收取费用和索要贿赂的条件下,影响和保护那些从事国际竞争的人。这使得在开放经济中不可能发生的政治性产权转移成为可能,并强化着政治经营者的国内权势。在封闭经济中,再分配和干预主义文化能够生长起来,非竞争性的惯例会变得难以动摇。一旦形成这样的态势,资本外逃和公民外迁会被视为对统治者及其"权贵"客户群的公然冒犯。对于更好的劳动分工,对于生产性知识在全球的扩散、发现和利用,自由贸易和要素的高流动性是一个重要条件,但这一事实极易被忽视。

世界贸易组织

政府的代理人常常发现,他们自己处于自由国际贸易的利益与国内特殊利益之间的冲突之中。在存在这种冲突的情况下,就有理由通过多边协议来培育一种自由的国际经济秩序。这种多边协议要禁止保护主义和歧视外来者的政治投机行为。换言之,有必要在反对歧视外国人方面达成一项国际休战协议。这样的政府间协议旨在扩大增长机会,并克服政府在单方面实现贸易自由化上的阻力。1940年代末期,这样一种多边协议在西方各国政府中得到了采纳。当时,这些政府签署了"关税和贸易总协定"(GATT)。现在,它已被改成了更广泛的"世界贸易组织"(WTO)。GATT 和 WTO 的核心制度是最惠国(MFN)条款。它规定,向一个国家做出的贸易"让步"——从其撤消政府造成的贸易障碍的意义上讲——必须被普及到该俱乐部中的所有其他成员(国家)。换言之,它崇尚国际贸易中的无歧视原则。自1960年代以来,越来越多的政府还同意对外国投资者和国内投资者一视同仁。某些保护外国投资者的降低风险的惯例也已建立,如在经合组织的范围内就是这样。但是,一个计划好的、包罗万象的"多边投资协议"(MAI)却成了国家投机行为和游说活动的牺牲品。

当各国政府谈判有关开放的国际条约时,它们押上了自己的国际声誉,并像中介那样行事(Streit and Voigt, 1993)。当政府进入了国际性的付出和获取关系时,它们对自由国际交易所做的承诺常常变得更可信赖。这种政府间的承诺当然不可能在一个政府自己的政区之外得到强制执行,因为找不到一个更高层次的强制执行者。在最好的情况下,WTO会发现违规行为并给予要求服从的责备,也会有集体性的国际道德告诫和集体报复(对违规者的贸易禁令)方面的惩罚。在这方面,妨碍对违规行为实施越境惩罚的各种限制一再变得明显起来。在WTO的诉讼中,至少大国是常常能够蔑视这些商定的规则而不受惩罚的。只有当大国需要自由贸易和国内公众支持自由贸易的时候,自由贸易规则才起作用,就像从1945年到20世纪后期在"美利坚和平"下的情况。但常常是,产业院外集团、政治党派和政府官僚间声势显赫的国内政治联盟能暗中破坏对自由贸易的承诺。在这样的情况下,就约束干预主义的政府而言,正式的国际贸易秩序以及不歧视外国投资者的条约承诺只是一种很软弱的制度,至少在当前还是如此。①

---

① 我们说"在当前"是因为排除了军事强迫(炮舰外交、贸易违规后的军事侵入或没收外国财产)方面的选择。

在WTO的乌拉圭回合期间,出现了更多使商品和服务国际贸易自由化的挫折,当时在执行达成一致的规则上变得差强人意。而后,接下来的多哈回合在长期持续的僵局中结束(Sally,2008;Sally and Sen,2011)。1945年之后外交谈判的全部历史都建立在这样一种假设之上,即自由化的政府总得让外国人做代价很高的贸易,并做出其他"让步";却漠视这一事实,在这种思维方式下,进口商的利益和普通百姓购买廉价进口品的利益都被忽视了。由于自由化必须有全体一致或绝大多数人的同意,顽固不化的保护主义者——如欧盟在农产品贸易上和许多新兴经济体在服务的自由贸易上——才能劫持世界共同体,勒索赎金并阻碍进步。

随着20世纪下半期贸易自由化的加速发展,厌恶自由贸易者经常遇到国内歧视外国供应商和投资者的边界干预被解除的情况,这一点变得越来越明显。健康和安全方面的规章条例却总能被援引(或发明),用来阻碍进口商或外国直接投资者(Sally,2008)。同样,进口商在建立分销网络和提供售后服务方面也会遭到打击。外国企业在当地借款也受到控制,例如政府要考察给外国企业的贷款是否符合国家利益。总之,贸易和资本流的自由化是否能取得预期的财富效应,在很大程度上取决于自由化国家中经济自由的程度。一种根深蒂固的国家优先的文化和密集的管制,会破坏已取得一致的自由化举措。那时,双边贸易协议的好处就是价值极为有限的了。我们在这里再次遇到了metis的作用问题:不自由的经济体和社会宁愿用建立国内的保护主义来挫败边界的自由化。

在有着相对自由经济秩序的国家中,由此导致的挫折感已经使许多人对多国协议和双边协议在使跨边界交易自由化上的优点大失所望。他们已经找到另一种向着更自由化发展的方式,即具有相对自由经济的自愿参与者要进入双边或多边的自由贸易协议,忘掉不情愿的政府,剥夺它们"执掌的权势"。有着相对自由的国内经济的国家可以随时进入"愿意自由贸易者同盟"。这是一个次佳解决方案,因为贸易和投资规则方面的进步并非普遍一致的。但是,放弃冗长麻烦而令人失望的 WTO 谈判过程已经产生了战术上的谈判优势,它使不愿意者的否决不再有效,而愿意者进行贸易自由化,因为这符合他们的利益。

由于 WTO 多哈回合谈判的失败,美国、澳大利亚、新西兰、智利、新加坡和其他经济上自由的国家已经启动了一个自愿者的自由贸易同盟——亚太伙伴关系。它建立在开放国际交易的共同利益之上,而且它只接收不搞 WTO 式"让步博弈"(要求多种免税和艰难的让步)的成员进入这个俱乐部。

经济一体化:自由贸易区、关税同盟和经济集团

旅游、贸易、运输、通信和金融上的发展越来越超出了民族国家的疆界。跨边界交易活动蔓延滋长,并将国家的或地区的市场更紧密地联结在一起。这一过程被称为"源于底层的经济一体化",并且,它的动力源于自主民间主体的自发性行动(Kasper, 1970; Streit and Mussler, 1994; Streit, 1998)。如上面所描述的,这种类型一体化的一部分是逐渐出现了节约交易成本的内在制度,这些制度促进了跨边界交易。然而,一体化也能由上层通过采用共有外在规则和政策来推动,其方式是通过政府对政府的协议和详尽的自上而下的指令。

当若干政区加入一个自由贸易区时,他们都同意拆除所有对跨越其共同边界的贸易构成妨碍的人为壁垒(废除关税和配额),并相信民间贸易商会带来源于底层的经济一体化,即由自主的私人决策者组成的自愿的一体化。在面对贸易区外的其他国家时,自由贸易区内的国家仍保留其各自的各种边界控制权,如他们各自的关税体制。如果关税差异很大,商人们会从自由贸易区中贸易壁垒较低的那些国家出口,并通过低关税边界从自由贸易区外的其他国家进口。由于这样做转移了国际贸易(并减少了关税收入),各国政府可以实施间接管制(secondary regulations*),例如,规定国产化率规则(local-content rules**)。这意味着,自由的国际贸易必须以生产大部分产品和服务的地点为原产地。这种安排的监督成本和强制执行成本是相当可观的。

避免这些问题的一个途径是建立关税同盟。它是一种多政区联盟,具有一套共同的外在性贸易规章,尤其是有一套与同盟内部的贸易自由化并存的共同关税制度。当整个关税同盟通过紧密的贸易关系内在地结为一体时,政区间的竞争大都会增强,因为企业家们会根据竞争力要素来选择区位。这类竞争力要素包括政府、文化制度、工资差异、土地价格和与市场的距离(见上面的11.1节)。那时,政府主体以及既有的私人经营者会发现他们自己暴露于这样一种竞争压力之下,所以他们往往会主张建立经济联合,即建立一种所有生产要素(如劳力和资本)都能自由流动的关税同盟。这种经济共同体的一个例子是欧盟。它由六个成员国创立于1957年。在最初的几年里,源于上层的一体化与源于下层的一体化基本上是互补的。《欧洲经济共同体条约》提供了贸易和生产要素在该共同体内不受阻碍的流动,并禁止各国扭曲竞争的行动,无论是民间的行动还是政府的行动。源于上层的一体化,正如条约规则中规定的,为下层市场中的一体化铺平了道路。然而,1957年条约中的某些规则却意味着一种相当不同的源于上层的一体化。例

---

* 据作者解释,"secondary regulations"指用间接手段(非关税手段)达到贸易保护目的的管制。——韩朝华注

** 据作者解释,"local-content rules"是指国家政府要求在本国市场中销售的产品必须含有一定比率以上的国产投入这样一种规定,故意译为国产化率规则。——韩朝华注

如，为了建立"共同农业政策"而导入了一批规则，而这些规则是非常具体的、指令性的和干预主义的。随着时间的推移，欧盟获得了实施这类干预的更大空间。结果，源于上层的一体化依赖上了各种具体的、指令性的干预，而不是依赖为竞争铺路(Streit and Mussler，1994)。

当国家之间存在密切的经济关系时，国际合作也会扩展到贸易和金融以外的领域中去。各国政府会同意确立一些有关经济竞争的规则，并在其自己的疆域内付诸实施。或者，它们会奉行由国际协议规定的社会福利政策、环境政策和收入再分配政策。在有些情况下，因具有真正的外部效应，这样的合作变得完全合理。例如，当某些活动对环境的影响波及发生这些活动的国家以外的地区时就是如此。在许多其他情况下，一体化依赖于自上而下、减少产品市场和要素市场竞争的指令，如在欧共体中越来越常见的情况那样(和谐)。因此，这种"源于上层的一体化"导致了国家政府间卡特尔的建立和对选民权利的剥夺。[①]当不再允许各国政府在提供争胜性行政办法上相互竞争时，民族国家就会越来越被局限于它们的自治范围。政府间的国际合作导致了强制性的跨国权威机构，而各国的主权会丧失殆尽(Fonte，2011)。

越来越开放的经济将私人自主权导入贸易。基于外在制度的发展，形成着经济活动的区位分布。源于这两种趋势的反馈可以非常强劲。我们在分析资本主义制度在小而开放的欧洲国家中的形成时，曾一再见到这种情形。在下一章里，我们要讨论制度的历时演化(the evolution of institutions over time)。那时，制度的国际方面将发挥中心作用。

---

① 必须承认，有一个欧洲议会，由从成员国选出的代表组成。但是这个机构至今对实际政策影响甚微，而且也无权推翻欧盟的裁定。欧洲定期举中选民的参与率很低。这表明，一般选民对欧洲议会不抱什么希望。

关键概念

最惠国(MFN)条款是国际贸易惯例中无歧视原则的体现。它规定,某一政府授予一个外国国民的自由必须自动地被扩展至参加这一国际协议的所有国家的国民。换言之,政府都放弃对来自该俱乐部内不同成员国的外国人实施差别待遇的权利。对 MFN 条款最著名的奉行就是"关税和贸易总协定"(GATT)。

经济一体化与不同的地区市场或国家市场的市场参与者之间密切的相互交往有关。当地区间或国家间的交易随贸易和投资的增长而趋于密集时,我们就称其为"源于下层的一体化";与这种一体化相伴随,通常会发展出各种促进这些交易的内在制度。相反,"源于上层的一体化"与通过各种政治程序建立或改变外在制度有关。欧洲联盟是这方面的一个例子。目前,这种过程在那里正处于支配地位。欧盟自 1950 年代后期起就发展出了外在制度,在欧盟内部取消贸易和要素流动的各种壁垒,并创立了一套为整个欧盟区域所共享的规则。但是,这些规则对所有成员国公民的某些行为也做出了越来越多的规定。

自由贸易区覆盖多个政区。在这些政区之间不存在任何跨边界贸易的障碍;而不同的政区又可以保有针对区外国家的不同贸易障碍。关税同盟是一种自由贸易区,它设有一套共同的对外贸易障碍,如一套共同的关税制度。经济联盟包含关税同盟,但还允许要素在共同体内自由移动,也允许协调成员政区之间的经济政策。对这些中央强制实行政策的服从,至少在一些大国,是不可能随时执行的。

国际合作发生于同意遵守一定规则的主权政府之间。当有着强制权势的机构指示从前拥有主权的国家政府执行某些政策时,我们称之为跨国互动。

自冷战结束以来，拥有主权的民族国家基于国际法互动（大部分）的传统国际秩序，已经被数量日益增多的跨国权威机构和对国家政府自上而下的各种指令改变了。尤其是在联合国的支持下，各主权国家政府已经缔结了协议和公约，将国家主权让与跨国机构，并责成国家政府去执行由国际社会决定的规则和规划。这方面的一个例子是"京都条约"。它责成富裕的成员国控制温室气体排放，并对不服从者规定了惩罚措施。另一个例子是，欧盟各国的国家主权从民主选出的议会和行政机构转移给了（非选举产生的）在布鲁塞尔的欧盟委员会。欧盟成员国中日益增多的新的立法和规章条例部分，现在已经不由各国的民主审议来评估和决定，而是干脆由布鲁塞尔正式宣布。这一做法的目的在于，日益增强欧盟多样化各国在外在规则上的统一性，但其副效应则是，公民的不满日渐增多，他们感到权利被剥夺了。到了这个地步，国家行动日渐被超国家的机构和跨国机构的治理所替代（Fonte, 2011）。在这种全球治理的体系下，公民的政治决策被进一步削减，权势进一步从公民转移给政治精英和压力集团，而多样化的好处则丧失殆尽（比较12.5节）。机敏的观察者们对民主的减少以及由此导致的创造性多样化的丧失表示担忧（同上）。

跨国的规则制定现在甚至没有民选国家政府的同意也可以出现了。例如，欧盟委员会擅自赋予它自己一项权利，对欧洲之外跨大洲的空中交通征收碳排放税，假称它具有治外法权来这样做。这样的发展最成问题，因为它们会导致国际冲突。此外，国家政策系于明显的国家认同，而跨国决策没有这样的民主基础和文化基础。没有欧洲身份，也没有联合国公民。认为民族国家是一种过时的模式，在人们的身份和内在制度上不再存在基础的读者，应该在机场的候机厅中问问人们他们是谁。答案会一成不变地是："我是美国人"、"我是法国人"、"我来自中国"——而绝不会有人说："我是欧洲人"或"我是世界人"。

11.4 国际货币安排

金本位制、政治本位制、浮动汇率制与货币同盟

国际而非地区间交易活动有一个独特之处，即两个缔约伙伴要用不同的货币来计算他们的收益。这造成了兑换成本（它在当前是较小的）和汇率风险。货币资产和利润通常是以国家货币计价的，而这种货币的基础要靠国家中央银行和财政部的货币政策来巩固。因此，国际货币交易就与政府机构息息相关。有一套特定的规则指导国家货币管理当局实施其货币政策，它建立起国际货币秩序。这种规则可以是，比如建立金本位制，或目前盛行的浮动汇率制。这些规则对国家货币政策的实施有着普遍的影响。

在19世纪末，金本位制曾盛行于许多欧洲国家。它确立了下列游戏规则：每种加入其中的国家货币都按一定量的纯金来定义其货币。这在国家银行的纸币和黄金之间形成固定汇率，并因此在各种国家货币之间也形成固定汇率。与黄金挂钩被认为是不可更改的，尽管早在第一次世界大战开始、这一体制被废除之前，违规行为就已反复出现了。中央银行负责按固定汇率将纸币兑换成黄金（可自由兑换性）。国家中央银行，若丧失了公众信任（并面临人们用其银行纸币挤兑黄金），会因人们收回黄金并可能将黄金转往海外而被迫缩减货币数量。当货币量收缩时，人们会预期要素和产品的价格将下跌。而这将使国际性的生产者再次变得更具竞争力，它增加出口，并能强化国内生产者与进口货之间的竞争。从中央银行兑换出来的黄金会被转让给另一个国家的更受信赖的中央银行。这会在那个国家中引起货币供应的扩张和价

格的上涨。据认为,这将影响对外平衡,并有助于自动矫正国际贸易缺口和价格水平的偏差。人们认为,价格会对国家货币量的变化做出灵活反应,从而衰退和失业最多也只是暂时性的。如果价格滞涩僵化,就会发生更深的衰退和更多的失业(Lutz,1963/1935)。

在这一规则系统下,中央银行和政府对货币量没有主宰性的控制权,更不可能控制国内的价格水平(可能还有就业水平)。因此,这套游戏规则会使政府基本上丧失对宏观经济的影响。

金本位的好处是两种货币间的汇率是固定的和可预期的。国际货币的兑换便宜而便利——在有计算机和国际电话之前的时代里,这是一个很重要的考虑。另一个好处是"黄金机制"有效地约束住了政府之手,因政府总想追求通货膨胀性政策。

金本位制的一个变种是货币局制度(currency board regime)。在这里,国内的金融纪律由一种制度性安排来强制执行(限制货币供应和控制银行贷款的做法)。在这种制度安排下,中央银行做出可靠承诺,坚持按固定汇率以外币换回当地货币,并只在与既定数量外币的交易中供给当地货币。这意味着中央银行不可能扩张信贷,如扩大对当地政府的信贷。它还意味着当地货币的条件必须与参照货币(例如美元)的条件保持一致。在这种规则下,为了当地支付手段的可信赖性,要摈弃需求管理的灵活性。已有规模较小的经济体选择了这种制度安排,如文莱在1967年,中国香港在1983年以后(尽管其货币管理当局总在尝试某种独立的货币操纵),而更近时期,则是一些无国内货币供应控制传统的转型经济,如爱沙尼亚。在阿根廷,一个有过恶性通货膨胀历史、无法管理的公共部门赤字的国家,梅内姆政府在1990年代引入了可兑换比索*,以固定汇率兑1美元,责成中央银行在货币储备中以该

---

* Peso Convertible,古巴的一种货币,类似于中国以前的外汇券。——柏克注

国的比索货币量与美元挂钩。然而,阿根廷议会和州与地方政府并没有遵守固定汇率的规则。一次强大的工会运动施加了工资压力,而阿根廷的价格水平出现暴涨。结果,阿根廷政府借了越来越多的债务。最后,在2001年的一次重大经济危机期间,固定的"比索－美元挂钩"不得不被废除。出现了一次大规模的贬值,接着不可避免地发生了中产阶级储蓄上的巨大损失,而外国人持有的阿根廷政府(高息)债券也遭受了大规模"理发",即他们的阿根廷债券只拿回了最低的数额。由于布宜诺斯艾利斯政府的破产,无法偿还其债务,它发现自己无法举借新债。这个例子看来在近代是典型的:它显示出,在当今,各国政府和有组织劳工都不愿意遵守固定汇率的规则。

在想要政府影响价格和就业的人看来,刚性汇率制剥夺了各国政府根据变化的环境和意外事件影响本国货币供给的机会。这就是金本位制对国内货币供应政策之手的束缚在第一次世界大战开始时崩溃的原因。在1920年代复活金本位制的尝试失败之后,金本位制在1929年后的大萧条中被放弃。随之而来的体制——即布雷顿森林体系——建立于1944年,其目的在于固定国家货币之间的比价。在一定条件下,国家政府也允许比价变化。1950年代和1960年代初,只要多数国际资本流动是有限的,并受到严格控制,控制这一系统的制度就是起作用的。当货币变得完全可兑换且各国的货币政策在1960年代后期和1970年代初出现分歧时,在反复出现的国际金融危机之中,布雷顿森林规则体系不得不被放弃。非常清楚的是,各国政府选择了优先考虑国家的货币主权(还有便利),而放弃固定汇率。

布雷顿森林体系的位置被新的制度所取代:一种货币的价格(相对于其他货币)按该货币在市场中的供给和需求自由形成。这种浮动汇率制使各国的货币管理当局获得了扩张和收缩货币供应的主权,但各国政府必须面对其货币的显著贬值或增值,以及币值波动所导致的贸易后果和就业后果。这些新制度消除了固定汇率与货币运作独立性之间的矛盾。这种新制度使各国政府和中央银行控制了价格水平,同时也使他们对价格水平负责。希望追求稳定货币目标的货币管理当局再也不会面临膨胀性的资本流入和外部价格的拉动(输入的通货膨胀),而追求宽松政策的货币管理当局也会很快得到货币贬值对国内通货膨胀的反馈。总的来说,向浮动汇率转变的效应是,无法预料的危机的破坏性变小了,而且大多数国家的货币当局追求一种较少通货膨胀的政策。由于出现了向浮动汇率的转变,人们已一再发现,无论出于什么理由,想要返回固定汇率或预定汇率的货币管理当局引进了一种制度上的不相容性,他们迟早会被迫再次放弃他们恢复固定汇率的尝试。

最适当货币区与货币同盟

创立一个尽可能大的货币区有着诸多好处,因为商人、旅行者和投资者,在他们自己的货币区之外活动,面对着兑换货币时预想不到的汇率变化风险和交易成本。另一方面,正如约瑟夫·A.熊彼特很早前就强调的,一个共同体共有的货币体系不仅同外在制度密切相连(如财政和管制行为、税法、法律系统和银行政策),也同内在制度密切联系(如工作和支付惯例、相互信任、诚实和其他中产阶级品德)(Schumpeter,1991/1970;Lutz,1935/1963)。之所以如此,是因为随着时间推移,一个地区的国际竞争力是由相对于相应要素生产率(如劳动生产率和能源效率)的成本价格(如工资水平、能源关税)构成的;换言之,即单位成本。单位成本的变动趋势受到制度的极大影响。如果制度条件使单位成本中的两种趋势出现持续的背离,一个地区的生产者就会变得越来越没有竞争力。因此,如果要维持共有的货币,就有必要让资本流去补偿不平衡。

资本流可以由自愿的私有资本或以税为基础的公共资本构成。民间投资者可能会迁移到没有竞争力的场所,希望能够利用成本差(如低工资)或希望事情会出现变化。地区之间的团结有可能支撑一种长期的公共资金转移支付同盟,例如,就像自1990年以来在统一后的德国所出现的情况。无论是哪种情况,这些因素都不利于将货币区扩大到广泛存在不同制度文化的地方(这再一次涉及 *metis* 的重要性)。所有这些都使本应该被认为是最适当的货币区的设想变成了一种困难的动态猜谜博弈(Giersch(ed.) 1971;Kasper,1970,2011c)。

在当代最大货币区的演化中,这些考虑一直到现在都起着至关重要的作用:截至2012年初,在17个完全不同的国家和文化中创立了欧元。[①]从一开始就出现的问题是,各个市场和市场行为的逐渐一体化是否会领先于一个货币同盟的形成,或者说,强制实行一种共同货币是否能够推进欧洲的一体化。如果让制度自行演化,人们可以预见,即使多种货币没有彼此形成正式的固定汇率,市场的逐渐一体化也会导致稳定的汇率。例如,德国马克与荷兰盾的不变汇率就是很明显的,尽管较少财政约束的国家生产率导向的行为也较少,但为了恢复国际收支差额上的平衡,且不干扰贸易和投资上的一体化,它们不得不定期使货币贬值。

然而,创造一种单一的共同货币是社会工程中的一项政治计划,在2002年对从里斯本到赫尔辛基、从汉堡到雅典的欧洲人强制实施。政治家们和官僚们意识到,这得要求坚守共同的财政规则(在1992年的《马斯特里赫特条约》中规定的),但是各国议会和内阁很快就不理睬这些规则了。实施共同货币最初的获益是较低的交易成本(不再有各国货币的兑换,也不再有汇率风险)。但是,这些获益很快就被欧盟内部

[①] 有些欧洲小国的货币发行局和少数几个非洲国家也使用欧元,它们一直让其货币与欧元挂钩。

出现的支付不平衡所遮蔽。产生这种不平衡的原因是相背离的成本趋势和不相融的制度组合。固定平价与背离的国家宏观政策之间的张力当然并不能取消共同货币的引进，尽管事实上，采用某些规则就是为了束缚政府和工会之手，以防止通货膨胀的政策。欧洲范围内的团结和资本流无法填补日益加大的差距，因此，处于竞争力相对较小的地区的借款人——尤其是当地政府、地区政府和国家政府——为吸引其债券的买主，不得不支付越来越高的利息。凯恩斯的赤字财政概念，以及对更完美的政府资金支持的社会福利的偏好，加剧了这种不平衡（10.2节）。随着时间推移，由贷款人和欧盟官员对较少竞争力的国家区域施加的财政约束和其他各种约束表明，国家主权已经丧失。这是不受欢迎的。

在这些情况下，保留单一货币的唯一可能解决方案会是，通过创造一种"欧元债券"和一种自动转移支付同盟（欧元区范围内的解困协议）分担每个国家新的债务。在一个大家庭中，每个人都可以借贷，同时所有人共同保证偿还。如果人们看看这种大家庭中的激励因素，就可以立刻明白，这样一种解决方案可能具有的各种中期激励因素。

将欧元的政治实施与美元的兴起做个比较，可以提供宝贵的洞见，使人们了解可持续的制度系统可以如何创立。在新独立的美洲前殖民地，使用一种源自墨西哥银元的货币。在美国独立战争之后，许多州都有令人感到压抑的债务。因此，在1789年，美国财政部长亚历山大·汉密尔顿提出，美国政府必须承担每个州债务中的相当大一部分，并靠新的联邦税支持财政偿还（Brueghel Institute, 2012）。因此，政治同盟之后紧跟着一个（尽管是有限的）财政同盟。财政状况良好的州对美国新政府将挽救出现赤字的州表示愤慨，许多人拒绝接受这样的事实，即已经购买了大量贴现州债的投机者将会得到可靠的、有联邦担保的债券作为奖励。尽管如此，汉密尔顿还是将这看作是换取新联邦的自由和财政稳定的代价。美国并没有变成一个"解困同盟",实际上,到 1840 年,形成了一个明确的不救援规则,几个不注意节约的州相继破产。一个中央银行——联邦储备银行——在 1913 年才成立,作为兜底的贷款人。这使罗斯福政府在 1930 年代有可能开始大规模的开支。尽管美国的许多州现在不得不实行平衡预算标准,但美国联邦公共债务自 1930 年代以来已经不可阻挡的上升了。

与美国相比,欧洲的共同货币是通过政治过程实施的,而且是在建立政治同盟之前尝试建立的一种准财政同盟。一些成员国拥有无法支持的预算赤字和处境艰难的银行。救助这些成员国所谈判的条件正在日益增多。由于没有中央政治权力,也由于整个欧洲在基本价值和态度上大相径庭,完全不同的财政政策和债务政策还在持续。既然大欧洲有着道德观念和世界观上的多样性,还有根深蒂固的语言差异和文化差异,这种情况可能还会继续。这会阻碍自下而来的完全一体化,而新美利坚国家则已经实现了这种一体化。

欧元的故事再次表明了我们在本书中一直强调的一个重要事实:这类外在制度的成败主要取决于内在制度及那个社会特有的 *metis*。

竞争的货币

各国的货币处于相互竞争之中。而汇率的可变性使这一点更加明显。各国货币管理当局不可能在行动上拥有不受约束的货币主宰权,因为不断贬值的货币资产很快就会被抛弃。[①]在极端情况下,管理很糟的货币会干脆消失(见第 7 章中有关库克岛元和津巴布韦元的报道)。所以,国际性货币的管理机构要经受货币市场中的投资者和交易商们的评估。他们必须亲自设法吸引和保持对其资产的需求。例如,如果

---

① 在现实中,这个问题因名义利率和对未来汇率变动的预期而复杂化。

一个政府在一次选举前实行财政刺激,并加大货币供给,其对外汇率就会立刻下跌,使进口价格上升,而且一般来说还表明,这类公共投机行为是没有保障的。这是对投机性国家货币行为和财政行为的有力约束,虽然它并不总是受到欢迎。

曾有人主张,可以由私人来生产相互竞争的货币化资产(高质量的私人银行券),用以替代官方的中央银行货币,从而使投机的各国政府丧失导致通货膨胀的能力。私人货币化资产供应者之间的竞争将会向公众提供竞争的货币(Hayek,1976)。竞争将约束货币的私人生产者,而民间主体则能从中做出选择。基础性规则将能确保各种(以一组固定产品来衡量的)稳定货币得到公众的广泛认可。通货膨胀性的货币将不会被保留在资产组合之中,而且会最终消失。这会导致货币发行银行、货币资产生产者之间在供应高质量资产上的竞争,就像欧洲早期所做的那样。与这一体制有关的一个问题是,它会向公众强加相对高的信息成本和其他交易成本。持有不同类型货币的人需要随时提醒自己他们的资产是否安全。而各种支付的接收者则可能要付出高信息成本以了解其他支付手段的质量。

这就退回到了我们在7.6节中所论述过的一个观点,即要使货币有用处,就要依赖可靠的制度。相关的制度可以由上层设计出来并强加给社会,就像各国货币管理当局现在所做的那样。要么,可以通过竞争来供给货币,而必要的规则会在各种货币资产间的竞争过程中演化出来。哪一种做法可取是一个经验问题,即看哪里的公共信息成本最低,哪里借通货膨胀进行秘密再分配的情况控制得最好。在现实中,政府制作的货币与自发创造的竞争性私人货币并不必然相互排斥。在当前,只要能自由地兑换成别的货币,政府制作的某一种货币在公民们的眼中并不具有垄断性。各国的中央银行必须提供合理稳定的货币,以免外国货币的私人持有者和公共持有者放弃他们的货币,不再把他们的货币作为储存手段。通货膨胀性的货币既不能用来为契约做账,也不能用来偿还债务。因此,在通货膨胀的国家,如俄国和越南,许多支付必须用美元完成,而储蓄的钱可能就藏到床垫子下面。所以,在哪种货币能最佳地充当支付手段、价值储藏手段及核算单位上,公民们是有选择权的。符合公民利益最要紧的事是可自由兑换方面的规则。这种规则会为公民们提供选择,摧毁中央银行的垄断,赋予公民们权力并约束各种货币发行者,不论他们是政府还是私人。

关键概念

金本位制是一组规则。它的基础是按一固定数量黄金来界定每一种国家货币。这项制度在各种国家货币之间建立起固定汇率,并使各国的中央银行和全国政府服从于这样一条规则:即使不能实现国家稳定价格水平和就业的目标,它们也必须维护货币的黄金比价。

汇率是一种货币的价值在另一种货币上表现出来的价格比率。当你看到,美元的欧元汇率是0.80时,这表示1美元可兑换0.8欧元。

浮动汇率制是一种货币体制。在该体制中,一个国家货币的价格要由这种货币的供给(取决于出口商和要带外国资本入境的外国人)和需求(取决于进口商和想要输出资本的人)的相互作用来决定。浮动汇率允许国家货币政策和一般经济政策因政区而不同(货币主权)。然而,汇率变动向政策制定者和公众发送着重要的信息,并大都会对政策制定过程产生强有力的、有教育意义的反馈。因此,它们会限制国家管理机构的货币主权。

一种单一货币体系必须建立在共有的外在制度和内在制度基础上。如果这些制度出现不同和分歧,就必须有浮动汇率,以避免在货物、资本、企业和人员自由交流上代价高昂的直接干预。如果一种共同货币(货币同盟)被强加给完全不同的地区和国家,而这些地区和国家有着不同的基本价值观、工作和储蓄习惯,以及财政规则,可以预期,不平衡会日益增长,政治团结也很有限。这将会导致政治关系紧张和解体的危险。

最适当货币区的理论概念建立在这样的观点上,即一个较大的区域可以减少兑换货币的交易成本,降低不可预期的汇率变动风险。但是,它通常会忽视坚持不同制度的动态效应,并因此使生产率的趋势发生背离。因此,最适当不是一个静态概念,而是一个动态的,难以预言的概念。

11.5 国际迁徙与文化一体化

近几十年来,跨边界和在不同文化之间迁徙的人数——无论是暂时的还是永久的,也无论是合法的还是非法的——都在呈指数化增长。这是全球化的一部分,它不仅导致劳动这种生产要素的跨边界流动,而且直接影响到各个社会和它们的文化(Sowell,1996)。任何人,只要对制度有基本的了解,都会意识到,人员的国际转移与商品和服务或资本这些重要方面的转移是不一样的。人们连同基本人权一起到来,并体现着价值和人力资本。这意味着,"外国人"的增加对一个共同体的制度系统,尤其是对其基本价值和内在制度,施加了影响。并非所有来者在文化上都有着同等程度的准备,要在新的所在国取得物质上的成功(Sowell,1996,1998)。就像开放之于贸易,这类增加对于所在国能具有划算的演化影响。新来者会检验旧的概念和规则,并可能对之提出质疑。这会增强演化。例如,外来的文化影响,如外国菜肴、表达自己的方式,以及工作习惯和做生意的习惯,在克服认知障碍和增强学习上,对于所在国的公民和政治代理人,都会有很大作用。这增强了一个共同体的适应能力(见下面的12.4节)。然而,这是个数量与质量的问题:如果有大量移民加入了所在国,该共同体所熟悉的制度资本就可能受到侵蚀,而所在国的人们也会厌恶外来的挑战。那时,这很容易引起仇外情绪,并破坏内部和平(Kasper,2002)。各个共同体本能地承认,它们传统的制度构成了宝贵的、生产性的资本,因此要求保护边界,不要非法的大规模移民。要确定在什么地方制度解体的长期成本就会超越增强认知能力带来的长期好处,这是个经验问题。这个成本-效益问题受到过多难以测度的因素影响,比如移民与所在国人口之间的文化亲近程度,移民想要与所在国文化融为一体的愿望,还有所在国人口的文化刚性或柔性。当移民是来自僵化文化环境的人并且拒绝融合时,这些问题很可能就会变得尖锐起来,尽管事实上,他们离开的是物质上贫乏文化上失败的制度。那时,移民中的精英们和所在国的精英们都会利用这些问题,培育在价值观和制度上持久的制度化差异(多文化政策)。如果现任官员和移民都能意识到这些挑战,不再强调文化的独特性并接受一体化,如果政策建立在如自由、公正、和平与繁荣这类共有的基本愿望上,这些问题就会比较容易控制。

11.6 巩固开放的经济秩序

当"开放的冒犯"(affront of openness)削弱其权力时,政治集团就可能进行反击。他们声称,较穷的国家进行"社会性倾销"(social dumping),削减国内工资水平或在更低的税收水平上经营,因此边界控制是合理的。根据同样的思路,他们还努力获得保护,理由是外国竞争者不承担他们所必须承担的环境税,因此他们要求为他们遵守国内环保高标准提供贸易保护(环境性倾销[environmental dumping])。

目前，在成熟工业经济体关于其逆工业化的论战中，这些主张是显而易见的。让国内工业迁往低工资地区，在成熟的高成本经济体中制造结构性失业。然后，要求限制资本外流以恢复国内的高就业，而无视劳力成本。这导致了一种捍卫政治权势和旧有的社会-经济地位的意向。当环境保护主义者提出贸易保护的要求，以防止资本、企业和工作岗位会以"用脚投票"的方式迁往较少为实现环境目标而实施严格管制的地点时，同样的问题也是十分明显的。这有利于靠工业、交通和家庭在全球实现排放控制的需要，当然，这也会大大减少产权，并攻击作为现代高生活水准和进步基础的经济自由。更一般地讲，发现自己在开放经济中正在丧失政治影响的特殊利益集团，大都会诉诸民族主义的大众感情以遏制"开放的冒犯"。然而，截至2010年代初，封闭全国市场是行不通的。技术已经变化，资本所有者和企业都可以在全球移动。因此，那些希望避免受开放惩戒的人现在越来越多地求助于组建经济集团。欧盟、北美自由贸易区和创建东亚经济决策会议（East Asian Economic Caucus）的努力都向政治经营者们允诺，至少在一定程度上保证政治优先于经济生活。

但追求开放的战斗并不是在一个静态的世界中打响的。运输成本在不断下降，通信革命正在进行之中，这都使组建和维系保护主义联盟变得更加困难：在互联网时代，现在要想阻止资本和思想在不同国家的公民间自由流动实际上已不可能。技术进步给了实质上开放的国际经济秩序存活的机会。

主权国家不可能彼此强制履行国际条约义务（不能使用军事力量）。因此，强化条约中使国民经济保持开放性的自我实现特性很可能是有利的。为了达到这个目的，GATT的长期首席经济学家简·图姆利尔提议，导入"自执行条约条款"以增强经济的开放性。他主张，在实行保护主义时，应赋予失去产权的公民法定权利，能对破坏开放和违背不歧视外国人的原则的政府提出指控(Tumlir，1979，pp.71 - 83；Banks and Tumlir，1986)。根据这一建议,普通公民和外国人将获得一种合法权利,如果对边界的控制削减了他们的产权,他们就能通过私人的侵权诉讼将政府机构告上法庭。这一规则将强化国民和外国人一律平等的原则。这一概念在欧盟内的一定环境中得到了应用,但在面对欧盟以外的国家政府时,它仍然是不适用的。它完全适合于一个技术发展越来越弱化国界概念、并强化世界主义概念和行为模式的时代。425

追求开放的战斗之所以重要,有一个极其重要的理由,即国际竞争扩大着强化国家规则系统的演化潜能。在下一章里,我们将转向这一点。

第 12 章 制度的演化

迄今为止,我们都认为制度是既定的。实际上,我们的分析都基于一种假设,即当制度保持稳定时,人们能较好地了解制度,从而制度在规范人的行为上也较有效率。但是,环境会变化,从而既有的规则也必须与之相适应。

本章始于一些历史回顾。它们说明了制度在长时期内的变化方式及其原因,以及集体主义哲学和个人主义哲学如何影响着规则系统的这种演化。然后,我们要考察一个共同体的内在制度和基本价值观如何在一个元规则系统内,循着渐进演化之路,非偶然地、有规律地演变。元规则系统使制度和基本价值的变迁具有一定程度的可预见性和连续性(路径依赖)。

相反,外在制度(通过立法、政府管制、司法裁定建立起来)要靠政治行动来改变。有时,这种政治行动会突如其来。在另外一些情况下,政治行动可能使制度僵化,然后产生社会硬化症。外在规则的变化方向并不总能使个人追求更大的自由、更容易的财富创造,尽管开放有利于外在制度向这个方向的调整。

自20世纪中期以来,日趋密集的国际贸易和世界范围的要素流动促进了开放(全球化),并使制度改革变得必要。前所未有的,各国的文化和外在制度都暴露在与其他文化和制度系统的竞争之下。适当的制度系统在吸引生产者、贸易商和投资者方面构成了重要的竞争资产。当地方共同体和州政府为吸引投资者而在建立有利于商务活

> 动的制度上相互竞争时,制度竞争也可能在联邦内的亚国家层面上展开。
>
> 最后,自由是一项宪法原则,我们要探讨这一原则在形成制度演化框架方面的作用。自由有助于个人认识自己的愿望,发现他人的需要。它还牵制着政党和压力集团间的政治性相互作用。这种相互作用往往使制度系统变得僵化,并耽搁制度系统的演化时机。

Παντα ρει——万物常变。

古希腊格言

将演化想象为一种指向完美的恒定趋势是错误的。这一过程无疑涉及有机体在适应新条件过程中的不断重塑;但它要取决于那些条件的性质,即那些变化的方向是趋于上升的,还是趋于没落的。

T.H.赫胥黎,《人类社会中的生存斗争》(1888年)

资本家总是趋向有丰富劳力且劳力价格公道的国家。但随着他们将资本带入这样的国家,他们会使工资趋于上升。

路德维希·冯·米塞斯,《经济政策》(1979年)

制度规范人类行为的力量多数源于它们的不变性(黏滞性)。但是,当环境发生变化,不变的规则组合也会产生伤害,因而需要进行调整。毕竟,与保守主义者有时所想的不同,制度本身不是目的:它们只是追求自由、繁荣、和平一类基本价值的手段。所以,我们应该探讨的是,制度如何变化,为什么变化,以及在制度变迁过程中如何才能保障可预见性(秩序)。

12.1 历史回顾：对制度变迁的长期概观

"欧洲奇迹"

哈布斯堡皇帝查尔斯五世(1500—1558年)的宫廷吹牛说，在他的帝国里永无日落。但查尔斯五世却一度苦涩地抱怨说，过去一直向他预先付款的犹太银行家和商人们正在逃离宗教法庭(the Inquisition)，这一事实就像"指向我权力核心的弩箭"。两个半世纪后，德国的诗人－剧作家和历史学家弗里德里希·席勒(他当时正在考虑耶拿大学提供的历史学教授席位)，在给一位朋友的信中提到这所大学时说："这所大学的控制范围分属四个萨克森公爵，这使得它成为一个相当自由、安全的共和国。在这所大学里，压制难以得势。耶拿大学的教授几乎都是独立的人，不必顾忌任何王公贵族"(写于1781年，作者英译)。他指出了这样一个事实，这所大学处于四个独立君主的联合统治之下，并预期到，这四位君主的争斗将充分地保护他的学术自由。

欧洲历史中这两个看似不相干的片断简洁地注解着一次伟大的向着现代化的历史性转变，即从中世纪的封建规则系统到形成使工业革命成为可能的价值观和制度。这两份史料还突显出在资本主义制度的演化中，政治权势与资本和有才能的、积极进取的人的跨政区流动之间的相互关系。

影响西欧社会史的基本因素是欧洲在地理上的多样性，这种多样性有利于形成许多具有独立统治者的小国家，但是这些国家有着同一种文化中共有的基本规则(Bernholz et al., (eds), 1998; Kasper, 2011b)。这些统治者不仅通过战争相互争夺，而且还日益通过跨政区竞争吸引生产资本和有技能、有知识的人才。人们可能得出与德国社会学家埃里希·威德一样的结论:"欧洲的不统一曾是我们的幸运"(Weede,1996,p.6)。欧洲经济的小规模和开放性使跨政区的要素流动成为可能,它为一个以两种方式起作用的演化过程创造了条件。

(1)面对规则系统上的政区间差异,有些资本、知识和企业的所有者总是决定迁往这样一些地区,在那里,不可移动的生产要素——土地、非熟练人员和制度性基础设施和政府行政管理——能使他们获得好的和可靠的回报率,并能提供工作上和生活上的安全和自由。在有些情况下,最初的动机是为了寻找宗教自由。例如,在西班牙的哈布斯堡帝国,以及后来的法国,宗教迫害使犹太教徒和胡格诺教徒迁往那些能为他们的宗教提供更好保护、能使他们享有公民自由和经济自由的领地。而在另外一些情况下,主要的动机是追求经济收益。有些统治者有兴趣于增进其王国的税收基础,例如从挪威到波西米亚和匈牙利的贵族领主就用保证移民的自由,有时候还提供廉价的土地,来吸引移民。小国家不可能从向农民和土地征税来获得足够的财政收入,所以它们必须依赖长途贸易。这些小国家开始提供对经济自由和公民自由的可靠保障,以吸引商人和工场主(Jones,2003/1981;Findlay,1992)。同时,西欧各种社会中的文化价值和内在制度也各不相同(Casson,1993)。有些地方培育出了"商业派生品德"(commercial secondary virtues),提供了各种区位优势。例如,在荷兰,对于富裕的创造者和资产阶级领袖产生了一种新的尊重,这种尊重对于当地经济有着很大的提升作用(McCloskey,2010)。经验很快便证明,对产权和个人自主的保障,以及受规则约束的政府,在吸引宝贵的可移动资源上成效显著。

民事自由和经济自由也激发了国内的经济创业精神。在具备这些自由的政区中,有才能的人不是被引向宫廷中代价高昂的政治争胜,而是越来越多地转向贸易、金融和生产方面的经济性创业活动。他们常常将自己的资本、知识和劳动与新吸引来的移民和流入的资本结合起来。善待企业的政区(enterprise-friendly jurisdictions)——如威尼斯、热那亚、佛罗伦萨、安特卫普、纽伦堡、荷兰、英格兰和普鲁士——的经济增长显示了统治者服从规则的行为所获得的物质报偿,而专制蛮横的,统治着更大、更封闭地域的君主国——如西班牙、俄罗斯和奥地利——则开始在经济发展上落后(Weber,1995/1927;Jones,2003/1981;Giersch,1993)。经济企业家们用脚投票;他们退出,采取"区位创新"。这在生产率趋势、创新活动、生活水平和政治权力的经济基础上造成了分化。

(2) 这种流动性也对响应和进入政治竞争的政治系统发出了挑战。政治争胜植根于制度发展演化的运动过程中。面对可移动资本和技术人员的退出选择,统治者受到限制,无法采取投机性的蛮横行动(退出的控制功能),而且他们也明白了,培育可靠的产权、个人自主和无需特许的投资以及普遍自由,是完全值得的。统治者的目标当然是保持和扩大他们的权力,但这种努力的副产品却是使他们懂得了要按公民们的利益行事。同时,那些国家里的居民们则学会了适应有益于贸易和创新活动的价值和生活惯规则。这样,源于物质性成败的反馈启动了重塑内在制度和外在制度的学习过程。商人们培育出了市民品德(civic virtues),如守时、诚实、彬彬有礼的举止,而政治体制也最终从封建政体和后来的专制政体逐步地转向君主立宪制和选举民主制。在这一长期过程中,统治者政府丧失了控制私人事务的权势,有些行政当局将自己重塑为支持经济发展的组织,现代资本主义变得可能了。

在查尔斯皇帝活着的时候,西欧的统治者们被视为是靠上帝恩赐的伟大权力进行统治的,尽管在理论上他们还要受到基督教道德和自然法观念的约束。两个半世纪之后,弗里德里希·席勒写道,人们越来越认为,政府要服从于跨政区竞争的力量。这种竞争限制了政府的绝对权力。至少在那时的精神领袖们看来,政府应尊重个人的、不可侵犯的自由领域和其他人权。

在18世纪末席勒的那个时代,在理解和实践对资本主义自发秩序和经济增长必不可少的制度上,英国走在最前面。在英国,苏格兰启蒙运动的思想家们(2.2节,后记)在1688年的"光荣革命",及其余波带来对个人自主和产权日益增长的正式承认之后,就已突出强调了市场秩序所必需的制度条件。我们在前一章里已看到,亚当·斯密对跨政区竞争有着很好的理解。

西欧这些发展的一个支脉是在新成立的美国,有了《独立宣言》(1776)和《美国宪法》(1787)。设计了这些有巨大影响的文件的人们,意识到了退出选择的力量,因为许多美国人都是在不久前为了追求更大的自由和更多的物质机会而离开英格兰的。美国宪法成形于一场直率的、有关支持"追求幸福"的制度的论战。美国宪法,连同它对自由社会中的法律-宪法规则的明确阐述,已经成为世界上许多国家后续改革者们的一个力量源泉和样板。最初,而且只是在一个短暂的历史过渡期,1789年的《法国人权宣言》提出了要保障公民的"自由、(法律面前的)平等和财产"。可惜,法国革命的激进化使这些个人化的愿望很快就被摒弃而要求"自由、平等、博爱",而后者是个含糊的概念。

从个人主义到集体设计——从开放体制到封闭体制

当席勒在美国革命后不久、法国革命之前不久的那一期间里写作的时候,受规则约束的、有限政府概念和个人不可剥夺的基本权利概念深入人心。正如他在多封信中所指出的,人们懂得,政府间的争胜是保护这些制度的一个有效途径。在 18 世纪,许多西欧知识分子都认为,制度对于自由和繁荣至关重要。但也有人赞同,可以通过自觉的设计来塑造制度系统,正如不久后的法国革命所展示的那样。

众所周知,哲学家们,甚至从柏拉图(公元前 427—前 347 年)起,就曾思索理想社会及其管理制度的乌托邦幻想;但是,他们从来没有劳心费神从细节上设计或描述这样一种社会实际是如何运转的。在国家的宪法设计上进行具体、主动的变革这样一种观念是 18 世纪后期的一项新发展。在随后的一个世纪里,像格奥尔格·威廉·弗里德里希·黑格尔(1770—1838 年)、克洛德·亨利·德·圣西门(1760—1825 年)和卡尔·马克思(1818—1883 年)都曾致力于设计国家主义或社会主义风格的整体性集体主义意识形态,以期推翻继承下来的、自发成长起来的社会秩序。但是,即使他们煞费苦心地提出了这类现实的实践问题,他们还是没能设想制度细节。他们也没有意识到,传统价值和内在制度的基础结构(metis)实际上使革命性变革不可能出现。集体主义的概念在 20 世纪里被付诸实践。然而,在第二次世界大战后的许多欠发达国家中,为协调复杂经济体制而出现的许多制度设计上的实际问题,被证明是无法克服的。这些体制都努力降低经济协调任务的复杂程度,例如,通过隔绝经济与国际贸易和国际投资的联系,或通过减少要生产的产品种类,这并不是偶然巧合。

不可避免地，革命颠覆了在演化中形成的各种制度系统，然后用自觉设计出来的规则系统取代它们。当继承下来的秩序被突然打碎，人们失去了方向；协调他们的行动变得困难起来，甚至无法进行。在20世纪，许多内在制度被设计出来的外在制度所取代。最引人注目的实验无疑是俄国革命。这些革命都面临一个艰难的任务，即必须创造出新的制度机制来协调经济生活，因为它们已经决定废除私有财产和货币，而马克思的著作并没有给它们提供实践的指导。在1990年代初，俄国社会再次面临着一种制度的空白（13.1节）。

1930年代和1940年代的法西斯主义体制也设计和强制推行了集体主义秩序。市民社会的许多内在制度遭到外在规则的压制，而这些外在规则是靠政府控制的组织来实行的。尽管这些尝试在第二次世界大战中失败了，但它们后来却激发了第三世界的仿效，从阿根廷到印度尼西亚都是如此。在那些国家里，领导人总想设计国民的意识形态，并强制推行他们自己制定的新秩序，以便操纵变革。为了较容易地做到这一点，他们都鼓吹自给自足，以民族主义的名义对国际贸易和投资封闭全国经济。当时许多发展经济学家（还有大多数国际组织）都支持这种发展方式（第14章）。正如彼得·鲍尔在1957年批判性地评论所说，发展经济学的正统观念依赖的是当地市场的中央计划，以及对发展中国家官方外援的大量流入（Bauer，1957）。一种比较轻微的封闭形式，是联合国在1950年代至1980年代在许多发展中国家的领导人中倡导的进口替代方式。许多发展中国家领导人在1950年代至1970年代的独立后，都努力使社会和经济革命化。这种对国际贸易和投资的封闭适合这些领导人。

回归开放秩序

"科学地开发出来的"规则系统是在压制市民社会的许多传统内在制度和组织的基础上设计出来的。其令人沮丧的实践后果使人们更好地理解了资本主义的优点。这为在协调现代经济和促进制度演化方面重新开放铺平了道路,以跟上持续变革的步伐(Bauer,2000;Bauer and Sen,2004;Boettke et al.,2008)。新的洞见还使人们的注意力集中在这样一种必要性上,即在面对持续的技术、人口、社会和经济变革时,要维护运行中的社会经济秩序,就需要内在制度与外在制度的相互作用。事实上,当代奥地利经济学和哲学就是从经济学家与中央计划卫道士们的论战中发展起来的(Hayek,1937,1940,1944;Mises,1936/1922,1994/1920,1945,1949,1978);像卡尔·波普尔那样的现代哲学家,根据集体主义和封闭制度的实际经验研究个人主义和集体主义,从中获益良多。

自1960年代以来,在开放的、市场调节的经济中,经济增长提供了世界范围的经验。这些经验证明了个人自主权、可靠的私人产权和竞争市场的协调能力,也证明了专注于保护那种秩序、并谨慎对待歧视性过程干预的政府所具有的种种优点(14.4—14.5节)。那些始终不让其经济向国际贸易和要素流动开放的社会大都增长得较慢。当然,封闭经济较少面临改革其制度系统的挑战;它们在改组传统制度和对政治投机行为的自我控制上获得的经验也较少。尽管如此,邻近国家已经创造了吸引资本、企业和知识的有利条件,证明了经济改革的好处。它们的经济成功常常会对落后国家的思维产生强有力的影响。因此,确凿的经济成功增加了邻近地区中落后国家制度改革的机会。一个很有说服力的例子就是马来西亚在1970年代和1980年代早期的一段插曲。当时马来人支配的政府启动了一项重大的收入再分配计划。这项计划有利于扶持贫困的马来人,而不利于较富有的华裔马来西亚人和外国投资者,当时的马来西亚政府压制了他们的自主权和产权。结果,尽管有大量靠公共开支提供资助的石油和天然气,私人投资却很快停顿了下来。而与马来西亚邻近的、较少歧视性制度的几个经济体则持续繁荣。这在马来西亚的政策中引发了一次注重实效的重新定位:歧视性控制被缓解和放弃;公共资金撤离工业;基础设施被私有化。于是,马来西亚的经济又重新恢复了迅速增长(后来,马哈蒂尔政府再次重返干预主义,并培育了权贵资本主义)。类似的邻里示范效应已使经济自由化扩散到了第三世界的其他地区,甚至还传到了像越南那样的国家,当时的越南还处于经济停滞之中。在这些国家,现在已有远远超出半数的总产出是由私人企业生产的。类似的外部影响也对拉丁美洲的一些准封建国家发生了作用。在那些地方,寡头政治集团的统治直到在1980年代和1990年代发生了重大经济困难时才中止。但有些国家后来再次堕落到国家－封建主义(nationalist-feudalist)对资本主义的否定中。这种跨政区竞争的一个结果是,实施改革,朝趋向资本主义系统的外在制度转变,现在成了一种世界现象(Scobie and Lim,1992; Sachs and Warner,1995,Gwartney and Lawson,*passim*)。在第13章和第14章,我们还将回到这个论题上来。

全球化:变化中的政治博弈

在21世纪开始之际,全球化已经从根本上改变了各个国家的政治博弈计划(第11章)。现在,较小的成本差额都足以使私人主体去从事"区位套利"活动。越来越多的企业意识到了不同国家的条件,并准备好向国际进发以应对制度变化,对国家政策的反馈也更加直截了当。因此,政区间的差异不大可能持久。交易成本在总成本中的比例在日益上升,而能影响企业交易成本的各种制度,现在都要服从于国家间的制度竞争。然而,"全球金融危机"(始于2007年)和关于全球变暖的担心已经在鼓励许多国家的政治精英们重申他们对"政治第一"的要求。这已经产生了对个人自主权和产权的新的干预,并对经济自由造成新的威胁(14.2节)。国家政治控制与全球化之间的冲突有可能变得更尖锐。

全球化当然会遭到那些习惯于政治权力的人和政治表现不受质疑的人们的忌恨。在那些正在丧失竞争地位的国家里,在那些正面临着可移动资本、人员和企业净流出的国家里,全球化对民族国家的影响会被视为一种公然侵犯,也是怀疑经济开放好处的理由。因此,权力经纪人们会争辩说,必须保护就业以抵御廉价的外国竞争者,还说,全球化会降低保住高技能(非熟练化)职业的可能性。由此,防护性腔调就起到了这样的作用:推迟迎接开放挑战的行动。例如,在欧盟,农业受到保护,而损害了欧洲消费者和非欧洲生产者的利益。第三世界出口导向的高效农业生产者被忽视,而他们本来可以从食品和纤维类的自由贸易中得到好处。这种保护主义促使第三世界的各国政府坚持对进口工业品征收关税和实行配额,并阻止外国人投资服务业。争取贸易自由化的多哈回合徒劳无功。这证明,寻租者和创租者在多大程度上仍然准备去阻止外国竞争,并对非歧视原则表示蔑视。然而,如果历史具有指导作用,外部对内在制度挑战的可能性还会上升,而破坏性的、较少演化性制度调整的可能性也会上升(Giersch, 1993, pp. 121-134)。

尽管有这样的政治抵抗,全球化——在近几十年内和在整体上——已经成为一种主要力量,推动国家制度的演变朝着较少政治干预的方向发展(14.3节)。政界、政府管理部门和产业社团中有创造性的企业家们已经改善了公民自由、政治自由和经济自由,他们到处都在仿效促进增长的规则。对于1930年代的记忆可能也是一大因素。当时,广泛的政治干预是使1930年代的衰退深化为"大萧条"的关键,后来又使之扩大,最终导致了全球的战祸。这引出了国家间的非歧视原则。这项原则被铭记在"关税和贸易总协定"(GATT)中的"最惠国"(MFN)条款里,现在又被纳入了"世界贸易组织"(WTO)(11.3节)。

同样重要的是,第二次世界大战后不久,在欧洲经济合作组织(OEEC)的支持下,紧随自由化之后而来的经济成功鼓励改革者放弃歧视性政策。美国的"马歇尔计划"起了重要的作用,因为它责成胜利者和被征服的战后西欧在新组建的OEEC的支持下逐渐引进了自由贸易。在OEEC(后来是OECD)的带领下,向着自由贸易的发展和人员与资本的自由流动,以及采用市场协调的政策,变成了改变战后欧洲集体主义政策的主要因素。①自那时以来,不仅在发达的西方,而且在全世界,选择更容易的退出,对于改进经济制度和其他制度、对于有利于自由和繁荣,都做出了极大贡献。

新媒体,尤其是互联网,极大地增进了信息的流动,因而使各国文化和政区进一步开放。因此,了解其他可供选择的条件和制度的通常存在的认知性局限更容易被克服。相关文献讨论了媒体和互联网作为改变或加强现有制度结构的机制所起的作用。例如,美国研究人员克里斯托弗·克因和彼得·里森记录了波兰的传统媒体和新媒体在帮助改变制度结构方面的效果。政府控制媒体、压制言论自由已有几十年的历史,而后,在1970年代出现了一个地下出版机构站出来讲真话。

---

① 马歇尔计划给战后欧洲投入了外援资金,但是人们很久以来就已认识到,就其本身而言,这种资本投入与美元的流动性对于西欧的经济复苏并不是特别重要。有记录表明,美国慷慨赠予中相当大一部分的接受者(英国、瑞典和希腊),恢复得大不如像德国那样常常单边自由化的国家(例如,Sohmen, 1959; Cowen, 1988)。真正起作用的是西欧经济相互作用中的游戏规则。

它十分受欢迎,导致了一个完整的媒体网络的出现,并最终帮助从内部培育制度性变化。克因和里森解释说,媒体"围绕着其他可供选择的观念创造了共享知识,传播了计划的和真实的异见行动。例如,在协调团结异见运动(Solidarity dissident movement)组织的工人罢工方面,地下媒体起到了重要的作用"(Coyne and Leeson,2009,p.11)。

12.2 内在制度:在文化价值和元规则内的演化

自发性自组织:内在制度

从可能和经验来看,社会的内在制度是在某些更高层规则内演化的。这在一定程度上保证了跨期的一致性与连续性(*metis*):对个人和组织产生良好作用的规则会得到采纳和仿效,而做不到这一点的规则将被终止。这是一种务实的分散化的试错过程。规则变化会对复杂的社会交往产生许多副效应,但我们对此知之甚少。而这种试错过程的作用就是应付我们的这种无知状态(Parker and Stacey, 1995)。这一实验、选择和调整的过程渗透着许多人的知识、智慧和理性。既然人的知识必然存在着局限性,这个过程还是可以被称之为"理性的"。像惯例、工作习惯和习俗那样的内在制度具有一种自动解决问题的协调能力,即使在具体情况表明相反时也是如此:人们不假思索地遵守内在规则,而其他人则依赖于这一事实。只有当经验反复证明,老的惯例和习俗效果不佳,使人们错失机会,那时,寻求变通的压力才会使人们去调整内在制度。

在5.2节里,我们简短地触及了内在制度的演化过程,其途径是创新和变异、接受和抵制(选择)、使接受者达到某种临界多数,从而使演化的内在制度被接受为新的具有规范力量的共同体准则。这种演化而务实的制度观与保守主义态度不同,后者总是为了自己的利益而捍卫已知的旧规则。①

对内在制度的认可或抵制通常是非正式的。因为它们不会被硬性地强制执行(软制度)。最终,内在制度为进一步的尝试和演化性变革提供了空间。在某些情况下,有些人会违反既有的惯例和习俗。他们承担了受惩处的风险,因为他们觉得,破坏规则仍然是有利的。如果后来证明他们错了,他们将重新服从规则;如果他们做得对,其他人迟早也会看到这种好处,并模仿这种新行为。如果有足够多的人争相仿效这一行为,就会在共同体内形成一个临界多数,从而最终确立新的内在制度。

临时打破既有内在制度的分散化试验构成了大部分的文化演变。所以,定义什么是可接受行为的内在规则偶尔会在讨论中或行动上遭到违反。例如,有的人发现在信的结尾使用"您的忠实仆人"这一用语过分客套,因而代之以"您的诚挚的"这样一种说法;而有的人在见面打招呼时将"早上好"(good morning)改为"嗨"(hi)。这有可能引发保守主义的反应,即(轻微的)社会反感,但随后,这种新的习惯会传播开来(Bush,1987)。②

---

① 在哈耶克的《自由宪章》里,最后一章的题目是"我为什么不是一个保守主义者"。哈耶克在这一章里指出,在保守主义者和自由主义者(或美国词汇中的自由意志论者)之间有一条明确的界线。自由主义者总是要问,有更好的吗。有时,他们发现,新制度能更好地服务于人类利益。而保守主义者则总是捍卫旧制度并迷恋既有的权威(Hayek,1960)。

② 当然,文化演变超出了制度系统演化的范围。文化的内容服从由创新、仿效、选择和拒绝构成的持续不断的演化过程。这方面的例子有路德维希·冯·贝多芬或古斯塔夫·马勒,或法国印象派画家。他们打破了当时的文化习俗,而且一开始还被有敌意的公众所拒斥,但是,他们最终建立起新的文化标准。

同样,经济学界曾采用过被称为"新古典范式"的共有规范。这促进了职业经济学家间的在东亚的新兴工业国家里,人们看到了另一种内在规则演化性变革的例子(Hofstede and Bond, 1988)。在痛苦的战后环境中,在1950年代和1960年代新的世界竞争氛围里,这些国家开始强调面向未来的价值观,而不再强调传统的层级服从的儒家规则。这被证明是极其有利的。东亚市场经济国家不断暴露于世界市场的影响之下,而这使一些打破传统规则的人获得了物质上的成功。逐渐地,当绝大多数人都渴望物质成功时,既有的内在制度就会全面变化。这个过程常常会引发个人冲突、某些混乱和协调不良,尽管远没有引起像越南所出现的那种普遍社会失序那么严重。最终,资本主义的东亚社会调整了它们的内在规则系统,将它们调整后的(新儒学)规则转变为一种国际竞争力上的资产(14.4节)。

所以,推动制度演化的是"千百万细小的反叛"和众多其他人对这些"细小反叛"的评价。在这一过程中,大量有价值的智慧被结合进了制度系统。

惯性:路径依赖

按常规,一个共同体共享的基本价值系统及其元规则是相对稳定

交往。而当有人尝试另一种不同的规范时,既有思想流派和常规范式的信奉者就受到了挑战。因为,这种新规范要求明确地考虑制度并拒绝关于"完备知识"的隐含假设。他们的反应会因拒绝认真思考新规范的保守习惯而增强。新规范被认为是一种不受欢迎的繁琐化,它只会阻碍学者之间的协调和思想交流。从智识上对既有范式的挑战可能诱发保护既得智识资本并消除其贬值可能性的尝试。因此,新古典范式的卫道士们会抵制变革,如拒绝在杂志上发表不合常规的论文,投票反对异己者的提升等。为了将各种制度经济学范式中能自圆其说的部分整合成一个主导的思想流派,建立起合成模型,人们进行了多种尝试。这些尝试逐渐地推进着经济学思维中的变革(Furubotn, 1994)。如果最终发现这些新模型具有内在的矛盾,不能解释现实世界里的重要现象,人们就会感到进一步重新思考主流范式的必要。只有从经验出发,许多论述经济学的人才会以渐进的和分散化的方式对变革已普及的常规假设是否可行和有益做出评估。

的。这种"黏滞性"(stickiness)有利于稳定的制度演化和路径依赖。毕竟,新制度要使人们付出学习成本,并可能在转型期内引起协调不良。这常常成为固守传统的一个理由。新规则因此而无法在自愿遵循者的数量上达到一个临界多数,从而不足以在共同体中得到足够的认可。对新规则的认可还常常因担心这些创新会冲垮其他规则而受阻。传统的规则系统包含许多补充条件。这些补充条件是从长期的经验中成长出来的,也有益于严密的网络。而人们为了最佳地利用主流规则,也已使自己适应于它们之间复杂的互动关系。"老规则是好规则"的格言很有影响,因为广泛存在的准自动的规则服从降低了协调成本。结果,在制度变迁中存在着路径依赖,这也是由于制度系统在相当大的程度上依靠基本文化价值观造成的(Boettke,2001;Boettke et al.,2008)。演化性调整,而非痉挛性的革命转换,是规范。这对于制度发挥连续的节约信息成本的功能而言,是必不可少的。

在有的共同体内,因其规则系统与新条件完全不合拍,因而不能大幅度地实现其基本的价值目标(如战后东亚的情形)。那时,如果旧制度被广泛认为是恶劣境况的原因,就会发生相当快的制度变革。在较小的东亚国家中,战后的混乱和外来侵略的威胁创造了多个条件,使对新规则的理解很快就达到了一个临界多数。坚持新规则在这些社会中创造出了明显的物质成功,而新的出口导向战略和信息革命很快便为这一点提供了保障(Tu,1996)。然而,尽管在东亚新兴工业国家中发生了普遍的文化革命,但令人惊讶的是,对传统价值和规则的固守仍然是那样绵延不绝。无人会将当代的台湾人或香港社会与欧洲社会或美国社会相混淆,尽管它们都具有全球消费者社会共有的技术和同样的标志。演化的是"现代性"的一种多样性(Eisenstadt,2000;Tu,2000)。在许多情况下,较低层次的规范得到调整,但它们仍然要存在于一个经历了长期考验的高层次规则和价值的框架之内。在用外在性干预改变规则系统的地方,如在越南和柬埔寨,结果对人们而言极其痛苦,直到许多旧规则被最终重新确立(13.2节和14.4节)。尔后,这些国家会遵循一条比较可预见的路径,那是会使先前的革命者们目瞪口呆的路径。

制度演化

内在制度的形成及其演化性变迁是由各种散布的进取性发现驱动的。我们已经说过,由于惩处往往是"软性"的,有些人会非常乐意为尝试一下摆脱公认的规则而冒险。他们可能希望自己能向受影响的人们解释其违规行为,并获得认可,或至少,人们会容忍他们的试验。例如,一定年龄的儿女大都会违背家庭的制度,如违背服从父母权威的规矩。年轻人可能会向父母解释为什么他们要破坏某项规矩,而且可能会得到同情和理解。这样的实验不会毫无冲突,但冲突大都会在分散化的个人层面上消弭。

如何调整内在制度,在成功的多文化社会与失败的多文化社会之间,也有很大不同。在如美国、加拿大和澳大利亚那样的地方,各种移民文化的不可言传性知识和有代表性的规则会被融合或调整,形成一套新的或多或少是共享的制度,引发创造性的文化交叉影响,使新知识得到建设性的运用。但是在所在国社会强硬捍卫先前已有的隐含制度的地方,在移民群体固执地保留其传统制度的地方(想想欧洲的穆斯林群体),实现一体化就会很困难,并会发生代价高昂的社会冲突(Sowell,1994,1996,1998)。

哪些对内在规则的挑战会乐于被接受,哪些会受到广泛的抵制,部分地取决于尝试性的各种变化与人们的基本价值观(他们的 *metis*)有着怎样的联系。我们在第4章中看到,在决定哪些制度性安排会被采纳的问题上,这些价值引导着各种制度,并具有压倒一切的优先权。当这些价值深入人心时,它们会支持内在制度演化过程中的连续性和凝聚力。与其成员少有共享价值的社会相比,对基本价值有着共享的高度明确而一致理解的社会,可以设法使其内在制度演化更可预见和有序。因此,共享价值对于社会中正在演化的内在制度发挥着过滤器和凝聚剂的作用(Bush,1987;Gerken,(ed.) 1995)。

一些内在性元规则:宽容、幽默、言论自由

既然文化变迁对一个共同体的持续福祉十分重要,在面临多变的环境时,检验和再评价风俗习惯的各种分散化过程就值得保护。在这里,一些非正式的内在性元规则非常重要,它们增强着内在规则系统的演化能力。例如,对个人尝试持有一定程度的宽容,靠幽默感平息冲突的规则,善待陌生人的性情,以及对言论自由的承诺。心态过于狭隘以致不容尝试的社会,教条主义地抵制对既有内在规则任何偏离的社会,在物质条件或技术条件发生变化时大都会吃亏。正如哈耶克指出的:"保守主义,尽管是任何稳定社会中的必要因素,却不是一种社会计划;由于其父爱倾向、民族主义倾向和崇拜权力的倾向,它常常更靠近社会主义而不靠近真正的自由主义"(Hayek,2007/1944,p.245)。保守主义的静止本性在市场环境和文化环境中都阻碍创新和变革。

当出现冲突而内在制度又不能解决冲突的时候,表现幽默的做法有可能起到安全阀的作用。这还是一种节约人际交易成本的方法。在不断演化的内在制度系统中,还有一种能减少冲突和交易成本的元规则,即争论只对事不对人的规则:玩球,不玩人。与个人毁谤能博得普遍喝彩的社会相比,在事实争论总能压倒对人不对事的攻击的社会里,更可能存在和平的、以问题为导向的演化。

一个社会若将自由表达个人思想视为该受处罚的罪行,就不会通过讨论来相对无代价地探索替代性选择。开放的讨论——包括表达离谱的反常观点——是共同体应变方式中的一个有益组成部分。开放讨论不同的解决方案,比起通过执行来试错而后又否定制度,或通过暴力和压制解决压抑的冲突,花费的资源较少。自由讨论——及倾听异议的品德——是一种手段,它能使文化演化过程向共同体所有成员开放,从而向所有适用的经验、知识和智慧开放。言论自由的制度与5.5节中所讨论的"商业进取性特征集"是吻合的。由于它是非暴力制度演化的重要引擎,它理应受到保护。

12.3　变革外在制度:政治企业家的活动

政治行动:刚性、痉挛性和有序调整

外在制度由政治权力机构根据宪法设计出来,并由这些机构自上而下地强制推行。因此,变革外在制度需要政治行动。外在规则的变革取决于集体性决策。如我们在10.1节中看到的那样,它的发生要比渐进的自然自愿性决策更困难。所以,外在规则有时相当僵化,即使是在环境已经发生变化的时候也是如此。而在进行变革时,调整有时会出现痉挛的情况。在体现于既有制度中的可预见性准则与应付多变环境的需要之间存在着基本的冲突,外在制度必然会陷入这种基本冲突。这种多变环境包括不断变化的内在制度,而内在制度的变化可能会导致规则系统内的不协调。外在制度的变革经常会影响收入和经济机会的分配,这一事实会加剧冲突。它涉及了制度安排的深层基础。毕竟,制度就像优质葡萄酒:愈陈愈香,至少在有些时候是这样!但有时,又必须进行制度变革,即使这会扰乱对人们行动的顺利协调。

当人们为应付变化了的环境而调整外在制度时,通常会有更大的

破坏性,因为这可能会与政治投机行为发生碰撞。不幸的是,现代大众民主国家中存在着政党与有组织利益集团的多变联盟,而对社会福利政策的坚持造成了大量投机性质的、往往是非常短命的、迎合有组织利益集团的立法。这常常造成与内在规则系统的冲突。在其他情况下,441政治投机行为会产生出制度刚性和硬化症,因为既得利益集团仍会维护既有规则,反对调整,即便调整对共同体总体是有好处的。实际上,外在制度有可能变得极其僵化,以至于有损物质进步和人类的其他基本愿望。大量的历史经验证明了这一点:例如,拜占庭帝国就未能调整其统治制度以战胜土耳其的挑战;中国的明、清两代在面对外部不断增加的挑战时,使其外在制度陷于僵化;许多北非和中东的政府紧紧抓住僵化的控制不放,在一代多的时期内阻碍了经济企业和就业创造,直到2011年发生了革命性的动乱。同样的情况也适合于大型公司和团体,如1980年代的泛美航空公司或英国煤矿工人联合会。他们顽固地坚持久经考验但已过时的制度,并最终停业。苦于其规则僵化的商务组织可能拥有抵制改革的手段,但自由的市场竞争最终会使它们走向破产。

如果权力经纪人能够抵制必要的外在制度改革,他们会引起物质生活的下降和冲突。在其他场合,外部冲突会适时引发外在制度的改革,并帮助一个政区的制度资本恢复活力。正如我们所讨论过的,这是全球化的一个重大后果。

克服外在制度的限制

改革外在制度的过程由各种各样的主体构成:
(1) 商务企业。领导商务企业的是企业家或由具有开创精神的人们组成的团队和个人。这类企业通常在既定的和公认的限制之内追求其自设的目标,它们具有技术上、经济上和组织上的各种属性。正常的行为方式仍是在这些限制的范围内最大限度地追求自设目标(目的－手段理性),另一种方式是根据过去的经验调整目标(适应性有限理性)。即使既有限制具有种种不利之处,这些限制仍然会被接受。因为人们觉得,改变它们,即便并非不可能,也代价过大。

(2) 另一种行动方针是正视这些限制,以创造性的企业家方式去克服它们。一旦这些限制被视为一种障碍,企业家式的创造性就会引领去克服它们。企业会组织更便宜的或新的要素供应,革新工艺以节约成本,精简组织,产品创新,或迁往新的更具竞争力的区位。在所有这些活动中,创造性努力的目标都是约瑟夫·熊彼特所定义的那种创新,即"新的要素组合"(Schumpeter, 1961/1908)。同一种企业家创造性还可能被用来反对代价高昂的制度性限制,只要这些限制被视为成功的障碍。个人和组织偶尔也会拒绝接受既有的制度,向这些制度发出正面挑战,无论是在法庭上还是通过违规来做,即使面临受惩处的危险也再所不惜。技术创新有时也会要求这类制度创新。例如,新的生产、运输、通信、消费方式,有可能使改变产权界定或调整商务惯例和工作常规成为必要。例如19世纪的铁路建设热潮不仅带来了技术变革,还带来了治理股票证券市场的新制度(Rosenberg and Birdzell, 1986; Gerken, (ed.) 1995)。

迄今为止,这一过程对于内在制度和外在制度基本上是同一的。

(3) 当需要改变外在制度时,个人和企业必然会通过提出自己的"意见"(raising their "voice")而加入政治活动。他们会努力对决策者施加直接影响。但这种做法在现代大众社会中相对少见,因为这需要非常高的固定成本。对于许多公民,不关心或容忍既有的外在制度仍然是合乎理性的。然而,在既有外在制度所强加的成本大得足以使人们难以置之不理的地方,人们会组织起来表达他们的政治意见。在多数现代社会中,政治法规都会提供正式的变革渠道,如提出合法质疑和议会表决,推动外在规则的有序变革。如果政治经营者们意识到了那样的信号并做出了正确解读,就会通过选举出来的立法机构来改变法律。这样的立法机构要服从普适的更高层次的宪法约束,并要接受可能的司法审查。在许多国家里,司法系统已经变成另一个改变规则的机构,只要法官们能以创造性的方式解释法律。

(4) 变革外在制度的机制充斥着政治代理人。他们当然要追求自己的目标并具有各种通常的认知局限(Downs, 1957a, 1957b; Bernholz, 1966; Buchanan et al., 1980)。打算打破既有规则的"政治企业家们"可以是政治家、官僚,也可以是如行业组织、工会和其他特殊利益院外集团那样的民间团体和俱乐部的领导人。他们为获得政治支持、报酬和其他报偿而允诺要改变既有制度。他们像中间人那样行事,他们拥有关于政治程序、名人和有关组织的内部信息。在现代国家中,这类政治企业家们推动着绝大部分公共政策的制定过程。当他们提出改变或保留某些外在规则时,他们当然是出于个人利益而行动的,反映着他们自己的个人愿望。他们行为的动机往往会循着较多依赖集体性机制、较少赋予自发性自组织的公民社会以权力的方向发展。在议会制民主国家中,政治企业家们会努力争取别人的信任,并寻求同盟者,以换得对其他政治交易的支持(政治交换、投桃报李)。

民间认可与合法性

并非所有的外在制度创新都能符合普通公民的利益。例如，政治经营者完全有可能犯错误，制定了一些后来证明是有害于财富创造的规则。各种政治动机曾那么经常地引导规则变革，造成民间企业和个人有效经济协调的复杂化。如果整个系统是开放的，各种政治主体对增长机会很敏感，就有可能纠正错误，积极主动地去排除经济增长的障碍，即在外部挑战强迫进行规则变革前排除那样的障碍。但这并不常见。

在议会制民主国家中，一项拟议中的外在规则变革要得到采纳，首先必须有足够数量的民众和民间组织从内心认可这项变革。他们认可这项改革的原因，既可以是因为他们期望从中受益，也可以是由于这项改革的负面影响不大。接受一项规则本身并不能保证这项规则是有益于经济增长的。例如，关税保护。只要共同体中有足够多的成员认为关税保护有益，且其负作用微不足道，它就会因获得广泛赞同而被保留下来。当关税保护的受益者（受保护行业中的资本所有者和工人们）较好地组织和联合了起来，而承担这项保护不利后果的那些人却保持理性无知时，就会出现那样的情形。关税将依然故我。寻租活动和对经济中"通功易事"能力的损坏也一如既往。如果想要改革这些外在规则，公民们和企业必须首先看到改革的好处，并接受必要的改革。

如果改革外在规则的目的是要增强市场参与者创造繁荣的能力，那么规则就必须变得更具普适性，即较少歧视性。我们在第8章中讨论寻租问题时已经看到，政治经营者常常受到激励去设租，而不是改革外在制度以限制寻租。

在当今，有关经济增长潜力的信息很容易就能扩散到全球，因此一个糟糕的经济发展记录很可能迟早会诱发政治企业家们再次去谋求改革外在制度中的政治获益。那时,政治企业家们,很可能是新的一代或出自一个新的政治组织,将发现有一个机会,能靠推进打破停滞和制度僵化循环的改革获得政治支持。他们甚至会设法为进行全面的宪政改革而组成政治上的多数。根深蒂固的利益集团和谋求私利的议员与官僚们相信,他们能依赖公众当中的漠不关心。但尽管如此,这类改革动议也可能反复被挫败。那时,这会加剧制度硬化症和相对的经济衰退。抗拒改革即使不触发国内的政治冲突和宗派冲突,也可能引发广泛的玩世不恭。这会进一步削弱繁荣,并阻碍有助于一视同仁和开放的制度演化。

　　政治上反抗和经济状况糟糕的共同体迟早会面临另一类制度变革主体:外部挑战者,其他外国政体的领导人;他们有能力进行政治上或军事上的干预,以利用所说共同体的明显经济弱点。他们可以进行武力威胁或真的动用武力为自己开路。那时,外部挑战者可以做的一件事是强行改变外在制度。其例子有,在战败后由殖民政权接管一个国家,并将胜利者的意志强加于这个国家。二次世界大战后的德国和日本就是这样。那时,民主制度和市场经济的建立都符合了美国在冷战开始后的切身利益。这类外部干预干脆解散了根深蒂固的寻租联盟(Olson,1982,pp.76-80,130-131;Bush,1987;Olson,1993;Lal,2004)。外部挑战者还可以做另一件事,变成其国内政治过程中的一个积极参与者,发动改革,但坚持既有的宪法安排。例如,当像国际货币基金组织、世界银行和布鲁塞尔的欧盟机构那样的国际机构对债务国进行干预时,当外国农产品出口商向欧盟游说,要求其放弃农业保护主义时,或者当一些政府对其他政府直接施加压力,要求削减贸易壁垒时,就属于那样的情形。这样的外部挑战者(或即便只是威胁)在相当程度上依赖于一个国家对国外贸易、思想和要素流动的开放程度。一个经济体越是开放,其政府和利益集团就越是可能要对这类外部压力做出让步。

12.4　外来的挑战：制度竞争

惯性和变革

推动内在制度和外在制度演化的因素,不仅有对国际贸易和要素流动的被动反应,而且还有为更好地竞争市场份额和动员生产要素而对制度进行的主动调整。全球化,特别是信息技术的革命,已经使"制度(或体制)竞争"更可见,也更激烈。现在,制度系统对成本水平影响极大,以至于成了国际竞争中的重要因素。结果,政府官员们也越来越认识到,他们是在同其他国家的官员进行直接竞争。

尽管目前的全球化正在真正促进着国际性制度竞争,但全球化的概念并不新颖。毫不奇怪,亚当·斯密在其1776年的《国富论》里分析对资本税差异的预期反应时,就已经指出了可移动生产要素和不可移动生产要素之间的基础性相互作用,以及要素可移动性的演化效应:

"土地是不能移动的,而资本则容易移动。……资本所有者很可能是一个世界公民,他不一定附着于哪一个特定国家。一国如果为了要课以重税,而多方调查其财产,他就要舍此他适了。他并且会把资本移往其他国家,只要那里比较能随意经营事业,或者比较能安逸地享有财富。他移动资本,这资本此前在该国所经营的一切产业就会随之停止。耕作土地的是资本,使用劳动的是资本。一国税收如有驱逐国内资本的倾向,那么,资本被驱逐出去多少,君主及社会两方面的收入源泉,就要涸竭多少。资本向外移动,不但资本利润,就是土地地租和劳动工资,亦必因而缩减"(斯密:

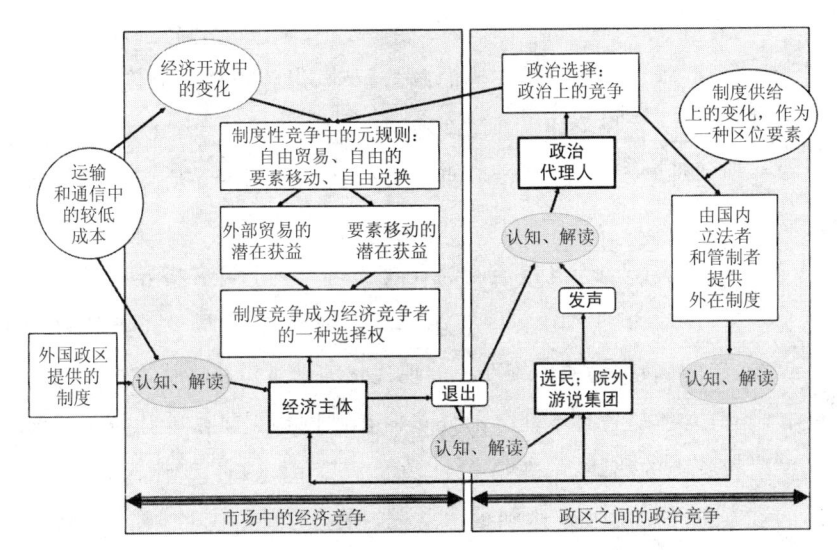

1976/1776，第二卷，第 330—331 页）。*

图 12.1　制度性竞争：经济过程与政治过程之间的基本互动关系

在 20 世纪中，马克斯·韦伯（Max Weber，1978/1921；1995/1927）是第一批对制度演化的重要性进行描述的社会科学家之一。[①]近来，这些相同的问题已经得到了其他人的分析，特别是，道格拉斯·诺斯（North and Thomas，1973，1977；North，1981，1993）、埃里克·琼斯（2003/1981，1988，1994）、内森·罗森堡和 L.E.伯泽尔（1986年）、理查德·罗尔和约翰·塔尔博特（2003）。他们证明了，对国际生产要素流动的开放具有两种组合效应：

---

* 亚当·斯密：《国民财富的性质和原因的研究》，郭大力、王亚南中译，商务印书馆，1972年，下册，第 408 页。——韩朝华注

① 在韦伯关注制度演化前很久，英国的分析家们就有过对制度演化的论述。苏格兰的哲学家-史学家亚当·弗格森（1723—1816 年）及其《市民社会史文集》（1767 年），写出名著《罗马帝国的兴起与衰落》的英国史学家爱德华·吉本（1737—1794 年）都是值得怀念的，他们是分析制度演化的先驱。

(1) 糟糕的制度导致糟糕的贸易绩效,也导致可移动资本和企业的外流。
(2) 这些现象会引发矫正性的政治行动,以改革外在制度(及变化中的文化规范和内部制度)。

要使这种情况发生,政治精英们必须认识到制度品质与经济绩效的联系。

因此,开放能成为寻租活动的有效解药。一个具有指导意义的历史实例是,1854年日本在美国海军干涉下的开放,它导致了德川幕府在1867年的倒台,为明治维新中的现代化铺平了道路。那次制度转换并非没有冲突,尽管日本社会的许多内在制度也提供了能让资本主义制度附着其上的那些"尼龙搭扣面"(Powelson,1994)。然而,改革之后的资本主义制度远未达到根深蒂固。在1930年代和1940年代初期,日本成了鼓吹经济孤立主义的侵略性权势集团的受害者。1945年后的美国干涉在某种程度上是第二次开放了日本,它又一次触发了席卷日本的广泛制度改革和意想不到的繁荣。

在人类历史上,对外开放并非单行道。然而,较低的运输成本、通信成本和交易成本发挥了一种强有力的激励作用,促使人们投入信息成本,去了解其他的规则系统,并奖励普适规则,如助长明确的私有财产体制。①

尽管有全球化和日益增加的开放度,促进繁荣的经济制度改革还是常常会受到根深蒂固的政治精英和经济精英的阻挠和颠覆,即意大利经济学家-社会学家维弗雷多·帕累托所说的"寡头垄断铁律"(Iron Law of Oligarchy)(Pareto,2009/1901;亦见 Acemoglu and

---

① 对国际挑战开放并非僵化制度面临的唯一竞争:如果人们发现制度于己不利,就可能选择放弃这些制度而进入黑市经营。影子经济依赖于内在规则。它的扩散可被解释为官方的正式规则与自发的非正式规则间的一种竞争。

Robinson，2008，pp. 19 - 23；Acemoğlu and Robinson，2012）。根深蒂固的社会－经济群体常常坚持寻租，封锁国际影响，压制改革者群体。当教育水平不良，市民社会没有自主权的传统时，这尤其会频繁发生。只要看看后殖民地时期非洲、拉丁美洲动荡的改革记录就会明白（第13章和第14章）。因此，制度演化极少是线性的，而且不一定是朝着更多经济增长的方向进行。"自由要求永远保持警惕"的名言或许可以扩展一下，说成是"经济自由和开放要求有知识、永久的机敏与警惕"。

外在经济制度和政治制度的改革通常要依赖于存在支持改革的内在制度。美国经济学家达隆·阿齐默鲁和詹姆斯·罗宾逊曾推测，有着温和气候、先前人口稀少的殖民国家会欢迎促进增长的经济改革（例见Acemoğlu and Robinson，2008），但他们没有充分认识到一个明显的事实，即在如美国、澳大利亚和新西兰这类移民国家中的制度发展和经济发展，几乎在每件事情上都要仰仗英国的那套制度，而那种制度本身适于演化（Kasper，2011a）。毫不奇怪，当欧洲移民在人口中的比例很小，而法律体系是指令性的和干预主义性的那些国家里，后殖民时期的外在制度常常在部落心态、寻租和腐败的影响下遭到破坏。

图12.1概括了制度系统暴露于国际竞争时，经济过程与政治过程间的相互作用。由于商人们和可移动生产要素的所有者现在更易于撤出，并转移到其他有利的制度系统去，公众和决策者在提出改革政策时，越来越愿意考虑不同国家里可供替代的制度条件。例如，由于着眼于国家税收的最大化或再分配收入，现在规定的公司税率越来越低了，对向低税环境的资本外流做出了越来越多的回应。

当所有者重新定位其跨国界国际移动的要素时，他们不可避免地要在各种制度系统间做选择。当他们期望着由其他国家的不同制度产生的赢利水平差异时，这种选择甚至会激励他们。这使他们有必要认识到不同制度的影响,并恰当地解释这种效应。大量的专业咨询人员,还有热衷于吸引可流动企业和资本的政府发布的好制度广告,现在已经使这个任务变得比较容易了。这样,制度选择就变成了经济竞争中的一种选择权。因此,经济主体越来越多地做出了区位选择,从个人角度行使着退出权。

经济"退出"会向政治过程中的那些人们发去信号。那些人既可以是全体选民和有组织的利益集团,也可以是直接的政治代理人。然而,这些信号是否总能得到正确的认识和解读是不确定的。"硬化"政区中的政治代理人没有像企业家那样对变化做出反应的经验,他们是自我中心的,因而既没有能力做出适应性调整,事实上也没有能力解读那些信号。而既得利益集团和大部分选民,也不可能认识到变革的必要性(图12.1)。只在有足够规模的大型群体认识到这种必要性时,他们的投票(发声)才会有影响。但这样的投票可能有益于制度调整,也可能不利于制度调整,这要取决于有影响力的寻租集团如何影响选民,还要取决于是否流行着部落保护心态(a tribal guardian mentality)。因此,如我们在上面提到过的那样,与从事寻租活动的院外游说集团结盟的议员和官僚们,往往能巩固歧视性的外在规则,阻挡开放,妨碍支持竞争的规则演化。事实上,在多数国家和多数时代,这都是统治的通常状况。对于大多数国家,不断扩散的自由和全球化的冲击都仍然是一种新奇的经验,只是过去的一代或两代人的经历(Gwartney and Lawson,各处)。因此,毫不奇怪,在面临经济退出权时,部落式的仇外本能往往仍会在政治生活中占上风。

对外部变革的抵制甚至可能导致国际舞台上反对政区之间竞争的政治游说活动。例如,欧盟显然在促进代价高昂的气候变化政策,以阻碍新兴工业国家的竞争。出现跨国性世界政府的趋势(11.3节)看起来是迂回包抄市场全球化的一种政治尝试,从而阻止赋予可移动企业和个人权力。

只有当多数选民即使面对利益集团的抵制也愿意支持变革时,或者当有组织的集团发现了开放的好处时,制度创新才会开始。如果开放了,政府就会与其他政府竞争。例如,一个政区内的保健和安全管制者会发现,他们正在与其他国家的同行们直接竞争(跨政区竞争)。因此,开放和制度创新在很大程度上要依赖于政府官员和公众认识到"退出"信号的重要性,并从中做出下述结论的能力,即懂得,他们必须推行各方面的改革,改革构成了有吸引力的区位要素。他们必须直面压力集团的抵制,以及他们自身封闭的、老式部落心态的本能。

我们在第13章和第14章里讨论经济体制的转型和混合经济的制度改革时,将对图12.1中所描绘的复杂的互动关系增添更多的内容。

关键概念

制度竞争(或"体制竞争")概念突出了内在规则和外在规则体系对于一个国家的成本水平,从而对国际竞争力和吸引力的重要性。全球化——更大的信息流、密集的贸易和更多的要素流动性——现在引起了对高成本的制度系统更直接和更明确的反馈。这常常克服了政治家和公众方面对改革那些体制的认知局限性。

政治企业家指那些靠推行或阻碍制度变革以谋取政治好处的人和机构。政治企业家往往是"青年土耳其党"[*]。他们认为,现存的制度和权力结构不让他们获得政治影响力,因此他们就网罗支持,为一个制度变革纲领谋取更多的"发言权"。

---

[*] 青年土耳其党(Young Turk)是20世纪初期奥斯曼帝国中的一个改革运动。它发动了1908年的起义,并于1909年废黜了当时的专制统治者,阿卜杜尔·哈米德二世(1842—1909年)。——韩朝华注

制度竞争：经济上、行业上和政治－行政管理上的创造性

制度竞争在人类追求的几个领域调动了发现性和创造性的反应：

(1) 技术变革和组织变革，以及国家经济对世界的开放，已使竞争者们有可能进行国际性的区位创新。这会调动出技术上、组织上和经济上的创造性。

(2) 要素的可移动性以及更自由的商品和服务贸易，对各地的制度施加着约束性的控制作用，正如已讨论过的，它既控制内在性的惯例和习俗，也控制外在制度的形成和贯彻。这有助于抑制投机性的政治代理人，并激发对更好制度的研究。随着时间的推移，开放会对内在制度和外在制度的演化施加反馈，激励持续的制度性发现：

- 它助长市民社会里的行业团体和其他群体中的企业家精神，这些团体会努力发现和检验改良的商务准则、工作惯例、执行程序等等，以加速生产力的增长；
- 它提醒政治－行政人员和司法人员，他们应该加速生产力的增长，增强竞争力。

美国经济学家保罗·克鲁格曼抨击了国家竞争的观念，因为各国并不像公司那样彼此竞争(Krugman, 2007)。是这么回事。但是，正如习惯上忽视制度和交易成本的其他新古典经济学家一样，克鲁格曼无视一种集体生产的生产要素供应，即制度资本。各国政府确实在制定税率、规范企业和培育有利于执行的制度上相互竞争。近几十年来的大多数经济改革，都是由政府间和共同体间争取国际流动资本和企业的这类竞争驱动的(Kasper, 1994)。

第12章——案例一

在管制的丛林中做一番清理：特许城市

尽管有许多历史先例，但近几年来美国经济学家保罗·罗默还是提出了一个新的组织概念：创造具有适宜增长制度的"特许城市"。这个概念从文艺复兴时期的欧洲城市得到启发，例如意大利的威尼斯，或德国的纽伦堡、吕贝克和其他摆脱了当地封建君主权势的城市（12.1节）。这些城市基本上是由商人寡头治理的，他们规定了自己的规则，以促进财富创造。另一个启发来自东亚和其他地方许多生气勃勃的出口加工区（或自由企业区）的经历。在这里，大多数复杂而低效、且毁灭财富的外在制度——包括限制对外贸易和投资、限制劳力的法规——都被废除了。所以说，这是对密集规章管制和被习俗束缚的制度丛林进行一番清理的一种方法，用新的便利规则打开一个新局面，让经济增长能够发芽生长（常常带有一些腐败和政治创租）。此外，所在国通常会提供廉价的土地，也常使基础设施到位。

中国的经济特区是特别有力的例子。当地政府（在省和国家级政府的保护下）提供有利于企业和有利于发展的制度、（相对）可靠的公共管理和新的交通基础设施。最著名的经济特区，深圳，位于从香港开来的地铁终点。它是在中国的改革领导人邓小平的鼓励下，于1979年在有几个农场和渔村的土地上建立的。到1982年，那里已经有了35万居民在从事劳动密集型的加工业；到2010年，有1000万人生产了高科技产品和服务产品，享受到在中国其他地方少有的个人自由。他们的人均收入达到了14 615美元，即相当于墨西哥和智利的收入水平。

> 自由贸易区和经济特区一向是制度改革的实验室,也是外国投资者、当地管理者和工人们学习有效合作的学校。他们的成功不仅说服了政治领导人去改革传统的规则,也使广大人民接受了创造性的心态和合作文化。在许多情况下,经过检验的规则被扩展到这个国家疆域内越来越广的区域。
>
> "特许城市"的基本概念是:(1)所在国从其疆域内拿出一片土地,并允许它不实行其具体的立法和规章条例,(2)设立一个自主的"管理者－经理委员会",由它来形成新的稳定规则并予以可信赖的强制实施,(3)吸引从这种制度中得到好处的外部投资者开始创造财富。管理者和经理可以是国家人物,如在中国经济特区的情况,也可以是外国专家或组织。
>
> 来源:http://www.chartercities.org/concept/, accessed 24 November 2011.

12.5 竞争性的联邦制

各国内部的贸易和要素流动

在一个国家内部,通过设计联邦内各州的宪法,可以在该国内部获得某些政区间竞争的好处。联邦制是分配政治权力、鼓励相互制约和利用(州和地方)政治组织间争胜的一个途径,以利发现新的有益的行政解决办法,并向企业和个人提供多样化的制度环境。

如果人员和生产者有机会在各州之间流动,各州的立法者和行政官员们就会被迫相互竞争。退出权给了他们来自公民委托人的反馈。① 只要公共政策较少集中于中央集权政府之手,就会有更好的机会抑制寻租活动、压力集团和代理人的投机行为。

权力下放原则

从公民和企业的观点来看,支持权力下放原则是很有益的。这个概念是说,每一项政治任务都应该永远分派到尽可能低的政府级别去。实际上,只在个人不能照料他们自己时,政府才应该插手。这样,大量的治理任务都能被分散化,并由相互竞争的机构来承担。例如,竞争的州政府或地方政府可以自筹资金,管理公共福利的供给,维护地方的基础设施,并提供大多数教育和保健服务。在某些情况下,将政府的任务集中起来当然是有利的。例如,当共同的制度,如统一的商法和交通规则,能节约更多交易成本时,或者像在军事国防领域那样,存在着规模和范围方面的优势时,集中就是可取的。因为制度演化和发现新的行政管理办法能从竞争中的州政府或地方政府的实验中受益。所以,规范性的权力下放原则应该被转变为一项高层次的宪法原则。只在例外的正当性能得到确凿证明时,才能允许这方面的例外。

中央集权制政府的拥护者们常常会以下述理由抵制权力下放:为了保证国家的凝聚力和统一,必须促进收入和就业机会的平等,以及各地区和各省的结果平等,因此,一个强大的中央权力机构是必要的。他们还说,中央政府必须保证向所有公民统一供应共享品,而不论他们生活于什么地方,投了哪个政治家的票。然而,世界范围内关于地区平等化政策的记录并不比社会福利平等化的记录更令人信服(10.4节),这

---

① 在许多国家里,不论是不是采用联邦制,都不能保障物品和生产要素在全国疆域内的自由流动。其原因很多,如存在内部的边界控制,或者政府管制阻碍了跨地区的贸易。这样的国家摒弃了源于劳动分工的重要获益,这些获益既包括比较静态的专业化获益,也包括源于供应者之间和管制者之间更密集竞争的动态性获益。

完全是因为它削弱了对地区收入差异的自发性自我矫正反应。状况不佳的地区大都有条件轻易获得政府援助，它们会拒绝压低工资水平以吸引新的投资者，或是拒绝理顺其财政事务关系。而且，共享品的统一、中央集权化的供给可能会与各地区的偏好和重点考虑相抵触。由于公共政策的制定者距离公民们较远，中央集权化会培育出政府中的代理人投机行为，以及部分投票公众的道德风险。联邦制在政策制定上的多样性允许选民们作选择，并允许在共享品供给的管理方式上存在差异。在这种情况下，公民们将会对培育地方的和地区的经济发展产生更多的兴趣。

要使权力下放原则有内容和实质，竞争性联邦制体制应当采用四种普适性的制度设计(Bish，1987；Kasper，1995，1996a)：

(1) 联邦应当坚持原产地规则(the rule of origin)。它规定，在联邦某一部分合法生产的产品在联邦各地的销售都自动具有合法性。换言之，排除对不同生产区位的差别待遇。

(2) 联邦宪法应当将各种治理任务分别专一地分派给特定的一级政府。这种分派应当排除任务的重叠和重复，因为任务的重复和重叠只会使选民们弄不清谁应对供给负责。专一的任务缩小了政治家和行政官员逃避责任的余地。

(3) 联邦应当坚持财政平衡的原则，禁止公共资金的纵向转移，并迫使每个行政机构为其所负责的任务或它被选定要处理的任务筹措资金。它可以自行征税、收费和借贷来处理这些任务。这就限制了再分配性转移支付，并迫使各个竞争中的行政机构承担财政上的责任。

(4) 宪法应责成各州戒除"补贴战"，即向生产者提供减税和补贴来吸引他们。这可以靠"最惠州"待遇条款的规定很好地做到：如果哪个州政府对一个生产者提供了特惠，它就有责任自动地向所有其他感兴趣的生产者提供同样的优惠（这类似于 WTO 协议中的最惠国待遇条款）。

竞争性的联邦制

我们可以称这种体制为"竞争性的联邦制"（competitive federalism）。它允许政府行政机构（他们是静态的操作者）的（可移动）"客户"用脚投票。这样的联邦制在运行中不可避免地会产生一些摩擦并消耗一些资源——所有的竞争性体制都会是这样的。但是，公民们很可能会发现，州和地方之间的争胜所产生的结果优于一个中央集权制的政府机构所提供的结果。竞争性联邦制使公民们大权在握，并在公共政策中培育出公民们真正想要的那些创新来。这不过是应用了竞争所具有的权势抑制手段。这种手段促使政府为吸引可移动的公民和投资者而投入信息成本和交易成本。在地方和州层面的行政机构中，从政治－行政管理创新活动中产生出来的演化性反馈还可能增强一个国家的国际竞争力和吸引力。从这个角度来看，许多长期繁荣的民主国家拥有联邦制宪法（尤其是瑞士、美国、加拿大和澳大利亚），还有许多其他国家中的地区共同体一直在努力要求通过下放政府职能以肯定其集体认同感（例如，在西班牙、英国、南非、俄罗斯、中华人民共和国），绝不是偶然的。看来，与靠中央集权化来压制这样的欲望和冒地区间政治对抗的风险相比，将地区认同感导向建设性的行政管理－制度性竞争是更可取的（Bish，1987）。

关键概念

权力下放原则规定，一项任务应永远由级别尽可能低的政府来承担：只有当个人无法完成一项任务时，地方政府才应该介入；而只有当地方政府无法处理时，州或省的权力机构才可以接管治理任务。如果

> 州级政府也处理不了时,国家级政府才应承担治理任务。不必要地集中政府任务是违背这一原则的。治理方面权力下放原则的实质内容包括三点:(排除各种全国性自由贸易障碍的)原产地规则、将任务专一地分派给特定级别的政府(避免任务重叠)、财政平衡(要求每一级政府都负责为自己的任务筹措资金)。防止相互争胜政府之间的"补贴战"也是必要的。

12.6 自由宪章是制度演化的框架

自由与竞争

我们对制度演化的分析再次突出了本书反复论述的一个观点:只要个人有选择自由,制度就会为满足人们的需要而演化。在经济自由遭到剥夺的地方,既有的集团会运用其权势来巩固为其特殊利益服务的制度。强大的利益集团为了巩固其特殊地位,都竭力否定法律面前的平等和个人自由。在这方面,他们在相当多的时期里常常能获得成功。当一个受权势集团支配的体制自发地或被迫地向外部挑战开放时,制度系统会感受到改革的压力。那时,改革能否成功在很大程度上要取决于行动自由是否能得到保障,以致所有个人都能表达其偏好。

这一点突显了在抑制权势集中和政治上充分组织起来的集团的要挟上,对自由的至高承诺有多么必要(Gwartney and Wagner,(eds) 1988)。在自由被奉为宪法原则的地方,个人能尝试许多不同选择,能以自己为例子启发他人来仿效自己,还可以造成追随者的临界多数以创立新制度。外在制度的变革需要通过各种政治过程。如果社会普遍希望制度变革,对自由的宪法承诺就是为制度变革而协调政治意愿的基础。

严密组织的党派与有组织利益集团(包括官僚利益)的结合,会使个人愿望和外部竞争者更难向羁绊个人自由的既有规则系统发起挑战。在现代民主国家里,特别重要的是要由体制的演化潜能来保护退出自由(自由的国际贸易、自由的迁徙、自由的信息交换和资本流动)以及言论、结社、信息等方面的自由,以使它们成为抵御制度硬化和呆板的保障。

由于自由是演化能力的关键,它应该被奉为至高的宪法原则,受到高度保护。

第 13 章 体制转型

第 2 章到第 12 章的主要目的在于,从少量假设推导出对人性和人的行为的洞察。现在我们将要看看不同经济制度下的实际经验:历史事实与我们的洞察是否一致?或是,这些洞察必须被修正?

1917 年的俄国革命产生了对奥地利制度经济学的第一个重大的经验挑战。奥地利学派的经济学家马上声称,废除私有产权将不可能使资源得到合理配置和利用。慢慢地,经济僵死了,创新萎顿,经济增长缓慢,个人自由极少,人们对生活的满意度低下。正如奥地利学派的经济学家们自始至终所预见的那样,最终,苏联帝国全面崩溃了。这表明,这些国家已经面临全面体制转型的重大挑战:如何创造和实行市场资本主义的制度和民主?如何确保内在制度能得到肯定并适应现时代?如何改革外在制度?

将近一代人的时间过去了,大多数东欧国家已经设法充分适应了内在制度与外在制度,开始了一个经济赶超的过程,但是他们仍然落后于更先进的西欧国家。苏联的各个后续国家在政治改革和经济改革上都不大成功。

在中国,当苏联的经济模式被证明不成功时,中国人务实地放弃了这种模式。自 1970 年代末以来,意识形态动机被追求经济增长所替代。经济体系向自由、开放、竞争的经济的成功转型提出了许多新的、尚未解决的问题。

> 共产主义的显著特征是……废除资产阶级的财产……现代资产阶级财产是建筑在阶级对立上面、建筑在少数人对多数人的剥削上面的生产和产品占有的最后而又最完备的表现……共产党人……公开宣布:他们的目的只有用暴力推翻全部现存的社会制度才能达到。
>
> 卡尔·马克思、弗里德里希·恩格斯,《共产党宣言》(1872年)

> 我们身上最坏的东西,现在已经被全面地启动和放大——自我中心、伪善、冷漠、胆怯、恐惧、屈从,还有逃避每一种个人责任的愿望。
>
> 瓦茨拉夫·哈维尔(1936—2011年),
> 1975年致当时捷克斯洛伐克共产党人总统的一封信

> 他们假装付钱给我们,我们假装为他们工作!
>
> 华沙餐馆,1980年代

> 消灭秘密警察是不够的……通向自由的唯一途径是采用一个真正的经济转型计划:转向市场和私有财产,放开价格,进行货币改革。
>
> 莱谢克·巴尔采罗维奇,1989年末时的波兰财政部长

13.1 回顾苏维埃的实验

1917年年末,布尔什维克夺取了年轻俄国共和国的权力。他们的目的是要废除私有财产、市场和货币,引进社会主义。在全世界的知识分子中,激进的苏维埃实验吸引了广泛的好奇和同情。卡尔·马克思(1818—1883年)和恩格斯(1820—1895年)并没有费力对他们伟大的历史演化理想做出任何实际的详细论述,他们的理论如何能被转变为现实呢?布尔什维克立即推行了自上而下的Party-State体制。革命

者马上就遇到了大量未曾预见到的实际问题。这些问题为制度经济学提供了洞见。为了解决永久性的经济问题(即配置稀缺资源、发现和动员新资源)，必须使用高压政策，有一度，确保私有财产的老式协调机制和市场竞争被取消。消灭刺激的高压政策与想要缓和以取得经济增长的修正主义者之间的冲突，在整个70年的苏维埃实验期间从来都没有得到解决(Boettke，1990；1993)。

苏维埃的中央集权经济

苏维埃政治经济史的主要方面可以迅速描述如下：自1890年代起，落后俄国的沙皇独裁政权就开始尝试某种宪法自由和经济自由，并在工业化上取得了相当大的进展。在与德国和奥匈帝国开战期间(1914—1917)，俄国从失败走向失败。在俄国的多个城市暴发了严重的食品短缺之后，一个由社会主义知识分子领导的进步联盟于1917年2月推翻了沙皇尼古拉斯(Malia，1994，pp. 83-98)。俄国传统的毫不妥协的"政治最高纲领派"和暴力进一步加剧了不稳定。布尔什维克获得了大众支持，是因为他们许诺结束战争，拆分政府和贵族拥有的大规模地产，分给农民土地。尽管新苏维埃政权的目的是要引进和传播社会主义，但新政权被证明在经济发展上是一场灾难。1918年到1921年被称为"战时共产主义"时期，是最靠近布尔什维克所实行的全面马克思主义理想的时期。他们废除了私有财产和市场。到1921年，矿业和工厂的产出已经下降到仅有战前水平的21%，农业生产下降到38%(Malia，1994；p. 143；Boettke，1993；Nove，1993；Ofer in Myers，(ed.) 1996)。各个城市的失业人口剧增。长期一直是世界谷物出口大国的俄国，却陷入了饥荒。尽管党的人民委员常在乡下逛，以没收储存的食物和畜禽并惩处农民，但没有向农民提供市场价格去收粮，农民们就拿谷物去喂猪喂牛，然后再吃猪肉牛肉。战前的经济秩序被破坏了,却没有任何有效的其他经济制度去替代它们。

四年的国内战争和经济近乎崩溃之后,共产党采用了"新经济政策"。它现在可以容忍一些土地私有制了(80%仍然是国有化的),允许一些市场存在,并保持货币经济活跃。到1927年,农业生产已经恢复到战前水平的80%,工业生产恢复到75%(Malia, 1994, p. 163; Boettke, 1993; Gregory, 2004)。但是,极少有新的投资投下,过时的工厂也很难得到维修。体制根本没有能力来沟通需求和可能的供给。对工作和供给的激励十分薄弱,除非使用野蛮的强制。而且,政治领导人常常对政府的强制该如何调动供给一无所知。

第13章——案例一

关于米塞斯与兰格的论战

1920年,在苏维埃革命后不久,奥地利经济学家路德维希·冯·米塞斯(1881—1973)发表了一篇文章。他在这篇文章中表示,合理的成本-效益评估——以及由此而来的资源有效配置——从逻辑上说,在社会主义下是不可能做到的(Mises, 1994;德文原版1920)。他本来是将他的批评指向德国的社会主义经济学家的理论,但他的论点很快就被看作是同苏维埃俄国的实践有关的了(Mises, 1936;德文原版1922)。

米塞斯提出的观点是,价格反映着多方面的变动不居的需求与供给,所以,利润和亏损引导着人们的经济决定。在社会主义条件下,个人无法进行经济计算。真正的货币价格只能在竞争性市场中通过试错得知,但对市场的压制使这成为不可能的。他写道,一个产业从另一个产业购买的许多中间产品也是这样。在最好的情况下,一个社会主义经济可以在连续的几个阶段内重复以前做到的事,但是创新和新的机会不可能合并到这种体制中(Mises, 1994/1920, 1945; Winiecki, 1988)。中央计划的官僚们怎么能知道该采用什么新工艺和新产品呢?哪些老旧工艺和产品应该放弃?用生产所需的劳动量来表达所有事情不仅会忽略劳动技能的复杂多样,也会忽视生产中自然资源和资本的投入。"只能在黑暗中摸索前进。是对合理经济的取缔,"他说。换言之,由于不可能做经济计算,在资本的集体所有制和中央计划下,先进的物质经济也是不可能实现的。

米塞斯的论点还只专注于经济学的知识问题上。他证明了社会主义体制进行合理经济计算的不可能性,没有必要再去提及这种体制造成的其他非常实际的问题。由于私有财产受到压制,当决策者不再允许占有成功创新的利润时,谁还会冒着风险搞创新呢?

• • •

在第一次世界大战前,数理经济学家,如恩里科·巴罗和维弗雷多·帕累托,已经对生产技术和消费偏好做出某些假设,并开发出数学模型,以表示一个中央生产部门可以在没有货币、私有财产和市场的情况下合理地配置资源。最优配置可能在事前实现,即在生产和交换活动开始之前实现(帕累托的最优性)。在1930年代,波兰经济学家奥斯卡·兰格(1904—1965)提炼了这种方法,以证明,即使全部生产资料都为集体所有,中央计划人员也可以反映消费者的偏好。他及其社会主义者同事鼓吹最优化的"科学试错法",其中的剩余可能通过降低价格去除,而短缺可以通过提高价格消灭。在受到弗里德里希·哈耶克的批判后,兰格赞成在农场、商业和小型生产企业中保留私有财产,但后来,在返回战后的波兰后,兰格又恢复了对正统观念的赞扬(Lange and Taylor, 1964/1939)。

1930年代到1960年代的时代精神是支持兰格和其他市场社会主义者的,即使哈耶克自己的一些学生,包括阿巴·勒纳(1944),也是如此。中央计划不仅被视为必要的,而且被视为理性和科学的唯一路线。

但是,奥地利经济学家们坚持不同意兰格对中央计划可行性的主张,他们强调了个人自由的重要性,也强调有着多样化和不断变化偏好的个人做出自己选择的必要性(Vaughn in Boettke, (ed.) 1994, pp.478-484)。例如,米塞斯在1945年的一篇论文中写道(pp.44-49):

> 在自封的"进步人士"看待事物时,选择项是"自动的力量"或"有意识的规划"。显然,他们打算说的是,依靠自动的过程是十分愚蠢的。没有哪个明白人会认真地建议,什么都不做,一任事情去发展而不通过有目的的行动去干预。一个计划……肯定优于没有计划……[但是],这个选择项并非有计划还是没计划。问题是:谁的计划?是社会的每个成员应该为自己做计划,还是由父亲般的政府单独为所有人做计划?……自由放任……意味着:让个人选择他们想怎样在社会的劳动分工中合作,让他们决定企业家应该生产什么……。

* * *

事后来看米塞斯-兰格的公开论战,人们不能不得出两个结论:(1)米塞斯(和哈耶克)的预言和结论已被苏维埃和其他各种实验完全证明。(2)论战双方坚持了这么长时间,是因为兰格和其他中央计划者在建立模型时做出了狭隘的假设——如消费者平均偏好和总的生产可能性,轻易地抹去了米塞斯和哈耶克的主张,即永远存在一种构造性的"知识问题"(constitutional 'knowledge problem')(Winiecki, 1988; Boettke-Leeson, 2004;亦见第14章)。

1928年,发起了一个五年计划以推动迅速的工业化,再一次取缔了利润、竞争和私有资本。受到德国在一个中央计划下进行战时动员的启发,与一个扩大的计划官僚阶层一起工作,并依赖于新的控制。他们希望,中央计划协调的新体制会去除竞争的浪费、大量生产者分散计划的不合理性,还能取消资本主义的不平等刺激。这对西方的许多知识分子很有吸引力。他们长期以来共有一个梦想,即要有一个更好的世界并构造一种"新人":"[集体主义-理性主义哲学的传统]保持着一种近乎宗教的热情,认为人类事务理性的、科学的秩序可以产生一种新社会和新人。[法国数学家-哲学家和贵族尼古拉·德·]孔多塞曾预言'人类绝对的完美性',而[法国社会主义哲学家和公爵亨利·德·]圣西门称其技术主义为'新基督教',二者都绝非偶然"(Malia,1994,p.186)。

至少从 1920 年代后期起,苏共与党组织官员就成了主人,而工人和普通民众成了臣民。干部制度允许党员和主要的技术专家寻求和获得巨额租金,让他们完全无须去竞争(Anderson and Boettke,1997)。相比之下,普通工人和集体农庄农民却生活在艰苦工作和贫困之中。为赢得农民的支持,农民们在 1917 年曾被分给了土地,但现在却再次被剥夺,并被迫在集体农庄中劳作。他们不断屠宰牛和拉车的马,吃掉它们,以防被没收(Malia,1994,p.197)。党的人民委员随处监视着技术专家,因为专家们被认为在政治上是不可靠的。中央集权经济必须靠一系列的做秀审判和放逐到劳动营(古拉格群岛)来建立信任。当"大清洗"涉及越来越多的人们,包括苏共中一些最高级别的人时,恐惧在更高的社会阶层中蔓延。这产生了很大影响,为后来的俄国经济改革奠定了诸多困难的基础(Anderson and Boettke,1993,1997)。

在中央计划下,经济协调迅速带来了资本投资和工业产出数量上的大跃进,但是几乎很难说有任何工艺和产品上的创新。经济不得不在没有(价格-利润)激励、因此也没有必要的自愿合作的情况下运行。社会和经济冲突导致了 1932—1933 年间的大饥荒。据称,它夺去了

600万到1100万人的生命(Courtois, et al., 1999)。

在第二次世界大战期间,德国攻击了苏联(在1941年)。这一开始使许多俄国人期望有所改善。当然,国家社会主义针对普通民众和俄国战俘的法西斯暴行很快就激发起爱国热忱,并在斯大林身后聚集起支持的民众。在战争期间,中央集权的苏维埃体制被证明,能不惜一切代价很好地动员起来。同时,在当时还是各国中一个外交弃儿的苏联,变成了西方民主国家的一位受尊敬的盟友。在一番艰巨而代价高昂的战斗之后,苏联获得了从易北河到北朝鲜的一个帝国,并变成了两个超级大国之一。

在社会主义与软弱的改良主义插曲之间的摇摆模式,自1917年就已经变得明显了,现在则在重复:赫鲁晓夫的运动伴随着促进经济发展,以满足消费者需求。在赫鲁晓夫于1964年下台之后,以勃列日涅夫为首的一个集体领导层再次收紧了控制,并追求共产主义世界革命的传播。然而,从1970年代以来,渐渐变得明显的是(除了对西方社会主义者),体制无法提供对工作和创新的激励,也无法合理配置资源(除了给军队和空间计划以高等级优先)。由于大量投资和标准化工厂的倍增,在赫鲁晓夫执政期间,人均国民收入平均达到了每年3.4%的大幅增长。1980年代初,这一数字下降到了每年0.9%,而在1980年代末已接近于零(根据一项对后苏联时期增长数据的分析——www.answers.com/topic/soviet economic growth, accessed 7 March 2011)。中央计划经济没有能力提供某些最基本的消费品,如牛仔裤,那是东欧集团的年轻人在电视上和来自西方的杂志中才能看到的东西。这种体制没有创新能力,也没有提供多样化产品和消费者选择的能力。它恐怕永远都生产不出丰富而又不断变化的各种消费软件、iPad和各种各样的汽车,而各个自由市场经济中的人民却能在其中做出选择。最终,靠的不是武力或高层外交,而是消费市场竞争和人民的经济选择。体制看来已经陷入了改革的麻烦之中,没有能力摆脱其历史(Anderson and Boettke,1993,1997)。

日益加深的苏维埃经济危机使得苏共新的总书记,米哈伊尔·戈尔巴乔夫,再次从勃列日涅夫的控制转向了改革。他努力废除前几十年的保密性,取消对与党的官方路线不一致的舆论审查制度(开放政策),以此去除顽固的特权阶层(经济改革)。为了节省负担不起的军事开支,戈尔巴乔夫在攻击他自己的党的同时,向世界开放并与西方缓和。戈尔巴乔夫阐明了一个重要观点,即经济体制的制度选择不仅事关经济配置,而且是一个重要的道德问题(Boettke,1993;Cox,(ed.)1999)。

在1989年和1991年之间,苏维埃帝国迅速地被拆解了,而老式计划体制也被抛弃。俄国和其他苏联的后继国家,还有新近获得主权的东欧国家,面临着艰巨的任务,去创建和迅速实施另外的制度系统(Kukathas et al.,1991;Boyko et al.,1997)。

看来,只有极少数观察者,而且肯定不是苏联问题专家们,曾预测到苏维埃体制的突然(而且是完全非暴力的)内爆。实际上,要预测这样的政治革命是不可能的,因为处于高压下的人们,在公开场合进行沟通时,常常会掩饰他们真正的情感和愿望(Kuran,1997)。事后来看,观察者将这种忽视归结为这一事实,即"克林姆林宫专家们"把精力都放在了细枝末节的问题上,而没有注意到社会演化理论,"只见芝麻,未见西瓜"。专门研究经济的政治分析人士,也只了解标准的比较静态经济学,而不了解制度演化理论(Anot in Cox,1999,p.220)。至少有些古典自由派奥地利经济学家,如冯·米塞斯和哈耶克,曾一直坚持认为中央计划经济不可能长期存活。他们早就了解苏维埃体制深层的不相容性,但这些不相容性被当作无关的事情被忽略了或未能予以考虑。最终,这种体制还是没有能力利用新的信息,也无法应对变化的情况

(Shane，1994）。

苏维埃的中央计划、命令与控制持续了两代人以上的时间。这段时间中最引人注意的方面是对人性的坚韧执着。尽管有猛烈镇压、公开的宣传运动和政治刺激，苏联的大多数居民仍然坚持着传统的普世人性：他们对物质激励（和诸多不利因素）做出反应，培育私人网络相互鼓励，并增强他们活下来的可能性。"新人"仍然是官方宣传的一种虚构事务，而一种小团体的、部落性多样化的传统价值却常常从一代人传给下一代人。实际上，在革命性的社会工程的猛烈攻击下，大多数俄国人转向了各种老传统。但他们或许错过了正常的演化性变革，这种变革往往是人们从正在演化的市场中靠着个人竞争和自力更生的经验推动的。同时，传统的内在制度（还有许多人对东正教的依附）令人惊讶地证明了其持久性，而坚持了几代人之久的计划和诸多不利因素也阻碍了由独立的、自力更生的公民们组成的资产阶级社会的演变，阻碍了对商业型道德特征集发自内心的理解（Boettke，1993）。

在戈尔巴乔夫拆解了苏联政权以及它那套防御性制度之后，并没有马上可用的其他成套内在制度和外在制度。接下来的叶利钦时代带领俄国走向民主，并促进了自由市场和私有化（Boyko et al.，1997）。但是，这是自上而下、按照干部作风完成的，而且发生在一种制度真空中。通货膨胀滚雪球似地迅速发展，把年金领取者和靠固定货币收入生活的人们拉入了凄惨的贫困中。突然的变化使大多数人失去了方向，并导致了深层的不安全感。许多集体所有的资产被"自发地私有化"了，即被有影响的权力经纪人占有了。生产骤然下跌，希望受挫。新的资本所有者本来会坚决地彼此竞争，那样，一种竞争性的新秩序、惩罚性的规则，用不了多久都会出现。但是，新的寡头们尽力用他们的财富去收买政治影响。

由于俄国公众广泛地将这些发展视为极不公正的，继叶利钦时代

(1991—1999)之后,到来了普京总统和梅德韦杰夫总统领导下的更多中央集权的政权。受赞扬的新领导人和统治精英们大都出自从前的情报机关克格勃(KGB)。他们利用公众的不安全感去创造一种民主,并捞取了许多重要资产。高昂的石油价格在10年中照顾了有丰富油气储藏的俄国,而强大的统治精英也伴随着一种新的后苏联国家主义,巩固了强大的寻租文化。一种市场经济现在边缘开始工作,但是占主导地位的经济模式却是一种腐败的、以权势为基础的垄断-政治复合体(Gregory,2008;亦见下面的"国家资本主义"部分)。这里的教训是,要理解竞争性秩序对普遍福利和全面政治稳定与经济稳定的长期益处。没有这样一种理解,竞争性秩序很难自发地演化出来。自1989年以来的俄国历史证明了资本主义文明中知识和道德基础的重要性,也表明了对先前思想模式和制度模式的坚持(*metis*)。

向自由市场资本主义转型

任何明白制度经济学基本原理的人都会意识到,将一种经济制度——在这种情况下是指资本主义,移植到一个没有根深蒂固的个人价值和习惯的社会——如果不是天方夜谭,至少也是极为困难的。真正的制度变革需要时间。最理想的是,还要同时有大量互动的变化。这是一项艰巨的任务,不是哪一个人的心智能够完全理解和掌握的。它不可避免地至少会带来暂时的成本,如就业损失和生活水准下降(Klaus,1991,1997;Naishul,1993;Siebert,(ed.)1993;Anderson and Boettke,1993,1997;Wagener,ed.,1994;Eggertsson,1998)。

适度转型只能是在一个有根据的目标指导下进行,即为公民们、商务企业和政府机构建立一种资本主义的环境和民主的秩序(表13.1)。在这个过程中,改革创议必须主要由公民提出,因为自上而下强制施加的改革很可能总是为顽固的政府组织服务,这已为苏联改革尝试所证明(Cox,(ed.) 1999;Boettke,2001;Boettke and Leeson,2004;Boettke et al.,2008)。但是,对生活和社会的基本价值和基础性态度是必须花费大量时间才能改变的。特别是在苏联,这一点已被证明是正确的。在那里,部落式维护型特征集(tribal, guardian syndrome)在长期的行为传统中占据着主导地位。两代人除了知道社会主义之外别无所知,而且绝大多数人从来没有完全接受过西方启蒙运动的理性主义和个人主义(Némo,2006,pp. 103-104)。

我们要把转型的基本步骤列表如下:

(1)普通百姓必须要求掌握其在民事、经济和政治上的自由权,包括自由出售他们自己劳力和技能的权利,拥有财产的权利,寻找信息的权利、发表言论的权利,和迁徙的权利。恢复自由契约和可靠财产所有权意味着,对物质和精神福祉的责任再次全面私有化了。私人的责任也意味着,至少年轻一代必须为自己提供退休、保健和子女教育方面的福利。

(2)人们必须意识到,他们是集体行动的主人,而政治家和官僚们只是他们的代理人。生产者组织和贸易组织,从前要服从中央计划官僚的指令,现在却必须有完全的自主权,要自负其责,包括破产的威胁。要实现这种效果,企业必须转变为独立的法律实体,这些实体享有缔约自由,但对其契约义务也要承担充分责任。企业所有者和经营者必须重新学习在明确的预算约束下做出承担风险的决策。这需要政府用公司法和商业法给予支持,也需要行政机构和司法机构的支持,并了解实施和强制执行这些法律的窍门。必须培训法官和商业律师。一套改进的、简单而明确强制执行的制度,以及对商界和政府中腐败的严格控制,都是核心要求。

(3)必须从一开始就反思政府的作用。必须让政府的代理人们意识到,政府存在的依据不是国家的宏伟,或执行某种假想的"历史铁律",而是为委托人服务,即为公民服务。需要在理论上承认受规则约束的、宪政的和有限政府的原则,并在实践中予以巩固。为抑制历史上形成的代理人投机行为的顽固倾向,抑制各种腐败机会,必须有强大的制度控制和责任制。法治必须适用于所有政府代理人。只要允许政府机构按照这样的假设去行动,即他们不必自付账单或可以凌驾于法律之上,制度转型的一个核心要求就缺失了。由于在许多国家中存在着地区和宗派的紧张关系,有强烈意愿承担补贴的多层级政府和竞争性的联邦体制将表现出独到的优越性(12.5节)。

制度转型要求政府坚持其保护性职能,至少不能低于对公民自由和市民社会制度保护很差的原体制。此外,肯定还有一种残留的再分配职能。老年公民工作了一生,为集体经济努力做出了贡献,却在为老年积累私人储蓄上受到阻碍。因此,他们在获得养老支持和其他基本服务上要依靠政府。必须承认,他们已经有权向社会化资本存量提出某些财产要求。为保证政治稳定和起码的结果平等标准(至少对老幼病残是必须的),还必须要创建最低的社会保障体系,即使这与形式公正、自由和激励有冲突也是能够被接受的(10.1节)。然而,靠建立一种低税收制度,但要私人负担对养老、保健和子女教育的供应,从而为年轻一代设立明确的信号是有好处的。这更可能要做的事是培育新的工作态度、生活态度和责任感,这些是一个健康的资本主义社会的牢固基础。

(4)在国际竞争和要素流动有着强大影响的情况下,制度转型过程和实施严格的预算约束需要有开放的推动。出国旅行的自由、了解异国他乡情况的自由,从事国际贸易的自由,都有助于向迄今生活在封闭的、信息不灵通的世界中的人们传达亟需的实际知识。同样,必须使国际投资和支付也自由化,以开辟更优国际劳动分工机会,以转移生产性技能和商务窍门,以发挥竞争的促进作用。必须废除货币管制,从而使汇率能够反映世界市场的价格。那么,国内市场就能受世界市场价格的引导。

表 13.1　转型的基本要素一览表

改革领域	改革目标	组织支持
普通百姓	民事自由、经济自由和政治自由;树立个人责任感	民法与经济法;私有财产和私人自主权;民事法庭和服从法治的政策
企业	同上;决策的完全自主权;缔约自由;合同承诺的责任;破产	公司化;私有化;商业规范;便利的法院、会计准则;资本市场;劳力市场;金融立法和审慎的监督
政府	保护法治(受规则约束的、有限的宪政政府);控制代理人的投机行为;补贴	宪法中对政府基本任务的规定;缩小政府的规模;逐步停止补贴;行政法规;预算改革并建立有效的税收体制;支持基础设施(软件和硬件)建设和私有化;独立的中央银行,其任务是追求货币稳定;将任务下放给地方政府和地区政府;独立司法
	再分配	实现机会平等的措施;最低社会保障网;提供获得公共服务的机会,但不一定去生产公共服务
	宏观政策	平衡的预算;对所有公共部门的债务和资产进行核算;保证价格水平稳定的独立的中央银行
	开放经济	迁徙自由;贸易和资本流的自由化;货币可兑换;浮动汇率;加入能制定开放性国际交往规则的国际组织

通向资本主义之路

表 13.1 的转型一览表大概在波兰得到了最迅速也最始终如一的执行。从 1989 年末起,"团结工会"的莱谢克·巴尔采罗维奇担任了副总理。他领导了一个专家委员会,去设计一种全面的"休克疗法"(shock therapy),以克服 45 年规则的遗患(http://wikipedia.org/wike/Balcerowicz_Plan,accessed 20 April 2011)。尽管激烈的改革带来了实际收入上的初始损失,并暴露了国有行业的破旧和"在岗失业"问题,但波兰的中期经济增长结果却好于其他地方。在 1990 年至 1996 年的直接过渡期内,国内总产值(以美元的购买力平价计)增长了 6.6%。与此相比,匈牙利下降 16.1%,捷克下降 1.9%,而俄联邦(-42%)和乌克兰(-59%)出现了大规模的生产损失。这给人以深刻印象。在多数其他国家,过渡期的那些年里在人均收入上统计指标的下降也很显著。但是,在最初的"休克"之后,波兰和波兰选民开始了一个反复无常的改革过程,以至于这个国家仍然陷于不能享受真正的和完全自由的资本主义宪章的境地(表 13.2)。

在几乎所有国家中,民主选举的新政府都不得不冒着民众的怨愤执行转型政策。这些怨愤不仅来自先前的特权阶层,也来自不习惯于艰苦工作和自负其责的广大公众(Boettke,2001)。转型时代突显出,变革也要依赖于深层的道德态度,而且一种切实可行的资本主义秩序也必须扎根在人民的价值观和态度中(Naishul,1993;Boettke et al.,2008)。

体制转型表明,社会的基本价值观和内在制度需要发展的时间,这使得外在规则的明确、简单和一致加倍重要。内在制度与外在制度的不一致可能导致一个结果,即改革会以一种反复无常的方式进行。这使私人协调失去方向,妨碍私人的积极性,并伤害适当社会态度的发展。然而,已经过了一代人的时间,大多数东欧经济体已经变成了真正的选举制民主国家,有着开放的主要是私有的经济和一种恰当得体程度的经济自由。经济自由化以不同速度发展,有些东欧国家现在的排名甚至已经超过了管制日益增加的老欧盟经济体(表13.2)。

表13.2 选定欧洲国家中的经济自由度排名,2009年

国家	10项总和指数(2009年)	在141个国家中的排名(2009年)	转型年数(1998年GDP占1989年GDP-PPP的百分比)	2010年人均收入(以美元购买力平价计)
瑞士	8.03	4	135	41 950
英国	7.71	8	148	35 059
斯洛伐克	7.56	13	99	22 196
匈牙利	7.52	15	95	18 841
德国	7.45	21	124	36 081
立陶宛	7.40	24	n.a.	17 235
法国	7.16	42	143	33 910
捷克共和国	7.13	46	95	24 950
罗马尼亚	7.08	48	76	11 895
波兰	7.00	53	116	18 981
意大利	6.90	=70	140	29 480
斯洛文尼亚	6.78	74	104	27 899
俄国	6.55	81	55	15 612
塞尔维亚	6.44	91	n.a.	10 252
乌克兰	5.70	125	46	6 698

来源:Gwartney et al. (2011), pp. 8-13;UN;OECD;IMF。

在捷克斯洛伐克,即后来的捷克共和国,由捷克经济学家瓦茨拉夫·克劳斯(Vaćlav Klaus)发起了一种制度上很有意思的转型方法:

凭证私有化。由于政府不了解他们拥有什么，也不知道他们的资产价值几何，克劳斯建议，应该发给每个成年公民一定数量具有名义价格的凭证。然后，这种"准货币"就可以用来在拍卖会上出价，购买实际资产，如公寓房和私有化的中小型企业。拍卖出价也可以用现金做补充，例如，有些捷克人能够获得的外币贷款。这个过程是将实际资产迅速而透明地转入私人手中，并启动资本主义经济的一种方式。它将四分之三的捷克人转变为单个企业的股东或是私有化基金的股东。私有化基金是将出价的凭证汇聚起来用于合伙购买资产（例如大型工业企业）的。

为了迅速地将集体资产转给个体私营业主，俄国、斯洛文尼亚和其他一些国家在 1990 年代也曾使用过这种凭证方法（Klaus, 1991; Boyko et al., 1994, 1997），而且后来一些非欧洲国家，如智利，也使用过这种方法。

像与制度有关的每件事一样，这个经验看来证明了，政府中的基本诚信、透明和公正对于成功是至关重要的。新的股票所有者和企业私人业主当然没有经验。许多人承受了损失。例如，在俄国，秘密犯罪组织的老板（前政府官员和 KGB 特工）想方设法占有巨额工业资产和其他资产，但通过投资和创新进行后续竞争的意向却往往非常薄弱。在俄国，在广泛的行业范围内都允许欺骗性的夺取集体所有资产（滑稽地被称为"自发性私有化"）。这再次增强了那种流行的看法，即资本主义是一种偷盗体制，这是官方宣传长期以来传播的一种观点。这一点，加上俄国长期的传统，导致了一种流行的政治上被利用了的反弹。它造成了一种比现在已经偏西方的制度更多国家主义－集体主义的经济宪章、大量国家控制的企业，以及更少的新闻自由（Klaus, 1997）。

关键概念

社会主义是一种经济制度的体制,其中几乎所有的生产资料产权都由国家机构拥有。如何使用和分配这些产权(包括劳力)要由中央、省或地方的各级政府机构来决定。为了便于实施对生产资料自上而下的控制,不得不用外在设计的、主要是指令性的制度来取代市民社会中的许多内在制度,而事先的中央计划也会替代市场中自发的事后调节。

共产主义是马克思和其他共产主义者为将来设想的一种状态。在那种状态下,国家将消亡,生产资料的产权不再分派给任何个人。共产主义假设,社会将变得极具生产性和高度富裕,从而可以让所有人都各取所需,各尽所能。

中央计划是由中央为个别产品或产品组编制的生产计划。它为选定的产品类型、生产单位和行业规定强制性产量目标(定额)。各种生产计划和使用资源都在事先相互搭配,即在生产期间开始之前进行协调。在苏联,中央计划按四年或五年的周期制定,再由更多的年度或季度计划加以补充,而这些计划也常常按地区进行分解。主要的协调任务置于中央计划办公室之手。

市民社会由个人和个人自由组成的社团和组织、以及治理他们相互作用的内在制度构成。它是自主社会的一个组成部分,即不受政府的政治权力所左右。极权主义国家竭力用外在制度和处于政府直接控制之下的组织来取代这些多元化的市民网络。在西方民主社会中,政府也常常力图通过(政府支持的)追求单项目标的"非政府组织"(NGOs)给部分市民社会以补贴和影响。

转型意味着从一种状态或制度完全被改变或变化到另一种状态或制度。在目前情况下,转型与全面的制度变革相联系,从生产资源主要由集体所有、生产资源的使用由政府代理人或党的代理人控制转变为私有制为主,并根据个人和独立民间团体的分散化决策使用。

私有化是将先前的集体产权分派给特定私人业主的任务。这可以通过许多不同的机制完成:

- 将具体的产权归还给原先的私人业主。在有些情况下,要先验明先前的法律契据,而这可能是一个繁杂而冗长的过程。在发现具体归还的交易成本过大的地方,先前的业主可以得到货币补偿,然后他们就可以用这些钱去购买财产。
- 向国内买主或外国买主卖断产权。这些买主可以是一个新的个人业主,也可以是一个新组成的股份所有者的团体。
- 用事先发给公民的凭证交换具体的产权契据(凭证私有化)。
- 将集体财产捐赠给现任经理、工人或其他阶级的人们,例如,将公寓和住房的财产契据分配给现在就住在其中的那些人。
- 有影响力和权势的人盗用集体财产(自发的私有化)。这可能是经理、工人或擅自占用者开始行动的一个后果,就好像这些财产是他们自己拥有的,并最终获得了这些财产的合法契据。

截至2012年,中东欧的多数国家已经缩小了与富裕、但增长缓慢的西欧福利国家的收入差距,而他们实现的生产率标准和生活水准也可与其他地方新兴中等收入国家相媲美。然而,欧洲新兴国家的收入水平仍然显著低于那些西方国家(见表13.2最右边一栏)。几十年间失去的时间很难补回来。在许多情况下,东欧经济自由的排名现在已经超过了欧洲的老工业国,这种情况可以促成进一步的经济赶超(见第14章)。在经济制度和政治制度已经转变到大致接近西方制度的地方,中央计划消亡后的损失只是一种暂时的代价,是为增强长期增长前景、允许人们重申其自由所必须付出的。

我们可以得出结论:20世纪的主要经济经验——首先是对资本主

义的压制,然后转型回到一种相对自由开放的经济——证实,制度变革是缓慢而复杂的。它也证实了从第1章到第12章中所论述的、从关于人类经济行为的那些基本假设中推导出的道理。它还说明,寻租,以及对劳动、思想和资本中财产自由使用的限制(在它们仍持续的地方),还在不断造成财产上和民间紧张关系中的痛苦。

13.2　中国的演化

在中国,在两代人的灾难性战争和社会不安定之后,1949年出现了一场革命。它引导着中华人民共和国采用严格的苏式计划模式。在1950年代后期,中国领导人识实务地放弃了它。然后,在1960年代和1970年代初,为防止党内和政府内的投机主体寻求租金和巩固其权势,发起了连续的革命。渴望创造一种无私的新人。这种新人只受共同体团结的激励。但是,不断颠覆任何有秩序现象给生活水准、个人安全感和自由造成了的可怕后果。

在1970年代后期,启动了"市场社会主义"。工人和工厂的经营者们被赋予了决定如何使用利润的权利,但他们无不选择了高工资和在职高消费,而忽视对存量资本的再投资和创新。在资本主义体制下,资本所有者为资本存量和企业的长期生存而斗争。与此不同,中国国有工厂和自营工厂的工人们和主管们只有在他们自己的个人爱好能占有利润时才有积极性。此外,大量私营公司开始蓬勃发展。据报道,务实的新领导人邓小平当时曾说过:不管白猫(集体所有)黑猫(私有),抓住耗子就是好猫。这种结果导向的心态导致了各项重大改革。改革给了工业公司管理自己事务的权利并缴纳税款,但可以保留利润(Qian and Weingast, 1995)。这种激励结构动员起全中国农工商各业相当多的企业(见第13章案例三)。

第13章——案例三

中国的二次革命:制度改革

摘自有关邓小平遗产的一篇媒体文章:

[在邓小平时代,1978—1992年]中国的人均收入……大概翻了四番……全体人口广泛受益……中国内部稳定了……而且实现了迅速的技术进步……

在1970年代中期,中国人不能选择自己的发型、衣服或工作。他们每分钟都受到居委会的监视。他们得上没完没了的政治教育课程,并不断受到有关其政治信仰的盘问……

今天,中国人可以选择他们艳丽的服装和时髦的发型,他们越来越能根据自己的意愿在这个国家里搬迁和变换工作。他们不仅能听到他们领导人的意见,也可以听到外国人的意见——通过广播、电视和与外国人的直接接触……今天的中国人有着多样化的意见,他们勇于表达,包括个人严厉批评政府的意见……

在1990年代,中国政府承认了人民起诉政府和党的权利。但……执行不当……近年来已经看到……警察不起诉而无限期关押犯人的权利、司法部控制律师的权利,都受到了限制,也看到了对法治的尊重……现在中国已经有了大约400万通过竞争选举出的地方官员……

贸易、旅游和电视开放了这个国家,人民的思想得到了解放。中国经济从100%的劳动人民受政府雇用转变到受政府雇用人数不到20%……由于商务活动实现了……[大]规模……企业要求制度化法律的保障。由于这个国家寻求科学的进程……[它]不得不承认大范围内公开辩论的合法性……中国……派出……它的……尖子学生[到

> [海外]……下定决心去实现其经济目标……
> 来源：William H. Overholt, "One Man's Legacy for One Billion", *The Asian Wall Street Journal*, 26 February 1997.

在1970年代末和1980年代初，发生了人类历史上曾尝试过的、集体持有财产最大规模的事实私有化。当时，中国领导当局推行农业非集体化，解散了人民公社。中国农业中使用的土地和资本，在1950年代曾被没收，最终被集中到庞大的"人民公社"中。数以万计、甚至千万计的农村劳动者要接受命令结构的协调，接受党的干部和经理们就种什么、何时种、何时收，以及农民日常工作中的种种细节发布的指令。1950年代后半期，北京的中央政府下令加快水稻生产并建立农村工业（"大跃进"）。党也制定了在钢铁生产上赶超英国的目标。全中国的后院中都建起了小高炉。常常见到的情况是，刀和铁床架都被融化去生产新的刀和铁床架。为了提供燃料，这个国家成片的大面积森林遭到了破坏。"大跃进"造成了大混乱和大失调（Becker, 1996; Coase-Ning, 2012）。1960年代早期，中国农业得到了恢复，但"文化大革命"很快又再次破坏了粮食的生产和销售。"文革"对生产、交换和人们的日常生活造成了巨大破坏。

1970年代后期，中国西部的内陆省份四川（当时有大约1亿居民）发生了粮食问题。党的省级领导人知道，除了解散公社并把土地分给农民以外别无解决办法。没有给予家庭清晰的合法产权，但有一种坚定的思想，认为"以户为单位"（家庭）可以在将来程度不等地按其自己认为合适的方式耕种分到的土地，而且农民们也可以将土地传给他们的孩子或出售土地。在将官方要求的计划配额（一种税）上交给政府之后，农民们被允许在私人市场上自由销售他们的农产品。

四川改革的结果立竿见影，而且哄动一时。两年中，食品供应增长了50%，极其丰富的鲜活食品也可以买到了（Kasper, 1981）。例如，农民们现在发现,收获桃子并贩卖到城市市场上去是有回报的。而以前,农民们曾用桃子喂猪或酿酒自己喝。计划中没有为桃子设定目标,因为中央计划人员完全无法处理在不能预计的时间中成熟的易腐水果。自我管理也被扩展到个别选定的工业企业。这些地方的生产、质量和工人的满意度都很快上升(同上)。

四川改革的积极经验将全新的制度概念迅速传递给了全国各地将近5亿农民,并扩散到了制造业和服务业的增长部分。公社制度迅速地土崩瓦解了。这个前所未有的大型体制转型就这样实现了,没有出现严重的问题,并引领了数十年农村生活水准的迅速提高。①

到1980年代后期,中国有了一种相当自由化的经济,私营的个人和企业承担起了所有产品和服务60%的配置决定(例如,比西德的比例还要大)。中国经济逐渐向世界市场开放,但还是常常试图从生产者中抽取租金(贿赂)。留在国家工业部门中的、常常承受巨额亏损的企业,可以得到有选择的亏损免除。但在新世纪中,这些企业重新受到人们的关注,并从党和政府得到资助的机会。中国经济的其他部分已经公司化,残留的国家部门也已经受到事实上市场竞争的制度约束,将所有权与经营权分离开。

同在私营企业中工作的人比,从前国有企业的工人和退休金领取者经历了生活水准的显著下降。1997年,在一项新的"抓大放小"原则指导下,党决定售出或关闭大量造成亏损的小型国有企业,只在社会化所有权中集中保留大约1000家大型企业(International Monetary Fund, 1997, pp.119-127; Jefferson and Rawski, 1995)。这种做法发出了多个信号,表明中国经济有日益增多的部分会从属于市场力量

---

① 中国农民收入地位得到改善的部分原因是他们能在自由市场上以高价自行出售产品,但同时又继续按受管制的低价格获得许多投入(如肥料和电力)。

和更严格的预算约束。

在 2000 年到 2009 年之间,国有企业的相对重要性进一步下降,从大约全部销售的一半下降到不足 30%。据一个消息灵通的来源估计,私营企业数量每年上升大约 30%,而这还不包括迅速成长的小企业部门。[①] 在中国的 4300 万个公司中,现在有 93% 是私有的。有其他内部人士估计,按企业对 GDP 的贡献来说,大多数由私人投资者拥有的企业对国内总产值的贡献在 66%—70% 之间(The Economist,12 March 2011,p.72)。

因此,截至 2010 年代初,国家在经济中的作用已经大规模地倒退,而生机勃勃的非国有部门现在生产了超过三分之二的国民产值。中国经济在许多方面都向国际贸易和外国投资开放了(尽管还保留着许多超越边界之外的歧视,11.3 节),而且宏观经济管理也在某种程度上过渡到日益较少依赖政府的中央银行。在许多新的工业地区,政府对小企业的影响已经很小,而自由市场规则有时候却建立在含糊不清的各种内在制度上(Ferguson,2011,p. 284)。在谈到私有产权保护时,尤其是物质财产方面,中华人民共和国现在的排名甚至让人吃惊。一份权威的国际产权保护调查报告将中国排在 129 个国家中的中间位置,大约与印度、拉脱维亚、土耳其或泰国并列(Jackson et al.,2011,p.28)。中国的私人住宅拥有率现在接近 80%,比英国、美国和瑞士都高(The Economist,5 March 2011,"Special Report on Property",p.5),而且私人储蓄也很高,因为大多数人还要为他们自己的医疗保健和老年做准备。福利国家的诸多问题在目前得到了避免。

当然,所有这些并不是说,大多数中国人工作和生活之下的制度就

[①] 新企业数量的这种迅速扩张与世界范围内的观察是一致的,即企业的"出生率"与实际经济增长是密切相关的,而公司的关闭——"死亡率"——看来是相当有规律而又稳定的现象。

等同于,比如说,盎格鲁-撒克逊那些国家的规范,但是引入有中国特色的社会主义是一种脱离了先前体制的、令人难以想象的质的飞跃。尽管有制度上的显著变化,中国经济仍然包含着许多不由"无形之手"指导的范畴,至少不是由"无形之手"主要指导。这个国家在2010年代收紧了它对经济的影响,保有大型"国家冠军"企业的多数股权。这些企业通常有机会能得到贷款和官方保护的偏袒(Coase-Ning Wang, 2012)。

像在其他快速发展的新兴经济体一样——也像在几十年前的日本、韩国和中国台湾一样(14.4节)——在中国,要"挑选赢家"对于官僚们还是相当容易的事。模仿其他地方的成功经验,然后削弱既有的外国竞争者。中国有着充足的资本,常常靠整体买下其他国家中比较先进的各种公司,很容易地购买到领先的前沿技术和技能。当政府取消了管理上的障碍时,这类冠军就处于大力增强现代化和经济增长的地位,尤其是在基础设施(如铁路和电信网络)和关键产业方面(如钢铁和汽车)。

但是,国家资本主义的历史和经济分析(如在7.2节中提到的)提示,要对得出这样的结论持谨慎态度,即从长期看,哪一种体制将在维持经济增长方面最为成功。日本通产省(MITI)的战略曾一度广泛受到称赞,但它却发现不可能"挑选产业赢家",一旦日本的产业到达了技术前沿,实际上甚至早于到达之前,通产省就开始"挑选输家"了(OECD, 1983; Kasper, 1994)。①同样,许多政府青睐的韩国大企业遭受痛苦,并被发现,它们对韩国年轻的民主具有一种腐败的影响,正如经济竞争理论所说的那样(8.4节)。真正的市场竞争和"红墨水信号"的惩处总能被证明,它们对于持久而广泛的前沿创新具有最有效的激

---

① 日本通产省在1960年代初对索尼公司说了很著名的话,晶体管没有前途;而对本田汽车公司说的是,汽车市场已经过于拥挤了,所以本田应该避开了。这些大型著名日本公司的创新成功和营销成功都没有靠官僚体制。

励作用。

尽管有着一个倾向于集体协调的文化性格,但东亚的经济政策能否克服那些普世人类特性这一点还并不清楚。但是,管理人员,作为党的正式代理人,常常能够教导其监督者和最终所有者,部分原因是行业经理和起监督作用的官僚们常常更换地方。然而,注意到这一点是有意义的,即在2001年至2009年之间,尽管有土地和资本的低成本投入,中国国有公司的经营却只有负的平均实际回报率1.47%(The Economist, op. cit., p.14)。而且,国有公司特别优惠的机会已经使中国真正的私营企业难以扩张和创新,公共部门工作保障和优惠就业条件的拉动力也使有才能有技术的人员离开了私营企业。结果,一个新的精英阶层得到了实惠,但是广大中国工人中的大多数却在一定程度上被抛在了后面。这在日益加大的收入和财富差距上得到了反映。

必须从人治转变为法治,但这种转变并不容易,而且还有一多半未完成。然而,建立在长期儒家价值观(还有,基督教在当前有限程度上的扩散)之上的民风民情、自由的劳力市场、相对小的政府和日益增强的国际竞争,都在发挥着制度惩戒的作用,而在由这些条件构成的环境中,中国传统的企业惯例能够游刃有余。随着收入的增加和服务变得越来越重要,会出现一种坚持不懈而又不断增长的要求,通过制度改革来降低交易成本,正如大多数其他新工业国家所做一样(14.6节)。

今天,中国的制度变革伴随着前所未有的经济增长浪潮,现在已经深入到最遥远的乡村。尽管统计数字并不怎么可信,但这么说还是靠谱的:即从1979年到2010年,实际国内生产总值已经增长了10倍(产生了实际人均收入大约为6.5%的平均增长率)。经过改善的制度不仅调动了更多资本投资,而且对提高资本、劳动和技能的生产率做出了实质性的贡献(International Monetary Fund, 1997, p.123)。

在人类历史上,中国迅速崛起的经济优势是空前的,而这也支持了

"恰当的制度对经济增长是至关重要的"这种观点(1.3节)。毫无疑问,领导层在很大程度上忽略了最适于培育经济增长的制度,但至少党内有影响力的一派已经开始学习。一个学习途径是研究东亚其他地方资本主义制度显著的成功,分析中国私有化(或公司化的国有)产业的快速增长,并在中国沿海地区建立自由企业特区。在这些经济特区中,中国领导人引导进行了务实的不同实验,允许存在私有财产、股票市场,以及脱离国家对要素市场和产品市场严格干预的自由。这些地区令人瞩目的工业化成功有助于经济自由向中国其他地区的扩散(见12.4节中第12章案例一)。

尽管胜败的可能性各半,政区之间的争胜——像其他地方一样——培育出了更多促进增长的制度(12.3节和第14章)。

逃避中央计划

在这两大经济体中,很明显,集体的中央计划能力无法处理不完善而又随时可变化的信息,这正是中央计划的阿喀琉斯之踵(Boettke and Leeson, 2004)。自由的分散化的计划,以及市场的事后调节,是收集和利用有用知识更健康有力的制度系统。在这两个国家自己要摆脱中央计划时,他们采取了截然不同的方式:中国采用的方式较少法律上的变化,而且共产党仍然执政,但事实上政策已经发生了重大改变,而且物质结果也令人吃惊。相比之下,俄国政府在法律上做了根本性的改变,但事实上的变化还不全面。换言之,俄国人靠改变外在制度逃离了中央集权经济,而中国人则更多依靠适应长期的内在制度,让外在制度的结构保持在原位,尽管精神和实质已经发生变化。

这提出了一个重要问题:为什么会是这样?尽管确定的答案还难以得出,但这诱使人们去思考那深深扎根于中华文明中的价值系统、工作态度和共同体关系,以及中国人喜欢的技能,一种务实的建设性的事实上的再定位。有一句老的格言说:"皇帝止于寨门。"按照中国人的理解,这句话意味着,外部制度只能管那么远的事,一个人必须在他自己所处的共同体里做出他自己务实的各种安排。无论政府启用了什么样的外部制度,中国人宗族和家庭的独立自主都提供了基本的支持和社会凝聚力。"天高皇帝远"和人们必须齐心合力做事的长期传统对于中国人很有好处。相比之下,俄国有封建主义的长期传统,还有东正教传统;东正教并不要求人们靠自力更生、个人努力来获得救赎,而是将救赎视为天赐恩泽的一种神秘结果(Némo,2006,p.103)。而且,中国的统治者几千年来都在论证,他们有"天授神权",能保证人民的繁荣安康。当纷争和贫穷普遍出现时,王朝就崩溃了。党的领导人在宣传"中国必须未老先富"这样的口号时,他们已经意识到了这一点。相形之下,俄国历史上大多数统治者的思想没有给人留下特别的印象,表明他们可能承担起民众的福祉。正如制度演化中常见的那样,最终还是文化起的作用最大(再说一次,*metis*)。

第 14 章 经济自由与发展

本章与前一章一样,有一个经验的、归纳的目的:经济自由对于经济增长和生活质量,是像在第 1 章里第一次强调的那样,在发展中国家和成熟的发达国家中都是重要的吗？我们将表明很难评估的经济自由质量是如何估计的,以及从经济自由的实际经验和促进经济自由的改革中能得出什么洞见。

在欠发达国家,中央计划以及为获得经济的快速发展而实行的国家干预政策都已失败。这证明了,政治干预对于可靠的私有财产、竞争性市场和帮助人民脱离贫困的法治有着多么严重的伤害。给欠发达国家政府的外援常常与开放对制度演化的有利效果背道而驰,因为它为既有的寻租精英们提供了资助,还阻碍了民主。

更普遍而言,国家干预这种自上而下的发展政策常常只是巩固了"权贵资本主义",包括在迅速增长的东亚出口经济体中也是这样。只要新的工业区位提供了低成本的地方生产要素(土地、劳力、政府服务,常常是由于税收减免),国际流动的生产要素(资本、企业和技术知识)就会受到吸引。然而,随着时间推移,经济增长会抬高土地租金、工资和税收——毕竟,这是增长的目的——交易成本就会上升。那时,进一步的经济增长就要靠降低交易成本的经济改革。

在成熟的富裕经济体中,自 1970 年代以来,民主的、再分配的福利国家导致了社会不满和经济增长放缓。这与相对于新兴工业国家失去了竞争力有很大关系(全球化)。从 1980 年代开始,缓慢增长和

第 14 章 经济自由与发展 579

> 新的国际竞争已经在富裕经济体中引发了某种（鼓舞奥地利学派的）经济改革,因为有些新兴工业国家也采用了更有利于市场发展的战略。全世界的政策制定者们在面对国际市场压力时常常不得不变得恭顺。然而,截至 2010 年代,对气候变化的担忧（以及 2007 年之后开始的全球金融危机）已经使许多国家的精英们重申了"政治第一"的口号。这重新引起了对未来可靠的产权、自由、开放市场以及简单而公正的法治状况的关注。换言之,是对要应对新挑战的经济强健性的关注。

视现存的政府为所有经济活动的全知、全能的保护者是错误的。但是,认为被利益集团收买的现政府已不可救药,从而对解决建立恰当政治－经济秩序的问题丧失信心,也是不正确的⋯⋯没有竞争秩序,就不会有能起作用的政府;而没有这样一个政府,也不会有竞争秩序。

瓦尔特·欧肯,《经济政策原理》(1952 年)——作者英译

对一个坏政府最危险的时刻,就是它开始要改革其自身的时候。

亚历西斯·德·托克维尔对法国
最后一个国王路易十六的评论

一个政府最关心的事应该是让人民逐渐习惯于没有它也能生活。

亚历西斯·德·托克维尔,《旅游日记》
(*Carnets de voyage* 1831 年)——作者英译

今天,我们越来越多地求助于行政控制,越来越少地接受交易。⋯⋯任何一个懂得政府行动越少、成就将越多的政党,都将在政治上获得巨大而可喜的发展机会。

理查德·爱波斯坦:《用于复杂世界的简单规则》(1995 年)

今天对于全球变暖的争论,在本质上就是对于自由的争论。

环境保护主义者会愿意谋划我们生活中每一个和所有的可能（和不可能）方面。

瓦茨拉夫·克劳斯，《绿色羁绊中的蓝色星球》(2008年)

14.1　一些增长比较

自1970年代中期以来，有利于经济自由的制度在世界上的许多地方都得到了增强，有时候是通过革命性的体制转型增强；有时候则是通过比较缓慢的改革增强，就像在成熟国家和新兴国家那样。

由于意识形态的作用，以及从一套干预主义政策得到实惠的自利精英们的支持，在20世纪中发展起来的各种经济宪章有着根本的差别。我们在事后意识到，种种改革常常受到那种务实的功利观点的激励，即经济自由对经济增长有好处。尽管有些改革者将自由本身视为值得追求的一种愿望，但是显然，国际政治争胜和为支持自由而对经济增长的追求已经成为形成更多竞争性习惯的主要动机，也是改革糟糕的规章制度、改革打击自由的立法的主要动机。

在20世纪的最后25年中，政治领导人和公共舆论没有办法，只能接受有关增长和经济自由的某些基本事实。用几个国际比较能最好地说明这些事实：

(1)在战后，联邦共和国(西德)和民主共和国(东德)的德国人在同样(低)的收入水平上起步。到1989年柏林墙倒塌时，西德人已经靠培育一种自由秩序、私有财产、竞争、宪政政府、经济稳定和开放经济，实现了世界上最高的收入水平之一。而东德人生活在集体计划体制下，工农服务业都是国家所有制，40年后，他们的平均生产率和收入大概仅为其西德同胞平均生产率和收入的 40%。

(2) 到 1975 年,在市场导向的中国台湾和大陆中国之间,巨大的差异变得日益鲜明。尽管在 1950 年代初期,台湾人在一个较高的基础上起步,但在一代人之内,他们测定的生活水准大约比中国大陆的平均生活水准高 4.5 倍到 8 倍。能从事自由贸易的香港公民,在从 1950 年中期开始的 45 年时间里实现了发达国家的状态。到 1975 年,尽管香港有大量难民涌入,而且完全缺乏自然资源,香港的平均生活水准却大约是中国大陆平均水准的 8 倍。

(3) 截至 1994 年,3600 万海外华人的产出与大陆中国 10 亿人在逐渐开放的制度下经营所得到的产出一样多(Tanzer,1994,pp.144-145)。

(4) 根据所有能得到的指标,韩国人,在 1950 年代从一个比北朝鲜糟得多的工业基础上起步,不得不重建他们被战争摧毁的国家;但到 1990 年代末,他们在物质上至少比生活在社会主义下的同胞富裕 10 倍(The Economist, 22 February 1997, p.33)。同样的水灾,在北朝鲜导致了数年饥荒,而韩国的农场主立即着手处理,没有造成持续的影响。据美国中央情报局估计,截至 2009 年,北朝鲜的人均收入仅为 1800 美元,而韩国的人均收入为 30000 美元(来源:http://en.wikipedia.org/wiki/List_of_countries_by_GDP_(PPP)_per_capita,accessed 25 January 2012)。

(5) 越南战争结束之后 20 年,越南仍然处于世界上最穷的国家之中,而邻近的泰国和马来西亚——在 1930 年代有着同样的资源禀赋和生活水准,但是有着开放的相当好的资本主义市场经济——却有着富裕的、快速增长的经济。到 1990 年代中期,那里测定的物质生活水准看来是越南生活水准的大约 20 倍。

(6) 到 20 世纪末,虽然有着部落式的构成和腐败,肯尼亚的人均收入却大约是邻国坦桑尼亚的两倍。后者是个喜欢接受外国援助的国家。

当然,这样的比较只是指出了一个大概的数量差距。但是它们表明,在经济增长的国际争胜中,中央计划的方法无可辩驳地输了。记录在案的差距还不只存在于收入增长上。在普通百姓受教育的机会、医疗保健和养老支持方面还要糟糕。对于环境设施的破坏经常远远超过民主的资本主义社会所能容忍的任何程度。普通百姓和异见人士所受到的压制性监管和恐吓常常无处不在。自上而下的高压也助长了冷漠、屈从、偷懒、欺骗和野心,助长了精英们的残酷寻租。普通公民常常得不到言论、信息、旅行、职业选择和结社自由,只为维持一种命令经济,并保住这种体制下主要精英们的特权。

在 1980 年代后期,当事情变得明朗时,这些失败为多数国家中央计划的垮台速度做了说明。这些失败也解释了资本主义经济体中经济改革提升了自由度的原因。

14.2　经济自由与结果

苏联集团各个经济体的转型,以及中国经济缓慢的尽管不完善的自由化,都是全球向着更大经济自由移动的一个组成部分,也是全球平均经济增长加速的一个组成部分。尽管有例外存在,但在图 14.1 中勾勒出的大图景还是反映了政策制定者和广大公众中日益增长的一种认识,即支持经济自由的制度的确至关重要。

如美国的米尔顿·弗里德曼(1912—2006)那样的经济学家们主

张,如果这些制度的质量不管怎样被量化,并能描述不同国家的情况,公众舆论和政策制定者就会更易于被说服,接受有着可靠产权的自由市场经济的好处。这导致加拿大的弗雷泽研究所和美国的卡图研究所提出了一项倡议:与世界上数量不断增加的思想库合作,建立各种年度经济自由指数。在詹姆斯·格沃特尼和罗伯特·劳森的智慧领导下,这项工作已经完成(Gwartney and Lawson,各处;Lawson,2008)。[①]研究者们凭借广泛的统计数据(如政府消费在国民产值中的比例、关税率和通货膨胀率)和对有国际经验的商界领袖们的调查结果(如对国际竞争强度的评估)来建立一个指数,这个指数概括了产品市场和要素市场(劳力与资本)的状况,以及他们使用的有关保障私有产权和自由的基本公共政策。[②]这个指数现在包括 120 多个经济体制完全不同的国家,范围从香港和新加坡到没有自由的经济体,如叙利亚、阿尔及利亚、埃塞俄比亚、委内瑞拉和津巴布韦。

图 14.1 表明,从 1970 年代到 1990 年代,世界的经济自由得到了改善,与迅速的全球化和世界上许多部分加速的经济增长不谋而合,但这种进步自 2000 年代初暂缓了。该图还表明,尾随着 1970 年代的第一次石油危机和全球衰退,各大经济体经历了一段时间经济自由的恶化,但在繁荣的 1980 年代和 1990 年代得到了显著改善。要是有人看看"世界经济自由指数"中报告的许多国家的情况,这种广泛的印象会得到再次肯定(Gwartney et al.,2011)。两个相互争胜的地区,中国

[①] "世界的经济自由"课题中的数据和其他资料,可从网络上找到:www.freetheworld.com。

[②] 用不同方法筹备的经济自由竞争指数正在编辑中,最著名的是由位于华盛顿特区的美国传统基金会筹备的。从他们的估计中得出的全面结果与经济自由指数是一致的。后者是由温哥华的弗雷泽研究所和华盛顿的卡图研究所领导的一个思想库联合体筹备的,我们在文中引用的就是这个指数。

香港和新加坡(在图 14.1 中,我们显示了这两个地方未经加权的平均值),一直被一致评定为最自由的地区,而美国过去长期来一直是其他富裕国家追随的基准。但是,在与苏联的超级大国争胜结束之后,这种情况改变了,而且自 2000 年起,由于布什政府"有同情心的保守主义"(compassionate conservatism)、奥巴马政府的干预主义增强了,美国的政府赤字也增长了。在英国,在撒切尔执政期间还出现了一个显著差异,那是一个在如新西兰和澳大利亚这样的其他盎格鲁-萨克逊国家中得到响应的举措(在图 14.1 中没有表示)。最后,这张图反映了中国,自 1980 年代中期以来的印度,还有自 1995 年以来的俄国在经济自由上引人注目的进步,尽管这些政区距西方的自由标准(这里用英美代表)还差得远。

链接式总和指数,1970－2009年

来源:Gwartney-Lawson各处

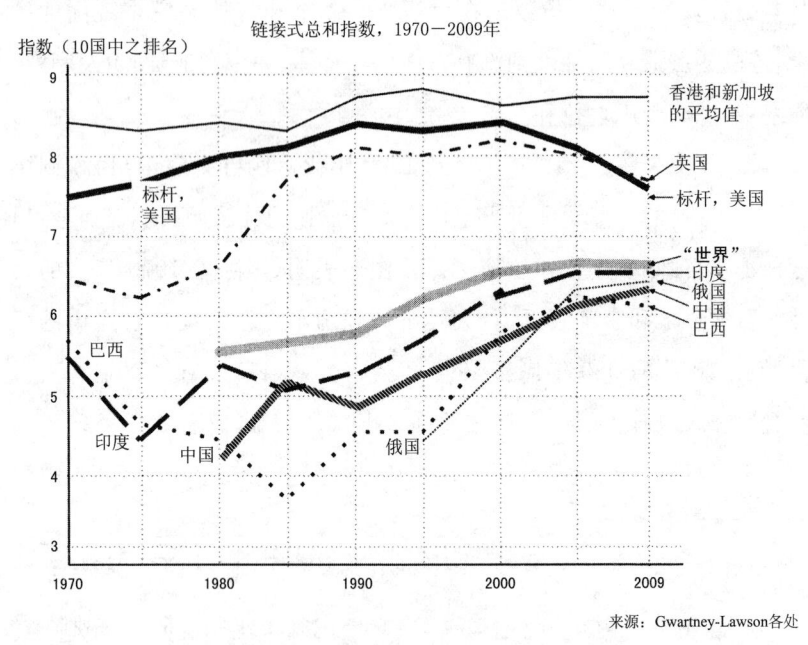

图 14.1　选定国家中的经济自由度

141个国家平均分为四组,每个居民按购买力平价(PPP)计的国内生产总值,2009年

国家分组	收入水平
最不自由的国家	$4,545
第三个四分之一的国家	$6,464
第二个四分之一的国家	$14,961
最自由的国家	$31,501

美元(PPP)

国家分组	收入增长(%,2009年)
最不自由的国家	1.2%
第三个四分之一的国家	2.3%
第二个四分之一的国家	2.4%
最自由的国家	3.1%

年均增长,%

来源:Gwartney et al. (2011), p.17。

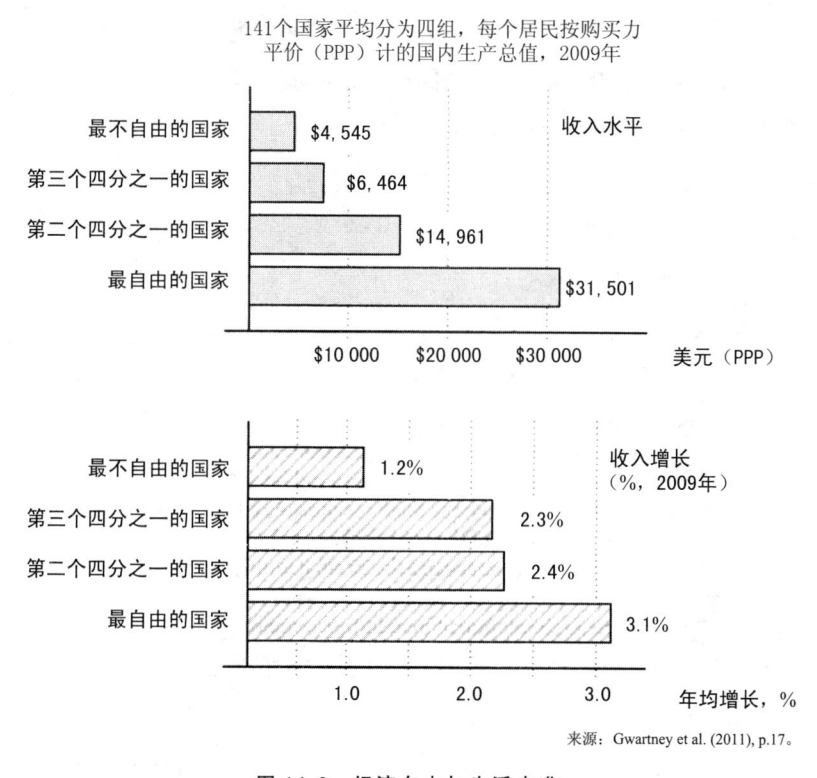

图 14.2 经济自由与生活水准

经济自由:繁荣、财富与幸福

对各国在不同时间段中的分析表明,较高的经济自由度(正如弗雷泽-卡图指数所表明的)与下列现象相联系:

- 较高的实际收入水平(2008年,最自由的四分之一国家享受到的人均实际收入[按购买力平价计]平均值大约是那些最不自由的四分之一国家平均值的8.5倍);
- 在最自由的国家中有较好的经济增长率(图14.2)。

更高的经济自由也与下列现象同行:

- 当经济自由得到改善时,最穷 10%国家中绝对收入水平明显上升(尽管最穷 10%国家中的相对收入水平没有受到收入水平和经济自由标准的影响)。
- 最自由的四分之一经济体与最不自由的四分之一经济体之间在平均寿命上的差距大约为 20 年。这完全可以被视为对经济自由压制的最终成本。
- 有较好的政治自由和公民自由,提醒我们记起米尔顿·弗里德曼和其他经济学家的主张,即经济自由常常是全面自由的北极星(Friedman,1962)。
- 在实现了高水平经济自由的国家中,发生军事冲突和暴力的可能性较小(Gartzke,2005;Weede,2011),而内战、有组织犯罪和民间暴力则被认为是持续贫穷和生活水准拉大差距造成的(World Bank,2011)。
- 平均而言,经济自由与较高的生活满意度排名联系在一起。这为那种主张添加了经验内容,即更大的自由和自负其责增强了"幸福感"(Gwartney and Lawson,*passim* (2010),pp. 17-19;亦见 Easterbrook,2003)。

这些不仅是对实证经济学的论述,而且恰如其分地阐明了制度经济学的规范性。

14.3 经济自由与发展

自上而下的发展战略

许多发展中国家,在摆脱殖民统治获得独立之后,都启动了中央设计型和命令控制型的经济发展战略。这些战略中的绝大多数都充满了各种构建主义的憧憬（constructivist visions），并尝试了"社会工程学"。新的政治领导人和他们的顾问，往往选择高度依赖政治指导和集体行动的现代化战略，并靠中央命令型发展计划进行协调。这类战略都要确立"民族目标"（national targets）。往往，这些尝试都试图用外在制度来取代界定不很明确的内在制度和既有的文化传统。往往，传统的内在制度与引进的法律、规章和意识形态相冲突，而冲突导致矛盾和传统经济秩序的衰落（Bates，1990；Aligica and Boudreaux，2007）。往往，中央设计的计划进度不能按预期运行，因为缺少贯彻这类计划的行政机构，且新的外在制度得不到传统共同体内在制度的支持。在进行尝试的地方，强制执行中央设计的计划代价高昂。而且，发展问题过分错综复杂，很难为处于中央的任何人全面理解。结果，实现现代化的私人动力被摧毁，建立私人企业方面的博学精英遭到压制。许多发展中国家的政治精英们在行动上假充博学，将"他们的"国家当作简单的组织来对待。这对经济福祉和其他人类基本愿望产生了破坏性的影响。

"构建主义冲动"（constructivist impulse）的基础在于这样一种观念：精英们最清楚怎么才能提高经济发展水平。这种冲动往往与扩大社会化资产所有制的做法结合在一起。这既因为从殖民地时代继承下来的财产都被转入了政府所有制，也因为新的工厂和基础设施都是作为政府所有的企业（常有外援的帮助）而建立起来的。

经济发展必须伴有一套规则系统的发展。这种规则系统能促进现代劳动分工，能有效地传递正在出现的机会和稀缺信号。但这样一种必要性并未被外国顾问和国际官僚们充分认识到。经济发展顾问界忽略了对制度方面的思考，这反映着盛行的新古典经济学心态。充其量，经济学家们也只是从1960年代起才开始主张开放国民经济和稳定宏观经济(例如,Krueger,1994,1997;Riedel,1988)。

在1950年代和1960年代初,制定中央发展计划以推动工业化是通常的做法。用人为的手段推动政府企业的成长,如进口保护、国家配额和免税期。有关外界供求条件的信息常常遭到公共出口垄断、进口关税和配额的压制。进口特许权和关税的实施为享有特权的国内生产者,常常是"政治性厂商",创造了很高的利润。但是,进口替代战略的副效应是寻租政治家、企业管理者、官僚监管人员和有组织的劳工都能够很快占有利润。资本所有者享有特惠,而农民和工人则看到他们的机会减少了。在能够计算"有效保护率"时,这些保护率中的混乱显示出,各种各样的保护措施在各种产业中累积起了许多意想不到的后果(Abramovitz,1979;Krueger,1997)。国际贸易中的比较优势和知识转移完全被忽略。保护成本被抬高。政治性特惠允许厂商回避创新和成本控制。构建主义倾向经常与大量而低效的公共开支和大型公共预算赤字齐头并进。结果是高水平的内债和外债,这又导致货币供应上的通货膨胀性扩张。

如这幅简图所勾勒的那样,从1950年代至1970年代,发展策略远不是统一的。拉丁美洲国家的发展起点较高,但其利益集团,如大地主和军方,也更加根深蒂固。这些集团往往把持着占有租金的中央政治控制权。没有采取什么措施来培育法治,也没有保护真正竞争性秩序的普适制度,即便这些国家过去曾经存在过这样的制度。相反,政治被视为工具,可用来从再分配性的差别待遇中捞取好处(Bauer,1957;Kilby,(ed.)1971;Bauer and Sen,2004;Borner et al.,1992;Aligica and Boettke,2009)。通货膨胀一般都有利于富有的、充分联合起来的债权人,而不利于穷人。穷人甚至常常拿不到他们拥有之物的产权证,因此不足为信(de Soto,1990;2001)。在南亚和许多非洲国家里,发展也依靠计划和大量的政府干预。1960年代和1970年代的东亚发展中国家在许多方面是例外,它们当时不断偏离发展经济学的主要潮流,启动出口导向,并吸引外国直接投资。

市场驱动的发展战略和计划出来的发展战略

在无一定之规的第三世界里,有些国家较另一些国家更多地依赖构建主义的发展战略和生产资料国有制。同时,也有证据显示,与较具干预主义和构建主义性质的国家相比,较多依赖市场经济的国家获得了更快的经济增长、更少的通货膨胀和更平等的收入分配(World Bank,1993,1995;Gwartney and Lawson,各处)。尽管有许多因素影响着实际增长率,并且在统计手段上存在着许多缺陷,但下列差异仍只有在联系制度上的系统差异时才能得到解释。这里就是一些生动的例子:

- 在1948年获得独立后,印度的政治领导人有很长一段时间试图仿效苏联的发展模式。在尼赫鲁领导下,他们实施了相当详细的贸易控制和产业与财政的中央计划。在1960年代里,其干预型经济发展因工业方面国家所有制的试验而加强。与其相反,巴基斯坦遵循了较少干预主义的战略,并切实地放开了市场和价格。印度在1960年代里的实际增长率为每年3%,略高于人口增长率,而巴基斯坦则实现了年均5%—6%的增长。在那一时期里,印度的通货膨胀率为年均5.5%,而巴基斯坦在较自由市场下的通货膨胀率仅为年均2%左右(自那时以来,印度经济的自由化已使此景大为改观)。
- 在东非,肯尼亚采用了一套较少干预主义的制度,而邻近的坦桑尼亚则广泛采用社会主义的发展,并施加了干扰性的贸易控制。1970年代里,肯尼亚的人均经济增长为年均2.4%,为坦桑尼亚年均1.1%的两倍多。在千年转换之际,肯尼亚的实际人均收入平均值是坦桑尼亚这项平均值的两倍。在20世纪的最后25年中,肯尼亚的人均收入增长极为缓慢(每年0.45%),但是坦桑尼亚的这一指标则是缩减的(每年-0.24%)(Maddison, 2001)。

- 在西非,加纳原来贯彻了国家干预的概念,压制市场和私有企业,而邻近的象牙海岸则较多地依靠了市场和私有企业。在1970年代里,加纳人为其生活水准年均下降2.6%而一筹莫展,但象牙海岸的国民则在人均收入上实现了每年1.5%的增长。然而这两个国家中的国家干预都在增长,导致了上世纪最后25年中生活水准的全面下降。与此同时,非洲的许多其他国家则管理糟糕,依赖外援。在过去曾是"西非明珠"的象牙海岸,即使以非洲那种较低的标准来衡量,其一党执政、军事政变和种族政治也削弱了经济自由;而加纳则在一定程度上解放了它的经济,以至于截至2010年加纳的实际人均收入比象牙海岸高出40%到50%。

- 在亚洲,过去的英国殖民地斯里兰卡,在1960年代里转向了中央价格管制、投资控制和大量的资本积累,而与其禀赋类似的马来亚半岛(后来的马来西亚)则奉行了开放的贸易政策,并主要依赖市场投资。马来西亚的兴起完全要归功于法治,它提供了获得经济机会、教育和现代医疗保健的渠道。其人均收入的增长率平均约为4.5%(1960—1975年),同时通货膨胀也最低。相反,斯里兰卡的经济干预变得越来越详尽,结果,其实际人均收入只增长2%左右(1960—1975年),而且后来还下降了。种族歧视和由此导致的紧张关系爆发为一场持久的血腥内战。并且,尽管有命令式价格控制,通货膨胀仍稳步加速。①

这份国家比较的清单还能延伸而不影响其一般结论,即依赖保障私人产权、私人自主和开放的制度与较快的经济增长是并存的。也许有人会问,这些经济表现上的差异到底是由于促成更快经济增长的市场制度造成的,还是仅仅由于快速增长的国家能够提供经济自由造成的。本书所论证的经济理论毫不怀疑,因果关系的走向主要是从制度管理到经济表现。

必须承认,上述比较首先依赖了间接证据,是在推断制度框架上的差异在市场导向中造成的增长后果。关于制度对发展中国家增长率的影响,仍缺乏直接的宏观证据,即使有也很不系统。然而,像德·索托(de Soto,1990,2001)分析秘鲁非正式经济那样的研究,还是将人们的注意力引向了可靠的产权对发展所具有的极端重要性。同样,已有一些跨国证据表明,具体的制度安排如何促进或阻碍了经济发展(Graham and Seldon,1990;Borner et al.,1992;Brunetti et al.,1997;Aligica and Boettke,2009;Boettke et al.,2008)。

制度意识现在也渗透到了国际组织的政策建议中。自1980年代以来,经济改革已受到了所谓"华盛顿共识"(Washington consensus)的强烈影响,即货币稳定化、结构调整和贸易自由化(Graham and Seldon,1990;Edwards,1995,pp.58-70;World Bank,1993;World Bank,各处)。人们越来越多地指出,控制预算和货币供给、金融发展、解除对国内贸易的管制、私有化和转向精干的政府这些方面,需要

---

① 马来西亚在1969年曾有过种族骚乱,但这仍是一次性事件,因为不同种族的人大体上是在自由市场制度下相互交往的,而市场制度是"种族盲"。相反,斯里兰卡的国家干预性经济政策带有种族界线,所以种族问题爆发为长期持续的公开冲突。这种对比突出了一个重要的洞见,即分散化的市场中的个人合作一般都会消弭种族差异和成见,而中央集权化的政治行动则往往利用这些差异并激化它们(Rabushka,1974)。

全面的制度改革(Aligica and Boudreaux，2007)。然而，还是有太多的经济顾问认为，无论怎么说，制度变革还是通过特定的、具体的政策建议进行。而这些建议本身又太多立足于新古典的微观或宏观经济学(见后记)。国际组织还只是刚开始逐步地想到，必须首先解决制度变革方面的问题，而且对于社会学、法学和经济学的深入理解比对计量经济模型的理解更重要(例如，Klitgaard，1995；Aligica and Boudreaux，2007；Boettke et al.，2008；Acemoğlu and Robinson，2012)。

> **关键概念**
>
> 发展计划由官僚和政府制定出来。它们要预先确定在未来4年、5年或20年内经济和产业的变化，并确定所需采取的某些政治行动，以便保证计划中的发展将会实现。
>
> 在有的地方，这样的计划被作为指导性的、粗线条的作业，目的在于确定对长期性基础设施投资的需要，或者帮助进行预算预测。在那种情况下，这些计划有可能发挥一种有益的信息和协调作用。而在有的地方，这样的计划是必须执行的，并被当作对市场协调的替代。在那种情况下，这些计划大都会陷入为复杂而多变的发展过程制定中央计划的种种困难之中。
>
> 进口替代是一项政策，它通常用关税和进口配额保护国内生产者(当地资本所有者和工人)，使之免受国际竞争。其最初的意图是要为当地初创的、无国际竞争力的生产者保障市场，并希望他们由此学会如何有效地生产。这种政策还有一个意图，即在牺牲外国人利益的基础上创造投资、就业和税收。进口替代通过将收入和财富从购买者那里再分配给国内生产者和政府的方式发挥作用。它使购买者不得不支付较高的价格。在这一过程中，进口替代还会鼓励国内受保护产业

中的工人和资本所有者进行寻租。通过使市场先机更持久地存续下去，它减弱了对控制成本和创新的竞争激励。从长期来看，进口替代有害于经济发展。

外援、制度刚性与腐败

有关从富裕国家向较贫穷国家转移资本和其他资源（作为赠予或长期贷款）的基本经济理论指出，在缺乏这类资产的国家中，资本和其他资源的生产率会大大高于在世界上富裕的、资本充足国家的生产率。人们也感觉到，团结应能在世界范围内适用——而不是像《圣经》中曾教导的，只适用于"你的邻居"。人们还很快发现，只转移资本并不能导致经济进步，必须教会受援者使用赠予的技术。然而，帮助穷国发展的现实表明，要使援助和进口设备的工作产生好的结果，至关重要的条件是受援社会中的内在制度和外在制度。制度缺陷会严重阻碍现代化（Bauer，1957，2000；Bauer and Sen，2004）。发展经济学的老前辈、英国经济学家彼得·鲍尔勋爵对于官方外援的著名批评是："从富国的穷人那里转移支付给穷国中的富裕精英"（Bauer，1957）。

富裕国家的政府和国际组织已经一再设立官方计划目标，使转移支付按捐赠国收入的一定百分比做出调整。联合国没能完成它最初的两项使命，即保障世界和平与人权，却在近几十年推行"千年目标"，在大规模增加的外援帮助下设立了一套计划性的参照标准。这违背了过去的经验。例如，在1955年到2005年间，仅给非洲的援助估计就达10000亿美元，而在新千年的第一个10年中，非洲各国获得的援助每年大约为800亿美元。然而，几乎没有例外，非洲的生活水准在20世纪下半期还是下降了（来源：http://news.bbc.co.uk/go/pr/fr/-/l/hi/sci/tech/4209956.stm）。

美国经济学家威廉·伊斯特利曾批评这类综合性的全球计划是乌

托邦,外援最终会弄巧成拙(Easterly,2006)。经济学诺贝尔奖获得者阿玛蒂亚·森也提出过同样的批评(Sen,1999)。知识问题在奥地利学派制度经济学中是一个基本现实,但发展计划者却比以往任何时候都更多地假设其不存在。但这个问题时常会冒出来,因为穷国中的社会规范与内在制度和外在制度有缺陷。

还有对不发达国家不良政府债务的阶段性"原谅"(无须偿还)行动。原谅债务摧毁了穷国中打算借款者的长期信誉。国际资本市场靠的就是信任和规则执行,因此原谅债务使国际资本市场受到了反复侵蚀,也伤害了第三世界借款者的诚信。换言之,情况往往是这样的,好事情常有意想不到的有害的副效应。

人们现在越来越可以接受的是,大规模的外援造成了一个相关的困境:从富裕国家(和在一定程度上社会主义的"第二世界")给第三世界的大规模转移支付阻碍了制度发展。有些经济学家们(一个现在有时候被称为"新发展经济学"的学派)已经认识到制度变革对发展的极端重要性。他们已经证明,由于邻国和竞争对手干得更好(12.3节),先前穷国中的政治精英和广大民众多么经常地被迫去重新思考传统的制度,去改变阻碍增长的习惯和法律。想想新加坡和中国香港的自由市场对于整个东南亚经济改革和开放的启发作用,以及中国香港、中国台湾和韩国对中国的启发作用吧。历史上常有这样的情况,经济创伤克服了认知障碍并引发了经济改革(12.2节—12.3节)。外援很容易侵蚀这个过程。穷国中的腐败制度是对社会稳定和经济增长的一种破坏因素,但只要腐败的物质后果被捐赠抵消,就无需改革。"外援……往往助长腐败。就是因为,支付给腐败政权的援助贬低了制度对于经济增长的必要性,还支持了腐败精英们。执政的国家干预主义者常常借用民族主义情感来捍卫他们的特权,并与开放和透明做斗争。反对全球化的人现在给了他们支持"(Kasper,2006,p.1)。因此,外援对制度演化的影响比得上社会化福利的有害后果(10.4节)。援助不利于学会自力更生,也不利于执行一种普适的规则系统。援助基金支持了不愿改革者,这充分解释了穷国中持续不断的落后状态。在穷困的独裁统治的国家里,许多年轻的观察人士突出了这样的事实,即官方援助阻碍了个人自由和民主的发展。

最大的外援接受国都名列最腐败的国家中,这不是巧合。例如,阿富汗、东帝汶、刚果、巴布亚新几内亚和尼日利亚(Kasper, op. cit.)。为什么有些援助捐赠国试图给外援附加上某种改革条件,原因就在于此。但是这类控制被贬低为"殖民主义的"。在任何情况下,几乎不可能去实行这些条件,因为西方资本的援助机构受制于知识问题,还有代理人的投机行为:他们的就业指望着援助流。

大规模的外援还有另一个意想不到的后果:如果一个政府预算的大部分要靠外援来提供资金,统治者们就不会有动力去寻求当地民众的政治支持。这对民主和发展政策的设计都不利。例如,有资料表明,得到援助基金的公共保健官僚们,建立了价格昂贵的首都诊所,可那里拿高薪的医生们却向普通公众提供极少的服务,而且在医疗保健预算中从来就没有使用过成本-效用分析。彼得·鲍尔勋爵说得好:"根据臣民的贫困程度给统治者钱,直接就奖励了造成贫困化的政策"(Bauer, 2000; pp. 45-46)。

制度经济学家和来自穷国的非政府批评观察人士已经得出结论,这些国家中的穷人、工人还有沮丧的出口商们,承担着援助和贪污双重负担的冲击。在数量不断增加的穷国中,公众反对官方援助的焦躁不安还在上升,公众要求统治者扼制高层腐败的压力也在增加。制度改革现在越来越被视为摆脱贫困之路。在许多方面,经济发展的根本问题现在被理解为一个培育自由和建立制度性信任基础的问题(Sen, 1999)。

> **关键概念**
>
> 外援是资本和其他资源的转移支付,通常是从富裕国家向穷国转移。官方外援是资金的转移支付,而这些资金是"从富国的穷人征税得来,转交给穷国的富人",彼得·鲍尔勋爵过去就是这样说的。外援往往带来意想不到的负效应,使统治精英可以不按选民的意志办事(削弱或回避民主),也使他们能够去从事投机性的寻租活动。这种制度关系完全能够说明在使大多数非洲人摆脱贫困上,大规模的援助并不成功的原因。
>
> 有条件外援将未来援助的资金支付同先前达成一致的目标联系起来。它能满足受援国的目标,但往往在执行条件上对捐助国的能力和意愿要求过高(知识问题)。

改革与传统

自由化和向普适制度的转移——包括外在规则尤其是社会的内在习俗——从来就不是容易的事,在有着经济停滞历史的传统封闭社会中就更难了。毕竟,资本主义制度是在经历了一个很长的试错过程(确实有许多错误!)才在西方出现的。即便是在有着最支持竞争性企业制度的国家,争取经济自由的战斗也从来没有彻底赢过。这也是事实,即任何国家制度资本构成中的一个重要组成部分,是其传统的内在制度,其范围从对于社会等级、物质财富、和平与公正根深蒂固的态度,到个人主义、工作惯例、贸易和创新。不同文明中对于生活的基本看法大相径庭。有的文化视这个世界为静态的(或锁定在一个重复运转的环中),所以相信宿命是一种美德;其他文化视这个世界中的人类命运为可以也应该得到改善的(Kasper,2011b;亦见 Jones,1995)。

有时候,文化变迁的观察人士会推断说,只有西方经过时间检验的制度结构完全转移,才能支持真正的竞争性现代工业和服务业。其他人接受了这样的看法,即外在制度和内在制度都建立在深层的文化基础 *metis* 之上(Boettke et al.,2008)。它们构成了路径依赖,即使社会承担了外在技术变革和社会变革也会如此。他们推断说,在这种制度性基础设施观点的基础上,会出现"种种别样的现代性"(Kasper,2011b)。东亚的迅速现代化尤其支持这一推论,因为经过调整的传统与技术现代化和组织现代化合并,产生了一种"新儒家增长模式"(12.2节;Tu,2000)。其中的隐含意义是,来自不同文化的人们不必放弃自己的身份,只要他们在必要的文化变迁中表现出灵活性和务实态度就可以了。这个结论并非来自文化相对主义。正如我们在全书中所主张的,当涉及能使大多数人去追求和实现他们的基本愿望时,并非所有的制度、文化和文明都具有同样的价值(Sowell,1991,1994,1996;Casson,1993;Jones,1995)。但是,看来有可能的是,21世纪将见证一种复兴的制度系统竞争,以实现我们在第4章中讨论过的普适的基本价值。

14.4 东亚:制度与现代化

有关文化与经济发展的当代思考受到东亚快速经济发展的极大影响。经济增长首先在一些小的穷国和地区腾飞,革命切断了它们与其传统文化重点的联系,它们也感到受到了威胁。后来,持续的增长也在中国一个省接着一个省地出现了。

在1950年,东亚地区的人口占世界人口的28%,而在以购买力平价计算的全球产值和收入中仅占14%。在21世纪第一个10年的中期，它们的收入比例是24%，而且还在上升。这一非凡的经济进步与制度和经济自由有很大关系吗？有些人对此抱怀疑态度，因为大多数东亚国家在战后初期都是由独裁者统治的，至今仍然不是民主的。

第二次世界大战和革命在东亚的大部分地方造成了灾难性的动荡和极度贫困。但是，1950年代自上而下的发展政策成为时尚，特别是自上而下的计划，压制性的进口替代政策，在东亚既没有得到广泛的仿效也没有长期持续。不过也有例外，最突出的是苏加诺的印度尼西亚、南越和菲律宾。东亚的其他国家大都是资源贫乏、人口密集的国家。这些国家的政府决定，不主要依赖出口导向政策，而是更多地依赖吸引外国资本和企业（Kasper，1994，1998；World Bank，1993）。由于有国家安全上的威胁，经济繁荣被视为抵御侵略和国内颠覆的真正力量源泉。要想靠开放寻求繁荣之路，就要求政府尊重生命和财产。这实际上是要求积极地保护国际投资者的产权。没有这些条件，就无法吸引到基本的发展资产。当亚太地区的各国政府学会了如何与可移动资源所有者打交道时，他们都进行了法律上和管理上的改革，并增强了政府的保护作用。例如，一个接一个国家逐渐实现了外汇市场和资本市场的自由化，加强了对银行的审慎监督，厘清了工业运营和建筑活动的规范。尽管可能从执行中找出大量的例外和失误，但政府活动的总趋势是要强化和明晰支持扩大市场秩序所必需的普适规则。同样值得注意的是，经济自由化和新的繁荣带来了新中产阶级对民主的需求，这种需求迅速改变了政治制度。在比较发达的亚洲经济体中，"你所认识的社会关系"（whom you know）已没有"你所掌握的能力"（what you know）重要了。在这方面，很值得回想一下我们在14.1节中所引证的那项经济自由度调查。许多亚太地区国家在其中都名列前茅。

有利于向全球市场开放的基本决策——这样的决策是在"全球化"

成为大家耳熟能详的词汇的几十年前做出的——具有若干渐进性的、但却是很重要的后果：

(1) 来自外界的知识能比较自由地得到利用，并产生直接的、无所不在的影响。世界市场中的价格，以及来自老练客户的反馈，引导着大量的发展努力。

(2) 政策制定者很快就会置身于我们在 12.4 节中所描述的那种学习过程：他们都经常出国吸引外国资本、熟练人员和企业，并且他们在这么做的时候采取了一种务实的、渐进的方式（见第 12 章案例一中有关"自由贸易区"的内容）。通过促进供给低成本的当地劳力、土地和政府服务，并注重更高的生产率，政治领导人们增强了他们国家的吸引力。在此过程中，他们合理地发展出了持续而可信赖的可强制执行的制度。这几乎就是个副产品。复杂的、歧视性的政治特惠受到怀疑，而"使基本原则对头"（getting the fundamentals right）则证明是一种易于操作的吸引外国投资者和避免意外副效应的好办法。①

这种一般模式当然有例外。最突出的是 1960 年代和 1970 年代具有强烈民族主义和构建主义倾向的韩国，当然还有 1979 年以前处于排外阶段的中国（13.2 节）和越南。但是，韩国采纳了民主，并限制政府青睐的大公司（财阀）的影响。在中国，还有后来的越南，出口导向和注重规则的"小虎模式"

---

① 这项规则有许多例外。例如在马来西亚，那里的政治歧视牺牲了受过较多教育也较富裕的华人和外国人的利益，有利于马来穷人的教育、就业和财富积累。在许多方面，这项政策导致了产业社会化（政府"代表"马来公民行事）和无所不在的寻租文化。在 2010 年，据一个关心腐败的国际组织"国际透明度"的排名，马来西亚在 178 个国家中排在第 56 位。见 http://www.transparency.org/policy_research/surveys_indices/cpi/2010/results。

东亚许多其他国家通过外国国籍、外国直接投资许可证和优先雇用当地公民的要求限制不动产所有权。

鼓励了开放战略。这些战略已经产生了受欢迎的经济成果。在1975年后的中国和在1980年代后期统一的越南,这种情况也是事实。国内的各种游说集团发现,在高度开放的竞争性经济体中很难将自己组织起来。甚至在游说集团是以意识形态组织结构为基础的地方,也同样如此。大多数政府对私人商务利益持有一种尊敬而保持合理距离的做法。这是仿效儒家师生关系而来的方法,有助于使规则保持相当的普适性(Kasper,1994)。但是,政府官员还是大量地创设租金和瓜分租金,尽管就总体而言,这类做法被视为有损于国际竞争力和增长(Mauro,1995;Kasper,1998)。

(3) 与第三世界其他部分中开放度较低的经济体正相反,在出口导向的东亚各国,政府实施了确保稳定性和国际竞争力的货币政策和财政政策(World Bank,1993)。

(4) 东亚政府并没有通过税收-福利机制进行大量的再分配。这部分是由于传统,部分是由于要具有国际竞争力的愿望被置于高度优先的地位上。他们宁愿集中精力使基本规则对路,以促进增长和竞争。我们已经指出,这能产生一种相当好的收入平等。各国政府培育了那些补充传统内在制度的外在制度,而不是竭力取代内在制度。文化是潜在的制度性资产这样一种意识得到普及。另外,在资本主义的出口导向经济中,政府建立了一些生产企业,但通常是为使交通和通信基础设施现代化,而与南亚或拉丁美洲相比,制造业则更多地留给私营企业。

(5) 快速的出口导向经济增长,使得不断扩张的企业迟早必须为获得合格工人而竞争。这一点表现为这样一个事实,如从1970

年至1990年,在国民产值中出口份额不断上升的经济体中,平均的实际工资每年上升3%;而内向型经济体(其出口占国民生产总值的比率不断下降)中的实际工资平均算下来是下降的(World Bank,1995)。这个事实支持了这样一种论点:竞争市场有助于四处扩散经济增长的成果,并能比构建主义的公共再分配性政策更有效地做到这一点。

(6)在东亚经济体的发展中,许多政府发现,提供运行良好的、便宜的基础设施服务是国际竞争力上的一个重要因素。各国政府还发现,在驾驭复杂的现代基础设施上,如管理电信系统、港口和城市运输系统等方面,他们只具备有限的行政能力。自1980年代以来,许多既有的公共生产企业被公司化或私有化了,而公共部门厂商之间的私下竞争受到了鼓励。高速公路常常就是私营道路;电信业向竞争开放,且基本都是私有的;新的基础设施投资往往是通过私人联合来融资。甚至在中国,现在也有了许多付费的私人经营的高速公路。政府为供给公域品奠定了法律上和规章上的基础,但不靠积累社会化财产、而是靠民间生产的方式。在政府的保护性职能方面,东亚国家凭借保障竞争性供给、质量控制和向公众开放机会的制度,超越了老工业国家。

当现代发展在东亚首次启动时,政治领导人们一开始常常亲自直接参与培育新产业的活动。就像200年前重商主义的欧洲那样,如果你想得到进入生意、矿产租赁、信贷和其他资源的机会,常常要取决于你认识谁。所以,在发展的初期阶段,个人化的交易和信用在许多方面举足轻重。普适性经济制度发展不足,执行不力,从而只有个人关系才能保障契约的履行。中间人常常起着传递信息和降低交易成本的作用。在不发达、但正迅速变革的经济中,这是一项重要的功能。如果现代化仅仅依赖于市场，交易成本就可能高得吓人，从而成为经济起飞的障碍。

随着东亚经济实现现代化，那里的经济交往已变得更加复杂，并更紧密地与迅速变化的竞争性全球经济连成了一体。个人化的交易和信用限制了所能实现的发展。在1990年代，这种限制以及缺乏保护产权和个人自主权的制度这样一种状况已经变得很明显。因此，面向世界市场的大型工厂通常必须超出个人化信用能力去融通资金。复杂的技术也不可能靠个人化交易的制度机制来驾驭，尽管这些制度机制在发展简单的贸易和加工活动上曾被证明是有效的。对扩展性市场秩序中的那种非个人性开放制度的需要变得明显起来。现在，进一步的经济发展要求资本主义的制度装置——市场的扩展秩序和法治——得到充分发展和进一步完善。当前，在东亚地区发展较好的中等收入经济体中，发展政策的一个关键部分就是支持更可信赖的制度和强制执行（Kasper，1994，1998）。

1997年，在经历了10年史无前例的增长之后，一场货币和信用危机袭击了许多东亚经济体，随后出现了信用扩张和急剧的成本上升。作为市场秩序基础的制度必须更加连贯地强制执行，这一点变得明显了。当全球市场再次发出信号，要增强国际竞争力就必须改革或更好地执行经济制度和政治制度时，东亚经营多年的政治权力精英们切实地感受到了"开放的冒犯"。

开放和文化变革

必须参与国际市场的竞争，并在略多于一代人的时间内建立起现代经济结构，是东亚自1960年代以来的经验。当然，这种经验已经对东亚各个共同体的内在制度产生了深远而持久的影响。像努力工作、节俭、守时、诚实、可靠和对陌生人开明大度这样的公民品格——它们往往存在于传统文化中——已经因为经济竞争的体验而变得更加突出,并获得了更大的影响(12.2节)。当经济变得更加复杂,更多的"体验品"被生产出来时,东亚的制造商们迅速地发现了良好声誉的重要性,学会了提供高质量产品和服务,并可靠地完成契约责任。他们开发出名牌产品,而他们最初却一味进行价格竞争。他们也养成了系统寻求创新的习惯。他们学会了压低交易成本,尽管有些国家(见下面)逐渐出现的制度腐化会阻碍这些努力。看来,在从事如制造、采矿和农业那样的具体活动时,要比在如金融或物流那样依赖于抽象而复杂制度系统的服务业中更容易形成一些新的偏好(Kasper,1998)。不过,像中国香港和新加坡那样的中心地区也已经培育起了所要求的制度,并最终迅速地扩大了服务生产。

现在,东亚日益开放的、依赖市场的社会在经济自由排名上都名列前茅,[①]而在像越南和柬埔寨那样的一党制国家中,制度的不确定性却常常成为重大长期投资的严重阻碍。政府的管理结构往往不清晰,法律和规章政出多门(党、地方政府、地区政府、省政府和中央政府),而且这些法律和规章常常以进行合法的和腐败性的征收为目的。投资者们已经准备好收买官员以确保其一时经营安全。他们为了非常低的成本、市场潜力等理由,怀着对制度改善的希望,再定位于"制度模糊不清"的经济之中。到目前为止,他们获得了廉价劳力和土地的优势。然而,许多国际投资者仍然厌倦政治上的"要挟风险"而拒绝进行长期投资。中国目前仍在142个经济自由度评估的国家中排在很靠后的第82位(Gwartney and Lawson,各处(2010),p.7),但它已经开始保护得到较好界定的经济制度(13.2节)。恰当的商法和公司法以及

[①] 2008年,在经济自由度评估的142个国家和地区中,在其中前四分之一的国家和地区中,中国香港位居榜首,新加坡次之,中国台湾位列第22名,日本排在第24名(Gwartney and Lawson,各处(2010),p.7)。中国位列第82名。

连贯地执行这类法律的必要性,都已得到了越来越多的承认,唯恐由于生产成本的提高与高昂交易成本的结合会导致经济陷入"中等收入陷阱"。

在发展中国家,来自跨政区要素流动的约束性反馈当然常常被视为对国家主权的冒犯,也会遭到既有政治领导人的怨恨。这在1997年之后的东亚金融危机中再一次变得明显起来。有些政治领导人努力利用排外情绪来维护他们的政治地位,并将其寻租政策描绘成符合国家利益的政策。另一些政治领导人则强调,与所谓的颓废西方民主制相比,独裁政策在实现经济进步上具有优越性。一定程度上的个人独裁确实是东亚发展方程的组成部分(World Bank, 1993; Kasper, 1994, 1998),但在开放经济中,只要这些独裁者愿意将经济繁荣置于首位,那么来自贸易和资本流动的反馈就会软化独裁。

当中产阶级成长起来,新的经济企业家就会想要更多向国内市场和国际市场开放的机会。年轻一代在成长中没有体验过其父母一辈所经历的赤贫,他们会要求政治自由,以及普适的经济自由和公民自由。在韩国、中国台湾、泰国、新加坡、中国香港和印度尼西亚,新兴的、受过教育的中产阶级都欢迎更大的政治自由,将其视为一种生活质量,同时也视为增加其经济生活机会的一种手段。许多年轻人不像他们的父母那样能为了经济发展而容忍政治上官僚性的独裁。而迅速地并入全球信息网络更助长了这一趋势。

14.5 改革的扩散

自1990年代起,在第三世界的其他地方,自由化和私有化也获得了动能(Scully, 1992; O'Leary, 1995; Alston et al., 1996; Gwartney and Lawson，各处）。从总体上看，世界范围内的趋势是朝着这样的制度方向发展，即保护自主利用私有产权和保护知识的自由使用与交换，尽管还有许多逆流。然而，虽然有了全球通信时代的开放，朝着更自由的政治制度和经济制度发展的趋势还是不会自动到来。除了在灾难环境下，一个共同体的制度安排具有一种缓慢变化的习惯，因此，对于改变宗教信仰或其他信仰总会有抵抗，例如在穆斯林势力范围内。在那里，宗教支持的传统与现代化之间的冲突现在看起来就像是在中世纪后的欧洲发生的一样。本书的读者到现在可能已经明白，如果内在制度和信仰体系保持刚性，单单改革外在制度是不会带来多大变化的。这个历史的教训肯定可以从许多过去的历史片断中学到，例如，在沙皇俄国时期，自上而下的改革者，如彼得大帝（1682—1725）和亚历山大一世（1801—1825），就受到了民众无动于衷的抵制。到了20世纪开始之际，西北欧的国家和日本曾是例外，发展中的制度分散了权力并促进了经济增长（Powelson，1994，pp.327-341；Némo，2006）。现在看起来，持续增长的迹象在其他地方也都很有希望，但是，适当的成套自由规则是否能坚实地扎下根来，还不能说是信心十足的。我们还没有抵达"历史的终结"。大部分人是否能成功地获得物质上更加满意和更加自由的生活，寻找一套创造秩序的经济宪法将起决定性的作用。对许多人而言，这将是生死攸关的大事（Hayek，1988）。

全球化与对产业的吸引力

自1960年代以来，全球化已经将现代产业和高收入在OECD国家之外逐步扩散，尤其是在东亚。在全球化的初期阶段，成熟经济体中的劳动密集型加工业的生产者——纺织、服装、鞋类，以及后来的电子消费品——将他们的一些生产转移到新的区位。他们这么做是为了应对工资-成本的压力和日益增加的麻烦的政府管制，这些问题提高了他们祖国的单位劳动成本(Kasper，1998，2008a)。他们承认,在新的所在国区位中,常常不得不对付无法估量的内在制度和繁琐的政府外在规则,因此交易成本很高。可觉察的风险常常也较高。但是,在所在国政府做出了可信赖承诺的地方,在对新来的外国投资者提供税收减免时,这些阻碍便迎刃而解了。例如,各国政府设立了特别工业区,在其中暂停使用麻烦的外在制度(见第12章案例一)。在那里,员工们能学到生产性的工作习惯,而跨国公司的经理人员也获得了在新的文化环境中工作的经验。当地生产要素(工资、土地租金、税收成本)的低成本有助于克服高昂交易成本、运回富裕国家市场的运输成本和当地熟练工短缺的最初障碍。

在有着可靠工作和学习文化禀性的各个社会中,可在国际移动的外国投资者与当地生产要素之间的相互作用很快就能开花结果。要素生产率上升得很快,因此即使工资和税率上升,单位生产成本也会下降(单位成本是每单位生产要素成本与该生产要素的生产力之比,见11.1节)。当竞争性的可国际流动的企业(有着市场进入机会的资本、技术知识和组织技能的组合)评估不同的区位时,它们会看总成本、投入和产出的生产和运输成本,还有交易成本(11.1节)。在劳动密集型产品的情况下,那是产业新的全球扩张通常开始的地方,工资成本的优势是决定性的。在1970年代和1980年代东亚的工资上升时,单位劳动成本仍然在下降,是因为员工和跨国公司的管理人员迅速地掌握了生产性工业技能。

所在国的公共管理机构也学会了如何对待新的出口产业(较好的外在制度和便利的管理)。有关发展的审批手续常常会被精简(对感兴趣的外国投资者实行"一站式办公"),令人讨厌的产业管制被放松,而企业建立成本被削减,例如提供有效的当地基础设施。东亚的各国政府也注重削减国际运输成本和通信成本(新港口、新机场、电信业的迅速发展）。出口导向型工业化的巨大成功消除了后殖民主义、民族主义情绪，也消除了进口替代的想法。因此，工业化迅速地从最初的中国香港、韩国、中国台湾和新加坡"四小虎"扩展到新的区位，如马来西亚、泰国和印度尼西亚。不久后，出口导向的产业甚至开始扩展到了中国（13.2节）。

权贵资本主义与中等收入陷阱

然而，制度发展与工业化的动态相互作用并没有止步。当出口导向型产业变得多种经营，基础也更广泛时，东亚的政治领导人和广大公众开始将快速增长视为一种自然天赐。地方的工资收入和税收都在上涨，成为了仅次于经济发展这一首要目的之后的所有目的。较高的收入也提升了当地需求，从而增加了某些成本。雄心勃勃的政治家和行政管理人员起而行动，用新的管制来确保他们自己和他们当地支持者在上升的收入中占有更大份额。由于经济成功，外在制度的治理常常被修改，以向当地人再分配收入机会。必须用当地人替代侨民；管理者的职位必须由当地人来担当；强制使用当地的投入；税率也在提升。此外，许多规章管制条例被用于给非法的"政治收入和官僚收入"提供机会，换言之，就是贿赂。这种对利润的强制攫取，常常产生于与现代资本主义不一致的、根深蒂固的文化价值观。只要生产力迅速提高，这种攫取对于出口产业的增长就没有直接影响。但是，生产力进一步迅速改善的范围会逐渐被耗尽。当多种经营的出口导向产业变得更加复杂，并进入了与国内生产商更大的劳动分工时，交易成本的比例也要上升，以致企业暴露于新的管制成本上升的境况中。由于新的各代政治家和官员几乎不懂制度的作用，他们变得急于分享新的财富，出口企业不得不承担上升的交易成本和贿赂成本，还要负担不断增加的服从成本。当新的区位竞争者——中国，一个省接着一个省地——加入到竞争中来,提供更低的工资成本和土地成本时,就出现了新工业区位竞争力的丧失。这导致第一代新兴经济体陷入了"中等收入陷阱"。在这个阶段,先前出口和收入的增长率都不能持续,社会和政治不满普遍存在。

在这种情况中,政策制定者面临着一个严峻的选择:要么,及时进行制度改革,增加信任,减少交易业务的成本;要么,剥夺当地工人和土地所有者进一步增长的收入潜力。既有的政治精英们,用过去的成功支撑自己的信心,常常会因认知上的局限性而一筹莫展,从而忽视了制度改革的必要性(12.4节,再看图12.1)。结果,当地工人和投入供应商不得不放弃潜在的收入获益,使出口导向的跨国公司不迁移到别的地方去。

一个新的"权贵"阶层也扎下根来。尽管许多人感到被剥夺了收入增长的机会,他们却在展示更多的财富。因此,"权贵资本主义"在许多东亚地区变成了一条"死胡同"。在拉丁美洲和中东,许多经济体一直陷在"中等收入陷阱"中无法摆脱。"中等收入陷阱"现在到处都被认为是一个棘手的问题。它突显了有意识保持制度创新的必要,即使在制度创新会与长期持有的传统和根深蒂固的价值观相冲突的地方,也应如此。在世界范围内已经得到证实的是,开始深刻的市场导向改革,逃离这个陷阱有多么困难。然而有些国家,如土耳其,在2000年代初已经想方设法解放了他们的经济,像某些发达的高收入国家一样恢复了猛烈增长(见下一节)。

14.6 成熟经济体中的宏观(制度)改革

在战后初期,西德开始了全面的经济自由化,并且回归宪法性的民主治理。在几年的时间里,尽管很困难,但他们不仅逃过了战争的破坏和极度贫困,而且更重要的是,他们摆脱了全面战败的心理创伤,重新获得了自信和一种创业精神(见第 14 章案例二)。尽管议会的投机行为在一定程度上侵蚀了自由的经济秩序,但德国的宏观改革还是成为了一个早期成功的现代样板,说明在成熟的民主国家可以实现什么,以及如何能实现。一代人之后,一股演化性的经济改革浪潮席卷了许多富裕国家,这股浪潮是与美国的里根政府和英国的撒切尔政府相联系的。这些改革是一些政治尝试,意在扭转 1960 年代和 1970 年代中对经济宪章的侵蚀。当时投机的政界人士已经扩大了靠税收筹集资金的福利,而凯恩斯的稳定政策也已经无情地扩大了政府规模,增加了公共债务,并产生通货膨胀。对劳力市场和产品市场的管制前所未有地密集,以致多数成熟经济体的供给机制被搞僵化了,某些既得利益集团对政治选择的权力增大了。在 1970 年代初和 1980 年代初,两次石油价格上涨击中要害,资本和工业企业开始向新工业国家迁移,一代政治企业家才得到了公众对改革的支持。国际竞争(还有奥地利制度经济学的复兴)在克服政策制定者们通常的认知局限性,引发这些制度的改革上,起到了至关重要的作用(12.4 节)。

第 14 章——案例二

德国:从全面制度改革到缓慢硬化

一、经济的"非奇迹"

1945 年,在第二次世界大战结束之际,德国在规模上急剧缩减,并被分成为四个军事占领区。德国经济处于最低点。西方盟国帮助德国自由派在西方占领区实行了资本主义宪章。它们很快赋予政治支持者以私有产权和竞争的责任,这些支持者也受到"弗莱堡学派"教导的鼓励(10.3节)。1948年,西方占领区变成了联邦德国,有了一部宪法,保障基本公民自由和政治自由、确保产权、契约自由和有限政府,并使之负起责任。俄国占领区变成了一个独立的、中央集权的国家,有着苏式中央计划和集体化(它在1989—1990年垮掉了)。

在西方,第一任联邦政府的经济部长,路德维希·艾哈德,利用了有利的政治环境,凭借着技能和幸运,迅速实施了市场导向的改革(Erhard, 1960)。货币改革消除了纳粹政权的通货膨胀政策留下的资产和债务膨胀的纸币价格。由于许多德国人都担心,在1919—1921年间第一次世界大战后出现无法控制的通货膨胀那种破坏性的痛苦后果会重演,建立了一个独立的中央银行,以供应稳定的货币。下大力气在市场中培育保护私有产权和自由竞争的基本制度(靠积极的反托拉斯立法予以增强)。在当时流行的凯恩斯学派中并没有与其一致的宏观政策,倒是政府,在二战的灾难性经历之后,创造了一种稳定的普适规则框架,给了人民信心(Giersch et al., 1992; Kasper and Streit, 1993)。

在1950年代和1960年代初期,联邦德国曾是自由化国际贸易和支付的领导者,常常单边实行。它在促进欧洲一体化上也起了领导作用。资本形成和储蓄受到优惠税收待遇的鼓励。在1950年代后期,政府将一些公共拥有的企业实行了私有化,给小规模而且常常是第一次拥有股票的所有者以优先权(大众资本主义)。

同时,保证给失业人员、战争退伍军人和老年人以一定的最低收入。资本主义制度培育与靠税收提供资金的社会福利,混合构成了所谓的"社会市场经济"。

这种规划的结果令人耳目一新。在1950年到1960年之间,实际产出翻了一倍多(在10年间平均的年度增长率为8.8%)。就业总人数从2000万人上升到2500万人。失业人数从190万人下降到30万人,尽管还有来自东德的大量战俘和难民。劳动生产率平均每年上升5.7%,每个工人的年收入增长4.9%(见下表)。通货膨胀很低,以致货币不得不在1960年代初期重新定值。西德在OECD国家中率先使其货币实现了自由兑换。

当时崇尚凯恩斯主义魅力、有着忽略制度习惯的外国记者和经济学家们,将饱受战争摧残的德国经济的复兴称为"德国经济奇迹"——而这种奇迹无须解释。然而,在了解情况的观察者看来,战后德国的经济记录看起来并不是一个奇迹。相反,它是简单透明以及合理稳定的制度、有限政府和承诺追求价格水平稳定的中央银行政策的结果($Ordo$政策)。

二、从增长到硬化

1950年代和1960年代初的经济动能并不持久。在一定程度上,当经济逐渐达到了充分就业,产业受到国际技术标准的制约时,这已经被预见到了。但是,在相当大的程度上,1960年代中期到1990年代之间的经济放缓(见下表)与制度僵化有很大关系。当各个产业和集团自己组织起来结成寻租联盟时,议会很快再次变成了一个分配特权的论坛(Olson, 1982)。对一种社会市场经济的政治承诺打开了不断增长的产权再分配大门,这大门常常是向在选举中有强大力量的中产阶级和组织良好的既得利益者敞开的。随着政府再分配职能的扩大,议员们和行政管理人员更多参与了结果导向的具体干预。生产者的税负和管制负担上升了。对于竞争性法律-制度秩序的关注很快就被丢掉了。

	生产率:已就业人均收入的增长（固定价格每年%）	收入:总收入增长（每年%）	社会化部门:政府在满负荷 GNP 中的份额选定年份,%份额	
1950—1960	4.9	8.2	1955:	30.3
1960—1973	4.1	4.4	1965:	37.2
1973—1980	2.2	2.2	1977:	47.2
1980—1995	0.9	1.7	1987:	45.3
1995	—	—	1995:	57.6[a]

注:1950年到1989年,西德;从1990年开始,全德国。
a:全德国,包括接管东德的一次性效应。

规则系统的衰败导致了现在所说的"硬化症",并削弱了德国的国际竞争地位。当好心的议员们给雇主身上堆放了新的法律责任时（越来越多的保健、安全和环境指令），他们抬高了就业创造的成本,限制了企业。德国的区位失去了其对外国投资者和德国投资者的吸引力;资本和企业迁出了。

由于高度的富裕水平,以及德国经济嵌入到受管制的欧盟之中,在一定的时间里,国际竞争力的逐渐丧失可以被忽略。学习和政治-制度创新可以被推迟。1989年后,接管东德这一重大挑战,将公共开支占国民产值的份额提高到了1995年的57.6%（来源:OECD）。经济自由度在115个国家中排名第25位（Gwartney and Lawson,1997,pp.98-99）,2008年在141个国家中排名第24位（Gwartney and Lawson,各处（2010）,p.7）。

在向21世纪的转变期内,劳力市场改革和其他供给政策与较弱的欧元汇率相结合,恢复了一些国际竞争力,尽管昂贵的能源政策、高社会福利成本和持续的老龄化部分地破坏了这一趋势。德国再次被视为欧盟的工业强国。然而,尽管有这一事实,但工业就业岗位向欧洲之外新兴国家外迁的情况还是会继续。

来源：Erhard，1960；Kasper and Streit，1993；Giersch et al.，1992，and German Council of Economic Advisors，Annual Reports（各处）。

在其他成熟经济体内，由于国家体制各异、寻租利益集团的牢固程度各异，制度改革的具体事项以及改革的热情都会有所不同。但是，在1980年代和1990年代，还是出现了许多基本相同的事务：

(1) 政府拥有的、生产商品和服务的机构受到更多的审视，而且常被私有化。在决定要以政府所有制来获得财产的地方，公司常常至少要法人化，要更负责任，暴露于一定的私人竞争，而且有时候还要与世界上的最佳惯例（标杆）进行细致的比较。例如，私营的送信机构已被允许渗透到公共邮政垄断中，而公共交通和通信垄断也必须面对新的竞争（新航空公司、利用公共轨道的私营火车、私有化的收费公路、私有电台、多样化的竞争性电话公司和电力公司）。技术变革也有助于侵蚀公共垄断，例如在通信业或电力供应方面。在许多情况下，公共拥有的企业不包括在总预算中，并对其规定有明确的各种公司目标。必须承认，在面对生产者的游说活动时，企业的预算约束和不受日常政治干预的保护是否还能坚持，尚待观察。某些服务提供商被看得过于重要，不能允许其失败。这样的认识不利于让某些大型私有化机会暴露在"市场红墨水的惩处"之下。

(2) 政府的再分配职能以及福利国家也受到重新审视。在西方民主国家中，人们现在已普遍理解，出于政治动机和再分配动机对市场进行直接干预往往不能实现预期目标(10.4节)。事实上,政策干预往往会加大个人间的财富差异和收入差异(如,在劳力市场和住房市场中),它们是惩罚穷人而帮助富人的。普遍的福利供给所引发的道德关注和财政负担也驱动着福利改革的各种尝试,尽管这些尝试常常被选举阻力所阻碍。随着全球流动的企业获得了政治影响,并有很好的理由提出迁移的威胁,新的政治企业家看到了在放松管制和精简现有福利计划中的就业机会,至少要应付将来急剧上升的给退休人员提供的福利。有些改革者也精简了规章条例,以削减商务活动中的交易成本和服从成本。

(3) 按再分配原则运用税收和补贴的做法实际上在所有成熟的工业民主国家中都遭到了许多批评。这是因为个人在工作和储蓄上的行为逐渐适应了公共福利的膨胀,而且也是老年人口对福利预算增添了额外的压力所致。公共福利越来越被视为一种拖累国际竞争的包袱。当然,响应这类真知灼见的政治行动在各国有很大的差异。这在幅员辽阔、情况各异的欧元货币区变得很明显。欧元区是一个政治产物,而其中各国社会-福利计划、政府规模及工业生产率的差异使原来的货币联盟不得不转变为一个不确定的转移支付联盟。

(4) 在若干发达国家中,政治上的右派和左派都重新强调起政府的保护性职能(见10.5节)。

(5) 此外,技术变革也使许多有个人技能的工人能够开办自己的企业,至少在管制和税收使这易于办到的国家中是如此。由于大产业和大工会相对衰落,而服务业变得更加重要,许多国家见证了新一批小型企业家的兴起。宏观经济改革与新的、便宜的计算机和通信技术使许多人能开办自己的企业,像建筑业、服务业或交通业中的分包商那样工作。这类工人变成了促使外在制度进一步改革的政治力量。

在有着占主导地位社会化部门的老福利民主国家中,范围从瑞典到澳大利亚,1980年代和1990年代的一代改革者做了大量工作,以再次肯定经济自由的宪章(见本章,案例三)。不同寻常的是,他们在这么做的同时,却想办法避免了社会混乱,并取得了古典自由主义者和制度经济学信奉者都会预期的有利结果,尤其是,这些国家现在都有了更为强健的体制来应对衰退和世界市场的波动。

第14章——案例三

制度改革的两个片断

(1)瑞典削减了福利国家

在20世纪的大多数时间里,瑞典经济是一个富裕的、半社会主义福利国家的样板,其中从摇篮到坟墓的社会保障伴随着以凯恩斯理论为指导的宏观稳定政策。由于有熟练的劳动力、良好的资源禀赋、二次大战中的中立地位(还有向冲突双方销售武器和物资获得的巨额利润),以及加工业中的自由贸易,瑞典在1950年相对富裕。相比于当时大多数欧洲其他福利国家,瑞典从来没有将私有银行或主要的加工制造业社会化。

从1930年代起,瑞典一直在社会民主政府的统治下,几乎没有中断过。各届政府都承诺提供更加完善的福利。这刺激了公共部门的发展而且生产状态良好,也没有扼制经济增长(1950—1975年,每年的人均收入增长3.1%;1975—1998年,每年只增长1.2%;Maddison, 2001)。到1990年代中期,瑞典经济是非共产主义欧洲各国中自由度最少的国家(1995年:在115个国家中排名第42位,Gwartney and Lawson，各处）。工作惯例逐渐适应了轻易可以获得的福利，而就业创造反映了税收水平（它已经随时间而上涨）还有无所不在的管制。在1979年，边际所得税率上升到了87%。

从1980年代起，很显然，瑞典的制造商没有能力竞争，尽管有各种新的补贴，比如说，给开始衰老的造船业的补贴。公共赤字变得不可持续。金融市场的放松管制使这一点看得更清楚了，即连续的、靠通货膨胀刺激繁荣起来的扩张计划再也无法掩盖深层的结构问题。在1980年代末，社会民主政府依靠无党派专家开始了一场改革，削减了一些税种。边际所得税率下降到了50%，资本税减少到30%的平税率。然而，瑞典经济还是不断受到工业冲突的骚扰，而且由于干预主义的劳工市场管制，缺乏新的就业机会和新建企业。对企业和资本征收的税额，从国际比较来看，仍然是没收性的。

1990年代初，在连续三年GDP下降之后，一个中右政府当选。它开始实行一项抱负远大的改革计划，在广泛领域中实行放松管制和私有化。社会民主党人再次当选后，嘴上说要保证社会的平等和安全，但继续实行了这些改革。疾病支付和年金支付受到了限制，为老年的储蓄被规定了服务年限（即，人们必须为他们退休后的生活攒钱）。社会保障不再那么慷慨了，而且必须自动保持平衡。同时，取消了遗产税和赠予税，还有许多政府拥有的企业被出售。在2006年，还有2010年，中右政府都曾返回执政，继续了自由化过程。财富税被废除；社会福利获益被削减，医疗保健体系经历了改革，享受失业救济金的资格把握得更严了。所有这些事情的发生并没有引起街头抗议或是民众骚乱。

从1990年代初起，各种改革使广大选民意识到，每个人都要为额外的政府服务付费，而不只是少数"富人"要付费。政府也收缩了公共债务负担，从1980年代占GDP的76%降到2010年的36%。但是从国际比较来看,瑞典的税务水平仍然很高,而且劳工市场和住房市场仍然管制严厉。结果,瑞典在经济自由的排名表中并没有上升多少,因为许多其他竞争者都开始改革了。然而,尚未受到欧元区成员身份牵累的瑞典经济,已经从2008—2009年的全球衰退时反弹,其实际增长率在2010—2012年达到了大约5%的水平。

一项引人注目的改革看来受到了公民的欢迎,虽然教师工会并不欢迎,因为它采用了教育券。从1990年代起,瑞典的父母开始收到这种教育券,用于支付给他们为孩子选定的学校。到2010年,15%以上的小学生和一半以上的中学生上了特许开办的私立学校。这使公立学校暴露于质量竞争之下。据报道,所有这些都有助于一种日益增长的民众统一认识,即半社会主义福利国家是一种代价高昂而又不可持续的社会实验,而更多市场导向的公共政策会支持瑞典未来的繁荣。

来源:Bergh, 2011; Karlson, 1995 and Karlson, forthcoming.

(2) 澳大利亚接受了全面改革

像瑞典一样,澳大利亚在1970年代也是一个成熟的福利国家,强烈依赖于凯恩斯主义的赤字开支。与瑞典不同的是,这里有一种无条件保护工业的长期传统,还有天赋异禀和创新的农业和采矿部门,它们不得不承担起大部分歧视性关税保护的成本负担。与瑞典不同的还有,在僵化的经济中还有一定的灵活性,那是由大量增加的、年轻的、有熟练技术的移民带来的。

到1970年末,人们广泛认识到了"工业痼疾"和社会冲突。这些问题导致这个管制过度的成熟经济出现了近乎停滞的状态。澳大利亚发现自己处于与迅速增长和更有自信的东亚竞争的前沿。有影响的舆论领袖倡导全面自由化,从事先宣布的、全面的关税削减开始。改革支持者能够求助于英国殖民地深层的自由主义传统,以及个人独立自主的传统价值观。这些传统曾使这个年轻的、人口稀少的国家在19世纪转变为最富裕而且管理最好的民主国家之一。

在1983年,一个新当选的社会民主党(工党)政府使澳元贬值,然后使澳元汇率浮动,并使资本市场自由化,包括向国际竞争者开放资本市场。很快,该政府开始实行一项普遍逐渐削减关税的政策,降低了工业的有效保护率,从1970年代初的大约35%降低到1990年中期的大约5%。①这对向产品市场注入竞争和保持通货膨胀在可控水平起了很大作用。这项策略得到了保守反对派心照不宣的支持。

然而,澳大利亚工党政府的改革议程中不包括放松对劳工市场的管制,而且对公共开支的控制也不在改革议程当中。这项来自上边的改革议程违背了下面各层的改革必须全面一致的制度原则,导致了持续的失业、低工资、低生产率增长和持续的公共赤字。但是,澳大利亚的经济自由排名还是不断地逐渐得到了改善,使它进入了自由经济体的前12名之中(Gwartney and Lawson,各处)。

1996年,在工党政府让位于一个保守的联邦政府之后,一项积极的公共开支控制和税制改革使联邦债务得到了偿还。中央银行充分独立,并承诺保持一个价格水平目标;劳工市场缓慢而曲折地放松了管制,一些福利改革也得以实行。在连续的保守政府执政期间,经济自由排名进一步攀升,但后来就停止了。到2008年,澳大利亚排名在前8名之中(Gwartney and Lawson,各处(2010),p.7),而且是OECD各国中极少数逃脱了全球金融危机的国家之一。

由于有灵活的供给和高度熟练的初级部门,澳大利亚是一个能源资源、能源密集产品,还有金属矿、纺织纤维和食品的出口大国,主要

---

① 有效保护率,不仅要考虑到可以提升赢利水平的工业产出关税率,而且要估计到该工业的投入品会引起成本上升的后果,这些后果会降低赢利水平。

对蓬勃发展的东亚出口。各项改革不仅帮助刺激了经济增长和就业创造，而且激发了一种"能行"的乐观主义情感。这种情感对于政治领导人和广大公众具有一种积极的信号效应。新的自信变成了一种重要的演化要素，辅助制度改革一路前行。

然而，在2007年和2010年，以微弱多数当选的工党政府再次管制了劳工市场，并为了向能源市场征税和实行管制利用了人们对气候的担忧。由于这会危及澳大利亚最强大的比较优势和竞争优势之一，在气候问题辩论中，声称"政治第一"的种种企图——到本文写作时——受到了强烈抵制。

来源：Kasper，2011a。

从发达国家的改革经验中得出的政策结论是，各国政府有能力收回管制，也有能力改革资本主义制度。当然，许多改革建议不受福利接受者和政治上获利集团的欢迎，但是政治企业家们已经证明，如果他们准备了一个明确而一致的战略，在教育选民方面表现出政治领导能力，并停止投机性的政治记分活动，他们就有可能获得大多数人的同意。传统政治范围内的合作，以及对全面改革的公开追求，已经支付了中期红利。改革中的国家具有一个或多或少是浮动的汇率也是很重要的。当旧制度不再能持续时，浮动汇率可以为政治精英和公众提供控制论的反馈。

在更一般的水平上，民主社会中的经济自由化一直依赖于三类相互重叠的主体之间的相互作用。第一类主体由分析人士构成，他们解释由政府干预引起的不合理发展，并教育其他人，帮助他们克服认知障碍（比较图12.1）。这些分析人士常常在两方面得到开放性的帮助（全球化、浮动汇率）：发现不合理发展的原因，找到改革机会并使经济活动主体接受改革药方。第二类主体由战略思想家构成，他们将改革的概念转变为政治行动中可行的计划。在这些战略家中，有些人是政治领袖,其他人则是从工商业和金融业脱颖而出的人。他们能促进这样一种普遍的认识,即放松管制和私有化能够增进经济和更广泛的社会后果。在民主国家中,政治战略家能得到公众舆论的援助,但也可能受到反对变革宣传运动的妨碍。在许多地方,从政治利益集团获得的党的活动资金也会起重要作用。太常见到的是,有组织利益集团为获得有利可图的干预而敢冒风险,它们筹集资金的能力要比有心改革的集团大得多。前面已经讨论过,公共选择的不对称性,常常会在政策制定中加入反动的、反自由化的偏见。值得注意的是,在这种背景下,在瑞典和澳大利亚,更多集体导向的各个社会民主党派已经成为推动经济自由化的力量,甚至反对主要客户集团的直接利益。第三类主体是实际改革者,他们参与政治上的讨价还价策略,克服利益集团的压力,使立法和行政变革可行。在选举制民主国家中,这些政治企业家常常在选举之后走到前面来,通常会在先前在位者政治规划的副效应变得令人难以承受之后,得到改革授权。

当然,为实现结构性制度变革,这三组相互重叠的人们会彼此沟通。在这个过程中,通常会依赖一般的意识形态使具体的政治提案看似合理,但是圆滑的政治企业家也常常想方设法重塑政治景观。

14.7 西方文明与"政治第一"

在6.4节中,我们谈到了文化和文明。这是一个超出了制度经济学的话题,但又与制度经济学有着极大的关系(Quigley,1979/1961; Némo,2006; Boettke et al.,2008; Kasper,2011b; Ferguson, 2011)。也可能这样来推断,正是无形的制度对于文明的生活质量最为要紧。

文明从属于周期性的兴起和衰落吗？

在有关制度的文献中，已有许多对文明兴起与衰落的历史研究，也有大量不同文明的比较。一直存在着两个核心问题：在过去500年中，使西方在经济上和政治上如此成功并能主导世界的原因是什么？考虑到文明频繁兴起和衰落的模式，以及当前竞争中非西方社会在工业和政治上的优势，西方衰落的可能性有多大？

正如前面提到的，对第一个问题，大部分的答案集中于制度，至少是核心的经济制度。得到广泛承认的是，西方(1)从私有产权、侵蚀了继承特权的自由竞争和法律面前人人平等的逐渐增强中；(2)从一种怀疑性的、批判性的解释和征服自然的科学方法中；获得了巨大力量。这两个"西方现代性的支柱"使工业、交通、医学和许多其他领域中的进步成为可能。经济自由的制度确定了个人能合法做事（自由地运用个人的财产和知识）和不能做事（法治）的可靠方式。由于有了这种双管齐下的秩序，兴旺发达的科学知识可以被企业家们转化为各种创新，不只是重大的突破，更重要的是，还有缓慢的持续的演化。这使财富扩散到越来越多的国家，也最终超出了西欧和北美的范围（Taverne，2005；Ridley，2010；Ferguson，2011）。它常常证明，对于非西方的新来者，采用西方的物质成果和技术思想——"文明的硬件"——要比采用无形的基本要素，即制度的"软件"，来得容易些。

从波利比乌斯（公元前118—前200年前后）和爱德华·吉本（1737—1794）时代的历史学家和哲学家到当代学者，他们都强调了文明的周期性本质，把有利制度的兴起和衰落视为文明和政治实体兴起和衰落的先兆。许多人甚至认为，周期性是一种不可避免的"历史法则"。但是，西方文明到目前为止是不同的。它生自希腊、罗马和犹太教与基督教所共有的根，并首先在中世纪和文艺复兴时的欧洲，然后在

18世纪和19世纪初的比较世俗的启蒙运动中,被合成到西方文明复杂的现代体制中(Némo,2006)。由于它对个人自由和法律面前人人平等的偏爱,它在度过了反复的危机之后,设法使自己恢复了活力(Quigley,1979/1961)。显然,文化实体的生命不同于人的生命。是啊,人的生命不可避免会终止。我们在讨论制度演化的那一章中已经看到,人类社会能够理性地学习和使用教训,重塑内在制度和外在制度。长期历史的机械论点,已经一再被演化性的学习和创新所证伪(Schumpeter,1947,1961/1908;Howitt,2006)。但是,创新并非自动的,它们要求企业和自由去重塑人类相互作用的规则。有权势的社会经济集团常常强硬地维护变革的障碍。这些障碍会挫伤或阻止演化性变革,而变革是确保再次适应变化环境的规则所必须的。制度僵化甚至如此经常地导致先前的帝国和文明倒塌。那些害怕"西方"终结的人几乎是在说,当前西方民主国家和资本主义经济适应制度变化的能力是有限的。尤其是,他们暗示了,现在对政治自由、公民自由和经济自由的承诺是脆弱的。

接受了这种悲观看法的观察人士(如Ferguson,2011,pp.295-325)往往指出广泛的寻租,担心破坏性的财政和金融不平衡,并重申"政治第一",要求政治对私人生活、社会和经济生活的优先性。政治第一的概念最先是在法国大革命时由雅各宾激进分子明确提出的。从那时以来,它不仅被希特勒等极权主义统治者所拥戴,在新千年开始之际,也为西方民主领导人们所接受。

悲观论者引证的一个理由是,长期停滞的中国在物质上引人注目的崛起。可以肯定,这现在已经给西方的生产者和政治掮客们带来了新的强劲竞争。这个世界的其他部分也处于与西方缩小差距的过程中,主要是因为,他们——总算——正在掌握的不仅是现代技术的"硬件",而且也在接受某些必要的、基础性的"制度软件"(Ridley,2010,

Kasper，2011b）。①这种文化模仿难道不是西方成功的标志吗？难道不是对寻找最佳制度的国际竞争给予建设性刺激的一种先兆吗？西方的居民能不把这新的竞争视为对不当制度创造性破坏的一个理由吗？这种破坏将降低他们的交易成本并使企业重新振作起来。至今，西方文明的定义性特征，个人自由，已经赋予西方人克服反复出现的危机的能力，并避免了导致先前多个文明衰落的那种僵化（Quigley，1979/1961）。

由于人类能够理性地学习，而制度也能够被改革，因此保持乐观看来是合理的。在这种情况下，要紧的是，社会中乐观和自信的感觉具有重要的信号功能，可以促成适当的改革行动。有感染力的乐观主义不仅能说明，在某些地方和某些时间，为什么企业家看起来"如同蜂拥而至"的原因（Schumpeter，1961/1908，pp. 212 - 215），而且能说明为什么乐观的领导人和民众群体会接受改革，这些改革在演化性双赢的动力下变得自我完善。

至于其他文明是否一定要严格仿效西方的经济和政治方式这个问题，正如以欧洲为中心的研究人员和咨询人员常常说的那样，数据的证据指出，西方模式并非产生现代性的唯一可行模式。尽管盎格鲁－撒克逊的那套规则已经是非常成功的，但西方模式的各种变体也已经产生了进步，并被证明能够适应不同的"文化土壤"。西方并不是只在新教下蓬勃发展，在基督教资本主义下也繁荣兴盛，不仅在习惯法下如此，在罗马法下也如此。

在 21 世纪开始之际，另一种中国的现代化模式正在产生突破性的物质进步。可以说，到目前为止，东亚优势教给我们的最重要领悟是，

---

① 人们花了很少时间才诊断出来，物质落后的根本原因，其实在于糟糕的制度，而不在于比如说固有的种族特点。制度可以习得，可以进行调整，而种族特点不能。

没有必要完全跟从西方实现现代性的道路,种族不同、文明各异的人们也都有能力实现高经济增长,并为每个人提供更好的生活质量(Tu, 2000)。对现代经济增长和一个和平公正社会的阻碍,肯定不是种族性的,即嵌入到人们不能改变的特征中。它们是制度性的,即它们可以凭借经验重塑的。现在东亚的现代化就肯定吸收了不同于西方的文化传统。然而,从 metis 的重要作用来看,这一点可能很重要,即华人的儒家价值和规则系统与西方基督教的价值和规则系统源自知识和道德精炼的长期历史,以及内乱与和平阶段建设性相互作用的长期体验,它们已经在人口密集、经济高度专业化的地区扎下根来。

全球化使得从成败中学习更加可能也更为迫切。经济现代化的新事例现在出现在许多不同文明中。它们无不证明,经济(和政治)自由的基本法则是持续现代化不可或缺的条件。哈耶克的话是这么说的:"没有一个视保护私有产权为其主要目标的政府,就不会发展出先进的文明"(Hayek, 1988, p. 32)。但是哈耶克在得出这种结论后也提出了警告:"进一步的演化和增长也一再地被曾使其发生的强大政府所阻止"(同上),用我们的专业术语来说就是,投机性的寻租。只要基本条件得到保证,第二层的制度就能与它们结合,形成现代化的不同变体,从而出现各不相同的兴盛文明。例如,日本人在许多方面都坚持他们特有的日本文化,却成功地接受了现代科学、工业和商业。他们仍然是日本人。同样可能的是,即使每个人都采用了现代技术和医学,而且每个人的流行文化都吸收了某些来自好莱坞、宝莱坞或"功夫"的种种影响,各种独特的现代性也将会创造出一个丰富的文化"基因池"(Cowen, 2002)。从这个角度看,对人类的未来持乐观态度是有道理的。

应对可能气候变化的强健经济

在一个世纪中,人类的数量由 16.5 亿(1900 年)增长到大约 61 亿

(2000年),给世界的自然资源带来巨大压力。在这种情况下,对人类未来和西方未来持乐观态度是否太天真了呢?迄今,经济自由和技术进步不仅保障了全球平均生活水准和食品供给引人注目地上升,而且保证了大多数基本自然资源变得更便宜(Simon,1995)。越来越多的人们享受到了生活水准改善的经历,而且工作减少,工作时间缩短。许多人比先辈寿命更长,也更健康。英国经济学家罗伯特·马尔萨斯(1766—1834)曾预言,食品和资源短缺不可避免地会将人类数量限制在饥饿和赤贫的边缘。这预言可能适合于过去,但对于未来却显然是错误的(Hayek,1988,pp. 120-134;Kasper,2005a;Ridley,2010)。

但是,一个有影响的悲观主义学派,现在常常带着宗教般的狂热,指出一些地方环境破坏的事例,以及食品价格和石油价格阶段性发生通货膨胀的事例,以使马尔萨斯关于人类命运的观点借尸还魂(Bennett,2012)。科学家和政治家们的一种说法为这一趋势增加了新的动能,即为了推动经济进步和扩散舒适而增加碳的利用,用不了多久,就将会导致灾难性的全球变暖。这不是个讨论有关气候变化自然科学的地方,也不是讨论人类行为对不断变化的世界气候复杂现象影响的地方,尽管对于科学的怀疑仍然存在(Carter,2010)。然而,从制度经济学的角度来看,这一点是重要的:生态学家正确地提出了警告,反对人对自然的干预,因为他们担心有害的副效应;可他们却要求干预同样复杂的经济生活网。但是,制度经济学认为,用他们建议的那些大规模新干预政策来损害产权和竞争的强健系统是莽撞的。而且,许多现在摆到桌面上的各种政策建议散发着既有政治和商业利益集团强烈的寻租味道,至少在发达国家和国际组织中是如此。如果发生了全球变暖,一种严格管制的经济将会被证明是脆弱的。扭曲的市场信号将会阻碍在上个世纪发生石油危机期间所见证过的那种创造性的创业反应,还会带来更多的痛苦。相比之下,在气候事件出现的任何地点和任何时间,一种自由市场秩序都有希望加速对气候事件的无数创新性的回应,尽管这些气候事件可能会花费十分昂贵(Kasper,2005a,2007;Klaus,2008;Robinson,(ed.)2008)。啊,试图干预并回避危险的先知们(Jeremiahs)*最终实现了他们的预言,这将不是历史上的第一次。

正如第12章中所述,近几十年来,全球化已经迫使政治精英和各个社会去调整长期存在的制度。总之,全球化已经向政治精英们证明,他们的权势和主权活动范围已经越来越有限了——而这发生在全球权力平衡和经济生活模式正在剧烈变动的时候(例如,全球加工业和财富创造向东亚和其他新兴经济体的迁移;中国的政治优势;日益增长的财政和金融不平衡;对政治谋略要求更大的透明度,包括在动荡不安和迄今制度僵化的穆斯林地区;可能出现的石油短缺;Ferguson,2011)。在这种情况下,谁会否认,对气候的担忧本身,向既有的精英们提供了一种可以用来再次恢复"政治第一"的好工具呢?

在降低气温的新政治目标与经济自由、公民自由、政治自由之间的冲突是真实的。制度经济学家已经意识到在气候争论下面基本人类价值观之间的冲突。积极的制度经济学指出的是介于自由(还有其受欢迎的后果)和保护全球环境之间的一种主要冲突。如果公共政策是要在这两种基本价值观之间做选择,政策制定者必须设法了解有关成本-效益的各种困难而危险的考虑。他们不能用下述说词来逃避这个任务,即低碳政策(de-carbonization policies)将会增加就业、收入和个人自由。"绿色就业机会"的创造是不确定而又昂贵的,而低碳已经以牺牲就业机会、生活水准和自由为代价,强行征收了巨大而广泛的已分摊

---

* Jeremiah,《圣经》中的人物,中文译作耶利米,是公元前七世纪到六世纪的希伯来先知。作者加了复数,以此指代所有先知。——柏克注

成本。最终，国民政府和国际组织当然必须将这个问题留给选民去做出民主选择：多少自由应该得到满足，什么样的气候风险是应该接受的。据观察，自由通常与其他基本人类价值有着很强的正相关关系，至少在中期和长期是如此（4.4 节）。这种观察也应该在这方面发挥作用。我们不应该看不见这一历史的重要教训：西方文明的两大支柱——批评性的、客观的科学和促进经济自由与民主——对于人类福祉起到了比任何其他替代方法、公共政策和个人努力都要好的作用。最终，自由以及由此带来的创新型经济，能够更好地应对新的挑战，包括可能的全球气温上升。

重新肯定资本主义宪章？

并非所有的老工业国家都启动了全面的制度改革。也不是所有不发达国家和现在正在迅速发展的国家对于培育各种普适制度的必要性都给予了足够的注意。在战后期间，对于当时风行全球的脱离自由市场资本主义的潮流而言，德国和日本的改革是两个例外。1970 年代末，时代精神转向，要求减少控制，之后，政治企业家们开始了零敲碎打的改革。但在 2008—2009 年的全球金融危机之后，许多改革再次被迅速取消。（政府造成的）财政和金融失衡的结果促使许多政治领导人和组织要求再度管制，限制经济自由。在成熟的富裕国家，对气候的忧惧增添了一个要求经济改革回潮的政治因素。

因此，对个人自由充满忧虑的自由派观察人士已要求对改革给予正式的宪法庇护。他们希望规定重要的宪法质量规则，防止议会多数派、法官和行政管理人员今后的投机行为。

许多成文宪法，如美国和德国的宪法，当然已经包含了对私有财产的明确保护。然而，在实践中，产权的自由运用却日益受到干预。高等法院通常没有能力理解保护经济自由的重要性。他们无法处理复杂的经济问题和涉及的政治交易。

总之,捍卫其自由,是公民的作用。不间断地捍卫经济自由需要受到类似这样态度的激励:据说是,法国财政部长让·巴蒂斯特·柯尔培尔(1619—1683)与商人托马斯·勒让德尔会见后,当柯尔培尔殷勤地问勒让德尔,政府能为他的生意做点什么时,勒让德尔大声说:"*Laissez-nous faire*! ——只要别来管我们!"

"自由的代价是不懈的警戒",而培育恰当的制度就像是母亲的工作——永远不会彻底完结。本书的读者将来肯定有机会检验一下这两句话的真实性。

后记　制度经济学与新古典经济学

>　　我预测,21世纪将展示出通功易事的持续发展……创新和秩序将变得越来越自下而上;工作将变得越来越专业化,休闲会越来越多样化……这种通功易事将不会顺利进展,或没有抵抗……但它将很难被泯灭,因为它是这样一种演化的、自下而上的现象。
>
> 马特·里德利(2010年)第355-358页

　　本书呈现的经济分析展望要归功于古典自由主义和"奥地利学派"的制度演化经济学。在21世纪初,自由的制度经济学再一次日益与"新古典经济学"的另一些范式争夺地盘。在许多方面,"新古典经济学"一直是根深蒂固的正统观念。长期以来,"奥地利学派经济学家"一直在批判新古典经济学,说它建立在不现实的假设上,说它对于分析复杂的、动态的现实和准备政策建议过于简单。为什么制度经济学在许多发展中国家中、在后苏联诸国中、也在那些成熟经济中(那里的领导人,如美国的罗纳德·里根和英国的玛格丽特·撒切尔,都主张改革),对于公共政策产生了越来越多的影响?一个原因是,它在应对日益增长的世界经济时有更大的现实性。

　　"奥地利学派"由19世纪后期维也纳的学术导师(卡尔·门格尔[1840—1921]、弗里德里希·冯·维塞尔[1851—1926]和欧根·冯·庞巴维克[1851-1914])创立,又得到哲学家-经济学家(如路得维希·冯·米塞斯、弗里德里希·奥古斯特·哈耶克,在一定程度上,还有约瑟夫·A.熊彼特)的提炼升华。

在英国、斯堪的纳维亚和美国的大学院系中,这个智识传统,如在实践中一样,一直与"新古典经济学"有分歧。后一种传统可追溯到19世纪的经济学家,如维尔弗雷多·帕累托和恩里科·巴罗内(他提出了简化的数学模型),还有剑桥大学的经济学家们,最著名的有艾尔弗雷德·马歇尔(1842—1924)和约翰·梅纳德·凯恩斯(1883—1946),他们导出的模型成了20世纪经济学教学、研究和政策制定中的主流正统学说。大多数美国战后的经济学家都可归入这一传统。渐渐地,新古典经济学的语言使用了数学和计量经济学,它们给了各种模型一种内聚力和一种科学神秘性。Ceteris paribus——其他条件均相同——的假设帮助"经济学家巨子们"去准备自信的、明确的政策药方,而政策制定者们面对不可预见后果的各种风险仍然无忧无虑。经济学家们日渐变成了建立经济模型的专家,但对经济生活的现实却一无所知。新古典的方法也常常带来对短期行为和积极政策干预的偏爱,这反过来又使新古典经济学家受到政策制定者的欢迎。新古典正统学说巩固了与奥地利学派完全不同的社会理念和政策(后者主张的是个人主义的社会理念和政策),但对"自封的精英们"很有用(Sowell,1987,2009;Boettke,2012)。

本书从头到尾说得很清楚,新古典范式,以及由当前计量经济学做出的许多扩展,都是建立在有关人类动机和知识的不现实基础上的。为了建立现实世界的模型,主流经济学家们通常都会或明或暗地假设:(1)所有人都无一例外地受到效用或利润最大化的驱动;(2)经济主体,或至少是理论化的观察人士,具有"完备的知识"。

奥地利学派与新古典经济学在方法论上的争论

有着商业、法律、工程学和心理学方面实际生活经验的人们,还有历史学家和一般的观察者,在发现标准的经济学教科书是建立在许多人认为完全荒谬的各种假设之上时，都会感到震惊（Kasper，2010；Boettke，2012）：

- 每个人都喜好"完备的知识"，也喜好所有可获得的技能、技术和其他资源。这已经导致了一种 *homunculus oeconomicus*（经济人）的概念，他无所不知。相反，现实中的人极少能了解大部分这些事情。他们为减少自己的无知而奋斗，并为此付出很大的成本。买方和卖方必须通过有风险的、敢想敢干的搜寻过程才能发现什么事可行，什么样的满意可以办到。现实世界中经济追求的主要目的是获得更多有益的知识。结果，经济学 1.01 课程极少讲到企业家、风险、交易成本、创新和利润。大多数教科书对于这些核心的定义都无法令人满意。

- 经济主体被说成是被动地对既有条件做出反应，只是使其效用或利润最大化。非经济学家们理所当然地觉得，这种被动－静态的原子式行为是对这个世界的糟糕反映。在这个世界中，动机常常不是已知条件下的最大化，而是令人满意的或积极的创业驱动力（3.2节）。在现实中，用既有手段实现目的的最大化是不可能的，因为人的喜好是多样的、主观的，因时因人而迥异。商务实践者们知道，一般的消费者都有一套稳定的无差异曲线，而代表性的企业都有一种标准的生产功能，这是教科书作者想象出来的虚构事物，与现实世界中的家庭、生产者和贸易商几无相同之处。

- 新古典正统学说不合情理地注重"均衡"——这是一种状态，其中每个人的预期都是可以相互兼容的，而且不会发生进一步的改变。它所说的"黄金时代"，就是没有进一步的经济增长出现——停滞。难道这就是"金色的"理想吗？商界领袖和技术人员无时不在观望着各种新的机会。他们对此茫然不解。

- 新古典主义(和马克思主义)经济学包含着——这么说吧,在其DNA中刻着——收益递减的假设。这种假设在农业知识停滞的时代可能是一种现实的反映。但当代现实却有着不间断而普遍存在的创新。在我们的时代,当计算机程序几乎每周都在更新,专业人员从事着终身学习,新产品每个新的销售季都会出现在陈列室的时候,几乎没有哪种生产功能会静止不变。在现实中,新的产业比以往更快地达到范围经济和规模经济,并通过学习成功地实现收益增长。

- 新古典教科书中的模型都是建立在零交易成本的假设之上的。这对目前占主导地位的服务业中的专业人士毫无吸引力,他们的工作正是控制和减少这些成本。律师、银行家、会计师和咨询师——人们或许可以称他们为"交易成本工程师"——感到假设交易成本为零的经济理论对他们毫无用处,因为在新古典模型中根本就没有为他们对物质福利做出的贡献留有一席之地。

- 教科书模型中的假设 ceteris paribus——这个世界的其他部分都是静止的——意味着经济近似于呆滞的事物,而不是一个真实存在的、充满活力的有机体。在现实中,经济学与生命科学有着更多的共同之处,而不是与,比如说,天体物理学更近似。生物学家和环境保护主义者们已经让我们懂得了复杂的生态系统。他们警告我们要注意到干预自然会产生的未曾预料到的各种后果。许多人现在都懂得了,经济生活的网络是同样复杂的,而且意识到,ceteris paribus 经济学传授给政策制定者们的仍然是无视其行为的长期有害后果。

- 正统教科书也使用"仁慈的独裁者"这个不现实的概念,即追求国家利益的全知全能的统治者。有着实际生活经验的人很少能做出这样的假设。近几十年来,公共选择经济学在世界各地都非常易于被接受，原因即在于此。明显的现实是，政客们、官僚们、有影响的企业领袖和有组织的游说集团，出于自己的利益在行事，而且常常是无所不用其极。

当然，关于自然界和社会的理论建树要求科学家做出抽象的假设。但是，当他们取消了手头问题的宪法性条件时，"为简化"做出的抽象就是不合理的了。在处理稀缺性问题时（这毕竟是经济学的核心问题），将知识问题撇在一边，从来都是不能允许的（3.1节；Boettke，2012）。

在大多数新古典计量经济学模型中，主体都被假设为要同时使各种目标变量——如收入、利润或舒适——最大化或最优化，以便建模者能得出一种静态"均衡"。然后，建模者就能引进政策干预来"干扰"这个系统，例如提高税率，并得出一个新的均衡。这个世界的两种静止状态的比较再被用来证明增税之后的全部效应。这些模型中的有些常量来自统计学，但常常经过了计量经济学者工具箱中的戏法提炼过，另一些则是"经过校订的"——说白了，干脆就是编出来的！这些假设、偏见和数据输入的复杂数学变换往往是为了对外行掩饰，这些模型只表明了最初输入数据时的情况。有一位著名的宏观计量经济学家最近在解释动态随机均衡模型没有预见到2008—2009年全球金融危机的原因时说，这种失败并不能反映这些模型在建立有用的经济计量模型时的能力。引起这次危机的各种因素根本就没有被包括在这些模型中。那么，这些模型对于商界、金融和政治领域的客户还有什么用呢？如果这些假设是错的，就用上这句格言了："错误的输入必然导致错误的输出。"

许多时候，模型的假设也是"反向微调的"（fine-tuned backwards）。开始于某个建模者或某位客户的一些想当然的结论，例如，较高的税率或一项新关税会有合意的或可接受的效应，或为了从现在起，在一个世纪内，在防止全球变暖上取得一定进展，二氧化碳税和补贴在政治上是可以接受的。这类模型纯粹出于想象,但会把对现实世界观察的注意力引向歧途。它们也起着凭幻想做出种种确定结论的作用,而在现实世界中,无知和不确定性是无所不在的。靠掩盖这些基本事实,新古典计量经济学已经变成了干预主义政策的仆人。

oikos 与 *katallaxis* 之间在方法论上的争论

对主流经济学的这些批评并无新意。追溯到1871年,奥地利经济学家卡尔·门格尔在出版其开创性的《经济学原理》(Menger,1981/1871,亦见1985/1883)时就提出了这些批评。门格尔和他的同事及继承人都将经济学视为一种复杂的、主观决定人类行动的动态过程,视为竞争的企业家们发现、运用和纠正分散知识的过程。门格尔原本就抨击过列昂·瓦尔拉斯和维尔弗雷多·帕累托的数学模型,这些模型都建立在已知的、完全固定的目的和手段基础上。从1930年代以来,"'奥地利学派'……[再次强调]经济价值的主观本质,[并]……产生了一个新的范式……但,[它被]……寻求假定可测度实体统计总和之间因果关系的'宏观经济学'[蒙上阴影]。有时候,这些可以……指出一些含糊的可能性,但它们肯定无法解释有关产生它们的过程"(Hayek,1988,p. 98)。

因此,奥地利经济学家从来没有停止过对新古典建模假设的抵制。这已经导致反复的 *Methodenstreit*(一个德文词,用来指在分析经济现象上对正确方法的争论;Huerta de Soto,1998;Bostaph in Boettke,1994;pp.459-464;Kirzner,(ed.) 1994)浪潮。他们坚持不懈地批评 *oikos* 这个概念,即稀缺的全面配给,而赞扬 *katallaxis* 的概念,即不断去发现,尤其是在市场过程中去发现(O'Driscoll and Rizzo,1985)。大多数时间中,这些批评都被学术导师、专业经济学团体、学术刊物编辑和政策顾问们轻易地忽略了。当凯恩斯主义的宏观经济学提出,适当干预总需求的措施可以使衰退得以避免时,新古典方法获得了增加的动能。各国财政部长、中央银行和国际组织都迫切地接受了凯恩斯主义的各种概念。在1950年代和1960年代,经济学专业标榜自己是"国家经济命运仁慈的操控者",因为在盎格鲁-撒克逊国家和斯堪的纳维亚国家中,新古典正统学说占据了压倒的优势。在公共政策由奥地利学派的世界观引导的地方,如战后的西德和1960年代后的"亚洲小虎经济体",主流学派将明显的增长成功特点视为"奇迹"(如,World Bank,1993),而对奇迹的事实本身,却拒绝解释。

在1970年代初的石油危机之后,当凯恩斯主义的需求刺激产生了加速的通货膨胀和日益增多的失业时,事情开始出现了转机(Dean,1981;Hutchison,1981;Burton et al.,1986)。越来越多的观察者也意识到,财产权和自由市场远比新古典主流所承认的要紧得多。政治干预的后果不断累积,限制了经济自由,已经成为给经济和社会带来越来越多麻烦的硬化症。

部分是由于这种痛苦经历的后果,演化的(奥地利学派)思想在1980年代和1990年代出现了引人注目的回潮(第1章)。迄今很少有人读过的古典自由派大经济学家们的著作得以再版,或是在新一代分析人员有关奥地利学派经济学的新论文中得到引用(McKenzie and Tullock,1975;Dolan,ed.,1976;Moss,1976;O'Driscoll,1977;O'Driscoll and Rizzo,1985;Doti and Lee,(eds) 1991;Rockwell,(ed.) 1988;Howitt,2006)。大陆欧洲学者——如卡尔·冯·门格尔和瓦尔特·欧肯——的著作第一次被译成英文出版。尽管许多老大学的院系对经济学的这一分支毫无兴趣,但有着古典自由主义或自由论倾向的思想库,在许多国家建立起来或重获生机,其范围从英国(经济事务研究所,1955年建立)到北美(卡图研究所,1977年建立;传统基金会,1973年;弗雷泽研究所,1974年)再到澳大利亚(公共事务研究所,

1943年；独立研究中心，1976年）。从那时以来，思想库在几十个国家的政策对话中已经变得很有影响力了。

"奥地利学派经济学家"——如哈耶克、米塞斯、鲍尔和他们在一个国际学术机构"朝圣山学社"(Mont Pèlerin Society)中的同事们——的基本思想也帮助了新一代政治企业家，从英国的玛格丽特·撒切尔和美国的罗纳德·里根，再到澳大利亚和新西兰的改革者，去重塑有关政治经济学的公共讨论。贫穷东亚各国（常常是独裁的）政治领导人，也开始赞同经济演化和开放国际竞争的观念。他们拒绝中央计划和进口替代，那是当时在发展经济学中非常普及的时髦事物。有关进口替代和计划的各种建议都是建立在相对静态的新古典和马克思主义思维基础上的，但与奥地利制度经济学家们的思想相抵触。渐渐地，现实世界中的许多人放弃了 oikos 那样的配给经济学定义，因为它的政策建议被证明，在一个加速的、动态变化的世界中是脆弱的。相反，商界和制定政策的精英们赞同那种乐观的、有信心的理解，即改革后的制度会被培育起来，去支持竞争、发现和增长。

许多基本上属于新古典经济学家的人已经在努力把制度融合到他们的这个或那个理论中去。例如，在他们的回归分析中放进一些虚假的代表私有产权质量的变量，或关于腐败程度的指数。其他人则允许了交易成本存在，但仍然说，市场由供需曲线交叉构成，在那里，同样的"市场出清价格"适用于卖方和买方。这些尝试已经导致模型中的不一致，有时候也造成政策建议上的混乱。

近年来，"制度对经济发展很要紧"的信息已经在经济学和政策制定的主流中传播。例如，欧洲领导人开始意识到，(用欧元)创建一个货币同盟要求全面调整财政制度和公共政策；世界银行的研究人员们也强调，"各国之间在繁荣差异上的主要决定因素就在于经济制度上的差异"(Acemoğlu and Robinson，2008，p. v)。在我们看来，这标志着一些进步。但是,大部分的新主流还是强调外在制度,即由政治过程决定和强制执行的制度,而大多数观察者仍然看不见常常起决定作用的、难以适应的社会内在制度。因此,阿齐默鲁和罗宾逊在他们的制度变革与发展分析中写道:"经济制度是集体选择,这些选择是一个政治过程的结果。一个社会的经济制度取决于政治制度的本质"(同上)。这忽略了一个社会重要的内在制度通常并不是由集体行动形成的,而且这些内在制度通常更具有决定性(见第5章)。

20年前形成的一个结论至今仍然成立:奥地利学派的多种制度经济学家必须用他们工作的质量来说服其他人,说明他们的范式是有益的,而且这个学科的传播是大有希望的(Boettke,1994,pp. 601-615)。这个任务尚未完成。

为什么新古典正统学说仍有影响?

与此同时,人们要问,在有影响的政策顾问和企业顾问中,经济政策和制度方法风格上的变化为什么还没有在各种学刊、学术教学,以及研究所和经济学专业国际组织的分析中全面反映出来呢?对于这种惯性的解释是明显的(Kasper,2010,pp. 16-19):

- "简化的"假设易于建立模型,并得出具有审美意义的令人愉悦的结果。这造成了一种印象:新知识已经生产出来了,而现实中建立模型的假设和不完备的知识只是以能给外行和客户造成印象的方式在转变。各种模型提出的确定性的幻象,可以给仍须面对承担风险决定的人们以安慰。
- 一些总量数据和平均数易于获得,这为新古典模型的建立提供了方便。在没有足够的已知变量从数学上来解决一个方程体系时,计量经济学的戏法,如插入"虚设变量",帮助造成了一种经济学家有知识的幻象,但在现实中并没有人能拥有那

- 些知识。
- 几代经济学家们为获得他们的理论技能和计量经济学技能投入了大量精力。可以理解，他们不愿意毁掉他们的人力资本。尽管他们只是不断地在为彼此而写作，而不是为广大公众写作，互助的"出版和引用卡特尔"增强了这种保守的立场。
- 新古典模式易于教学。没有实际生活经历的学生们通常都会喜欢从新古典微观和宏观经济模型中得出的现成观点，而理解奥地利学派经济学则至少需要一些经济史、社会学、法律和心理学的知识。新古典经济学中用数学做出的方便假设使从这些学科中得出的相关观点变得多余。
- 新古典的抽象使经济学家能够假装他们的学科也是一种"科学学科"，是类似于自然科学家能够提供给工程师、建筑师和实业家的知识。比较讲或然性的、开放的奥地利学派经济学，对于精力充沛的政策制定者没有多少吸引力，而且用数百万多样化的个人决策来解释变化的自由放任方法，对于行动的政治人也没有多少吸引力。

2008—2009年全球金融危机已经再次证明了，倾向于干预主义的政客们是多么急于接受能鼓励他们行动的凯恩斯主义的诸多概念，无论会出现什么样的长期后果（更高的公共债务、上升的利率带来的负担、其后由于通货膨胀不得不采取的各种痛苦限制、持续的结构性衰弱、公众的冷嘲热讽）。公关人员和政治积极分子也喜欢这样一种经济学，它使他们能批评或赞扬有影响力的人物们的不同行动，而不是去接受非个人化市场参与者成千上万决定的后果。许多人也靠宣传从对未来的悲观看法中得出的"收益递减法则"来影响公众舆论，并由此获得大众对强制干预的支持。相比之下，那种认为"创造性的企业已经拓宽了人类使用物质的可能性"的现实世界观，说明了乐观主义的合理性，对政治精英们却少有吸引力(Berger,1987;Sowell,1987;Ridley,2010)。在2010年一次关于气候建模的讨论中,这种批评性的、几乎是对自上而下的政策建模作用的讥讽结论被表达为:"在可能的未来,使用计算机模型……对人们喜欢的任何未来观都足以给出支持……'投射性的'模型[被]……与政治家们真正想要的东西混为了一谈……而那才是对未来的准确预测"(Prins et al.,2010)。

对教学和政策建议的影响

我们想写一本入门书,把多种有关制度经济学和演化经济学的重要观点放到一起,以一种系统的、可作教学用的形式表现出来。谈到这么做的主要动机,不能不提到所有那些对主流新古典经济学感到失望的人们(Kasper,2010;Boettke,2012)。许多商学院、工程学课程、法学院和社会学、历史和政治学的教师们已经不再要求把经济学导论1.01作为一门必修课,这已经不是秘密了。一个理论体系,没有为敢想敢干的探索、为教学创新和制度的法律支持留有余地,那它对于传授商业、工程和法学的高校老师们,干脆就没有吸引力了。但是,这些学科没有接触到一种名牌经济学的诸多重要观点,这种经济学专注于分散的、演化的知识搜寻和能帮助或阻碍经济进化的制度。因此,许多法学院已经发现,有必要去开发法与经济学课程,并以用制度经济学占据共同阵地的方式讲授产权与竞争。长期的历史研究和文明研究是对演化性政治经济学做出了重要贡献的两大领域,也是受益于奥地利学派世界观的两大领域。

尽管西方老工业国家经济学的教师们和既有的经济学刊已经在缓慢地转向制度经济学,这种情况却并不符合发展中国家大学院校中的情况。经济发展的挑战,以及阻碍增长的腐败现实,已经诱使这些国家中的许多高校教师和媒体分析人士去接受一种更广泛也更现实的"奥地利学派"和公共选择世界观。在那些文化中,人们现在可以看到对制度经济学自然而然的接受,演化得到本能的理解,而西方理想化的静态－终结状态概念没有什么市场。例如,儒学的道德学说目前在中国已经得到官方支持在复兴。相比于经济学正统学说中静态的、工具主义方法,它与制度经济学中包含的道德准则更投缘。

但是,有关处理复杂经济现实最适用的方法论的争论可能还会继续,因为许多经济学家和计量经济学家要保护其新古典的智识资本,也因为倾向于干预的政界人士和媒体评论人员愿意保留对他们有很大作用的各种模型。在坚定依赖计算机模型的气候政治学中,这一点也变得很明显,尽管事实上,厌烦计量经济学技术的经济学家和自然科学家的人数都在增加。

当然,政策制定者极少会听从他们员工的哲学意见,或听从对支撑制度经济学范式的那些思想的讨论。但是,他们往往有很大兴趣关注别的地方有什么成功经验。东亚"小虎经济体"中的自由贸易方法和善待企业的政策制度设置,对于各个相邻国家的改革,甚至是对有着干预传统的大国,如印度尼西亚、越南和印度,都有着决定性的影响。关于制度品质重要性的教育会有助于政界人士、官僚和工业家们接受源自制度演化世界观的种种政策。像本书这样的教科书,还有使用这类教科书的教师们,就能对人类和共同体的真实命运做出宝贵的贡献。

对于接受了奥地利学派经济学制度观念的老师和学生们,还有一个进一步的好处:鉴于新古典理论的主要内容基于对稀缺性的忧惧,让它获得了"沉闷科学"的称号,而我们的方法却有助于乐观主义——对个人成就的可能性和一个恰当体面社会的乐观态度。在恰当体面的社会中,个人能追求他们认为适当的自己的幸福。毕竟,人类生存条件的种种改善是大多数人,尽管——唉——不是地球上过去两代所有人的经验。在任何情况下,乐观主义是一种宝贵的演化性信号,它可以激励其他人，它是有感染力的。讲授思维模式的老师们为希望和乐观主义留下了余地。因此，他们会发现，他们的工作更值得，因为他们培育了积极的生活态度。

附录　铅笔传奇

伦纳德·E.里德,经济教育基金会①

我是一支铅笔——所有能读写的孩子和成年人都很熟悉的那种普通木制铅笔。(我的官名是"蒙格尔482"。我的许多成分是由位于美国宾夕法尼亚州威尔克斯-巴里的埃伯哈德·费伯铅笔公司装配、制作和完成的。)

书写既是我的专业,也是我的副业;那是我所做的所有事情。

你可能很想知道,我为什么要写一份家谱。这么说吧,首先,我的故事很有趣。其次,我是一个谜——要比一棵树、一次日落、甚至一次闪电更神秘。但糟糕的是,那些用我的人视我为自然天成,好像我只是小事一桩,毫无来历。这种目中无人的态度把我打入了凡夫俗子之列。这是一个令人痛心的错误。带着这样的错误,人类不可能长期平安存续。因为,如一个明智的人,G.K.切斯特顿,所观察到的:"我们正为缺少惊异感,而不是缺少奇迹,而枯萎。"

我,铅笔,尽管像我看起来那样简单,却值得你惊讶和敬畏。我将试图证明这一点。事实上,如果你能懂得我——不,这对任何人来讲都要求太高——如果你能知道我所象征的神奇之处,你就能有助于挽救人类正在不幸失去的自由。我要给人们上一堂重要的课。并且,我能

---

① 首次发表于1958年。经位于纽约的经济教育基金会热情允准予以重印。该基金会现拥有此文的版权。

比一辆汽车、一架飞机或一台洗碗机更好地讲授这堂课,因为——好吧,就因为我看上去是如此简单。

简单吗?然而,并非地球上的每个人都知道如何制作我。这听上去很离奇,不是吗?尤其是当你认识到,美国每年生产出的我的同类大约有 15 亿支。

请拿起我来,从头到尾看看我。你看到什么了?所见无多——只有木头、漆、印制的标签、铅芯、一点金属、一小块橡皮。

不计其数的祖先

正如你不可能追溯你的家庭族谱至久远的过去一样,我也不可能列举并说清我的所有祖先。但我愿意举出足够多的祖先来,使你对我的背景之丰富和复杂留下深刻印象。

实际上,我的家庭族谱始于一颗树,一颗纹理笔直的雪松。它生长于北加利福尼亚和俄勒冈。现在,请细想一下所有的锯子、卡车、绳索,以及在收获和运送雪松木材至铁路支线中所使用的无数其他传动装置。想想所有参与制造这些设备的人员和所投入的无数技能:采矿、炼钢并将钢材加工成锯子、斧子和汽车;种植大麻并经过各道工序将其做成沉重而结实的绳索;带有宿舍和食堂的采伐营地、烹调和生产所有食物。噢,还有,在伐木者所喝的每一杯咖啡里发挥过作用的无数人!

原木被送到加州圣利安多的工厂。你能想象那些制造平板卡车、钢轨和火车头的人吗?你能想象那些建筑和安装附属通讯系统的人吗?这些多得不计其数的人都属于我的祖先。

请想一想圣利安多的木材加工厂。雪松原木被截成铅笔那么长的小板条,它们的厚度不到一英寸的四分之一。这些板条被送进窑里烘干,然后被着色,这么做的理由与女人在脸上化妆一样。人们喜欢我外表美观,而不是乏味的木本色。这样的板条要被上蜡并再次烘干。为了着色和烘干,为了供应热能、照明和电力、传送带、汽车,以及所有该工厂所需要的东西,要投入多少技能啊?该工厂里的清洁工是我的祖先吗?是的,而且还要包括那些为太平洋煤气电力公司的水电站大坝浇铸混凝土的人。这个水电站是为木材加工厂供应电力的。还不能漏了另一批当代的和过去的祖先,他们参与了横跨全国将大量板条从加州运至威尔克斯-巴里的活动。

复杂的机械

一旦进入铅笔厂——400万美元的机械和建筑,我那节俭而不断储蓄的双亲所积攒起来的全部资本——有一台复杂的机械在每块板条上开出八条细槽,然后另一台机械将铅芯放在其他的各块板条上,涂上胶水,再将另一块板条盖在上面——可以说是一个铅制三明治。机械从这块"木夹"三明治中切出了七个弟兄和我。

我的"铅芯"本身——根本不含任何铅——极其复杂。石墨开采于锡兰*。请想一想那些矿工、那些为矿工制造许多工具的人、装运石墨的纸袋的制作者、制作扎纸袋细绳的那些人、将石墨装上轮船的那些人,以及建造这些轮船的人。甚至看守灯塔的人也在一边帮助我的诞生——还有港口领航员。

石墨中搀有来自密西西比的粘土。这种粘土在精制过程中使用了氢氧化铵。然后加进了润湿剂,如磺化脂——与硫酸进行过化学反应的动物脂肪。在通过了众多机械之后,最终的混合物被不间断地挤压出来——就像从一台制作香肠的机器中挤出来那样——再按尺寸切断、晾干,并被送入华氏1850度的高温中烘烤。为了增强铅芯的强度和光滑度,它们要经过致热混合气的处理。它包含产自墨西哥的小烛

---

* 斯里兰卡的旧称。——韩朝华注

树蜡（candililla wax）、石蜡和氢化脂肪。

我的雪松要接受六层漆制外衣。你知道漆的所有成分吗？谁会想到蓖麻籽种植者和蓖麻油提炼者会与漆有关？他们的确有关。知道吗，即使是将漆做成一种漂亮的黄颜色，其工艺也要涉及一个人所能列举出的许多人的技能！

请看标签。那是将混有树脂的碳黑加热后形成的一层薄膜。你如何制作树脂？还有，请问，什么是碳黑？

我的一点金属——那个金属箍——是黄铜制的。请想一想所有采掘锌和铜的人，想一想那些有技术能用这些自然物生产出闪亮铜片的人。我的金属箍上的那些黑环是黑镍。什么是黑镍？它是如何被使用的？完整地说清为什么我的金属箍中央没有黑镍，需要整整几页纸。

然后是最使我容貌生辉的地方。它在这个行业中被不雅地称为"塞子"，人们用我来擦去自己写错的地方。一种被称为"硫化油胶"的成分就是负责擦去字迹的。它是一种像橡胶那样的产品，要用荷属东印度[*]出产的菜子油与氯化硫反应后制造出来。橡胶，与流行的概念不同，只起凝结的作用。然后，还要使用许多种的硫化剂和催化剂。浮石产于意大利；而为"塞子"上色的颜料是硫化镉。

浩瀚的知识之网

我在前面曾经断言，地球上无人知道如何制造我。对此，有谁想否定吗？

实际上，千百万人参与了创造我的过程。在这些人之间，每个人都只能认识极少的几个人。现在你可能会说，我把远在巴西的咖啡豆采摘者和其他地方的食物生产者与铅笔制造联系起来，扯得太远了；这是

---

[*] 印度尼西亚。——韩朝华注

一种极端见解。但我要坚持我的主张。在这千百万人中间,任何一个单独的个人,包括那家铅笔公司的总裁,都只能提供极少的一点点知识。从诀窍的角度来看,锡兰石墨矿工与俄勒冈伐木者之间的唯一差异在于诀窍的类型。矿工和伐木者都是不可缺少的,正如工厂中的化学师和油田中的工人也不可或缺一样——石蜡就是石油的一种副产品。

这里有一个惊人的事实:油田的工人、化学师、石墨或粘土的采掘者,任何制造或驾驶轮船、火车或卡车的人,操纵机械在我的小金属片上滚花的人,以及公司总裁,都不是因为他需要我而执行其独特任务的。他们中的每个人对我的需要可能都不会超过一个一年级孩子的需要量。事实上,在这茫茫人海中,有些人从来也没有见过铅笔,更不知道如何使用铅笔。他们的目的不在于我。事情很可能是这样的:这千百万人中的每一个人都知道,他能用他的零星诀窍换回他所需要或想得到的商品和服务。而我可以在也可以不在他们所需要的物品之列。

无人指挥

还有一个更惊人的事实:没有指挥者。对于使我诞生的不计其数的行动,没有任何人的命令或强制指令,也无从发现这样一个指挥者的任何痕迹。相反,我们看到的是苏格兰经济学家和道德哲学家亚当·斯密那著名的"无形之手"在市场中发挥作用。这就是我前面提到的那种神秘。

曾有人说:"唯有上帝才能造树。"我们为什么同意这个说法呢?难道不是因为我们认识到,我们自己不可能造出树来吗?实际上,难道我们能描述一棵树吗?我们不能,除非使用一些一知半解的词汇。比如,我们可以说,一种特定的分子结构表现为一棵树。但是,在人中间,什么样的大脑能记录,更别提指挥,分子在一棵树的整个生命周期中所发生的持续变化？这种功夫根本不可想象！

我,铅笔,是一个多种奇迹的复杂组合;树、锌、铜、石墨等等。但是,在这些显现于自然的奇迹当中,还要加上一个更不同寻常的奇迹:创造性人类能力的形成——不计其数的琐碎知识,在无人指挥的情况下,按人的需要和愿望自然、自发地形成！既然只有上帝才能造树,我就要坚持,只有上帝才能造我。人不可能指挥无数琐碎的知识以创造出一支铅笔来,正如人不可能将分子合在一起创造出树来。

正是为了说明这一点,我才在前面写道:"如果你能知道我所象征的神奇之处,你就能有助于挽救人类正在不幸失去的自由。"因此,如果一个人意识到,这些琐碎的知识将根据人的需要和需求自然、自动地——即没有任何政府的或强制的指挥——按创造性和生产性模式组合起来,他就具备了一种拥护自由所绝对必要的条件:对自由人的信念。没有这样的信念,自由是不可能的。

一旦政府垄断了一种创造性活动——例如,邮件的传递——多数个人就会相信,邮件不可能靠自由行动的人来高效率地传递。还有一个理由:每一个人都承认,他自己不懂得如何去做有关传送邮件的所有事情。他还认识到,也没有任何其他的个人能做到这一点。这些假设是正确的。任何个人所拥有的知识都不足以完成全国性的邮件传递任务,正如任何个人所拥有的知识都不足以造出一支铅笔来一样。在对自由人缺乏信任的情况下——不懂得千百万零星琐碎的诀窍将自然而神奇地形成并配合起来满足这一需要——个人只能得出一个错误的结论:只有靠政府的指挥,才能传递邮件。

证据比比皆是

如果只有我,铅笔,能证明当人可自由尝试时所能做到的事情,那么不具有这种信念的人就会说,那只是个例。然而,证据比比皆是;且在每一方面都与我们有关。与诸如制造汽车、计算机、谷物收割机、粉碎机或数以千万计的其他东西相比,传递邮件实在是简单至极。

传递?哎呀,在让人们自由尝试的当今时代,他们能在不到一秒钟的时间里将人的声音传遍全球;他们能用变动的视觉图像将正在发生的事件传送至任何人的家里;他们能在不到四小时的时间里将150名乘客从西雅图送到巴尔的摩;他们在没有补助的情况下能以难以置信的低价将煤气从得克萨斯送至一个人家里的煤气灶或纽约的高炉;他们能将四磅石油从波斯湾送至我们的东海岸——绕了半个地球——所收取的平均费用少于政府将一盎司信件送过马路的收费。[1]

让人们自由

我要讲授的课就是,让所有创造能量无拘无束。请用完全与这个道理相符的方式组织社会,展开行动。让社会的法律装置尽可能地清除所有的障碍。要允许创造性知识自由流动。应坚信自由人会对"无形之手"做出回应。这一信念将得到证实。我,铅笔,尽管看似简单,但却用我的产生这一奇迹来证明,这是一个实在的信念,就像太阳、雨、雪松树和美好的地球一样实在。

---

[1] 编者:有些事情自1958年该文首次发表以来已经发生了变化!

参 考 文 献

Abramovitz, M. (1979), 'Rapid Growth Potential and Its Realization: The Experience of the Capitalist Economies in Post-War Period', in: E. Malinvaud and R.O.C. Matthews (eds), *Economic Growth and Resources*, vol. 1, London and New York: St. Martin's Press, pp. 1-50.

Acemoğlu D. and J. Robinson (2008), *The Role of Institutions in Growth and Development*, Washington, DC: World Bank/Commission on Growth and Development.

Acemoğlu D. and J. Robinson (2012), *Why Nations Fail: The Origins of Power, Prosperity, and Poverty*, New York: Random House.

Albert, H. (1979), 'The Economic Tradition. Economics as a Research Programme for Theoretical Social Science', in: K. Brunner (ed.) (1979), *Economics and Social Institutions, Insights from the Conferences on Analysis and Ideology*, Boston-The Hague-London: M. Nijhoff.

Albert, H. (1985), 'On Using Leibniz in Economics. Comment on Peter Koslowski', in: P. Koslowski (ed.) (1985), *Economics in Philosophy*, Tübingen: Mohr Siebeck, pp. 68-78.

Alchian, A. (1987), 'Property Rights', in J. Eatwell et al. (eds), *The Palgrave Dictionary of Economics*, London: Macmillan and New York: Stockton Press, pp. 1031-1034.

Alchian, A. and H. Demsetz (1972), 'Production, Information Costs, and Economic Organisation', *American Economic Review*, vol. 62, pp. 777-795.

Alchian, A. and H. Demsetz (1973), 'The Property Rights Paradigm', *Journal of Economic History*, vol. 33, no. 1, pp. 16-27.

de Alessi, L. (1969), 'Implications of Property Rights for Government Investment Choices', *American Economic Review*, vol. 59, pp. 16-63.

de Alessi, L. (1980), 'A Review of Property Rights: A Review of the Evidence', *Research in Law and Economics*, vol. 2, pp. 1-47.

de Alessi, L. (1982), 'On the Nature and Consequences of Private and Public Enterprise', *Minnesota Law Review*, vol. 67, pp. 191-209.

de Alessi, L. (1983), 'Property Rights, Transaction Costs, and X-Efficiency: An Essay in Economic Theory', *American Economic Review*, vol. 73, no. 1, pp. 64-81.

de Alessi, L. (1995), 'Institutions, Competition, and Individual Welfare', in N. Karlsson (ed.), *Can the Present Problems of Mature Welfare States such as Sweden be Solved?*, Stockholm: City University Press, pp. 76-87.

Aligica, G.P. and P.J. Boettke (2009), *Rethinking Institutional Analysis and Development: The Bloomington School*, London: Routledge.

Aligica, G.P. and K. Boudreaux (2007), *Paths to Property: Approaches to Institutional Change in International Development*, London: Institute of Economic Affairs.

Alston, L.J., T. Eggertsson, and D.C. North (1996), *Empirical Studies in Institutional Change*, Cambridge: Cambridge University Press.

Anderson, G. and P.J. Boettke (1993), 'Perestroika and Public Choice: the Economics of Autocratic Succession in a Rent-Seeking Society', *Public Choice*, vol. 75, no. 2, pp. 101-118.

Anderson, G. and P.J. Boettke (1997), 'Soviet Venality: A Rent-Seeking Model of the Communist State, *Public Choice*, vol. 93, no. 1-2, pp. 37-53.

Anderson, P.W., K.J. Arrow and D. Pines (1988), *The Economy as an Evolving, Complex System*, Redwood: Addison-Wesley.

Anderson, T.L. and D.R. Leal (1991), *Free Market Environmentalism*, San Francisco: Pacific Research Institute for Public Policy.

Anderson, T.L. and D.R. Leal (1997), *Enviro-Capitalists – Doing Good While Doing Well*, Lanham, MD: Rowman-Littlefield.

Anderson, T.L. and F.S. McChesney (eds) (2003), *Private Property Rights: Cooperation, Conflict, and Law*, Princeton, NJ: Princeton University Press.

Armentano, D.T. (1991), *Antitrust and Monopoly – Anatomy of a Policy Failure*, 2nd. edn, New York and London: Holmes & Meier.

Arrow, K.J. (1951), *Social Choice and Individual Values*, New York: John Wiley.

Arrow, K.J. (1962/1971), 'Economic Welfare and the Allocation of Resources for Invention', in D.M. Lamberton (ed.), *Economics of Information and Knowledge*, Harmondsworth: Penguin, pp. 141–160.

Arrow, K.J. (1969), 'The Organization of Economic Activity: Issues Pertinent to the Choice of Market versus Non-Market Allocation', in Joint Economic Committee (91st US Congress, 1st session), *The Analysis and Evaluation of Public Expenditure*, vol. 1, Washington, DC: Congressional Printing Office, pp. 59–73.

Arrow, K.J. (1985), 'The Economics of Agency', in J.W. Pratt and R.J. Zeckhauser (eds), *Principals and Agents: The Structure of Business*, Boston: Harvard Business Books, pp. 31–57.

Arthur, W.B. (1995), 'Complexity in Economic and Financial Markets', *Complexity*, vol. 1, no. 1, pp. 20–25 [reprinted in Drobak and Nye (eds) (1997), op. cit., pp. 291–304].

Axelrod, R. (1984), *The Evolution of Cooperation*, New York: Basic Books.

Banks, G. and J. Tumlir (1986), *Economic Policy and the Adjustment Problem*, London: Gower.

Barro, R.J. and X. Sala-I-Martin (1995), *Economic Growth*, New York: McGraw Hill.

Barzel, Y. (1982), 'Measurement Cost and the Organization of Markets', *Journal of Law and Economics*, vol. 25, no. 2, pp. 7–48.

Barzel, Y. (1989), *Economic Analysis of Property Rights*, Cambridge, UK: Cambridge University Press.

Bates, R. (1990), 'Macropolitical Economy in the Field of Development, in J. Alt and K. Shepsle (eds), *Perspectives on Positive Political Economy*, Cambridge: Cambridge University Press, pp. 31–54.

Bauer, P.T. (1957). *Economic Analysis and Policy in Under-developed Countries*, Cambridge, UK: Cambridge University Press.

Bauer, P.T. (2000), *From Subsistence to Exchange and Other Essays*, Princeton, NJ: Princeton University Press.

Bauer, P.T. and A. Sen (2004), *From Subsistence to Exchange*, Princeton, NJ: Princeton University Press.

Baumol, W.J. (1952/1965), *Welfare Economics and the Theory of the State* (reprinted 1965), London: Bell and Sons.

Baumol, W.J. (1990), 'Entrepreneurship: Productive, Unproductive and Destructive', *Journal of Political Economy*, vol. 98, pp. 893–921.

Becker, G. (1964), *Human Capital*, New York: National Bureau of Economic Research.

Becker, G. and R. Posner (2011), 'Deserving and Undeserving Inequality', available at Becker-Posner blog, www.e-axes.com/content/workingpaper, accessed 20 October 2011).

Becker, J. (1996), *Hungry Ghosts: China's Secret Famine*, London: John Murray.

Beckerman, W. (1974), *In Defence of Economic Growth*, London: J. Cape.

Bennett. J. (2012), *Little Green Lies: Twelve Environmental Myths*, Melbourne: Connor Court.

Bennett, J.T. (1990), 'Right to Work Laws, Evidence from the United States', in F. Mihlar (ed.), *Unions and Right-to-Work Laws*, Vancouver, BC: Fraser Institute, pp. 71–89.

Benson, B.L. (1989), 'The Spontaneous Evolution of Commercial Law', *Southern Economic Journal*, vol. 55, pp. 655–661.

Benson, B.L. (1990), *The Enterprise of Law: Justice without the State*, San Francisco: Pacific Research Institute for Public Policy.
Benson, B.L. (1995), 'The Evolution of Values and Institutions in a Free Society: Underpinnings of a Market Economy', in G. Radnitzky and H. Bouillon (1995a), op. cit., pp. 87-126.
Benson, B.L. (1997), 'Institutions and the Spontaneous Evolution of Morality', in G. Radnitzky (ed.) (1997), *Values and the Social Order: Voluntary versus Coercive Orders*, Aldershot, UK and Brookfield, USA: Avebury Publishing, pp. 245-282.
Benson, B.L. (1998a), 'Law Merchant', in P. Newman (ed.), *The Palgrave Dictionary of Economics and the Law*, New York: Stockton.
Benson, B.L. (1998b), 'Economic Freedom and the Evolution of Law', *Cato Journal*, vol. 18, no. 2, pp. 209-232.
Berger, P. (1987), *The Capitalist Revolution*, Aldershot, UK: Wildwood House and New York: Basic Books.
Berggren, N., N. Karlson and J. Nergelius (eds) (2002), *Why Constitutions Matter*, New Brundwick, NJ: Transaction Publishing.
Bergh, A. (2011), *The Rise, Fall and Revival of a Capitalist Welfare State: What are the Policy Lessons from Sweden*, Working Paper Series # 873, Research Institute of Industrial Economics, accessed at http://ideas.repec.org/pbe193.html, 18 March 2012.
Berle, A.A. and G.C. Means (1932), *The Modern Corporation and Private Property*, New York: Macmillan.
Bernholz, P. (1966), 'Economic Policies in a Democracy', *Kyklos*, vol. 19, pp. 48-80.
Bernholz, P. (1982), 'Expanding Welfare State, Democracy and Free Market Economy: Are They Compatible?', *Journal of Institutional and Theoretical Economics*, vol. 138, pp. 583-598.
Bernholz, P., M.E. Streit and R. Vaubel (eds) (1998), *Political Competition, Innovation and Growth – A Historical Analysis*, Berlin–New York: Springer.
Bethell, T. (1998), *The Noblest Triumph: Property and Prosperity through the Ages*, New York: St. Martin's Press.
Bhagwati, J. (2002), *Free Trade Today*, Princeton, NJ: Princeton University Press.
Bickenbach, F. and R. Soltwedel (1995), *Leadership and Business Organization: Findings from a Survey of Corporate Executives*, Gütersloh: Bertelsmann Foundation.
Bish, R. (1987), 'Federalism: A Market Economic Perspective', *Cato Journal*, vol. 5 (Fall), pp. 377-397.
Blandy, R. et al. (1985), *Structured Chaos – The Process of Productivity Advance*, Oxford and New York: Oxford University Press.
Block, W. (ed.) (1990), *Economics and the Environment: A Reconciliation*, Vancouver: The Fraser Institute.
Boettke, P.J. (1990), *The Political Economy of Soviet Socialism: The Formative Years, 1918-1928*, Dordrecht, Holland, London and Boston: Kluwer Academic Publishers.
Boettke, P.J. (1993), *Why Perestroika Failed: The Politics and Economics of Socialist Transformation*, London–New York: Routledge.
Boettke, P.J. (ed.) (1994), *The Elgar Companion to Austrian Economics*, Aldershot, UK and Brookfield, VT, USA: Edward Elgar.
Boettke, P.J. (ed.) (1998), *The Elgar Companion to Austrian Economics*, Cheltenham, UK and Lyme, NH, USA: Edward Elgar.
Boettke, P.J. (2001), *Calculation and Coordination. Essays on Socialism and Transitional Political Economy*, London: Routledge.
Boettke, P.J. (ed.) (2010), *Handbook on Contemporary Austrian Economics*, Cheltenham, UK and Northampton, MA, USA: Edward Elgar.

Boettke, P.J. (2012), *Living Economics, Yesterday, Today, and Tomorrow*, Oakland, CA–Guatemala City: The Independent Institute-University Francisco Marroquín.

Boettke, P.J. and C.J. Coyne, (2006), 'The Role of the Economist in Economic Development', *Quarterly Journal of Austrian Economics*, pp. 47–68.

Boettke, P.J. and P.T. Leeson (2004), 'Liberalism, Socialism, and Robust Political Economy', *Journal of Markets and Morality*, vol. 7, no.1, pp. 99–111.

Boettke, P.J., C.J. Coyne and P.T. Leeson (2008), 'Institutional Stickiness and the New Development Economics', *American Journal of Economics and Sociology*, vol. 67, no. 2 (April), pp. 331–358.

Borner, S., A. Brunetti and B. Weber (1992), *Institutional Obstacles to Latin American Growth*, San Francisco: International Center for Economic Growth.

Bouillon, H. (ed.) (1996), *Libertarians and Liberalism – Essays in Honour of Gerard Radnitzky*, Aldershot, UK and Brookfield, USA: Avebury Publishing.

Boulding, K.E. (1956/1997), *The Image – Knowledge in Life and Society*, 11th edn, Ann Arbor: University of Michigan Press.

Boulding, K.E. (1959), *Principles of Economic Policy*, London: Staples Press.

Boulding, K.E. (1968/1962), 'Knowledge as a Commodity', *Beyond Economics – Essays on Society, Religion, and Ethics*, Ann Arbor: University of Michigan Press, pp. 141–150.

Boulding, K.E. (1969), 'Economics as a Moral Science', *American Economic Review*, vol. 59, pp. 1–12.

Boyko, M., A. Shleifer and R. Vishny (1994), 'Voucher Privatization', *Journal of Financial Economics*, vol. 55, no. 2, pp. 249–266.

Boyoko, M., A. Shleifer and R. Vishny (1997), *Privatizing Russia*, Cambridge, MA: MIT Press.

Braudel, F. (1981–84), *Civilization and Capitalism, 15th–18th Century*, 3 vols, London: Collins.

Brennan, G. and J.M. Buchanan (1980/1985), *The Power to Tax: Analytical Foundations of a Fiscal Constitution*, Cambridge and New York: Cambridge University Press.

Brennan, G. and J.M. Buchanan (1985), *The Reason of Rules: Constitutional Political Economy*, Cambridge and New York: Cambridge University Press.

Breughel Institute (2012), 'Lessons for Europe's Fiscal Union from US Federalism', *VoxEUorg* (25 January), accessed at http://www.voxeu.org/index.php?q/7559, on 13 March 2012.

Breyer, S. (1995), *Breaking the Vicious Circle; Toward Effective Risk Regulation*, new edition, Cambridge, MA: Harvard University Press.

Brunetti, A., G. Kisunko and B. Weder (1997), *Institutional Obstacles to Doing Business: Region-by-Region Results from a Worldwide Survey of the Private Sector*, Washington, DC: World Bank.

Brunner, K. and A. Meltzer (1971), 'The Uses of Money: Money in the Theory of the Exchange Economy', *American Economic Review*, vol. 61, no. 5, pp. 784–805.

Buchanan, J. (1964), 'What Should Economists Do?', *Southern Economic Journal*, vol. xxx, no. 3 (Jan.), pp. 213–222.

Buchanan, J.M. (1965), 'An Economic Theory of Clubs', *Economica*, vol. 32, pp. 1–14.

Buchanan, J.M. (1969), *Cost and Choice, An Inquiry in Economic Theory*, Chicago: University of Chicago Press.

Buchanan, J.M. (1975), *The Limits of Liberty – Between Anarchy and Leviathan*, Chicago: University of Chicago Press.

Buchanan, J.M. (1978), 'From Private Preferences to Public Philosophy. The Development of Public Choice', in Institute of Economic Affairs (1978), *The Economics of Politics*, London: Institute of Economic Affairs, pp. 3–20.

Buchanan, J.M. (1987), 'The Constitution of Economic Policy', *American Economic Review*, vol. 77, pp. 243–250.

Buchanan, J.M. (1991), *Constitutional Economics*, Oxford, UK and Cambridge, MA: Basil Blackwell.
Buchanan, J.M. and A. di Pierro (1980), 'Cognition, Choice, and Entrepreneurship', *Southern Economic Journal*, vol. 46, pp. 693–701.
Buchanan, J.M. and G. Tullock (1962), *The Calculus of Consent: Logical Foundations of Constitutional Democracy*, Ann Arbor: University of Michigan Press.
Buchanan, J.M. and R.E. Wagner (1977), *Democracy in Deficit: The Political Legacy of Lord Keynes*, New York: Academic Press.
Buchanan, J.M. et al. (eds) (1980), *Toward a Theory of the Rent-Seeking Society*, College Station: Texas A&M University Press.
Burton, J. et al. (1986), *Keynes's General Theory: Fifty Years On*, London: Institute of Economic Affairs.
Bush, P. (1987), 'The Theory of Institutional Change', *Journal of Economic Issues*, vol. 21, pp. 1075–1116.
Butler, E. (2010), *Ludwig von Mises – a Primer*. London: Institute of Economic Affairs.
Carter, R.M. (2010), *Climate: The Counter-Consensus – a Scientist Speaks*. London: Stacey International.
Casson, M. (1993), 'Cultural Determinants of Economic Performance', *Journal of Comparative Economics*, vol. 17, pp. 418–442.
Chenery, H.B. and M. Syrquin (1975), *Patterns of Development, 1950–70*, London: Oxford University Press for the World Bank.
Chenery, H.B., S. Robinson and M. Syrquin (1986), *Industrialization and Growth, A Comparative Study*, New York: Oxford University Press for the World Bank.
Cheung, S. (1983), 'The Contractual Nature of the Firm', *Journal of Law and Economics*, vol. 26, pp. 1–21.
Ch'ng, D. (1993), *The Overseas Chinese Entrepreneurs in East Asia: Background, Business Practices and International Networks*, Melbourne: Committee for the Economic Development of Australia (CEDA).
Christainsen, G.B. (1989–90), 'Law as a Discovery Procedure', *Cato Journal*, vol. 9, pp. 497–530.
Clark, G. (2007), *A Farewell to Alms: A Brief History of the World*, Princeton, NJ: Princeton University Press.
Clark, J.M. (1962), *Competition as a Dynamic Process*, Washington, DC: Brookings.
Clower, R.W. (ed.) (1969), *Monetary Theory: Selected Readings*, Harmondsworth: Penguin.
Coase, R.H. (1952/1937), 'The Nature of the Firm', in G.S. Stigler and K.E. Boulding (eds), *Readings in Price Theory*, Homewood, IL: Irwin, pp. 331–352.
Coase, R.H. (1960), 'The Problem of Social Cost', *Journal of Law and Economics*, vol. 3, pp. 1–44.
Coase, R.H. (1988), 'The Nature of the Firm: Origin, Meaning, Influence', *Journal of Law, Economics and Organization*, vol. 4, no. 1 (Spring), pp. 3–47.
Coase, R. and Ning Wang (2012), *How China Became Capitalist*, London: Palgrave Macmillan.
Coleman, J.S. (1990), *Foundations of Social Theory*, Cambridge, MA: Belknap Press of Harvard University Press.
Cooter, R.D. (1996), 'Decentralised Law for a Complex Economy: The Structural Approach to Adjudicating the New Law Merchant', *University of Pennsylvania Law Review*, no. 144, pp. 1643–696.
Cooter, R.D. and T. Ulen (1997), *Law and Economics*, 2nd edn, New York: Addison-Wesley).
Cordato, R.E. (1994), 'Efficiency', in P.J. Boettke (ed.) (1994), op. cit., pp. 131–137.
Coughlin, C.C., A.K. Chrystal and G.E. Wood (1988), 'Protectionist Trade Policies: A Survey of Theory, Evidence and Rationale', *Federal Reserve Bank of St. Louis Review*, vol. 70, no. 1, pp. 12–29.

Courtois, S. et al. (1999), *The Black Book of Communism: Crimes, Terror, Repression*, Cambridge, MA: Harvard University Press.

Cowen, T. (1988), 'The Marshall Plan: Myths and Realities', in Heritage Foundation, *US Aid to the Developing World - A Free Market Agenda*, Washington, DC: Heritage Foundation.

Cowen, T. (2002), *Creative Destruction, How Globalization is Changing the World's Cultures*, Princeton, NJ: Princeton University Press.

Cowen, T. and E. Crampton (2003), *Market Failure and Success: The New Debate*, Cheltenham, UK and Northampton, MA, USA: Edward Elgar.

Cox, M. (ed.) (1999), *Rethinking the Soviet Collapse: Sovietology, the Death of Communism and the New Russia*, London: Pinter.

Coyne, C. (2007), *After War*, Palo Alto, CA: Stanford University Press.

Coyne, C. and P. Leeson (2009), *Media, Development and Institutional Change*, Cheltenham, UK and Northampton, MA, USA: Edward Elgar.

Curzon-Price, V. (1997), 'International Commerce as an Instance of Non-Coerced Social Order', in G. Radnitzky (ed.) (1997), op. cit., pp. 425–438.

Cyert, R.M. and J.G. March (1992), *A Behavioral Theory of the Firm*, 2nd edn, Cambridge, MA: Blackwell Business.

Dahlmann, C.J. (1979), 'The Problem of Externality', *Journal of Law and Economics*, vol. 22, no. 1, pp. 41–162.

Dahmén, E., L. Hannah and I.M. Kirzner (eds) (1994), *The Dynamics of Entrepreneurship, Crawford Lectures, no. 5*, The Institute of Economic Research, Malmø: Lund University.

Dean, J.W. (1981), 'The Dissolution of the Keynesian Consensus', in D. Bell and I. Kristol (eds), *The Crisis in Economic Theory*, New York: Basic Books, pp. 19–34.

Demsetz, H. (1964), 'The Exchange and Enforcement of Property Rights', *Journal of Law and Economics*, vol. 7, pp. 11–26.

Demsetz, H. (1967), 'Toward a Theory of Property Rights', *American Economic Review*, vol. 57, no. 2, pp. 347–359.

Demsetz, H. (1969), 'Information and Efficiency. Another Viewpoint', *Journal of Law and Economics*, vol. 13, pp. 1–22.

Demsetz, H. (1970), 'The Private Production of Public Goods', *Journal of Law and Economics*, vol. 13, pp. 293–06.

Demsetz, H. (1982), *Economic, Political and Legal Dimensions of Competition*, Amsterdam and New York: North Holland.

Demsetz, H. (1983), 'The Structure of Ownership and the Theory of the Firm', *Journal of Law and Economics*, vol. 26, pp. 375–393.

Demsetz, H. (1988), 'The Theory of the Firm Revisited', *Journal of Law, Economics and Organization*, vol. 4, no. 1 (Spring), pp. 141–161.

Demsetz, H. (1989/1982), *Efficiency, Competition and Policy: The Organisation of Economic Activity*, London and New York: Basil Blackwell.

Demsetz, H. (2003), 'Ownership and the Externality Problem', in T.L. Anderson and F.S. McChesney (eds), op. cit.

Denison, E.F. (1967), *Why Growth Rates Differ?*, Washington, DC: Brookings.

Dolan, E.G. (ed.) (1976), *The Foundations of Modern Austrian Economics*, Kansas City: Sheed and Ward.

Doti, J. and D.R. Lee (1991), *The Market Economy, A Reader*, Los Angeles: Roxbury Publications.

Downs, A. (1957a), *An Economic Theory of Democracy*, New York: Harper & Row.

Downs, A. (1957b), 'An Economic Theory of Political Action in a Democracy', in E.J. Hamilton (ed.), *Landmarks in Political Economy*, vol. **2**, Chicago: University of Chicago Press, pp. 559–582.

Drexler, K.E. (1986), *Engines of Creation, the Coming Era of Nanotechnology*, New York: Doubleday.

Drobak, J.N. and J.V. Nye (eds) (1997), *The Frontiers of the New Institutional Economics*, San Diego, CA: Academic Press.

Drucker, P.F. (1993), *Post-Capitalist Society*, New York: Harper Business.

Easterbrook, G. (2003), *The Progress Paradox: How Life Gets Better While People Feel Worse*, New York: Random House.

Easterly, W. (2006), *The White Man's Burden: Why the West's Efforts to Aid the Rest Have done so Much Ill and so Little Good*, New York: Penguin HC.

Edwards, C. (1995), *Crisis and Reforms in Latin America*, Oxford and New York: Oxford University Press.

Eggertsson, T. (1990), *Economic Behavior and Institutions*, Cambridge, UK: Cambridge University Press.

Eggertsson, T. (1998), 'Limits to Institutional Reforms', *Scandinavian Journal of Economics*, vol. **100**, no. 1, pp. 335–357.

Eisenstadt, S.N. (ed.) (2000), *Multiple Modernities*, New Brunswick NJ: Transaction Publishers.

Elster, J. (1989), *The Cement of Society: A Study of Social Order*, Cambridge, UK and New York: Cambridge University Press.

Epstein, R. (1985), *Takings: Private Property and the Power of Eminent Domain*, Cambridge, MA: Harvard University Press.

Epstein, R.A. (1995), *Simple Rules for a Complex World*, Cambridge, MA: Harvard University Press.

Epstein, R.A. (2007), *Economics of Property Law*, Cheltenham, UK and Northampton, MA, USA: Edward Elgar.

Epstein, R.A., G. Wood and G. Owens (2005), *Free Markets under Siege: Cartels, Politics and Social Welfare*, Stanford CA: Hoover Institution Press.

Erhard, L. (1960), *Prosperity through Competition*, 3rd edn, London: Thames and Hudson.

Eucken, W. (1992/1940), *The Foundations of Economics, History and Theory in the Analysis of Economic Reality*, New York and Heidelberg, Springer Publishers [first German edn 1940].

Fama, E.F. and M.C. Jensen (1985), 'Organizational Costs and Investment Decisions', *Journal of Financial Economics*, vol. **14**, no. 1, available at www.people.hbs.edu/mjensen/pub2.html, accessed 12 August 2011.

Ferguson, N. (2011), *Civilization – The West and the Rest*, London: Allen Lane.

Fields, G.S. (1984), 'Employment Income Distribution, and Economic Growth in Seven Small Open Economies', *Economic Journal*, vol. **94**, pp. 74–83.

Findlay, R. (1992), 'The Roots of Divergence: Western Economic History in Comparative Perspective', *American Economic Review*, vol. **82** (May), pp. 158–161.

Fisher, I. (1922), *The Purchasing Power of Money* available at www.econlib.org/library/Enc/bios/Fisher.htm, accessed 5 March 2011.

Flew, A. (1989), *Equality in Liberty and Justice*, London and New York: Routledge.

Foldvary, F. (1994), *Public Goods and Private Communities*, Aldershot, UK and Brookfield, VT, USA: Edward Elgar.

Fonte, J. (2011), *Sovereignty or Submission: Will Americans Rule Themselves or Be Ruled by Others?* New York: Encounter Books.

Freedom House (2011), *Freedom in the World 2011: The Authoritarian Challenge to Democracy* available at www.freedomhouse.org/template.cfm?page=70&release=1310, accessed 22 October 2011.

Freeman, D. (1983), *Margaret Mead and Samoa: The Making and Unmaking of an Anthropological Myth*, Canberra: Australian National University Press.

Freeman, R. and B. Berelson (1974), 'The Human Population', *Scientific American* (Sept.), pp. 32–49.

Friedman, D. (1979), 'Private Creation and Enforcement of Law: A Historical Case', *Journal of Legal Studies*, vol. 8, no. 2, pp. 399–415.

Friedman, M. (1962), *Capitalism and Freedom*, Chicago and London: University of Chicago Press.

Friedman, M. (1968), 'The Role of Monetary Policy', *American Economic Review*, vol. 78, (May), pp. 1–17.

Friedman, M. (1991), 'The Sources of Monopoly', in J.L. Doti and D.R. Lee (eds) (1991), op. cit., pp. 103–106.

Friedman, M. and R. Friedman (1980), *Free to Choose: A Personal Statement*, Harmondsworth: Pelican Books.

Fuglesang, A. and D. Chandler (1987), *Participation as Process: What we can Learn from Grameen Bank, Bangladesh*, Oslo: Ministry of Development Cooperation, NORAD.

Furubotn, E. (1994), *Future Development of the New Institutional Economics: Extension of the Neoclassical Model or New Construct?*, Lectiones Jenenses, Jena/Germany: Max-Planck-Institute for Research Into Economic Systems.

Furubotn, E. and R. Richter (eds) (1991), *The New Institutional Economics*, College Station: Texas A&M University Press.

Galbraith, J.K. (1967), *The New Industrial State*, Boston: Houghton Mifflin.

Gartzke, E. (2005), 'Economic Freedom and Peace', in Gwartney and Lawson, 2005, op. cit., pp. 29–44.

Gates, B. (1995), *The Road Ahead*, rev. edn, New York and London: Viking–Penguin.

Gerken, J. (ed.) (1995), *Competition among Institutions*, London: St. Martin's Press.

Gibbon, E. (1776–88/1996), *The History of the Decline and Fall of the Roman Empire*, London: Random House.

Giersch, H. (ed.) (1971), *Integration through Monetary Union?*, Tübingen, Germany: Mohr-Siebeck.

Giersch, H. (ed.) (1980), *Towards an Explanation of Economic Growth*, Tübingen, Germany: Mohr-Siebeck.

Giersch, H. (1989), *The Ethics of Economic Freedom*, Sydney: Independent Studies*.

Giersch, H. (1993), *Openness for Prosperity*, Cambridge, MA: MIT Press.

Giersch, H. (1996), 'Economic Morality as a Competitive Asset', in A. Hamlin et al. (1996), *Markets, Morals and Community*, Sydney: Centre for Independent Studies, pp. 19–42.

Giersch, H., K.H. Paqué and H. Schmieding (1992), *The Fading German Miracle*, Cambridge, UK and New York: Cambridge University Press.

Gigerenzer, G. (2006), 'Bounded and Rational, in R.J. Stainton, *Contemporary Debates in Cognitive Science*, London: Blackwell, pp. 120–135.

Gleeson-White, J. (2011), *Double Entry*, Sydney: Allen & Unwin.

Graham, A. and A. Seldon (1990), *Government and Economics in the Postwar World*, London: Routledge.

Green, D.G. (1996), *From Welfare State to Civil Society*, Wellington, NZ: NZ Business Roundtable.

Gregory, P.R. (1990/2006), *Restructuring the Soviet Economic Bureaucracy*, Cambridge, UK: Cambridge University Press.

Gregory, P.R. (2004), *The Political Economy of Stalinism*, Cambridge: Cambridge University Press.

---

* All publications of the Centre for Independent Studies cited here are available free of charge at www.cis.org.au/publications.

Gregory, P.R. (2008), 'Russia's Economy: Putin and the KGB State' available at www.econlib.org/library/Columns/y2011/Gregorykgbstate.html on 12 Nov. 2011

Gwartney, J.D. (1991), 'Private Property, Freedom and the West', in J.L. Doti and D.R. Lee, op. cit., pp. 62–76.

Gwartney, J. and R. Lawson (passim), *Economic Freedom of the World, Annual Report*, Vancouver: The Fraser Institute.

Gwartney, J.D. and R.E. Wagner (eds) (1988), *Public Choice and Constitutional Economics*, Greenwich, CT: JAI Press.

Gwartney, J., R. Lawson and J. Hall (2011), *Economic Freedom of the World, 2011 Annual Report*, Vancouver: The Fraser Institute.

Hahn, F.H. and R.C.O. Matthews (1969), 'The Theory of Economic Growth. A Survey', in: Royal Economic Society and American Economic Association, *Surveys of Economic Theory*, vol. II, London: Macmillan, pp. 1–124.

Harberger, A. (1984), *World Economic Growth*, San Francisco: Institute for Contemporary Studies.

Hardin, G. (1968), 'The Tragedy of the Commons', *Science*, no. 162, pp. 1243–1248.

Hardin, G. (1993/2008), 'The Tragedy of the Commons', in D. Henderson (ed.), op. cit., pp. 497–499.

Harper, D.A. (1996), *Entrepreneurship and the Market Process – An Inquiry into the Growth of Knowledge*, London and Florence: Routledge.

Hayek, F.A. (1933/2008), *Monetary Theory and the Trade Cycle*, reprinted in P.T. Salerno (ed.). *On Money, the Business Cycle and the Gold Standard*, Auburn, AL: Ludwig von Mises Institute [German original 1929].

Hayek, F.A. (1935), *Prices and Production*, 2nd edn, New York: Augustus Kelly (reprinted 1975).

Hayek, F.A. (1935/1948), 'The Nature and History of the Problem', in F.A. Hayek, *Individualism and Economic Order*, 2 vols, Chicago: University of Chicago Press, pp. 1–40.

Hayek, F.A. (1937), 'Economics and Knowledge', *Economica*, vol. 4, 33–54.

Hayek, F.A. (1940), 'Socialist Calculation: The Competitive "Solution"', *Economica*, vol. 7, pp. 125–149.

Hayek, F.A. (1944), *The Road to Serfdom*, Chicago: University of Chicago Press.

Hayek, F.A. (1945), 'The Use of Knowledge in Society', *American Economic Review*, vol. 35, pp. 519–530.

Hayek, F.A. (1960), *The Constitution of Liberty*, London: Routledge Kegan Paul.

Hayek, F.A. (1967a), 'Notes on the Evolution of Systems of Rules of Conduct', in F.A. Hayek, *Studies in Philosophy, Politics and Economics*, London: Routledge Kegan Paul, pp. 66–81.

Hayek, F.A. (1967b), 'Kinds of Rationalism', in F.A. Hayek, *Studies in Philosophy, Politics and Economics*, London: Routledge Kegan Paul, pp. 82–95.

Hayek, F.A. (1973), *Rules and Order*, vol. 1 of *Law, Legislation and Liberty*, Chicago and London: University of Chicago Press.

Hayek, F.A. (1976), *The Mirage of Social Justice*, vol. 2 of *Law, Legislation and Liberty*, Chicago and London: University of Chicago Press.

Hayek, F.A. (1978a), *Denationalization of Money. An Analysis of the Theory and Practice of Concurrent Currencies*, London: Institute of Economic Affairs.

Hayek, F.A. (1978b), 'Competition as a Discovery Procedure', in F.A. Hayek, *New Studies in Philosophy, Politics, Economics and the History of Ideas*, London: Routledge Kegan Paul, pp. 179–190.

Hayek, F.A. (1979a), *The Political Order of a Free People*, vol. 3 of *Law, Legislation and Liberty*, Chicago and London: University of Chicago Press.

Hayek, F.A. (1979b), *Counter Revolution of Science: Studies on the Abuse of Reason*, 2nd edn, Indianapolis: Liberty Press.

Hayek, F.A. (1986/1978), 'Socialism and Science', in C. Nishiyama and K.R. Leube (eds), *The Essence of Hayek*, Stanford: Hoover Institution, pp. 114-127.

Hayek, F.A. (1988), *The Fatal Conceit: The Errors of Socialism*, London: Routledge and Chicago: University of Chicago Press.

Hazlitt, H. (1988/1964), *The Foundations of Morality*, Lanham, MD: University Press of America.

Henderson, D. (2001), *Misguided Virtue: False Notions of Corporate Social Responsibility*, Wellington: New Zealand Business Roundtable.

Henderson, D. (ed.) (2008), *The Concise Encyclopedia of Economics*, Indianapolis, IN: Liberty Fund.

Hessen, R. (2008), 'Capitalism', in D. Henderson (2008), op. cit., pp. 57-61.

Heyne, P., P.J. Boettke and D.L. Prychitko (2012), *The Economic Way of Thinking*, 12th edn, Upper Saddle River, NJ: Prentice Hall.

Higgs, R. (1997), 'Regime Uncertainty: Why the Great Depression Lasted So Long and Why Prosperity Returned After the War', *The Independent Review*, vol. 1, no. 4 (Spring), pp. 561-590.

Hirschman, A.O. (1977), *The Passions and the Interests – Political Arguments for Capitalism before its Triumph*, Princeton, NJ: Princeton University Press.

Hirschman, A.O. (1980/1970), *Exit, Voice and Loyalty: Responses to Decline in Firms, Organizations, and States*, Cambridge, MA: Harvard University Press.

Hobbes, J.T. (1651/1962), *Leviathan*, London: Collins.

Hodgson, G.M. (1988), *Economics and Institutions: A Manifesto for a Modern Institutional Economics*, Philadelphia, US: University of Pennsylvania Press and Cambridge: Polity Press.

Hodgson, G.M. (1989), 'Institutional Economic Theory: The Old versus the New', *Review of Political Economy*, vol. 1, no. 3, pp. 249-269.

Hodgson, G.M. (1998), 'The Approach of Institutional Economics', *Journal of Economic Literature*, vol. xxxvi (March), 166-192.

Hodgson, G.M., W.J. Samuels and M.R. Tool (eds) (1994), *The Elgar Companion to Institutional and Evolutionary Economics*, 2 volumes, Aldershot, UK and Brookfield, VT, USA: Edward Elgar.

Hofstede, G. and R. Bond (1988), 'The Confucius Connection: From Cultural Roots to Economic Growth', *Organizational Dynamics*, vol. 16 (Spring), pp. 5-21.

Howitt, P. (2006), 'Growth and Development: A Schumpeterian Perspective', available at http://www.cdhowe.org/pdf/commentary_246.pdf, accessed 12 January 2011.

Huerta de Soto, J. (1998), 'The Ongoing *Methodenstreit* of the Austrian School', *Journal des économistes et des études humaines*, vol. 8, no.1 (March), pp. 75-113.

Hume, D. (1965/1786), 'A Treatise of Human Nature', in D. Hume, *The Philosophical Works of David Hume*, edited by T.H. Green and T.H. Grose, Oxford: Clarendon.

Hutchison, T.W. (1981), 'On the Aims and Methods of Economic Theorizing', in T.W. Hutchison, *The Politics and Philosophy of Economics – Marxians, Keynesians and Austrians*, New York: New York University Press, pp. 266-307.

International Monetary Fund (1997), *World Economic Outlook, October 1997*, Washington, DC: IMF.

Jackson, K. et al. (2011), *International Property Rights Index, 2011 Report* (Washington, DC: Americans for Tax Reform Alliance/Property Rights Alliance), available at ATR-2011 Index-Web2.pdf, accessed 8 August 2011.

Jacobs, J. (1992), *Systems of Survival, a Dialogue on the Moral Foundations of Commerce and Politics*, New York: Random House.

James, J.J. and M. Thomas (eds) (1994), *Capitalism in Context*, Chicago and London: University of Chicago Press.

de Jasay, A. (1985), *The State*, Oxford and New York: Basil Blackwell.

de Jasay, A. (1993), 'Is limited government possible?' in H. Bouillon and G. Radnitzky (eds), *Government: Servant or Master?* Amsterdam–Atlanta, GA, USA: Editions Rodopi, pp. 73–97.

de Jasay, A. (1995), *Conventions: Some Thoughts on the Economics of Ordered Anarchy*, Lectiones Jenenses, Jena, Germany: Max-Planck-Institute for Research into Economic Systems.

de Jasay, A. (2002), *Justice and Its Surroundings*, Indianapolis, IN: Liberty Fund.

Jefferson, G.H. and T.G. Rawski (1995), 'How Industrial Reform Worked in China: The Role of Innovation, Competition and Property Rights', in World Bank (1995), op. cit., pp. 129–170.

Jensen, M.C. (1983), 'Organization Theory and Methodology', Accounting Review, vol. **58**, pp. 319–339.

Jensen, M.C. and W. Meckling (1976), 'Theory of the Firm: Managerial Behavior, Agency Costs, and Capital Structure', *Journal of Financial Economics*, vol. 3, pp. 305–360.

Jensen, M.C. and R.S. Ruback (1983), 'The Market for Corporate Control: The Scientific Evidence', *Journal of Financial Economics*, vol. **11**, nos 1–4, pp. 5–50.

Johnson, P. (1983), *A History of the Modern World, From 1917 to the 1980s*, London: Weidenfeld and Nicholson.

Johnson, P. (1991), *The Birth of the Modern, World Society 1815–1830*, London: Weidenfeld and Nicholson.

Jones, CI. and P.M. Romer (2010), 'The New Kaldor Facts: Ideas, Institutions, Population, and Human Capital', *American Economic Journal: Macroeconomics*, vol. **2**, no. 1, pp. 224–245.

Jones, E.L. (1981/2003), *The European Miracle: Environments, Economies, and Geopolitics in the History of Europe and Asia*, 3rd edn, Cambridge, UK and New York: Cambridge University Press.

Jones, E.L (1988), *Growth Recurring. Economic Change in World History*, Oxford: Clarendon Press.

Jones, E.L. (1994), 'Patterns of Growth in History', in J.J James and M. Thomas (eds), op. cit., pp. 115–128.

Jones, E.L. (1995), 'Culture and Its Relationship to Economic Change', *Journal of Institutional and Theoretical Economics*, vol. **151**, no. 2, pp. 269–285.

Jones, E.L., L. Frost and C. White (1994), *Coming Full Circle: An Economic History of the Pacific Rim*, Melbourne: Oxford University Press.

Kahn, H. (1979), *World Economic Development: 1979 and Beyond*, London: Croom Helm and Boulder, CO: Westview Press.

Karlson, N. (ed.) (1995), *Can the Present Problems of Mature Welfare States such as Sweden be Solved?*, Stockholm: City University Press.

Karlson, N. (forthcoming), *Statecraft. How to Reform Modern Welfare States. Lessons from the Reform Processes of Sweden and Australia*, Cheltenham, UK and Northampton, MA, USA: Edward Elgar.

Kasper, W. (1970), 'European Integration and Greater Flexibility of Exchange Rates', in H.N. Halm (ed.), *Approaches to Greater Flexibility of Exchange Rates, The Bürgenstock Papers*, Princeton, NJ: Princeton University Press, pp. 385–388.

Kasper, W. (1981), 'The Sichuan Experiment', *The Australian Journal of Chinese Affairs*, no. 7, pp. 163–172.

Kasper, W. (1982), *Australian Political Economy*, Melbourne, Australia: Macmillan.

Kasper, W. (1994), *Global Competition, Institutions, and the East Asian Ascendancy*, San Francisco: International Center for Economic Growth.

Kasper, W. (1995), *Competitive Federalism*, Perth: Institute of Public Affairs, States' Policy Unit.

Kasper, W. (1996a), *Competitive Federalism Revisited: Bidding Wars, or Getting the Fundamentals Right?*, Perth: Institute for Public Affairs States' Policy Unit.

Kasper, W. (1996b), 'Responsibility and Reform, A Conversation with Ruth Richardson', *Policy*, vol. 12, no. 3, pp. 25-31.

Kasper, W. (1998), 'Rapid Development in East Asia: Institutional Evolution and Backlogs', *Malaysian Journal of Economic Studies*, vol. xxxv, nos 1-2, pp. 45-65.

Kasper, W. (2002), *Sustainable Immigration and Cultural Integration*, Sydney: Centre for Independent Studies.

Kasper, W. (2005a), 'Human Progress – and Collapse?' *Energy & Environment*, vol. 16, nos 3-4, pp. 441-456.

Kasper, W. (2005b), 'Can Islam Meet the Challenges of Modernity?', *Quadrant*, no. 516, vol. xlix, no. 5 (May), pp. 8-19.

Kasper, W. (2006), *Make Poverty History: Tackle Corruption, Issue Analysis*, no. 67. Sydney: Centre for Independent Studies, also available at wwwe.africanexecutive.com/development under the title 'Laws Create Thieves and Bandits'.

Kasper, W. (2007), "The Political Economy of Global Warming, Rent Seeking and Freedom", in Civil Society Coalition on Climate Change (2010), *Civil Society Report on Climate Change*, London: International Policy Press, pp. 77-97.

Kasper, W. (2008a), 'Competition', in D. Henderson (ed.) (2008), op. cit., pp. 468-471.

Kasper, W. (2008b), 'Spatial Economics', in D. Henderson (ed.) (2008), op. cit., 73-6.

Kasper, W. (2010), *What's Wrong with Neoclassical Orthodoxy? An Overdue* Methodenstreit, Wellington, NZ: New Zealand Business Roundtable, available at www.nzbr.org.nz/site/nzbr/files/Kasper%20paper%204.pdf, accessed 12 December 2010.

Kasper, W. (2011a), 'A Generation of Reform . . . and a Few Years of Backsliding', *Quadrant*, vol. LV, no. 4, pp. 49-58.

Kasper, W. (2011b), *The Merits of Western Civilisation*, Melbourne: Institute of Public Affairs.

Kasper, W. (2011c), 'No News on the Eurofront', *EconLib* (Dec.), available at http://www.econlib.org/library/Columns/y2011/Kaspereuro.html.

Kasper, W. and H.-M. Stahl (1974), 'L'intégration par unification monétaire: une vue pessimiste', in P. Salin (ed.), *L'unification monétaire européenne*, Paris: Calmann-Lévy, pp. 133-164.

Kasper, W. and M.E. Streit (1993), *Lessons from the Freiburg School. The Institutional Foundations of Freedom and Prosperity*, Sydney: Centre for Independent Studies.

Kasper, W. and M.E. Streit (1998), *Institutional Economics Social Order and Public Policy*, Cheltenham, UK and Lyme, NH, USA: Edward Elgar.

Kĕ Wŭgang and Xi Manfei (2000), *Zì Dù Jīng Jì Xúe – Sè Hùi Zhi Xù Yu Gong Gòng Zèn Cè* [Institutional Economics: Social Order and Public Policy], Beijing: Commercial Press.

Kilby, P. (ed.) (1971), *Entrepreneurship and Economic Development*, New York: Free Press.

Kimminich, O. (1990), 'Institutionen in der Rechtsordnung', in E. Pankoke (ed.), *Institutionen und Technische Zivilisation*, Berlin: Duncker & Humblot, pp. 90-118.

Kirzner, I.M. (1960), *The Economic Point of View*, Kansas City: Sheed and Ward.

Kirzner, I.M. (1963), *Market Theory and the Price System*, Princeton, NJ: Van Nostrand.

Kirzner, I.M. (1973), *Competition and Entrepreneurship*, Chicago: University of Chicago Press.

Kirzner, I.M. (1985), *Discovery and the Capitalist Process*, Chicago: University of Chicago Press.

Kirzner, I.M. (1992), *The Meaning of the Market Process: Essays in the Development of Modern Austrian Economics*, London and New York: Routledge.

Kirzner, I.M. (ed.), (1994), *Classics in Austrian Economics, A Sampling in the History of a Tradition*, 3 vols, London: W. Pickering.

Kirzner, I.M. (1997), 'Entrepreneurial Discovery and the Competitive Market Process: An Austrian Approach', *Journal of Economic Literature*, vol. xxxv, no. 1 (March), pp. 60-85.

Kiwit, D. (1994), 'Zur Leistungsfähigkeit neoklassisch orientierter Transaktionskostenansätze', *Ordo*, vol. 45, pp. 105-36.

Kiwit, D. (1996), 'Path Dependence in Technological and Institutional Change – Some Criticisms and Suggestions', *Journal des Économistes et des Études Humaines*, vol. 7, no. 1, pp. 69-83.

Klaus, V. (1991), *Dismantling Socialism, a Preliminary Report*, Sydney: Centre for Independent Studies.

Klaus, V. (1997), *Renaissance*, Washington, DC: Cato Institute.

Klaus, V. (2008), *Blue Planet in Green Shackles – What is Endangered: Climate or Freedom?*, Washington, DC: Free Enterprise Institute.

Kliemt, H. (1993), 'On Justifying a Minimum Welfare State', *Constitutional Political Economy*, vol. 4, pp. 159-172

Klitgaard, R. (1995), *Institutional Adjustment and Adjusting to Institutions*, World Bank Discussion Paper no. 303, Washington, DC: World Bank.

Kreps, D. (1990), 'Corporate Culture and Economic Theory', in J.E. Alt and K.A. Shepsle (eds), *Perspectives on Positive Political Economy*, Cambridge, UK and New York: Cambridge University Press, pp. 90-143.

Krueger, A.O. (1994), *Political Economy of Policy Reform in Developing Countries*, Cambridge, MA: MIT Press.

Krueger, A.O. (1997), 'Trade Policy and Economic Development: How We Learn', *American Economic Review*, vol. 87, no. 1 (March), pp. 1-22.

Krugman, P (2007), *How Countries Compete: Strategy, Structures and Government in the Global Economy*, Cambridge, MA: Harvard Business School Press.

Kukathas, C, (2003), *The Liberal Archipelago: A Theory of Diversity and Freedom*, New York: Oxford University Press.

Kukathas, C., D.W. Lovell and W. Maley (1991), *The Transition from Socialism: State and Civil Society in the USSR*, Melbourne: Longman Cheshire.

Kuran, T. (1997), *Private Truths, Public Lies. The Social Consequences of Preference Falsification*, Cambridge, MA: Harvard University Press.

Kuran, T. (2009), 'Explaining the Economic Trajectory of Civilizations: The Systematic Approach', *Journal of Economic Behavior and Organization*, vol. 71, pp. 593-605.

Kuran, T. (2011), *The Long Divergence: How Islamic Law Held Back the Middle East*, Princeton, NJ: Princeton University Press.

Lachmann, L. (1943/1977), *Capital, Expectations, and the Market Process – Essays on the Theory of the Market Economy*, edited with an introduction by W.E. Grinder, Kansas City: Sheed and Andrews, pp. 655-680.

Lachmann, L. (1973), *The Legacy of Max Weber*, Berkeley, CA: Glendessary Press.

Lal, D. (2004), *In Praise of Empires. Globalization and Order*, New York: Palgrave-Macmillan.

Landa, J.T. (1994), *Trust, Ethnicity, and Identity: Beyond the New institutional Economics of Ethnic Trading Networks, Contract Law, and Gift-Exchange*, Ann Arbor, MI: University of Michigan Press.

Lange, O.R. and F.M. Taylor (1964/1939), *On the Economic Theory of Socialism*, New York: McGraw Hill.

Langlois, R.N. (ed.), (1986), *Economics as a Process: Essays in the New Institutional Economics*, Cambridge, UK and New York: Cambridge University Press.

Lawson, R.A. (2008), 'Economic Freedom', in D. Henderson (ed.), *The Concise Encyclopedia of Economics*, Indianapolis IN: Liberty Fund, pp. 124-127.

Leakey, R. (1994), *The Origin of Humankind*, London: Weidenfeld and Nicholson.

Leeson, P.T (2008), 'How Important is State Enforcement for Trade?', *American Law and Economics Review*, vol. 10, no. 1, pp. 61-89.

Leeson, P.T. and J.R. Subrick (2006), 'Robust Political Economy', *The Review of Austrian Economics*, vol. **19**, nos. 2–3, pp. 107–111.

Leibenstein, H. (1966), 'Allocative and X-Efficiency', *American Economic Review*, vol. **76**, no 3, pp. 392–415.

Leibenstein, H. (1984), 'On the Economics of Conventions and Institutions: An Exploratory Essay', *Journal of Institutional and Theoretical Economics*, vol. **140**, pp. 74–86.

Leoni, B. (1961), *Freedom and the Law*, Princeton, NJ: Van Norstrand.

Levy, D.M. (2002), *How the Dismal Science Got its Name*, Ann Arbor, MI: University of Michigan Press.

Lindbeck, A. (1995), 'Welfare State Disincentives with Endogenous Habits and Norms', *Scandinavian Journal of Economics*, vol. **97**, no. 4, pp. 477–494.

Lucas, R.E. (1972), 'Expectations and the Neutrality of Money', *Journal of Economic Theory*, vol. **4**, pp. 103–124.

Lutz, F.A. (1935/1963), 'Goldwährung und Wirtschaftsordnung' (Gold Standard and Economic Order), *Weltwirtschaftliches Archiv*, vol. **41**, pp. 224–236, reprinted in an edited English translation in H.G. Grubel (ed.), (1963), *World Monetary Reform*, Stanford: Stanford University Press, pp. 320–328.

Machlup, F. (1981–84), *Knowledge: Its Creation, Distribution and Economic Significance*, 3 vols. Princeton, NJ: Princeton University Press.

Maddison, A. (1995), *Explaining the Economic Performance of Nations: Essays in Time and Space*, Cheltenham, UK and Brookfield, VT, USA: Edward Elgar.

Maddison, A. (2001), *The World Economy: A Millennial Perspective*, 2 vols, Paris: OECD.

Maddison, A. (2007), *Contours of the World Economy*, Oxford and New York: Oxford University Press.

Magee, S., W.A. Brock and L. Young (1989), 'The Invisible Foot and the Fate of Nations: Lawyers as Negative Externalities', in S. Magee, S. et al. (eds) *Black Hole Tariffs and Endogenous Policy Theory: Political Economy in General Equilibrium*, Cambridge, UK and New York: Cambridge University Press.

Malia, M. (1994), *The Soviet Tragedy*, New York: The Free Press.

Mankiw, N.G. et al. (1993), 'A Symposium on Keynesian Economics Today', *Journal of Economic Perspectives*, vol. **7** (Winter), pp. 3–82.

Martin, W. and P. Béguin (1980), *Histoire de la Suisse, avec une suite (L'histoire récente)*, 8th edn, Lausanne: Payot.

Matthews, R.C.O. (1986), 'The Economics of Institutions and the Sources of Economic Growth', *Economic Journal*, vol. **96** (Dec.), pp. 903–918.

Mauro, P. (1995), 'Corruption and Growth', *Quarterly Journal of Economics*, vol. **110**, pp. 681–712.

Mayhew, A. (1987), 'Culture: Core Concept under Attack', *Journal of Economic Issues*, vol. **21**, no. 2, pp. 587–603.

McChesney, F.S. (2006), 'Coase, Demsetz, and the Unending Externality Debate', *Cato Journal*, vol. **26**, no. 1 (Winter), pp. 179–200.

McCloskey, D, (2010), *Bourgeois Dignity: Why Economics Can't Explain the Modern World*, Chicago: University of Chicago Press.

McKenzie, R.B. (ed.) (1984), *Constitutional Economics – Containing the Economic Powers of Government*, Lexington: Lexington Books.

McKenzie, R.B. and G. Tullock (1975), *The New World of Economics, Explorations into the Human Experience*, Homewood, IL: Richard D. Irwin.

Meadows, D.H. et al. (1972), *The Limits to Growth*, New York: Universe Books.

Menger, C. (1963/1883), *Problems of Economics and Sociology*, Urbana, IL: University of Illinois Press.

Menger, C. (1981/1871), *Principles of Economics*, New York: New York University Press [German original 1871].

Menger, C. (1985/1883), *Investigations into the Method of the Social Sciences*, New York: New York University Press [German original 1883].

Metcalfe, S. (1989), 'Evolution and Economic Change', in A. Silberston (ed.), *Technology and Economic Progress*, London: Macmillan.

Milgrom, P.R. and J. Roberts (1976), *Economics, Organisations and Management*, Englewood Cliffs, NJ: Prentice-Hall.

Milgrom, P.R., and J. Roberts (1992), *Economics, Organisations and Management*, Englewood Cliffs, NJ: Prentice Hall.

Mises, L. von (1920/1994), 'Economic Calculation in the Socialist Commonwealth', in I.M. Kirzner (1994), op. cit., vol. 3, pp. 3–30.

Mises, L. von (1922/1936), *Socialism: An Economic and Sociological Analysis*, London: Jonathan Cape [German original published in 1922].

Mises, L. von (1944), *Bureaucracy*, New Haven, CT: Yale University Press.

Mises, L. (1945/1952), 'Laissez Faire or Dictatorship', *Economic Planning*, New York: Dynamic America; repr. 1952: *Planning for Freedom and Other Essays and Addresses*, South Holland, IL: Libertarian Press.

Mises, L. von (1949), *Human Action: A Treatise on Economics*, New Haven, CT: Yale University Press.

Mises, L. von (1978), *Liberalism*, Kansas City: Sheed and Ward.

Mises, L. von (1979), *Economic Policy. Thoughts for Today and Tomorrow*, Chicago, IL: Regnery Gateway.

Mitchell, W.C. and R.T. Simmons (1994), *Beyond Politics. Markets, Welfare, and the Failure of Bureaucracy*, Boulder, CO: Westview Press.

Mix, M. (2011), 'The Right to Work: A Fundamental Freedom', *Imprimis*, vol. 40, no. 5/6.

Mokyr, J. (2004), *The Gifts of Athena: Historical Origins of the Knowledge Economy*, Princeton, NJ: Princeton University Press.

Moss, L.S. (1976), *The Economics of Ludwig von Mises*, Kansas City: Sheed and Ward, .

Mueller, D.C. (1996), *On the Decline of Nations, Lectiones Jeneses*, Jena, Germany: Max-Planck-Institute for Research into Economic Systems.

Mueller, D.C. (2003), *Public Choice III*, Cambridge: Cambridge University Press.

Murray, C. (2003), *Human Accomplishment*, New York: Harper Collins.

Myers, R. (ed.) (1996), *The Wealth of Nations in the Twentieth Century: The Policies and Determinants of Economic Development*, Stanford, CA: Hoover Institution Press.

Naisbitt, J. (1994), *Global Paradox: The Bigger the World Economy, the More Powerful its Smallest Players*, New York: William Morrow.

Naishul, V. (1993), 'Liberalism, Customary Rights and Economic Reforms', *Communist Economies and Economic Transformation*, vol. 5, pp. 29–44.

Nelson, R.R. (1970), 'Information and Consumer Behavior', *Journal of Political Economy*, vol. 78, no. 2, pp. 311–329.

Nelson, R.R. (1995), 'Recent Evolutionary Theorizing about Economic Change', *Journal of Economic Literature*, vol. 33, no. 1, 48–90.

Nelson, R.R. and S.G. Winter (1982), *An Evolutionary Theory of Economic Change*, Cambridge, MA: Belknap Press of Harvard University Press.

Némo, P. (2006), *What is the West?*, Pittsburg, VA: Duquesne University Press.

Nishiyama C. and K.R. Leube (eds) (1984), *The Essence of Hayek*, Stanford: Hoover Institutions Press.

North, D.C. (1981), *Structure and Change in Economic History*, New York: W.W. Norton.

North, D.C. (1990), *Institutions, Institutional Change and Economic Performance*, Cambridge, UK and New York: Cambridge, University Press.
North, D.C. (1992), *Transaction Costs, Institutions, and Economic Performance*, San Francisco: International Center for Economic Growth.
North, D.C. (1993), 'Institutions and Economic Performance', in Mäki, U. et al. (1993), op. cit., pp. 242–263.
North, D.C. (1994), 'The Evolution of Efficient Markets', in J.J. James and M. Thomas (eds), op. cit., pp. 257–264.
North, D.C. and R.P. Thomas (1973), *The Rise of the Western World: A New Economic History*, Cambridge, UK: Cambridge University Press.
North, D.C. and R.P. Thomas (1977), 'The First Economic Revolution', *Economic History Review*, vol. **30**, 2nd series, no. 2, pp. 229–241.
Nove, A. (1993), *An Economic History of the USSR*, London: Penguin.
Nowak, J.E. and R.D. Rotunda (2010), *Constitutional Law*, 8th edn (Hornbrook series), Thomson-Reuters: Westlaw.
Odell, J. (1990), 'Understanding International Trade Policies – An Emerging Synthesis', *World Politics*, vol. **453**, pp. 139–167.
O'Driscoll, G.P. (1977), *Economics as a Coordination Problem*, Kansas City: Sheed, Andrews and McNeel.
O'Driscoll Jr., G.P. and M.J. Rizzo (1985), *The Economics of Time and Ignorance*, New York: Columbia University Press.
OECD (Organisation for Economic Cooperation and Development) (1983), *Positive Adjustment Policies – Managing Structural Change*, Paris: OECD.
Oi, W.Y. (1990), 'Productivity in the Distributive Trades', Economic and Legal Organization Workshop, University of Rochester, *mimeo*.
Olasky, M. (1992), *The Tragedy of American Compassion*, Wheaton, IL: Crossway Books.
O'Leary, J. (ed.) (1995), *Privatization 1995*, Los Angeles: Reason Foundation.
Olson, M. (1965), *The Logic of Collective Action: Public Goods and the Theory of Groups*, New York: Schocken Books.
Olson, M. (1982), *The Rise and Decline of Nations: Economic Growth, Stagflation and Social Rigidities*, New Haven and London: Yale University Press.
Olson, M. (1993), 'Dictatorship, Democracy and Development', *American Political Science Review*, vol. **87**, no. 3, pp. 567–576.
Olson, M. (1996), 'Big Bills Left on the Sidewalk: Why Some Nations are Rich, and Others Poor', *Journal of Economic Perspectives*, vol. **10**, pp. 3–24.
Ostrom, E. (1990), *Governing the Commons: The Evolution of Institutions for Collective Action*, Cambridge, UK and New York: Cambridge University Press.
Ostrom, E. (2005), *Understanding Institutional Diversity*, Princeton, NJ: Princeton University Press.
Ostrom, E. and T.K. Kahn (eds) (2003), *Foundations of Social Capital*, Cheltenham, UK and Northampton, MA, USA: Edward Elgar.
Palmer, T.G. (2011), *The Morality of Capitalism*, Ottawa, IL: Jameson Books.
Papageorgiou, D., A.M. Choksi and M. Michaely (1991), *Liberalizing Foreign Trade*, Oxford, UK and Cambridge, MA: Basil Blackwell.
Pareto, V. (2009). *The Rise and Fall of Elites*, New Brunswick, Transaction Publishers (Italian original 1901).
Parker, D. and R. Stacey (1995), *Chaos, Management and Economics: The Implications of Non-Linear Thinking*, London: Institute of Economic Affairs.
Pennington, M. (2010), *Robust Political Economy: Classical Liberalism and the Future of Public Policy*, Cheltenham, UK and Northampton, MA, USA: Edward Elgar.

Pejovich, S. (1995), *Economic Analysis of Institutions and Systems*, Dordrecht, Holland and Boston, MA: Kluwer Academic.

Pejovich, S. (2003), *Understanding the Transaction Costs of Transition: It's the Culture, Stupid*, Arlington, VA: Mercatus Center, George Mason University, available at http://www.usaid.gov/our_work/economic_growth_and_trade/eg/forum_series/f6-session2-pefovich.pdf, accessed 15 January 2012.

Pethig, R. and U. Schlieper (eds) (1987), *Efficiency, Institutions and Economic Policy*, Berlin and New York: Springer Publishers.

Pirenne, H. (1969). *Medieval Cities: Their Origins and the Revival of Trade*, Princeton, NJ: Princeton University Press.

Polanyi, M. (1966), *The Tacit Dimension*, New York: Doubleday.

Popper, K.R. (1945/1974), *The Open Society and its Enemies*, 2 vols, London: Routledge Kegan Paul [reprinted 1974].

Popper, K.R. (1957/2002), *The Poverty of Historicism*, London: Routledge.

Popper, K.R. (1959), *The Logic of Scientific Discovery*, London: Hutchinson.

Porter, M.E. (1990), *The Competitive Advantage of Nation*, London, UK: Macmillan and New York: Free Press.

Porter, P. and G. Scully (1995), 'Institutional Technology and Economic Growth', *Public Choice*, vol. **82**, pp. 17-36.

Powelson, J.P. (1994), *Centuries of Economic Endeaavor*, Ann Arbor, MI: University of Michigan Press.

Prins, G. et al. (2010), *The Hartwell Paper - A New Direction for Climate Policy after the Crash of 2009*, London-Oxford, UK: London School of Economics/Institute for Science, Innovation and Society, Oxford University, available at http://eprints.lse.ac.uk/27939/1/HartwellPaper_English_version.pdf, accessed 12 December 2010.

Qian, Y. and B.R. Weingast (1995), *China's Transition to Market-Preserving Federalism, Chinese Style*, Stanford: Hoover Institution Press.

Quigley, C. (1979/1961), *The Evolution of Civilizations, An Introduction to Historical Analysis*, Indianapolis, IN: Liberty Press.

Rabushka, A. (1974), *A Theory of Racial Harmony*, Columbia, SC: University of South Carolina Press.

Radnitzky, G. (1987), 'An Economic Theory of the Rise of Civilisation and Its Policy Implications: Hayek's Account Generalised', *Ordo*, vol. **38**, pp. 47-90.

Radnitzky, G. (ed.) (1997), *Values and the Social Order, Volume 3: Voluntary versus Coercive Orders*, Aldershot, UK and Brookfield, USA: Avebury Publishing.

Radnitzky, G., and H. Bouillon (eds) (1995a), *Values and the Social Order, Volume 1: Values and Society*, Aldershot, UK and Brookfield, USA: Avebury Publishing.

Radnitzky, G. and H. Bouillon (eds) (1995b), *Values and the Social Order, Volume 2: Society and Order*, Aldershot, UK and Brookfield, USA: Avebury Publishing.

Radnitzky, G. and H. Bouillon (eds) (1996), *Government: Servant or Master?*, Amsterdam-Atlanta, GA: Rodopi.

Ratnapala, S. (1990), *Welfare State or Constitutional State?*, Sydney: Centre for Independent Studies.

Redding, S.G. (1993), *The Spirit of Chinese Capitalism*, Berlin: Walter de Gruyter.

Richardson, R. (1995), *Making a Difference*, Christchurch, NZ: Shoal Bay Press.

Ridley, M. (2010), *The Rational Optimist. How Prosperity Evolves*, London: Fourth Estate/HarperCollins.

Riedel, J. (1988), 'Economic Development in East Asia: Doing What Comes Naturally', in H. Hughes (ed.), *Achieving Industrialization in East Asia*, Melbourne, Australia: Cambridge University Press, pp. 1-38.

Robbins, L.R. (1976), *Political Economy: Past and Present. A Review of Leading Theories of Economic Policy*, London: Macmillan.

Robinson, C. (ed.) (2008), *Climate Change Policy: Challenging the Activists*, London: Institute of Economic Affairs.

Rockwell, L.H. (ed.) (1988), *The Free Market Reader*, Burlingname, CA: Ludwig von Mises Institute.

Roll, R. and J. Talbot (2003), 'Political Freedom, Economic Liberty and Prosperity', *Journal of Democracy*, vol. 14, no. 3, pp. 75–89.

Romer, P. (1990), 'Endogenous Technological Change', *Journal of Political Economy*, vol. 98, no. 5, pp. S71–102.

Romer, P.M. (2008), 'Economic Growth' in D. Henderson (ed.), op. cit., 128–131.

Rosenberg, N. (1988), 'Technological Change under Capitalism and Socialism', in A. Anderson and D.L. Bark (eds), *Thinking about America*, Stanford: Hoover Institution Press, pp. 193–202.

Rosenberg, N. and L.E. Birdzell (1986), *How the West Grew Rich, The Economic Transformation of the Industrial World*, New York: Basic Books.

Rostow, W.W. (1978), *The World Economy: History and Prospect*, London: Macmillan.

Rothbard, M. (1962), *Man, Economy and State*, Princeton, NJ: Van Nostrand.

Rozman, G. (ed.) (1991), *The East Asian Region, Confucian Heritage and Its Modern Adaptation*, Princeton, NJ: Princeton University Press.

Sachs, J. and A. Warner (1995), 'Economic Reform and the Process of Economic Integration', *Brookings Papers on Economic Activity*, vol. 86, no. 1, pp. 1–118.

Sacks, D.W., B. Stevenvon and J. Wolfers (2010), *Subjective Well-Being, Income, Economic Development and Growth*, National Bureau of Economic Research Working Paper 16441 (October), Cambridge, MA: NBER. available at http://bpp.wharton.upenn.edu/betseys/papers/SWBIncomeEconomicGrowth.pdf, accessed 16 December 2010.

Sally, R. (2008), *New Frontiers in Free Trade*, Washington, DC: Cato Institute.

Sally, R. and R. Sen (2011), 'Trade Policies in Southeast Asia in the Wider Asian Perspective', *World Economy*, vol. 34, no. 4, pp. 568–601.

Samuels, W.J. (ed.) (1988), *Institutional Economics*, 3 volumes, Aldershot, UK and Brookfield, VT, USA: Edward Elgar.

Scherer, F.A. (1984), *Innovation and Growth, Schumpeterian Perspectives*, Cambridge, MA: MIT Press.

Schuck, P. (1992), 'Legal Complexity: Some Causes, Consequences, and Cures', *Duke Law Journal*, vol. 1, no. 3.

Schumpeter, J.A. (1908/1961), *The Theory of Economic Development: An Inquiry into Profits, Capital, Credit, Interest and the Business Cycle*, Oxford, UK and New York: Oxford University Press [first German edition, 1908].

Schumpeter, J.A. (1947), *Capitalism, Socialism and Democracy*, 2nd edn, New York: Harper.

Schumpeter, J.A. (1970/1991), 'Money and Currency', '*Social Research*, vol. 58, no. 3, pp. 1–31 [posthumous publication of a German manuscript written ca. 1930, edited by A. Mack].

Scobie, G. and S. Lim (1992),' Economic Reform: A Global Revolution', *Policy*, vol. 8, no. 3, pp. 2–7.

Scully, G.W. (1991), 'Rights, Equity and Economic Efficiency', *Public Choice*, vol. 68, pp. 195–215.

Scully, G.W. (1992), *Constitutional Environments and Economic Growth*, Princeton, NJ: Princeton University Press.

Seldon, A. (1990), *Capitalism*, Oxford, UK and Cambridge, MA: Basil Blackwell.

Seldon, A. (2004), *The Virtues of Capitalism*, Indianapolis, IN: Liberty Fund.

Sen, A. (1999), *Development as Freedom*, New York: Anchor Books.

Shackle, G.L.S. (1972), *Epistemics and Economics – A Critique of Economic Doctrines*, Cambridge, UK: Cambridge University Press.
Shane, S. (1994), *Dismantling Utopia: How Information Ended the Soviet Union*, Chicago: Ivan R. Dee.
Siebert, H. (ed.) (1993), *Overcoming the Transformation Crisis – Lessons for the Successor States of the Soviet Union*, Tübingen, Germany: Mohr-Siebeck.
Siebert, H. (ed.) (1995), *Trends in Business Organization: Do Participation and Cooperation Increase Competitiveness?*, Tübingen, Germany: Mohr-Siebeck.
Simon, H.A. (1957), *Administrative Behavior*, New York: Free Press.
Simon, H.A. (1959), 'Theories of Decision-Making in Business Organizations', *American Economic Review*, vol. 49, pp. 253–283.
Simon, H.A. (1976), 'From Substantive to Procedural Rationality', in S.J. Latsis (ed.), *Method and Appraisal in Economics*, Cambridge, UK and New York: Cambridge University Press, pp. 129–148.
Simon, H.A. (1982), *Models of Bounded Rationality and Other Topics in Economic Theory*, 2 volumes, Cambridge, MA: MIT Press.
Simon, H.A. (1983), *Reason in Human Affairs*, Oxford, UK and Cambridge, MA: Basil Blackwell.
Simon, J.L. (ed.) (1995), *The State of Humanity*, Oxford, UK and Cambridge, MA: Basil Blackwell.
Simons, H.C. (1948/1936), 'Rules versus Authorities in Monetary Policy', in H.C. Simons (ed.), *Economic Policy for a Free Society*, Chicago: University of Chicago Press.
Smith, A. (1976/1776), *An Inquiry into the Wealth of Nations*, 2 volumes, London: Dent.
Sohmen, E. (1959), 'Competition and Growth: The Lessons of West Germany', *American Economic Review*, vol. 49, pp. 986–1003.
Solow, R.E. (1988), *Growth Theory, an Exposition*, Oxford, UK and New York: Oxford University Press.
de Soto, H. (1990), *The Other Path – The Invisible Revolution in the Third World*, New York: Harper & Row.
de Soto, H. (2001), *The Mystery of Capital: Why Capitalism Triumphs in the West and Fails Everywhere Else*, New York: Basic Books.
Sowell, T. (1987), *A Conflict of Visions*, New York: William Morrow.
Sowell, T. (1990), *Preferential Policies: An International Perspective*, New York: William Morrow.
Sowell, T. (1991), 'Cultural Diversity, A World View', *The American Enterprise* (May/June), vol. 5, pp. 44–55.
Sowell, T. (1994), *Race and Culture*, New York: Basic Books.
Sowell, T. (1996), *Migration and Cultures – A World View*, New York: Basic Books.
Sowell, T. (1998), *Conquest and Cultures – A World View*, New York: Basic Books.
Sowell, T. (2009), *Intellectuals and Society*, New York: Basic Books.
Stigler, G.J. (1967), 'Imperfections in Capital Markets', *Journal of Political Economy*, vol. 75, no. 2, pp. 287–292.
Stigler, G.J. (1971), 'The Theory of Economic Regulation', *Bell Journal of Economics and Management Science*, vol. 2, no. 1, pp. 3–21.
Stigler, G.J. (1975), *The Citizen and the State. Essays on Regulation*, Chicago and London: University of Chicago Press.
Streit, M.E. (1981), 'Demand Management and Catallaxy. Reflections on a Poor Policy Record', *Ordo*, vol. 32, pp. 17–34.
Streit, M.E. (1983), 'Modelling, Managing and Monitoring Futures Trading: Frontiers of Analytical Inquiry', in M.E. Streit (ed.), *Futures Markets*, Oxford, UK and New York: Basil Blackwell, pp. 1–26.

Streit, M.E. (1984), 'The Shadow Economy. A Challenge to the Welfare State?', *Ordo*, vol. 35, pp. 109-119.
Streit, M.E. (1987), 'Economic Order and Public Policy – Market, Constitution and the Welfare State', in R. Pethig and U. Schlieper (eds) op. cit., pp. 1-21.
Streit, M.E. (1992), 'Economic Order, Private Law and Public Policy – The Freiburg School of Law and Economics in Perspective', *Journal of Institutional and Theoretical Economics*, vol. 148, pp. 675-705.
Streit, M.E. (1993a), 'Cognition, Competition, and Catallaxy – In Memory of Friedrich August von Hayek', *Constitutional Political Economy*, vol. 4, no. 2, pp. 223-262.
Streit, M.E. (1993b), 'Welfare Economics, Economic Order and Competition', in: H. Giersch (ed.), *Money, Trade and Competition – Essays in Memory of Egon Sohmen*, Berlin and New York: Springer Publishers, pp. 255-278.
Streit, M.E. (1995), *Freiburger Beiträge zur Ordnungspolitik*, Tübingen: Mohr-Siebeck.
Streit, M.E. (1996), 'Competition among Systems as a Defence of Liberty', in H. Bouillon (ed.), *Libertarians and Liberalism, Essays in Honour of Gerard Radnitzky*, Aldershot, UK and Brookfield, USA: Avebury Publishing, pp. 236-252.
Streit, M.E. (1998), 'Constitutional Ignorance, Spontaneous Order and Rule Orientation; Hayekian Paradigms from a Policy Perspective', in S. Frowen (ed.) (1998), *Hayek the Economist and Social Philosopher: A Critical Retrospect*, London: Macmillan.
Streit, M.E. and A. Mangels (1996), *Privatautonomes Recht und grenzüberschreitende Transaktionen*, Jena Discussion Papers 07-96, Jena, Germany: Max-Planck-Institute for Research into Economic Systems.
Streit, M.E. and G. Mussler (1994), 'The Economic Constitution of the European Community: From Rome to Maastricht', *Constitutional Political Economy*, vol. 5, no. 3, pp. 319-353.
Streit, M.E. and S. Voigt (1993), 'The Economics of Conflict Resolution in International Trade', in D. Friedmann and E.-J. Mestmäcker (eds), *Conflict Resolution in International Trade – A Symposium*, Baden-Baden, Germany: Nomos Verlag, pp. 39-72.
Streit, M.E. and G. Wegner (1992), 'Information, Transaction and Catallaxy. Reflections on Some Key Concepts of Evolutionary Market Theory', in U. Witt (ed.), *Explaining Process and Change*, Ann Arbor: University of Michigan Press, pp. 125-149.
Sugden, R. (1986), 'Spontaneous Order', *Journal of Economic Perspectives*, vol. 3, no. 4, pp. 85-7.
Syrquin, M. (1988), 'Patterns of Structural Change', in H.B. Chenery and T.N. Srinivasan (eds), *Handbook of Development Economics*, vol. I, Amsterdam–New York: North Holland, pp. 203-230.
Taleb, N.N. (2010), *The Black Swan*, 2nd edn Harmondsworth: Penguin.
Tanzer, A. (1994), 'The Bamboo Network', *Forbes Magazine*, (18 July), pp. 138-45.
Tanzi, V. and L. Schuknecht (1995), *The Growth of Government and Reform of the State in Industrial Countries*, IMF Working Paper, Washington, DC: International Monetary Fund, mimeo.
Taverne, D. (2005), *The March of Unreason – Science, Democracy, and the New Fundamentalism*, Oxford: Oxford University Press.
Thurow, L.C. (1980), *The Zero-Sum Society: Distribution and Possibilities of Economic Change*, Harmondsworth: Penguin Books.
Tollison, R.D. (1982), 'Rent Seeking: A Survey', *Kyklos*, vol. 35, 575-602.
Tu, W. (1996), *Confucian Traditions in East Asian Modernity*. Cambridge, MA: Harvard University Press.
Tu, W. (2000), 'Implications of the Rise of "Confucian" Asia', in S.N. Eisenstadt (ed.), op. cit., pp. 195-218.
Tullock, G. (1963), *Rent Seeking*, Aldershot, UK and Brookfield, VT, USA: Edward Elgar.

Tullock, G. (1967), 'The Welfare Costs of Tariffs, Monopolies and Theft', *Western Economic Journal*, vol. 5, pp. 224–232.

Tullock, G. (1971), 'Public Decisions as Public Goods', *Journal of Political Economy*, vol. 79, pp. 913–918.

Tullock, G. (1983), *Economics of Redistribution*, Boston: Kluwer-Nijhoff.

Tullock, G. (1992), 'The Economics of Conflict', in G. Radnitzky (ed.) (1992), op. cit., pp. 301–314.

Tumlir, J. (1979), 'International Economic Order and Democratic Constitutionalism', *Ordo*, vol. 34, pp. 71–83.

Tylor, E.B. (1883), *Primitive Culture: Researches Into the Development of Mythology, Religion, Language, Art and Custom*, 2 volumes, New York: H. Holt.

United Nations Development Program, 2002, *Arab Human Development Report 2002*, New York: United Nations.

Vanberg, V.J. (1988), 'Ordungstheorie as Constitutional Economics – The German Conceptions of the Social Market Economy', *Ordo*, vol. 34, pp. 71–83.

Vanberg, V.J. (1992), 'Organizations as Constitutional Systems', *Constitutional Political Economy*, vol. 3, no. 2, pp. 223–253.

Vaubel, R. (1985), 'Competing Currencies. The Case for Free Entry', *Zeitschrift für die gesamten Staatswissenschaften*, vol. 105, pp. 547–564.

Vickery, G. and G. Wurzburg (1996), 'Flexible Firms, Skills, and Employment', *OECD Observer*, no. 202 (Oct./Nov.), pp. 17–21.

Viscusi, W.K. (1993), 'The Value of Risks to Life and Health', *Journal of Economic Literature*, vol. 31, no. 4, pp. 1912–1976.

Voigt, S. (1997), 'Positive Constitutional Economics: A Survey', *Public Choice* (Special issue on constitutional political economy), vol. 90, pp. 11–53.

Wagener, H.J. (ed.) (1994), *The Political Economy of Transformation*, Heidelberg, Germany: Physica-Springer Publishers.

de Q. Walker, G. (1988), *The Rule of Law: Foundation of Constitutional Democracy*, Melbourne: Melbourne University Press.

Weaver, G.H. (1947/1974), *The Mainspring of Human Progress*, Irvington-on-Hudson, New York: Foundation of Economic Freedom.

Weber, M. (1904/1985), *The Protestant Ethic and the Spirit of Capitalism*, London: Unwin Paperbacks.

Weber, M. (1921/1978), *Economy and Society: An Outline in Interpretative Sociology*, 2 vols, Berkeley: University of California Press.

Weber, M. (1927/1995), *General Economic History*, 6th edn, New Brunswick: Transaction Books.

Weber, M. (1951), *The Religion of China: Confucianism and Taoism*, Glencoe, IL: The Free Press.

Weede, E. (1990), 'Ideas, Institutions and Political Culture in Western Development', *Journal of Theoretical Politics*, vol. 2, no. 4, pp. 369–399.

Weede, E. (1995), 'Freedom, Knowledge and Law as Social Capital', in Radnitzky and Bouillon (eds) (1995a), op. cit., pp. 63–81.

Weede, E. (1996), *Economic Development, Social Order, and World Politics*, Boulder, CO: Lynne Rienner.

Weede, E. (2011), 'The Capitalist Peace', in C.J. Coyne and R. Mathers (eds), *The Handbook on the Political Economy of War*, Cheltenham, UK and Northampton, MA, USA: Edward Elgar, pp. 269–280.

Williamson, O.E. (1985), *The Economic Institutions of Capitalism: Firms, Market and Relational Contracting*, New York and London: The Free Press.

Williamson, O.E. (1987), 'Transaction Cost Economics. The Comparative Contracting Perspective', *Journal of Economic Behaviour and Organization*, vol. **8**, pp. 617-625.

Williamson, O.E. (1988), 'The Logic of Economic Organization', *Journal of Law, Economics and Organization*, vol. **4**, no. 1 (Spring), pp. 65-93.

Wills, I. (1997), *Economics and the Environment*, Sydney: Allen and Unwin.

Winiecki, J. (1988), *The Distorted World of Soviet-Type Economics*, Pittsburg, PA: University of Pittsburgh Press.

Witt, U. (1991), 'Reflections on the Present State of Evolutionary Economic Theory', in G.M. Hodgson and E. Screpanti (eds), *Rethinking Economics: Markets, Technology, and Economic Evolution*, Aldershot, UK and Brookfield, VT, USA: Edward Elgar, 83-102.

Witt, U. (1994), 'Evolutionary Economics', in P. Boettke (ed.), op. cit., pp. 541-548.

World Bank (1993), *The East Asian Miracle, Economic Growth and Public Policy*, Oxford and New York: Oxford University Press.

World Bank (1995), *Proceedings of the World Bank Annual Conference on Development Economics 1994*, Supplement to the World Bank Economic Review, Washington, DC: The World Bank.

World Bank (1997), *World Bank Atlas 1997*, Washington, DC: The World Bank.

World Bank (2011), *World Development Report 2011: Conflict, Security, and Development*, Oxford and New York: Oxford University Press for World Bank, available at http://wdr2011.worldbank.org/fulltext, accessed 30 October 2011.

World Bank (*passim*), *World Development Report 19*, Oxford and New York: Oxford University Press for World Bank.

World Economic Forum (1996), *The Global Competitiveness Report*, Geneva: World Economic Forum.

Yu, Tzong-shian and J.S. Lee (eds) (1995), *Confucianism and Economic Development*, Taipei: Chung-Hua Institution of Economic Research.

R. Coase-Ning Wang (2012), *How China Became Capitalist*, London: Palgrave Macmillan.

名词索引

（页码为英文原书页码，请参照本书边码使用）

abstract rules 抽象规则 23,104 - 106,133 - 136,146 - 157,165,169, 171,209,374,379,390

accountability 可稽查性 299 - 300,331,336,370,377,386,468, 509,512

accrual accounting 权责发生制 332 - 333,336

accumulation of capital 资本的积累 见 capital

Acemoglu,D. D.阿齐默鲁 25, 446 - 447,494,531,542

active uses of property 财产的积极运用 138 - 139,192,202,212 - 214,226,244 - 247

adaptive rationality 适应性理性 23,51 - 53,55,61 - 63,441

adjudication 裁定 114 - 116,121 - 122,127,131,149,180 - 181,189, 212 - 218,220 - 223,296,323,342, 365,397

administrative failure 管理失败 43,72,125,298,347,352 - 360,486

administrative law 行政法 119,507

advertising 广告活动 137,219, 256,260,266 - 268,447

Africa 非洲 1,10,13,81,87,165, 447,486,491 - 493,495

African elephants 非洲象 229

after-sales services 售后服务 260, 266 - 268,410

agency costs 代理成本 139 - 141, 316,323,341 - 344,356

agent opportunism 代理人机会主义 见 Principal-agent problem

Albert,H. H.阿尔伯特 43

Alchian,A. A.阿尔奇安 6,42, 187

alertness 敏感,警觉 22,27,53,63, 88 - 90,128,153,172,247,253 - 254,262,269,443

Alessi,L. de L.德·阿莱西 331 - 333

Aligica,G. P. G. P.阿利吉卡 367,480,491,493 - 494,542

altruism 利他主义 66 - 69,166, 378

America 美洲 参见 United States of America

anarchy 无政府主义 125,130, 169,179,324,342,374

Anderson,G G.安德森 462 -

463,466

Anderson, P. W.　P. W. 安德森　144

Anderson, T. L.　T. L. 安德森　96,228

arbitration　仲裁　114-115,140,220-223,397-403

Aristotle　亚里士多德　151,160,170,228

Armentano, D. T.　D. T. 阿门塔诺　272

Arrow, K. J.　K. J. 阿罗　58-60,72,136,298,315

Ashok the Great (India)　阿育王（印度）　121

Asia-Pacific region　亚太地区　12-13,410,498-504

asset specificity　资产专用性　287-289,334

asymmetric information　不对称信息　360-361,384-388,406-407,411,417-418,432-434,437,445,449-450,454,492,500-502,506-508

Australia　澳大利亚　14,169,188,515-516

Austrian economics　奥地利经济学　21-23,39-41,48,154,247,432-433,460-461,495,509,525-534

authority　权威,当局　135,108-109,116-119,123-124,147,152,166,189,240,284,290-291,304,313,323,357-358,365-375,452
参见 control,command

autonomy, individual　个人自主,个人自主权　75-76,83,129-131,186-192,210-212,346,502

Axelrod, R.　R. 阿克塞尔罗德　123,218,284

back-up of internal institutions　内在制度的支持　107,125,139,222,351,467

Barone, E.　E. 巴罗恩　460,526

Barzel, Y.　Y. 巴泽尔　42,215,255

Bauer, P. T., Lord　P. T. 鲍尔勋爵　xiii,18,37,82,163,177,204,223,254,432,491,495

Baumol, W. J.　W. J. 鲍莫尔　227,268

Becker, G.　G. 贝克尔　18,476

Beckerman, W.　W. 贝克尔曼　19,96

bench-marking　基准　71,344,487,495,512

Bennett, J.　J. 本尼特　96-98,191,521

Benson, B. L.　B. L. 本森　113,120,122,125,218,223,323,374,398

Berger, P.　P. 伯格　186,192,533

Berle, A. A.　A. A. 伯利　298

Bernholz, P.　P. 伯恩霍尔兹　22,108,322,366,428,442

Bethel, T.　T. 贝瑟尔　187,191,200,505

Bhagwati, J.　J.巴格瓦蒂　274

bilateral trade agreement　双边贸易

名词索引 673

协定 410
Bills of rights 权利宣言 75,146-149,320
Boettke,P. J. P.J.博特克(贝彼得) xi,7,37,39,82,120,177,251,351,359,367,372,398,432,437,459,461-462,464,466,469,481,491,493,498,526,528,533
bottleneck to growth 增长的瓶颈 96,291
Boudreaux,K. K.布德罗 490,494
Boulding,K. E. K. E. 博尔丁 50,54,56,66,75,92,130,131
bounded rationality 有限理性 见 adaptive rationality
Brennan,G. G·布伦南 369
Bretton Woods system 布雷顿森林体系 416-417
Breughel Institute 布鲁盖尔学会 419
Breyer,S. S.布雷耶 326
Brunner,K. K.布伦纳 232
Buchanan,J. M. J. M. 布坎南 23,33,44,122-125,128,275,321,324,333,361,369,373-374,442
burden of proof 举证责任 189,340-341
bureaucracy 官僚体制 70-73,275-276,318,322,332-333,349,353-356,361-364,441,461,466,479,497
business cycle 商业周期 89,280

Butler,E. E.巴特尔 40
buyers' market 买方市场 256-258

Capital 资本 9-10,17,89 参见 human capital, institutional capital, social capital
capitalism 资本主义 130,177-178,185-241,291,429,465-473,516
cartel 卡特尔 103,263,271,412,532
Carter,R. R.卡特 521
Casson,M. M.卡森 23,173,428,498
Catallaxis 通功易事 51-52,78,158,249-253,263,278-280,443,529-531 参见 Discovery
central bank 中央银行 237-239,415,420-421,467,478,529
central planning 中央计划 7,152-153,166,244-245,314-315,459-465,469-477,481-482,486-492-495,499
certainty 确定性 参见 uncertainty
ceteris paribus 其他因素不变 xvi,41,359,527-528
Charles V,Emperor 查尔斯五世,皇帝 427
charter enterprises 特许企业 333-336,341-342,450-451,515
Chenery,H. B. H. B.钱纳里 20
Cheung,S. 张五常 213

China 中国 11,22-23,92,176,225,236,317-318,391-392,437-438,441,451,473-482,485,487,498-504,,520,522

Chinggis Khan 成吉思汗 405

Christainsen,G. B. G. B.克里斯泰因森 127

churning 搅和 356

citizens of property 公民的财产 210,227,370-371,466-467

civic virtues 市民品德 176,429

civil society 市民社会、公民社会 359,432,472,481

civilizations 文明 36,39,56-57,75,77,117,173,517-521 参见 Western civilization

Clark,G. G.克拉克 12,223

Clark,J. M. J. M.克拉克 265

climate change 气候变化 19-20,95,516,521-523

closure 闭合
  参见 monopoly,cartel

club 俱乐部 316,335

Club goods（club property） 俱乐部品（俱乐部财产） 196-197,200-201,317 参见 charter enterprises

clusters of innovators 创新者群集 266,270

Coase,R. H. R. H.科斯 193,213-214,216,287

Coase theorem 科斯定理 193-195

Code Napoleon 拿破仑法典 116,126

codification 编纂,编集 111,120-121,126,162,223-224,401-402

coercion 强制 66,68,71-72,83,87-88,105,125,166,313,324,458-465 参见 legitimate use of force

cognition 认识,认知 56-60,149-150,337,447
  cognitive bias 认识偏见 57,64
  cognitive capacity 认知能力 49,104,126,144,190,273,346,423,435-451,509

Coleman,J. S. J. S.科尔曼 285

Collective action 集体行动 125-126,159-162,466 参见 Public policy,public provision

collective property 集体财产 参见 Common goods,public property,socialized property

collective will 集体意志 160

collectivism 集体主义 xii,33-34,68,84,159-162,165-168,218,430-432,485-486

collusion 共谋 272

command 命令 71,153,284 参见 Control,directives,authority

command economy 命令经济 见 central planning

commercial moral syndrome 商业型道德特征集 163-165,221,465

commercial feasibility 商业可行性 267-268

名词索引 675

Common Agricultural Policy（EU）
共同农业政策(欧盟) 412
common goods 共同品 196-197,
215,328 参见 public property
common law 习惯法 116,120,126-
127,151,208,520
common property 共同财产 195,
202,215-216,228,313,316,328,
335
communications 通讯 382,391-
392
communism 共产主义 458-465,
471,481,499
community 共同体 64-65,80,
316 参见 civil society
competing moneys 竞争的货币
见 denationalization of money
competition 竞争 51-52,90-
93,103,211-212,243-280,285,
300-301,329-331,342,351,518
参见 markets, inter-jurisdictional
competition in factor markets 299-
300
competition policy 竞争政策 329,
331,346-359,361,407-408,509,
521-522
competitive federalism 竞争性联邦
制 329,451-454,468
competitiveness, international 国际
竞争力 见 attractiveness
complementarity 互补性 35,78-
80,287-289,300,437,501
complemtary values 互补价值 78-

80
complex, evolving systems 复杂性,
进化系统 23,78,144-146,149,
379,527-528
complexity 复杂性 119,127-129,
134-135,348,358,431,537-538
compliance costs 服从成本 139-
140,325-326,344-346,386,512
conditioned reflexes 条件反射 57-
58,111
confidence 信心、信任 参见 trust,
predictability, order
conflict resolution 冲突的解决办法
90-93,130-131,180,230
conflicts 冲突 78-80,290,444,
462,489
confucian society 儒家社会 67,
112,125,172-173,176,307,436-
437,480-482,498-504
conscience 良知 111-115
conservation of the environment 环
境保护 见 environmental protec-
tion
conservative instinct 保守本能 55,
176,436
constitution 宪法、宪章、法规 145-
148,323,365,369,372-379
constitutional criteria 宪法原则
48,55,348-350,352,454-455,
471,484,523-524
constitutional economics 宪法经济
学 373-374,377,528
constitutionalism 立宪政体 352-

353,355,377-378,468,523
constructivism 构建主义 138,275,490-491 参见 social engineering
contractarianism 契约论宪法观 374-377
contracts 契约 149,207-214,244,279,284,313,334,394-395,398,402
control 控制,抑制 90-93,119,271-272,286,290,296-309,492
 of political opportunism 对政治投机的控制 279,330,365-372,445-449,451-454
 power to 控制的权力 324-325 参见 authority,command
conventions 习惯 27,63,80,110-116,121,151,177,375,386,393,409,450
convertibility of currencies 货币的可兑换性 238-239,415,421,467
Cook Island Dollar 库克岛元 235
cooperation 合作 101-103,283
coordination 协调 50-54,69,128-129,350-352,431
 costs of 协调成本 6-7,136-140,212-214
 framework for 协调框架 350-352 参见 transaction costs
Cooter,R.D. R.D.库特 122,127
Cordato,R. R.考达特 62,254
corporatization 公司化 201,331,336,467,477,480,501,512
corruption 腐败 112,122,148,204,274,365,465,468,495-497,507-508,534
Cowen,T. T.考恩 174,199,328,398,521
Coyne,C. C.科因 147,351,435
creative destruction 创造性破坏 244,362-363,519
creative rationality 创造理性 见 entrepreneurial-creative rationality
creative unease 创造性不安 248,253,262,264
creativity 创造性 参见 Entrepreneurship
Crony capitalism 权贵资本主义 见 rent-seeking
culture 文化 76-77,80,173-178,375,397-398,403,422-423,498,502-504,517-521
 cultural capital 文化资本 177-178
 cultural goods 文化品 93,177-178,390
currency boards 货币局 415-416
currency markets 货币市场 238,404-405,417,420
Curzon-Price,V. V.柯曾-普赖斯 396
customs and manners 习俗和规矩 34-35,110-111,113-115,120,393,397,402,429,436
customs union 关税同盟 410-413

名词索引　677

Dahmén, E.　E. 达门　293
debt　债务　见 public debt
decemviri　十人执政官　121
defence, military　军事防御　197, 328
demand management　需求管理　见 Keynesianism
democracy　民主　319-322, 344, 352-359, 429, 442-444, 496, 499
demographic transition　人口增长转型　12-14
Demsetz, H.　H. 德姆塞兹　187, 194, 198, 200, 214, 298, 333, 378
denationalization of money　货币的去国家化　237, 239, 420-422
Deng Xiaoping　邓小平　451, 474
Denison, E. F.　E. F. 丹尼森　20
deregulation　解除管制　见 economic reforms
developing countries　发展国家　431-432, 492-497, 534
　development plans　发展计划　494
devolution　权力下放　见 subsidiarity
Dharma　达摩　253-255
diminishing returns　递减收益　527, 533
directives　指令　118-119, 212, 291, 313, 411
discovery　发现　51-52, 188, 244-253, 267-268, 278-280, 325, 450, 452, 531　参见 catallaxy, knowledge

discretionary policy　自由裁量型公共政策　240, 280, 348, 378
discrimination　歧视, 差别待遇　91, 124, 432-433, 493
distribution　分配, 分布　205, 279, 440, 511　参见 redistribution
distrust　不信任　见 trust
divisibility　可分性　157, 205-207, 329
division　分工
　of knowledge　知识分工　22, 32-34, 50, 55, 128
　of labour　劳动分工　22, 24, 32-33, 55, 66-68, 81, 128, 137, 174, 232-233, 259, 284, 383, 461, 536, 539
Domar, E.　E. 多马　17
Downs, A.　A. 唐斯　317, 442
Drucker, P.　P. 德鲁克　295

earthquakes　地震　159
East Asia　东亚　1, 10, 12, 14-16, 79, 113, 163, 165, 279, 307, 317-318, 360, 402, 406, 436-437, 485-486, 491, 493, 506-507, 515, 520, 530
Easterly, W.　W. 伊斯特利　495, 548
eco-fundamentalism　生态原教旨主义　97-99
economic development　经济发展　65, 110, 124, 129, 132, 203-204, 253-255, 259, 269-271, 370-374,

490-503
economic growth 经济增长 见 growth,economic 参见 prosperity
economic integration 经济一体化 410-420,510
economic liberties 经济自由权 16-17,147,188,210-212,217-218,226-227,363,370,375,454-459,484-499,503,515-516,522
economic modeling 经济建模 5-6,26,171-172,252,528,532
economic organization 经济组织 271-272,280-310 参见 firms
economic reforms 经济改革 138,432-435
economic welfare 经济福利 见 prosperity
economics,defined 经济学,定义 2-3,5
efficiency 效率 19,61-62,221,254,301-302
Eggertsson,T. T.埃格特松 43,466
egotism 利己主义,自私自利 43,69,166-167
Eisenstadt,S. N. S. N.艾森施塔特 438
Elster,J. J.埃尔斯特 37,118
eminent domain 征用权 216-218,221,340-341
end-means rationality 目的－手段理性 61-63,441,527-531
enforcement 执行,强制执行 159,180,394-395,436,502
costs of 执行成本 315,411
Enlightenment 启蒙运动 38-39,60,82,110-111,251,466,578 参见 Scottish Enlightenment
entrepreneurial-creative rationality 企业家式创造性 61-64,541
entrepreneurship 企业家精神 3,21-25,27,63,89,128,172,224-226,245,266-270,358,385,442,461,475,480,504,518,-520,527,533
environmental protection 环境保护 76,78,95-99,228-230,412,423
environmentalism 环保主义 206-207,216-218,228
epistemology 认识论 47-52,59-60,134
Epstein,R. A. R. A.爱泼斯坦 127,134-135,149,217,231,263,326,341,379
Equality 平等 14,36,134,160,171,211,360,374,397,424-425,430,454,505,518
of outcomes 结果的平等 见 justice,social
Equilibrium 均衡 40,42-44,172,527-528
Equity 公平 76,82-87,94,98,275,467-468
参见 Justice
Erhard,L. L.埃哈德 509-511
Eucken,W. W.欧肯 23,44,133,

323,347,349,379,484

Europe 欧洲 10,14 – 16,22 – 23, 165,178 – 179,224,317,321,337, 357 – 358,427 – 430,435,518

European Union 欧洲联盟,欧盟 411 – 414,418 – 419,424,434,444 – 445

evolution 演化 51,53,65,72,92, 144,150 – 151,176 – 177,245 – 249, 359,518 – 519, 527 – 528

 of institutions 制度演化 34 – 35,38 – 39,105 – 111,116,426 – 456

evolutionary economics 演化经济学 43 – 44,245,253,377,500,525, 533 – 534

evolving systems 演化系统 23,40, 109,145,151,161,176,251,527 – 528

exchange rate 汇率 467 – 469, 511,516

exchange-rate regime 汇率体制 414 – 422

exchanges 交流 23,37,109 – 113, 166,172,191 – 193,216,233,239, 245 – 253,315,382,392 – 407

excludability 可排他性 124,202

exclusion 排他 113,192 – 195, 314,328

 costs of 排他成本 138 – 140,194 – 195,203 – 205

exit 退出 见 openness

experience goods 体验品 255 – 258, 406,503

experimental instinct 尝试本能 55 – 56,176 参见 entrepreneurship

experimentation 实验 117,267 – 268,289,435 – 440,461

explicit knowledge 可言传知识 29,54 – 55,246,267 参见 implicit knowledge

extended order 扩展秩序 284,405, 499,502

external back-ups 外部支持 229, 351,467

external institution 外在制度 35 – 36,108 – 109,118 – 128,288,323, 440 – 445,531

external rules of conduct 外在的行为规则 118,148 – 149

externalities 各种外部性 95 – 97, 192 – 193,202,214 – 217,229,322, 325

factor mobility 要素可流动性 278,329,360 参见 openness

Fama,E. F. E. F. 法马 309

feasibility 可行性

 of collection action 集体行动的可行性 171,337,361,378 – 379

 technical and commercial 技术与商业的可行性 267 – 268

federalism 联邦制 313,367 参见 competitive federalism 竞争性联邦制

Ferguson,A. A. 弗格森 38 – 39, 251

Ferguson, N.　N. 弗格森　357, 478, 517–519, 522
financial intermediaries　金融中介　240
Findlay, R.　R. 芬德利　428
firm　企业，厂商　137, 280–310, 387, 441, 478, 506　见 economic organization, joint-stock company
fiscal equivalence　财政平衡　367, 453
Fisher, I.　I. 费雪　188
Flew, A.　A. 弗卢　86, 288, 354
flexible exchange rate　可变汇率　417, 422, 516
Foldvary, F.　F. 福德瓦里　333
Fonte, J.　J. 方特　412, 414, 449
foreign aid　外援　432, 492–493, 495–497
foreign exchange　外汇　见 exchange rate
foreign investment　外资　见 attractiveness, openness
formal rules　正式规则　7, 24, 32–36, 108–109, 113–115, 118–127, 149, 180, 197, 325, 351, 390, 397, 409, 523
formalised internal rules　正式化的内在制度　36, 114–115
free goods　免费品　195, 203, 313, 318
free speech　言论自由　116, 371, 374, 435, 439–440, 486
free-rider problem　搭便车问题　123, 126, 196, 315, 328
free-trade area　自由贸易区　410–413, 424, 451
freedom　自由　32–33, 75–76, 79, 82–87, 94, 115, 131–132, 178–179, 324–325, 346, 355, 359, 423, 428, 447–458, 496, 518, 522–523
Freeman, R.　R. 弗里曼　13
Freiburg School　弗莱堡学派　参见 Ordo liberalism
Friedman, M.　M. 弗里德曼　39, 210, 227, 234, 272, 279, 329, 342, 486, 489
fundamental values　基本价值　36–38, 75–80, 85, 419–420, 423, 439　参见 metis
Furubotn, E.　E. 弗鲁勃特恩　43

Galbraith, J. K.　J. K. 加尔布雷斯　298
Gartzke, E.　E. 加茨克　91, 230, 489
Generality　一般性, 总体性　见 collective will
Germany　德国　180, 238, 349, 358, 364, 376, 418, 444, 485, 508–511, 530
Giersch, H.　H. 吉尔斯克　20, 65, 112, 165, 176–177, 219, 349, 353, 364, 390, 418, 429, 434, 510–511
Gingerenzer, G.　G. 金格伦泽　57
give and take　付出和获取　314–316

global financial crisis 全球金融危机 xi-xii,237-239,298-299,357, 362-363,377,433-434,446-447, 516,528,533

globalization 全球化 11,110,116, 137,307,371,381-385,422,433-435,449,487,496,406-407,516, 520

Glorious Revolution 光荣革命 178,320,430

gold standard 金本位制 236,239, 414-416,421

Gorbachev,M. M. 戈尔巴乔夫 463-465

government 政府 194,323-345, 385,407,450,466-469,500-501, 523-528

government spending 政府支出 317-319,357-358,369376-377, 477,491,511

Grameen Bank 格莱珉银行 见 micro finance

Gregory,P. R. P. R. 格雷戈里 72,459,465

group egotism 集团利己主义 43, 166-167

growth,economic 增长,经济的 8, 9-27,95-97,187-188,213,278, 315,358,381-382,388,443-444, 447,469-470,473,480,484-485, 511

guanxi 关系 172,403

guardianship 维护 274,361

guardian moral syndrome 维护型道德特征集 136-164,466

Gwartney,J. D. J. B. 格瓦特尼 9,86,228,317,321,374,433,448, 455,487,503

Habermann,G. G. 哈伯曼 125, 173,179

Hahn,F. H. F. H. 哈恩 19-20

'haircut' "理发" 见 partial bankruptcy of governments

Hammurabi 汉谟拉比 121

Han dynasty 汉朝 10

hand-tying 束手 369,375-378, 390,416

happiness 幸福 82,93-95,430, 488-489,534

Harberger,A. A. 哈伯格 20

Hardin,G. G. 哈丁 123,126

Hayek,F. F. 哈耶克 21,23,39-40,48,65,83,86,88,89,101,104, 111,112,117,118,133,158,165, 179,223,237-239,252,265,268, 284,321,324,337,355,357,366, 368-369,375,420,432,439,461, 464,505,520-521,525,529

Hazlitt,W. W. 黑兹利特 64,66, 103,112

Hegel,G. F. W. G. F. W. 黑格尔 431

Henderson,D. D. 亨德森 201

Henderson,D. R. D. R. 亨德森 6,41,44,48,126,272

Hessen, R.　R. 赫森　231
Heyne, P.　P. 海尼　3
Hierarchy　层级, 层级制　145－147, 150－151, 285, 289－291, 305
Higgs, R.　R. 希格斯　188－189
Hirschman, A. O.　A. O. 赫希曼　92, 132, 165
historic determinism　历史决定论　160－161, 518－519
Hodgson, G. M.　G. M. 霍奇森　22, 26, 44
Hofstede, H.　H. 霍夫斯泰德　436
hold-up risks　要挟风险　287, 410, 503
homo oeconomicus　经济人　49, 526
hostages　人质　113, 208, 257, 401
Howitt, P.　P. 豪伊特　20－21, 519
Huerta de Soto, J.　J. 许尔塔·德·索托　40, 529
human capital　人力资本　9, 18－21, 27, 422－423, 466, 495, 500, 506－507
Human Rights Convention　人权条约　148, 160
Hume, D.　D. 休谟　26, 38－39, 51, 111, 126
humour　幽默　439－440

I, Pencil　铅笔自述　3, 49, 79, 536－541
ignorance　无知　见 Knowledge
immigrants　外来移民　见 immigration, international

immobile production factors　不可移动的生产要素　385, 387, 428, 445
impeachment　弹劾　370
implicit knowledge　非可言传知识　24, 54－57, 107, 438－439
import substitution　进口替代　见 protectionism
impossibility theorem　不可能定理　315
inalienable property rights　不可转让的产权　206－207
income　收入　见 distribution, growth, economic
incorporated firm　法人企业　见 Joint-stock company
individualism　个人主义　64, 80, 161－162, 165－168, 254, 430－432, 466
Industrial Revolution　产业革命　10, 12, 224－226, 427－428
inflation　通货膨胀　233－234, 236, 248, 415－417, 420－421, 465, 491－493, 510, 530
informal rules　非正式规则　7, 32, 35, 109, 115
information　信息　47, 50, 52, 299－300
　costs of search　搜寻成本　58－59, 213－214, 245－247, 255, 317, 322
　paradox　悖论　58－59, 69, 213, 249
injustice　不公正　见 justice
innovation　创新　3, 24, 53, 60, 213,

264-269,303,429,437-438,442,460,463,474,479,527

inside money 内生货币 232,235,237,239

institutional capital 制度资本 129,423,441,508

institutional competition 制度竞争 见 inter-jurisdictional competition

institutional economics, defined 制度经济学,定义 34

institutions, defined 制度,定义 4-5,32-34

instrumental behaviour 工具性行为 57-58

integration 一体化,整合
economic 经济 410-420,510
vertical 纵向的 288,293-294
of immigrants 移民的 422-423,438-439

intellectual property 知识产权 190-202

inter-jurisdictional competition 跨政区竞争 42,124,223-226,427-430,445-452,468-469,480-481,484 参见 globalization

interest groups 利益集团 见 lobbying, rent-seeking

intermediary 中介,中介机构 见 middleman

internal institutions 内在制度 35-36,108-118,119,180,306,307,398-399,417,435-440,478-531

internalization of rules 规则的内部化 111-113

International Commercial Terms 国际商务条款 398-399

international economic order 国际经济秩序 407-421,437

international investments 国际投资 381,406

international monetary system 国际货币体系 414-422

international trade 国际贸易 见 trade, international

internet 互联网 116,246,265,371,391-392,424,435,522

intervention, political 干预,政治的 205,211-212,273-276,320-321,337-340,346-348,356,432,521,526,529-530

invention 发明 267-269,512

investment 投资 见 capital

invisible hand 无形之手 38-39,67,158

Jacobs, J. J. 雅各布斯 26,65,163-164

Japan 日本 xii,11,16,222,307,318,408,446,504,521

Jasay, A. de A. 德·贾赛 84-86,111,189,318-319,354,356,365

Jefferson, G. H. G. H. 杰斐逊 477

Jensen, M. C. M. C. 詹森 72,299,309

Jiang, Zeming, President (China) 江

泽民主席(中国) 391-392

Johnson,P. P. 约翰逊 170,267,267-277

joint-stock company 股份公司 289-291,297-298,302,308-309

Jones,E. L. E. L. 琼斯 xiii,22-23,65,176,224-226,428-429,446,498

judge-made law 判例法 126-127,231,275,365-366,442

judicial activism 司法能动主义 127,222,275

justice 公正 76,78,94,97,121,147,151,217-218,324,354-356,359,362

 formal 形式的 76,85,94 参见 social

Kahn,H. H. 卡恩 10,13

Kant,I. I. 坎特 79,82

Karlsson,N. N. 卡尔森 355,515

Kasper,W. W. 卡斯帕(柯武刚) 11,19,20,25,26,37,40,57,77,95,96-98,163,171,174,177,218,344,347,349-350,364,376,385-386,393,411,418,423,428,447,450,453,477,496,498-500,502-506,510-511,516,519,521-522,526,532-533

Katallaxis 通功易事 见 catallaxy

Keynesianism 凯恩斯主义 xi-xii,89-101,348,363,377,419,509-510,514-515,526,529-533

Kilby,P. P. 基尔比 21,491

Kimminich,O. O. 基米尼奇 148

Kirzner,I. M. I. M. 柯兹纳 21,39,51,246-247,254,358,529

Kiwit,D. D. 基威 111-114

Klaus,V. V. 克劳茨 19,97-98,218,466,470-471,522

Kliemt,H. H. 克利姆特 87

Klitgaard,R. R. 克利特加特 164,177,494

knowledge 知识 18-26,47-55,98,103,107,190,244-249,408,491,500,526-527

knowledge problem 知识问题 47-50,55,61-62,69-70,104,123-124,192-195,240-241,288,298,301,353-354,361,378-379,460-461,497,528

knowledge search 知识搜索 55,249-253,270-271

 specific to space and time 针对特定场所和时间的知识 55,103-104,106,117

Kongxi Kongxi 社团 286

Kreps,D. D. 克雷普斯 107,177,290

Krugman,P. P. 克鲁格曼 450

Kuran,T. T. 库兰 133,464,505

Labour 劳动,劳力 17-18,91,286-287,291,385 参见 unions

Lachmann,L. L. 拉赫曼 39-40,108

名词索引 685

Lal,D. D. 拉尔 405-406,444
land title 土地所有权 203-205, 223,476,491
Landa,J. T. J. T. 兰达 221,402
Lange,O. R. O. R. 兰格 460-461
Law Merchant 商规 120,396-399
Lawson,R. A. R. A. 劳森 9,86, 433,448,487,503
leadership 领导,领导层 65,289-291,365,507,515-516
Leeson,P. T. P. T. 利森 39,251, 397,435,461,466,481
legislation 立法 118-128,133-134,149-150,223,306-307,365-368,484
legitimate use of force 武力的合法使用 122,323,325 参见 violence professionals
Leibenstein,H. H. 雷本斯泰因 103,301
Lenin,V. I. V. I. 列宁 227,458-560
Leoni,B. B. 利奥尼 133,136
Lerner,A. A. 勒纳 461
Lex Mercatoria 商规 参见 Law Merchant
liability for obligations 义务责任 144-145,205,286,348,352,466-467
Liberal,defined 自由,定义 xxii,83
liberal international order 405-407,424,432-433

liberties 自由,自由权 参见 economic liberties,freedom
licence 特许 75-76,130-131
licensing of activities 活动许可 122,189,195,210,236-237,274, 291,407-408,429
life expectancy 预期寿命 9,11-12,488-489
linear model of innovation 线性创新模型 267-269
litigation 诉讼 115,131,220,222
lobbying 游说 260-261,319-322,328-329,341,343,347,350-353,356,361-364,388-390,407-408,440-441,528 参见 Rent-seeking,political action
locational choice 区位选择 384-385,394-395,412,423-424,433, 508
  innovative 创新的 384-385,428-429,447,451
Locke,J. J. 洛克 51,111,178-179,187,190
losses 损失,亏损 250-251,286, 334,362-363,479
Lutz,F. A. F. A. 卢茨 415,417

Machlup,F. F. 马克鲁普 21
macroeconomic stability 宏观经济稳定 见 Keynesianism
Maddison,A. A. 麦迪逊 11-13, 15,492,514
Madison,J. J. 麦迪逊 121,324

Magee, S. S. 马吉 222
Magna Carta 大宪章 171
Malaysia 马来西亚 433, 493
Malia M. M. 玛莉亚 227, 459, 462
Malthus, R. R. 马尔萨斯 19, 521
Mankiw, N. G. N. G. 曼昆 89, 235
manners 礼貌 见 customs and manners
Mao, Zedong 毛泽东 176, 473 - 476, 480, 487, 500
markets 市场 67 - 68, 78 - 79, 82, 109 - 110, 211 - 212, 243 - 279, 301, 320, 460 - 461, 465 - 473, 477, 492 - 494
 market conformity 顺从市场 82, 337 - 340, 348, 351, 493, 509 - 510
 market failure 市场失灵 172, 294
 market niche 市场先机 262 - 264, 271
 market process 市场过程 172, 326 参见 competition
market socialism 市场社会主义 459, 474 - 475, 484
Marx, K. K. 马克思 17, 160 - 161, 171, 230 - 231, 431, 458, 460
Marxism 马克思主义 481
Mathews, R. C. O. R. C. O. 马修斯 19 - 20
Mauro, P. P. 莫罗 500
maximization 最大化 42 - 43, 460 - 461, 527 - 528

McChesney, F. S. F. S. 麦克切尼 194, 228, 272
McCloskey, D. D. 麦克洛斯基 22, 24 - 25, 428
McKenzie, R. B. R. B. 麦肯齐 369, 374
Means, G. C. G. C. 米恩斯 298
measurement costs 测度成本 197, 214 - 216, 331
Meckling, W. W. 梅克林 72, 292
median voter 中间选民 320 - 322, 356, 569
mega innovations 大型创新 265 - 266
Meltzer, A. A. 梅尔泽 232 - 233
Mencius 孟子 173
Menger, C. C. 门格尔 39, 45, 154, 525 - 529
meta ideas 元思想 19
meta rules 元规则 119, 146, 149 - 151, 179 - 180, 435 - 440
Metcalfe, S. S. 梅特卡夫 40, 44
Methodenstreit 方法论 526 - 531
methodological individualism 方法论上的个人主义 39 - 41
metis 继承来的智慧、技能和手艺, 黏滞性 81 - 82, 120, 147 - 148, 319, 372, 410, 418, 420, 437 - 439, 465, 482, 520
micro finance 小额金融 257
Middle East 中东 10, 14, 77, 81, 87, 136, 146 - 147, 165, 167, 250,

441,504-506,522

middle-income trap 中等收入陷阱 507-508

middleman 中间人,中介 208,220-221,258-259,401-405,443

migration, international 移居,国际的 176,381-382,406-407,422-423,438-439

Milgrom, P. R. P. R. 米尔格洛姆 287

Mirage affair 幻影事件 366-367

Mises-Lange debate 米塞斯—兰格论战 460-461

Mises, L. Von L. 冯·米塞斯 21,39-40,186,227,320-321,331,432,460-461,464,525

mobile capital 流动资本 见 mobility of production factors

mobility of production factors 生产要素的流动性 382-385,427-428,445,447

Mokyr, J. J. 莫克里 22,25-26

monetary unions 货币同盟 417-420,422,513

money 货币 8,323-241,414-422
   supply of 货币供应 234-239,415,420,491,510
   tokens for 货币符号 239

monitoring costs 监督成本 66,70-71,125-128,138,147,202,213,218,239,290,300,305,315,332,344,370,401,411

monopoly 垄断 90-91,211,252-253,278-279,329,331,355,407-408,421,480,491,512

monopoly capitalism 垄断资本主义 201,279,362,465
   参见 monopoly, rent-seeking, state capitalism

Mont Pelerin Society 朝圣山学社 530

Montesquieu, C. De C. 德·孟德斯鸠 110,179,365

moral hazard 道德风险 70,72,92,315,337,353

morality 道德 35,57,111-113,118,365,429

most-favoured national clause 最惠国条款 407-410,412-413,434,453

motivation 动机,激励 21,66-72,75,156,159,187,223,245,249,290-295,306-307,319,333-334,355,484,527

Mueller, D. C. D. C. 米勒 275

multicultural society 多文化社会 174,403,423,438

multilateral give and take 多边的付出和获取 315-316

multinational corporations 多国公司 383-384,389,401,403,506

multiple bottom line 多重底线 301-302

multiple modernities 多种现代性 xxii-xiii,37,176-177,438,498

Naisbitt,J.　J.奈斯比特　295
Naishul,V.　V.奈叔尔　466,469
nationalism　民族主义　123,199-203,218,330,340,459
natural law　自然法　35,146,149-151,429
natural monopolies　自然垄断　272-273
natural resources　自然资源　3,9,19-20,95-98,228,230,485,521
nature conservation　自然保护　参见 Environmentalism, environmental protection
Nelson,R.R.　R.R.纳尔逊　22,255
Némo,P.　P.尼牟　77,120,160,171,223,466,481,504,518
neoclassical economics　新古典经济学　xiii,5-8,18,26,40-41,43,48,55,137-138,251-252,256,450,456,494,525-535　参见 Keynesianism
neolithic revolution　新石器革命　10,200,222-223
New Development Economics　新发展经济学　xiii,496,531
New Lex Mercatoria　新商规　397-399
New York Convention　纽约公约　396-398
New Zealand　新西兰　238,342-344
Nirvana approach to public policy　公共政策的虚幻把握法　62,378
non-discrimination　无歧视,无差别　85-87,179
non-government organization　非政府组织　320-321,472
non-price competition　非价格竞争　260-266
non-simultaneous contract　非共时性契约　208-209,220　参见 relational contracts
normative economics　规范经济学　32,37,77-78,173,342,352,373,489-490
norming of behavior　行为的规范　32,37,104-105,134　参见 normative economics
North,D.C.　D.C.诺斯　2,8,22,23,101,107,124,137,222,284,446

Odell,J.　J.奥德尔　390
Oi,W.Y.　W.J.奥伊　137
Olasky,M.　M.奥拉斯基　354
old institutional economics　旧制度经济学　44
oligopolistic competition　寡头竞争　261-263
Olson,M.　M.奥尔森　7,23,123,275,356,444,510
on-the-job consumption　在职消费　见 principal-agent problem
open-ended contracts　无限期契约　见 Relational contracts
openness　开放,开放性　37,132,

251,279,308,348,365-372,382-384,390-391,429,432-435,446,448,452-454,468-469,493,496,499-504,511

opportunism 机会主义,投机行为 66,69,101-103,112,219,222-224,288,300,324,365,369-370,420,440-441,468,516 参见 principal-agent problem

opportunity costs 机会成本 33-34,62,136,326

optimal currency areas 最佳货币区 417-420,422

optimization 最优化 见 maximization

Oracle of Delphi 特尔斐神殿的神谕 133

order 秩序 32-34,116,162,327-328,378-379
 of actions 行为秩序 144,152-158,351
 of rules 规则秩序 133-134,147,152-155,162,348-352 参见 predictability,trust

order policy 秩序政策 323,346-352

Ordo liberal school (Freiburg School) *Ordo* 自由主义学派(弗腾堡学派) xxii,23,42-44,409-410

Ordo liberalism *Ordo* 自由主义 346-351,485

organization 组织 107-108,284-286

costs of organization 组织成本 197,292-296,298
 and cultural bonds 组织与文化纽带 107

organization model of society 社会的组织模式 159-162

organized groups 有组织集团 参见 lobbying,rent-seeking

organized order 有组织秩序 见 planned order

ostracism 放逐 110,113,117,119,219-221,404

Ostrom,E. E.奥斯特罗姆 100-101,123,177,197,228,316,324,372,374

outside money 外生货币 232-235

outsourcing 外包 293-295

Palmer,T. G. T. G. 帕尔默 36,42

Pareto,V. V. 帕累托 446,460-461,526,529

Parker,D. D. 帕克 23,144,435

parliament 议会 见 Democracy

partial bankruptcy of governments 政府的部分破产 206,297,416

participative management 参与式管理 289,302-309

party organizations 党派组织 见 political parties

passive use of property 财产的消极运用 138-140,192-195,202

patents 专利 54,140,190,202

path dependency 路径依赖 44,437-438,498

Pax Americana 美利坚和平 405,409

Pax Romana 罗马和平 405

peace 和平 76,79,90-93,230,234,251,324,362,423

Pejovich,S. S.佩约维奇 120,398,481

Pennington,M. M.彭宁顿 153,251,317,350,366,379

per-capita income 人均收入 见 growth,economic

perfect knowledge 完备知识 38,40-43,48-49,56,172,233,240,251,256,293,378-379,481,526,532

personalized exchange 个人化交易 259,502

physical capital 物质资本 见 capital

pioneer profit 先驱者利润 264,360

planned order 计划秩序 105,152,155-157,162,170,285,430-431

planning 计划活动 见 central planning

Plato 帕累托 430

pluralist society 多元社会 65,472

Polanyi,M. M.波拉尼 54

political action 政治行动 90-93,446 参见 lobbying,public policy,rent-seeking

political competition 政治竞争 275,429 参见 political entrepreneurs

political elites 政治精英 199,218,238,274,334,347-348,423,443-447,533

political entrepreneurs 政治企业家 274,365-372,440-445,449,454,516-517,523

political firms 政治性企业 331-332,335-336,491

political parties 政治党派 319-322

politicians 政治家、政客 见 democracy,government,voting

pollution 污染 192,215

Pope John Paul II 教皇约翰·保罗二世 186

Popper,K.R. K.R.波普尔 51,65,161,165,166

population 人口
  growth of the 人口的增长 xi,10,12-13 参见 demographic transition

populism 民粹主义 132,280,301,351

Porter,P. P.波特 247

poverty 贫困 19,99,128,204,230,255,353-354,359,382,465,489,497,521

power 权势、权力 83-84,87,131-132
  and its control 及其抑制 83-84,278-279

precautionary principle 预警原则

97-98,340

predictability 可预见性 4-5,103-106,128-129 参见 order,trust

prescriptive rules 指令性规则 105-106,119,210,291

pressure groups 压力集团 见 lobbying

price 价格 250
　　as a signaling mechanism 作为一种信号机制 248,260-263,257-258,259-265

price level stability 价格水平稳定 见 inflation

primacy of politics 政治第一,政治优先 160-161,433-434,522

principal-agent problem 委托-代理问题 69-72,199,271-273,296-302,308-309,316,322,331-333,346,361-372,462-467 参见 opportunism

Prins,C. C. 普林斯 533

prisoners' dilemma 囚徒困境 101-103,122-123

private autonomy 私人自主权 见 autonomy

private law 私法 85,149-150,217-218,265,275,286,396-399,401

private property rights 私人产权 120,124,135,145,159,202,244,339-342,348,373,429,432,458,476,478,493,499,518,523

private provision of public-domain goods 公域品的私人供给 195-

199,201

private-public partnership 公私合伙制 333-336

privatization 私有化 198-203,317,334,336,433,466,472,476-477,501,504,512

procedural justice 程序公正 84-86,94,121,180,218

process innovation 工艺创新 3,53,264-266,331,442-443,462

product innovation 产品创新 262-266,331,462

production function 生产性职能 527

productive government 生产性政府 122,328-336

profitability 赢利性 见 attractiveness

profit-loss signal 盈亏信号 192,286 参见 losses,price,profits

prohibitive institutions 禁令性制度 105-106,134

property rights 产权 22,32,68,86,129-130,139,149,186-203,231-233,275,284,289,337-339,387,442,478

proscriptive rules 禁令性规则 105-106

prosperity 繁荣 76,93-95,128,249-250,326,423,488-490 参见 growth,economic

protection of past socio-economic positions 对既往社会经济地位的

保护 76-77,92,275-276,388, 423-424,434,443-444,519

protectionism 保护主义 273-274, 388,423-425,491,494,515 参见 Tariffs

protective government 保护性政府 118-128,125-126,169,322-328, 339,347,513

public access goods 共享品 见 public domain goods, public provision

public choice 公共选择 23,42-44,202,313-323,350,361-364, 374,516-517,528

public debts 公债 318-319,321, 356-357,418-420,491,495-496, 514-515,533

public domain goods 公域品 197-198,201-203,329-332,335,338

public goods 共享品 195-196, 329-330,452-453

 pure public goods 纯共享品 195, 203,313

public law 公法 143-150

public policy 公共政策 37-38, 79,80-82,165-170,211-212, 288,311-378,451-455,487,510-511,522-523,529-530,534 参见 collective action

public production 公共生产 见 productive government

public property 公共财产 92,194-203,329-331 参见 socialized property

public provision 公共供给 329-330,353 见 welfare state

putty-clay concept of capital formation 资本形成上的灰泥-粘土概念 287-288

Quigley,C. C.奎格利 84,518-519

Rabushka,A. A.拉布什卡 91

racial discrimination 种族歧视 91,493

Radnitzky,G. G.拉德尼茨基 77, 80,109,125,176,223,318-319,361

rational ignorance 理性无知 58-60,140,317,322,337,388,442

rationality 理性 40,49,56-64, 251,305,435-436

Ratnapala,S. S.拉特纳帕拉 355, 356

Rawski,T. G. T. G.罗斯基 478

Read,L. E. L. E.里德 536-541

real per capita incomes 实际人均收入 见 growth,economic

reciprocity 互惠 64,101,113,219, 314-316,400

Redding,S. G. S. G.雷丁 57, 172,176

redistribution 再分配 86,122,337-340,344-346,352-361,433,468, 500-501

 and the welfare state 与福利国家 512-513

referendum 全民公投 366-367,370

reflexive behaviour 反应性行为 57,58,112-113,136

regulations 管制,规章 298-299,306-307,322,325-328,343,361,386-388,467,506-507,516

regulatory density 管制密度 168-169,273-276,325,511,515

regulatory impact statement 管制影响报告 341

relational contracts 关系性契约 149-150,208-209,218-221,284-285,292-296

religion 宗教 85,112

relocation 再定位 见 locational choice,locational innovation

rent-seeking 寻租,寻租活动 44,254,263,266,273-277,319-322,346-348,356,361-364,390,407-408,424,433,441-443,448,452,477-480,486,491-492,511,519-520 参见 lobbying,political action

reputation 声誉 113,219,255,401,404,503

resources 资源 3,96 参见 natural resources

restrictions of competition 对竞争的限制 271-277

revolution,political 革命,政治的 12,125,160,165,171,176,227,250,431,437,458-470,473-474,519

Richardson,R. R.理查德森 342-344,359

Ridley,M. M.里德利 13,518-519,521,533

Riedel,J. J.里德尔 360,491

rivalry 争胜 见 competition

Robinson,C. C.罗宾逊 522

robust political economy 稳健的政治经济学 39,251,306,351,521-523 参见 Ordo liberalism

Roll,R. R.罗尔 23,446

Roman legal tradition 罗马法传统 126-127,171,223

Roemer,P. P.罗默 18,19,25,265,450-451

Rosenberg,N. N.罗森伯格 22,222,224,446

Rostow,W.W. W.W.罗斯托 10-12,20

Rothbard,M. M.罗斯巴德 181

Rousseau,J.J. J.J.鲁索 160,180

Ruback,R.S. R.S.鲁巴克 299

rule of law 法治 85,169,178-181,189,323,340-341,357,373,518

rule of origin 原产地规则 453-454

Rumsfeld,D. D.拉姆斯菲尔德 60

Russia 俄罗斯 189,227

Russian revolution 俄罗斯革命 431,459

Sachs,J. J.萨克斯 387-388,433

Sara-I-Martin,B. B.萨拉-I-马丁

20

Sally,R. R. 萨利 390,409

sanctions 惩罚,惩处 101-109,112-113,114,117,179-180,272,409

satisficing 满足,满意 527

saving 储蓄 参见 capital

scarcity 稀缺性 195,234,490,534

Schiller,F. F. 席勒 427

Schuck,P. P. 舒克 134-135

Schumpeter,J. A. J. A. 熊彼特 18,21,53,63,192,241,248,264-265,270,319,417,442,519-520,525

scientific discovery 科学发现 见 discovery

scientific management 科学管理 293,303-304,307

Scobie,G. G. 斯科比 433

Scottish Enlightenment 苏格兰启蒙运动 38-39,226,430

Scully,G. W. G. W. 斯卡利 22,81,228,504

search goods 查验品 255-258

security 安全,保险 76,87-95,325

seigniorage 铸币税 237

Seldon,A. A. 塞尔顿 190,227,493

selection 选择,挑选 43,51,109-110,435-436

self-enforcement contract 自执行合同 219-221,400-401

self-executing treaty provisions 自执行条约条款 424-425

self-interest 自我利益,自利 66-68

self-set purpose 自设目的 68,75,83-84,94,122,441

selfishness 自私 见 egotism

sellers' market 卖方市场 256-258

Sen,A. A. 森 37,163,177,223,255,432,491,495,497

separation of powers 权力分立 365-366,370

services 服务 7,96,137,383-384,386,503

Shackle,G. G. 沙克尔 40,58,59

shirking 回避,逃避 72,101,297,460,486

side effects 副效应 见 unforeseen side effects

Simon,H. A. H. A. 西蒙 61

Simon,J. L. J. L. 西蒙 19,96,521

Simons,H. C. H. C. 西蒙斯 129,240

skills 技能 见 human capital

Smith,A. A. 斯密 22,38-39,78,111,158,251,324,445

social capital 社会资本 81,129,423,441,508

social cement 社会凝聚剂 37

social democracy 社会民主主义 161,167,337,340,352-360,519

social engineering 社会工程学 xii,171-173,418,431-432,490-492 参见 constructivism

social justice 社会公正 76,85-86,94,337,354-355
social welfare 社会福利,社会福祉 318-319,349,412
socialism 社会主义 67,71-72,161,167,203,457-481,486
　demise of totalitarian 极权主义的灭亡 xiii,457-458
socialized property 社会化财产 198-199,202,330,477,490
societal benefits of competition 竞争的社会创益 222-232
Solon 梭伦 121
Soto, de, H. 德·H.索托 204,491,493,529
Soviet Union 苏联 159,227,359,458-465
Sowell, T. T.索厄尔 xiii,85,86,91,171,174-175,218,320,354,356,396,402,422,439,498,526,533
space-bridging costs 空间跨越成本 382,392-393
Special Economic Zones (China) 经济特区(中国) 382,392-393
specialization 专业化 见 division of labour
specific directives 具体指令 见 directives
spontaneous order 自发性秩序 152-158,162,430,435-437
stability 稳定 53,81,89-90,357-358,419,468,473
　of demand expansion 需求扩张的稳定 89,234,238,280,370,417-419,491
　of expectations 预期的稳定 43,104
　of rules 规则的稳定 104-106,150,280,304,348,437,451,496
stabilization policy 稳定化政策 见 Keynesianism
Stacey, R. R.斯泰西 23,144,435
Stalin, J. J.斯大林 461-463
state capitalism 国家资本主义 20,203,477-480
statute law 成文法 146-147
Stigler, G. G.斯蒂格勒 39,58,273-275,361
Streit, M.E. M·斯特赖特(史漫飞) 25,59,158,172,213,252,323,347,349,350,354,364,365,376,389,396-397,409-412,510-511
structural changes 结构变化,结构变革 20-21,278 参见 factor mobility, openness
sub-orders 子秩序 349,352,373
subjectivism 主观主义 33-34,39-41,62,159,174,248-249,255-256,340,527,529
subsidiarity 职能下属化 452-453,468
supplier bias 供应者倾向 245-246,274-275,389-390
Sweden 瑞士 198,355,513-515
symbols 象征 56-58,135-136
systems 体制 143-151

competition among 体制间的竞争
见 inter-jurisdictional competition
transformation of 体制转型 457—
481

taboo 禁忌 135—136,319
tacit knowledge 隐性知识 见 implicit knowledge
takeovers 接管,收购 300,310
takings 征用 见 eminent domain
Taleb,N. N. N. N. 塔利博 51
Tanzi,V. V. 坦奇 317
tariffs 关税 273—274,388—390,
411,443,491,515—516
Taverne,D. D. 塔弗恩 26,97,518
taxation 税制 123,139—140,315—
316,318,321,330,334,337,341—
344,354,386,428,445,468,475,
494,507,513—514
Taylorism 泰罗制 293,303—304
team 团队,班子 283—284,290—
291,307 参见 participative management
technical feasibility 技术可行性
267—268
technology 技术 17—21,294
telecommunications 电讯 见
communications,Internet
think tanks 思想库 487,524,530
third-factor growth 第三要素增长
3,19—21
third-party enforcement 第三方执行
114—117
third-world countries 第三世界国家
见 developing countries
tolerance 容忍 439—440
Tollison. R. D. R. D. 托利森
275,361
top-down ordering 自上而下的命
令 参见 central planning
torts 民事侵权 223,424
trade 贸易,交易 见 exchanges
trade,international 国际贸易 388,
401,432—435,494
trade practices 贸易惯例 110,272,
383,393,400,402,450
trade-offs 权衡 78—79,88,97
trading customs 贸易惯例
见 trade practice
traditions 传统 xii,34,67,77,81—
82,110,118,125,147,164,175—
178,199,228,323,423,431,437—
438,464—466,480—481,497—498
tragedy of the commons 公地灾难
123,126,315
transaction costs 交易成本 104,
136—140,191,194—195,207—214,
216,245—246,251,254—258,286—
287,294—295,314,321,362,387,
395,401—402,421,433,446,502,
506—508,527 参见 coordination
costs
transfer union 转移支付同盟 418—
419,513
transferability 可转让(让渡)性

205-207

transnational authority 跨国机构 1414,395-396,406,412-414,

transport cost 运输成本 382,392-393,424,507

trial and error 试错 见 experimentation

tribal mentality 部落心态(精神) 63,65,165,360,447-449,464-466,505

tribalism 部落文化 65,163-165,360,447-449,466,505

trust 信任 22,101-106,149,173,497

Tu,W. 杜维明 177,438,520

Tullock,G. G.塔洛克 42,44,131,227,275,321,337,361,374

Tumlir,J. J.图姆利尔 424

Tylor,E. E.泰勒 57,173

uncertainty 不确定性 6,23,37,41,48-51,56,104-107,133-135,188-189,204-205,208-209,244,266,288,293-295,400,478,503,532

unforeseen side effects 未预见到的副作用 85,88,144,226,339,358-359,378,429,476,517,528

unintended consequences 意外后果 见 unforeseen side effects

unions (trade, labour) 协会(行会,工会) 92-94,190-191,201,263,277,332,355,364,416,418,441,513

United States of America 美利坚合众国,美国 14-15,191,222,317,321,328,341,354,356-358,419-420,444,487

universal rules 普适(性)规则 133-135,281,446,496-498

universal values 普适价值观 75-80,498

US Bill of Rights 美国权利宣言 148,430

US Constitution 美国宪法 226,324,365,430

Use of force 运用强力 见 coercion, legitimate use of force

valuations 评价,评估 24,33,62,96,98,248 参见 subjectivism

value-free analysis 非价值分析 xi-ii,78,231

Vanberg,V. V.范伯格 284,289-290,347

Vaubel,R. R.沃贝尔 237

vertical integration 纵向一体化 287-288,293-295

vested interest groups 既得利益集团 见 interest groups

Vickery,G. G.维克里 303

Vienna Convention 维也纳公约 397

Vietnam 越南 204,317-318,421,433,437,485-486,500

violence professionals 暴力从业者 54,84,118,122,199,204 参见

legitimate use of force distribution
Viscusi,K. K. 维斯库西 326
voice 投诉,表态 132,251,280,313,442,448
Voigt,S. S. 沃伊特 373,389,409
voting 投票 315-316,320,368-369
vouchers 凭证 197-198,335-336,515
voucher privatization 凭证式私有化 470-472

Wagener,H.J. H.J. 瓦格纳 466
wealth creation 财富创造 见 growth,economic
Weaver,H.G. H.G. 韦弗 26
Welfare 福利
　see also Welfare state 参见 福利国家
Weber,M. M. 韦伯 176,224-225,429,446
Weede,E. E. 威德 177,428,489
Weimar Republic 魏玛共和国 42-43,347,364
welfare state 福利国家 7-8,72,353,452,509,513-515 参见 re-distribution

Western civilization 西方文明 67,84,105,129,134,147,170,175,254,357,428,466,517-524
Westminster system 威斯特敏斯特体制 366,376
Whately,R. R. 惠特利 51
Wicksell,K. K. 威克塞尔 374
Williamson,O. O. 威廉姆森 69,287
Winieski,J. J. 威尼艾斯奇 460-461
Winter,S.G. S.G. 温特 22
Witt,U. U. 威特 44
World Bank 世界银行 11,12,16,25,87,444,494,499,501,504,530
World Trade Organization (WTO) 世界贸易组织 390,408-410

X-efficiency X-效率 301

Yu,Tsong-shian 于宗先 173
Yunus,M. 穆罕默德·尤努斯 252

Zimbabwe 津巴布韦 228-229,235-236

跋

制度经济学在经济学思想发展史上是晚近才出现的一个经济学分支。早期的代表人物包括凡勃伦(Thorstein Veblen)、康芒斯(John R. Commons)、米契尔(Wesley Mitchell)、艾尔斯(Clarence Ayres)和贝利(Adolf Berle)等。在第二次世界大战之后,新制度经济学派逐渐登上历史舞台,这其中有以加尔布雷斯(John Kenneth Galbraith)为主要的代表人物的一个思想分支和以科斯(Ronald H. Coase)、威廉姆森(Oliver·Eaton·Williamson)、阿尔奇安(Armen Albert Alchian)、德姆塞茨(Harold Demsetz)、诺斯(Douglass C. North)为代表的另外一个思想分支。

最早提出"制度经济学"的美国经济学家沃尔顿·W.汉密尔顿,指出,呼吁制度经济学的发展,并不是为了攻击其他经济思想体系,而是围绕什么是"经济理论"、经济理论应该研究什么等根本性问题提出质疑。[①] 主流经济学固然在理论和实践方面颇有建树,但是,其理性经济人假设、一成不变的偏好假设、均衡假设等,与人们自身体验和日常所见并不相符。此外,制度因素、法律因素、历史因素、社会和伦理因素等都在主流经济学分析体系之外,或者简单地被包括在科布—道格拉斯

[①] 汉密尔顿:"经济理论的制度方法"(Walton H. Hamilton: "The Institutional Approach to Economic Theory", *The American Economic Review*, Vol. 9, No. 1, Supplement, Papers and Proceedings of the Thirty-First Annual Meeting of the American Economic Association, Mar., 1919, pp. 309 – 318)。

(C－D)模型的综合技术 A 中,或者直接被忽略了。但毫无疑问,这些因素在经济社会发展中,发挥着显著的作用。制度经济学的主要关注点,就在于制度及其演化过程在塑造各类主体的经济行为方面所起的作用。这一学派,在主流经济学之外,提供了理解社会经济活动的新的视角和思路,为我们理解经济活动主体内部和各主体之间的,人与人之间、组织与组织之间的关系,提供了新的分析框架。

在二战后,制度经济学家更加侧重社会规范、法律规范及相关规则的研究,随着关于组织、信息、产权、交易成本的理论不断发展,其研究范围超越了新古典经济学,也超越了早期制度经济学,被称为"新制度经济学"派。进入新世纪之后,制度经济学仍然不断地推陈出新,试图对真实世界做出合理的解释和预测。最近十几年,加尔布雷斯、科斯、威廉姆森的著作在中国广泛传播,甚至成为一种现象。

在研究性学术作品之外,柯武刚、史漫飞和贝彼得合著的《制度经济学:财产、竞争、政策》是一部不可多得的经典教材。从制度经济学的视角来看,参与经济活动的主体绝非全知全能,经济过程也不是发生在真空的状态下,因此,经济活动就不仅仅是狭义上的经济学问题,而是与历史、社会、文化、法律有着千丝万缕的联系。柯武刚、史漫飞和贝彼得三位作者将这些相关因素列入制度规则的范畴,条分缕析,人们日常交往、合作和社会分工协作的过程中人为制定的规则对经济活动的各种影响被一一点明,令人颇有拨云见日之感。

这本书的一大特色是在制度经济学的框架之下融合了奥地利学派思想和公共选择理论。与主流经济学派的观点不同,该书中对经济过程的描述是这样的:"相对价格和利润率为市场参与者提供信号,揭示资源的可得性以及对资源的需求强度。信号的变动会刺激生产者对何时获取资源、获取多少资源及时做出调整,并以高度专业化的方式对资源进行改造,从而为消费者创造价值。所有这些生产行为都是在一系列正式和非正式的制度框架下完成的,包括贸易传统、交易规范、政府经济政策等。"①也就是说,经济问题的关键,并不在于被新古典经济学奉为圭臬的"长期均衡",而在于立足现实,找出按照市场的实际需求对劳动力进行分工、对资源做出配置的最佳方法。

不止如此,本书中对经济活动人中的行为的分析,对环境和安全的重视,对政府在制度形成中的作用以及政府与制度相互之间关系,对制度有效性,对制度和规则中的协调成本,都有深入的分析。而这些内容,都是我们在新时代建设中国特色社会主义的实践中,正在面对或将要面对的关键问题。党的十九大之后,国家的机构改革,也说明了我们党和国家对制度有效性的重视,对环境、安全、和平、繁荣的重视。在新时代,党和政府提出继续贯彻"使市场在资源配置中起决定性作用"、"发展更高层次的开放型经济"的主要方针。②除了利用新古典经济学各种成熟的定量方法测定、扶持和引导市场,促进其良性发展,我们还可以运用制度经济学提供的洞见,努力为市场发展提供必要的软件环境。也因此,在新时期,本书就有了特殊的价值,可以为我们的社会主义现代化建设,提供不同于主流经济学观点的新思路、新观点和新理念。

在本书中,作者认为西方的经济制度在资源配置方面表现出色,而苏联东欧僵化的计划经济在这方面则难以充分发挥功能。本书中提到的社会主义制度,是指苏东式僵化的计划经济体制,而不是中国特色社会主义制度。译者本想在社会主义制度之前增加"僵化的"以示区分,但为了保持原文原貌,采用了原书中的表达方式。读者在阅读时应予

---

① 茱莉·诺瓦克:"现实世界的问题"(Julie Novak: "Problems of the Real World: Julie Novak reviews one of the best new economic textbooks available", *IPA Review*, Nov., 2013, pp. 44-47)。

② 习近平:《决胜全面建成小康社会 夺取新时代中国特色社会主义伟大胜利:在中国共产党第十九次全国代表大会上的报告》,人民出版社2017年版。

以高度注意。

中国自改革开放以来,打破了以往僵化的计划经济体制,在中国特色社会主义市场经济做出了很多的探索,取得了飞速发展。在书中,三位作者高度肯定中国的改革开放,对我们所取得的建设成就赞誉有加,认为"中国经济延续了其前所未有而又令人羡慕的增长","中国的经济进步一直伴随着绝对贫困的急剧减少","在人类历史上,中国迅速崛起的经济优势是空前的",等等;而且秉持热切观望的心态关注中国的经济发展,期盼中国的特色模式能够为世界各国的发展提供新的榜样、新的参照系。

作为西方学者,作者们的立场和观点与我们是有区别的,他们强调制度在经济发展中的重要作用,但其对制度的见解未必全部正确。但这种区别恰恰为我们提供了一个借鉴资本主义发展历程、反思前进中的挫折与问题的机会,使我们可以从宏观和整体的高度审度历史与现实,从正反两方面寻找持续发展的最优路径过程。

本书的第一版的中译本《制度经济学:社会秩序与公共政策》于 2000 年问世,在学界反响巨大,被一些著名高校比如南开大学当作制度经济学教材,也被很多学校列为制度经济学专业研究生的必读书目。作者对中国人民有着深厚的友情,也曾为中国的改革出谋划策,并且希望他们的书"能对中国下一步重要的经济增长阶段中不断发展的现代化做出一份贡献"。我们应该接受外国学者旨在助力中国改革的好意,借鉴和吸收他们学术成果中的有益部分,并在这种思考中前行。

1974 年诺贝尔经济学奖得主哈耶克曾说过,"没有任何仅仅是经济学家的人,能够成为一名伟大的经济学家。"[1]这是对制度经济学最

---

① 哈耶克:"专业化的两难境地"(F. A. Hayek, "The Dilemma of Specialization", in *The State of the Social Sciences*, edited by Leonard D. White, Chicago: Chicago University Press, 1956, p. 463)。

生动的说明——经济学学科越发展,对人类本身的心理和行为的研究,对人类世世代代构建和累积的历史、社会、文化、法律等诸多产物的研究,就越发显现出其重要性。希望这本《制度经济学》的问世,能够为学术研究和经济实践添砖加瓦,推动经济学进一步发挥其经世济民的作用。

图书在版编目(CIP)数据

制度经济学:财产、竞争、政策/(澳)柯武刚,(德)史漫飞,(美)贝彼得著;柏克,韩朝华译.—2版(修订本).—北京:商务印书馆,2018
ISBN 978-7-100-15902-9

Ⅰ.①制… Ⅱ.①柯…②史…③贝…④柏…⑤韩… Ⅲ.①制度经济学 Ⅳ.①F019.8

中国版本图书馆 CIP 数据核字(2018)第 042282 号

权利保留,侵权必究。

制度经济学
财产、竞争、政策
第二版(修订版)
〔澳〕柯武刚 〔德〕史漫飞 〔美〕贝彼得 著
柏克 韩朝华 译

商 务 印 书 馆 出 版
(北京王府井大街36号 邮政编码100710)
商 务 印 书 馆 发 行
北 京 冠 中 印 刷 厂 印 刷
ISBN 978-7-100-15902-9

2018年4月第1版 开本 880×1230 1/32
2018年4月北京第1次印刷 印张 22 7/8
定价:72.00元